란다의 유까딴 견문록

마야문명에 대한 최초의 기록

란다의 유까딴 견문록

디에고 데 란다 지음 | 송영복 옮기고 엮음

경희대학교 출판문화원

16세기 유럽과 아메리카의 만남 직후 정복자들과 함께

마야의 땅에 십자가를 전파하러 간 에스빠냐의 가톨릭 신부

디에고 데 란다(Diego de Landa).

그는 유까딴반도 마야문명의 역사와 지리, 문화에 관하여

모든 것을 기록하였다.

머리말

역사는 인간을 발견하게 한다. 과거의 이야기를 통해 오늘날 우리는 자신의 모습을 발견하고 같이 울고 웃으며 공감하고, 또 배움을 청하며 미래를 이야기한다. 이것이 역사가 가진 최고의 가치이자 매력이다.

《란다의 유까딴 견문록》에는 애절한 역사가 담겨 있다

끊임없이 되새기거나 말하지 않더라도 오롯이 짊어지고 가야 할 고통과 즐거움이 어느 민족에게나 뿌리박혀 있다. 가슴 깊숙한 곳에 온전히 가지고 살아가야 하는, 그래서 항상 그 속에서 허우적대야 하는 운명이 있다. 마야의 땅에 사는 사람들, 그러니까 라틴아메리카의 사람들에게도 바로 그런 기구한 이야깃거리가 있다.

우리가 아직도 '콜럼버스의 신대륙 발견'(1492)으로 배우는 사건을 통하여 이전까지는 잘 먹고 잘살던 아메리카 원주민들이 무고한 목숨을 빼앗기고 모든 것을 강탈당하였다. 이것도 모자라 서양의 침략자들은 아메리카 원주민들의 머릿속 모든 것을 지워버리고자 했고, 원주민들의 생각과 철학이나 종교를 모두 쓰레기라고 규정지으며 이들의 뇌를 서양 문화와 기독교로 씻어 내려 했다. 오죽했으면 이곳 원주민들을 인간이 아닌 '말하는 동물(Animal que habla)'이라고까지 불렀겠는가.

그런데 이 역사는 오늘날까지도 많은 부분 이어지고 있다. 이러한 현실이다 보니 라틴아메리카 사람들에게 가장 중요하게 꼽히는 것이 1492년의 이야기이다. 멕시코와 과테말라, 주변 마야 국가들의 역사와 문화, 그들의 삶과 정치경제, 사회에서 어쩔 수 없이 지겹게 반복될 수밖에 없는 이야기가 바로 유럽 사람들에게 정복당한 그날이다. 그 당시 죽음과 고통에 젖은 애절한 사연, 정나미 뚝뚝 떨어지는 현실, 사실의 기록, 악랄함과 사랑이 이 책에 고스란히 담겨 있다. 그래서 《란다의 유까딴 견문록》을 읽다 보면 주먹이 불끈 쥐어지기도 하고 슬프기도 하다가 재미있고 신기하기도 하다. 물론 그러기 위해서는 이 이야기 하나하나를 따지고 으깨고 잘근잘근 씹어서 온전히 소화해 내는 과정이 필요하다.

《란다의 유까딴 견문록》에는 마야와 아메리카 역사, 나아가 세계 역사의 가장 극적인 순간들이 오롯이 녹아 있다. 마치 영원한 우리네 어머니의 그 한 많은 사연처럼 말이다. 또한 이 역사에는 첫 키스 같은 짜릿함과 이어지는 배신의 광란이 있다.《란다의 유까딴 견문록》은 그들 역사에서 결코 지울 수 없는 가장 큰 흉터이자 가장 극적인 순간의 생생한 증언인 셈이다.

《란다의 유까딴 견문록》은 이런 책이다

아메리카 대륙의 식민지 초기인 16세기에 디에고 데 란다는 에스빠냐 신부 자격으로 아메리카 대륙에 건너가 마야 원주민들에게 선교 사업을 펼쳤다. 이 책은 그가 마야문명 정복의 역사와 주변의 지리, 원주민들의 문화, 생활, 환경 등을 상세히 다룬 기록이다. 이 기록은 오늘날 우리가 중남미를 이해하는 데 가장 중요한 사료로 꼽힌다. 사료 번역의 역사에서도 잘 드러난다.《란다의 유까딴 견문록》은 19세기부터 세계 각국어로 번역되어 마야 지역을 여행하는 관광객에서부터 학자와 문인에 이르기까지 실로 수많은 사람에게 역사자료로 혹은 문학작품으로 폭넓게 읽혔다. 굳이 우리나라와 비교한다면 사료로 잘 알려진 〈삼국사기〉나 〈삼국유사〉를 합쳐 놓은 가치를 지녔다고 말할 수 있다. 유럽 열강의 침략과 식민지화로 송두리째 잘려 나간 고대 마야 원주민들의 문화를 새롭게 인식하고 그 가치를 찾는다는 의미에서, 마야문명에 대한 학문적인 접근의 과정에서 필수적으로 동반되는 사료라는 점에서 이 작품의 중요성을 재차 강조해도 부족하지 않다. 마야문명 연구에서《란다의 유까딴 견문록》을 빼놓을 수는 없는 것이다.

이 책의 중요성이 더욱 강조되는 이유는 희소성이다. 상대적으로 아즈텍이라고 불리는 메시까(Mexica, Azteca)와 남아메리카의 잉까문명에는 많은 사료와 기록이 남았다. 반면에 오늘날까지 전해지는 식민지 초기 종합적인 1차 사료는 여기에 소개하는《란다의 유까딴 견문록》이 유일하다. 그렇기에 마야문명에 대한 진지한 관심을 가진 사람이라면 당연히 이 책을 가장 먼저 찾게 된다.

또 다른 중요한 의의로는 기록의 정확성과 종합성을 들 수 있다. 디에고 데 란다는 아메리카 대륙에서 최초의 정복 전쟁이 끝나고 식민지화가 막 시작되던 시기에 마야 사람들과 이들의 정치·경제·사회·문화·자연 등에 대하여 세밀하게 기록하고 있다. 그러한 점에서 이 책이 가지는 학술적인 의의는 실로 무한하다. 저자인 란다는 젊은 나이에 유까딴반도로 건너가 자신이 직접 보고 느낀 그들의 생활을 하나하나 세밀하고도 사실적으로 기록하였다. 물론 기록 내용에 개인적인 생각과 감정, 주관적인 세계관과 종교관이 상당 부분 포함된 것은 사실이지만, 바로 이러한 점이 마야 인디오들에 대한 그의 애증으로 나타나면서 단순한 보고서나 역사적인 기록과는 차이가 있는 문학적인 가치도 더해 준다.

한편 일반 사료의 난해함과 딱딱함에 비해《란다의 유까딴 견문록》은 기행문과 감상문의 성격을 두루 가지고 있어서 읽는 이들에게 흥미와 관심을 준다. 건조하게 사실을 차분히 서술하다가도 어떤 부분에서는 감성의 높낮이가 격하게 느껴지기도 한다. 이렇게 감상문과 기행문, 조사보고서의 형식을 두루 갖추고 있어 이 책은 16세기에 쓰인 아메리카 대륙 최초의 작품 중에서도 백미라고 할 수 있다. 또한 언어학적인 측면에서도 16세기 에스빠냐어와 마야어를 연구하는 중요한 자료로 이용된다.

《란다의 유까딴 견문록》의 내용과 저술 동기

디에고 데 란다는 16세기 에스빠냐의 신부로 초기 식민지 시대에 멕시코로 건너간 후 평생을 바쳐 마야 원주민들 포교와 그들에 대한 저술 활동에 힘쓴 사람이다. 그는 1524년 에스빠냐의 씨푸엔떼스 마을에서 태어나 17세의 나이에 프란씨스꼬 수도회에 입문하였다. 그 뒤로 줄곧 신부의 길을 걷다가 1547년 아메리카 대륙으로 건너가게 되었다. 이때 마야 지역은 이미 몬떼호 장군에 의하여 1520년대 이후부터 정복이 이루어지고 있었고, 1540년대 이후로는 많은 지역이 에스빠냐에 복속되었다. 따라서 란다가 유까딴에 도착했을 시기에는 본격적으로 성당이 세워지고 수도사들의 포교활동이 시작되고 있었다. 그 일환으로 란다 역시 1552년 유까딴 지역의 과르디안(주임신부) 부임을 시작으로 마야 원주민들과 인연을 맺게 되었다. 그리고 1573년 당시 유까딴 지역 가톨릭의 최고지도자라고 할 수 있는 메리다의 오비스뽀(주교)로 임명되었다.

원주민 포교를 위하여 신부를 비롯한 종교계 사람들은 그들의 언어와 관습에 많은 관심을 보였다. 란다도 종교적인 필요로 그들의 생활과 언어를 공부하였다. 그리고 이러한 그의 현지 생활을 바탕으로 한 경험과 학문적인 호기심이 결합하여《란다의 유까딴 견문록》이라는 대작이 탄생하기에 이른다.

책의 앞부분에서는 마야 원주민들이 사는 땅의 자연환경 기술을 시작으로 에스빠냐 사람들이 이곳을 어떻게 발견하고 정복하였는지 말하며 지명의 유래를 서술하였다. 중간 부분에서는 건축과 종교, 음식, 문자, 산업, 공예, 관습, 역사, 생활 등에 대하여 광범위하면서도 구체적으로 다루었다. 이러한 내용은 한 자 한 자가 에스빠냐 정복 이전과 정복 당시 마야 사람들의 문화에 대한 가장 중요한 사료로 인정될 만큼 학문적인 비중이 크다. 그중에서도 시간과 달력 부분은 그가 언급한 내용이 유일무이한 것으로 오늘날 마야문자 이해의 실마리가 되었다는 점에서 중요성과 가치가 높이 평가되고 있다. 뒷부분에서는 이곳의 동식물을 서술하였고, 마지막에서는 에스빠냐 사람들이 이 땅을 정복한 것이 원주민들에게 더없이 좋고 은혜로운 일임을 강조하며 결론을 맺는다.

란다는 유까딴에서 직접 보고 느낀 것들을 토대로 원주민 지도자인 나치 꼬꼼이나 가스빠르 안또니오 치 같은 현지인들과 문답을 통해서 자료를 정리하며 집필을 완성해 나간 것으로 보인다. 그러나 무엇보다도 저자인 란다의 경험과 느낌이 책의 중요한 부분을 차지한다. 특히 이곳에서 오랜 기간 머무르는 동안 그가 관찰한 지식을 바탕으로 한 동식물과 자연환경에 대한 기록은 그 세밀함이 매우 놀라울 따름이다. 란다는 생애 가운데 30년에 가까운 시간을 마야 원주민들과 함께하였다. 마야 유까떼꼬어도 구사할 수 있었던 것으로 보이며, 실제로 인디오들의 언어로 교리를 기록하였다고 스스로 편지에서 밝힌 바 있다. 이러한 그의 지식과 경험은 책의 저술에 많은 도움을 주었을 것으로 생각된다.

정확한 집필 시기는 알 수 없지만 대략 1566년부터 수년이 걸린 것으로 보인다. 여러 복합적인 이유에서 집필이 이루어졌는데, 가장 직접적인 이유는 에스빠냐 정부에 본인의 입장을 알리기 위해서였다. 아메리카 대륙 정복 초기였던 당시에는 새로운 땅에 대한 정복과 이권에 얽힌 다양한 이해관계가 대립하고 있었다. 원주민들을 대하는 에스빠냐 사람들과 각 행정관청도 입장 차이를 보였다. 따라서 많은 분쟁이 생겨났고, 이 과정에서 란다도 분쟁의 한가운데 서게 된다. 원주민들 탄압으로 문제가 제기되자 해명을 위하여 그가 직접 에스빠냐로 건너가게 되었다. 왕과 식민지 행정을 관할하던 꼰세호 데 라스 인디아스(인디아스 자문위원회)에 설명하기 위한 목적으로 그 시기에 맞추어 이 책의 집필을 시작한 것으로 보인다. 책을 살펴보면 원주민들이 우상을 숭배하고 기독교를 받아들이지 않으며, 행실이 좋지 않고 에스빠냐 사람들이 그들을 문명화한 것에 크게 가치를 두지 못하기 때문에 만일 강경하게 조치하지 않는다면 그들이 다시 원래 생활 방식으로 돌아갈 수 있다는 점을 강조하였다. 즉 원주민 탄압은 어쩔 수 없는 선택이라고 주장하고 있다.

란다는 다른 많은 정복자와 신부들의 저술과 마찬가지로 지역과 지역주민에 대한 정보를 정리하는 데에도 집필의 목적을 둔 것으로 보인다. 원주민 정복과 교화를 위하여 그 지역 환경과 주민의 관습 등을 정리하여 정보를 제공한다. 이 사료의 원제인

'Relación de las Cosas de Yucatán'에서 'Relación'이라는 용어는 일반적으로 식민지 시대에 지방행정관이나 사제들이 중앙정부에 제출하기 위하여 작성한 '보고서'를 뜻한다. 보통 수십 가지의 설문 항목이 있고 이에 대하여 답하는 형식으로 한 지역을 관할하던 지방행정의 수장들이 작성하였다. 항목은 그 지역의 지명과 지리적인 위치, 자연환경, 풍습, 특산물 등을 다양하게 아우른다. 즉 식민지 지배를 위한 종합 자료 구축에 목적이 있다. 그렇다고 란다의 저술이 '렐라씨온(Relación, 보고서)'의 형식을 그대로 취하지는 않았다. 내용 또한 저자의 주된 관심 분야를 자유롭게 기술하였다는 점에서 순수한 '렐라씨온'이라고는 볼 수 없다. 오히려 시간의 개념을 가지고 원주민의 기원과 그들의 조상, 오늘날에 이르는 과정에 대하여 관찰하고 기록하였다는 점에서 역사서의 성격을 강하게 띠고 있다.

이 모든 것을 종합했을 때《란다의 유까딴 견문록》은 '청원서'와 '보고서' 그리고 '역사서'의 성격을 모두 가지고 있다고 할 수 있다.

집필이나 행적에서 란다는 원주민을 철저히 이교도로 규정하고 그들의 우주관과 세계관을 부정한다. 그는 많은 원주민을 직접 화형에 처했다. 그들을 죽이고 고문하는 데 누구보다도 앞장섰던 그는 결국 그러한 잔혹한 탄압으로 에스빠냐 사람들에게 고발당하였고, 본국인 에스빠냐로 출두하여 직접 해명해야 하는 상황에까지 이르게 된다. 그는 귀중한 사료를 제작한 동시에 수많은 마야의 책을 우상숭배의 도구로 규정하여 불사른 장본인이기도 하다. 따라서 현재 남아 있는 마야의 책들은《꼬디쎄 마드리드(Códice Madrid)》《꼬디쎄 드레스데(Códice Dresde)》《꼬디쎄 빠리스(Códice Paris)》이렇게 세 권이 전부인데, 이조차 자료 부족과 마야문자의 불완전한 해독으로 이해의 한계가 크다. 결국 마야 원주민을 탄압한 장본인의 책이 고대 마야를 이해하는 데 가장 중요한 사료가 되었다는 게 아이러니하다. 란다의 종교적인 강경함과 원주민에 대한 시각이 책의 전반을 통하여 강조와 왜곡으로 나타나기도 한다. 이러한 점에서 그의 저술 내용을 곧이곧대로 이해해서는 안 된다는 점도 알아 두어야 한다.

불행히도 디에고 데 란다가 쓴 원본은 현재까지 남아 있지 않다. 본 한국어 번역본의 저본은 초간본을 읽고 요약하여 복사한 것이다. 이것마저 1616년의 필사본만이 전해지고 있다. 초간본의 제목은 'Relación de las Cosas de Yucatán'으로 이를 직역하면 '유까딴 문물에 관한 보고서' 혹은 '유까딴 문물에 대한 이야기' 정도가 된다. 한국어본의 저본이자 현재 전해지는 요약본의 제목은 '산 프란씨스꼬 교파 소속의 디에고 데 란다 신부가 쓴 유까딴 문물에 관한 보고서의 발췌본(Relación de las Cosas de Yucatán, sacada de lo que escribió el padre fray Diego de Landa, de la orden de San Francisco)'으로 이 책이 발췌본 혹은 요약본이라는 사실이 제목에 명시되었다.

초간본은 그 중요성으로 인하여 식민지 시대 여러 사료에 언급되었다. 식민지 시대의 저자인 산체스 데 아길라르, 로뻬스 데 고마라, 바르똘로메 데 라스 까사스 같은 사람들의 기록에서 란다의 초간본에 대한 언급을 확인할 수 있다. 이 책은 란다가 활동했던 메리다의 산 프란씨스꼬 성당에 보관되어 있었으나 현재는 그 흔적을 찾을 길이 없다. 불행 중 다행히도 프랑스의 사학자인 브라쉐르 드 부르부르에 의하여 오늘날 우리가 보고 있는《란다의 유까딴 견문록》의 저본인 최초 저술의 요약 필사본이 마드리드 역사박물관에서 처음으로 발견되었고, 1864년 대중에게 발간되기에 이르렀다. 이 필사본은 16세기 에스빠냐어로 작성되었으며, 현재 영어, 프랑스어, 독어, 이탈리아어, 일본어 등 세계 각국어로 번역되었다. 앞서 언급한 것처럼 1864년 브라쉐르에 의한 최초의 필사본 소개와 프랑스어 번역을 필두로 1881년 레온 로스니의 에스빠냐어본이 출간되었고, 1937년 윌리엄 게이츠의 영어본에 이어 1938년 알프레도 바레라 바스께스의 에스빠냐어로 된 멕시코본이 출간되었다. 1941년 앨프리드 토설에 의하여 다양한 주석과 해설이 곁들여진 영어본이 새롭게 출간되었으며, 이후 실바누스 몰리 등 여러 학자가 저본에 그보다 많은 양의 주석과 설명을 덧붙여 새로운 번역본을 출간하였다. 가까운 일본에서도 이미 1982년 코이께 유우지와 모리야 나가요시에 의하여 일본어 번역본이 출간되었다. 본 한국어본은 1959년 앙헬 마리아 가리바이에 의하여 멕시코에서 출간된 가리바이본을 기초로 번역되었다.

이 책이 된 나무에게 보내는 궁핍한 변명

얼마나 많은 나무가 이 책의 종이가 되었는가를 떠올리면 어김없이 식은땀이 흐른다. 나무를 낭비하는 책을 내는 것은 인류와 이 세상에 중대한 죄를 범하는 것이리라. 최소한 이 책이 그보다 더 나은 가치를 가지고 있기를 바란다.

2022년 4월

게레로를 꿈꾸며 송영복

디에고 데 란다와 ≪란다의 유까딴 견문록≫

- 1524년 11월 12일 에스빠냐 중부고원 지방인 과달라하라의 씨푸엔떼스에서 디에고 데 란다 출생.
- 1541년 17세의 나이에 똘레도의 산 후안 데 로스 레예스프란씨스꼬 수도회에 입문하여 신부가 되다.
- 1547년 니꼴라스 데 알발라떼를 따라 다른 다섯 명의 신부들과 함께 아메리카 대륙의 유까딴반도로 건너가다.
- 1549년 25세에 유까딴의 잇사말에 정착하여 성직 보조 일을 맡다.
- 1552년 28세에 잇사말의 과르디안(주임신부)으로 임명되다.*
  이 지역 프란씨스꼬 수도회 신부들의 거주지를 대체하기 위하여 새로운 수도원 건축 임무를 맡다.

* 과르디안(주임신부)으로 임명된 해가 1549년이라는 주장도 있다(http://www.buscabiografias.com/bios/biografia/verDetalle/704).

• 1556년 32세에 유까딴 지역 수도회의 꾸스또디오(Custodio, 감독관)로 임명되다.

• 1560년 36세에 메리다의 과르디안(주임신부)으로 임명되다. 이때부터 마야 원주민들에 대한 저술을 시작한 것으로 보인다.

• 1561년 37세에 유까딴의 쁘로빈씨알(주관구장)로 임명되다. 에스빠냐 농장주들이 바야돌릳의 종교시설에 두 차례나 불을 지르는 사건이 발생한다. 종교인들과 농장주들 간의 분쟁을 해결하기 위하여 또마스 로뻬스 메델이 1562년 유까딴의 마니(Maní)에 종교재판소를 세우고 공식적으로 종교재판을 담당하게 된다.

• 1562년 7월 12일 원주민들의 우상숭배를 중단시키기 위하여 대대적인 종교재판을 열어 수많은 원주민을 고문하고 화형에 처하다. 이러한 행동에 대한 항의가 제기되고 또랄 신부가 당시 국왕인 펠리뻬 2세에게 공식적인 항의서한을 보낸다. 란다는 이에 대한 해명을 목적으로 에스빠냐로 떠나게 된다.

• 1563년 39세에 에스빠냐로 건너가다. 유까딴의 첫 번째 대주교의 자리에 또랄 신부가 부임하다. 란다는 에스빠냐의 바르셀로나에서 프란씨스꼬 수도회에 정황을 설명한다. 그리고 본인이 종교집행관의 허가를 소지하고 있다는 서류를 보여 주는 등의 적극적인 대처를 통하여 문제를 해결한다. 에스빠냐에 체류하는 동안에 산 후안 데 디오스 수도사의 자격으로 과달라하라와 똘레도 등지를 방문한다.

• 1566년 에스빠냐에 체류하던 중에 ≪란다의 유까딴 견문록(Relación de las Cosas de Yucatán)≫의 저술을 시작하다. 원주민들을 탄압한다는 비판에 대응하기 위한 변호자료로 본 저술의 일부를 집필하기 시작한 것으로 보인다. 이 시기에 유까딴 대주교가 또랄 신부에서 란다 신부로 바뀌게 된다.

• 1572년 48세에 세비야(Sevilla)에서 다시 배를 타고 유까딴으로 건너가다. 이때 저술의 원본은 에스빠냐에 두고 한 권의 필사본만 들고 여행을 떠난 것으로 보인다.

• 1573년 란다가 정쟁에서 승리하여 새로운 대주교로 임명된다.
유까딴 대주교로의 활동을 본격적으로 시작한다.

• 1575년 멕시코에서 마야어로 된 설교문집이 출간되다.

• 1579년 4월 29일 유까딴의 메리다에서 55세의 나이로 사망하다. 시신은 메리다 성당에 안치되었으나 150년 후에 그의 고향인 씨푸엔떼스로 돌아가게 된다.

- 1862년 정확히 알 수 없는 과정을 거쳐서 프랑스 사람인 브라쉐르에 의하여 마드리드 역사박물관에서 란다의 요약본이 발견되다.
- 1864년 'Relation des Choses de Yucatán de Diego de Landa(디에고 데 란다의 유까딴 문물에 대한 보고서)'라는 제목으로 에스빠냐어-프랑스어 최초의 대조번역본이 브라쉐르에 의하여 출간되다.
- 1881년 마드리드에서 'Relación de las Cosas de Yucatán(유까딴 문물에 대한 보고서)'이라는 제목으로 최초의 에스빠냐어본이 출간되다.**
- 1890년 마드리드 역사 아카데미에서 또 다른 에스빠냐어 버전이 출간되다.***
- 1928-29년 'Relation de des Choses de Yucatán(유까딴 문물에 대한 보고서)'라는 제목으로 에스빠냐어-프랑스어 번역본이 출간되다(전체 번역본이 아닌 일부 텍스트 번역본이다).
- 1936년 씨푸엔떼스에 안치되어 있던 란다의 시신이 에스빠냐내전 중에 훼손되다.
- 1937년 'Yucatan before and after the Conquest by Diego de Landa, William Gates, Baltimore(유까딴, 디에고 데 란다의 정복 전후, 윌리엄 게이츠, 볼티모어)'라는 제목으로 최초의 영어 번역본이 출간되다.
- 1938년 엑또르 뻬레스에 의하여 란다가 작성한 것으로 알려진 서간문이 출간되다.
- 1941년 란다의 출생지인 씨푸엔떼스의 성당에 보관되어 있던 요약본이 어느 날 갑자기 행방불명되다. 이후 알 수 없는 과정을 거쳐서 미국 하버드대학교의 피바디 박물관이 최종적으로 구매하여 소장하게 된다. 이 요약본은 앨프리드 토설에 의하여 번역되어 출간된다.
- 1959년 본 한국어 번역본의 원본으로 삼은 가리바이본이 앙헬 마리아 가리바이에 의하여 출간되다.

** 이 판본은 다음 저서의 부록으로 출간되었다. Essai sur le defrichement de l'ecriture hiératique maya, de León Rosny. Juan de Dios de Rada y Delgado, en Madrid(Rosny).

*** Colección de Documentos Ineditados Relativos al Descubrimiento, Conquista y Organizacion de las Antiguas poblaciones espanolas de Ultramar. Tomo XIII, 265-411, Academia de la Historia Madrid.

Fray Diego de Landa

가리바이본에 실린 디에고 데 란다 신부의 초상화

• 초간본/원본

이 책의 번역 원본으로 삼은 책은 1959년 앙헬 마리아 가리바이(Angel María Garibay K.)가 편집한 뽀루아 출판사의 책이다. 원본은 17세기에 기록된 것으로 보인다. 이 가리바이 본으로 한국어 번역본의 초고를 작성하였고, 마리아 델 까르멘 레온 까사레스(María del Carmen León Cázares)가 편집하고 1994년 멕시코 문화예술원에서 출판한 레온본과 대조하였다. 또한 내용을 확인하고 이해를 돕기 위하여 영어 번역본인 게이츠(William Gates)본을 참고하였으며, 또 다른 영어 번역본인 토설(Alfred Tozzer)본과 대조하였다. 에스빠냐어를 옮기는 과정에서 FAMSI(Foundation for the Advancement of Mesoamerican Studies, INC)본 역시 중요하게 다루었다. 이렇듯 각양각색의 본을 일일이 확인하고 참조한 이유는 원본이 500여 년 전 최초로 작성되었고, 그 후로 요약본만 남아 있는 현실을 가장 먼저 꼽을 수 있다. 또한 요약본도 고어로 작성되었기 때문에 원본의 상태에 따라서 그리고 각 글자의 모호함으로 읽는 데 많은 어려움이 따른다는 점도 한몫한다. 각 본에 따라 차이가 나기도 하는데, 그것이 크건 작건 의미에 커다란 변화를 줄 수 있으므로 일일이 확인하여 그

다름을 최대한 밝히고자 하였다. 그리고 문장의 뜻에 중대한 영향을 미치거나 필요한 경우에는 그에 따른 번역의 차이도 주석을 붙여 설명하였다.

• **번역**

이 책은 기본적으로는 사료의 가치가 중요시된다. 따라서 한국어 표현으로는 어색하더라도 의역이 갖는 정보의 왜곡을 방지하기 위하여 그대로 직역한 부분이 많다. 의역하여 깔끔한 한국어로 표현하고 의미를 확실하게 하는 한편 독서의 편안함을 안겨 주고 싶은 마음이 왜 없었겠는가. 그러나 그렇게 생기는 오해를 최소화하는 것이 이 책의 의미를 최대한 살리는 것이라고 생각하였다.

1) 문장구조: 가능한 한 원문의 어순을 그대로 지키고자 노력하였다. 에스빠냐어와 한국어는 분명한 어순의 차이를 갖는다. 그러다 보니 에스빠냐어 어순을 그대로 따르는 것이 애당초 무리이기도 하다. 그렇지만 특히 긴 문장에서 내용을 끊어야 할 경우를 비롯하여 한국어가 다소 어색하거나 중복되는 경우가 있더라도 최대한 원문의 순서에 따르려고 노력하였다. 이러한 과정에서 이해가 힘들거나 오해가 있을 수 있는 상황, 필요하다고 생각하는 경우 괄호를 이용하여 번역문의 뜻을 더 명확하게 하거나 각주로 보충하였다.

2) 일련번호: 학술적인 활용도를 높이고 원문 각 문단의 구분을 쉽게 하려고 번역문에서는 문단마다 각 장의 번호와 일련번호를 붙여서 고유한 구분을 하였다(예 40장 3번째 문단: 40-3).

3) 괄호: 일반괄호(***)와 꺾쇠괄호[***]가 있는데, 일반괄호는 옮긴이의 설명이고 꺾쇠괄호는 원본을 읽고 편집한 가리바이(Garibay)의 설명이다.

4) 문장부호: 최초의 사료에는 쉼표나 마침표 같은 문장부호가 없었다. 이것은 수백 년 전에 쓰인 에스빠냐어 문장의 일반적인 특징이다. 여기에 붙은 문장부호는 원문을 해독하고 편집한 학자들이 편의를 위하여 임의로 붙인 것이다. 마침표나 쉼표의 위치에 따라 문장의 의미가 완전히 변할 수 있다. 따라서 문장부호와 관련하여 이해할 때는 이러한 점에 주의해야 할 것이다. 가리바이본에는 에스빠냐어의 문장부호가 그 뜻에 맞추어 표기되어 있어서 최대한 존중하여 번역문에서도 대체로 같은 위치에 놓이도록 문장을 쉬거

나 나누어 놓았다. 그러나 문장의 이해를 돕기 위하여 옮긴이의 임의대로 원문과 다른 문장부호를 표시하기도 했다.

- 마침표(.): 마침표의 경우에는 예외 없이 에스빠냐어로 된 번역 원문을 그대로 따랐다. 가독성을 높이고 각 문장을 구분하기 위하여 원문에서 마침표 다음에 다른 문장이 시작되면 번역문에서는 행을 바꾸어 다른 줄에서 시작하였다.

- 온점(。): 고문의 특징 중 하나가 만연체라는 점인데, 이 책의 원본도 예외가 아니다. 따라서 문장을 최대한 분리하여 이해를 돕고자 하였다. 만연체인 점을 고려하여 원문에서는 문장이 끝나지 않았으나 문장의 이해를 돕고자 임의로 문장을 나누기도 하였다. 이런 경우 번역본상 일반적인 마침표가 아닌 온점(。)으로 표기하였다.

5) 발음 표기: 에스빠냐어와 현지 원주민어의 한글 발음은, 일반적으로 많이 사용하거나 알려진 단어를 제외하면, 대부분 원어 발음에 충실하게 표기하였다.

• 옮긴이 주석

작품의 특수한 성격상 당시의 역사적인 상황과 자연과학적인 정보 등 전후좌우 맥락을 이해해야 할 때가 있다. 따라서 이에 대한 옮긴이의 의견과 설명을 보태어 서술하였다. 또한 여러 사람에 의한 필사와 요약을 거쳤으니 수많은 필사 과정에서 각 필사를 한 사람들에 의하여 첨삭이 이루어졌을 가능성이 존재한다. 왜곡과 첨삭의 가능성이 있는 부분들은 최대한 가려서 이해할 필요가 있기에 또 다른 주석을 붙였다.

옮긴이는 여러 자료를 종합하고 편집하여 서술하였고, 필요한 경우에는 출처를 밝혀 두었다. 그중 가장 많이 이용된 자료는 토설(Tozzer)의 연구이다. 그의 연구가 오래된 것이기는 하나 토설은 에스빠냐어본을 영어본으로 번역하였을 뿐만 아니라 방대한 양의 주석을 달아 란다 저술의 연구에 필요한 정보들을 가장 충실히 제공하였다. 필요에 따라 토설의 자료를 바탕으로 옮긴이의 설명을 추가하는 방식으로 본 번역본에 참고하였다.

• **마야문명**

마야는 지역적으로 남부·중부·북부 지방으로 나눌 수 있다. 그중 이 책의 원제에 등장하는 유까딴반도는 북부 지방에 해당한다. 따라서 이 책에서 다루고 있는 내용은 마야 전체에 대한 것이라기보다는 북부 마야 즉 유까딴 지방에 한정된 것이다. 그러나 란다의 사료는 마야문명 전체에 대한 일반적인 정보로도 충분히 활용될 수 있다. 비록 마야의 여러 지역이 정치적으로 통합된 적은 단 한 번도 없었지만, 마야라는 이름으로 통칭하는 까닭은 그들의 사회와 문화, 정치경제 등에서 상당한 동질성을 보이기 때문이다. 또한 마야의 여러 지역 가운데 유까딴은 면적이나 중요성 면에서도 중심인 지역이었고, 마야 전반을 연구하는 데도 란다의 자료가 가장 널리 활용되고 있다. 따라서 책 제목의 우리말 번역에도 '유까딴'이라는 말 대신에 '마야(Maya)'를 사용하였다. 그러나 엄밀한 의미에서 본다면 여기에 담긴 내용은 남부나 중부 마야가 아닌 북부 유까딴 지방에 관한 것이라는 점을 밝혀 둔다.

• **렐라씨온**(Relación)

책 제목의 'Relación'이라는 말은 여러 의미를 지닌다. 그중에서도 16세기 아메리카 대륙에서 사용되던 '렐라씨온(Relación)'은 일반적으로 보고서의 성격이었다. 식민지 초기 에스빠냐 정부는 아메리카 지역을 효과적으로 통제하려고 많은 노력을 했다. 정복에 참여했던 사람들이 지방의 절대 권력을 누리게 되자 이를 견제하기 위하여 지방행정관을 직접 파견해서 행정을 관할하고 이들로부터 지방의 사정을 상세히 적은 렐라씨온을 작성하도록 하였다. 이것은 세금 징수나 행정통제에 이용되었으며 '렐라씨오네스 헤오그라피까스…(Relaciones Geográficas…)'라고 불렸다. 이러한 렐라씨온은 식민지 전 지역에서 16세기 말엽에 작성되었다. 그리고 렐라씨온에 기록된 갖가지 정보들은 여러 저술이나 행정업무 등에 참조되기도 하였다. 렐라씨온의 공식 저자는 각 지방의 행정관들로 렐라씨온마다 저자가 모두 다르다. 책으로 제작되어 사료로 이용되는 '렐라씨오네스 헤오그라피까스…(Relaciones Geográficas…)'로는 'Relaciones Geográficas del Siglo XVI: Guatemala' 'Relaciones Histórico~Geográficas de la Gobernación de Yucatán' 등이 있다. 여러 세세한 항목으로 이루어진 설문지에 답변을 기재하는 형식으로 되었고, 그 지역과 주변 지역의 이름과 어원은 무엇인가로 시작하여 정치, 경제, 사회, 문화, 종교, 산업, 자연환경에 이르기까지 내용이 매우 방대하다. 그런데 많은 항목에 대한 대답을 보면 지역의 특수성을 고려하지 않은 채 다른 지역의 것을 그대로 베껴 쓴 흔적들이 나타나는 경우가 많다. 심지어는 서로 다른 지역의 설문 대답임에도 토씨 하나 바뀌지 않고 그대로 기록된 것들도 상당수 발견된다. 따라서 이러한 사료들을 이용할 때는 다른 사료들과의 주의 깊은 비교를 통하여 사실 여부를 샅샅이 따져 볼 필요가 있다.

16세기 아메리카 대륙에서 사용되던 '렐라씨온'이라는 말은 일반적으로 이러한 성격과 내용을 띠고 있다. 그러나 이 책을 바로 여기서 말하는 '렐라씨온'이라고는 단정할 수 없다. 머리말에서도 이야기하였듯이 란다의 본 저술은 '렐라씨온'의 성격 그대로도 아닐뿐더러 그 내용에서도 저자인 란다가 주로 관심을 가지는 분야에 대하여 자유롭게 기술하였다는 점에서 '렐라씨온'의 전형을 벗어난다.

• **란다의 유까딴 견문록**(Relación de las Cosas de Yucatán)

이 책의 원제목은 'Relación de las Cosas de Yucatán, sacada de lo que escribió el padre fray Diego de Landa, de la orden de San Francisco(유까딴 문물, 산 프란씨스꼬 수도회 소속의 디에고 데 란다 신부의 글에서 발췌한 것)'이다. (자세한 내용은 머리말 참조)

약어 목록

BB: Bowditch in his original translation

BB: Brasseur de Bourbourg

EBA: notes by Miss E. B. Adams

G: Jean Genet

MS: the Landa manuscript

N: Landa given in note

PM: Pérez Martínez

RAE: Real Academia Española(www.rae.es)

RD: Rada y Delgada

RY: Relaciones de Yucatán

SA: Scholes-Adams edition of the Quijada Papers and DHY to Documentos para la historia de Yucatán

WG: William Gates

Y: the Yucatecan edition of Rosado Escalante and Ontiveros

목차

1

유까딴에 대한 묘사
- 다양한 계절에 대하여

에스빠냐 정복 시기 유까딴반도의 정치 단위를 보여 주는 지도

1-1 유까딴[1]은 일부 사람들이 생각했던 것처럼 섬도 아니고[2] 바다로 향해 있는 곶(串)도 아니다. 이곳은 육지인데 꼬또츠(Cotoch)곶[3]의 골포 둘세(Golfo Dulce) 앞 바다로 난 아쎈씨온만(Bahía de la Ascensión, 승천灣)을 통해서 바닷물이 들어오기 때문에 외형적으로만

그렇게 보일 뿐이다. 또한 다른 방면인 멕시코[4] 쪽으로 깜뻬체(Campeche)[5]에 이르기 전까지 데스꼬노씨다(Desconocida)라고 (불리는) 지역[6]이 형성하는 곶으로, 혹은 뿌에르또 레알(Puerto Real)과 도스 보까스(Dos Bocas)[7] 쪽으로 호수가 펼쳐지면서 바다가 이어지기 때문에 (유까딴이 마치 섬이나 곶처럼 보일 뿐이다).[8]

1-2 이곳은 산지가 없는 매우 평평한 땅이다.[9] 그래서 [해안가에] 아주 가까이 가기 전까지 선상에서 (이 땅을) 발견하기란 쉽지 않다. 그렇지만 예외적으로 깜뻬체와 참뽀똔(Champotón)[10] 사이에는 낮은 언덕[11]들이 보이며 그중에는 모로 데 로스 디아블로스(Morro de los diablos)[12]라고 불리는 작은 봉우리가 있다.

1-3 [유까딴]은 베라끄루스(Veracruz)[13]에서 까또체(Catoche)[14]곶 쪽으로 (각도상) 20도 미만의 지점에 있고, 뿌에르또 레알의 강어귀 쪽으로는 23도가 조금 넘는 지점에 있다. 이 땅의 끝과 끝 지점을 연결하는 직선거리[는] 130레구아(legua)[15] 정도 된다.

1-4 이곳의 해안은 (수심이) 낮아서 규모가 큰 선박들은 육지에서 어느 정도 거리를 두고 항해한다.

1-5 해변은 굉장히 지저분하고 암초와 거친 돌로 가득해서 선박의 줄을 많이 상하게 한다. 그러나 진흙[16]이 많아서 해안에서 배가 좌초된다고 하더라도 인명의 손실이 적다.

1-6 이곳은 조수간만의 차가 매우 크다. 특히 깜뻬체만(Bahía de Campeche)이 더욱 그러해서 많은 경우에 반 레구아[17] 정도가 물에 잠기지 않는 곳들도 있다.

1-7 이러한 커다란 조수간만의 차로 갯벌과 해초 그리고 웅덩이에는 작은 물고기가 많이 있다. 그리고 이를 이용하여 많은 사람이 살아간다.

1-8 유까딴반도를 횡단하는 조그마한 산맥이 있는데, 이 산맥은 참뽀똔[18] 근처에서 시작해서 참뽀똔의 반대편 끝 지점에 있는 살라망까(Salamanca)[19] 마을에까지 이른다.

1-9 이 산맥은 유까딴을 (남북의) 두 지역으로 갈라 놓는다. 남쪽의 라깐돈(Lacandón)과 따이사(Taiza) 방면으로는 비가 올 때만 물을 구할 수 있어서 물 부족으로 사람들이 살지 않는다.[20]

다른 북쪽 방면으로는 사람들이 살고 있다.

1-10　이 땅에는 태양이 타는 듯한 더위가 계속되지만, 산들바람이나 동풍과 같은 시원한 바람이 항상 많이 불고, 오후에는 바닷바람이 불어온다.

1-11　이곳 사람들은 장수(長壽)하는데, 140세에 이르는 노인도 있었다.

1-12　겨울은 프란씨스꼬 성인(San Francisco)의 축일[21]에서부터 시작되어 3월 말경까지 계속된다.[22] 이 시기에는 북풍이 불어오며 사람들의 복장이 형편없어서 심한 감기와 열병에 걸리게 된다.

1-13　1월 말부터 2월 사이에는 태양이 작열하는 짧은 여름 같은 기간이 있다. 이때는 비가 내리지 않지만 초승달이 뜨는 무렵부터 (다시 비가 내리기 시작한다).

1-14　우기는 4월에 시작해서 9월까지 이어지고[23] 이 시기에 모든 농작물의 파종이 이루어진다. 이렇게 우기가 계속되는 동안에도 농작물들은 결실을 맺는다; 프란치스코 성인의 축일을 전후하여 특정한 종류의 조생종 옥수수를 파종한다.

---

1 멕시코의 동남쪽에 있는 반도로 총면적이 180,000제곱킬로미터에 이른다. 현재의 멕시코 행정구역상 유까딴, 낀따나루, 깜뻬체주(州)에 걸쳐 있다.

2 실제로 유까딴은 면적이 한반도의 2/3 정도 되는 커다란 반도로 섬이 아니다. 대략의 면적을 보면 한반도는 220,847제곱킬로미터이고 유까딴반도는 180,000제곱킬로미터이다. 그러나 정복기와 식민지 초기의 상당 기간 이곳은 섬으로 오해를 받았다. 처음으로 이곳이 섬이라는 착각을 발생시킨 사람은 안똔 데 알라미노스(Antón de Alaminos)이다. 그는 15–16세기의 사람으로 콜럼버스라고 알려진 끄리스또발 꼴론(Cristóbal Colón)의 마지막 항해와 후안 폰쎄 데 레온(Juan Ponce de León)의 플로리다(Florida) 항해, 프란씨스꼬 에르난데스 데 꼬르도바(Francisco Hernández de Córdoba)의 항해, 후안 데 그리할바(Juan de Grijalva)와 에르난도 꼬르떼스(Hernando Cortés)의 항해에서 항해사로 활동했던 사람이다. 즉 에스빠냐 사람들이 처음으로 유까딴과 아메리카 대륙을 정복했던 시기에 그는 이 지역에 대하여 거의 유일하다고 할 수 있을 정도로 경험을 독점하고 있었다. 그런데 그가 떼르미노스 호수(Laguna de Términos)를 본토와 분리된 육지 사이에 끼어 있는 긴 바다로 착각하는 바람에 유까딴이 섬으로 잘못 인식되게 되었다. 이것이 원인이 되어 유까딴반도는 상당 기간 섬이라는 오해를 받아 왔다. 이러한 오해는 1523년 12월 8일 몬떼호에게 보낸 까를로스 5세(Carlos V)의 문서에서도 발견된다. 이후 1527년에 제넷(Genet)이 지도상에 처음으로 유까딴을 본토의 일부로 그렸으나 귀엘모 니콜라이(Gulielmus Nicolai)에 의하면 유까딴이 섬이라는 잘못된 인식은 1603년까지 부분적으로 계속되었다. 에르난데스 데 꼬르도바의 항해 요원이던 베르날 디아즈(Bernal Díaz)는 다음의 글을 남겼다. "항해사인 안똔 데 알라미노스로 인하여 이곳을 섬이라고 여긴 우리는 주의를 기울여 낮에만 항해하였고, 밤에는 계속 정박해 있기만 하였다." 반면 연대기 학자이자 선교사인 또르께마다(Torquemada)는 유까딴에 대하여 다음처럼 묘사하였다. "어떤 사람들은 유까딴을 깜뻬체(Campeche)와 참뽀똔(Champotón)이라고 부른다. 물론 같은 방면으로 (바다가 있는 것은) 아니지만 유까딴은 에스빠냐처

럼 삼면이 바다로 둘러싸여 있고 그보다 더 길게 돌출되어 있어서 마치 섬처럼 보이기도 한다. 동쪽·서쪽·북쪽은 바다로 둘러싸여 있으며 남쪽은 본토와 이어져 있다. 또한 남북의 길이는 매우 길지만 동서의 길이는 100레구아(약 419킬로미터 혹은 557킬로미터)가 되지 않는다"(Torquemada, 19, XIII, Tozzer, 3).

3 꼬또츠곶(串)은 유까딴반도의 북동쪽 끝에 위치해 있고, 바다와 가장 근접해 있다. 따라서 당시 에스빠냐 사람들의 주둔지였던 쿠바섬에서부터 항해를 하면 가장 먼저 마주하게 되었다. 주변이 바다와 육지의 경계를 이루고 석호와 늪지대를 형성하고 있다.

유까딴반도의 지도

4 멕시코(México), 메히꼬(México), 메시까(Mexica)는 우리에게 일반적으로 알려진 아즈떼까(Azteca)족을 일컫는다. 메시까라는 말은 상대적으로 낯설게 들리지만, 아직 우리나라에 잘 소개되어 있지 않을 뿐 많이 쓰이는 용어이다. 역사적으로도 그들을 메시까로 부르는 것이 더욱 정확한 표현이다.

메시까의 어원을 살펴보면 단어의 어미인 '까(-ca)'가 장소를 나타내는 접미사라는 점에서 이견이 없다. 그러나 그 어원을 구성하고 있는 '메시(Mexi)'나 '아즈떼(Azte)'는 다른 특별한 뜻을 갖지 않은 듯하다(Simeon, 51, 271). 고유명사로서 일정한 장소를 가리키는 지명이나 한 족속의 이름일 것이라는 의견 외에 신빙성 있는 다른 어학적인 분석이 현재까지 제기되지 않았다. 결국 이들의 어학적인 분석은 우리의 논의에 큰 의미를 주지 못한다. 그렇지만 이러한 말들이 쓰이게 된 배경과 연관된 이들의 국가 건설에 얽힌 전설들은 우리에게 그 기원을 생생하게 설명해준다.

이러한 전설들과 멕시코 국립인류학박물관(Museo Nacional de Antropología)에 소장되어 있는 꼬디쎄 보뚜리니(Códice Boturini)에 의하면 호수에 둘러싸인 섬이었던 아즈뜰란(Aztlán)에는 일곱 개의 부족이 살았다. 그중 한 부족은 아즈뜰란에 사는 사람이라는 뜻으로 아즈떼까라고 불렸다. 아즈떼까라는 말의 기원을 바로 여기서 발견할 수 있다. 어느 날 아즈떼까족은 그들의 수호신인 우이칠로뽀츠뜰리(Huitzilopochtli)의 계시에 따라 섬을 버리고 행복을 약속하는 새로운 땅을 찾아 나서게 되었다. 이곳저곳을 돌아다니다가 우여곡절 끝에 뚤라(Tula)와 차뿔떼뻭(Chapultepec)을 거쳐 지금의 멕시코 수도의 중심에 정착하게 되었다. 즉 신의 계시와 인도에 따라 유랑하였고, 새로운 땅에 정착하게 된 것이다. 그런데 그 과정에서 신이 명령을 내렸다. 그들은 이미 아즈뜰란을 떠난 사람들이기 때문에 아즈떼까라는 말을 사용하지 말고 이제부터는 새로운 이름인 메시까라는 말을 사용하라는 지시였다. 이러한 지시와 함께 신은 날아가는 독수리를 가리키며 "저 독수리가 뱀을 물고 선인장 위에 앉는 곳에 정착하라"고 말하였다. 메시까라는 새로운 이름을 받게 된 사람들은 신의 말을 따랐다. 즉 현재 멕시코 수도의 중앙광장인 소깔로(Zócalo)가 바로 전설의 독수리가 뱀을 물고 선인장 위에 앉은 곳이라는 말이다. 그것은 기원후 1325년의 일이다(Matos, 31-51).

위에서 언급된 전설을 바탕으로 다시 한 번 메시까와 아즈떼까라는 말을 살펴보면 원래 메시까 사람들은 에스빠냐 사람들이 이곳을 침략할 당시에 그들이 살던 현재의 멕시코 수도에 살지 않았다. 처음에는 '아즈뜰란'이라는 곳에 살았고, 이러한 이유로 '아즈뜰란에 사는 사람들'이라는 뜻의 '아즈떼까'라고 불렸다. 그러나 그들은 그곳을 떠나 이주하였고, 도중에 수호신의 명령에 따라 자신들의 이름을 메시까로 바꾸었다. 따라서 수도에 정착하기 이전에 유랑생활을 할 때부터 그들은 자랑스럽게 줄곧 자신들을 메시까라고 불렀다. 그리고 국가 형성기에서부터 유럽의 정복에 의한 멸망이 있을 때까지도 계속해서 그 이름을 사용하였다. 모든 사료에 그렇게 기록되었고, 지금까지도 그들은 스스로 메시까라고 부른다. 그러나 이러한 아즈뜰란의 이야기가 전설이라는 점에서 그들이 '아즈떼까'라고 불린 적이 전혀 없었을 가능성도 존재한다. 결국 실질적인 역사 속에서 그들은 항상 메시까라는 이름을 가지고 있었고, 현재까지도 그들의 후손에 의하여 그렇게 불리고 있다. 그런데 19세기 들어 기원은 불분명하지만, 일부 사람들 사이에 특별한 근거 없이 '아즈떼까'라는 말이 사용되었다(Escalante, 19). 그리고 이 말이 굳어져서 이제는 많은 사람이 이 두 단어를－아즈떼까와 메시까－특별한 비판 없이 동의어로 사용하고 있다. 즉 오늘날 두 단어가 완전히 똑같은 의미로 사용되고 있다. 위에서 설명한 것처럼 이들을 '아즈떼까'라고 불러야 할 이유는 없다. 다만 현재 많은 사람 사이에서 그렇게 불리고 있으므로 실용적인 측면에서 본다면 그러한 용어로 불릴 수도 있다는 것이 나름의 타당성을 갖는다. 그러나 이 또한 완전한 설득력을 가지고 있지 못하다. 왜냐하면 메시까라는 말도 아즈떼까만큼이나 잘 알려진 단어이기 때문에－우리나라에서는 예외지만－아즈떼까라고 부를 만한 명분이 더욱 없는 셈이다. 게다가 요즘 메시까의 나라인 멕시코를 중심으로 '아즈떼까' 대신에 '메시까'라는 말을 쓰자는 움직임이 학계를 비롯한 일반에 존재한다. 결론적으로 말하면 앞으로는 메시까라는 용어를 사용하는 것이 더 바람직하다.

5 멕시코 영토에 속한 주(州)의 이름으로 유까딴반도의 서쪽에 위치하고 멕시코만에 접한 해안선을 끼고 있다. 이 때문에 초기 정복자들이 쿠바에서 유까딴반도를 거쳐 메시까를 정복하였을 때 그 중간 기착지점이 되기도 하였다. 식민지 시대에는 염료용 나무와 소금 등을 수출하던 중요한 항구였고, 지금은 멕시코의 원유 수출 중심지로 발전하였다.

6 이 문장의 해석에는 다소 논란의 여지가 있을 수 있다. '데스꼬노씨다'가 특정한 장소 즉 특정한 '곶(串)'의 이름일 가능성이 크다. 이 책 본문에서도 이처럼 번역하였다. 그러나 그 문어적인 뜻처럼 '알 수 없는 곳'이라는 불특정한 장소를 가리킬 가능성도 존재한다.

7 뿌에르또 레알은 까르멘섬(Isla de Carmen)의 동쪽에 있는 또 다른 섬으로 떼르미노스 호수를 에워싸고 있고 현재는 육지로 연결되었다. 빠소 레알(Paso Real)은 까르멘섬과 뿌에르또 레알섬 사이의 해협(海峽)을 가리킨다. 도스 보까스는 까르멘섬과 시깔랑고(Xicalango) 사이 그리고 리오 데 산 뻬드로 산 빠블로(Rio de San Pedro y San Pablo) 사이의 시작점이 되는 뿌에르또 데 떼르미노스(Puerto de Términos)를 지칭하는 것으로 보인다. 그리할바(Grijalva)의 서쪽으로는 도스 보까스라고 불리는 강이 있다(Tozzer, 3).

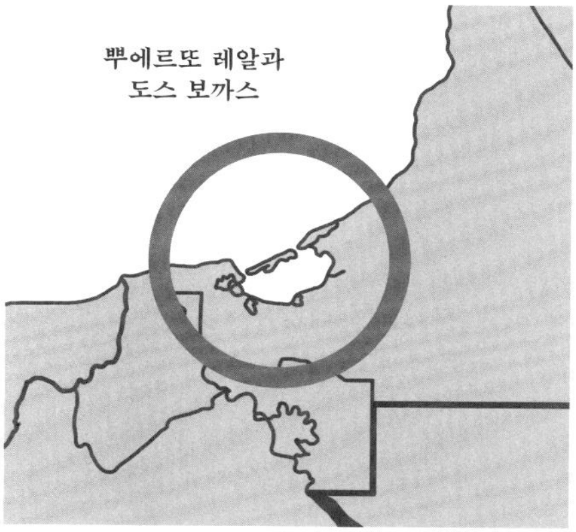

유까딴반도 좌측 하단

8 이미 앞선 주에서도 언급하였듯이 유까딴반도의 지도를 보면 꼬또츠곶(串) 혹은 까또체곶(串)에는 바다와 육지가 어우러져 있다. 또한 란다의 묘사처럼 그곳에서부터 서쪽으로 해안을 따라 항해를 계속하면 바다와 육지가 어우러진 지형을 여럿 발견하게 된다. 결정적으로 유까딴반도가 시작되는 지점이자 끝나는 지점이라고 할 수 있는 까르멘섬(Isla del Carmen) 안쪽의 떼르미노스 호수로 마치 유까딴반도 전체가 바닷물로 둘러싸여 있는 듯한 착각을 하게 된다.
란다는 유까딴반도를 섬으로 착각하게 되는 이유에 대하여 설명하면서 꼬또츠곶(串)을 중심으로 동서의 두 지역으로 나누어 이야기하였다. 문장의 앞부분에서는 동쪽으로 아쎈씨온(승천)만에 이르는 곳에 대하여 설명하였고, 문장의 뒷부분에서는 서쪽인 깜뻬체 방향에 대하여 설명하였다.

9 유까딴은 산이 없는 열대 평원 지역으로 거의 모든 곳에서 지평선이 끝없이 펼쳐진 경관이 연출된다. 따라서 마야의 피라미드 위에 올라서면 이러한 경관이 장관을 이루는 것을 감상할 수 있다. 란다는 이 책 42장(42-2)에서 다음처럼 말하였다. "나는 이 작은 예배당의 꼭대기까지 올라가 보았다. 유까딴은 평원이기 때문에 이곳에 오르면 시야가 닿는 데까지 땅이 경이롭게 펼쳐지며 바다가 내려다보인다."

10 유까딴반도의 남서부에 있는 항구도시.

11 인디오들 말로 '높은 산(Sierra alta)'은 '우이츠(Uitz)'라고 불린 반면, '낮은 산 혹은 언덕(Sierra baja)'은 '뿌욱(Puuc)'이라고 불렸다. 따라서 중부 마야 지역에 있는 해발고도 1,000미터를 웃도는 산악지대의 산은 '우이츠'라고 불리고, 북부 마야 지역에 드물게 존재하는 낮은 구릉은 '뿌욱'이라고 불린다.

12 마리아 델 까르멘 레온(María del Carmen León)은 "… y Champotón donde se miran unas serrezetas y un Morro de ellas que llaman de los diablos"의 문장에서 'un Morro'가 '작은 산' 혹은 '뾰족하게 나온 봉우리'를 뜻하기 때문에 'un morro'와 같이 소문자로 표기하는 것이 옳다고 주장하였다. 'los diablos'는 지명을 나타내는 고유명사로 보이므로 'los Diablos'와 같이 대문자로 표기하는 것이 옳다고 하였다. 또한 '로스 디아블로스(los diablos)'라는 지명은 에스빠냐어로 '악마'라는 뜻이 있으나 이러한 뜻과는 무관하게 에스빠냐어가 아닌 마야 원주민들의 언어에서 기원하였을 가능성도 존재한다고 하였다(개인 인터뷰). 여기서의 'Morro'라는 단어는 '봉우리' '언덕' '큰 돌'과 같은 의미를 지니기 때문에 'un Morro de ellas que llaman de los diablos'는 '로스 디아블로스라는 이름의 봉우리'라는 뜻으로도 해석될 수 있다. 그러나 '모로 데 로스 디아블로스'라는 말 자체가 대명사화된 것으로도 볼 수 있고, 실제로 '모로(Morro)'가 대문자로 표기되어 있는 점을 고려하여 봉우리의 이름을 '모로 데 로스 디아블로스'로 번역하였다.

13 베라끄루스는 멕시코만 중앙에 있다. 이곳은 아메리카 대륙 최초의 항구라고 할 수 있다. 멕시코로 들어가는 관문으로 식민지 시대뿐만 아니라 독립 이후에도 멕시코와 유럽을 연결하는 가장 중요한 항구의 역할을 담당하였다.

14 앞 문장에는 '꼬또츠'로 표기된 반면에 이 문장에는 '까또체'로 표기되었다. 이것은 저자인 란다나 육필 원고를 작성한 사람의 실수 혹은 혼동으로 보인다.

15 130레구아는 약 545킬로미터 혹은 725킬로미터이다. '레구아(legua)'는 식민지 시대의 거리 단위로 16세기 에스빠냐 왕실의 1레구아는 5.572킬로미터의 값을 갖는다. 그러나 토설은 1레구아를 4킬로미터로 계산하였다. 한편 이 거리 단위는 '사람이 한 시간에 갈 수 있는 거리'라는 개념에서부터 시작되어 초기에는 약 4.19킬로미터의 거리로 계산되었다. 그러나 지형과 상황에 따른 변수가 많았기 때문에 이것 역시 정확한 것은 아니었다. 특히 바다의 1레구아는 더욱 길고 차이가 심했다는 것을 간과해서는 안 된다. 이렇듯 이 거리 단위를 오늘날의 거리 단위로 환산하는 데는 각별한 주의가 필요하다. 이 책에 대한 다른 사료들과의 비교 결과 1레구아를 4.19킬로미터로 보는 것이 현실의 거리에 더 가까운 것으로 판단된다. 따라서 본 번역본에서는 1레구아를 4.19킬로미터의 값으로 우선 적용하였고, 참고로 5.572킬로미터의 값을 함께 표시하였다.

16 가리바이본에는 이 부분이 'lama'로 표기되었다. 이것은 '가지' '해초' '진흙' 등의 의미이다. 따라서 '해초가 많다'라는 해석도 가능하다. 토설본(3)에는 다음처럼 번역되었다. "… the buttom is so smooth" 여기서 란다는 수심이 낮은 일종의 갯벌과 같은 지형을 언급한 것으로 보인다.

17 약 2.1킬로미터이다. 거리 단위인 레구아에 대해서는 1장(1-3)의 주에서 자세하게 설명하였다.

18 유까딴반도 남서부의 항구도시.

19 현재 멕시코 유까딴반도 체뚜말(Chetumal)을 가리키는 것으로 보인다. 란다는 이 책에서 살라망까라는 지명을 여러 번 언급하였으나 본문 전체를 통틀어 이곳에서만 유일하게 살라망까의 위치를 이야기하였다. 보통 정복자들은 본인이 정복한 땅에 직접 지명을 붙였는데, 몬떼호는 그의 태생지인 살라망까 도시의 이름을 유까딴의 여러 지명으로 사용하였다. 이러한 이유로 이 사료에 언급된 살라망까가 어느 지역의 살라망까를 지칭하는 것인지 분명하지가 않다(Tozzer, 3-4). 그렇지만 이야기의 정황상 그리고 위치상 현재의 체뚜말을 가리킨다고 보는 것이 자연스럽다. 당시에 붙여진 지명이 현재까지 그대로 사용되는 경우가 많아 혼란을 야기하기도 한다. 이러한 에스빠냐식 지명에 원래 원주민들이 사용하던 지명을 결합하여 부르는 경우도 많이 있다. (한 예로 산 뻬드로 약스까바(San Pedro Yaxcabá)를 들 수 있다.) 여기에 등장하는 살라망까도 에스빠냐식 이름인 살라망까에 원주민 지명인 체뚜말을 붙여 살라망까 데 체뚜말이라고 불렸으나 이후로는 체뚜말로 굳어지게 되었다.

20 따이사는 현재 과테말라 북부 지방의 멕시코와 국경을 인접한 지역을 가리킨다. 마야 원주민들이 에스빠냐의 정복을 피해서 자리 잡았던 곳을 지칭할 가능성이 크다(Tozzer, 4). 현재 이 지역 주변으로는 마야의 최대 유적지 중 하나인 띠깔(Tikal)이 있고, 환경적으로는 인간이 접근하기 힘든 열대우림의 밀림 지대가 형성되었다. 이러한 이유로 에스빠냐의 정복을 피해서 이곳에 들어와 살던 마야 원주민들을 정복하는 데만 거의 200여 년의 시간이 걸렸

다. 이들은 뻬뗀 이차(Petén Itzá)라는 호수 주변에 있는 따야살(Tayasal)을 거점으로 활동하였다. 1697년 3월 13일 마르띤 우르수아(Martín Ursúa) 장군이 거느린 에스빠냐 병사들이 마야의 마지막 저항지를 피로 물들임으로써 마야의 공식적인 역사는 막을 내리게 된다(송영복, 2005, 323). 그런데 라깐돈 지역의 주변으로는 수량이 풍부한 우수마씬따(Usumacinta)강이 흐르고, 정복 이전부터 마야의 도시들이 발달되었다. 따라서 이곳에 물이 부족했기 때문에 사람이 살지 않았다는 란다의 설명은 납득하기 어렵다. 한편 로이스(Roys)는 이러한 이유를 들어 란다가 뻬뗀 호수의 북쪽에 있는 건조한 지역에 대하여 언급한 것이라고 하였다(Means, 1917 참조, Tozzer, 4).

21 12-13세기에 활동한 이탈리아 출신 성인의 축일을 가리키며 날짜는 10월 4일이다. 이 성인은 방지거, 프란체스고, 프란체스꾸스, 프란체스코, 프란체스쿠스, 프란치스꼬, 프란치스꾸스, 프란치스쿠스, 프랜시스, 프란시스코 등으로 언어와 지역에 따라 다르게 불렸다.
일반적으로 이 책뿐만 아니라 당시의 다른 사료들을 보았을 때 이러한 성인의 축일이 날짜를 표시하는 중요한 기준점이 되었던 것을 종종 확인할 수 있다.

22 유까딴반도의 날씨는 평균 섭씨 20도 후반으로 온화하다. 일 년 중 8개월가량은 비가 오지 않고, 4개월의 우기에 집중적으로 스콜성 강우를 보인다. 가장 추운 달인 1월에는 섭씨 20-28도를 유지하며, 가장 더운 7월에는 섭씨 24-33도의 분포를 보인다.

23 현재의 유까딴반도 기후도 이와 어느 정도 유사하여 6-9월까지 집중적인 강우를 보인다.

2

지역 이름의 유래와 이곳의 사정

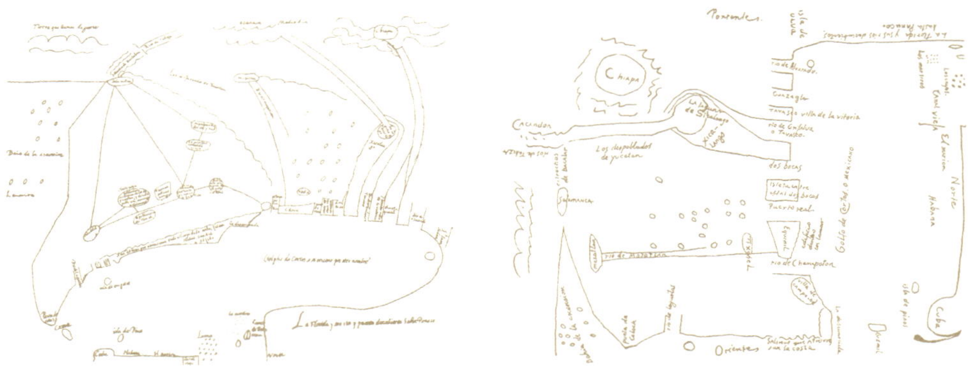

란다의 저술에 첨부된 유까딴반도의 개략적인 스케치(좌), 유까딴반도와 그 주변 지역에 대한 설명(우)

2-1 이 지방은 인디오들 말로 칠면조와 사슴의 땅이라는 뜻의 울루우밀 꾸츠 예뗄 쎄(Uluumil cutz yetel ceh)[1]라고 불린다. 또한 앞서 이야기하였듯이 만(灣)과 강어귀로 인하여 사람들이 착각하는 바람에 섬이라는 뜻의 뻬뗀(Petén)[2]이라고 불리기도 하였다.

2-2 프란씨스꼬 에르난데스 데 꼬르도바(Francisco Hernández de Córdoba)[3]는 그가 이 땅

에 도착해서 내린 곳(串)을 꼬또츠곶이라고 불렀고, 그곳에서 만난 몇 명의 인디오 어부들에게 여기가 어디냐고 물었다. 그들이 대답하기를 우리의 집과 우리의 조국이라는 뜻의 꼬또츠라고 하였는데[4], 이를 계기로 이 곳의 이름은 꼬또츠라고 불리게 되었다. 계속해서 손짓과 발짓으로 당신들의 땅이 어떠냐고 물어보니 그들은 그렇게 말한다[5]라는 뜻의 씨우딴(Ciuthan)이라고 대답하였다; 에스빠냐 사람들은 이 땅을 유까딴이라고 불렀고[6], 이러한 이야기는 처음으로 총독과 함께했던 블라스 에르난데스(Blas Hernández)라는 어느 늙은 정복자에 의해 전해지게 되었다.

2-3 유까딴의 남쪽에는 따이사강들과 라깐돈산맥들이 있고, 남쪽과 서쪽 사이에는 치아빠[스](Chiapa[s]) 지역이 자리한다. 이 지역을 지나려면 산에서 내려오는 네 개의 강을 가로질러야 하는데, 이 네 개의 강은 다른 강들과 합류하여 그리할바[7]가 따바스꼬(Tabasco)에서 발견한 산 뻬드로 산 빠블로(San Pedro y San Pablo)[강[8]을] 이룬다; 서쪽에는 시깔랑고(Xicalango)[9]와 따바스꼬가 있는데, 이 둘은 같은 지역이다.

2-4 따바스꼬와 유까딴 사이에는 바다와 만나는 두 개의 강 하구가 있다. 그중 큰 것은 폭이 1레구아[10]이고, 다른 하나는 그렇게 크지 않다.[11]

2-5 이러한 강 하구들을 통하여 바닷물이 세차게 들어와 커다란 호수를 이루는데, 이곳에는 온갖 종류의 물고기가 많이 산다. 또한 작은 섬들이 빼곡하게 들어차 있어서 인디오들은 나무들에 표시를 해 놓아 유까딴과 따바스꼬를 오가는[12] 배들의 이정표로 삼는다[13]; 이 섬들과 해변 그리고 백사장에는 수많은 종류의 바닷새가 있다. 새들은 탄성이 절로 나올 만큼 굉장히 아름다우며; (이곳에서) 돼지[14], 사슴, 토끼 같은 이 지방 특유의 동물들과 유까딴에는 없는 원숭이들을 마음껏 사냥할 수 있다.

2-6 놀라울 정도로 많은 이구아나[15]를 볼 수 있다. [작은 섬들] 중에는 띡스첼(Tixchel)[16]이라고 불리는 마을이 있다.

2-7 (유까딴의) 북쪽에는 쿠바섬이 있고, 바로 맞은편으로 60레구아쯤 떨어진 곳에는 아바나(Habana)가 있다.[17] 여기서 조금만 더 가면 삐노스(Pinos)라고 하는 쿠바에 속한 작은 섬이 나온다.

2-8 (유까딴의) 동쪽으로는 온두라스(Honduras)가 있고, 온두라스와 유까딴 사이에는 그리할바가 아쎈씨온(승천)만이라고 이름 붙인[18] 아주 커다란 강어귀가 있다. 그곳에는 조그만 섬들이 아주 많아서 배들이 침몰하기 쉬운데[19], 특히 온두라스와 유까딴을 오가며 무역을 하던 배들이 (많은 피해를 입었다); 약 15년 전에 옷과 많은 사람을 실은 배 한 척이 침몰한 적이 있다. 그때 마후엘라스(Majuelas)와 네 명을 제외한 다른 모든 사람이 익사하였다. (마후엘라스와 네 명의 사람들은) 나무로 된 커다란 배 조각을 부둥켜안고 표류하며 삼사일 동안 작은 섬에조차 닿지 못한 채 그저 헤매기를 반복하였다. (결국) 다른 네 명은 모두 힘이 빠져 익사하였고, 마후엘라스만 초죽음 상태가 되어 가까스로 (물 밖으로) 나올 수 있었다. 그는 조개와 소라를 먹으며 점차 의식을 회복했고; 있는 힘을 다해 나뭇가지로 뗏목을 만들어 작은 섬에서 육지로 건너가는 데 (성공하였다); (그러나) 육지에 도달한 후 해안가에서 먹을 것을 찾던 중에 바닷게한테 물려 엄지손가락의 첫 번째 관절까지 잘리는 아주 큰 고통을 맛보았다.

(갖가지 불운으로) 조심스러워진 마후엘라스는 살라망까[20] 마을 쪽의 험준한 숲으로 향하였다. 날이 저물자 나무 위로 올라갔는데, 거기서 커다란 호랑이[21] 한 마리가 암사슴의 뒤를 슬그머니 쫓아가 잡아먹는 것을 보았다. [다음 날] 아침 그는 남겨진 (고기를) 먹었다.

2-9 유까딴 아래쪽의 꼬또츠곶 맞은편에는 꾸스밀(Cuzmil)[22]이 있다. 바다로 인하여 형성된 5레구아[23]의 상당히 빠른 해협이 (꾸스밀섬과 꼬또츠곶) 사이를 (관통한다).

2-10 꾸스밀은 길이 15레구아, 폭 5레구아인 섬으로[24] 유까딴의 언어와 풍습을 지닌 적은 수의 인디오들이 산다. 또한 이 섬은 적도로부터 20도가량 떨어진 지점에 있다.

2-11 여인들의 섬(Isla de las Mujeres)[25]은 꼬또츠곶으로부터 13레구아[26] 정도 아래쪽에 위치하며, 에깝(Ekab) 맞은편으로는 육지에서부터 2레구아[27] 정도 떨어진 지점에 있다.

1 로쓰로프(Lothrop)(1924, 10)는 '울루우밀 꾸츠 예뗄 쎄' 라고 불리는 이곳의 지명이 성서의 '젖과 꿀이 흐르는 땅'과 비견되는 용어라고 하였다. 한편 안코나(Ancona)(1:40-1)는 사슴이라는 뜻의 '쎄(Ceh)' 음절이 붙은 '쎄뻬츠(Cehpech)' '아깐쎄(Acanceh)' '우아얄쎄(Uayalceh)'와 같은 말이 사슴이 많은 유까딴 지역을 일컫는다고 하였다(Tozzer, 4). 그러나 여기서 란다가 언급한 '울루우밀 꾸츠 예뗄 쎄'가 당시의 유까딴을 가리키던 일반적인 지명이었는지는 확실하지 않다.

2 '뻬뗀'은 '섬'이라는 뜻 외에도 '근처' '지역' '지방'이라는 뜻이 있다. 또한 '섬처럼 바다에 인접한 평평한 땅'을 가리키는 구체적인 단어도 될 수 있다(Diccionario Maya, 648).

3 프란씨스꼬 에르난데스 데 꼬르도바는 최초로 마야와 메소아메리카 지역을 탐험한 사람으로 1517년 3척의 배와 100여 명의 선원을 이끌고 마야 지역에 들어왔다. 그러나 인디오들과의 전투에서 패배한 후 쿠바로 되돌아갔다.

4 당시 정복자들의 일원으로 현장에 있던 베르날 디아즈(Bernal Díaz)는 정복 이후 당시의 상황을 기술한 저술에서 란다가 언급한 만남(마주침)에 대하여 다음처럼 묘사하였다. "다음 날 아침 촌장은 12척의 커다란 카누를 이끌고 배로 돌아왔다. …그러고는 …우리가 그의 마을로 함께 가도 좋다는 손짓을 하였다. …계속해서 그는 인디오들 말로 '우리 마을로 오라'는 뜻의 "꼬네스 까또체(Cones catoche)" "꼬네스 까또체"라고 하였다. 이러한 까닭에 우리는 이 땅을 까또체곶(Cape Catoche)이라고 부르게 되었다. 그리고 문서에도 까또체곶으로 기록하였다." 반면에 꼬르도바가 에깝(Ecab) 마을의 원주민들에게 질문하였을 때 원주민들은 '저곳이 우리의 집이다'라는 뜻의 "에깝 꼬또츠(Ecab c'otoch)"라고 대답하였다. 제넷(Genet)(1928-9, 1:28)은 이것을 두고 에스빠냐 사람들이 이 말을 '꼬또츠곶(El cabo de cotoch)'으로 이해했을 것이라고 주장하였다(Tozzer, 4). 한편 로이스(Roys)는 이 곶(串)이 인디오들 말로 '에깝' 혹은 '에깝(Ekab)'으로 불렸을 것이라고 하였으며, '벼랑' '낭떠러지' '융기'라는 뜻의 '에깝(Ecab 혹은 Ekab)'이라는 말에서 유래하여 이 지역 전체가 그렇게 불렸을 것이라고 추정하였다(Tozzer, 4).

5 가리바이본에는 "dícenlo"로 표기되었다. 당시 다른 사료들의 정황상 이 말은 인디오들 말로 "무슨 이야기를 하는 겁니까?(Tectetán)"라는 의문문이 될 가능성도 존재한다. 즉 에스빠냐 사람들이 인디오들에게 에스빠냐어로 물어보니 인디오들이 "당신들 말을 알아듣지 못하겠다."라는 대답을 한 것으로도 추측할 수 있다. 바로 이어지는 주에서 이와 같은 내용을 확인할 수 있다.

6 '유까딴'이라는 지명의 어원에는 다양한 가능성이 존재한다. 에스빠냐 사람들은 처음 이 땅을 '이슬라 데 산따 마리아 데 로스 레메디오스(Isla de Santa María de los Remedios, 산따 마리아 데 로스 레메디오스섬)'로 불렀다. 16세기 정복자 가운데 한 사람인 베르날 디아즈(Bernal Díaz)는 이와 관련하여 꼬르도바의 탐험에 대하여 다음처럼 이야기하였다. "(인디오들은) 그 뿌리를 가지고 까사베(Cazabe) 빵을 만드는 식물이 심어진 장소를 보여 주었다. 쿠바섬에서는 이것을 유까(Yuca)라고 불렀고, 인디오들은 이것을 심는 땅을 뜰라띠(Tlati)라고 불렀다. 이렇듯 유까(Yuca)와 뜰라띠(Tlati)가 합쳐져서 유까딴이 되는데(역주: 이 부분의 의미가 분명하지 않다. 유까(Yuca)와 뜰라띠(Tlati)가 합쳐진 말의 의미가 '유까딴'이라는 말의 의미와 상응하는 것인지 아니면 그 발음과 상응하는 것인지 분명하지 않다. 그러나 문어적으로는 그 의미가 상응한다고 기록되었다.) (당시 쿠바의 부왕으로 있던) 디에고 벨라스께스 데 꼬르도바(Diego Velázquez de Córdoba)가 인디오들과 대화할 때 그와 함께 있던 에스빠냐 사람들이 "대장님, 이 인디오들 말로는 그들의 땅이 유까뜰란(Yucatlán)이라고 불린다고 합니다."라고 이야기하였다. 그 바람에 (이 땅은 유까딴이라는) 이름으로 불리게 되었다. 그러나 (원래부터) 그렇게 불렸던 것은 아니다"(Díaz del Castillo, 13).
메리다 지역의 렐라씨온(Relaciones de Yucatán, 1:74-5)에는 다음의 내용이 언급되었다. "이곳에서 태어난 인디오이자 에스빠냐어를 읽고 쓰고 말할 줄 아는 가스빠르 안또니오 치는 인디오들의 고문서에서 이 땅이 '루끼딴(Luquitan)'으로 불렸다는 사실을 발견하였다. 그러나 시간이 지남에 따라 점차 변질되면서 오늘날에는 보통 유까딴으로 불리고 있다."
동일한 렐라씨온에서 다음의 기록을 확인할 수 있다. "에스빠냐 사람들이 "이곳의 이름이 무엇이냐?"고 묻자 인디오들은 '에깝이 어디냐?'는 말로 이해하였고, 손으로 가리키며 '저 앞에 있다'는 뜻의 "똘로끼딴(Toloquitan)"이라고 대답하였다. 그러자 에스빠냐 사람들은 인디오들이 이곳을 '루까딴(Lucatan)'이라고 부른다고 이해하였다."
로이스(Roys)는 '루끼딴(Luquitan)'을 비롯하여 앞서 언급된 이와 관련된 모든 지명은 '페커리(Peccary, Pécari: 아메리카 대륙에 분포하는 돼지 비슷한 동물)의 땅'을 뜻하는 '루움 씨딴(Luum citan)'이 잘못 사용된 것이라고 주장하였다.
또 다른 가능성으로 자주 제기되는 것 중의 하나는 원주민들이 에스빠냐 사람들에게 "당신이 무슨 말을 하는지 모르겠다."라고 말한 것이 잘못 받아들여지는 바람에 이곳이 '유까딴'으로 불리게 되었다는 것이다. 이와 관련하여 뻬츠(Pech MS)(Martínez H. ed., 27)에는 다음의 내용이 언급되었다. "배들이 깜뻬체 항구로 들어가는 입구에 나타났을 때 하얀색 깃발이 달린 창을 흔들라고 하였다. 그들은 장군에게 경의를 표하였다. 기독교인인 장군들이 어디에 사느냐고 묻자 인디오들은 이것을 이해하지 못하고 다음처럼 간단하게 대답하였다. "우리는 당신이 무슨 말을 하는지 모르겠다." 그 후로 에스빠냐 사람들은 이곳을 유까딴이라고 부르게 되었다"(Tozzer, 4–5). "우리는 당신이 무슨 말을 하는지 모르겠다."는 말은 인디오들 말로 '떽떼딴(Tectetán)'인데, 에스빠냐 사람들은 이곳을 그렇게 부른다는 것으로 잘못 이해하였고, 그 후 발음마저 변형되어 이곳의 지명이 '유까딴'으로 굳어지게 되었다는 것이다. 이처럼 '유까딴'의 어원은 상당히 다양하고, '마야(Maya)'라는 말의 어원 역시 분명하지가 않다. 인디오들이 원래 이 땅을 어떻게 불렀는지는 지금으로서 알 수 있는 방법이 없다. 최소한 이들을 통칭하여 '마야' 혹은 한 지역을 '유까딴'이라고 부르는 것처럼 정치·지리적으로 경계를 구분하여 부르는 하나의 통일된 이름은 존재하지 않았던 것으로 보인다.

7 참뽀똔에서 출발하여 따바스꼬의 서쪽 방면으로 계속 가다보면 떼르미노스 호수로 이어지는 빨리사다(Palisada)강과 산 뻬드로 산 빠블로강, 우수마씬따(Usumacinta)강, 그리고 오늘날 씨우닫 오브레곤(Ciudad Obregón)이라고 불리는 프론떼라(Frontera)의 해안 지방까지 이어지는 그리할바강과 같은 커다란 강들을 건너게 된다. 우수마씬따강과 그리할바강은 뜨레스 보까스(Tres Bocas)에서 합류하며, 두 강으로부터 형성된 지대는 간혹 따바스꼬로 일컬어진다. 원래 따바스꼬라는 이름은 이 지역의 초기 식민지 시대 이후로 전체 강을 일컫는 용어로 사용되었으나 나중에는 강의 이름이 이 지역을 발견한 그리할바라는 사람의 이름으로 대체되어 그리할바강으로 널리 불리게 되었다(Tozzer, 5).

8 가리바이본에는 '[el de] San Pedro y San Pablo'로 표기되었다. 여기서 'el'은 'río(강)'를 가리키므로 'río de San Pedro y San Pablo'인 셈이다. 이것은 두 개의 강 즉 '산 뻬드로(San Pedro)강'과 '산 빠블로(San Pablo)강'을 나타낼 수도 있지만 '산 뻬드로와 산 빠블로(San Pedro y San Pablo)강'이라는 하나의 강을 나타낼 수도 있다. '산 뻬드로와 산 빠블로의 날(El día de San Pedro y San Pablo)'이라는 말의 예에서도 볼 수 있듯이 '산 뻬드로'와 '산 빠블로'가 일반적으로 함께 사용되고, 두 단어가 합쳐져서 하나의 개념을 만드는 경우가 많으며, 문맥과 역사·지리적인 점을 고려해 보았을 때 두 개의 강이 아닌 하나의 강으로 보는 것이 더욱 타당하다고 여겨진다.

9 시깔랑고 지역은 메소아메리카문명의 교통과 무역의 중심지였다. 중앙고원 지역에서 발전한 떼오띠우아깐(Teotihuacán), 똘떼까(Tolteca), 메시까(Mexica, Azteca) 등의 문명권과 그보다 더욱 북쪽에 있는 북부 문화 그리고 현재의 미초아깐(Michoacán) 지방을 중심으로 발전한 따라스꼬(Tarasco) 문화 등이 남쪽의 멕시코만 문화, 마야, 그 밖의 다른 지역과의 연결에 중요한 역할을 담당하였다. 따라서 이 지역을 중심으로 다양한 문화들이 서로 왕래하고 소통하였다.
시깔랑고는 떼르미노스 호수 기슭의 서쪽에 있는 네 개의 강들 중 첫 번째 강의 동쪽에 있다. 이 호수는 에스빠냐의 정복이 있기 전부터 인디오들의 대규모 거래가 이루어지던 상업과 교통의 중심지였다. 에스빠냐 사람들이 멕시코에 도착했다는 소식도 시깔랑고를 통해서 멕시코 고원 지방에 처음으로 전해졌다. 정복 이후 에스빠냐어를 배워서 메시까에 대한 역사를 기록하였던 익스뜰릴소치뜰(Ixtlilxochitl)은 이와 관련하여 다음처럼 전하였다. "그들은 시깔랑고, 울루아(Ulúa), 참뽀똔, 특히 그리할바로 물물교환을 하러 가는 상인들로부터 에스빠냐 신부들이 멕시코에 도착했다는 소식을 전해 들었다. 이로써 인디오들은 장차 이 지역이 태양의 자손들에 의하여 지배를 받게 될 것이라는 조상들의 예언을 받아들이게 되었다(Chavero ed., 1: 335–6)"(Tozzer, 5).
토설이 설명한 익스뜰릴소치뜰의 이야기는 유럽인들의 아메리카 대륙 정복이 원래 이곳에 사는 사람들에 의하여 이미 예언되었다는 데 많이 인용되었다. 현재 멕시코 지역의 원주민들 사이에는 하얀 피부를 가진 사람들이 거대한 동물인 말을 타고 와서 원주민들을 지배하게 될 것이라는 전설이 있어 왔다. 그들을 지배하게 될 사람은 바로 자신들의 조상 중에서 고향을 떠났다가 다시 돌아올 것을 예언한 께찰꼬아뜰(Quetzalcoatl)이라는 인물이라는 것이 전설의 내용이다. 이러한 전설은 앞서 언급한 익스뜰릴소치뜰의 기록과도 연관된다.

10 1레구아는 약 4.19킬로미터 혹은 5.572킬로미터이다. 거

리 단위인 레구아(legua)에 대한 설명은 이 책 1장 주에서 자세하게 설명하였다.

11 베르날 디아즈(Bernal Díaz)는 이와 관련하여 다음처럼 말하였다. "양쪽으로 육지가 있고, 그 사이 물이 엄청나게 넓기 때문에 마치 해협처럼 보인다. 항해사 알라미노스(Alaminos)는 이곳에서 섬이 끝나고 본토가 시작된다고 하였다. 바로 이러한 이유에서 우리는 이곳을 보까 데 떼르미노스(Boca de Términos)라고 부르게 되었다. 문서에도 이와 동일하게 기록하였다"(Tozzer, 5).

12 당시 따바스꼬와 유까딴의 서쪽 지역에서 그리고 온두라스와 유까딴의 동쪽 지역에서 수상거래가 성행하였다는 것은 거의 분명한 사실이다(Tozzer, 5). 마야와 메소아메리카의 항해술에 대해서는 많이 알려진 바가 없지만 상당한 발전을 이루었을 것으로 추정할 수 있는 근거들이 많이 있다. 중미 지역과의 물질적인 교류가 여러 유적지에서 발견되었고, 무엇보다도 마야 지역의 해안선을 따라 남쪽으로 항해하여 남미 지역으로까지 배들이 왕래하였을 가능성이 제기되었다. 또한 멕시코 중부의 따라스꼬 지역과 에콰도르(Ecuador) 지역에서의 매장(埋葬) 문화의 동일성이나 언어적인 유사성 등이 주목을 받고 있다.

13 란다의 언급을 통하여 고대 인디오들의 항해에서 등대 같은 역할을 하던 것이 존재했을 것이라는 추정이 가능하다. 블롬(Blom)(1932, 548)도 이처럼 주장하였다(Tozzer, 5).

14 페커리(Peccary, Pécari: 아메리카 대륙에 분포하는 돼지 비슷한 동물)를 가리키며, 마야어로는 '씨딴(Citan)'이라고 한다(Tozzer, 5). 다른 사전에 '끼땀(Kitam)'으로 표기되어 있기도 하다. 삐오 뻬레스(Pío Pérez) 마야어 사전에는 다음처럼 묘사되었다. "이 짐승은 산돼지(멧돼지)의 일종으로 엉덩이의 분비선에서 심한 악취가 난다." 오늘날의 마야 사람들은 이 동물을 '하발리(Jabalí)'라고 부른다(Diccionario Maya, 321).

15 대형 도마뱀의 일종으로 큰 것은 1미터가 넘는다. 아메리카 대륙과 마다가스카르, 피지 등에 분포하여 서식한다.

16 익스첼(Ixchel) 여신을 숭배하기 때문에 띡스첼이라고 이름 붙여진 마을로 에스빠냐의 정복 이전에는 촌딸(Chontal)어를 사용하였다. 이 마을은 떼르미노스 호수의 최북단이자 동쪽만의 끝 지점에서 북동쪽으로 약 25킬로미터 떨어진 사반꾸이(Sabancuy)만에 있다. 다른 지도들에는 띠첼(Tichel)로 표기되어 있기도 하다. 로버트 체임벌린(Robert Chamberlain)은 이 마을에서 남동쪽으로 약 4킬로미터 떨어진 곳에 있는 세 개의 피라미드가 있는 유적지에 대하여 보고한 바 있다. 그중 한 피라미드의 높이는 약 30피트(feet)인데, 이곳에서 적어도 한 개 이상의 석조 조각상이 발견되었다고 하였다(Tozzer, 6).
이 마을 이름의 기원이 되는 익스첼은 달(月)의 여신이자 출산의 여신 그리고 월경(月經)의 여신이다. 우리나라로 치면 삼신할머니와 같은 역할도 한다. 좋은 달의 신이자 태양신의 부인(婦人)으로 모든 동식물의 생장과 연관된다. 건강의 신, 젊은 여신, 의술의 신, 탄생의 신으로 여성의 생활과 밀접한 관계가 있다. 물과 친밀하여 호수나 지하 샘에 산다고 여겨지며 다음의 특징을 갖는다.
- 뽀뽈 부(Popol vuh)에서의 이름: 스끽(Xquic)
- 멕시코 중앙고원 지역에서 불리는 다른 이름: 소치께찰(Xochiquetzal)
- 밀접한 관계에 있는 다른 신: 나쁜 달의 신
- 이 신을 수호신으로 모시는 사람: 부인(婦人)
- 관련 날짜: 까반(Caban)
- 관련 숫자: 1

17 60레구아는 약 251킬로미터 또는 334킬로미터이다. 현재 유까딴반도의 최북동단인 깐꾼(Cancún)과 아바나는 대략 500킬로미터 떨어져 있으나 쿠바섬의 끝자락과는 300킬로미터 정도 떨어져 있다. 쿠바의 아바나는 당시 아메리카 대륙을 지배하던 에스빠냐의 전진기지이자 정치·경제·사회적으로 가장 중요한 역할을 담당하였다. 유럽에서 오는 배 대부분은 이곳을 통과하여 아메리카 대륙으로 건너갔고, 역으로 아메리카 대륙에서 떠나는 배들도 이곳을 통과하여 유럽으로 향하였다.
실제로 지형상 쿠바섬은 유까딴의 북북동쪽에 있다. 당시 에스빠냐 사람들이 자주 다니던 항해로를 보면 유까딴에서 출발하여 쿠바섬의 끝자락을 만나게 되고, 이후 쿠바섬을 끼고 같은 방향으로 왔던 거리만큼 항해를 계속하면 아바나에 도착하게 된다. 즉 유까딴의 꼬수멜(Cozumel)섬이나 여인들의 섬과 아바나를 연결하는 직선상의 중간 정도에 쿠바섬의 끝자락이 있다고 할 수 있다. 따라서 여기서의 '바로 맞은편(muy enfrente)'이라는 표현은 적당하지 않다. 정황상 '계속 가면' 혹은 '똑바로 가면'이라는 표현이 더욱 현실에 가깝다고 할 수 있다.

18 이 책 3장(3-7)에서 란다는 이곳을 왜 '아쎈씨온(승천)만'이라고 부르게 되었는지 언급하였다.

19 시우다드 레알(Ciudad Real)은 뽄쎄 렐라씨온(Relación, 보고서, Relación de Ponce, 뽄쎄 지방의 보고서, 1588,

Eng. ed., 325)에서 온두라스와의 무역에 대하여 다음처럼 언급하였다. "아쎈씨온만과 항구에서 가까운 본토에는 오래된 석조건축물들이 있다. 인디오들은 이러한 건축물들이 치첸이트사(Chichén Itza)의 왕들이 모시는 신들과 우상들의 신전이라고 하였다. 또한 카카오와 깃털 및 그 밖의 다른 물건들을 구하러 온두라스로 오가는 길에는 늘 이곳에 들러 제물을 바치고, 출항과 정박을 한다고 하였다"(Tozzer, 6).

20 현재 멕시코 유까딴반도의 체뚜말을 가리킨다.

21 가리바이본에는 'tigre'로 표기되었다. 'tigre'는 '호랑이'라는 뜻인데, 아메리카 대륙에는 호랑이가 없었으므로 여기서는 '재규어' 혹은 '그 밖의 다른 사나운 동물'을 가리키는 것으로 보인다.

22 모뚤(Motul) 사전에는 '꼬수멜' 혹은 '아-꾸사밀-뻬뗀(Ah-Cuzamil-peten)'이 '제비섬'을 뜻한다고 기록되었다. 란다와 꼬골유도(Cogolludo)(4, VII) 그리고 그 밖의 다른 저자들은 꼬수멜섬을 이 나라에서 가장 거룩한 섬들 가운데 하나로 기록하였다. 꼬수멜 맞은편의 본토에 있는 뽈레(Pole)에는 꼬수멜 사당으로 가기 위한 순례자들의 길이 있었다(Tozzer, 6). 마야 사전(Diccionario Maya)에는 이 섬 이름의 어원인 '꾸삼(Kusam)'에 '제비'라는 뜻이 있다고 기록되었다. 또한 후안 삐오 뻬레스(Juan Pío Pérez)가 제작한 사전(Diccionario y Coordinación)에는 '꾸스밀(Kusmil)'이 '제비'라는 뜻의 명사로 쓰인다고 기록되었다(Diccionario Maya, 354).
현재 꼬수멜섬은 카리브해에서 가장 유명한 휴양지 중 하나인 깐꾼의 앞바다에 위치하기 때문에 일 년 열두 달 관광객들의 발길이 끊이지 않는 곳으로도 유명하다. 길이는 남북을 연결하는 선이 약 48킬로미터이고, 동서를 관통하는 길이가 16킬로미터이며, 총면적은 647제곱킬로미터에 이른다. 본토인 유까딴반도와는 20킬로미터 정도 떨어져 있다. 이곳은 에스빠냐 정복자들이 최초로 상륙한 곳 중 하나로 아메리카 대륙을 정복하기 위하여 전진기지로 삼기도 하였다. 에스빠냐 사람들이 들어왔을 때 이곳에 살던 원주민들은 그들을 융성하게 대접하였고, 호의를 가지고 많은 협조를 하였다. 한편 위 설명에 등장하는 뽈레는 현재의 스카렛(Xcaret)이라고 불리는 곳으로 추정되는데, 스카렛이라는 이름을 가진 대단위 관광단지 내에서 정복 이전의 마야 인디오들이 사용하던 선착장 같은 시설이 발견되었다.

23 5레구아는 약 21킬로미터 혹은 28킬로미터이다.

24 15레구아는 약 63킬로미터 혹은 84킬로미터이고, 5레구아는 약 21킬로미터 혹은 28킬로미터이다.

25 이 섬 역시 꼬수멜처럼 깐꾼 근처에 있다. 깐꾼에서 약 13킬로미터밖에 떨어져 있지 않은 아주 가까운 섬으로 문어적으로는 '여인들의 섬'이라는 뜻이다. 이곳에는 익스첼이라는 달(月)의 여신이자 출산의 여신을 모시는 사당이 있어서 그와 관련된 도자기 등이 많이 출토되었다. 그리고 이것을 본 에스빠냐 사람들이 이곳을 '여인들의 섬'이라고 이름 붙였다.

26 13레구아는 약 54킬로미터이다.

27 토설은 이 거리를 11레구아(약 46킬로미터)로 표기하였다. 그러나 가리바이본과 레온본, FAMSI본, 게이츠본에는 모두 2레구아(약 8킬로미터)로 표기되었다.

3

헤로니모 데 아길라르의 포로 생활

- 에르난데스 데 꼬르도바와 그리할바의 유까딴 탐험

3-1 사람들이 말하기를 유까딴에 최초로 도착한 에스빠냐 사람들은 에씨하(Ecija) 출신의 헤로니모 데 아길라르(Gerónimo de Aguilar)와 그의 동료들이라고 한다.[1] 그들은 1511년 디에고 데 니꾸에사(Diego de Nicuesa)와 바스꼬 누녜스 데 발보아(Vasco Núñez de Balboa)[2]의 불화로 다리엔(Darién)이 혼란에 빠지자 해군제독과 지사에게 그곳의 상황을 전하는 한편 왕의 20,000두까도(ducado)[3]를 운반할 목적으로 범선을 타고 산또 도밍고(Santo Domingo)로 향하던 발디비아(Valdivia)를 따라 항해를 시작하게 되었다; (그러나) 하마이까(Jamaica)[4]에 도착할 무렵 비보라스(Víboras)[5]라는 곳에서 범선이 침몰하여 스무 명의 사람들만이 살아남게 되었다。그들은 발디비아와 함께 돛도 없이 겨우 형편없는 노만 몇 개 있는 작은 배로 옮겨 탔다。그러고는 13일 동안 식량도 없이 바다를 헤매게 되었다.[6]

굶주림으로 거의 절반 정도가 목숨을 잃고 난 후에야 그들은 유까딴 해변의 마야라는 이름을 가진 마을에 겨우 도착할 수 있었다。(이곳이) 마야라고 불렸기 때문에 유까딴의 언어 역시 마야의 언어(言語, Lengua de maya)라는 뜻의 마야딴(Mayathan)으로 불리게 되었다.[7]

3-2　이 불쌍한 사람들은 어느 나쁜 까씨께(Cacique, 촌장)의 손아귀에 들어갔다. (그 까씨께(촌장)는) 발디비아와 다른 네 명의 동료를 그들의 우상들에게 제물로 바쳤다. 그러고는 (제물로 바쳐진 사람들의) [인육으로] 사람들에게 축제를 열었고, 더욱 살을 찌우기 위하여 아길라르(Aguilar)와 게레로(Guerrero) 그리고 다른 대여섯 명의 동료들을 가두어 놓았다.[8] 그러나 그들은 감옥을 뚫고 나와 숲으로 도망을 쳤다.

그들은 (도망쳐 나온) 촌장과 적대관계에 있던 더욱 자비로운 촌장을 만나게 되었고 그의 노예로 받아들여졌다[9]; 촌장의 후계자 역시 그들에게 좋은 대우를 해 주었다. 그러나 결국 헤로니모 데 아길라르(Gerónimo de Aguilar)와 곤살로 게레로(Gonzalo Guerrero)를 제외한 다른 모든 사람은 병에 걸려 목숨을 잃었다. 그중 독실한 기독교인이던 아길라르는 몇 권의 기도서를 가지고 있었기 때문에 의례가 있는 날을 알 수 있었다.[10]

(헤로니모 데 아길라르는) 1519년 에르난도 꼬르떼스 후작이 (이곳에) 도착함으로써 구조될 수 있었다. (인디오들의) 언어를 이해할 수 있었던 게레로는 유까딴의 살라망까[11]인 첵떼말(Chectemal)[12]로 가서 나찬깐(Nachancán)이라고 불리는 촌장의 무관(武官)이 되었다. 그리고 몇 차례에 걸친 적들과의 전투에서 혁혁한 공을 세웠다. 그는 인디오들에게 요새와 보루를 짓는 법을 보여 주었고, 싸우는 기술을 전수해 주었다.[13] 이 모든 업적으로, 그 스스로가 원주민들의 (문화를) 받아들임으로써 (인디오들로부터) 명성을 얻을 수 있었고, 인디오들은 그를 높은 귀족 집안의 여자와 혼인할 수 있도록 해 주었다. 그렇게 게레로는 어느 인디오 여자와 사이에서 자식들을 두었다; (상황이) 이렇다 보니 아길라르처럼 그곳을 빠져나올 생각을 하기보다 몸에 문신을 새기고 머리를 길렀으며 인디오들처럼 귀걸이를 하려고 귀에 구멍을 뚫었다.[14] 또한 그가 인디오들처럼 우상숭배를 했을 것으로도 생각된다.[15]

3-3　쿠바의 (노동)인구가 점차 줄어들자 프란씨스꼬 에르난데스 데 꼬르도바는 광산에서 일할 노예들을 구하기 위하여 1517년 사순절[16]에 세 척의 배를 이끌고 쿠바의 산띠아고(Santiago)를 출발했다.

어떤 이들은 그가 육지 탐험을 위하여 떠난 것이라고도 이야기한다. 그는 알라미노스를 항해사로 동행시켰다. 그러고는 여인들의 섬(Isla de Mujeres)에 도착하였는데[17], 그곳에서 여자 인디오들처럼 허리 아래에 옷을 걸치고 가슴가리개를 하고 있던 아익스첼(Aixchel)[18], 익스체벨리악스(Ixchebeliax)[19], 익스부닉(Ixbunic), 익스부니에따(Ixbunieta)[20] 같은 그 지방의 토착 여신들[21]을 발견하였다. 이러한 까닭에 이 섬을 (여인들의 섬이라고) 이름 붙이게 되었다; 그들은 이곳에서 돌로 지어진 건축물을 보고는 무척이나 놀랐다. 그리고 금으로 된 물건들을 발견하자 그것들을 취하였다.

(그 후) 그들은 꼬또츠곶(串)[22]에 도착하였다. 그곳에서 다시 방향을 바꾸어 (항해를 계속하다가) 라사로의 일요일(Domingo de Lázaro)[23]에 깜뻬체만(Bahía de Campeche)에 상륙하였는데, 이러한 이유로 이곳을 라사로(Lázaro)[24]라고 부르게 되었다.

(이곳의) 촌장은 그들을 무척 환대해 주었다. 에스빠냐 사람들을 보자 놀란 인디오들은 (신기해서) 그들의 수염과 몸을 만져 보았다.[25]

3-4 그들은 깜뻬체[26]에서 육지와 가까운 바다에 세워진[27] 건축물 한 채를 발견하였다. 네모진 건축물의 모든 면에는 계단이 있었고, 그 윗부분에는 어떤 우상과 우상의 옆구리를 파먹고 있는 두 마리의 맹수들이 있었다. 또한 사자를 삼키고 있는 돌로 된 길고 굵은 뱀도 있었다; 이 동물들은 인신공양[28]의 피로 범벅되었다.[29]

3-5 그들은 깜뻬체 근처에 참뽀똔[30]이라는 큰 마을이 하나 있다는 것을 알게 되었다. 그곳에 도착하자 모츠꼬우오(Mochcouoh)[31]라고 불리는 어느 호전적인 촌장과 마주치게 되었는데, 그 촌장은 사람들을 보내 에스빠냐 사람들을 공격하였다. 이로 인하여 곤궁에 처하게 된 프란씨스꼬 에르난데스(Francisco Hernández)는 어떻게든 이 상황을 중단시켜야 한다고 판단하였다[32]; 인디오들에게 자신들의 사기가 죽은 것을 내비치지 않기 위하여 그는 병사들에게 배에서 대포를 발사할 것을 명령하였다; 인디오들은 대포 소리와 연기 그리고 불꽃을 처음 보았음에도 함성을 지르며 덤벼들기를 멈추지 않았다; 에스빠냐 사람들도 많은 (인디오들을) 죽이고 심각한 부상을 입히며 맹렬히 저항하였다.

그러나 촌장이 [인디오들을] 매우 독려하자 결국 에스빠냐 사람들이 물러나게 되었다. (이번 전투로) 에스빠냐 사람 가운데 20명이 목숨을 잃고, 50명의 부상자가 생겼으며, 두 명은 포로로 잡혀가 인신공양을 당하였다.

서른세 곳에 부상을 입은 프란씨스꼬 에르난데스는 침울하게 쿠바로 되돌아갔다.[33] 그러고는 여인들의 섬에서 금이 발견되었다고 하였으며 그 땅은 매우 기름지고 부유하다고 보고하였다.[34]

3-6 이러한 소식에 쿠바의 지사 디에고 벨라스께스(Diego Velázquez)와 여러 사람의 마음이 동하게 되었다. (디에고 벨라스께스는) 네 척의 배와 200명의 사람들과 함께 자신의 조카인 후안 데 그리할바[35]를 (그곳으로) 파견하였다; 또한 그중 배 한 척의 소유자였던 프란씨스꼬 데 몬떼호(Francisco de Montejo)도 그와 동행하였다.[36] 그리하여 그들은 1518년 5월 1일 (쿠바를) 출발하였다.[37]

3-7 이번에도 알라미노스가 항해사로 동행하였다. 배가 꾸스밀섬[38]에 도착하자 항해사인 (알라미노스가) 유까딴을 보았다[39]; 그리고 이곳이 섬인지 아닌지를 관측하기 위하여 지난번 프란씨스꼬 에르난데스와 오른쪽으로 항해를 했던 것과는 (달리) 이번에는 왼쪽으로 만(灣)을 따라 항해를 계속하였다. 그들은 그날(Día de la Ascensión: 예수의 승천일) 이곳에 도착했다는 이유로[40] (이 만을) 아쎈씨온(승천)만으로 명명하였다; 그러고는 방향을 바꾸어 해변을 따라 항해를 계속하다가 다시 참뽀똔에 이르렀다.[41] 그런데 그곳에서 물을 보충하던 중에[42] (인디오들의 공격으로) 한 명이 목숨을 잃고, 50명이 부상을 입었다. 그리할바도 두 개의 화살에 맞았으며 이빨 한 개 반이 부러지는 부상을 당했다.[43]

결국 그들은 이곳을 떠나게 되었고, 이 항구를 뿌에르또 데 라 말라 뻴레아(Puerto de la Mala Pelea: 끔찍한 전투의 항구)라고 부르게 되었다; 이번 항해를 통하여 누에바 에스빠냐(Nueva España)[44]와 빠누꼬(Pánuco) 그리고 따바스꼬를 발견하였는데[45], 그렇게 하기까지 5개월이라는 시간이 걸렸다. 또한 참뽀똔에서 육지로 상륙하고자 하였으나 인디오들이 워낙 호전적인 기세로 선박 근처까지 카누를 타고 와서 활을 겨누었던 터라 돛을 올려 그곳을 빠져나올 수밖에 없었다.[46]

3-8 그리할바가 새로운 발견을 마치고 따바스꼬와 울루아[47]를 탈환하여[48] 돌아왔을 때 쿠바에는 에르난도 꼬르떼스라는 훌륭한 대장이 있었다. 드넓은 땅과 엄청난 부유함

에 대한 소식을 접하자 그는 그곳을 (직접) 보고 싶어 했으며, (더 나아가) 신을 위하여, 왕을 위하여, 그 자신과 친구들을 위하여 그곳을 정복하고자 했다.[49]

---

1 실제로 유까딴반도에 상륙한 최초의 유럽인은 헤로니모 데 아길라르와 그의 동료들일 가능성이 크다. 로쓰로프(Lothrop)(1924, 13)는 솔리스(Solis)와 삔손(Pinzón)이 유까딴을 발견한 최초의 사람들로 알려져 있다고 하였으나 이에 대한 논란은 끊이지 않는다. 다른 사료들을 종합해 보았을 때 헤로니모 데 아길라르가 1511년 유럽인으로서는 최초로 유까딴반도에 상륙한 것으로 보인다(Tozzer, 6). 물론 그 이전부터 에스빠냐 탐험대가 유까딴반도 주변을 항해하면서 유까딴의 존재를 확인했던 것으로 보이지만 실제로 상륙한 사람으로는 그가 최초인 것으로 파악된다. 그의 유까딴 상륙은 란다가 언급한 것처럼 난파에 의한 것이지 의도적인 것은 아니었다. 1492년 현재 쿠바 앞바다의 작은 섬인 과나아니(Guanahani)를 유럽인 최초로 정복한 에스빠냐 사람들은 20여 년이 지난 1511년에 겨우 난파에 의한 우연으로 아메리카 대륙의 문명과 마주하게 되었다.

2 바스꼬 누녜스 데 발보아(Vasco Núñez de Balboa)는 1475년 헤레스 데 바다호스(Xerez de Badajoz)의 어느 한 귀족 집안에서 태어났다. 처음 몇 년간 에스빠냐(혹은 산도 도밍고)에 머물다가 채권자에게 시달려 쿠바의 산도 도밍고에서 마르띤 페르난데스 데 엔시소(Martín Fernández de Enciso)의 배를 타고 다리엔(Darién, 1510년경 유럽인들이 세운 아메리카 대륙 최초의 도시로 오늘날의 콜롬비아와 파나마 주변 지역)으로 도망을 갔다. 그러나 그는 식민지 세력을 곧 수중에 넣을 수 있었고, 당시 이 지역 총책임을 맞고 있던 디에고 데 니꾸에사(Diego de Nicueza)에게 물러날 것을 강요하였다. 그러고는 엔시소(Enciso)를 체포하기에 이르렀다. 발보아(Balboa)는 다리엔의 지배자로서 여러 탐험대를 구성하였고, 그중 한 탐험대는 도보이다(Doboyda)의 유명한 신전들을 재발견하기 위한 시도를 하였다. 그리하여 마침내 1513년 태평양을 발견하였다. 그러나 바로 다음 해에 엔시소와 다빌리아(Davilia)의 세력에 의하여 퇴출되면서 1517년 다빌리아에게 지위를 박탈당하였다(Tozzer, 7).

3 6세기 말까지 에스빠냐에서 통용되던 화폐의 단위로 금으로 만들어진 주화를 가리킨다.

4 영어식 발음으로는 '자메이카'라고 한다.

5 다른 몇몇 지도에는 '라스 비보라스(Las Víboras)'가 하마이까의 남쪽에 있는 '뻬드로 까이스(Pedro Cays)'라는 암초로 표시되었다. 베르날 디아즈(Bernal Díaz)(XXIX)를 비롯한 일부 다른 저자들은 이곳의 지명을 '전갈들'이라는 뜻의 '로스 알라끄라네스(Los Alacranes)'로 언급하였다. 실제로 이곳에는 서로 근접해 있는 두 그룹의 암초가 있다. 베르날 디아즈(Bernal Díaz)는 다음처럼 이야기하였다. "… 선박은 '라스 비보라스'라고 불리는 암초 지대의 중간 부분에 치솟아 있는 섬에서 좌초되었다. 그곳은 많은 배가 난파되었던 '로스 알라끄라네스' 방파제에서 멀지 않은 곳에 있다"(Díaz del Castillo, CLXIII). 한편 제넷(Genet)은 이곳을 유까딴의 북서쪽에 있는 '알라끄라네스(Alacranes)'로 불리는 암초와 혼동해서는 안 된다고 하였다(Tozzer, 7).

6 위 내용은 프란씨스코 로페즈 데 고마라(Francisco López de Gómara)가 《인디아스의 역사(Historia General de las Indias)》에서 언급한 내용과 유사하다. 다리엔 전쟁이 일어난 배경을 기술한 부분이나 20,000두까도의 금액과 연도 그리고 표류했던 인원 등과 같은 부분에서(역주: 이 책에는 표류일이 13일로, 고마라의 책에는 14일로 기록되었다는 근소한 차이만 발견된다.) 내용 대부분이 일치한다(Gómara, 98-105).

7 '마야(Maya)' 혹은 '마이아(Maia)'라는 용어는 끄리스또발 꼴론의 동생이자 그의 항해를 도운 바르똘로메 꼴론(Bartolomé Colón, Bartolomeo Colombo)이 1505년 혹

은 1506년 로마에서 직접 육필로 쓴 글에 최초로 등장한다. 1502년 꼴론의 네 번째 항해 때 구아나야(Guanaja)섬 근처에서 인디오들의 배(카누)와 마주친 사건에 대하여 묘사한 부분에는 "… 마이암(Maiam) 혹은 유까땀(Yucatam)으로 불리는 곳으로부터"와 같은 내용이 기록되었다.

피터 마티르(Peter Martyr)(1516, 1912 ed., 1: 318)는 꼴론의 항해와 인디오 무역상들의 두 척의 배(카누)와 마주친 사건에 대하여 다음처럼 묘사하였다. "이 광활한 지역은 '따이아(Taia)'와 '마이아(Maia)'라는 두 지역으로 나누어진다."

로쓰로프(Lothrop)(1927)는 모든 증거와 이론을 재검토한 후 꼴론의 '마이아(Maia)'가 유까딴의 동쪽 해안이 아닌 온두라스에 있다고 말하였다.

꼬골유도(Cogolludo)(2, I)는 '마야'라는 용어가 마야빤(Mayapán)에서 꼬꼼이 패권을 쥐고 있던 당시에 전 유까딴 지역을 아우르는 용어로 사용되었으나 에스빠냐 사람들이 이곳에 도착한 후로 마야빤 도시의 일대만을 가리키는 용어로 사용되었다는 사실에 주목하였다.

유까딴 지방의 렐라씨온(Relaciones de Yucatán, 2: 23)에서 다음의 내용을 확인할 수 있다. "과거에는 '아마야스(Ahmayas)'로 불리던 '꼬뿔(Copul)'과 '꼬추아(Cochua)' 지역의 인디오들은 … 말귀를 잘 알아듣지 못하는 비열하고 치사한 사람들로 여겨지며 멸시를 받았다. 또한 이 마을에서 사용되던 '아마야(Ahmaya)'라는 말은 치사하고, 지적능력이 낮으며, 판단력이 매우 저조한 사람들이라는 뜻을 가진다. 그들은 치낀첼(Chiquinchel) 지방의 인디오들에 의하여 이러한 이름으로 불리게 되었다"(Tozzer, 7-8).

종합해 보면 현재 사용되는 '마야'라는 용어는 당시 유까딴의 특정 지역 혹은 최대한 넓게 보았을 때 유까딴반도의 상당한 지역을 일컫는 말이었음을 추정할 수 있다. 그러나 유럽 정복 시기 이전에는 오늘날 우리가 부르고 있는 마야문명의 범주인 멕시코 남부지역과 유까딴반도, 과테말라, 온두라스, 벨리세(Belice), 엘살바도르 전체 혹은 일부 지역을 가리키는 하나의 대명사로 쓰인 적이 없다는 것을 확인할 수 있다.

8 다양한 사료에서 당시 상황에 대한 기록을 확인할 수 있다. 세르반테스 데 살라자르(Cervantes de Salazar)(2, XXVI)는 다음처럼 말하였다. "나는 다른 6명과 함께 가두어졌고, 그들의 축제일이 가까워질수록 우리는 더욱 살찌워졌다. 우리의 살과 뼈를 바침으로써 그들의 축제를 더욱 신성하게 하도록 계획된 것이었다." 공양에 바쳐질 포로들에 대한 묘사에서 또마스 로뻬스(Tomás López)(Appendix B)는 멕시코에도 이처럼 먹기 전 노예들을 살찌우는 풍습이 있다고 하였다. 그러고는 다음처럼 언급하였다. "이러한 목적으로 (잡혀 온 사람들은) 감옥과 우리에 가두어진 채 계속해서 살찌워졌다."

로쓰로프(Lothrop)(1927)는 '식인'이 남미의 풍습 중 하나라고 하였다. 그리고 발디비아와 그의 동료들이 처음으로 발견한 '마이아(Maia)'가 유까딴의 동쪽 해안이 아닌 남미에서 온 인디오들이 정착한 온두라스의 해안에 있다는 주장을 증명하는 근거로 활용하였다. 그러나 학자 대부분은 그들이 발견한 육지가 뽈레의 북쪽에 있는 에깝 지역의 유까딴 해안에 있다고 주장하였다(Tozzer, 8).

식인풍습에 대한 내용은 16세기 이곳 원주민들을 정복한 서양 사람들에 의하여 부풀려지고 강조되었다. 식인과 인신공양 풍습은 원주민들의 야만성과 잔인성을 강조할 뿐만 아니라 정복을 합리화하기 위한 논리로 이용되었다. 서양 사람들에 의하여 야만적 행위의 대명사로 손가락질받던 인신공양은 인간의 피를 신에게 바침으로써 이 세상을 움직일 수 있는 힘을 얻을 수 있다는 그들의 독특한 종교관에서 비롯된 것이었다. 그러나 이것은 마야의 종교가 만들어낸 하나의 성스러운 의식이며, 실제로 마야뿐만 아니라 지구상의 많은 종교가 많건 적건 간에 인명의 희생을 요구했다는 점을 인류의 역사를 통해 발견할 수 있다. 어찌 되었든 간에 인신공양의 전통은 서양 사람들이 원주민들을 야만인으로 몰아가는 가장 큰 구실이 되었고, 큰 의미에서 보면 개고기를 먹는 사람들을 일방적으로 야만인으로 몰아세우는 것과 별다른 차이가 없다. 냉정하게 따져보면 마녀를 화형에 처하는 행위나 로마 시대에 죄인을 십자가에 못 박아 죽이는 행위도 일종의 종교적 인신공양이라고 할 수 있다. 각각의 구체적인 타당성은 일단 접어두고서 종교적인 이유로 인간의 신체를 희생시키는 행위라는 점에서 그 유사성을 발견할 수 있다. 일부 사료에서는 마야 사람들을 노예로 만들고, 자신들의 필요에 따라 구속하기 위하여 인신공양의 횟수나 정도를 부풀려서 원시성과 잔인성을 부각하기도 하였다. 실제로 마야 사람들이 이러한 인신공양을 행했던 것은 사실이지만 그렇게 흔한 일이 아니었고, 메소아메리카의 지역들 가운데서도 마야 지역은 상대적으로 인신공양 전통이 약하게 나타나던 곳이었다. 마야의 고전기 때까지만 해도 모든 종교적인 공양은 음식과 꽃 혹은 동물들로 이루어졌으나 고전기 이후 멕시코 중앙고원이 영향을 주면서부터 보다 광범위하게 인신공양이 행해지기 시작한 것으로 추정된다(송영복, 2005, 167).

9 고마라(Gómara)는 이 사람을 아 낀 꾸츠(Ah Kin Cutz)의 영토에 속한 사만사나(Xamanzana)의 촌장이라고 하였다. 세르반테스 데 살라자르(Cervantes de Salazar)(2, XXVI)

는 다음처럼 이야기하였다. "도망치던 사람들을 거두어 준 자비롭고 친절한 사람은 하만꼬나(Jamancona)의 왕인 아 낀 꾸스(Ah Kin Cuz, Aquincuz)였다." 또한 그는 이 왕이 "며칠 후 죽음을 맞이하였고, 나는 그의 뒤를 이어 후계자가 된 딱스마르(Taxmar)를 모시게 되었다."고 덧붙여 말하였다. 살라자르(Salazar)의 기록(2, XXVIII, XXIX in Appendix D)에는 아길라르의 삶과 인디오들이 에스빠냐 군인들과 전투를 벌였을 당시에 아길라르가 인디오 지도자에게 도움을 준 것에 대하여 세밀하게 묘사되었다.

한편 베르날 디아즈(XXVII, XXIX, XXX)는 난파선 사건에 대하여 고마라와는 다르게 기록하였다. 또한 산체스 데 아길라르(Sánchez de Aguilar)는 사마(Zama)의 왕인 끼니츠(Kinich)가 두 명의 에스빠냐 노예들을 거느리고 있었을 것이라고 추정하였다. 로쓰로프(Lothrop)(1924, 13; 1927, 359)는 이 지역이 뚤룸(Tulum)이라고 하였다(Tozzer, 8).

이와 관련하여 전체의 내용을 개략적으로 재구성해 보면 다음과 같다. 카리브 앞바다를 항해하던 에스빠냐의 배가 유까딴반도 근방에서 침몰하게 된다. 그리고 거기서 살아남은 몇 명의 사람들이 유까딴반도에 도착하게 되는데, 이것이 유럽인으로서는 거의 최초로 마야 지역뿐만 아니라 전 아메리카 대륙을 통틀어 정착하게 된 사건이라고 할 수 있다. 그러나 이들 중 헤로니모 데 아길라르와 곤살로 게레로만 식인을 하는 원주민들로부터 도망쳐 다른 지역에 체류하게 된다. 이렇게 8년 정도가 흐른 후 헤로니모 데 아길라르는 에르난도 꼬르떼스에 협조하여 그의 통역사로서 메시까 정복에 공을 세운다. 바로 이 부분이 란다의 언급과 일맥상통한다. 즉 이 사람들이 항해를 하다가 어떻게 이곳에 표류하게 되었고, 그 후 어떻게 유까딴 지역에 정착하게 되었는지 이야기한다. 그러나 곤살로 게레로는 마야 지역에 남기를 희망하였고, 결국 그는 원주민들을 도와 침략자인 에스빠냐 군대와 맞서 싸우게 된다. 이러한 내용 중 상당 부분이 사실과 다를 수 있지만, 정확히 어디까지가 사실이고 아닌지는 구분하기 어렵다. 난파선과 이들의 존재 그리고 헤로니모 데 아길라르의 메시까 정복에 관한 부분은 상당히 많은 사료에 공통되게 언급되었다. 정황상으로도 개연성을 가진다. 다만 정확히 몇 명이 유까딴에 도착하였는지, 이들이 식인을 당할 상황에 처해 있었는지, 왜 다른 지역으로 가게 되었는지, 그 지역은 유까딴반도의 북부인 뚤룸 근처인지 아니면 중부인 체뚜말 근처인지, 곤살로 게레로는 왜 꼬르떼스의 군대에 합류하지 않았는지, 실제로 곤살로 게레로가 에스빠냐 정복군에 맞서 전투를 벌였는지 등의 의문들은 여전히 남았다. 특히 곤살로 게레로에 대한 부분은 좀더 비현실적인–아니 비현실적이라기보다는 극적인–내용을 가진다. 마야 여인을 사랑해서 그녀와 결혼하였고, 그 사이에서 자식까지 낳았던 곤살로 게레로는 제2의 고향인 마야의 원주민들을 위하여 그의 조국인 에스빠냐의 침략행위에 항거하여 정복자에 맞선 투쟁을 전개하였기 때문이다. 사실이 어찌 되었건 간에 체뚜말과 마야 사람들, 멕시코 사람들은 곤살로 게레로를 외국의 침략에 맞서 싸운 민족의 영웅으로 숭상하고 있다. 본 마야 사료에는 이와 관련된 내용이 계속해서 상세히 기록되었다.

• 체뚜말 입구에 세워진 곤살로 게레로와 그 가족의 동상. 아메리카 대륙에 최초의 혼혈 역사를 만든 곤살로 게레로는 오늘날의 마야 사람들에게 영웅적인 존재로 남았다.
• 체뚜말 산 펠리뻬 요새(Fuerte de San Felipe)에 그려진 곤살로 게레로 가족의 그림과 설명.

10 가리바이본에는 이 부분이 다음처럼 표기되었다. "…Aguilar era buen cristiano y tenía unas horas por las cuales sabía las fiestas" 본문에서는 "…그중 독실한 기독교인이던 아길라르는 몇 권의 기도서가 있었기 때문에 의례가 있는 날을 알 수 있었다."와 같이 직역하였다. 이어지는 문장과 연결하여 해석을 붙여 의역하면 다음과 같다. "아길라르는 기도서가 있었기 때문에 그것을 통하여 인디오들의 의례가 언제 열리는지 알 수 있었고, 그렇게 때를 봐서 탈출할 수 있었다." 그런데 만일 이러한 의역이 옳다고 해도 앞뒤의 정황과는 모순이 된다. 즉 새로운 촌장으로부터 좋은 대우를 받았는데 그런 촌장에게서 도망쳤다는 사실은 정황상 잘 들어맞지 않는다. 이에 대한 설명의 부재가 의아할 따름이다.
한편 신앙의 힘으로 살아남았다는 또 다른 가정을 세울 수 있다. 그러나 이 또한 같은 문장 내에 있는 인디오들의 축제에 대한 사실과 호응되지 않는다. 토설본(8)의 해석도 이와 유사하다. "Aguilar was a good Christian and had a breviary with which he kept run of the feastdays"
그 밖에도 여기서의 의례를 인디오들의 의례가 아닌 가톨릭의 의례로 볼 가능성도 있다. 즉 독실한 기독교 신자인 헤로니모 데 아길라르는 다른 지역에 발목을 잡혀 있는 와중에도 가톨릭의 성일을 기억하며 신앙심을 돈독히 했다는 이야기로 해석될 수 있다. 그러나 어떻게 보나 이 문장은 어색하고 이해하기 힘들다.

11 인디오들이 사용하던 지명은 식민지 지배 과정에서 에스빠냐식으로 모두 바뀌게 되었다. 따라서 보통 앞에는 에스빠냐식 이름이 붙고, 뒤에는 인디오식 이름이 붙는 것이 일반적이다. 여기에 나오는 첵떼말도 식민지 시대에 공식적으로 살라망까라는 이름으로 불렸다. 살라망까 데 첵떼말(Salamanca de Chectemal)이라고 불리기도 했으나 오늘날에는 체뚜말로 표기된다.

12 로쓰로프(Lothrop)(1924, 10)의 책에 등장하는 오비에도(Oviedo)(32, VI) 사료의 기록에 의하면 이 마을은 바다에서 2레구아(약 8킬로미터) 정도 떨어져 있고, "한쪽은 바다에 의해서 또 다른 쪽은 호수에 의해서 땅의 대부분이 물로 둘러싸여 있다." 또한 이 마을은 술루이닉(Zuluinic, New River)강과 온도(Hondo)강 어귀의 만에 위치해 있다. 로쓰로프(Lothrop)는 다음처럼 말하였다. "체뚜말 지역은 이 작은 땅덩어리를 포함하고 있었고, 만에 있는 해안들과 영국령 온두라스(British Honduras, 영국령 온두라스는 현재 벨리세로 독립하였다.) 땅의 일부까지도 포함하고 있던 것으로 추정된다." 로이스(Roys)(1933, 146)는 이 지역이 착떼말(Chactemal)이라는 이름으로도 불렸다는 사실을 확인하였다(Tozzer, 8). 현재 이곳은 행정구역상 멕시코 낀따나루(Quintana Roo)주의 주도인 체뚜말 주변 지역에 속해 있다.

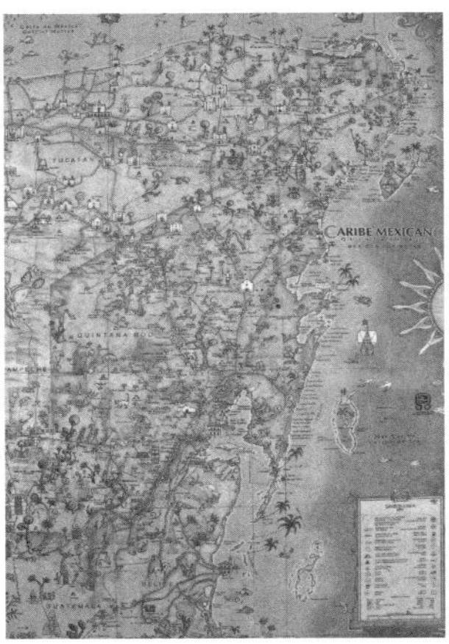

체뚜말과 그 주변 지역

체뚜말의 곤살로 게레로 가족의 동상

13 곤살로 마리네로(Gonzalo Marinero)라고도 알려진 곤살로 게레로는 앞선 9번의 주에서도 이미 언급하였듯이 인디오들의 편에서 에스빠냐 사람들과의 전투를 여러 차례 승리로 이끄는 데 중요한 역할을 수행했던 것으로 추정된다. 유까딴반도의 꼬또츠에서 벌어진 에스빠냐의 장군 꼬르도바와의 전투, 참뽀똔에서의 전투, 에스빠냐의 정복자 그리할바와의 전투에서 인디오들이 상당한 승리를 거두거나 에스빠냐 사람들에게 많은 피해를 입힐 수 있었던 이유로 곤살로 게레로(Gonzalo Gerrero)가 인디오들을 도와 작전 지휘에 직접 참여했기 때문이라는 주장이 거론되었다. 그러나 로이스(Roys)는 체뚜말의 전사들이 먼 거리까지 이동하여 전투를 벌였을 가능성이 상대적으로 낮다는 점을 미루어 보았을 때 게레로가 에스빠냐에 맞서 투쟁하였다는 주장에 의문을 제기하였다. 그렇지만 알론소 로뻬스 데 쎄라또(Alonso López de Cerrato)가 유까딴의 남동쪽 지역에 대한 군사작전을 벌이는 과정에서 게레로가 이에 대항하여 인디오들 편에서 주요 임무를 맡았을 가능성이 상당히 크다. 북쪽에 있는 체끼따낄(Chequitaquil)로 도망간 체뚜말의 주민들을 공격한 결과 아빌라(Ávila)는 포로를 몇 명 붙잡을 수 있었고, 그들로부터 게레로가 죽었다는 소식을 전해 들을 수 있었다. 에스빠냐 사람들은 이 전투를 통하여 금, 에메랄드, 터키석, 황금마스크를 약탈하였다. 그리고 이것을 즉시 몬떼호에게 보냈다(Oviedo, 32, II, VI; Lothrop, 1924, 18–9).
인디아스 문서보관소, 과테말라편(Archivo General de Indias, Guatemala) 39에 보관된 꼰따도르(Contador, 일종의 지역 세무 총괄자)이자 온두라스와 이게라(Higuera) 지역의 총독인 안드레스 데 쎄레세다(Andrés de Cerezeda)의 자료(1536년 8월 14일 뿌에르또 데 까바요스)에는 곤살로 아로카(Gonzalo Aroça)로 불렸던 곤살로 게레로의 생전 마지막 활동과 죽음에 대하여 기록되었다. 체임벌린과 애덤스는 그 기록을 다음처럼 해석하였다. "촌장인

씨꾼바(Ciçunba)는 에스빠냐의 기독교인들이 알바라다(Albarrada)에서 벌어진 전투에서 곤살로 아로카가 화승총에 맞아 숨졌다는 사실을 진술하였다. 곤살로는 인디오 마을에서 그들과 20년 남짓을 함께 지낸 인물이자 몬떼호 총독을 파멸에 이르게 한 인물이기도 하다. 기독교인들에 의하여 마을이 폐허가 되자 인디오들을 돕기 위하여 50대의 배(카누)를 이끌고 인디오들과 함께 에스빠냐 사람들에 맞서 대항하였다. 이것은 알바라도(Alvarado) 총독이 이곳에 도착하기 약 5–6개월 전에 일어난 일이다. 당시의 평화협상과 관련한 인디오들의 엄청난 음모가 전해져서 이곳의 촌장들 여러 명이 처형된 사건도 있었다. 죽은 에스빠냐 사람(곤살로 게레로)은 발가벗겨진 채 몸에 치장을 하고 있었고, 인디오들의 복장을 하고 있었다"(Tozzer, 8). 이러한 자료들을 종합해 보았을 때 곤살로 게레로가 어떤 방식으로, 무슨 전투에, 얼마나 참여했는지에 대하여 역사적으로 구체적으로 재구성하기는 어렵다. 그렇지만 현재의 체뚜말과 그 주변 지역을 중심으로 정복을 시도했던 동족 에스빠냐 사람들에 대항하여 인디오들 편에서 전투를 수행했을 가능성은 상당히 크다고 이야기할 수 있다.

14 아길라르가 게레로에게 꼬르떼스의 메시지에 응답할 것을 재촉하자 게레로가 다음처럼 답하였다고 는 기록하였다. "형제 아길라르여, 나는 이미 결혼했고 세 명의 아이들도 있네. 인디오들은 나를 까씨께(촌장)로 대해 주고, 전투가 벌어지면 내가 선두에 서서 그들을 이끌고 있다네. 자네는 돌아가게. 신이 자네와 함께할 것이네. 그러나 이미 난 얼굴에 문신을 했고, 귀에는 구멍을 뚫었는데 에스빠냐 사람들이 이런 내 모습을 보면 뭐라고 하겠는가? 그리고 나의 자식들을 보게나. 얼마나 예쁜가…"(Díaz del Castillo, 1976, 44).

15 이 두 사람은 난파선에서 살아남아 우연한 기회에 마야 지역에 상륙하였고, 그 후 유일하게 끝까지 생존하였다. 그러나 이 둘의 인생역정은 마야 지역에 정착하면서부터 극단적인 차이를 보이게 된다. 결국 헤로니모 데 아길라르는 정복의 수훈장으로 에스빠냐를 위하여 충성으로 인디오들 정복에 힘쓴 반면에 곤살로 게레로는 에스빠냐의 정복 군대에 맞서 인디오들과 함께 끝까지 저항하였다. 이렇듯 둘은 상반되는 인생을 살게 된다. 이러한 역사적 사건의 해석에 있어서도 라틴아메리카의 정체성이라는 여과지는 그 위력을 발휘하여 그들 나름의 해석을 가한다. 헤로니모 데 아길라르는 기회주의적이고 무력한 인물로, 곤살로 게레로는 이후 에스빠냐 군대에 대항하여 투쟁하였다는 전설적인 이야기까지 덧붙여져 영웅으로 취급받고 있다. 사실 정복자인 에스빠냐 사람들도 현재 멕시코 사회를 이루는 중요한 구성원이고 정복 역시 오늘날의 멕시코라는 나라를 이루게 된 과정임에도 멕시코 사람들은 마치 곤살로 게레로는 좋은 사람, 헤로니모 데 아길라르는 나쁜 사람인 것처럼 극단적으로 편을 갈라 생각하는 것을 볼 수 있다. 곤살로 게레로를 멕시코 영웅으로 미화한 소설이 상당수 있으며, 체뚜말주에서는 곤살로 게레로가 첫 번째 혼혈의 역사를 이룬 자랑스러운 고장이라는 자부심이 있다.

16 가톨릭의 사순절과 부활절은 서양 달력의 일정한 날이 아니라 매년 해당되는 날짜가 바뀐다. 사순절은 재의 수요일(Ash Wednesday)에서부터 부활절까지 계속되는데, 1517년의 이 기간은 3월 22일과 4월 25일 사이에 해당된다. 그러나 란다가 제시한 날짜는 베르날 디아즈가 1517년 2월 8일이라고 말한 부활절의 날짜와 일치하지 않는다. 제넷(Genet)(V–II)은 꼬르도바의 탐험대가 40일 간의 항해 끝에 성 라사로의 날(2월 23일)에 깜뻬체에 도착했다고 기록하였다. 이를 통하여 거꾸로 계산을 해 보면 꼬르도바의 탐험대가 산띠아고 데 쿠바(Santiago de Cuba)를 출발한 날짜가 1월 14일 즈음이라는 것을 짐작할 수 있다(Tozzer, 9).

17 꼬르도바가 이곳을 최초로 발견했다는 점에는 논쟁의 여지가 있다. 토설에 의하면 체임벌린과 에레라(Herrera)는 디아즈 델 까스띠요의 사료를 바탕으로 꼬르도바가 처음으로 도착한 곳을 '그레이트 카이로(Great Cairo)' 혹은 '꼬또츠곶(Cape Cotoch)'이라고 주장하였다. 그 내용은 다음과 같다. "해변에서 2레구아(약 8킬로미터) 정도 떨어진 커다란 마을을 선상으로부터 볼 수 있었다. 쿠바섬과 에스빠냐에서도 이처럼 큰 마을을 본 적이 없는 까닭에 우리는 이곳을 '그레이트 카이로'라고 명명하였다(Díaz del Castillo, 1976, 5)"(Tozzer, 9).
토착 여신들에 대한 언급을 살펴보았을 때 이곳이 여인들의 섬일 가능성이 커 보이지만 그렇지 않을 가능성도 존재한다. 또한 꼬르도바가 도착한 곳이 여인들의 섬이 아니더라도 여기에 기록된 내용은 여인들의 섬에 대한 것으로 각기 다른 정보들이 혼동되어 기록되었을 가능성이 존재한다. 란다의 기록에서뿐만 아니라 다른 많은 사료에서도 이와 같은 현상이 나타난다는 점에 주의해야 한다.

18 익스 첼(Ix Chel, 혹은 X Chel)은 첼(Chel)의 여성형이고, 아 첼(Ah Chel, 혹은 H Chel)은 첼(Chel)의 남성형이다. 이들은 첼(Chel) 왕조와는 아무런 관련이 없다. 란다는 이 책(32–8)에서 익스첼을 '아이를 만드는 여신'으로 기록하였다. 그 내용은 다음과 같다. "(여자 인디오들은) 출산을 위하여 무당들을 찾아갔다. (무당들은) 자신들의 거짓말을

(산모들이) 믿도록 하였다. 또한 (산모들의) 침대 밑에 익스첼이라고 불리는 악마의 우상을 집어넣었고, 이 여신이 아이를 점지해 준다고 이야기하였다." 또한 란다는 이 신을 '의술의 여신'이라고 기록하였는데, 이것은 점을 치는 것과 연관이 있는 것으로 보인다. 기록에 제시된 여신의 다양한 특징들에 대해서는 많은 혼란이 있다. 18세기 연대기 학자인 꼬골유도(Cogolludo)(4, VIII)는 기존의 다양한 사료들을 집대성하여 편찬한 저술에서 익스첼 여신에 대하여 언급하였고, 씨뜨 볼론 뚬(Cit Bolon Tum)이라는 또 다른 의술의 신에 대해 이야기하였다. 란다도 이 신에 대하여 언급한 바 있다. 한편 참뽀뜬의 남쪽에 있는 띡스첼은 이 여신과 관련된 지역으로 추정되며 신도들이 지어 놓은 여신의 사당은 꼬수멜에 있었던 것으로 파악된다. 에스빠냐의 정복 이후에는 익스첼의 딸인 치비리아스(Chibirias)가 처녀의 몸으로 잉태하여 낳은 바깝(Bacab)이라는 인물이 기독교 신과 견주어지며 예수그리스도로 여겨지기도 하였다. 껙치-모빤(Kekchi-Mopan)의 전설에 의하면 익스첼은 무언가를 짜거나 엮어서 제작하는 것과 관련이 있다. 또한 현대 끼체스(Quiches)와 멕시코의 유사 원주민 신앙에서 달과 월경의 관련성이 강조된 것을 볼 수 있다. 오늘날의 라깐돈 원주민들은 해의 배우자인 달을 아끄나(Acna)라고 부른다. 경우에 따라 아끄나를 익스첼(Ixchel)과 혼용하여 부르는 것을 볼 수 있다(Tozzer, 10). 익스첼은 역할에 따라 기본적으로 달의 신, 풍요의 신, 출생의 신, 직조의 신, 의학의 신으로 구분된다(Cruz, 2005). 마야의 신들이 불완전성, 변화성, 인간성 등을 지닌 것을 상기해 보았을 때 여기에 등장하는 익스첼 신이 왜 그렇게 다양한 성격을 지니고 있고, 다른 신들과 깊은 연관관계를 가지는지를 이해할 수 있다.

19 꼬골유도(Cogolludo)(4, VII)는 이 여신이 익스첼과 동일하다고 하였다. 그러나 토설은 이 여신을 익스첼의 딸이라고 주장하였다(Tozzer, 10).

20 익스부닉과 익스부니에따는 한 여신을 지칭하는 것으로 보인다. 란다의 기록을 처음으로 출간한 프랑스어 번역본의 저자 브라쉐르 드 부르부르(Brasseur de Bourbourg)는 이 여신을 '익스부니에(Ixbunie)'와 '익스부니에따(Ixbunieta)'로 표기하였다(Tozzer, 10).

21 마야에는 불완전성을 가진 다양한 신들이 존재한다. 이러한 신들은 남성, 여성, 인간, 동물, 무생물 등의 여러 형태와 성격을 띤다. 이러한 특징들로 여성성은 신들의 세계에서 특별하거나 유별난 것이 아니다. 또한 전설과 민담 등에서도 여성의 중요성이 상당히 강조되는 것을 볼 수 있다. 여성성을 가진 대표적인 신으로는 달의 신이자 월경, 출산의 신으로 알려진 익스첼을 들 수 있다. 한편 정치적 최고지도자 시스템에서도 여성의 정치사회 참여가 두드러졌고, 중요한 최고지도자 가운데 여성도 있었다. 중요한 남성지도자 이야기를 할 때도 '아무개의 어머니나 할머니에게서 태어난 사람' 혹은 '아무개의 어머니나 할머니로부터 지도자의 역할을 물려받아 정통성을 지닌 사람' 등으로 언급되는 것을 종종 살펴볼 수 있다. 이러한 면들을 통해서 마야는 정치·경제·사회 분야와 함께 종교적인 면과 특히 신의 세계에서 여성의 역할이 두드러진 사회라고 이야기할 수 있다.

22 란다를 제외한 여러 학자(Díaz del Castillo, II; Torquemada, 4, III, etc.)는 꼬르도바가 이곳에서 인디오들을 만났다고 기록하였다. 또한 디아즈(Díaz)(XXIX)는 게레로가 인디오들에게 에스빠냐 군대를 공격하라는 조언을 했다고 기록하였다(Tozzer, 10). 그러나 이 책 3장(3-2)의 주에서도 언급하였듯이 게레로에 대해서는 사료마다 상반되게 기록된 경우가 많아서 어느 한 사료의 내용을 근거로 사실인지 아닌지 결론 내리기가 쉽지 않다.

23 가톨릭에서는 사순 제5주일의 일요일을 '라사로의 일요일'이라고 한다.

24 이 마을은 산 라사로(San Lázaro)라고 불렸다. 제넷(Genet)은 다음처럼 말하였다. "1527년에 성자 라자르(Lazare)의 날(2월 23일)은 일요일이었다. 이날이 프란씨스꼬 에르난데스 데 꼬르도바의 항해일이라는 것에는 논쟁의 여지가 없다"(Tozzer, 10).

25 베르날 디아즈(Bernal Díaz)의 기록(III)에는 환대에 대한 내용이 없다. 그는 인디오들이 위협을 가한 것에 대하여 다음처럼 기록하였다. "우리는 두려운 나머지 다시 해변으로 퇴각하기로 하였다. 이때 바로 이 장소에서 에스빠냐 군대는 인디오들이 계속해서 '까스띨란(Castilan)'이라고 말하는 것을 들었고, 그 후로 꼬르떼스는 디아즈 델 까스띠요(Díaz del Castillo, XXVII)와 대화를 하던 중 어쩌면 이곳에 (행방불명된) 에스빠냐 병사들이 있을지도 모른다고 생각하였다. 이러한 우연한 계기로 그들은 게레로와 아길라르를 다시 만날 수 있었다"(Tozzer, 10-11). 한편 인디오들이 '까스띨란(Castilan)'이라고 말한 것은 '까스띠야(Castilla)' 즉 '에스빠냐 사람들'이 여기에 있거나 혹은 그들을 본 적이 있어서 에스빠냐 군대를 보고 그들을 '까스띠야 사람'으로 인지했기 때문인 것으로 보인다.

26 이곳의 오래전 이름은 낌뻬츠(Kimpech)였던 것으로 추정된다. 그러나 다른 마야의 사료들에서 낀뻬츠(Kinpech) 혹은 낌뻬츠(Kimpech)와 같은 이름을 발견할 수 없다(Tozzer, 11).

27 레온본에는 '… de la mar'로 표기되었다. 가리바이본에는 이 부분이 '… dentro del mar'로 표기되었다. 이것은 '바다에' '바다 가운데에' '바닷속에'와 같이 해석된다. 그러나 바다의 한가운데 있는 고정된 구조물일 가능성은 희박하다. 한편 레온본에는 '… de la mar'로 표기되었는데, 이것은 '바닷가에'와 같은 뜻으로 해석될 수 있다.

28 신들에게 인간을 제물로 바치는 풍습으로는 불에 태우기, 호수에 빠뜨리기, 칼로 심장 가르기 등과 같은 여러 유형이 있었다. 이러한 인신공양의 풍습은 일반적으로 아메리카 대륙의 인디오들을 다른 세계에 야만스러운 존재로 알리는 데 큰 역할을 하였다. 그러나 실제로는 이러한 인신공양이 에스빠냐 사람들에 의하여 알려진 것보다 그 횟수가 적었을 뿐만 아니라 후고전기(기원후 900–1492년)에만 일부 행해졌던 것으로 추정된다.

29 이와 관련하여 깜뻬체 지방과 뱀을 연관시킬 수 있는 기록들을 확인할 수 있다. 춘추추 지방의 렐라씨온(Relación of Chunchuchu, Relaciones de Yucatán, 1: 146)에는 '깜뻬체'라는 말이 '머리에 똬리를 틀고 있는 뱀의 형상을 한 신의 이름'으로 언급되었다. 또르께마다(11, XXI)의 기록에는 다음처럼 묘사되었다. "3천 가구가 사는 깜뻬체 마을의 촌장은 이 지역을 최초로 발견한 사람들에게 온갖 범죄를 저지른 죄수들을 가두는 장소를 보여 주었다. 그곳의 모양과 형태는 다음과 같았다. 발을 네 번 딛고 올라갈 수 있을 정도의 높이로 된 돌담이 정방형으로 둘러싸여 있었다. 죄수들을 가두어 놓는 건축물의 상단부에는 마치 커다란 설교단과 같은 것이 있었고, 한쪽으로는 남자의 조각상이 있었으며, 다른 쪽으로는 네 개의 발을 가진 두 개의 짐승상이 있었다. 우리에게는 잘 알려지지 않았으나 이 짐승은 사람을 공격하여 복부를 갈기갈기 찢어 놓는다. 이곳 근처에는 석회석으로 만든 뱀이 있었는데, 황소만 한 크기지만 실제 길이는 47피트이다. 뱀의 입안에는 삼켜지기 일보 직전의 대리석으로 만들어진 사자도 있었다." 또한 또르께마다(4, III)의 기록에서 다음의 글을 확인할 수 있다. "이곳에는 신전처럼 생긴 사각형의 높은 건축물이 있다. 계단이 높이 솟아 있고, 상단부에는 양옆으로 맹수를 한 마리씩 둔 우상이 세워져 있다. 마치 맹수들이 우상을 잡아먹고 있는 것처럼 보인다. 길이가 47피트 정도 되고 굵기가 황소만 하며 우상처럼 돌로 만들어진 뱀도 있는데, 이 뱀은 마치 사자를 삼킬 듯한 자세를 취하고 있다. 이 지역의 오랜 관습으로 인신공양으로 희생된 사람들의 시체가 사방으로 널려 있다"(Tozzer, 11). 이 사료에 기록된 내용들 가운데 어디까지가 사실이고 거짓인지는 확인하기가 쉽지 않다. 인신공양과 함께 원주민들의 야만성을 강조하는 대목에서 특히나 더욱 많은 관심을 가지고 사실을 과장하고 왜곡하였다는 점을 상기시켜보면 이러한 표현들 또한 상당 부분 사실과 거리가 멀 가능성이 있다. 게다가 또르께마다는 신앙심이 매우 두터운 가톨릭 사제로 그 당시 다른 사제들 대부분이 그랬던 것처럼 원주민들의 잔인성과 야만성을 강조함으로써 이들에 대한 정복과 선교를 정당화하는 데 여념이 없었다. 또한 이러한 생각에 타당성을 부여하기 위하여 사실관계를 왜곡하거나 다른 사람들의 말을 사실인 양 혹은 자신이 직접 본 것인 양 무분별하게 묘사하는 경우가 많았다.

30 베르날 디아즈 델 까스띠요는 이 마을이 참뽀똔(Champotón)과 뽀똔찬(Potonchan)이라고 불린다고 하였다. 또한 '뿌뚠스(Putuns)의 대초원'이라는 뜻의 '차깐 뿌뚠(Chakan putun)'으로 불리기도 한다고 하였다(Maudslay, 1908, 1: 21, and N. 89, Tozzer, 11).

31 토설은 'Mochcovoh'로 표기하였고, 란다는 14장(14–2)에서 'Moch Kovoh'로 표기하였다. '꼬우오(Couoh)'는 유까딴 지역의 유명한 성씨로 '모츠(Moch)' 혹은 '모찬 꼬우오(Mochan Couoh)'도 이와 동일한 성씨이다. 한편 시우(Xiu)의 계보에는 모찬 시우(Mochan Xiu)라는 인물이 존재한다(Testimony of one Juan Couoh of Yaxcaba, taken at Sotuta in 1562, N. 541). 또르께마다(4, III)는 참뽀똔에서의 만남(마주침)에 대하여 다른 기록들과는 조금 다르게 다루었다. "그는 깜뻬체에서 참뽀똔으로 이동하였다. 참뽀똔은 커다란 마을로 그곳의 촌장은 모초꼬복(Mochocoboc)이라고 불렸다. 그는 우리 에스빠냐 사람들과 거래하지 않았고 깜뻬체 사람들과는 달리 선물을 바치지도 않았으며 물과 음식도 일절 베풀지 않았다. 그는 피를 반드시 피로 갚는 용감한 사람이었다. 비겁하게 모습을 드러내지 않는 프란씨스꼬 에르난데스는 이 용감한 인디오들이 어떤 무기와 정신을 가졌는지 그리고 어떤 솜씨와 기술을 가졌는지 알아보기 위하여 잘 무장된 실력 있는 많은 병사와 항해사들을 보내어 식수를 얻어 오도록 하였다. 또한 부대를 전투 태세로 배열하였으나 공격을 명령하지는 않았다. 모초꼬복은 에스빠냐군이 방어에 불리하도록 바다로부터 멀리 떨어진 언덕 뒤편의 우물로 손짓 발짓을 통하여 유인하였다. 그러나 우리 병사들은 몸에 색을 칠하고 있고 화살로 무장하고 있으며 싸울 준비가 된 인디

오들을 보았기 때문에 그곳에 가기를 두려워하였다. …인디오들은 불과 연기에 매우 놀랐고, 소리를 듣고는 혼란스러워했지만 큰 함성을 지르며 돌과 막대를 던졌다. 그러고는 화살을 쏘며 혼신의 힘으로 끝까지 용감하게 맞서 싸웠다. 우리 병사들은 천천히 전진하여 인디오들에게 타격을 가하였고, 결국 인디오들은 손에서 화살을 놓쳐버리는 상황에까지 이르렀다. 그렇게 우리는 수많은 인디오를 말뚝에 박아 살해하였다. 철을 다뤄 본 적도 없이 몸으로만 싸웠던 그들은 우리와의 전투에서 몸이 두 동강 나고 팔다리가 잘려 나갔다. 이처럼 끔찍한 부상을 당해 본 적이 없음에도 촌장이 나타나서 기운을 북돋자 승리를 위하여 물러나지 않고 다시 용감하게 싸웠다. 우리가 배에 올라탈 때까지 화살을 쏘며 끝까지 추격하였고, 그 과정에서 47명을 죽였으며, 50명 이상의 병사들에게 부상을 입혔다. 그들은 우리 쪽의 병사 두 명을 포로로 데려가서 인신공양 하였고, 부상을 당한 다섯 명의 병사들은 끝내 선상에서 목숨을 잃었다. 프란씨스꼬 에르난데스는 그들이 쏜 화살에 맞아 몸의 12곳에 부상을 입었다." 고마라(Gómara(1554 ed., LII))는 다음처럼 말하였다. "모초꼬복이라고 불리는 참뽀똔의 촌장은 호전적이고 자신감이 넘쳤다. 그는 에스빠냐군과 거래를 하지 않았고, 깜뻬체 사람들과는 달리 선물을 바치지도 않았으며, 물과 음식도 일절 베풀지 않았다. 단 피로만 대가를 치르고자 하였다"(Tozzer, 11).

32 가리바이본에는 "…lo cual pesó a Francisco Hernández viendo en lo que había de parar"로 표기되었다. 이것을 문자 그대로 해석하면 본문의 번역문과 같다. 그러나 게이츠본에는 이 문장의 마지막 단어인 'parar(중단하다, 멈추다)'가 'pasar(일어나다)'로 해석되었다. 게이츠본 대로 해석하면 다음과 같다. "… 지금 벌어지고 있는 상황들을 보면서 프란씨스꼬 에르난데스(Francisco Herenández)는 어려움을 느끼지 않을 수 없었다(사기가 땅에 떨어졌다)." 16세기에는 오늘날과 같이 기계로 책을 찍어 내지 않고 일일이 손으로 써서 책을 만들었기 때문에 오기가 많은 것이 당연하다. 또한 16세기 에스빠냐어가 필기체인 만큼 읽는 사람마다 다르게 해석하는 일도 매우 흔했다.

33 많은 사료를 통해서 이 사건에 대한 증언을 확인할 수 있다. 당시 프란씨스꼬 에르난데스 데 꼬르도바가 받은 피해는 상당히 심각했던 것으로 보인다. 에르난 꼬르떼스의 편지(Cortés Hernán, Cartas de Relación, Porrúa, México, 1993, Sepan Cuantos, Número 7)에서 에스빠냐 사람들이 입은 피해의 정도에 맞추어져 인디오들의 수가 부풀려진 것을 볼 수 있다. 또한 이 편지에는 당시 인디오 병사들의 수가 오만 명에 이른다고 기록되었다. "…ciento cincuenta hombres con dos de caballos, haciendo una fortaleza que ya tengo casi acabada; y dejé toda aquella provincia de Cempoala y toda la sierra comarcana a la villa, que seran hasta cincuenta mil hombres de guerra y cincuenta villas y fortalezas, muy seguras y pacíficos"(Cortés, 32). 당시의 정확한 병력 상황은 알 수 없지만, 이 주변 지역의 인구분포로 짐작했을 때 오만 명의 병력은 가당치도 않은 숫자임을 알 수 있다. 그렇지만 이 사료에는 이렇듯 과장되게 표현된 것을 볼 수 있고, 더불어 수많은 적에 맞서 싸운 꼬르도바의 용맹함이 추켜세워진 것을 확인할 수 있다. 한편 란다는 꼬르도바가 33군데 상처를 입었다고 언급하였으나 또르께마다(4, III)는 그 숫자를 12개로 기록하였다. 여기서도 란다가 상처의 숫자를 과장되게 묘사함으로써 꼬르도바 장군의 영웅적인 행동을 어느 정도 미화시킨 것으로 볼 수 있다. 어찌 되었든 간에 꼬르도바는 쿠바로 돌아간 후 얼마 지나지 않아 그 상처로 세상을 떠났다.

34 당시 아메리카 식민지를 총괄하던 쿠바 부왕청의 부왕인 디에고 벨라스께스는 그리할바에 대한 신뢰를 잃고 끄리스또발 데 올리드(Cristóbal de Olid)를 보내어 주변을 재탐색하도록 하였다. 그러나 끄리스또발 데 올리드는 꼬수멜에서 해안을 따라 서쪽 방향으로 조금 멀리 떨어진 곳까지 항해하던 중에 풍랑을 만나 돛을 잃고 쿠바로 되돌아오게 되었다(Díaz del Castillo, XV). 그가 쿠바로 돌아온 후 채 2주가 지나기 전에 꼬르도바가 참뽀똔에서의 부상으로 세상을 떠났다. 꼬르도바는 생전에 벨라스께스와 심한 갈등 관계에 있었는데, 벨라스께스는 (꼬르도바의 탐험 이후로) 즉시 자신의 조카인 후안 데 그리할바를 대장으로 임명하여 유까딴을 겨냥한 또 다른 탐험대를 구성하였다. 라스 까사스는 이 사건에 대하여 다음처럼 묘사하였다. "디에고 벨라스께스가 항해를 명령하자 프란씨스꼬 에르난데스 데 꼬르도바는 심한 비탄에 젖어서 이와 같은 사실을 매우 모욕적으로 받아들였다. 왜냐하면 만일 그가 자비를 들여 떠난 것이 사실이라면 자비로 선박을 꾸리고 위험을 감수하면서까지 모험을 하였음에도 불구하고 결과적으로는 부상만 입고 침울하게 돌아왔기 때문이다"(Tozzer, 12). 아메리카 대륙 정복자의 운명은 대부분 불우했다. 꼬르도바는 단 한 번도 정복에 성공하지 못했고 정치적으로 고립되었을 뿐만 아니라 정복 과정의 상처로 목숨을 잃게 되는 최후를 맞이하였다.

35 메시까(Méxica, Azteca)가 에르난 꼬르떼스(Hernán Cortés) 장군에 의하여 정복되기 전까지 공식적으로 두 차례에 걸친 사전 탐험이 있었다. 그 첫 번째가 1517년

꼬르도바의 항해이고, 두 번째가 바로 여기에 등장하는 1518년 그리할바의 탐험이다.

36 그리할바는 몬떼호 외에도 쿠바섬의 대농장주인 알론소 로뻬스 데 쎄라또와 뻬드로 데 알바라도(Pedro de Alvarado)를 후안 데 그리할바와 동행하도록 하였다. 그들은 선장의 역할을 맡아 식량을 준비하였고, 쿠바의 부왕인 벨라스께스가 네 척의 배를 제공하였다(Tozzer, 12).

37 베르날 디아즈 델 까스띠요(VIII)는 1518년 5월이 아닌 동일한 해의 4월 8일에 출발한 것으로 기록하였다. 탐험대가 꼬수멜에 도착한 시점이 성자 크로이(Croix)의 날인 5월 3일이기 때문에 이 섬의 이름 또한 에스빠냐 사람들에 의하여 산따 끄루스(Santa Cruz)라고 불리게 되었다. 이러한 점을 미루어 보았을 때 그들이 4월 8일에 탐험을 시작했다는 것이 사실에 더욱 근접한 것으로 생각된다(Tozzer, 12).

38 멕시코 낀따나루주의 동북 앞바다에 있는 섬으로 세계적인 휴양지인 깐꾼과 인접해 있다. 현재는 꼬수멜이라고 불린다.

39 꼬수멜섬에서 유까딴까지는 직선거리로 약 20킬로미터에 불과하다. 그래서 이곳에서 유까딴을 확인하고 조망하는 것이 가능한데, 이러한 이유로 이곳은 항상 정복을 시작하는 사람들의 전진기지가 되곤 하였다. 에르난 꼬르떼스뿐만 아니라 그 이전의 탐험가들이나 정복자들도 이곳을 전진기지로 삼아 다른 지역을 탐험하고 정복해 나갔다. 한편 이곳의 인디오들은 그들의 마을에 온 최초의 에스빠냐 정복자들에게 친절을 베풀며 식량과 그 밖의 다른 많은 편의를 제공하였다.

40 예수의 승천일에 만(灣)에 도착한 까닭에 이곳의 이름을 아쎈씨온(승천)만이라고 부르게 되었다는 것을 뜻한다. '아쎈씨온(Ascensión)'은 가톨릭 축제일의 하나로 부활절의 부활일 이후에 40일이 지난 목요일을 의미한다. 또 다른 사료에는 이들 일행이 꼬수멜에서 남쪽으로 항해한 사건에 대하여 다음처럼 기록했다. "그는 약 2마일씩 떨어진 커다란 마을 세 곳을 지나갔다. … 우리는 밤낮으로 해안선을 따라 항해를 하였고, 다음 날 해가 질 무렵에야 세비야(Sevilla)와 견주어 보았을 때 절대 뒤처지지 않는 도시인지 커다란 마을인지 모를 곳을 발견하였다. 누군가 그곳에 세워진 매우 장대한 건축물을 보았다. 해안에는 여러 명의 인디오가 모여 있었다. 그들은 장대를 들고 있었는데 장대를 올렸다 내렸다 하면서 에스빠냐군에게 가까이 오라는 신호를 보냈다. 그러나 사령관은 그렇게 하기를 원치 않았다. 그날 우리는 해변으로 나갔다. 전에도 이 근처에서 본 적이 있는 높은 건축물이 세워져 있었다. … 우리는 함대가 진입할 정도의 매우 긴 만(灣)을 발견하였다"(Juan Díaz, Lothrop, 1924, 15, Tozzer, 12).
후안 디아즈(Juan Díaz)는 '매우 높은 건축물과 짚으로 엮은 가옥들'에 대하여 묘사하였다. 이 커다란 마을은 현재 유까딴반도의 동부 해안에 있는 유명한 관광지 뚤룸인 것으로 추정된다(Tozzer, 12). 뚤룸은 바다와 접해 있어서 경치가 아름다울 뿐만 아니라 관광 중심 도시인 깐꾼에서 약 1시간 반밖에 걸리지 않는 가까운 거리에 위치해 있어서 현재 멕시코 유적지들 가운데 사람들의 발길이 가장 잦고 사시사철 많은 방문객이 끊이지 않는다. 그러나 규모만으로 본다면 실질적으로 이 도시는 다른 마야의 도시들에 비하여 그렇게 큰 편이 아니다. 도시의 경계를 이루는 울타리가 있는 점이 특징적이며 정복 이전의 해상교통 중심지들 가운데 하나였을 것으로 추정된다.

41 이들은 꼬수멜섬으로부터 뚤룸을 거쳐 해안선을 따라 남동쪽으로 이동하였다. 그리고 그 과정에서 유까딴을 한 바퀴 도는 시도를 했던 것으로 보인다. 이들이 유까딴반도를 섬으로 착각했을 가능성이 매우 큰데, 바로 이러한 이유로 남동쪽으로 항해를 하고 섬을 돌면서 관찰하는 동시에 탐험을 이어가려고 했던 것으로 추정된다. 그러나 그들은 이 계획을 포기하고 방향을 180도 바꾸어 다시 북쪽을 따라 항해하였다. 그렇게 꼬수멜에 도착한 후 다시 반도의 북쪽과 서쪽을 향하여 항해를 이어갔다. 그러고는 5월 25일 깜뻬체에 도착하였다(Tozzer, 12).

42 이곳은 앞선 31번에서 (모츠꼬우오에 대한 또르께마다의 기록) 언급한 꼬르도바의 탐험 때 인디오들이 에스빠냐 군대를 유인했던 우물과 일치하는 것으로 보인다(Tozzer, 13). 최고지휘관이던 꼬르도바가 이 전투에서 큰 부상으로 결국 목숨을 잃었다는 점을 상기했을 때 이곳은 꼬수멜처럼 에스빠냐 사람들에게 호의적이지 않았으며 호전성이 매우 강했다는 것을 생각할 수 있다.

43 베르날 디아즈 델 까스띠요(Bernal Díaz del Castillo)(IX)는 이 전투에서 7명의 에스빠냐 병사가 희생되었다고 기록하였다. 또 다른 사료에는 이 전투가 참뽀똔이 아닌 깜뻬체에서 벌어진 것으로 기록되었다(Juan Díaz, Tozzer, 13).

44 지금의 멕시코만을 따라 항해를 해서 정확히 어디까지 북상하였는지는 알 수 없으나 여기서 언급한 누에바 에스빠냐는 마야 지역이 아닌 메시까(México, Azteca) 지역을 가

리키는 것으로 추정된다. 따라서 그들은 현재 멕시코의 베라끄루스주까지 북상하였던 것으로 보인다. 5개월이라는 비교적 긴 시간이 소요된 점과 그리할바의 항해를 통하여 멕시코 고원 지방의 문명에 대한 정보를 얻게 된 점 등을 미루어 보았을 때 그리할바의 탐험대가 상당히 넓은 지역까지 탐험했을 가능성이 크다. 누에바 에스빠냐는 보통 오늘날의 멕시코와 북중미 지역을 아우르는 새로운 식민지 지역을 일컫는다.

45 탐험대는 깜뻬체를 출발한 후 참뽀똔을 지나 떼르미노스 호수에 도착하였다. 알라미노스는 이 호수의 물줄기가 당시에는 산따 마리아 데 로스 레메디오스(Santa María de los Remedios)섬으로 불리던 유까딴섬의 남쪽 방면으로 이어진다고 믿었다. 그리할바는 이곳을 떠나면서 강의 이름을 산 뻬드로 산 빠블로라고 지었다. 그 후 마침내 따바스꼬강(Río de Tabasco)에 도착하였다. 그러고는 이 강의 이름을 이번 정복에 참여한 총대장의 이름을 따서 그리할바강(Río de Grijalva)이라고 명명하였다. 베르날 디아즈 델 까스띠요(XI)는 이와 관련하여 다음처럼 말하였다. "이곳은 따바스꼬강이라고 불렸다. 왜냐하면 이곳의 촌장이 자신을 가리켜서 따바스꼬라고 하였기 때문이다. 그러나 항해 도중에 후안 데 그리할바가 이 강을 발견하였기 때문에 우리는 이곳을 그리할바강이라고 명명하였고, 기록상에도 그렇게 표기하였다"(Díaz del Castillo, XI, 20). 이곳에서 에스빠냐군은 뽀똔찬의 촌장과 친밀한 관계를 맺었다. 그리할바가 인디오들로부터 최초의 터키석 모자이크 작품을 비롯한 수많은 보석을 얻을 수 있었던 곳도 바로 이곳이다. 계속해서 북쪽 방면으로 가던 도중에 그리할바는 아즈떼까에 대한 소식을 접하게 되었는데, 이것은 훗날 꼬르떼스가 아메리카 대륙을 본격적으로 정복하게 되는 사건인 메시까 정복의 단초가 되었다(Tozzer, 13).

46 이것은 빠누꼬(Pánuco)에서 남쪽 방면으로 항해를 하여 돌아오던 중에 참뽀똔에 이르기 전 또날라(Tonalá)강을 지나 떼르미노스 호수에 막 진입하던 차에 일어난 사건이다. 이곳에서 그리할바는 꼬르도바를 패배시킨 인디오 지도자 꼬우오족 사람들에게 복수하라는 명령을 받았다. 작은 접전이 있은 후에 에스빠냐군은 깜뻬체로 되돌아갔고, 그곳에서 물을 구하려는 에스빠냐군과 인디오들 사이에 또다시 전투가 벌어졌다. 그 후 그리할바는 꼬또츠의 해안을 따라 다시 아바나로 돌아가게 되었다(Tozzer, 13).

47 울루아(Ulúa)는 꿀루아(Culua) 혹은 꿀후아(Culhua)라는 이름으로도 불린다. 베라끄루스 근처의 산 후안 데 울루아(San Juan de Ulúa) 요새가 바로 이 섬에 세워졌다(Tozzer, 13). 울루아는 메시까의 수도인 현 멕시코시티(Ciudad de México, D.F.)에서 가장 가까운 대서양 쪽의 항구이다. 그래서 이곳은 메시까 사람들에 의하여 일찌감치 해상교통의 중심지로 발전하였다. 따라서 당시 그리할바 일행이 이곳에 와서 전해 들은 메시까에 대한 소식은 그들의 발전된 모습을 담고 있었을 것이다. 실제로 오늘날의 미국 남부와 중미, 남미와 활발한 교역을 이루었던 당시의 메시까를 상상해 본다면 에스빠냐 사람들에게 정복의 욕망을 불러일으키기에 충분했을 것으로 판단된다. 식민지 시대와 독립 이후 오늘날에 이르기까지 울루아 요새와 그 주변 항구인 베라끄루스는 아메리카 대륙에서 가장 중요한 항구로 발전하였다. 또한 파나마운하가 생기기 전까지 유럽과 아메리카 대륙을 연결하는 항로들 가운데 가장 물동량이 많은 곳이기도 했다. 이 요새는 현재 세계문화유산에 등재되었다. 한편 여기서의 울루아는 온두라스의 어느 한 지방의 이름인 울루아와는 별개의 곳임을 밝혀둔다.

48 가리바이본에는 'descubrimiento y rescate'로 표기되었다. 이것을 직역하면 '발견하고 되찾다' 혹은 '발견하고 수중에 넣다'라는 뜻으로도 해석할 수 있다.

49 그리할바로부터 전해진 메시까의 존재와 그와 관련한 새로운 소식은 당시 탐험가와 정복자들로 북적이던 쿠바를 열광시키기에 충분했을 것임을 상상할 수 있다. 그중에서도 정복을 단행할 정치·경제적인 지위와 실행력을 갖춘 인물이 바로 꼬르떼스였다. 그는 그리할바가 전한 소식(어디로 가면 금은보화를 치렁치렁 두르고 사는 메시까가 있는데 그곳이 바로 최고로 번성한 나라라는)에 그들을 정복하여 부와 권력을 차지하겠다는 야망을 불태우게 되었다. 그러고는 이를 실행에 옮겨 성공을 이루는 영광을 차지하였다. 이것은 물론 탐험만 하고 돌아오라는 당시 쿠바 부왕의 지시를 어기는 것이었고 결론적으로 그와 그의 자식들이 비운의 운명을 맞아하게 되는 결정적인 원인을 제공하였다. 그러나 부와 명예를 가져다줄 세계를 정복해야 한다는 당시의 팽배한 야욕은 꼬르떼스와 그의 주변 인물들뿐만 아니라 다른 많은 사람을 탐욕과 전쟁으로 몰아넣었다.

4

꼬르떼스의 꾸스밀[1] 탐험

- 아길라르와 그의 동료들에게 보내는 편지

4-1 에르난도 꼬르떼스(Hernando Cortés)[2]는 열한 척의 배를 이끌고 쿠바를 출발하였다. 그중에서 가장 큰 배의 무게는 100톤에 달하였다. 그는 각 배에 선장을 한 명씩 두며 본인도 그중의 한 척을 맡았다; (이 탐험에는) 500명의 인원이 동원되었고, 배에는 몇 필의 말과 교역 물품들이 함께 실렸다. 또한 프란씨스꼬 데 몬떼호[3]도 (이 탐험에) 참여하였으며, 전에 이야기한 적이 있는 알라미노스[4]가 함대의 일등 지휘권을 맡았다[5]; 함대사령관의 배에는 하얗고 파란 불꽃무늬의 마리아를 기리는 깃발[6]을 걸어 놓았는데, (인디오들의) 우상을 치워버린 자리에는 언제나 십자가와 함께 마리아의 형상이 올려졌다; 깃발에는 붉은색[7] 십자가 주변으로 다음의 문구가 적혀 있었다. amici sequamur crucem, &[8] si nos habuerimus fidem in hoc signo vincemus(충심으로 십자가를 따르고 그에 대한 믿음으로 승리하리라).[9]

4-2 이 함대는 그 밖의 다른 장비들을 더 이상 싣지 않고 출발하였다. 그리고 (열한 척의 배 중에서) 열 척의 배가 꾸스밀[10]에 도착하였다. 이것은 도중에 폭풍우로 배 한 척이 길을 잃었기 때문인데[11] 그 배와는 해안가에서 다시 만날 수 있었다.

그가 도착한 곳은 꾸스밀[12]의 북쪽 지역이었다.[13] 그는 이곳에서 우상들을 위한 훌륭한 석조건축물들[14]과 좋은 마을 한 곳을 발견하였다.[15] (그러나 이곳의) 주민들은 많은 배, 병사들이 육지에 내리는 것을 보자 모두 숲속으로 도망쳐버렸다.[16]

4-3 도착하자마자 (에스빠냐 사람들은) 마을을 약탈하였고, 그곳에 머무르게 되었다. 숲속에서 사람들을 찾아다니던 중에 촌장 부인과 그의 자식들을 발견할 수 있었다.[17] 프란씨스꼬 에르난데스와 그리할바의 통역관으로 그들과 동행했던 적이 있는 멜초르(Melchor)라는 인디오를 통하여[18] 그녀가 촌장의 부인이라는 사실을 알게 되었다. 꼬르떼스는 그들에게 많은 선물을 주며[19] 촌장을 데려오도록 하였다. 그리고 촌장이 오자 그를 극진히 대우하고[20] 선물을 약간 주며 그의 부인과 자식들에게 돌려보내 주었다. 또한 자신들이 이 마을에서 약탈한 모든 것을 되돌려주었다. 그러고는 촌장에게 (도망친) 인디오들이 다시 그들의 집으로 돌아올 수 있도록 하라고 권고하였으며, 인디오들이 돌아오자 (자신들이 빼앗은 것을) 원래의 주인들에게 되돌려주었다[21]; 그렇게 모든 인디오를 안심시킨 후에야 그는 우상들의 허구성을 설교하기 시작하였고, 십자가를 숭배하도록 설득하였으며, (인디오들의) 사원에 성모마리아상과 함께 십자가를 두었다. 그리하여 인디오들은 그 후로 더 이상 공개적인 우상숭배 행위를 하지 않게 되었다.[22]

4-4 꼬르떼스는 그곳에서 6일 정도 걸리는 거리에 턱수염이 난 남자들이 어떤 촌장의 수하에 있다는 사실을 알게 되었다.[23] 그는 인디오들을 설득하여 그들을 부르러 가도록 하였는데[24]; 비록 (그렇게 할) 인디오를 (결국) 구하기는 하였으나 턱수염이 난 남자들과 함께 있는 촌장에 대한 두려움 때문에 (선뜻 나서는 사람이 없었으므로) 애를 먹어야만 했다.

그(꼬르떼스)는 그들(턱수염이 난 남자들)에게 다음과 같은 편지를 썼다.[25]

'존경하는 여러분. 나는 열한 척의 함대와 500명의 에스빠냐 사람들을 이끌고 쿠바를 떠난 후 이곳 꾸스밀에 도착했소. 그리고 이곳에서 당신들에게 편지를 보내는 바요. 이 섬의 주민들은 내게 우리들과 생김새가 매우 비슷한 대여섯 명의 턱수염을 가진 사람들이 이 땅에 더 있다는 이야기를 들려주었소. 더 이상의 특별한 증거는 없지만 내가 들은 것을 통해 추측하건데 당신들이 에스빠냐 사람들이라고 확신하는 바요. 이곳의 땅들을 발견하고 정착하기 위하여 함께 온 다른 귀족들과 내가 당신들께 간청하기를 이 편지를 받고 나서 6일 이내로 어떠한 변명이나 지체함도 없이 이리로 오도록 하시오. 만일 돌아온다면 이 함대가 얻게 될 업적을 우리 모두 인정받아 당신들도 보상받게 될 것이오. 여러분들이 타고 올 수 있도록 범선 한 척과 안전을 위한 두 척의 배를 보내도록 하겠소.'

4-5 인디오들은 이 편지를 머리카락 사이에 말아 가져가서 아길라르에게 건네주었다。그런데 인디오들이 처음에 예상했던 것보다 시간을 많이 지체했기 때문에 배(에서 기다리고 있던 사람)들은 그들이 죽었을 거라고 생각하고는 다시 꾸스밀[26] 항구로 돌아왔다; 꼬르떼스는 인디오들과 턱수염이 난 사람들이 모두 돌아오지 않자 다음 날 돛을 올렸다.[27]

그런데 바로 그날 배 한 척에 이상이 생기는 바람에 그들은 다시 항구로 돌아와야만 했다; 그리고 (배를) 정비하는 사이에 편지를 받은 아길라르가 카누를 타고 유까딴과 꾸스밀 사이의 해협을 건너왔다。[28] 함대에 타고 있던 사람들은 그를 발견하자 신원을 확인하기 위하여 그에게 가까이 다가갔다; 그러자 아길라르는 그들에게 기독교인이냐고 물었고[29], 에스빠냐 사람들은 그렇다고 대답하였다。아길라르는 기쁨의 눈물을 흘리며 땅에 무릎을 꿇고 주님께 감사를 드렸다。그러고는 에스빠냐 사람들에게 오늘이 수요일이냐고 물었다.

4-6 에스빠냐 사람들은 (아길라르를) 이곳에 도착했을 때의 벌거벗은 모습 그대로[30] 꼬르떼스에게 데리고 갔다。그러자 꼬르떼스는 그에게 옷을 주며 무척이나 반겨 주었고; 아길라르는 난파되었던 일에서부터 고된 생활과 동료들의 죽음에 이르기까지 (그가 겪은 일들을) 이야기하였다。(그러나) 80레구아[31]보다 먼 곳에 있던 (다른 에스빠냐 사람인) 게레로에게는 이 짧은 시간 내에 소식을 알리는 것이 불가능했다고 하였다.[32]

4-7 꼬르떼스는 훌륭한 통역사인 아길라르와 함께 (인디오들에게) 십자가를 숭배하도록 다시금 설교하는 한편 (그들의) 사원에 놓였던 우상들을 치워버렸다。사람들이 이야기하기를 꾸스밀 주민들이 꼬르떼스의 설교에 매우 감동한 나머지 해변으로 나가 그곳을

지나가던 에스빠냐 사람들에게 다음처럼 외쳤다고 한다. 마리아, 마리아; 꼬르떼스, 꼬르떼스.[33]

4-8 꼬르떼스는 이곳을 출발하여 잠시 깜뻬체에 들른 후에 다른 곳을 더는 거치지 않고 따바스꼬까지 (항해하였다).[34] 따바스꼬 사람들은 그에게 여러 물건과 여자 인디오들을 주었는데[35], 그중에는 훗날 마리나(Marina)로 불리게 된 여자 인디오도 있었다.[36] 그녀는 원래 할리스꼬(Xalisco) 지방 사람으로[37] 상류층 집안에서 태어났으나 어려서 (포로로) 잡힌 후 이곳 따바스꼬까지 팔려 오게 되었다; (그 후) 다시 시깔랑고와 참뽀똔으로 팔려 간 적이 있었는데, 그곳에서 유까딴의 언어를 익힐 수 있었고, 이러한 이유로 아길라르가 하는 말을 이해할 수 있었다. 이렇듯 주님께서는 훌륭하고도 충실한 통역사들[38]을 꼬르떼스의 곁에 두셨다.[39] 꼬르떼스는 이들을 통하여 멕시코에 대한 소식과 정보를 얻을 수 있었다. 더군다나 마리나는 (멕시코에 대하여) 매일같이 이야기하던 인디오 상인들이나 귀족들과 빈번히 접촉하였기 때문에 멕시코[40]를 침공하는 데 필요한 지식이 많았다.[41]

---

1 현재 멕시코의 낀따나루주에 속해 있는 섬으로 초기 에스빠냐 정복대의 본거지가 되었다. 지금은 세계적인 휴양지로 각광받고 있으며 주변에 산재한 마야의 도시들은 중요한 관광지로 변모하였다.

2 에르난 꼬르떼스(Hernán Cortés)는 우리에게 일반적으로 아즈떼까로 알려진 메시까족을 최초로 정복하고 아메리카 대륙에 본격적인 식민정부를 세운 인물이다. 여기서 언급한 항해가 바로 메시까 정복의 시초가 되었고, 이러한 이유로 식민지 초기의 중요한 사료들에는 꼬르떼스의 이번 항해와 정복에 관한 내용이 자세하게 묘사되었다. 특히 이 정복은 최초의 아메리카 대륙 정복이라는 점에서 그 중요성이 매우 크다. 1492년에 끄리스또발 꼴론이 도착한 곳은 아메리카의 본 대륙이 아닌 카리브의 섬이었다. 때문에 아메리카 대륙을 본격적으로 수중에 넣게 된 사건은 꼬르떼스의 이번 정복에서부터라고 말할 수 있다. 또한 정복에 참여한 사람들이 대부분 다음 마야 지역을 포함한 주변 지역 정복에서 중추적인 역할을 하게 된다. 마야 지역을 정복한 몬떼호와 뻬드로 데 알바라도와 같은 인물들은 당시 함대의 중요한 직책을 맡았다.

3 몬떼호는 여러 번에 걸쳐서 정복대와 동행한 끝에 유까딴 반도를 정복하는 사령관에 임명되어 1527년부터 본격적으로 마야 지역 정복에 나서게 되었다. 그러나 지방분권 전통이 강했던 마야 사람들은 에르난도 꼬르떼스의 메시까 정복과는 달리 복잡한 전투의 양상을 만들어 냈고, 몬떼호는 고전을 거듭하게 되었다. 결국 마야 사람들은 에스빠냐 사람들에 대항하여 소규모 지역에서나마 200년에 가까운 저항을 계속해 나갔다.

4 알라미노스는 꼬르떼스의 항해 이전에 유까딴과 멕시코만 지역을 탐험했던 프란씨스꼬 에르난데스 데 꼬르도바와 항해 경험이 있었고, 후안 데 그리할바와도 항해 경험이 있었다. 그리하여 그는 꼬르떼스의 항해에서 중요한 역

할을 담당하게 되었다(López de Gómara, Francisco, Historia general de las Indias, ediciones Orbis, S.A., 1985, España, tomo II, 24).

5 그 밖의 다른 지휘관들로는 과테말라 지역을 정복한 뻬드로 데 알바라도와 디에고 데 오르다스(Diego de Ordaz), 곤살로 데 산도발(Gonzalo de Sandoval), 끄리스또발 데 올리드 같은 인물들이 있다. 정복자들 대부분은 불행한 말년을 보냈는데, 그렇지 않은 대표적인 사람이 베르날 디아즈 델 까스띠요였다. 그도 이 항해에 참여하였으며, 과테말라에서 노후를 보내면서 《누에바 에스빠냐 정복의 역사(Historia Verdadera de la Conquista de la Nueva España)》라는 책을 집필하였다(Tozzer, 13).

6 가리바이본에는 'una bandera de fuegos blancos y azules en reverencia a Nuestra Señora'로 표기되었다. 이것은 유럽의 가문이나 지역을 상징하는 문장(紋章)이 새겨진 깃발의 한 종류이다. 여기서는 성모마리아를 상징하는 문장이 새겨진 깃발을 가리킨다.

7 가리바이본에는 'colorada'로–'colorado'의 여성형–표기되었다. 오늘날에는 '붉은색을 띠는'과 같은 뜻으로 해석되지만 '색깔이 있는'의 뜻으로도 해석될 수 있다. 또한 더 이상 사용되지 않는 고어에는 '파란색'이라는 의미도 있다(DICCIONARIO DE LA LENGUA ESPAÑOLA–Vigésima segunda edición, http://www.rae.es).

8 레온본에는 '&' 대신에 'et'으로 표기되었다.

9 가리바이본에는 다음처럼 라틴어로 표기되었다. "amici sequamur crucem, & si nos habuerimus fidem in hoc signo vincemus" 당시에는 종교적인 행사 문구들에 대부분 라틴어가 그대로 사용되었다. 토설은 이에 대한 설명에서 다음처럼 언급하였다. "형제들이여, 우리로 하여금 십자가의 뜻을 따를 수 있도록 해 주게. 신앙이 있다면 반드시 정복할 수 있을 것이네." 이것은 콘스탄틴의 깃발에 새겨진 문장(exergue of Constantine's Labarum)에서 발췌한 것이다(Tozzer, 13).

10 브라쉐르 드 부르부르본에는 'Cotoch'로 표기되었고, MS와 그 밖의 다른 사료에는 'Cuzmil' 혹은 'Cozumel'로 표기되었다(Tozzer, 13).

11 베르날 디아즈 델 까스띠요는 그와 함께 같은 배에 타고 있던 알바라도와 60명의 병사가 꼬르떼스가 도착하기 이틀 전에 꼬수멜에 도착했다고 기록하였다(Bernal Díaz del Castillo, 41).

12 꼬수멜과 멕시코 해안에 상륙하기까지의 경험담이 묘사된 꼬르떼스의 첫 번째 편지는 현재 행방이 묘연한 상태이다. 그러나 꼬르떼스가 베라끄루스(Vera Cruz) 마을에 도착하고 나서 보내온 또 다른 편지에서 이와 관련된 기록을 확인할 수 있다(Tozzer, 13).

13 가리바이본에는 다음처럼 표기되었다. "Que la llegada a Cuzmil fue por la parte del norte" 이 문장은 두 가지 뜻으로 해석될 가능성이 있는데, 하나는 본문과 같이 "그가 도착한 곳은 꾸스밀의 북쪽 지역이었다."이고, 다른 하나는 "꼬수멜에 도착한 후에 그는 해안선을 따라 북쪽으로 향하였다."이다(Tozzer, 13). 첫 번째 해석에 의하면 도착한 지점이 섬의 북쪽이라는 뜻이고, 두 번째 해석에 의하면 섬의 어딘가에 도착하고 나서 다시 섬의 북쪽 지역으로 이동을 했다는 뜻이다.

14 후안 디아즈(Juan Díaz)가 기록한 〈그리할바의 여정(Itinerario de Grijalva)〉의 우상들을 위한 사원과 작은 예배당에 관한 묘사 부분에서 다음의 문장을 확인할 수 있다. "18개의 계단이 높이 이어져 있고, 기단이 견고하며, 둘레의 길이가 180피트이다. 상층부에는 성인 남자 두 명을 합쳐 놓은 길이만 한 작은 탑이 세워져 있는데, 하나가 다른 것 위에 세워진 형태로 되었다. 내부에는 그들이 숭상하는 우상을 형상화한 조각상들과 뼈 그리고 재(cenis, 라틴어로 '재'라는 뜻으로 추정됨)가 있다"(Bernal Díaz (Maudslay ed.), 98, note; Lothrop, 1924, 14, Tozzer, 13–14).

15 베르날 디아즈 델 까스띠요는 그의 기록에서 꼬수멜섬의 남쪽을 따라가던 도중에 몇 채의 집이 있는 마을을 발견하여 그곳에 상륙하였다고 하였다. 그런데 이러한 배를 처음 본 인디오들이 모두 도망을 가버렸다고 하였다. 이어서 하마이까(Jamaica, 자메이카) 언어를 구사하는 어느 여인과의 에피소드를 언급하면서 그곳을 발견한 날이 산따 끄루스의 날이기 때문에 이곳을 산따 끄루스로 명명하게 되었다고 하였다(Díaz del Castillo, 17). 그러나 후안 디아즈는 (꼬수멜)섬 전체가 산따 끄루스로 불렸다고 주장하였다(Tozzer, 14).

16 폐허가 된 이웃 마을인 산따 마리아(Santa María)를 방문한 알바라도는 인디오들의 어느 한 사원에서 왕관과 우상들, 구슬, 금으로 된 장신구와 그 밖의 다른 많은 것을 발견하였다. 또한 그곳에서 두 명의 남자 인디오와 한 명의

여자 인디오를 붙잡아 끌고 가서는 꼬르떼스에게 이 일을 보고하였다. 그러나 꼬르떼스는 알바라도를 책망하면서 인디오들을 그에게 데리고 오라고 하였고, 이 인디오들이 도망간 마을 사람들을 잘 타일러서 다시 마을로 돌아올 수 있도록 설득하였다(Díaz del Castillo, 41).

17 고마라는 4–5명의 여자와 3명의 아이를 발견했다고 기록하였다(Gómara, 2000, 60).

18 꼬르떼스의 첫 번째 편지(MacNutt ed., 1: 16)에서 꼬르도바가 인디오들과의 꼬또츠 전투에서 두 명의 인디오들을 포로로 붙잡아왔다는 내용을 확인할 수 있다. 또한 이 편지에는 포로로 잡혀 온 인디오들이 훗날 기독교 신자가 되었고, 세례를 받은 후에 훌리안(Julián)과 멜초르(Melchor 혹은 Melchorejo)라는 이름을 얻게 되었으며, 통역을 담당했다는 내용이 기록되었다(Ns. 82, 92, Tozzer, 14).

19 고마라는 '거울'과 '가위'를 주었다고 기록하였다(Gómara, 60). '거울'은 유럽인들이 인디오들을 상대할 때 선물로 주었던 대표적인 물건이다. 거울을 신기하게 여긴 인디오들은 작은 거울 하나를 금은보화와 바꾸기도 하였고, 유럽인들은 거울 하나로 인디오들을 꾀어내어 결국에는 그들의 땅과 삶을 송두리째 앗아가버렸다. 바로 이러한 이유로 거울은 오늘날까지도 돈 많은 사람과 외국인, 많이 배운 사람이 순진한 사람을 현혹할 때 사용하는 선물의 대명사로 이해되기도 한다.

20 이 촌장은 섬 전체의 최고지도자이거나 당시 꼬수멜에 존재했던 세 마을의 바땁(Batabes, 일종의 촌장으로 이들이 관장하는 마을들이 모여서 다른 더 큰 정치·경제·행정 단위를 만든다.)들 가운데 한 명인 것으로 추정된다.
한편 촌장의 이름에 관한 몇 가지 의문점이 존재한다. 빌야구띠에레스(Villagutierrez)(2, II)는 이 촌장에 대하여 이렇게 기록했다. 까넥(Canek, 문어적으로 '검은색 뱀'이라는 뜻이며, 일반적으로 마야 잇사족의 최고지도자를 일컫는다.)으로 오게 된 과테말라의 잇사족 촌장인 돈 프란씨스꼬 꼬묵이 '약 100년 전에 돈 페르난도 꼬르떼스(Don Fernando Cortés)가 누에바 에스빠냐를 정복하기 위하여 그곳을 지나갔을 때 그를 맞이했던 꼬수멜섬 촌장의 후손'이라고 하였다. 로이스(Roys)는 이 촌장을 나움 빳(Naum Pat)과 동일한 인물로 보았고, 몰리나(Molina)(1896, 381, 385)는 그가 세 마을의 촌장이었다고 하였다. 또한 로이스(Roys)는 이 촌장이 꼬르떼스를 맞이한 왕이라고는 하지 않았지만, 그에 대하여 다음처럼 언급하였다(224). "꾸스밀섬은 빳(Pat) 가문이 관장하는 까씨까스고(Cacicazgo, 독립적인 촌장체제)를 가지고 있었다." 또한 1527년에 나움 빳이 몬떼호를 맞이하였고, 그 후 본토에서 그에게 도움을 주었다고 말하였다(385). 뻬츠(Pech MS)(Martínez, H. ed., 7)에는 아 나움 아 빳(Ah Naum Ah Pat)이 아길라르와 관련되어 기록되었다. 1570년에 시행된 꼬수멜섬 조사에 의하면(Roys, 1940) 꼬수멜섬의 산 미겔(San Miguel) 마을의 지도자라고 할 수 있는 바땁은 프란씨스꼬 빳(Francisco Pat)이었다. 정확한 사실은 알 수 없지만 이 모든 것을 미루어 보았을 때 나움 빳이 아내와 아이들을 데리고 꼬수멜섬에서 꼬르떼스를 맞이했던 것으로 보인다(Tozzer, 14).

21 에스빠냐 탐험대의 중간기착지이자 식량과 물 등의 주요 보급소 역할 및 다양한 정보제공의 역할까지 해 주었던 이곳 인디오들과의 협조 관계는 그 당시 에스빠냐군에게 상당히 중요한 요소가 되었다. 당연히 꼬르떼스에게도 잠시나마 인디오들과 좋은 관계를 유지하고 그들의 협조를 이끌어 내는 것이 중요한 일로 작용하였다. 이러한 까닭에 꼬르떼스가 인디오들을 도망가버리게 한 알바라도의 행동을 책망하고 인디오들을 달래는 모습을 란다의 기록에서 확인할 수 있다. 그러나 에스빠냐 사람들도 인디오들에 대한 두려움이 있었는데, 이곳 인디오들이 매복하고 있다가 기습공격을 할지도 모른다는 두려움 때문에 꼬르떼스가 배에서 말을 끌어 내려 병사들에게 전투 태세를 갖추라는 지시를 내렸다는 것을 고마라의 사료를 통해서 확인할 수 있다(Gómara, La conquista de México, 2000, Dastin, 60).
한편 꼬르떼스는 지시를 잘못 수행했다는 이유로 선장 중의 한 명인 까마초(Camacho)를 감옥에 가두기도 하였는데, 이러한 사실을 통하여 그가 엄격한 규율로 탐험대의 기강을 바로잡는 데 힘썼다는 것을 알 수 있다. 그러나 기강을 바로잡는 일과 관련하여 훗날 많은 불협화음이 생기고 심지어는 반란이 일어나기도 하였다. 따라서 다양한 면에서 적극적인 상벌을 강화하고 인디오들의 협조를 이끌어 내는 것이 당시 꼬르떼스의 정책에 있어서 매우 중요하게 작용했을 것으로 판단된다.

22 이때 이후로 인디오들이 우상숭배를 하지 않았다는 것은 란다의 과장이거나 심각한 착각으로 여겨진다. 인디오들은 짧은 교류를 통하여 그들이 수천 년간 지속해 온 세계관과 종교관을 포기할 수도 없었거니와 그렇게 하려고 하지도 않았다. 란다 본인이 이 기록의 여러 곳에서 밝힌 바 있듯이 인디오들이 기독교 신앙을 잘 받아들인 부분도 있지만 그들의 전통 종교를 끈질기게 유지한 부분도 있었다.

물론 오늘날까지도 상당 부분 원주민들의 종교가 그대로 혹은 기독교와 혼합된 형태로 남아 있는 것을 확인할 수 있다. 란다는 이에 대한 징벌에 매우 적극적이었고, 에스빠냐 사람들이 꼬수멜섬에 들어옴으로써 인디오들이 긍정적으로 바뀌었다는 점을 강조하기 위하여 위와 같이 표현한 것으로 볼 수 있다.

23 에스빠냐 사람들 가운데 꼬르도바가 이곳을 최초로 탐험하였다. 그의 휘하에 있던 에스빠냐 사람들은 '까스띨란(Castilan, 까스띠야어)'을 구사하는 사람 이야기를 이미 들어서 알고 있던 상태였다. 꼬르떼스는 이와 관련하여 베르날 디아즈 델 까스띠요 그리고 마르띤 라모스(Martín Ramos)와 함께 에스빠냐 사람이 이곳에 있을지도 모른다는 의견을 교환하였다. 그러고는 통역가인 멜초르에게 이 사실을 물어보았는데, 그가 대답하기를 "약 이틀 정도 걸리는 거리에 사는 촌장들이 에스빠냐 사람들을 노예로 데리고 있다. 꼬수멜의 인디오 상인들이 그들 이야기를 들려주었다."고 하였다(Díaz del Castillo, 43).

24 쿠바의 부왕인 디에고 데 벨라스께스(Diego de Velázquez)는 꼬르도바의 항해 이후 보고를 통하여 꼬수멜섬 근처에 에스빠냐어를 구사하고 에스빠냐 사람으로 추정되는 사람들이 있다는 소식을 전해 들었다. 그러고는 꼬르떼스에게 그들을 구해 오라는 지시를 내렸다. 꼬르떼스는 부왕인 디에고 데 벨라스께스의 지시가 있었기 때문에 에스빠냐 사람들을 데리고 오라는 명령을 내렸을 것이지만 꼬르떼스 본인도 메시까 정복에 대한 숨은 야욕이 있었다. 만일 인디오들에 대하여 잘 아는 에스빠냐 사람들이 있다면 여러모로 활용 가치가 높을 것이라고 예상하였을 것이다. 실제로 여기서 꼬르떼스와의 극적인 상봉으로 에스빠냐군과 합류하게 된 헤로니모 데 아길라르는 통역자이자 작전참모로 메시까 정복에 결정적인 역할을 하였다.

25 베르날 디아즈 델 까스띠요가 기록한 편지의 내용은 란다가 기록한 내용과 다소 차이가 있다. "형제들이여, 나는 이곳 꼬수멜섬에서 자네들이 어느 촌장 아래 잡혀 있다는 소식을 전해 들었소. 하루빨리 우리가 머무는 이곳 꼬수멜섬으로 돌아오기만을 학수고대하는 바요. 필요할 경우 당신들을 도울 수 있도록 에스빠냐군을 태운 한 척의 배와 당신들을 풀어 주는 대가로 인디오들에게 지불할 몸값을 함께 보낼 것이오. 이 배는 8일 동안 당신들을 기다릴 것이오. 어서들 돌아오시오. 당신들은 매우 환영받을 것이오. 나는 이 섬에서 열한 척의 배와 500명의 병사와 함께 머물고 있소. 그러나 우리는 신의 가호 아래 따바스꼬 혹은 뽀똔찬이라고 불리는 곳으로 항해를 계속할 예정이오"(Díaz del Castillo, 43).

에레라(Herrera)(2, 4, VI)는 편지의 내용에 대하여 다음처럼 말하였다. "그는 붙잡힌 에스빠냐 사람들과 함께 떠나고 싶어 했고, 그들을 인디오 촌장으로부터 풀어 주고자 하였다. 그러나 해안 상황이 매우 좋지 않았기 때문에 포로로 붙잡힌 에스빠냐 사람들을 풀어 주기 위하여 다른 병사들을 동행시키지는 않았다. 그는 붙잡힌 에스빠냐 사람들에게 어서 빨리 꼬수멜로 돌아오라고 요청하였다. 잘 무장된 한 척의 배에 에스빠냐 사람들을 가두고 있는 촌장들에게 건넬 물건들을 함께 실어 보냈다. 선박에는 8일간 그들을 기다리라는 명령을 내렸다. 또한 언제 어떻게 함대가 꼬수멜에 도착했고, 그가 어떤 권한이 있으며, 장차 어디로 떠날 것인지 전달하였다"(Blom, 1936, VI).

세르반테스 데 살라자르(Cervantes de Salazar)(2, XXV)는 에스빠냐 사람으로 추정되는 사람들에게 두 통의 편지를 보냈다고 언급하였다. 하나는 꼬르떼스가 쓴 것이고, 다른 하나는 두 명의 지휘관들이 쓴 것인데, 이것은 아길라르가 글씨를 잘 읽지 못할지도 모른다는 점을 감안한 것이었다. 후자는 '더욱 또렷한 글씨체로 작성되었으나 내용은 꼬르떼스의 것과 동일하였다'(Tozzer, 14–15).

26 가리바이본에는 'Cuzmil'로 표기되었고, 레온본에는 'Cuzmil', FAMSI본에는 'Cuzmil(Cuzamil)', 게이츠본에는 'Cuzumel'로 표기되었다. 이러한 표기의 차이는 단순한 표기의 차이에 국한되는 경우가 많은데, 원본의 사료를 읽는 과정에서 하나의 글자를 각기 다른 글자로 보았기 때문일 가능성이 크다. 또한 16세기 초에 원주민의 발음을 에스빠냐어의 알파벳을 빌려 표기하는 과정에서 각 문서의 저자들이 표기를 통일할 수 없었기 때문일 가능성도 있다. 이러한 이유로 사료들에는 동일한 지명에 대한 다양한 표기가 존재한다.

27 꼬르떼스는 첫 번째 편지에서 다음처럼 말하였다(MacNutt ed., 1: 142–3). "두 척의 범선과 한 척의 배가 해안에 도착하자마자 포로로 붙잡힌 에스빠냐 사람들을 찾아 떠나기 위하여 꼬르떼스의 명령대로 세 명의 인디오들이 보내졌다. 많은 고충이 있었지만 오로지 에스빠냐 사람들이 돌아오기만을 학수고대하며 해변에서 6일간을 머물렀다. …그러나 포로로 붙잡힌 사람들과 그들을 찾아 떠난 인디오들이 모두 돌아오지 않자 배에서 기다리고 있던 사람들은 페르난도 꼬르떼스가 기다리고 있던 산따 끄루스섬으로 돌아가기로 결정하였다"(Tozzer, 15).

28 꼬수멜섬과 본토의 뽈레 사이에 있는 이 해협은 파도가 사나워서 인디오들조차 이곳을 건너는 것을 매우 두려워

하였다. 꼬골유도(Cogolludo)는 우상숭배를 중요시하는 마야 사람들이 배에 오르기 전에 여러 미신적인 행위들을 한다고 묘사하였다(Cogolludo 4, IV, Tozzer, 15).

29 교황의 체제에 있던 당시 유럽의 사회적 상황을 보면 기독교인이냐는 질문은 원주민과 구분하여 에스빠냐 사람인가를 묻는 것이라고 할 수 있다. 이러한 표현은 정복 시대의 사료와 이후 식민지 시대의 사료에서도 원주민과 구분하여 에스빠냐 사람인가를 묻는 표현으로 일반적으로 사용되었던 것을 볼 수 있다. 이와 같은 전통은 오랜 기간 아랍사람들이 에스빠냐가 있던 이베리아반도를 지배하고 이에 대한 반동으로 영토회복운동(Reconquista)을 벌이던 서부 유럽의 역사적인 상황에서 기인한다.

30 가리바이본에는 '… así desnudo como venía'로 표기되었다. 문어적으로 '벌거벗은 모습 그대로'라고 해석되지만 실제로는 나체의 모습이 아니라 '노출이 심한 낡은 옷을 입고 있는 모습'을 이처럼 표현한 것으로 추정된다. 일반적으로 원주민들이 옷을 많이 입지 않고 생활하는 모습을 이야기할 때 '나체'라고 표현한 것을 여러 사료에서 발견할 수 있다.

31 80레구아는 대략 335킬로미터 혹은 446킬로미터이다.

32 란다는 앞선 3장에서 게레로에 대하여 언급하면서 "게레로가 체뚜말로 떠났다."고 이야기하였다. 이러한 란다의 기록은 게레로가 "80레구아보다 더 먼 곳에 있다."는 아길라르의 증언을 뒷받침해 준다. 당시 총사령관이었던 꼬르떼스의 편지에도 이와 호응되는 기록이 있다. 또한 그의 편지에는 게레로 외에도 다른 사람들이 더 있을지도 모른다는 가능성이 제시되어 있으며 헤로니모 데 아길라르(Gerónimo de Aguilar) 외의 다른 사람들은 시간상의 문제로 함께 데리고 갈 여건이 되지 않았다는 증언이 함께 기록되었다. (Cortés, 14).
그러나 이미 이 책 3장에서 자세히 다루었던 것처럼 베르날 디아즈 델 까스띠요는 아길라르가 5레구아 정도 떨어진 곳에 있는 게레로를 만나러 갔지만 편지를 모두 읽은 게레로가 자신은 이미 결혼했고, 아이도 있으며, 이런저런 사정으로 함께 갈 수 없다고 말하였다고 기록하였다. (… Días del Castillo, 44, Tozzer, 15).
아길라르와 게레로에 대해서는 여러 사료에 각기 다르게 기록되어 있다. 베르날 디아즈 델 까스띠요의 증언은 란다의 기록과 대치하는 반면에 꼬르떼스의 편지 내용은 란다의 기록과 일치하는 것을 볼 수 있다. 그러나 어떤 것이 객관적인 사실인지 파악하기 힘들다.

33 선교 부분에 대한 언급에서 당시의 사료들에는 상황에 따라 극단적으로 다른 두 가지의 이야기가 등장한다. 하나는 자신들의 공을 과장하기 위하여 인디오들에게 기독교를 전파하자 그들이 기독교를 받아들이고는 너무나 감사하게 생각하며 즉시 회개하였다는 내용이다. 또 다른 이야기는 이와는 정반대로 자신들이 그렇게 선교하였음에도 인디오들이 계속해서 우상숭배를 하였다는 내용이다. 특히 후자는 식민지의 상황이 어려웠음을 변명할 때 많이 이용되었다. 이렇듯 원주민 선교에 있어서 정복자들이 그때그때 자신들의 공을 과장하기 위하여 혹은 다른 한편으로 원주민들에 대한 탄압을 정당화하거나 자신들의 잘못된 식민지경영을 변명하기 위하여 매우 다른 입장을 취한 것을 확인할 수 있다. 본문은 전자에 해당한다.

34 디아즈(Díaz)(XXX)는 꼬수멜을 떠나 그리할바강 또는 따바스꼬강에 도착할 때까지 일어난 사건들에 대하여 란다의 원고에는 기록되어 있지 않은 세밀한 부분들까지도 자세하게 기록하였다. 함대는 1519년 3월 12일 그리할바에 도착하였다. "그리할바 탐험 때와 마찬가지로 병사들은 크고 작은 선박에서 내려 팜스곶(Cape of the Palms)에 상륙하였다. 이곳은 거리상 따바스꼬 마을에서 1/2레구아(약 2.1킬로미터 혹은 2.8킬로미터) 정도 떨어져 있다"(Díaz del Castillo, XXXI). 모즐리(Maudslay)는 따바스꼬 마을이 원래 뽀똔찬이라고 불렸으나 에스빠냐 사람들에 의하여 산따 마리아 데 라 빅또리아(Santa María de la Victoria)로 불리게 되었고, 폐허가 된 후로는 따바스꼬로 불리게 되었다고 하였다. 그 후 이곳의 지명은 다시 씨우닫 오브레곤으로 바뀌게 되었다.
인디오들은 이곳에서 에스빠냐군의 진입에 맞서 대항하였고, 꼬르떼스는 무력으로 뽀똔찬을 정복하고자 하였다. 그러나 주변 지역의 많은 인디오가 몰려와 이 지역의 인디오들과 합세하여 에스빠냐군에 맞서 대항했기 때문에 에스빠냐군에게는 커다란 위험 요소가 아닐 수 없었다. 그렇지만 꼬르떼스는 마침내 씬뜰라(Cintla) 전투에서 승리를 거두었고, 그 후 본격적인 메시까 정복을 위하여 지금의 베라끄루스인 산 후안 데 울루아를 향하여 북쪽으로 항해하였다(Tozzer, 15–16).

35 다른 사료들에는 단순히 준 것이 아니라 인디오들이 꼬르떼스와의 전쟁에서 패배하자 어쩔 수 없이 승리한 에스빠냐 사람들에게 여러 물건을 바쳐야만 했으며 그중에 마리나(Marina, Malinche)라는 여자가 있었다고 기록되었다.

36 그녀의 이름은 나우아뜰어(Nahuatl)로 말리날(Malinal) 혹은 말린친(Malinchin)이다. 그러나 에스빠냐 사람들은 그

녀를 말린체(Malinche)라고 불렀고, 세례를 받은 후에는 마리나라는 이름으로 불렀다(Tozzer, 16).

37 란다의 착각 혹은 오기로 시깔랑고가 할리스꼬(Jalisco)와 혼동된 것으로 추정된다. 디아즈(Díaz)(XXXVI, XXXVII)는 마리나가 꼬악사꼬알꼬스(Coatzacoalcos)에서 8레구아(약 34킬로미터 혹은 45킬로미터) 정도 떨어진 빠이날라(Paynala)에서 태어난 것으로 기록하였다. 촌장이었던 그녀의 아버지가 세상을 떠나자 어머니는 다른 남자와 재혼하였고, 딸 마리나를 비밀리에 시깔랑고의 상인들에게 팔아넘겨 버렸다. 그런데 그들이 다시 따바스꼬 사람의 손에 그녀를 팔아넘겼고, 그렇게 마리나는 바로 이곳에서 꼬르떼스에게 보내지게 되었다(Tozzer, 16).

38 아길라르와 마리나는 아메리카 대륙의 최초의 통역사라고 할 수 있다. 인디오와 꼬르떼스의 대화에서 꼬르떼스가 에스빠냐어로 말하면 아길라르가 그것을 유까딴어로 옮겼고, 그것을 들은 마리나가 나후아뜰어(Nahuatl)로 통역하였다. 인디오가 말할 때는 정반대의 순서로 통역이 이루어졌다. 꼬르떼스와 당시 메시까의 최고지도자였던 목떼수마(Moctezuma)의 대면에서도 이들 두 명의 통역사의 입으로 의사소통이 이루어졌다. 원래 나우아뜰어를 구사하던 마리나가 따바스꼬와 시깔랑고 그리고 그 지역 일대에서 사용되던 마야어의 방언인 촌딸어를 배웠을 가능성도 상당히 크다. 유까딴의 마야어와 촌딸어는 조금 다르기 때문에 항상 의사소통이 가능한 것은 아니었다(N. 95). 로이스(Roys)는 마리나가 따바스꼬에 온 상인들에게서 유까딴의 마야어를 배웠을 것이라고 추측하였다. 한편 아길라르는 유까딴에 노예로 잡혀 있는 동안에 마야어를 배울 수 있었는데, 디아즈(Díaz)(XXXVII)는 "이 두 사람이 서로의 말을 정확히 이해했고, 아길라르는 꼬르떼스에게 까스띠야어로 통역하였다."고 기록하였다. 란다는 아길라르를 가리켜 나우아뜰어를 에스빠냐어로 통역할 수 있는 매우 유용한 인물이라고 하였다. 그러나 란다와 같이 기록한 사람은 몇 명 되지 않는다(Tozzer, 16).

39 꼬르떼스는 마리나를 알론소 에르난데스(Alonso Hernández Puertocarrero)에게 넘겼다. 그러나 1519년 꼬르떼스가 몬떼호와 함께 목떼수마의 수많은 보석을 들고 에스빠냐로 돌아갔을 당시에 마리나는 꼬르떼스의 곁을 지키며 그의 아들까지 낳았다. "그 후 꼬르떼스는 마리나를 그의 휘하에 있던 장군들 중의 한 명과 결혼시켰다"(Blom, 1936, 41–2, Tozzer, 16).

40 여기서의 멕시코는 멕시코 고원 지방에 살던 정치적인 영향력이 가장 집중되었던 집단을 가리킨다. 메시까 또는 아즈떼까라고도 불린다.

41 꼬르떼스와 그 일행의 이후 행적에 대해서는 란다의 기록에 더 이상 자세히 기술되어 있지 않다. 그러나 이와 관련된 내용은 다른 사료에 많이 기록되었고, 에스빠냐 사람들이 아메리카 대륙의 문명을 최초로 정복한 역사이기 때문에 역사적으로도 가장 많이 언급되는 중요한 부분임에 틀림이 없다. 그 이전까지만 해도 카리브의 섬들에 머물며 실질적으로 아메리카 대륙에 대한 정복을 실행하지 못했던 에스빠냐 사람들은 이 시점을 계기로 메시까 정복을 이루었고, 잉까를 비롯한 다른 지역들에서의 탐험과 정복을 이어가며 명실상부 아메리카 대륙의 실질적인 지배자로 변모하였다.

꼬르떼스와 그 일행의 이후 행보를 간단히 요약하면 다음과 같다. 꼬르떼스는 산 후안 데 울루아(San Juan de Ulúa) 주변에 있는 현재 안띠구아(Antigua)라고 불리는 지역에 정박하였고, 이곳에서 메시까를 정복하기 위한 준비에 착수하였다. 그러나 원래 정복보다는 정찰 임무를 부여받았던 선단이 본격적인 정복을 수행할 것이라는 점에서 수많은 병사가 반발하였고 급기야는 반란을 일으켰다. 이에 꼬르떼스는 강경책을 펼쳤다. 무력으로 반발을 진압하고 가져온 배의 일부를 분해함으로써 (모든 배들을 불태운 것으로 알려져 있기도 하다.) 만일 그의 군대가 이곳에서 정복에 성공하지 못하면 더 이상 돌아갈 곳이 없다는 강력한 의지를 표명하였다. 그러고는 베라끄루스를 기점으로 육로로의 행군을 시작하였다. 한편 에스빠냐군의 상륙을 전해 들은 메시까의 최고지도자 목떼수마는 사신을 보내어 돌아갈 것을 권고하였다. 그러나 이미 배수진을 치고 강력한 정복의지를 보인 꼬르떼스의 야망을 꺾을 수는 없었다.

힘든 행군 끝에 메시까의 수도인 떼노츠띠뜰란(Tenochtitlán)에 도착하기 전 뜰락스깔라(Tlaxcala) 지역으로 가서 메시까 사람들과 견원지간에 있던 마을들을 먼저 정복하였다. 그리고 이렇게 정복된 사람들은 메시까 정복을 위한 에스빠냐 군대의 동맹군이자 첨병의 역할을 수행하게 되었다. 이렇듯 동맹 세력을 얻게 된 꼬르떼스와 그의 일행은 해발고도 4,000미터가 넘는 고원을 넘어 드디어 메시까의 수도라고 할 수 있는 떼노츠띠뜰란에 입성하였다. 떼노츠띠뜰란은 일종의 섬으로 주변이 다리로 연결되었는데, 메시까의 최고지도자인 목떼수마는 꼬르떼스의 야욕을 모른 채 다리의 입구까지 마중을 나와 그들을 융숭하게 맞이하였다. 이 만남에서 목떼수마는 꼬르떼스에게 금으로 된 목걸이를 선물하였고, 꼬르떼스도 그 답례로 그가 끼고 있던 장갑 한 짝을 목떼수마에게 선물하였다.

그렇게 떼노츠띠뜰란으로 무혈입성하게 된 꼬르떼스와 그의 병사들은 두려움과 의구심으로 경계를 늦추지 않았다. 자신들을 죽이려는 모략이 있다고 생각하였고, 메시까 사람들의 융성한 대접에도 그들을 지속적으로 감시하였다. 그러던 중에 메시까 사람들이 촌장·원로들의 정기 모임을 위하여 도시의 중앙부로 모이는 것을 수상하게 여긴 에스빠냐 군대는 메시까 사람들이 자신들을 공격하려 한다고 착각하고는 선재 공격을 가하였다. 그러나 서방의 침략자들은 일련의 과정을 겪으며 '슬픈 밤(Noche Triste)'이라고 불리게 된 밤에 쫓겨서 줄행랑을 쳤다. 이후 에스빠냐 사람들은 뜰락스깔라 지역으로 돌아가 전열을 정비하였고, 그곳 원주민들과의 동맹을 강화하여 떼노츠띠뜰란에 다시 대단위 공격을 가하였다. 결국 에스빠냐 군대의 집요한 포위공략 작전에 지친 메시까는 1521년 목떼수마가 사망한 후로 새로운 최고지도자의 자리에 오른 과우떼목(Guautemoc)이 전투에 패하고 포로로 잡히면서 최후를 맞이하게 되었다. 아메리카 대륙에서 원주민들이 주인으로 살던 시대는 막을 내렸고, 유럽인들에 의한 식민지 시대가 공식적으로 시작되었다. 2년 정도가 흐른 후에 메시까 지역에 대한 식민지화가 정착되면서 뻬드로 데 알바라도, 프란씨스꼬 데 몬떼호와 같이 메시까 정복에 참여하여 공훈을 세운 사람들을 주축으로 마야 지역에 대한 본격적인 정복이 시작되었다.

5

유까딴

- 중요한 옛 건축물들

5-1 주님[1]께서 열두 개의[2] 바닷길을 열어서 해방을 시켜 준 사람들이 동쪽으로부터 들어와 이 땅에 정착하게 되었다는 이야기를 유까딴의 노인들이 선조들로부터 전해 들었다고 한다.[3] 만일 이것이 사실이라면 이곳 인디아스(Indias)에 사는 모든 사람은 유태인의 후손이라는 말이다. 과거 (유태인들은) 마젤란해협을 건너 오늘날 에스빠냐가 통치하고 있는 땅으로부터 2,000레구아[4]보다 더 멀리 뻗어 나갔기 때문이다.[5]

5-2 이 땅의 언어가 모두 하나라는 점은 (인디오들을) 개종시키는 데 많은 이점이 되었다.[6] 그러나 해안 지역에서는 다른 용어들이 사용되는가 하면 억양의 차이를 보이기도 한다; 해안 쪽 사람들의 풍습[7]이나 언어[8]는 (내륙 쪽보다) 훨씬 더 잘 다듬어져 있는데; (예를 들면) 해안 쪽 여자들은 가슴을 가리고 다니지만, 내륙 쪽 여자들은 그렇게 하지 않는다.

5-3 이 땅은 에스빠냐에 소속된 각 지역으로 나누어져 있다.[9]

책떼말과 바찰랄(Bachalal) 지역은 살라망까에 속해 있고; 에깝(Ecab), 꼬추아(Cochuah), 꾸뿔(Kupul)[10] 지역은 바야돌릳에 속해 있으며; 아 낀 첼(Ah Kin Chel), 잇사말(Itzamal)[11], 소뚜따(Zotuta), 호까바이 후문(Hocabai Humun)[12], 뚜뚜시우(Tutuxiú), 쎄뻬츠

(Cehpech), 차깐(Chakan) 지역은 메리다시에 속해 있다; 까몰(Camol)[13], 깜뻬츠(Campech), 참뿌뚠(Champutun)[14], 띡스첼(Tixchel) 지역은 산 프란씨스꼬 데 깜뻬체(San Francisco de Campeche)에 속해 있다.[15]

5-4 유까딴에는 무척 아름다운 건축물이 많이 있다. (이러한 건축물들은) 인디아스[16]에서 발견된 것 가운데서도 가장 으뜸가는 것들이다. 금속으로 된 연장을 전혀 가지고 있지 않았지만 모든 건축물은 가공된 석재로 매우 훌륭하게 지어졌다.[17]

5-5 이러한 건축물은 신전들로[18] 아주 가까이에서 서로 이웃하여 지어져 있는데, 이렇게나 많은 (신전이) 지어진 까닭은 (이곳 사람들이) 상당히 잦은 이주를 했기 때문이다[19]; 이들은 이 땅에 풍부한 돌과 석회 그리고 건물을 짓는 데 안성맞춤인 질 좋은 흰색 흙[20]을 가지고 각 마을에 하나씩 화려하게 신전을 지었다.

이러한 건축물들은 다른 나라 사람들이 아닌 (바로 이곳의) 인디오들에 의하여 지어졌다. (건축물에 있는) 벌거벗은 석조인물상들이 그들 말로 엑스(ex)라고 불리는 긴 띠를 (둘러서 중요한 부위를 가린 모습으로) 정숙하게 만들어져 있다는 점과 인디오들이 사용하는 장신구들을 (착용하고 있다는 점을) 통해서 (이곳 인디오들이 이러한 건축물들을 직접 지었다는 사실을) 알 수 있다.[21]

5-6 이 책의 필자(란다)가 사제로서 이 땅에 머물던 중에 허물어진 어느 건축물 안에서 세 개의 손잡이가 달린 커다란 항아리가 발견되었다. 항아리의 겉면에는 은색의 불꽃(무늬가) 그려져 있었고, 그 속에는 주검을 태우고 남은 유골(遺骨)과 놀라울 정도로 굵은 팔다리뼈 그리고 인디오들이 화폐로 사용하던 세 개의 아름다운 구슬[22]이 들었다.

5-7 이곳 잇사말(Itzamal)에는 모두 11개에서 12개 정도의 건축물이 있다. 누가 지었는지는 알 수 없지만; 그중 한 건축물에는 인디오들의 요청으로 1549년 산 안또니오(San Antonio)라는 수도원이 세워지게 되었다.

5-8 두 번째로 중요한 건축물들은 띠꼬츠(Tikoch)[23]와 치첸이트사(Chichenizá)[24]에 있는데, 이것들에 대해서는 좀 더 나중에 설명하겠다.[25]

5-9 치첸이트사는 잇사말(Itzamal)에서 10레구아[26] 정도 떨어져 있고, 바야돌릳에서

11레구아[27] 정도 떨어져 있는 아주 좋은 장소이다. 사람들이 말하기를 서쪽에서 온 세 명의 형제 촌장들이 그곳을 다스렸다고 하는데, 신앙심이 매우 두터웠던 그들은 대단히 아름다운 신전들을 지었다.

그들은 여자들도 없이[28] 매우 청렴한 삶을 살았다. 그들 중 한 명이 세상을 떠나자 혹은 (다른 곳으로) 가버리자 나머지 (두 명이) 서로 갈라서게 되었고, 그 훌륭함도 사라지게 되었다. 결국 그들은 (사람들에 의하여) 목숨을 잃었다.

5-10 가장 큰 건축물의 칠(장식)에 대해서는 이후에 설명하겠다. 또한 산 사람을 인신공양 하고 귀중한 물건들을 바치던 연못에 대해서도 나중에 이야기하겠다.[29]

[그 연못은] 수면에 이르기까지 7에스따도(estado)의 깊이가 있으며 (폭은) 100피트보다 훨씬 더 넓다. 깎아지른 바위에 생긴 둥그런 모습이 매우 신기하고 물은 녹색을 띠고 있다. 사람들이 말하기를 (물이 녹색으로 보이는 까닭은) 근처의 나무들 때문이라고 한다.[30]

---

1 가리바이본에는 이 부분이 대문자로 시작하는 'Dios'로 표기되었다. 따라서 '특정 종교의 신'이 아닌 '일반적인 신'으로도 해석될 수 있으나 저자인 란다가 가톨릭 사제이고, 여기서 언급하는 내용이 성경과 관련이 있으며, 당시 대다수 인디오가 가톨릭 사제나 에스빠냐 사람들과 대화할 때 자신이 기독교인이라는 전제로 이야기를 나누었다는 점을 고려하여 여기서의 'Dios'를 '기독교에서 말하는 특정한 신'으로 간주하였다. 그리고 이에 따라 'Dios'를 '주님'이라고 해석하였다. 이어지는 문장을 보면 이러한 정황이 더욱 분명하게 나타난다.

2 실제로 12개의 길이 아닌 성경에 나오는 12지파를 언급한 것으로 판단된다.

3 마야와 메시까를 포함한 메소아메리카문명에는 그들의 조상들이 동쪽에서 왔고, 위대한 사람들이 동쪽으로 갔으며, 일종의 메시아 같은 사람들이 동쪽에서 올 것이라는 믿음이 있었다. 메시까의 께찰꼬아뜰 전설에서 이와 같은 내용을 확인할 수 있다. 또한 간혹 그 방향이 다르기는 하지만 마야의 꾸꿀깐(Cuculcán)이라고 불리는 지도자 혹은 신에 대한 전설에서도 그들의 조상 혹은 중요한 사람이 바다에서 건너온다는 내용을 확인할 수 있다.
마야의 사료나 설화를 살펴보면 마야의 조상들이 동쪽 혹은 메시까에서 왔다는 이야기들이 종종 등장하곤 한다. 또한 이를 근거로 유까딴반도의 유적지에 존재하는 멕시코 고원 양식과 유사한 건축 혹은 조각 등이 멕시코 고원 지방 사람들의 정복으로 만들어진 것이라는 주장이 제기되었다. 치첸이트사의 경우에는 구마야와 신마야로 나누어서 그 기준을 고원 지방 사람들의 정복 이전과 이후로 구분하여 보는 견해까지도 존재하였다. 그러나 많은 사람과 군대의 이주로 유까딴 지역이 정복되었다는 주장은 이미 설득력을 잃은 상태이다. 오늘날에는 메소아메리카 전체에 공통적으로 나타나는 문화적 교류 같은 현상으로 이해되고 있다. 더욱 자세한 내용은 이 책 6장(6-1)의 주 참조.

4 2,000레구아는 대략 8,380킬로미터 혹은 11,144킬로미터이다.

5 란다는 이 문장에서 인디오들의 기원을 기독교적인 입장에서 서술하였다. 실제로 아메리카 대륙에 사는 인디오들의 기원에 대한 과학적인 접근은 식민지 시대 사제들로부터 시작되었다. 이제까지 몰랐던 사람들의 존재를 새로운 땅에서 알게 된 유럽인들은 이들의 조상이 과연 누구이며 어떻게 이곳에 와서 살게 되었는지에 대한 자연스러운 의문을 품었다. 그리고 이것은 이후 여러 가지 추측으로 이어졌다. 그중에서도 두 가지 의견이 당시 사람들의 입에 오르내렸는데, 그 첫 번째가 성경에 등장하는 이스라엘의 잃어버린 열 개의 지파(支派)가 이곳에 와서 문명을 만들었다는 것이었다. 정확한 경로에 대해서는 설명할 길이 없으나 잃어버린 이스라엘 지파들이 이곳으로 옮겨와 정착하게 되었다는 의견은 당시 사람들에게 마야 사람들이 유대인이라고 생각하게 하였다. 가톨릭이 국교였던 에스빠냐 사람들이 성경을 통하여 이들의 존재에 대한 해답을 얻으려고 했던 것은 당시의 엄격한 종교적 분위기로 미루어 보았을 때 지극히 당연한 발상이었다.

이스라엘은 솔로몬의 아들인 르호보암(Rehoboam)이 왕위에 오르면서 남쪽의 유다와 북쪽의 이스라엘로 분열되었다. 남유다에는 유다와 베냐민 두 지파만이 남았고, 나머지 열 지파들은 북이스라엘을 구성하였다. 이 북왕국은 기원전 722년 앗시리아 군대에 의하여 멸망하였다. 이후 성경에는 북왕국을 구성했던 열 개의 지파들이 어떻게 되었는지에 더 이상의 언급이 나와 있지 않다. 그렇다면 이 열 지파의 운명은 어떻게 되었을까? 9세기의 여행가인 엘다드 하-다니(Eldad ha-Dani)는 사라진 열 지파 중 하나인 단(Dan)지파를 찾아서 유럽과 아프리카 등지의 유대인들을 찾아다녔다. 그는 단지파가 납달리, 갓, 아셀 지파들과 함께 아프리카에 독립 왕국을 세웠다고 주장하였다. 12세기에는 유대인 여행가 베냐민이 사라진 지파 가운데 네 개(단, 아셀, 스불론, 납달리)의 지파가 페르시아(바사)에 산다는 이야기를 전해 들었다고 동방기행문에 기록하였다. 그 후 아메리카 대륙이 유럽에 소개되면서부터 이 지파들이 아메리카 원주민을 구성하였다는 추측이 생겨나게 된 것이다. 17세기에 들어서 어느 유대인 여행가는 남미 여행을 마친 후에 자신이 '쉐마(이스라엘 사람들의 신앙 고백문)'를 암송하는 인디오들을 만났을 뿐만 아니라 유대교 관습까지 확인했노라고 주장하였다. 심지어 어느 신화에서는 에티오피아 유대인들이 사라진 단지파 사람들이라는 주장까지도 제기되었다. 최근에는 중세에 유대 독립왕국이 존재했다는 역사적 사실들이 부분적으로 확인되기도 하였다. 이 때문에 사라진 지파들에 대한 일련의 주장은 1980년 인도의 오지에서 사라진 지파들을 찾아내었다는 주장에 이르기까지 꺼질 줄 모르고 계속되었다. 이제는 우리나라 사람들까지도 사라진 지파 이야기에 가세해서 일부에서는 단지파가 우리 한민족의 조상이라는 의견까지도 제시되고 있는 상황이다. 그렇지만 기원전 8세기경 아시리아인에게 끌려간 유대인들이 그곳에 동화되어서 민족으로서의 정체성을 상실했다고 보는 입장이 일반적이다(인터넷 선교회, http://wechrist.hihome.com).

이 잃어버린 이스라엘 지파설과 함께 거론된 또 다른 추측은 아뜰란띠다(Atlántida)라는 대서양 속으로 사라져버린 대륙 후예들이 바로 이곳 원주민들이라는 것이다. 당시 유럽인들 사이에서 설화로 나돌던 이 잃어버린 대륙은 오늘날까지도 항간의 이야깃거리로 거론되고 있으나 과학적인 진위는 가려지지 않았다. 잃어버린 이스라엘의 지파설이나 아뜰란띠다 설, 그 어떠한 의견에 대해서도 충분한 학문적인 근거를 제시할 수 없었으나 이러한 추측들은 당시 사람들에 의하여 가장 많이 거론되었다.

오늘날 마야 사람들의 기원에 대한 과학적인 연구 결과는 현재의 베링해협을 통해서 아시아 대륙의 사람들이 아메리카 대륙으로 건너왔다는 것이다. 지금으로부터 수만 년 전 빙하기에는 지구의 온도가 현재보다 훨씬 낮았고, 북극과 남극의 빙하가 더 많이 발달해 있었다. 결국 엄청난 빙하의 발달은 바다의 수면을 낮추기에 이르렀고, 현재보다 바다의 수면이 낮았던 위스콘신 빙하기(빙하기 3기)를 즈음하여 지금은 바다인－아시아 대륙과 아메리카 대륙을 연결하는－베링해협이 육지가 되었다. 이렇게 육지로 연결되어 있던 현재의 베링해협을 통해서 바이칼호 근방에서 유목과 채집 생활을 하던 몽골리안 계통의 인종들이 동물을 쫓거나 계절에 따른 이동을 하며 수천 년에 걸쳐서 자연스럽게 시베리아와 알래스카를 넘나드는 이주가 가능했던 걸로 보인다. 학자들에 따라 의견이 분분하기는 하지만 대략 지금으로부터 5-3만 년 전에 최초의 인류가 아메리카 대륙에 상륙하였고, 만 3천 년 전에도 수많은 몽골리안 계통의 인류가 아메리카 대륙으로 건너왔을 것으로 추정된다. 아메리카 대륙에 사람이 살기 시작하면서 마침내 빙하기는 끝이 났고, 다시 베링해협의 수면이 상승하여 바다를 이루자 이곳에 살던 사람들은 새로운 땅을 찾아 수렵과 채취 활동 영역을 넓혀 나갔을 것이다. 또한 인구의 점진적인 증가와 함께 여러 방면으로 이동이 있었을 것이다. 특히 따뜻한 곳을 쫓아 서서히 남쪽으로 이동했을 것으로 추정되는데, 대략적인 연대를 살펴보면 북미 지역은 지금으로부터 약 3만 년 전, 남미 지역은 약 만 년을 전후하여 상당한 규모의 원주민들이 정착해서 살기 시작했던 것으로 보인다(송영복, 2005, 49-50).

6 실질적으로 마야어는 하나가 아니라 30여 개가 넘는다. 란다는 유까딴반도에 대한 묘사만 하고 있어서 이곳의 언어가 모두 같다고 하였으나 유까딴의 마야어에도 3-4개

의 다른 방언이 존재한다. 그렇지만 그 차이가 크지 않기 때문에 서로 이해가 가능하다.
오늘날 아메리카 대륙에서 가장 많이 쓰이는 공용어는 에스빠냐어다. 그러나 마야 지역을 여행하다 보면 마야문명의 후손들이 사용하는 그들만의 독특한 언어를 쉽게 들을 수 있다. 일반적으로 생각할 때 300여 년간의 식민 지배와 이후 현대화 과정을 거치면서 에스빠냐어를 공용어로 사용하고 있는 이곳 국가들에서 마야어를 듣는 일이 드물 것이라고 생각할 수 있으나 실제로는 그렇지 않다. 원주민 언어를 그대로 쓰는 것은 비단 작은 시골 마을에 살면서 문명의 혜택을 받지 못한 사람들만의 일이 아니다. 멕시코의 마야 지역과 과테말라, 벨리세의 내륙지역 등지에서는 읍내의 장터와 대도시의 공원에서 만나는 상당수 하층민이 대부분 일상 속에서 그들의 모태어(母胎語)인 마야어를 사용한다. 마야어를 쓰는 사람들에 대한 정확한 통계치를 구하는 것에는 무리가 있고, 공식적인 수치에 큰 신뢰를 갖기도 힘들지만 대략 많게는 육백만 명에서 적게는 이백만 명 정도의 사람들이 아직도 유럽 침략 이전 마야인들이 사용했던 마야어에서 조금 변화된 형태의 마야어를 사용하고 있다. 또한 대략적인 통계에 따르면 마야 유까떼꼬(Maya Yucateco) 약 50만 명, 맘(Mam) 약 60만 명, 또홀라발(Tojolabal) 약 6만 명, 라깐돈과 잇사(Itzá), 모빤(Mopan)을 합쳐서 약 5,000명 정도 되는데, 이중언어자를 포함하면 그 수치가 이보다 훨씬 더 높다(송영복, 2005, 123).

7 가리바이본에는 이 부분이 'trato'로 표기되었다. 이 단어는 '대우' '취급' '거동' '행동' 같은 원뜻이 있다. 따라서 이것을 '풍습'이나 '전통'으로 해석하기에는 다소 무리가 있을 수 있으나 내용적인 면에서는 '풍습' 같은 좀 더 포괄적인 의미를 내포하고 있는 것으로 판단된다.

8 유까딴반도에는 언어의 다양성이 많지 않았던 것으로 파악된다. 1588년에 작성된 〈뽄쎄의 씨우닫 레알(Ciudad Real on Ponce)〉(Eng. ed., 314)에서 다음의 내용을 확인할 수 있다. "이 지방의 모든 인디오들은 … 마야딴 혹은 마야라고 불리는 언어를 사용한다. 반면에 특정 어휘들에서 차이를 보이는 깜뻬체 사람들은 깜뻬츠딴(Campechthan) 혹은 깜뻬체(Campeche)라고 불리는 언어를 사용한다. 또한 띡스첼 사람들은 깜뻬체 사람들의 말보다 더 이질적인 뿌뚠딴(Putunthan) 혹은 촌딸 언어를 사용한다. 그러나 마야어를 사용하는 사람들보다 그 수가 확연히 적다. 마야어는 거의 모든 사람이 이해하는 언어이다."
그러나 위 내용은 오비에도(Oviedo)(17, XIII)의 기록과 일치하지 않는다. 그는 그리할바가 꼬수멜에서 데려온 인디오 통역가인 훌리안에 대하여 다음처럼 묘사하였다(N. 79). "그는 일 년 전 꼬르도바와 함께 지내면서 에스빠냐어를 조금 배운 적이 있다. 그는 북동쪽의 해안가 출신인데, 그리할바를 만나기 위하여 배를 타고 떼르미노스 호수에 온 인디오들의 말을 이해하지 못하였다. 그러나 뿌에르또 데세아도(Puerto Deseado)에서 배를 타고 온 뻬로 바르바(Pero Barba)라는 인디오의 말은 알아들을 수 있었다. 또한 뻬로(Pero)가 남쪽 인디오들의 말을 알아들었기 때문에 그리할바는 훌리안과 뻬로를 통하여 인디오들과 의사소통할 수 있었다. 한편 체임벌린은 뿌에르또 데세아도(Puerto Deseado) 혹은 뿌에르또 에스꼰디도(Puerto Escondido)가 멕시코만으로부터 사반꾸이만으로 이어진다고 하였는데, 이곳은 오늘날 남서쪽 해안가의 띡스첼 지역에 해당되며 에스빠냐 정복 이전에는 촌딸이라는 이름의 마을로 불렸다."
짠(Dzan) 지방의 렐라씨온(Relaciones de Yucatán, 1: 156)에는 다음처럼 기록되었다. "이 지방에서는 마야라고 불리는 하나의 언어만이 통용되고 있다. 마야라는 이름은 마야빤에서 유래하였다." 유까딴 지역의 방언은 마야의 다른 언어들과의 구별을 위하여 종종 유까떼깐(Yucatecan)으로 불렸고, 훗날 게이츠는 이것을 마얀세(Mayance)라고 불렀다. 에레라(Herrera)(4, 10, II)는 다음처럼 말하였다. "해안 지방의 사람들은 그들이 자신들만의 세련된 언어를 사용하는 것에 굉장한 자부심이 있었다. 그들을 제외하고는 모두 같은 언어를 사용하였다"(Tozzer, 17).

9 여러 지역 간의 영역을 구분 짓던 경계선은 시간이 지남에 따라 바뀌었기 때문에 지역들 간의 정확한 경계선을 구분 짓는 것은 사실상 불가능하였다(Tozzer, 17). 정복 이전의 원주민들은 토지에 대한 개인 소유개념을 가지고 있지 않았고, 국가나 국경 같은 구체적인 개념도 동서양의 것과는 상당한 차이가 있었다. 따라서 그들도 문화적인 경계나 자연적인 경계를 가지고 있기는 했지만 우리가 생각하는 지리적인 단위에 따른 명확한 경계를 구분하기는 힘들었다.

10 꾸뿔 마을은 16-17세기에 치첸이트사와 바야돌릳(Valladolid)의 통제하에 있었던 것으로 전해진다. 꼬골유도(Cogolludo)(4, V)는 꾸뿔 사람들을 가리켜서 '바야돌릳 마을의 영역에 속해 있는 사람들'이라고 기록하였다. 한편 몬떼호 2세(Montejo II)가 치첸이트사에서 꾸뿔이라는 이름을 가진 촌장으로부터 잔혹한 공격을 당하였다는 기록을 확인할 수 있다. 또한 1545년에 시행된 조사에 의하면 치첸이트사가 꾸뿔의 영역에 속한다고 기록되었다. 한

편 식민지 지배 지역과 원주민들의 사정을 전하는 식민지 시대 지역보고서의 일종인 렐라씨온(Relación)의 뽄쎄(Ponce) 지역 편 뽄쎄 렐라씨온(Relación on Ponce)(Eng. ed., 317)에서 다음의 내용을 확인할 수 있다. "과르디아니아(Guardiania, 띠시민)와 바야돌린의 인디오들은 꾸뿔족(los Cupules)이라고 불렸다. 이들은 매우 용감한 사람들로 에스빠냐의 정복 전쟁이 진행되던 시기에 오랜 기간 에스빠냐군에 맞서 저항하였으며 정복 이후에도 반란을 일으켰다"(Tozzer, 18).

11 한국어 표기로는 '이사말' 혹은 '잇사말', 에스빠냐어 표기로는 'Itzamal' 'Izamal' 혹은 'Yzamal'처럼 표기되어 있으나 표기와 상관없이 모두 동일한 지역을 가리킨다.

12 '호까바'와 '호문'이라는 두 개의 주요 마을 이름을 합쳐서 부른 말이다(Tozzer, 18).

13 MS와 그 밖의 다른 모든 사료들에는 'Camol'로 표기되었다. 이것은 'Canul'의 잘못된 표기로 추정된다(Tozzer, 18).

14 이곳은 오늘날 참뽀똔의 옛 지명인 차깐뿌뚠(Chakan-putun)일 가능성이 매우 높다. 로이스는 이것을 '뿌뚠스의 대초원(Savannah of Putuns)'이라고 해석하였다. 1588년에 작성된 〈뽄쎄의 씨우닫 레알(Ciudad Real on Ponce)〉(Eng. ed., 314) 렐라씨온에는 띡스첼 지역에서 사용되는 언어가 뿌뚠스의 언어인 촌딸 혹은 뿌뚠딴(Pu-tunthan)이라고 기록되었다(Tozzer, 18).

15 에스빠냐 사람들이 식민지를 관할하면서부터 그들이 살던 에스빠냐 지명을 이곳에 도입하기 시작하였다. 살라망까, 메리다, 바야돌린 등이 그러한 에스빠냐의 지명들이다. 그러나 아낀첼(Ahkinchel), 꾸뿔, 까몰, 뚜뚜시우(Tutuxiu) 같은 마을의 이름은 인디오들의 지명이 그대로 적용된 경우이다.

16 여기서의 '인디아스'는 아메리카 대륙을 지칭하는 말이다. 에스빠냐 사람들이 이곳을 인도라고 생각했기 때문에 이곳을 인디아스라고 불렀고, 이후 그 이름이 그대로 굳어져서 인디오들을 계속해서 인디오(Indio)라고 부르게 되었다. 그리고 이곳은 인디아스라고 불리게 되었다.

17 꼬르도바는 "쿠바로 돌아가 이전에 그가 여인들의 섬에서 보았던 것처럼 이곳에도 질 좋고 값진 금들이 가득하다고 전하였다. 이러한 소식은 쿠바의 통치자인 디에고 데 벨라스께스를 비롯한 다른 사람들이 곧바로 정복을 실행하도록 하는 계기가 되었다." 꼬르도바는 여인들의 섬에 목걸이와 펜던트 같은 금제품들이 있고, 무역을 통해 들여온 각종 귀중품들이 있다는 사실무근의 소식을 퍼뜨렸다. 이로 인하여 탐욕에 눈이 먼 사람들이 유까딴으로 탐험을 떠나게 되었다. 그러나 몬떼호가 이 지역을 본격적으로 정복하면서 진실이 모두 밝혀졌을 즈음에는 유까딴반도에 금이 없었기 때문에 유까딴 정복에 참여한 에스빠냐 사람들의 불만이 컸다. 그 후 페루에서 금을 발견했다는 소식이 들리자 이들의 불만은 더욱 증폭되었다.
라스 까사스(Las Casas)는 그의 저술(Brevisima Relación, MacNutt ed., 363)에서 다음처럼 말하였다. "이 땅에는 금이 나지 않는다. 만일 이곳에 금이 났다면 몬떼호는 사람들에게 광산 일을 시키는 데 급급했을 것이다"(Tozzer, 18).
당시 에스빠냐에서 아메리카 대륙으로까지 건너가 정복을 꿈꾸던 사람들은 목숨을 걸고 일종의 인생 도박을 펼쳤던 사람들이라고도 말할 수 있다. 물론 그 도박의 승리는 황금이었다. 실질적으로 아메리카 대륙의 발견과 탐험의 가장 큰 동인은 무엇보다도 황금으로 상징되는 경제적인 부였음에 틀림이 없다. 그러나 일반적으로 신대륙에 대한 과학적인 호기심 혹은 기독교 전파 같은 이유를 전면에 내세웠다. 그리고 이것은 각 탐험과 정복의 과정을 다룬 사료들에서 극명하고도 반복적으로 드러난다.

18 이와 관련하여 리자나(Lizana)는 다음처럼 말하였다. "각 집안은 사원이나 신전을 소유하고 있었다. … 현재 사람이 살지 않는 곳에 남은 건축물들은 같은 종류의 것으로 비슷한 형태를 지니고 있었다. 이러한 건축물들은 모두 언덕이나 피라미드(cuyos, 원주민들의 피라미드를 일컫는 'cu'의 복수형) 위에 위치했는데, 직접 손으로 쌓아 올린 것들이다"(Lizana, Pt. 1, II, Tozzer, 18).
이러한 건축물들은 오늘날 마야 유적지에서 볼 수 있는 신전들을 가리킨다. 마야 사람들은 마을 중심부에 주 신전들을 지어서 마을 전체가 공양을 드리는 행사를 정기적으로 행하였다. 그 밖에도 부락 단위나 가정에서 작은 규모의 의식과 행사를 했는데, 이것은 우리나라로 치면 종묘와 사직, 환구단 같은 곳에서 국가적인 차원의 종교행사가 크게 거행되는 것이고, 각 지방에서 각각의 단위에 따라 단오제 혹은 영등제와 풍어제 등이 행해지는 것이며, 가정에서 제사나 상청 등이 행해지는 것과 마찬가지이다. 마야의 석조사원들도 국가적인 차원의 규모가 큰 것에서부터 각 마을 단위의 작은 것에 이르기까지 그 종류가 매우 다양하게 존재하였다. 란다는 이렇게 크고 작은 사원에 대하여 위와 같이 언급하였다.

19 란다는 많은 신전과 도시의 흔적이 남아 있는 이유에 대하여 이곳 사람들이 이주를 많이 했기 때문이라고 하였다. 그런데 이것은 이주를 많이 했기 때문이라기보다는 워낙에 잘 발달한 도시문화가 넓은 지역에 걸쳐서 조밀하게 발달했기 때문이라고 볼 수 있다. 실제로 유까딴반도뿐만 아니라 메소아메리카 문화가 번성하였던 중미와 북미 지역에서 수많은 고대 도시의 흔적들을 발견할 수 있다. 많은 인구가 발달된 문화를 일구었고, 인구밀도 역시 동서양과 비교했을 때 절대 뒤처지지 않았다. 떼오띠우아깐, 띠깔(Tikal), 꼬빤(Copán), 깔락물(Calakmul) 같은 커다란 도시들에는 많게는 20만 명 정도에 육박하는 인구가 도시 생활을 하였던 것으로 추정된다. 현재의 미국 남부와 멕시코, 중미 지역 대부분까지도 아우르던 교통과 교류가 빈번히 이루어지던 문화였다. 따라서 여기서 란다가 언급한 것처럼 이곳 사람들의 잦은 이주로 많은 신전이 지어졌다고 보기보다는 발달된 문명이 조밀하게 퍼져 있었기 때문에 그들이 만든 신전도 그만큼 많았다고 보는 것이 합리적이다.

20 마야어로 '흰색 흙'이라는 뜻의 '삭 깝(Sac cab)' 혹은 '사 깝(Sah cab)'이라고 불린다(Tozzer, 18). 자연 석회를 채굴한 후 열처리하여 사용하였는데, 이러한 흰색 흙은 고대 건축물을 짓는 데 기본 재료이다. 오늘날에도 석회를 이용한 건축이 마야 지역에 많이 남아 있으며, 실생활에서도 광범위하게 이용되고 있다.

21 두 번째 언급은 이 책 42장(42-1)에서 확인할 수 있다. "이곳에 있는 그 많고 장엄한 건축물 중에서 어느 한 건축물 능보(稜堡)의 벽면들을 보면 나체의 사람들이 그들 말로 엑스(Ex)라고 불리는 기다랗고 얇은 천으로 정숙한 곳을 두르고 있는 모습과 인디오들이 현재 착용하고 있는 장신구들을 확인할 수 있기 때문이다. 바로 이러한 흔적들이 발가벗은 인디오들이 건축물들을 지었다는 사실을 뒷받침해 준다. 이러한 [흔적들은] 굉장히 튼튼한 회반죽으로 되었다." 여기서도 마찬가지로 회반죽으로 만들어진 인물상에 대하여 묘사하였다. 그러나 42장의 제목에서처럼 메리다나 치첸이트사 혹은 유까딴 지역에 있는 또 다른 장소일 가능성도 존재한다. 세 번째 언급은 이 책 42장(42-12)에서 확인할 수 있다. "또한 커다란 두 명의 남자 조각상도 발견하였다. 이것들은 각각 하나씩 하나의 돌로 조각되어 있었다. 그리고 인디오들처럼 발가벗은 채 정숙한 부위를 가리고 있었다." 이 문장은 치첸이트사 지역에 대한 묘사 부분에서 등장하는데, 역시 발가벗은 인물상이라고 언급하였다는 점에서 그 유사점을 발견할 수 있다. 그러나 현재 유까딴 건축물에는 크고 발가벗은 인물상들이 거의 남아 있지 않다.

22 브라쉐르 드 부르부르는 이것을 '파란색 돌로 만든 구슬들'이라고 해석하였다(N. 418). 대부분 옥으로 만들어진 대량의 구슬은 치첸이트사의 커다란 연못인 쎄노떼에서 발견되었다. 목걸이 대부분은 둥글거나 원통형 모양을 하고 있지만, 사각형 구슬로 꿰어진 것들도 있다(Tozzer, 19). 그중에는 날짜가 표시된 것들도 있는데, 스핀든(Spinden)은 이 중 첫 번째 구슬이 9.10.10.0.0으로 시작한다고 이야기하였다(Spinden, 1924, 285, Tozzer, 19). 현재까지 가장 일반적으로 받아들여지고 있는 학술적인 결과에 의하면 여기서의 마야 달력 9.10.10.0.0은 기원후 642년 12월 6일을 가리킨다. 즉 이 구슬은 가장 활발한 건축과 예술품의 제작이 이루어지던 마야 고전기 시기의 것이다.

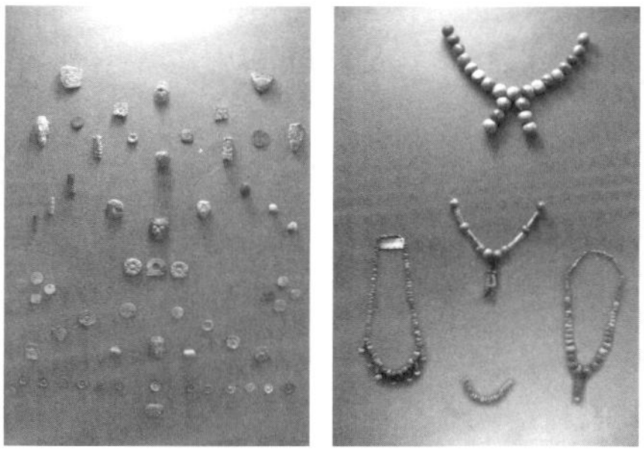

치첸이트사의 쎄노떼에서 발견된 구슬

23 토설본에는 'Tecoh'로 표기되었다. 이러한 차이는 원본 문헌 글자 판독의 차이로 생겨난 것이거나 란다의 실수 혹은 란다의 글을 옮겨 적은 사람의 실수로 생겨난 것으로 보인다. 여기에는 띠꼬츠(Tikoch)로 표기되어 있지만, 이 책 14장에는 띠호(Tihó)로, 42장에는 띠꼬(Tikoh)로 표기되었다. 그러나 모두 현재 유까딴의 주도인 메리다시에 해당되는 장소다. 단 7장에 등장하는 떼꼬츠(Tekoch)는 다른 장소다. 이곳은 란다의 사료와 다른 여러 사료에서 전하는 것처럼 마야의 중요한 도시가 위치하던 곳이다. 그러나 훗날 에스빠냐 사람들이 이곳에 메리다라는 이름의 도시를 건설하였고, 식민지 초기 유까딴 지역의 정복을 진행하는 중심지로 삼았다. 이렇듯 발전을 거듭하면서 식민지 시대에는 유까딴반도에서 가장 번성한 정치와 행정의 중심지로 변모하였다. 오늘날에는 유까딴반도의 다른 크고 작은 도시들이 관광과 그 밖의 다른 중심지로 발전하면서 인구와 경제의 중심이 다른 곳으로 옮겨 가는 경향이 나타나기도 하지만 메리다는 여전히 유까딴반도의 전통을 간직한 중심 도시로서 역할을 하고 있다.

24 레온본에는 'Chicheniza(Chichén Itzá)'로, FAMSI본에는 'Chichenizá'로 표기되었다.

25 치첸이트사의 건축물을 비롯한 다양한 지역 건축물에 대해서는 이 책 42장에서 자세히 다루었다. 치첸이트사의 건축물들에 대한 설명은 부분적으로 이루어졌지만 띠꼬츠는 별로 언급할 만한 점이 없다는 설명과 함께 더 이상 다루고 있지 않다.

26 10레구아는 약 42킬로미터 혹은 55킬로미터이다.

27 11레구아는 약 46킬로미터 혹은 63킬로미터이다.

28 가리바이본에는 이 부분이 'sin mujeres(여자들도 없이)'로 표기되었다. 에스빠냐 문서인 MS에는 'sus mugeres(그들의 여자들과)'로 표기되었고, 라다와 델가도(Rada y Delgado)의 책에도 MS와 같이 표기되었다. 반면에 브라쉐르 드 부르부르본, G. 로사도 에스칼란테 및 온티베로스(Yucatecan edition of Rosado Escalante and Ontiveros)본, 뻬레스 마르띠네스(Pérez Martínez)의 책에는 'sin mugeres(여자들도 없이)'로 표기되었는데, 토설은 'sin mujeres(여자들도 없이)'로 표기하는 것이 의미상 더욱 정확하다고 하였다. WG는 이 문장을 다음처럼 해석하였다. "혼인하지 않고 명예롭게 살았다." 한편 에레라(4. 10. II, Appendix A)는 이에 대하여 다음처럼 기록하였다. "서쪽에서 온 세 명의 형제 촌장이 나라를 다스렸다. …그들은 여자들도 없이 매우 청렴한 삶을 살았다고 한다"(Tozzer, 19). 토설본(19)에는 다음처럼 기록되었다. "their wives lived very chastly(그들의 아내들은 매우 정숙하게 살았다)"

29 이 책 42장에서 자세한 설명을 확인할 수 있다.

30 란다는 이 책 42장(42-13)에서 다음처럼 말하였다. "이 연못은 (바닥에서부터) 수면에 이르기까지 일곱 키 정도의 깊이를 가지며 폭은 100피트가 넘는다. 둥그런 모양을 하고 있는데, 깎아지른 바위가 수면에까지 이르는 것이 매우 인상적이다."
1에스따도는 길이나 깊이를 나타낼 때 사용하는 단위로 한 사람의 키 정도 되는 수치를 갖는다. 보통 7뻬에스(pies) 정도의 길이를 나타낸다(에스빠냐 왕립 학술원[Real Academia Española, RAE] 온라인사전). 그런데 '뻬에(pie)'라는 단위는 일반적으로는 길이의 단위인 '피트(feet, 1feet=30.48센티미터)'로 해석할 수 있으나 에스빠냐의 까스띠야 지방에서는 1뻬에(pie)의 값이 27.8635센티미터이고 역사적으로 지역에 따라 29.57 또는 33.27로 각기 다르다(Wikipedia, 'pie'). 따라서 까스띠야의 값에 따른다면 1에스따도는 약 195센티미터라고 할 수 있다.
란다는 이 문장에서 연못의 깊이를 '7에스따도'라고 하였으니 약 13.65미터(7×195센티미터) 정도의 수치로 추정할 수 있다. 실제로 오늘날 치첸이트사 연못의 지면으로부터 물까지 깊이는 약 16-19미터이므로 란다가 언급한 물의 깊이가 오늘날의 깊이와 대략적으로 근접하는 것을 확인할 수 있다. 한편 여기서는 100피트(27.86미터)를 폭으로 해석하였는데, 이것은 연못의 폭이 아닌 물의 표면에서부터 바닥까지의 깊이를 나타내는 수치일 가능성도 존재한다. 그러나 약간의 변동이 있기는 하지만 현재 수면에서부터 연못의 바닥까지를 측정한 깊이인 65피트(18.1미터)와 여기서 언급된 100피트(27.86미터)의 차이는 꽤나 큰 편에 속한다(Tozzer, 20). 한편 42장에서의 언급은 여기서와 매우 유사한데, 42장에서 100피트(27.86미터)를 폭이라고 언급한 점으로 미루어 보았을 때 여기서 100피트(27.86미터)도 연못의 폭을 나타내는 것으로 보는 것이 사실과 더욱 근접한 해석일 것으로 생각된다.
지금도 치첸이트사 유적지에 가 보면 이 연못의 당시 모습을 그대로 볼 수 있다. 20세기 초 이 책에 기록된 란다의 증언에서 단서를 찾은 고고학자들이 이 연못의 바닥을 발굴한 결과 실제로 이곳이 마야 사람들의 중요한 종교적 장소인 걸로 판명되었다. 그리고 이곳에서 인신공양 때 희생된 시신과 함께 수많은 제사도구가 발견되었다.

6

꾸꿀깐[1]

- 마야빤의 건립

6-1　인디오들이 말하기를 꾸꿀깐(Cuculcán)이라는 위대한 촌장이 치첸이트사에 살던 잇사족 사람들(los Yzaes)[2]과 함께 (이 땅을) 다스렸다고 한다。이곳의 가장 중요한 건축물이 꾸꿀깐[3]이라고 불리는 것을 보면 이것이 사실임을 알 수 있다; 또한 그가 서쪽에서 왔다고들 하는데[4], 그가 들어온 시기가 잇사족 사람들보다 이전인지 이후인지 아니면 그들과 함께인지는 인디오들 사이에서 의견이 분분하다。그는 풍채가 무척 좋았고, 부인이 없었으며, 슬하에 자식이 없었다고 한다; 그가 떠난 후에[5] 멕시코에서 그는 쎄살꾸아띠(Cezalcuati)[6]로 불리며 그곳의 신들 가운데 한 명으로 추앙받았고, 위대한 정치가였던 이유로 유까딴에서도 신으로 받들어졌다고 한다。이곳의 촌장들이 죽고 난 후에 그 죽음으로 야기된 혼란을 수습하기 위하여 그가 유까딴(정국)을 안정시킨 것에서 (그가 위대한 정치가였음을) 짐작할 수 있다.

6-2　꾸꿀깐은 이 땅의 현지 촌장들과 상의하여 또 다른 도시를 만들었다。그리하여 그를 포함한 사람들은 기존의 모든 삶의 터전을 [새로운 정착지로] 옮겨 가게 되었다[7]; 이러한 목적으로 아주 좋은 터가 정해졌는데, 그곳은 현재 메리다에서 내륙 쪽으로 8레

구아[8] 정도 떨어져 있고, 바다로부터 15-16레구아[9] 정도 떨어진 곳이다; 그들은 이곳에 마른 돌을 가지고 1/8레구아[10] 정도의 길이로 아주 두꺼운 외벽을 쌓았다.[11] 그리고 여기에 두 개의 좁은 문을 터놓았는데, 벽의 높이는 그리 높지 않았다. 외벽 (내부의) 중앙에는 신전들을 지었고[12]; 그중 가장 큰 신전은 치첸이트사에서처럼 꾸꿀깐[13]이라고 불렀다; 네 개의 문이 달린 둥그런 신전도 지었는데, 이 신전은 이 땅에 지어진 여느 신전들과는 다른 모습을 하고 있었다.[14] 그 밖에도 서로 이웃하게끔 (주변을) 둥글게 하여 신전들을 지었다; 외벽 안쪽으로는 촌장들의 집을 지었으며, 가계(家系)의 전통[15]과 사람의 됨됨이[16]를 고려하여 그에 준한 땅과 마을을 그들 사이에서만 분배하였다.

잇사족 사람들(los Aizaes)은 (그들의 도시에) 잇사족 사람들의 연못(pozo de los aizaes)이라는 뜻의 치첸이트사라는 이름을 붙였다. 그러나 꾸꿀깐은 (이) 도시에 자신의 이름이 아닌 마야의 깃발(el pendón de la Maya)이라는 뜻의 마야빤이라는 이름을 붙였다. 왜냐하면 이 땅의 언어가 마야라고 불렸기 때문이다; 인디오들은 [이 도시를] 울타리 안(dentro de las cercas)이라는 뜻의 이츠빠(Ychpa)라고 불렀다.[17]

6-3 꾸꿀깐은 이 도시에서 촌장들과 함께 평화와 우정을 구가하며 몇 년간을 지내다가 (처음에) 왔던 길을 통하여 다시 멕시코로 되돌아갔다. 도중에 참뽀똔에 들러 스스로를 기리는 한편 자신이 떠난 것을 기념하기 위하여 치첸이트사의 건축물과 같은 형태로 아주 훌륭한 건축물을 해안과 가까이에 있는 바다에 지어 놓았다.[18] 그리하여 꾸꿀깐은 자신의 영원한 기념물을 유까딴에 남겨 두게 되었다.

---

1 '꾸꿀깐'에 대한 에스빠냐어 표기가 다른 곳에서는 모두 'Cuculcán'으로 된 반면 이 장의 제목에서만 'Kukulcán'으로 되었다. 'Kukulcán'은 현대적 표기이고, 'Cuculcán'은 원본 표기이다. 'Kukulcán'으로 표기된 이 장의 제목은 가리바이본의 출판사에서 편의상 덧붙인 것으로 실제 원본에는 장 제목이 따로 표시되어 있지 않다. 즉 'Kukulcán'은 현대적 표기 방식에 의하여 훗날 장 제목으로 덧붙여진 것이고, 원본의 본문에는 'Cuculcán'으로 표기되었다.

2 란다는 여기서 잇사족 사람들에 대하여 처음으로 언급하였다. 로이스(1940a)는 다음처럼 말하였다. "잇사(Itzá)라는 나라에서 발견된 이름들을 살펴보면 잇사가 유까

딴 지역에 널리 퍼진 성씨(姓氏) 가운데 하나였다는 흥미로운 사실을 발견할 수 있다. 이 성씨의 유래는 불분명하나 아 잇사(Ah Itzá)라는 이름의 아들을 둔 깍치껠족(Cakchiquels) 전설의 왕 끼깝(Qikab)의 예에서도 확인할 수 있듯이 잇사가 유까딴반도 내에만 국한되었던 성씨는 아니었던 것이 분명해 보인다." 또한 종종 '잇사족 사람들은 누구인가?'라는 질문이 제기되곤 하는데, 그들은 오래된 기록상에서 '외부인들' '우리들의 언어를 끊어지게 발음하는 사람들' '사기꾼 악당들' '아비 어미도 없는 사람들'이라는 말로 표현된다. 한편 잇사족 사람들이 마야의 방언인 촌딸어를 사용하고 유까딴반도의 남서쪽에 살던 사람들일 가능성이 존재하며(Tozzer, 20-22), 잇사 가문 혹은 잇사 성씨를 가진 사람들 상당수가 유까딴 지역에 살기는 하지만 이들이 외부에서 온 집단의 후손들일 가능성도 배재할 수 없다.

3 이전까지만 해도 여기서 언급된 꾸꿀깐과 그 밖의 다른 정황을 들어서 멕시코 고원 지방 세력이 유까딴반도까지 영향을 미쳐 이곳의 정치뿐만 아니라 예술과 건축 등에 다양한 영향을 끼쳤다는 것이 기존 학계의 입장이었다. 또한 아직 여러 비학술 서적에는 이러한 입장이 반복되는 경향이 나타난다. 그러나 지금은 외부 침입설에 근거가 없다고 보는 것이 일반적이다.

먼저 멕시코 고원 지방 사람들의 침입으로 유까딴반도가 정복되었다는 주장의 근거로 활용되고 있는 다양한 목소리를 들어 보도록 하자.

멕시코 고원 지방 세력이 마야를 정복했다고 보는 견해는 여기서 언급된 꾸꿀깐을 멕시코 고원 지방 께찰꼬아뜰의 또 다른 이름으로 보는 데서 시작된다. 두 이름 모두 각각의 언어로 직역하면 '깃털 달린 뱀'이라는 뜻인데, 이것이 마야어로는 꾸꿀깐으로 불리고, 나우아뜰어로는 께찰꼬아뜰로 불린다. 그렇지만 께찰꼬아뜰을 한 사람 이상에 의하여 수행되던 관직명 혹은 지도자의 일반적인 통칭으로 보는 것이 더욱 적합하다. 즉 어느 한 개인이 멕시코 고원 지방에서 이곳 마야 지역을 정복하러 온 것이 아닐 수도 있다는 것이다. 세계관과 종교관을 공유하던 메소아메리카의 문화 전통에 기인하여 살펴보았을 때 '깃털 달린 뱀'의 존재는 메소아메리카 전 지역에서 숭상되었을 것으로 추정된다.

초기 마야학의 대부라고 할 수 있는 로이스와 톰슨은 기원후 1,000년 꾸꿀깐-께찰꼬아뜰(Kukulcan-Quetzalcoatl)이 잇사족 사람들의 귀환과 더불어 그들과 함께 유까딴에 들어왔다고 주장하였다. 이것은 추마옐의 예언(161)과도 일치하는데, 그 내용은 다음과 같다. "까뚠 4 아하우(11.1.0.0.0, 964-984: 10.8.0.0.0, 967-987) …잇사가 치첸이트사에 정착할 것이고, 꾸꿀깐이 그들과 함께 두 번째로 이곳으로 오게 될 것이다." 이러한 예언은 띠시민에서 다음처럼 나타난다. "꾸꿀깐이 잇사와 함께 올 것이다"(Roys, 1933, 161). 이러한 예언은 란다의 기록과도 일치한다.

프란씨스꼬 에르난데스는 삼위일체의 마야 신들에 대하여 묘사한 후 다음처럼 언급하였다. "그들은 아주 오래전 20명의 사람이-그는 20명의 사람 중에서 15명의 이름을 모두 이야기하였다.-이 땅에 들어왔다고 주장하였다. …20명의 사람 중 최고 우두머리는 꼬꼴깐(Cocolcan)이라고 불렸는데, …그들은 모두 긴 웃옷에 망토를 걸치고 샌들을 신고 있었다. 또한 긴 수염을 기르고 있었으며, 머리에는 아무것도 쓰고 있지 않았다"(1545, Eng. ed., 212-3).

끼나까마(Quinacama) 지역의 렐라씨온(Relaciones de Yucatán, 1: 255)에는 1581년 이 렐라씨온이 작성되기 전인 780년 혹은 800년에 꾸꿀깐이 유까딴에 온 것으로 기록되었다. "이 지역의 노인들이 말하기를 아주 오래전 즉 800년 전쯤에는 이곳에서 우상숭배가 이루어지지 않았다고 한다. 그러나 멕시코 사람들이 이 땅에 들어와 점령한 후로는 멕시코말로 '깃털 달린 뱀'이라는 뜻의 께찰꾸아뜨(Quetzalcuat)라는 우두머리가 …이곳에 우상숭배 풍습을 퍼뜨리게 되었고, 나무, 흙, 돌로 만든 우상들을 만들어 받들어 모시는 법을 전수하였으며, 이곳 사람들에게 우상들을 숭배하도록 하였다. 또한 멕시코 사람들은 이 지역 사람들에게 각종 사냥도구와 상업을 전수하였는데, 무엇보다도 스스로 귀와 콧구멍에 피를 내는 것과 인신공양으로 희생된 사람들의 심장을 도려내는 것을 전수하였다고 한다. 이러한 관습들은 에스빠냐 사람들에 의하여 정복되던 시기까지도 계속해서 남아 있었는데, 신부들은 인디오들에게 이와 같은 행위들을 점차 그만두도록 하였다"(Tozzer, 22-23).

이처럼 많은 사료에는 외부에서 온 존재와 꾸꿀깐의 이름에 대한 내용이 반복적으로 언급되었다. 이미 앞서 이야기하였듯이 메시까의 고원 지방 세력이 마야 지역을 침략 혹은 평화적인 방법에 의하여 정복하고 영향력을 미쳤다는 점이 오늘날에도 여전히 논의되고 있다. 그러나 이러한 외부 세력이 마야 지역 내에 존재하던 또 다른 세력이라는 주장도 제기되었다.

한편 정밀한 연구가 진행됨에 따라 마야 지역의 건축이나 예술 등에서 보여지는 멕시코의 고원 지방적인 요소는 마야 지역에서도 아주 오래전부터 그 전통을 이어오던 것들이며, 외부로부터 갑작스럽게 유입되었다고는 보기 힘들다는 주장이 점점 더 설득력을 얻고 있다. 따라서 오늘날에는 마야와 멕시코 고원 지방이 다양한 교류를 통하여 서로에게 상당한 영향을 준 것은 사실이지만 어느 한 세력이 다른 세력을 무력으로 점령하거나 혹은 완전히 새로운 영향으로 대체했다고 보기는 어렵다는 견해로 결론지어지고 있다.

4 또르께마다는 다음처럼 언급하였다(6, XXIV). "유까딴 사람들은 께찰꼬아뜰 신을 숭배하였고, 이 신을 꾸꿀깐이라고 불렀다. 사람들은 그가 서쪽 지역에서 왔다고들 이야기하였으며, 오이도르(감사관)라는 뜻의 꼬꼬메스(Cocomes)라고 불리는 유까딴의 촌장들이 이 신의 후손들이라고 하였다"(Tozzer, 23).

께찰꼬아뜰은 메소아메리카의 정복 이전 역사에서 상당히 논란이 되는 인물이다. 우리나라에서 아즈텍으로 잘 알려진 멕시코 고원 지방 메시까의 수호신이라는 점과 그들의 전설에서 위대한 최고지도자로 표현된다는 점, 정치적인 갈등의 결과 멕시코 고원 지방을 떠나서 다시 돌아오겠노라는 예언을 하였다는 점, 이러한 예언 속의 인물이 이 땅에 식민지를 건설한 유럽인들이라는 주장이 제기되었다는 점, 서양인들처럼 흰 피부를 가지고 있었다는 점, 그리고 그렇게 떠난 께찰꼬아뜰이 꾸꿀깐이라는 이름으로 마야 지역에 들어와 커다란 영향을 끼쳤다는 주장이 제기되었다는 점 등에서 그는 학자들의 입에 수차례 거론되었다. 이러한 논란은 쉽게 결론지어질 수 없지만 '깃털 달린 뱀'이라는 존재를 우리나라의 '용'과 같은 존재로도 생각할 수 있다. 즉 용은 어떤 구체적인 인물이 되기도 하고 그 용맹함을 표방하여 왕의 상징이 되기도 하는 등 다양한 주제와 소재로 널리 이용되어 왔다. 특히 마야를 비롯한 메소아메리카의 사회와 종교의 성격을 살펴보면 다른 문명들보다 정치와 사회의 형식과 격이 더욱 정형화되지 않았다는 점이 특징적인데, 이를 통하여 께찰꼬아뜰이라는 존재가 훨씬 더 자유분방하게 일반 백성들의 정치·사회·종교 공간을 오가며 때로는 수호신으로, 때로는 위대한 인물로, 때로는 건물의 장식으로, 때로는 전설과 민담의 소재로 혹은 역사의 인물로까지 표현되었다고 보는 것이 더욱 자연스럽다.

5 가리바이본에는 '… y que después de su vuelta'로 표기되었다. 이 문장은 '그가 돌아간 후에'라는 뜻으로도 해석될 수 있지만, 좌우 문맥과 이어지는 문장의 의미상 그리고 역사적인 사실관계에 비추어 보았을 때 '그가 떠난 후에'라는 뜻으로 해석되는 것이 더욱 바람직하다고 여겨진다.

6 '쎄살꾸아띠(Cezalcuati)'는 '께찰꼬아뜰'의 또 다른 표기이다. MS, 브라쉐르 드 부르부르본, Y에는 'Cezalcouati'로 표기되었고, WG에는 'Cezalcohuati'로 표기되어 있으며, 뻬레스 마르띠네스(Pérez Martínez)에는 'Cezalcuati'로 표기되었다. 또한 라다와 델가도(Rada y Delgado)와 G에는 'Cehalcouati'로 표기되었다. 또르께마다는 다음처럼 언급하였다(3, VII). "당시 께찰꼬아뜰은 우에막(Huemac) 왕을 매우 전투적인 왕으로 생각하였다. 이 왕과 마주치는 것을 원치 않았던 그는 이 땅을 떠나기로 결심하였고, 수많은 사람을 이끌고 먼 길을 떠나게 되었다. 또한 자신이 떠나는 이유를 전하기 위하여 주변의 지역들을 방문하여 그곳의 사람들을 오노우알꼬(Onohualco)로 이주시켰다. 오노우알꼬의 땅들은 바다와 인접해 있는데, 현재는 유까딴과 따바스꼬, 깜뻬체라는 이름으로 불리고 있지만 당시 인디오들은 이곳을 오노우알꼬라고 불렀다"(Tozzer, 23).

7 이곳은 마야빤을 가리킨다. 마야빤은 스스로를 꾸꿀깐의 후예들로, 유까딴 지역에서 가장 오래된 통치 가문이자 이곳을 세운 사람들이라고 여긴 꼬꼼족 사람들의 주요 도시였다. 마야문명이라는 말도 마야빤 도시의 이름에서 비롯된 것으로 보인다. 설화에 의하면 이 유적지는 기원후 1250년경 꾸꿀깐이라는 신에 의하여 세워졌다고 한다. 그러나 불과 200여 년 만에 멸망하게 되는데, 그것은 1450년경의 일이다. 결국 에스빠냐 사람들이 침략해 오기 약 80년 전 이미 이 도시의 인구는 급격히 줄어든 셈이다. 전설에 의하면 치첸이트사와의 전쟁에서 승리한 꼬꼼 집안 후낙 첼(Hunac Ceel)의 후손들이 이곳을 통치하였다고 한다. 그러나 그들은 시우(Xiú) 집안의 공격으로 결국 최후를 맞이하게 된다. 그때까지만 해도 이곳에 살던 사람들은 '마야빤 사람들'이라는 뜻에서 스스로를 '마야'라고 불렀다고 한다. 이곳에 지어진 건축물 대부분은 치첸이트사의 건축물들과 매우 흡사하여 마치 치첸이트사의 축소판을 보는 듯하다. 주변을 둘러싼 성벽도 이곳의 주요 특징들 가운데 하나이다(송영복, 2005, 284).

8 8레구아는 약 34킬로미터 혹은 45킬로미터이다.

9 15–16레구아는 약 63–67킬로미터 혹은 84–89킬로미터이다.

10 1/8레구아는 약 524미터 혹은 700미터이다.

11 란다가 묘사한 것처럼 이곳에는 도시 밖을 둘러싼 벽이 존재하였다. 유까딴 지방의 렐라씨온(Relaciones de Yucatán, 1 : 254)에서 이와 같은 내용을 확인할 수 있다. "(이곳 사람들은) 다른 모든 지역을 정복하였고, 에스빠냐처럼 도시를 벽으로 둘러쌓아 매우 튼튼하게 지었다. 벽의 안쪽으로는 6만 채보다 많은 수의 집이 있었다"(Tozzer,

24-25).

12 소뚜따(Sotuta) 지방의 렐라씨온(Relaciones de Yucatán, 1 : 101)에서 다음의 흥미로운 내용을 확인할 수 있다. "옛 사람들은 돌로 집을 지었고, 특정 부분을 화려하게 장식하였다. 인디오들은 집을 짓는 방법을 매우 잘 알고 있었으며, 중요한 건축물들은 높게 지었다. 이러한 특징들은 고대 건축물들과 오늘날의 건축물들 사이에서 명백하게 나타난다. 또한 동향, 남향, 북향으로 집을 지었던 반면에 서향으로는 절대 집을 짓지 않았는데, 단 우상숭배가 이루어지던 신전들은 서쪽을 바라보도록 지었다"(Tozzer, 25).

13 이 건축물은 적어도 특정한 부분에서 치첸이트사의 까스띠요 신전과 그 모습이 매우 흡사하다. 유까딴 지방의 렐라씨온에서 다음의 글을 확인할 수 있다(Relaciones de Yucatán, 1 : 156). "이 지역에는 오직 마야어만이 사용되었다. 마야라는 이곳 언어의 이름도 마야빤에서 유래하였다. 마야빤은 이 도시(메리다를 가리키는 것으로 보인다)에서 남서쪽으로 7마일 정도 떨어진 마니(Maní) 지방에 세워졌던 매우 큰 도시이다. 이곳에는 돌로 지어진 많은 집이 있고, 인위적으로 만들어진 언덕이 있으며, 그 위에는 최고의 신인 꾸꿀깐 사원이 있다. 이 사원에 오르기 위한 계단이 네 방면으로 있는데, 계단의 수는 각 방면에 백 개 이상 된다. 사원의 상층부에는 건축물이 있고, 이 건축물의 사방으로 네 개의 문이 있다. 그중 가장 중심이 되는 입구는 북쪽을 바라보고 있다. 이 건축물은 앞서 이야기한 인위적으로 만들어진 언덕 위의 다른 많은 건축물과 함께 어우러져 있다. 또한 이곳의 절대적인 촌장은 뚜뚤시우(Tutulxiu)라고 불렸는데, 마니 지역의 다른 왕들은 모두 그의 후손들이다"(Tozzer, 25).

14 란다가 언급한 것처럼 마야빤은 후고전기 때 유까딴반도의 북부에서 발전한 도시이다. 이곳은 주변을 둘러싼 성벽 형태를 가장 잘 보여 주는 곳 중 하나이다. 그러나 평방 3킬로미터 정도의 도시 주변을 둘러싸고 있는 이 벽을 방어용 성곽으로 보기에는 무리가 따른다. 이러한 벽은 단순히 일정한 구역을 구분 짓는 용도로 쓰였을 가능성이 크다. 한편 원형 건축물은 이곳 마야빤에서만 볼 수 있는 것이 아니다. 흔한 형태는 아니지만, 란다 본인이 여러 차례 언급한 치첸이트사나 주변의 다른 유적지에서도 이러한 원형 건축물들이 발견되었다.

15 가리바이본에는 이 부분이 'la antigüedad de su linaje'로 표기되었다. 이것을 직역하면 '가계(家系)의 오래된 정도'라는 뜻으로도 해석될 수 있다. 그러나 옮긴이는 '전통'이라는 말의 포괄적인 의미를 고려하여 '가계(家系)의 전통'이라고 번역하였다.

16 가리바이본에는 이 부분이 'ser de su persona'로 표기되었다. 이것을 직역하면 '각 사람의 존재'라는 뜻으로도 해석될 수 있다. 여기서 말하는 '존재(ser)'란 에스빠냐어 문법상 가변적이 아닌 영속적인 것을 뜻한다. 즉 직업이나 일시적인 상태가 아닌 성격을 의미한다.

17 여기서 언급된 '마야빤(Mayapán)'이라는 이름의 기원은 '마야(Maya)'와 '이츠빠(Ychpa)'의 합성어에서 비롯된 것으로 보인다. 또한 우리가 일반적으로 사용하는 '마야문명'이나 '마야'라는 말도 마야빤에서 유래한 것으로 추정된다. 그러나 '마야'라는 말의 기원에 대해서는 아직 정확하게 밝혀진 바가 없다. 에스빠냐 정복 당시 온두라스 앞바다에 있는 섬의 이름에서 기원하였을 가능성도 배제할 수 없다. 그러나 무엇보다도 란다의 기록에 언급된 '마야빤'이라는 정복 이전의 도시에서 비롯되었다는 주장이 가장 신빙성이 있다고 여겨진다. 멕시코 유까딴주의 주도인 메리다에서 그리 멀지 않은 곳에 있는 마야빤 유적지는 (유럽인들에 의한 마야 지역의 정복이 이루어지기 바로 이전까지도) 융성한 문화를 꽃피웠던 커다란 도시들 가운데 하나이다. 이러한 이유로 마야인들의 구술에 의하여 이곳의 문명 또한 마야라고 칭해지게 된 것으로 보인다. 실제로 그들이 사용하던 언어가 '마야딴'이라고 불렸다는 것을 알 수 있다(Calepino de Motul, I, 489). 그렇다면 '마야빤' '마야' 혹은 이들과 함께 사용되었던 '마얍(Mayab)'이라는 말의 의미는 무엇일까? 먼저 '마야'라는 말이 사슴이라는 뜻의 '마이(May)'라는 단어에서 비롯되었을 가능성을 고려할 수 있다(Diccionario Maya, 513). 그러나 사슴과 마야문명을 연결해 주는 고리는 유까딴 지역에 사슴이 많이 있었고, 다른 많은 동물과 마찬가지로 마야 사람들이 사슴을 숭상하였다는 것 외에는 발견된 바가 없다. 따라서 오늘날 '마야'라는 말의 기원을 사슴에서 찾아 유까딴을 '사슴의 땅'이라고 단정 짓는 것에는 무리가 따른다. 한편 '마얍(Mayab)'은 다른 뜻이 있기보다 '마야'의 또 다른 표기로 유까딴 지방을 지칭하던 말이었던 것으로 추정된다. 쎌레삐노 데 모뚤(Calepino de Motul) 사료와 삐오 뻬레스 사전(Juan Pío Pérez Diccionario y Coordinación)에도 이 둘이 동일한 단어로 기록되었다. 따라서 유까딴 지역을 통칭하는 말로 사용되던 '마야'라는 단어가 '마야빤'이라는 정복 이전의 도시 이름에서 나타나고, 그것이 이 지역 전체를 지칭하는 말로, 더 나아가 오늘날 우리에게 유까딴 지역뿐만 아니라 더 넓은 지역의 유사한 문화를 공유하는 대명사로 쓰이게 된 것으로 추정할 수 있다.

18 제넷(Genet)의 기록에 의하면 에레라(Herrera)는 정복 시기에 뽀똔찬 혹은 참뽀똔만에서, 오래전 꾸꿀깐이 이곳에 온 것을 기념하기 위하여 섬 위에 사원을 지어 놓은 것을 볼 수 있었다고 한다(Tozzer, 26). 그러나 이러한 정황이나 란다의 기록을 통하여 살펴보았을 때 꾸꿀깐이 실제로 참뽀똔이나 다른 주변 지역을 통해서 멕시코 고원 지방으로 되돌아갔다는 점을 확신할 수는 없다. 그의 실존 여부와 역할, 성격 등에는 여전히 많은 의문점이 있다.

7

유까딴의 정부, 제사장, 과학, 문자와 책

7-1 꾸꿀깐이 떠나자 이곳의 촌장들은 국가[1]가 계속해서 유지될 수 있도록 꼬꼼족(los Cocomes)의 가문이 최고통치권을 갖는 데 합의하였다。[2] 왜냐하면 이 가문이 가장 오래되었을 뿐만 아니라 가장 부유했기 때문이며, 당시 이 가문의 통치자가 가장 훌륭한 사람으로 여겨졌기 때문이다; 그 후 외벽의 안쪽으로만 촌장들과 높은 제사장의 집과 신전들이 있는 것을 (보완하기 위하여) 외벽 바깥쪽으로도 몇 채의 집을 짓도록 지시하였다。이곳에 일하는 사람들을 몇 명 둘 수 있도록 하였고, 교역을 목적으로 도시를 방문하는 사람들도 이용할 수 있도록 하였다; 게다가 집집마다 관리인을 두었는데, 이들은 자신들을 상징하는 짧고 굵은 막대기[3]를 들고 다녔으며, 깔루악(Caluac)이라는 이름으로 불렸다。이들 관리인은 마을과 (마을의) 지도자들을 살피는 동시에 새, 옥수수, 꿀, 소금, 생선, 사냥감, 옷 등 여러 품목에 걸쳐서 촌장의 집에 무엇이 필요한지 알리는 역할을 하였다; 깔루악의 집은 마치 촌장의 집무실 같았기 때문에 언제나 촌장의 집을 방문하여 무엇이 필요한지 확인한 후에 이를 공급해 주었다.

7-2 손이나 팔이 없는 마을의 불구자들과 장님들을 찾아가서[4] 그들에게 필요한 것

을 주었다.

7-3　촌장들은 [마을 사람들에게] 통치자들을 정해 주었는데[5], 만일 그들의 자식이 그에 걸맞은 능력을 갖췄을 경우에는 (자식들에게도) 그러한 임무를 주었으며; 마을 사람[6]들을 잘 대해 줄 것과 마을의 평화를 지킬 것 그리고 그들 자신과 촌장들[7]을 보필할 수 있도록 열심히 노동할 것을 당부하였다.

7-4　모든 촌장은 꼬꼼을 수행하며 (그를 위한) 축하의 자리를 마련하였다。그리고 어려운 일이 생기면 그를 찾아가는 (등) 그를 존중하고, 방문하며, 즐겁게 하는 데 늘 신경을 썼다。이렇듯 그들은 함께 춤을 추고, 축제를 열고, 사냥하며 무척 평화롭게 살았다.[8]

7-5　유까딴 사람들은 정치와 종교에 심혈을 기울였다。[9] 이곳에는 [위대한] 제사장 마이(el [gran] sacerdote May)라는 뜻을 가진[10] 아 낀 마이(Ah Kin May)라는 높은 제사장이 한 명 있었다。그는 아하우 깐 마이(Ahau Can May)라고도 불렸다。촌장들로부터 많은 존경을 받았고, 몇 명의 인디오를 거느리고 있었다。촌장들은 그에게 제물 외에도 선물을 바쳤으며, 마을의 모든 제사장도 (그에게 이와 같은 것들을) 바쳤다; (제사장의) 직책은 자식이나 가장 가까운 친척에게 승계되었는데, 그래서 (오직 그들 내에서만 제사장의) 지식이 공유될 수 있었고, 그들이 가장 전념하던 것 역시 (이와 관련된 일이었다)。(제사장들은) 촌장들에게 조언했을 뿐만 아니라 질문에 대답해 주었으며[11], 매우 중요한 의례나 특별한 일이 있을 때만 아주 가끔씩 인신공양을 행하였다; 또한 그들은[12] 마을에 제사장이 필요한 경우에 지식적인 면과 종교적인 면을 고려하여 제사장을 선출하고 지정해 주기도 하였다。(새롭게 임명된 제사장들에게) 자신들의 업무를 부과하는 한편 타의 모범이 될 것을 당부하였고, 그들이 가지고 있던 책들을 건네주었다; [그 밖에도] 신전을 관장하는 일을 맡았으며, 과학을 가르치고, 이에 대한 책을 집필하는 일에 종사하였다.

7-6　만일 다른 제사장의 아이들과 촌장의 차남들[13]이 이러한 (제사장의) 일에 관심을 보이면 어릴 때부터 그들을 데려다 교육을 했다.

7-7　그들이 가르쳤던 지식은 해(年)와 달(月)과 날(日)을 계산하는 법, 의례와 종교행사, 종교행정에 관한 것이었으며, 악운이 있는 날과 그 기간을 계산하는 법, 미래를 예

측하는 법[14], 병을 치료하는 법, 옛것, 그림과 같은 형태의 글자와 문자를 읽고 쓰는 법이었다.[15]

7-8 (또한) 주름을 잡아 접는 한 장의 긴 종이로 된 책[16]을 썼는데, 이것은 양쪽 면으로 덮을 수 있도록 만들어진 매우 아름다운 책으로 주름이 잡힌 부분에 세로로 글자를 써 내려가는 식이었다[17]; 이 (책의) 종이는 어떤 나무의 뿌리로 제작되었고, 흰 광택을 주어서 글자가 잘 써지도록 하였다。 몇 명의 높은 촌장은 호기심으로 이러한 기술에 대하여 알고 있었는데, 비록 모든 사람 앞에서 행하지는 않았지만 (알고 있다는 사실로) 더욱 많은 존경을 받았다.[18]

---

1 후고전기 시대에 마야는 각자 정치적인 독립성을 가지고 연맹체 형태로 서로가 서로를 돕는 정치체제를 유지하였다. 연맹체 전체를 관할하는 수장이 있었고, 이러한 수장은 정치적 권한이 있었으나 근본적인 힘의 원천은 각 씨족 공동체와 이들 씨족 공동체의 연합에 있었다. 란다는 이 부분에 대하여 설명하면서 '공화국(República)'이라는 에스빠냐어 표현을 사용하였다. 그러나 당시 상황을 고려해 보면 그 정확한 의미는 동서양에서 생각하는 절대 권력을 가진 중앙집권적인 국가가 아니라 연맹체 혹은 연합체 성격의 느슨한 형태의 국가라고 할 수 있다.

2 란다는 그가 저술하는 데 후안 (나치) 꼬꼼으로부터 많은 정보를 얻었다는 점을 서문에서 이미 밝힌 바 있다. 후안 (나치) 꼬꼼은 그의 성씨(姓氏)가 말해 주듯이 꼬꼼족의 귀족에 속하는 인물이다. 란다가 당시의 지배 세력이었던 꼬꼼 가계의 중요성에 대하여 과대평가하였을 가능성도 다분히 존재한다. 로이스(Roys)는 다음처럼 말하였다. "현재 계급과 권위상으로는 꼬꼼이 가장 높은 자리에 있지만 언뜻 보기에는 시우(Xiu)도 그와 비슷한 위치에 있는 중요한 인물이다. 그 밖에도 고유의 땅을 소유한 다른 왕들이 있었다." 에레라(Herrera)(4, 10, I, Appendix A)는 꼬꼼이 22곳이나 되는 훌륭한 마을의 왕이었고, 꼬꼼과 시우 그리고 그 밖의 다른 사람들이 연합하여 마야빤(Mayapán)을 통치했다고 언급하였다(Tozzer, 26).

3 이러한 권위를 상징하는 막대기가 마야의 유적지에서 발견되었다. 또한 고대에 그려진 그림과 조각들에서도 이와 같은 모습이 표현된 것을 확인할 수 있다. 권력이나 신권 등을 나타내는 일종의 상징적인 역할을 했던 것으로 추정된다.

마야의 지도자가 사용한 권위를 상징하는 막대기, 보남빡 유적지 광장의 조각

4 에레라(Herrera)(4, 10, II, Appendix A)는 이와 관련하여 다음처럼 언급하였다. "그들은 마을의 불구자와 장님들을 데려와서 란다가 말한 관리인(mayordomos)의 집에서 그들을 부양하였다"(Tozzer, 26).

5 촌장과 최고지도자의 선출 방법에 대해서는 지역과 시대

에 따라 제각기 다르고, 학자들에 따라서도 의견이 상반된다. 일반적으로 현재의 학계는 왕을 비롯한 최고지도자들의 역할과 선출 방법이 유럽이나 동양과 크게 다르지 않았다고 본다. 즉 지도자들이 거의 절대적인 권력을 행사하였고, 세습을 통해 왕권이 계승되었다는 것이다. 그러나 일부에서는 이들의 권한과 역할이 일반 마을 사람들로 구성된 마을 위원회 같은 체제보다 상위에 존재하지 않았다고 본다. 또한 선출 방법과 과정에서도 마을 각 구성원의 의사가 보다 중요시되었다고 주장하고 있다(송영복, 2010).

6 가리바이본에는 이 부분이 'gente menuda'로 표기되었다. 본문에서는 '마을 사람들'이라고 번역하였는데, '가난한 사람들' '어려운 처지에 있는 사람들' 혹은 '무지한 사람들' 같은 의미로도 해석될 가능성이 존재한다.

7 가리바이본에는 이 부분이 'los señores'로 표기되었다. 문어적으로는 '촌장들'이라는 뜻으로 해석될 수 있으나 문맥상 '마을의 어른들' 같은 뜻으로도 해석할 수 있다.
한편 7장에 등장하는 '촌장'과 '마을지도자' '깔루악'의 성격과 역할이 다소 혼란스럽게 느껴질 수 있다. 이러한 혼란스러움은 마야의 사회구조를 살펴보면 비교적 쉽게 납득할 수 있다. 서양이나 우리식의 일인·일당·일방체계의 통치방식과는 다르게 마야에서는 작은 촌락 단위의 마을이 실질·가상의 혈연관계를 중심으로 자급자족으로 독립성을 유지하며 각기 자치적으로 권한을 행사하였다. 그렇다 보니 촌장과 마을지도자가 마치 의장과 회의의 대표들처럼 서로 상호보완적인 관계에 있었을 뿐만 아니라 촌장의 권한 역시 절대적이지 않았던 것을 볼 수 있다. 이렇듯 다양한 공식·비공식의 통치방식이 혼합적으로 마을을 운영하는 체제로 작용하였다.

8 고대 마야의 지도자 출신으로 정복 이후 에스빠냐어를 배워서 정복자들에게 많은 정보를 주었던 가스빠르 안또니오 치는 왕의 다른 중요한 의무로 종교적인 기능을 꼽았다. 다음의 기록을 살펴보자(Appenix C). "의식과 행사가 있을 때마다 귀족과 마야빤을 세운 사람들의 후손, 그들의 가족은 (사원에서) 우상들을 숭배하였다. 이것은 사회적인 규범이자 관습이었다. …우상들을 모시면서 그들은 거의 매일 밤낮을 사원에서 보냈다"(Tozzer, 27). 마야의 사회가 제정일치 사회였고, 종교적인 중요성이 정치·경제·사회·문화와 커다란 상호관계에 있었음을 상기했을 때 마야 지도자의 역할 중에서 종교적인 부분이 상당히 큰 비중을 차지했을 것이라는 점은 지극히 자연스럽다.

9 가리바이본에는 다음처럼 표기되었다. "Que los de Yucatán fueron tan curiosos en las cosas de la religión como en las del gobierno" 이 문장은 다음의 뜻으로도 해석될 가능성이 존재한다. "유까딴 사람들은 정치와 종교적인 일에 있어서 상당히 특이하다."

10 리자나(Lizana)는 식민지 시대에 마야에 대한 지대한 관심으로 그들의 문물에 대한 저술을 남겼다. 그는 1663년(Pt. 1, IV) 잇사말('Itzamal' 'Izamal' 혹은 'Yzamal'과 같이 표기되어 있으나 표기와 상관없이 모두 동일한 지역을 가리킨다.)의 파괴된 장소들 가운데 한 곳을 언급하는 과정에서 다음처럼 기록하였다. "그곳에는 제사장들이 거주하고 있었다. 그들은 사람들로부터 많은 존경을 받았다. 그들은 왕이자 형벌을 내리는 사람들이었다. 사람들은 커다란 두려움을 가지고 그들에게 복종하였다. 이렇듯 모든 사람이 그들을 두려워하는 동시에 그들을 믿고 따랐는데, 그들이 한 말들 가운데는 믿지 못할 말이 하나도 없었다. 제사장들은 오늘날의 마야어로 '압 낀(Ab Kin)'이라고 불렸다. 이 말은 '제비를 뽑다' 혹은 '점을 많이 치다'라는 뜻의 동사 '낀야(Kinyah)'에서 파생되었다. 실제로 제사장들이 신에게 공양하고 질문에 대답을 듣고자 할 때 점을 많이 쳤기 때문에 '알라 낀(Ala Kin)'이라고도 불렸다. 오래전 우상들을 모시던 제사장들이 그렇게 불렸듯이 오늘날에는 그리스도의 사제들이 '압 낀(Ab Kin)'이라고 불린다." 여기서의 '알라 낀(Ala Kin)' 혹은 '압 낀(Ab Kin)'은 원래 '태양의 남자(He of the Sun)'라는 뜻으로 종종 '알 낀(Al quin)'이라고도 표기된다. 그러나 '아 낀(Ah Kin)'이 더욱 정확한 표기이다. 또한 '아 낀'은 에스빠냐 정복 이전과 이후의 우상숭배를 설명한 초창기의 많은 기록에서 제사장직을 언급할 때 사용되던 용어이다. 이것은 '칠란(Chilan)'이라는 직함 혹은 보통 점쟁이를 가리키던 말인데, 이러한 역할을 논할 때 '아 낀'이라는 말이 함께 쓰였던 것으로 파악된다(Tozzer, 27).

11 현대 학자인 숄스(Scholes)(Introd. XXXIX, in SA)는 제사장의 역할에 대하여 다음처럼 기록하였다. "많은 경우에 성직과 정치적인 기능은 어떤 식으로든 결합하기 일쑤였다. 따라서 두 역할을 구분 짓는 것은 상당히 어려운 일이었다. 결과적으로 에스빠냐 사람들이 인디오 제사장들을 많이 의심하게 되었고, 비정상적인 형태의 모든 종교적인 중심들은 사제들을 속이는 행위 혹은 에스빠냐의 우월함에 대한 초창기 반란의 신호탄으로 여겨졌다"(Tozzer, 27).

12 MS, 라다와 델가도(Rada y Delgado), Y에는 'estos'로 표기되었고, G에는 단수 형태인 'esto'로, 브라쉐르 드 부르

부르본에는 'este'로 표기되었다. G와 브라쉐르 드 부르부르본에는 다음처럼 해석되었다. "고위 사제가 사제들을 임명하였다"(Tozzer, 27).

13 가리바이본에는 이 부분이 'los hijos segundos'로 표기되었다. 이 책 본문에서는 '차남들'이라고 해석하였는데, '차남들' 혹은 '두 번째 아들들'이라는 말의 정확한 의미를 알기는 어렵다. 다만 '장남들' 혹은 '첫 번째 아들들'은 장차 촌장이 되고 차남부터 제사장이 되기 때문에 란다가 이처럼 표현한 것으로 추측할 수 있다.

14 '칠란들(los Chilanes)'은 예언자이자 점쟁이였다. 란다는 예언을 네 개로 구분하여 묘사하였고, 로이스(Roys)는 각각에 대하여 다음처럼 명명하였다(1933, 182). 날에 대한 예언들(N. 466), 해에 대한 예언들(N. 768), 까뚠에 대한 예언들(N. 882), 에스빠냐 사람들이 올 날에 대한 예언들, 혹은 더욱 정확하게는 께찰꼬아뜰의 귀환에 대한 예언들이다(N. 211, Tozzer, 27).

15 식민지 초기 사료인 Chi MS(Appendix C)에서 다음 내용을 확인할 수 있다. "인디오들은 문자를 가지고 있었고, 글을 쓰며 서로를 이해할 수 있었다. 그렇지만 그들은 기록하는 습관이 없었다. … 소송이 있을 때는 구두로 흑백을 가리면 그만이었다. … 그러나 과거에 발생한 중요한 사건들과 … 예언자의 말들, 왕들의 삶을 … 기록하였다. 또한 일반 백성들을 위하여 … 그들의 역사에 기초하여 … 운율이 있는 노래들을 기록하였다."
다른 식민지 초기 사료인 유까딴의 렐라씨온에는 다음처럼 기록되었다(Relaciones de Yucatán, 1: 52). "그들은 문자가 있었고, 이를 통하여 글을 쓰며 서로를 이해할 수 있었다. 또한 우리가 우리의 문자로 서로를 이해하듯이 그들도 그들의 문자로 서로를 이해하였다. 귀족들에게만 문자를 가르쳤는데, 이러한 이유로 문자에 대하여 가장 많은 염려를 하는 모든 제사장이 중요한 사람들로 여겨졌다." 또한 다음의 기록을 확인할 수 있다(149). "…그들은 문자를 가지고 있었다. 각각의 문자들은 음절을 나타내기 때문에 다른 문자들을 통하여 전체 내용을 파악할 수 있었다." 로뻬스(López)는 그의 렐라씨온(Relación, 보고서, Appendix B)에서 다음처럼 언급하였다. "나에게도 이 지방 인디오들이 사용하는 문자와 글자들을 가르쳐 주었다. 그들은 기이한 형태의 문자들을 그렸고, 이를 통하여 사건과 역사를 기록하였다. … 이렇게 글을 쓰는 행위는 일반적인 것이 아니었다. 오로지 제사장들과 까씨께(촌장)들만이 (글을 쓰는 법을) 알았다"(Tozzer, 28).

16 제넷(Genet)은 이 책들이 꼬골유도(Cogolludo)(9, XIV)에서 'Analte'로 불렸고, 빌야구띠에레스(Villagutierrez)(6, IV)에서 'Analteh'로 불렸다고 하였다. 또한 일반 자료인 푸엔살리다(Fuensalida)에는 이와 같은 말들이 모두 언급되었다고 하였다. 디아즈 델 까스띠요(XXVII)는 그의 저술에서 유까딴 사람들이 그들의 문자를 'amales'라고 부른다고 하였다. 한편 칠람발람 추마옐(Chilam Balam Chumayel)에는 'anahte'로 표기되었다(Tozzer, 28).

17 정복이 일어났던 시기에는 이 방대한 양의 책들이 틀림없이 존재했을 것으로 보인다. 이러한 사실은 초창기 이 책들에 대한 여러 언급에서 이미 증명된 바 있다. 로이스(Roys)(1933, 5)는 다음처럼 언급하였다. "정복 이후 70년이 지난 후에 산체스 데 아길라르(Sanchez de Aguilar, 1900 ed., 95)는 이와 같은 글을 남겼다. 그들은 이러한 책 속에 기록해 놓은 그들의 연대기, 전쟁, 역병, 태풍, 홍수, 기근 등의 사건들에 색을 입혔다." 1697년 빌야구띠에레스(Villagutierrez)(6, IV)는 뻬뗀에서 잇사족 사람들에 의하여 마야문자로 적힌 기록에 대하여 보고한 바 있다. "그들의 왕이 이것을 그의 'Analtehes'로 읽었기 때문에 그들은 유까딴 지방에 대하여 알 수 있었다(Analtehes 혹은 역사적인 사건들은 모두 하나이며 동일한 것이다)"(Tozzer, 28–29).
이러한 마야의 책은 지금까지 일부만 남아 있으나 그 수는 많지 않다. 현재까지 발견된 것은 '꼬디쎄 드레스데(Códice Dresde)' '꼬디쎄 마드리드(Códice Madrid)' '꼬디쎄 빠리(Códice Paris)'로 세 권 정도에 불과하다. 그 수를 정확히 알 수 없지만 이러한 책들은 유럽인들이 들어오기 전까지만 해도 상당량이었을 것으로 추정된다. 그러나 에스빠냐 사람들에게는 전혀 이해되지 않았을 뿐만 아니라 이교도들의 우상숭배에 도구로 여겨졌기 때문에 탄압의 대상이었다. 그 후 마야의 책들을 제작하거나 보는 것은 철저히 금지되었고, 발견되는 즉시 모두 불태워졌다. 지금까지 남은 세 권의 책들은 이러한 와중에서 정말 운 좋게 살아남은 극히 일부인 셈이다. 현재 유럽의 국가들이 이러한 책들을 모두 소장하고 있는데, 그중 한 권은 에스빠냐에 있고, 다른 한 권은 독일에, 나머지 한 권은 프랑스에 있다. 어떤 경로를 거쳐서 이 책들이 유럽까지 건너갔는지는 알 수 없다. 이러한 자료들을 신기하게 여긴 유럽인들이 왕실에 선물로 바친 것이 지금까지 남아 있게 된 것이거나 혹은 불법적인 행위임에도 에스빠냐 사람들이 몰래 유럽으로 가져옴으로써 현재까지 남아 있게 된 것으로 보인다. 이 책들은 우상숭배의 도구로 인식되었기 때문에 개인적으로 소장할 수 없었을 뿐만 아니라 유럽으로 가져오는 것은 더욱 금지되어 있었다. 그러나 책 대부분은 여러 색이 입혀진 화려한 그림책이었으므로 금지된 상황을 피하여 몰래 유럽으로 흘러들어 온 것으로 추정된다. 이러한 책들의 구체적인 특징을 살펴보면 다음과 같다.

- 제작: 마야어로 꼬뽀라고 불리는 나무의 속을 얇게 잘라낸 후에 자연 고무를 입혀서 만든 종이로 제작되었다. 그렇게 만들어진 종이의 표면에 다시 고운 회반죽을 입히고 각종 식물성과 광물성 배합으로 이루어진 다양한 색깔의 물감으로 양쪽 면에 모두 그림을 그리거나 글씨를 썼다. 이것을 아코디언처럼 번갈아 접는데, 펴면 길게 늘어나고 접으면 부피가 작아진다. 세 권의 꼬디쎄(Códice)는 공통적으로 후고전기(기원후 900–1492년)에 제작되었다.
- 내용: 마야의 벽화나 건물 조각 또는 문자 장식 내용과 유사하다. 즉 그림과 이에 해당되는 구문들로 이루어져 있다. 구문의 대부분을 달력이 차지한다는 점 역시 예외가 아니다. 그 내용은 아직까지 완전하지는 않아도 상당 부분 해독되었다고 말할 수 있다. 이 책은 마야의 신관들이 제사를 올릴 때 사용하던 일종의 성서 같은 역할을 하였고, 과학적인 기록들이었던 것으로 보인다. 또한 제사장들이 제사를 지낼 때 이러한 책을 보면서 설화나 그들의 역사, 혹은 일식이나 월식 등에 대하여 일반 대중들 앞에서 예측하였던 것으로 보인다. 그 밖에도 종교적인 행사를 준비하는 데 사용되었던 것으로 추정된다(송영복, 2005, 302).

18 모든 대중이 마야문자를 읽고 쓰는 법을 알았던 것은 아니다. 일부 제사장들이나 지도자들만 알았다는 기록을 여러 식민지 사료를 통하여 확인할 수 있다(Tozzer, 29). 그러나 정복 이전 마야문자가 기록된 책들뿐만 아니라 마야문자가 새겨진 광장의 비석이나 건물의 장식 등을 살펴보았을 때, 또한 그러한 텍스트가 다양한 그림과 어우러져 있다는 점 등을 고려해 보았을 때 (일반 백성들이 그 내용을 완전히 읽고 쓰지는 못했을지 모르지만) 제사장들이 책 혹은 비석에 기록된 내용을 설명하면 일반 백성들이 그것을 보며 일부 이해했을 것임을 추측할 수 있다.

뚜뚤시우족 사람들[1]의 도착과 이들이 마야빤 촌장들과 맺은 동맹

- 꼬꿈의 폭정과 몰락 그리고 마야빤의 쇠퇴

8-1 인디오들이 이야기하기를 남쪽으로부터 많은 사람이 촌장들과 함께 유까딴에 왔다고 한다.[2] 그들은 치아빠스(Chiapas)[3]에서 온 것으로 보이지만 인디오들도 잘 알지 못한다; 그러나 치아빠스와 유까딴 지역의 많은 어휘와 동사의 구성이 같은 형태를 띠고[4]; 치아빠스의 지역들에서 (주민들이) 마을을 버리고 떠난 흔적들이 크게 발견되기 때문에 (이 책의) 저자는 (그들이 치아빠스에서 왔다고) 짐작하고 있다[5]; 그들은 오로지 빗물에만 의지하며 물도 없고 사람도 살지 않는 유까딴의 지역들을 40년 동안 헤매고 다녔다; 그러다가 마침내 마야빤 도시 맞은편의 10레구아[6] 정도 떨어진 구릉지에 도착한 후 정착해서 살기 시작하였고, 여러 곳에 매우 훌륭한 건축물을 지었다[7]; 마야빤 사람들은 이들과 우호관계를 맺었으며, 마치 현지인처럼 땅을 경작하는 것을 (보면서) 매우 기뻐하였다. 이렇듯 뚜뚤시우(Tutu-Xiú) 사람들은 마야빤의 법을 준수하면서[8] 그들과 친척관계를 맺었다[9]; 그리고 뚜뚤시우족 사람들(los Tutu-Xiues)의 촌장인 시우(Xiú)는 모든 사람으로부터 존경을 받았다고 한다.

8-2 이들은 어떠한 분쟁도 없이 매우 평화롭게 살았다.[10] 무기를 만들지도 않았고,

사냥을 위한 활조차 사용하지 않았다. 비록 지금은 아주 훌륭한 궁수들이 (되었지만 당시에는) 단지 밧줄과 덫만으로 많은 사냥을 하였다; 제사장들은 굵은 막대로 작대기를 던지는 기술을 지니고 있었는데, (이 막대는) 손가락 세 개 정도의 굵기였고, 1/3 지점에 구멍이 났으며, 길이는 대략 여섯 뼘 정도 되었다. 이들은 이 막대와 몇 개의 끈을 사용하여 세고 정확하게 (작대기를) 던졌다.

8-3 죄인을 다스리는 법이 있었는데, 이러한 법에 따라 많은 처벌이 이루어졌다. 간통죄의 경우 (간통을 저지른 죄인이 남자일 때) 모욕을 당한 사람에게[11] 죄인을 인도하여 높은 곳에서 죄인의 머리 위로 커다란 돌을 떨어뜨려 사형에 처하도록 하였다. 그러나 만일 (모욕을 당한 사람이) 원하지 않을 때는 (그의 뜻에 따라) 죄를 사하여 주었다; (반면에) 간통을 저지른 죄인이 여자일 때는 불명예 외에는 다른 어떠한 처벌도 이루어지지 않았다. 왜냐하면 이들 사이에서는 (이러한 불명예 자체가) 매우 심각한 것으로 받아들여졌기 때문이다; 그 밖에도 처녀를 겁탈한 사람은 돌팔매질로 사형에 처했다; 하나의 사건을 예로 들면, 뚜뚤시우족(los Tutu-xiues) 촌장의 형제가 이러한 죄로 고발되자 (촌장은) 사람들에게 (자신의 형제를) 돌로 쳐서 (죽인) 후 그 위에 커다란 돌무더기를 쌓도록 하였다[12]; 이 도시가 설립되기 이전에도 간통을 저지른 사람의 배꼽으로 내장을 꺼내는 또 다른 형태의 법이 존재하였다.

8-4 통치자인 꼬꼼[13]이 부(富)에 욕심을 내기 시작하였다. 이로 인하여 그는 따바스꼬와 시깔랑고에 주둔해 있던 멕시코 왕들의 군대에게 도시를 넘겨주겠다는 약속을 하였고, 멕시코 사람들을 마야빤으로 데리고 왔다.[14] 그러고는 힘없는 사람들을 억압하여 수많은 사람을 노예로 만들었다[15]; 만일 멕시코 사람들에 대한 두려움이 없었다면 이곳 촌장들은 (꼬꼼을) 처단하였을 것이다.

뚜뚤시우족(los Tutuxiues) 촌장은 이러한 상황을 용납할 수 없었다.[16] 유까딴 사람들 역시 자신들이 이렇게 [억압받는 것을] 보면서 멕시코 사람들의 무기사용법을 배우게 되었다. 그리하여 이들은 활과 화살, 창, 도끼, 방패, 솜과 소금으로 만든 튼튼한 (마치 갑옷과 같은) 외투[17], 그 밖의 다른 군장비를 능수능란하게 활용할 수 있게 되었다. 그 후로는 멕시코 사람들을 우러러보지도 무서워하지도 않게 되었으며, 더 이상 그들에 대하여 많은 신경을 쓰지 않게 되었다.

그렇게 몇 년이 흘렀다.

8-5 처음으로 노예를 만든 사람은 꼬꼼이었다.[18] 그러나 사람들은 그의 악덕함에 모두 노예가 되지 않기 위해서 계속해서 무기를 사용하였다. 이를 통하여 그들은 스스로 방어할 수 있게 되었다.

8-6 꼬꼼 가문의 계승자 가운데는 꼬꼼처럼 굉장히 거만한 사람이 있었다.[19] 그 역시 따바스꼬 사람들과 동맹을 맺은 후에 더 많은 멕시코 사람을 이 도시로 끌어들였다. 그가 폭정을 일삼고 사람들을 노예로 전락시키자 촌장들은 조상들만큼이나 위대한 정치인이던 뚜뚤 시우(Tutu Xiú) 아래로 한데 모이게 되었다.[20] 이들은 꼬꼼을 죽이자는 데 의견을 모았고[21], 이를 실행에 옮겼다. 그러고는 부재해 있던 (꼬꼼의) 아들 한 명을 제외한 다른 모든 자식을 처단하는 한편 그들의 집을 약탈하였다. 카카오[22]와 그 밖의 다른 과일 경작지도 빼앗았는데, 이들이 말하기를 이로써 (꼬꼼이) 과거에 자신들로부터 빼앗아 간 것들을 다시 되돌려 받는 것이라고 하였다;-자신들이 부당하게 추방되었다고 이야기하는-꼬꼼족 사람들과 시우족 사람들(los Xiues) 사이의 갈등은 오래도록 지속되었다. 그러나 500년 이상 이 도시를 터전 삼아 생활하던 사람들은 이곳을 떠나 각자 자신들의 땅으로 되돌아갔다.[23]

---

1 본문에는 뚜뚜-시우(Tutu-Xiu)로 표기되었으나 제목에만 뚜뚤-시우(Tutul-Xiu)로 표기되었다. 이러한 표기의 차이는 가리바이본의 출판사에서 임의로 제목을 만들어서 붙일 때 본문에 표기된 뚜뚜-시우(Tutu-Xiu)를 그대로 따르지 않고 현대적인 표기인 뚜뚤-시우(Tutul-Xiu)를 따른 것에서 비롯되었다. 6장의 제목에 나오는 '꾸꿀깐(Kukulcán)'과 동일한 경우라고 할 수 있다.

2 남쪽에서 온 사람들은 뚜뚤시우족 사람들(los Tutul xiues)이다. 에레라(Herrera)(4, 10, II, Appenix A)는 다음처럼 말하였다. "수많은 사람이 남쪽의 라깐돈 정글을 지나왔는데, 그들은 치아빠스에서 온 것이 분명하다." 훗날 에레라(Herrera)는 그들을 두고 뚜뚤시우족 사람들이라고 하였다. 떼아보(Teabo) 지역의 렐라씨온(N. 271)을 통하여 꼬꼼족 사람들이 이들을 '타고난 왕들, 뚜뚤시우족 사람들, 외부인들'이라고 칭하였다는 것을 알 수 있다. 또한 스핀든

(Spinden)은 뚜뚤시우(Tutul Xiu)라는 이름이 메시까의 언어인 나우아뜰어에서 '시우또또뜰(Xiuhtototl)'이라고 불리며, 이 말은 '청록색의 새'라는 뜻이라고 하였다.
그 밖에도 다른 많은 사료를 통하여 뚜뚤시우(Tutul Xiu)가 외부인이라는 것을 확인할 수 있다. 마마(Mama) 지역의 렐라씨온에는 다음의 내용이 기록되었다(Relaciones de Yucatán, 1: 161). "그들은 멕시코 이름으로 뚜뚤시우라고 불리는 왕에게 복종하였다. 그들이 말하기를 그는 서쪽에서 온 외부인이라고 하였다. 그가 이곳에 왔을 당시에 이곳의 최고지도자는 그의 훌륭한 역량을 고려하여 그를 왕좌에 앉혔다고 한다. 뚜뚤시우가 오기 전까지 그들은 꼬꼼의 지배를 받고 있었는데, 꼬꼼은 드넓은 땅을 다스리던 토착민 왕이었다. 그와 예전의 왕들에게는 만따(Manta, 직물), 수탉, 암탉 등 이 지역에서 생산되는 모든 토착물이 공물로 바쳐졌다. 공물은 그리 대단한 것이 아니라 그들이 요구하는 만큼만 바치는 식이었다. 그들은 통치자에게 감사의 표시로 철마다 다르게 생산되는 크고 작은 공물을 바쳤다. 또한 색색의 돌을 바치기도 하였는데, 이러한 돌은 매우 귀하게 여겨졌다"(Tozzer, 29–30).

3 치아빠스는 현재 멕시코 내륙 지방의 열대 밀림 지역인 치아빠스주 근방에 있다.

4 실제로 유까딴의 마야어와 치아빠스의 마야어가 많이 다르지만 쁘로또 마야(Proto Maya)라는 동일한 어원을 가지고 있어서 비슷한 면이 존재한다.

5 란다가 이 책을 저술하던 16세기 중반은 이미 여러 정복자에게 치아빠스 지역이 정복되었던 시기이다. 따라서 치아빠스에 존재하던 마야의 다양한 고대 도시들, 특히 오래전 버려져서 사람이 살지 않는 유적지에 대하여 란다가 인지하고 있었던 것으로 보인다. 치아빠스 지역에서도 수많은 마야의 도시들이 흥망성쇠를 거듭했기 때문에 그러한 흔적이 많이 남아 있는 것이 사실이다.

6 10레구아는 약 42킬로미터 혹은 55킬로미터이다.

7 욱스말(Uxmal)의 설립에 대한 내용으로 보인다. 마니(Maní)의 필사본(Brinton, 102; Martínez H., 1927, 8)에서 다음의 내용을 확인할 수 있다. "까뚠 2 아하우(11.2.0.0.0, 984–1004: 10.9.0.0.0, 987–1007)에 아 수이똑 뚜뚤시우(Ah Zuytok Tutul Xiu)가 욱스말을 세웠다. …그리고 200년간 치첸이트사와 마야빤 통치자들이 이곳을 함께 지배하였다." 이러한 내용은 역사적인 정황상 일반적으로 받아들여지고 있다. 한편 띠시민 사료에는 다음처럼 기록되었다. "10 아하우, 아 수이똑 뚜뚤 시우(Ah Zuitok Tutul Xiu)가 욱스말을 세웠다. 그리고 그들이 욱스말을 세운 지 200년이 지났다." 몰리(Morley)(1911)는 '10 아하우'와 앞서 언급한 '까뚠 2 아하우'를 욱스말이 세워진 지 200년(실제로는 180년)이 되는 해의 끝 무렵으로 보았다. 그러므로 기본적으로 위의 두 진술이 일치한다고 볼 수 있다(Tozzer, 30–31).
욱스말 유적지는 규모 면에서 볼 때 유까딴반도에서 손꼽히는 중요한 도시의 역할을 담당했던 것으로 보인다. 시기적으로는 기원후 600–1,000년 사이에 가장 융성했으나 그 이전이나 이후에도 계속해서 일정한 사람들이 생활했던 것으로 보인다. 욱스말과 그 주변의 까바(Kabá) 유적지는 과거 18킬로미터에 달하는 삭베(Sacbe)라는 도로로 연결되어 있었다.
마법사의 피라미드, 빨라시오(Palacio del Gobernador), 저택(Cuadrángulo de las monjas)이 이곳의 대표적인 건축물이다. 마법사의 피라미드라고 불리는 이 도시의 대표적인 피라미드 건축물은 많은 전설을 간직한 만큼이나 예술적인 아름다움을 지니고 있다. 35미터나 되는 타원형의 기단(Base) 부분은 근처의 다른 유적지들과 대조를 이룰 정도로 그 규모가 돋보인다. 욱스말에는 뿌욱(Puuc)이라는 건축양식이 특징적으로 나타난다. 건물 윗부분의 장식인 끄레스떼리아(Crestería) 문양에서 마야인의 독특한 건축 감각을 엿볼 수 있다.
욱스말의 유적 중에서 사람들의 발길을 가장 많이 붙잡는 곳은 마법사의 피라미드이다. 다섯 차례에 걸친 재건축으로 지금의 모습을 지니고 있는 이 피라미드는 이곳 원주민들에게 구전으로 이어지는 오래된 전설을 간직하고 있다. 19세기 신부였던 에스따니슬라오 까리요(Estanislao Carillo)라는 사람이 듣고 기록한 전설에 의하면 이곳에서 남동쪽으로 22킬로미터 떨어진 까바(Kabá)라는 곳에 늙은 여자 마법사와 그녀의 손자인 난쟁이 마법사가 살았다. 그런데 어린 손자는 할머니 마법사가 아궁이 곁을 떠나지 않고 열심히 지키는 것에 대하여 늘 궁금하게 생각했다. 그래서 어느 날 꾀를 내어 할머니의 물동이에 구멍을 내고 할머니가 물을 뜨러 다녀오는 사이 아궁이에 숨겨져 있던 것을 찾아내게 되었다. 그것은 다름 아닌 뚠꿀(Tunkul)과 쏘옷(Soot)이라고 불리는 북과 나팔이었다. 손자는 그것을 두들기고 불어 보았다. 그러자 그 소리가 천지 사방으로 메아리쳐서 모든 사람이 들을 수 있었다. 마침 당시 욱스말의 최고지도자는 이 나팔을 부는 사람이 장차 최고지도자가 될 것이라는 전설을 잘 알고 있던 터라 욱스말과 까바를 연결하는 도로를 놓고는 그 난쟁이 마법사를 모셔와 최고지도자가 되기 위한 시험을 치르도록 하였다. 그리하여 여러 시험과 음모를 잘 넘긴 난쟁이 마법사가 드디어 최고지도자의 자리에 오르게 되었다. 그리고 이것을 기념하기 위하여 지금의 마법사의 피라미드를 단 하루 만에 지었다는 내용이 이 전설의 골자이다(송영복, 2005, 285).

8 여기서 란다는 '마야빤 연맹(Liga de Mayapán)'에 대하여 언급하고 있는 것으로 보인다. 이 지역은 '연합정부'로 구성되어 있었는데, 욱스말의 뚜뚤시우족 사람들(los Tutul Xiues)과 치첸이트사의 잇사족 사람들(los Itzaes), 마야빤의 꼬꼼족 사람들이 200년간 주변 지역에서 서로 평화롭게 살았던 이야기이다. 이러한 연맹의 시작 시기는 욱스말이 세워진 날과 같은 까뚠 2 아하우(984-1004년: 987-1007년)로 추정된다(Tozzer, 31). 소위 마야빤 연맹 혹은 삼자 동맹이라고 불리는 욱스말, 치첸이트사, 마야빤의 관계는 전설적인 부분과 실제 역사적인 부분이 교묘하게 혼합된 것으로 보인다. 그렇지만 유까딴반도 북부 지역의 중요한 세 세력이 상호 연맹 관계를 맺고, 대략 11세기 초중반에서 13세기 초중반에 걸쳐서 평화로운 관계를 유지했던 것은 역사적인 사실로 받아들여지고 있다. 이러한 동맹 관계는 연맹체적인 성격인 마야의 기본적인 국가형태와도 연관이 있는 것으로 보인다. 즉 마야는 중앙집중식 단일 정부 시스템이 아닌 일종의 대학 동아리 연합체 같은 연맹과 이러한 형태의 국가 시스템을 많이 활용하였다.

9 혼인을 통해서 친척이 되었음을 의미하는 것으로 보인다.

10 이러한 이상적인 상태는 약 1,000년경 마야빤 연맹이 생겨난 후 200년간 지속되었다고 사료에 기록되었다(Tozzer, 31).

11 간통을 저지른 여자의 남편을 가리킨다.

12 Chi MS에서 마야빤의 법과 관련된 다음의 내용을 확인할 수 있다. "처녀 혹은 어떠한 여성에게든 강간을 저지른 사람에게는 사형이 내려졌다. 사람들이 말하기를 마야빤의 왕이 간통죄를 저지른 자신의 형제를 불명예스럽게 여겨서 그를 사형시켰다고 하였다"(Tozzer, 32).

13 후낙 첼이라는 마야빤의 촌장을 가리키는 것으로 보인다(Tozzer, 32).

14 고고학적 연구 결과와 언어학적 근거, 그 밖의 다른 여러 사료의 기록을 살펴보았을 때 멕시코 고원 지방이나 따바스꼬 혹은 시깔랑고에 있던 사람들이 정복을 목적으로 혹은 단순한 이주를 통하여 유까딴 지역으로 들어왔다는 것에 대해서는 확실하게 입증된 바가 없다.

15 정복 이전의 마야 사회에 노예제도라고 불릴 수 있는 제도가 있었는지는 확실하지 않다. 여기에는 많은 논란이 있을 수 있는데, 노예를 어떻게 규정할지가 가장 중요하고도 심각하다. 왜냐하면 동서양의 제도와 마야의 제도는 다르기 때문이다. 그러나 일반적으로 마야 사회에서 노예라고 불릴 수 있는 인물들은 다음과 같다.

1. 종교적인 목적으로 제사에 헌납된 사람
2. 죄를 저질러서 벌을 받는 사람
3. 경제적인 어려움으로 부모와 인척으로부터 팔리게 된 사람
4. 고아
5. 전쟁포로
6. 소작농
7. 상인들의 짐꾼

이러한 존재들은 사회·경제적인 위치로 보았을 때 노예라고 불릴 만한 가능성을 지니고 있다. 그러나 각기 대우나 위치가 크게 다르며, 결론적으로 노예라고 불릴 철저함이 있는 집단은 없다. 제사에 헌납된 사람은 희생물이기는 하지만 노예가 지닌 경제적인 의미는 없었다. 오히려 더 좋은 대접을 받기도 하였고, 신성시되기도 하였다. 죄를 저지른 사람이나 팔린 사람은 죄의 사함 혹은 채무 변제를 통하여 복권될 수 있었다. 이러한 집단 가운데는 영속성을 지니지 않은 경우가 많았을 뿐만 아니라 상위 엘리트가 여기서 말한 최하위 계층으로, 최하위 계층이 상위 계층으로 바뀌는 것이 가능하였다. 전쟁포로를 제외하고는 관리하는 사람들이 그들에 대한 생사여탈권을 쥐지 못했다는 점도 두드러진다. 그 밖에도 노예라고 의심되는 집단의 의복이나 문신과 같은 외형적인 특징이 두드러지지 않는다. 따라서 '노예' 혹은 '노예제도'라는 구체적인 개념은 식민지 시대 에스빠냐 사람들의 해석의 산물이라고 이야기할 수 있다(송영복, 1995).

16 이와 관련된 역사에는 전설과 역사적인 사실이 서로 복잡하게 얽혀 있다. 따라서 일부 증언을 통하여 당시의 상황을 단정하기는 어렵다. 다만 높은 가능성을 두고 추론할 수 있는 것은 11세기 초중반에서 13세기 중반에 유까딴 북부에 살던 꼬꼼족과 시우족, 잇사족과 같은 그룹들이 (그 밖에 다른 그룹이 있었지만, 이 세 개의 집단이 주를 이루었던 것으로 보인다.) 상호 신뢰를 바탕으로 연맹을 구성하고 이해관계를 잘 조율하며 평화롭게 살았던 것으로 보인다. 그런데 발단이야 어찌 되었건 간에 반목이 생겨나게 되었고, 분쟁이 일어나게 되었는데, 여러 전설에는 이에 대한 책임이 서로 다르게 이야기되고 있다. 반목

의 결과 연맹은 해체되었고, 일부 지역에서는 주민들이 이주하거나 도시의 성장이 멈추는 현상이 생겨났다. 훗날 에스빠냐 정복자들이 이곳에 들어왔을 때는 중앙집중적인 대단위 국가가 형성되지 않은 채 복잡한 소단위 연맹 같은 형태가 유지되고 있었다.

17 가리바이본에는 '… sacos fuertes de sal y algodón'으로 표기되었다. 브린튼(Brinton)(1887)은 란다가 마야어로 '꼬아 놓은 줄'이라는 뜻의 'Taab'이라는 단어를 '소금'이라는 뜻의 'Tab'이라는 단어로 잘못 해석한 것이라고 지적하였다. 그러나 에레라(Herrera)(4, 10, II, Appendix A)는 란다와 마찬가지로 '솜과 소금으로 만든 튼튼한 외투'라고 해석하였다. 메시까에는 '이츠까우이삘리(Ichcauipilli)'라고 불리는 솜으로 누벼서 만든 갑옷이 있었는데, 다른 기록에서도 이것에 대한 묘사를 여러 차례 확인할 수 있다. 한편 쪼놋(Dzonot) 지방의 렐라씨온에는 다음의 내용이 기록되었다(Relaciones de Yucatán, 2: 209). "그들이 착용한 방어복은 속에 돌돌 뭉친 솜을 넣어 만든 만따(직물)이다. 어떤 것은 굉장히 튼튼해서 화살로도 뚫리지 않을 정도이다." 이러한 종류의 솜 갑옷은 훗날 에스까우삘(Escaupil/Ichcauipilli)이라고 불리며 에스빠냐 사람들에 의하여 사용되었다. 또한 누빈 겉옷 장비를 간혹 다리에 두르기도 하였다(Tozzer, 35). 이러한 정보들을 종합했을 때 그 기원이 메시까에 있는지 아닌지는 일단 차치하고, 마야 사람들이 솜이나 소금 같은 재료를 속에 넣어 만든 외투를 가지고 있었으며, 그러한 외투가 갑옷 같은 역할을 했다는 사실을 알 수 있다.

18 노예제도와 관련해서는 이 책 8-4의 15번 주석 참조.

19 이 부분에서뿐만 아니라 이후 기술된 내용에서도 누가 란다에게 원주민에 대한 정보를 주었고 의견을 전하였는지, 누구의 말에 란다가 더욱 무게를 두었는지가 중요한 변수로 작용하는 것을 볼 수 있다. 알려진 바에 의하면 중요한 정보원으로는 나치 꼬꼼과 가스빠르 안또니오 치 같은 사람들이 있었다. 나치 꼬꼼은 그의 성이 보여 주는 것처럼 꼬꼼 가문 사람이고, 가스빠르 안또니오 치는 시우 가문 사람이다. 그런데 이들 중에서도 가스빠르 안또니오 치는 식민지 시대 여러 문서를 직접 작성할 정도로 중요한 인물이었던 것으로 파악된다. 또한 자신의 주장을 강하게 표현하는 등 영향력을 가지는 동시에 독선적인 면이 있던 것으로 보인다. 역사적으로 꼬꼼과 시우가 상당한 라이벌 혹은 적대관계에 놓였던 정황들이 보이는데, 이러한 상황에서 란다가 누구의 이야기를 듣고 또 누구의 주장을 더욱 신뢰하였는지에 따라서 역사의 서술이 상당히 뒤바뀔 수 있다. 이 경우에는 가스빠르 안또니오 치의 주장이 더 강하게 반영되었고, 란다가 꼬꼼 가문에 대한 부정적인 이야기를 그대로 옮겨 적었을 가능성이 크다.

20 몰리와 로이스(Morley and Roys)는 이러한 움직임을 주도한 시우족 사람을 아 수빤(Ah Xupan)이라는 인물로 추정하였다. 이 인물은 시우의 기록에서 세 번째 문서의 첫 세대에 등장하는 아 쭌 1세(Ah Dzun I)의 아버지로, 9장에서 그에 대한 언급이 재등장하는 것을 확인할 수 있다. 깐사까보 지방의 렐라씨온(Kansahcab, Relaciones de Yucatán, 1: 192-3)에 언급된 다음의 기록은 그들의 추측을 뒷받침해 준다. "우상숭배가 행해지던 시기에 인디오들 사이에는 왕이 존재하였다. 그들이 사는 도시는 마야빤이라고 불렸고, 아 수빤이라는 왕이 이곳에 정착하였다. 뚜뚤 시우라고 불리는 귀족 출신 마니(Maní)의 왕들이 바로 여기서부터 이어진다."
뚜뚤 시우는 잇사말 지역의 렐라씨온(268-9)에서 왕으로 묘사되어 있으며 제사장으로도 묘사되었다. "이 지역은 이곳을 지배하고 통치하던 왕의 이름을 따서 아낀 (아 낀) 첼이라고 불렸다. 아낀 첼은 또 다른 왕이자 마야빤 우상들의 제사장이기도 했던 아 수빤(아그 후빤)의 사위 끄리아도(Criado, 끄리아도에 대한 해석은 이 책 9-5의 해당 각주 참조)였다. 사람들은 아주 오래전 마야빤의 옛사람들에게서 이 지역에서 사용되던 글자들을 배웠다. 아 수빤의 스승은 이곳을 떠난 후 잇사말 지역으로 건너가 속한 모든 지역의 왕이 될 때까지 그곳을 통치하였다. 그의 능력과 산업의 번성으로 점차 번영을 누리게 되었는데, 그가 살던 곳은 마을에서 2레구아(약 8.4킬로미터 혹은 11킬로미터) 정도 떨어진 떼꼬(Tecoh)라는 마을이었다."
또한 아 수빤이라는 인물이 첼 왕조의 창시자인 아 첼의 장인어른이라는 사실을 확인할 수 있다(Tozzer, 36).
위 기록에 등장하는 아 수빤이라는 인물이 왕과 제사장의 역할을 모두 겸하였다는 것은 일반적으로 신정 일치 사회였던 마야에서 매우 자연스러운 일로 여겨진다. 모뚤 사전에서도 마야에서 최고지도자로 평가받는 할라치 우이닉(Halach Uinic)에 대한 정의로 제일 먼저 '주교'라는 뜻을 확인할 수 있고, 그다음으로는 '통치자'라는 뜻을 확인할 수 있다(Calepino de Motul, I, 297). 즉 전통적으로 마야 사회에서 왕이라는 명칭에 상응하는 용어가 할라치 우이닉이라고 여겨지는데, 이러한 할라치 우이닉이 정치적인 역할과 종교적인 역할을 함께 담당했다는 뜻이다.
다시 본문으로 돌아가서 위 사료들을 바탕으로 당시의 상황을 재구성해 보면 다음과 같다. 꼬꼼이 폭정을 하자 아 수빤이라는 촌장을 중심으로 촌장들의 회의가 열렸고, 그러한 폭정을 행하는 자를 지도자의 자리에서 끌어내리자고 거론하였다.

21 란다가 언급한 것처럼 아 수빤에 의하여 선동된 뚜뚤시우족 사람들이 초기 마야빤의 붕괴를 주도했던 것으로 보인다. "나이 많은 인디오들이 말하기를 다른 촌장들의 도움을 받은 시우가 훌륭한 왕이자 그보다 훨씬 중요한 인물이었던 꼬꼼을 죽였다고 하였다. 이에 사람들이 분노하자 시우는 꼬꼼이 인디오들을 외부 무역상들에게 비밀리에 팔아넘겼다는 사실을 이야기하였다. 꼬꼼이 죽자 마야빤은 폐허가 되었다. 시우는 … 마니에 머물렀고, … 꼬꼼의 추종자들은 소뚜따에 정착하였다." 이러한 맥락에서 추마옐(142, N. 180)의 사료(칠람발람 데 추마옐, Chilambalam de Chumayel)에는 뚜뚤시우족 사람들이 마야빤의 최후와 깊은 연관이 있다고 기록되었다.

만일 이러한 상황을 그대로 받아들인다고 가정하면 꼬꼼의 오만함은 욱스말의 뚜뚤시우족 사람들과 마야빤에서 꼬꼼과 의견을 달리했던 사람들, 치첸이트사의 통치자들을 하나로 뭉치게 한 이유가 된다.

원인과 과정이 어찌 되었건 간에 마야빤의 몰락 이후로 모든 유까딴의 중심부에서 집단적인 이동이 발생했다는 것은 일반적인 사실로 받아들여지고 있다. 몰리와 로이스(Morley and Roys)는 당시 살아남은 꼬꼼이 띠볼론(Tibolon)으로 떠났고, 시우족 사람들이 마니에 정착하였으며, 잇사족 사람들은 이미 뻬뗀 호수로 이주했던 사람들과 연합하였다고 추정하였다. 당시 커다란 도시들이 폐허가 되지 않았던 점으로 미루어 보았을 때 그의 주장에는 타당성이 있어 보인다. 다소 변화가 있기는 했지만 마야빤, 욱스말, 치첸이트사를 제외한 다른 지역들에는 계속해서 사람들의 거주가 이어졌다(Tozzer, 36–37).

이러한 갈등의 책임이 누구에게 있는가? 혹은 누구에게 정당성이 있는가의 문제는 판단하기가 쉽지 않다. 아무리 역사적인 사실 부분이 재구성된다고 하더라도 판단이 쉽지 않은 것은 마찬가지이다. 그러나 가치판단을 떠나 역사적인 사실관계를 이해하는 것이 중요하다. 즉 시우를 중심으로 꼬꼼 세력에 대한 반감이 형성되었고, 그러한 결과로 지도 세력 간의 갈등과 이동이 있었는데, 이러한 갈등과 변화의 결과는 오늘날 우리가 생각하는 것보다 최소한이었을 가능성도 있다. 즉 일부 지도자와 인물의 변화가 마을 주민 전체의 변화로 이어진 것이 아니라 단순히 몇몇 지도자 혹은 지도자를 중심으로 한 소수의 변화일 수도 있다는 점을 생각해야 한다. 동서양의 역사에서 나타나는 민족의 대이동 같은 것이 아닐 수도 있다는 말이다.

22 유까딴의 렐라씨온에는 카카오 농장들(Theobroma Cacao L.)에 대한 내용이 자주 언급되었다. 산체스 데 아길라르(Sánchez de Aguilar)(1683, 1892 ed., 98)는 이와 관련하여 다음처럼 말하였다. "꾸뿔족 사람들은 농장을 소유하고 있었다. …거기서 이 나라의 환금작물이자 이 도시의 시장과 광장에서 (거래되는) 카카오를 경작하였다"(Tozzer, 37).

카카오는 마야를 비롯한 메소아메리카의 상당 지역에서 중요하게 여겨지던 작물로 화폐의 역할까지도 했다. 따라서 란다가 기록한 것처럼 카카오 경작지를 빼앗았다는 것은 일반 농경지를 빼앗은 것과는 차원이 다른 더욱 의미가 큰 행동이었다고 볼 수 있다.

23 꼬골유도(Cogolludo)는 당시의 상황에 대하여 다음처럼 기록하였다(4, III). "… 통치는 종지부를 찍게 되었다. 많은 촌장과 까씨께(촌장)들이 봉기를 일으켰다. 에스빠냐 군대가 그들의 왕국을 발견했을 때 절대군주는 온데간데없이 공작이나 백작 같은 사람들만 존재했던 것처럼, 그들 각각은 고유의 영토를 유지하고 있었고, 그 속에는 잦은 전투가 끊이지 않았다."

에레라(Herrera)(4, 10, II, Appendix A)는 란다의 사료에 기록되지 않은 흥미로운 내용을 기록하였다. 마야빤의 몰락 이후 70년이 지난 시기에 에스빠냐 군대가 이곳에 도착하였다. "각각의 왕들은 되도록 많은 그들의 과학 서적을 신전이 있는 나라로 가져가려고 하였다. 바로 이러한 이유로 유까딴에는 그토록 많은 건축물이 존재한다"(Tozzer, 37–38).

9

마야빤의 연대기적 기념물

- 소뚜따 왕조의 건립 - 첼족의 기원 - 유까딴의 3대 주요 왕조[1]

9-1 인디오들의 계산에 의하면 마야빤에 더 이상 사람이 살지 않게 된 지 120년 정도 지났다고 볼 수 있다.[2] 이 도시의 광장에는 길이가 10피트[3] 정도 되고 한쪽이 둥글며 잘 가공된 일고여덟 개의 돌이 있다. (이 돌들에는 인디오들이) 사용하는 문자가 몇 개 새겨져 있으나 이미 빗물에 닳아 없어졌기 때문에 그 뜻을 알아보기가 힘들다; 그러나 사람들은 이것을 이 도시의 흥망성쇠에 대한 기록이라고 믿는다.[4]

해안가 마을인 실란(Zilán)에도 키가 더 크지만 이와 유사한 돌들이 있다.[5] 이것들이 다 무엇이냐는 질문에 원주민들이 대답하기를 20년마다 하나씩 이러한 돌을 세우곤 한다고 하였다.[6] (그런데 이 20이라는) 숫자는 (이곳 사람들이) 연대를 세어 나가는 단위이다.

그러나 [이러한 설명은] 바른 대답 같지 않다. 왜냐하면 만일 그들의 말이 사실이라면 이보다 더 많은 (돌들이) 있어야 하며, 무엇보다도 마야빤과 실란을 제외한 다른 마을에서도 (이러한 돌들이) 발견되어야 마땅하기 때문이다.[7]

9-2 이 촌장들이 마야빤을 떠나 그들 땅으로 돌아갈 때 가장 소중하게 가져간 것은 과학에 관한 책들이었다. 이것은 이들이 언제나 제사장들의 조언에 무척 충실했기 때문

인데, 바로 이러한 까닭에 이 지역에는 그렇게나 많은 신전이 지어져 있다.

9-3 살라망까 마을에서 조금 떨어진 울루아[8]에서의 상업 계약으로 (잠시) 마을을 떠났던 까닭에 죽음을 면한 꼬꼼의 아들은 도시가 파괴되고 아버지가 돌아가셨다는 소식을 접하자 황급히 (집으로) 달려갔다. 그는 친척과 하인들을 이끌고 어느 한 장소에 정착하였는데, 우리는 배신당했다(jugados fuimos)라는 뜻의 띠불론(Tibulón)이라고[9] 이 마을을 명명하였다; 꼬꼼족의 여러 가족은 [그곳에] 한데 모여 살며 숲속에 다른 많은 마을을 이루었다.

이 촌장이 지배하는 지역은 수뚜따(Zututa)[10]라고 불린다.

9-4 마야빤의 촌장들은 꼬꼼(Caocom)을 도와준 멕시코 사람들에게 보복하지 않았다. 왜냐하면 그들(멕시코 사람들)은 이 땅의 통치자에 의하여 설득당한 것뿐이고, 외지인이었기 때문이다; 그리하여 (촌장들은 멕시코 사람들에게) 멀리 떨어진 곳에서 그들끼리만 마을을 이루어 살거나 혹은 이 땅을 떠나되 (마야빤) 사람들과의 결혼을 금지하는 한편 그들 내에서만 결혼할 수 있도록 하였다.

(멕시코 사람들은) 따바스꼬의 호수나 (그곳의) 모기들에게 돌아가는 대신에[11] 유까딴에 남아 있기로 결정하였다. 그러고는 에스빠냐 사람들과의 두 번째 전쟁이 있기 전까지[12] (마야빤 사람들이) 정해 준 까눌(Canul)[13]이라는 곳에 정착해서 살았다.

9-5 사람들이 말하기를 마야빤의 12명의 제사장 중에는 현자[14]가 한 명 있었다고 한다. 그는 외동딸을 아 첼(Ah Chel)이라는 어느 귀족의 아들과 결혼시켰고, 그가 자식들을 낳자 이 지역의 관습에 따라 그의 자식들에게도 (아 첼이라는 아버지의) 이름을 물려주었다; (현자인) 제사장은 사위(아 첼)에게 도시의 멸망을 예언하였고, 사람들로부터 존경받을 수 있도록 (사위의) 왼팔에 매우 중요한 문구들을 새겨 넣었다. 그리하여 사위는 장인이 알고 있던 과학지식을 전수할 수 있었다; 덕분에 (아 첼은) 어느 해안가 마을에 정착하였고, 그 후 많은 사람을 이끌고 띠꼬츠에 자리 잡게 되었다. 그리하여 (그곳은) 유명한 첼족(los Cheles)의 마을이 되었으며, 이들이 유까딴에서 가장 유명한 지역을 이루게 되었다. 또한 오늘날의 잇사말(Itzamal)에 해당되는 이 지역은 (아 첼이라는) 이름으로 인해 아 낀 첼이라

고 불리게 되었다.[15] 그렇게 첼족 사람들(los Cheles)은 몬떼호 총독이 들어오기 전까지 이곳에 정착하여 대대손손 유까딴에 자손들을 퍼뜨렸다.[16]

9-6 (유까딴에는) 꼬꼼(Cocomes), 시우(Xiues), 첼(Cheles)[17]이라고 불리는 세 개의 주요 가문[18]이 있었다. 이들은 파벌을 형성하며 서로에게 적개심을 품었는데, (이러한 현상은) 기독교인이 된 지금까지도 계속되고 있다.[19]

꼬꼼족 사람들은 시우족 사람들을 가리켜서 그들의 땅을 훔치고 촌장을 살해한 외부의 배신자들이라고 말하였다.

시우족 사람들은 자신들도 그들 못지않게 훌륭하고 오래된 왕족이라고 하였고, 자신들은 배신자가 아니라 폭군을 죽이고 이 땅을 구한 사람들이라고 하였다.

첼(Chel)은 자신이 마야빤에서 가장 추앙받던 제사장의 손자로 그들 못지않게 훌륭한 가문의 출신이라고 하였다. 또한 그들만큼이나 훌륭한 촌장의 자리에 스스로 올랐으니 자신은 그들보다 더욱 뛰어난 사람이라고 하였다. 상황이 이렇다 보니 해안가에 살던 첼족은 꼬꼼족에게 생선과 소금을 주지 않았고, 이를 구하러 멀리 돌아가게 하였으며, 꼬꼼족도 첼족이 사냥하거나 열매를 채취하지 못하도록 하였다. 그렇기에 이들은 서로의 음식을 무미건조하게 만드는 결과를 낳았다.

---

1 가리바이본에는 이 부분이 'reino'로 표기되었다. 본문에서는 이 단어를 '왕조'라는 말로 번역하였는데, 마야 사회는 우리가 생각하는 서양 혹은 동양적인 형태의 왕과 왕조를 이루지는 않았다. 이와 관련하여 여러 가지 학설과 해석이 분분하나 최소한 에스빠냐에 정복당하였던 시기에는 다양한 부족들이 각자 자치권을 가지고 살아가고 있었고, 이러한 부족들이 왕조라기보다는 일종의 부족 연맹체 같은 조직을 이루고 있었다. 유까딴의 마야 사람들은 이러한 부족들을 '꾸츠떼엘(Cuchteel)'이라고 불렀으며, 이러한 부족의 연맹체 조직을 '꾸츠까발(Cuchcabal)'이라고 불렀다.

2 8장의 뒷부분에서 마야빤의 멸망과 관련된 정황들을 살펴본 바 있다. 결론적으로 토설은 란다의 렐라씨온 작성 연도를 1566년이라고 단정하였고, 그래서 (마야빤이 버려졌다고 진술한 란다에 의하면) '약 120년' 전인 1446년이 마야빤이 몰락한 해와 일치한다고 하였다(Tozzer, 38). 그러나 란다 기록의 작성 시기가 1566년 이후부터 시작하여 한두 해에 모두 끝난 것이 아니고 중요한 기록은 에스빠냐에 건너간 1563년 이후인 1570년 정도로 볼 수 있어서 만일 그렇다고 본다면 마야빤의 멸망 시기를 1450년 이후로도 추정할 수 있다.
마야빤의 몰락 시기와 란다의 집필 시점에 관한 정확한 결론을 내리기는 어렵다. 다만 마야의 달력 연대, 란다의 집필 시기, 다른 사료들의 기록 등 정황들로 미루어 보았을 때 약 1446–1450년 사이에 마야빤이 멸망했다고 보는 것이 현재로서는 가장 사실과 근접한 해석일 것으로 생각된다.

3 에스빠냐의 까스띠야 지역의 길이값(1피트=27.86센티미터)으로 계산하면 대략 2.78미터 정도이다.

4 실제로 마야빤에서는 마야문자로 기록된 수많은 비석이 발견되었다. 그중에는 마야 달력이 표시된 것들도 있는데, 여기에는 마야빤의 중요한 연대가 기록된 것으로 추정된다. 이러한 사실은 이 도시의 흥망성쇠가 비석들에 새겨져 있다는 란다의 진술을 뒷받침해 준다.

5 이러한 란다의 언급을 토대로 몰리(Morley)(1920, 577)는 1918년에 비석의 조각들을 발견하였다(Tozzer, 38).

6 다른 사료에서도 이와 관련된 기록을 확인할 수 있다. 먼저 꼬골유도(Cogolludo)(4, V)의 사료에는 다음처럼 기록되었다. "그들은 '까뚠(Katun)'이라고 불리는 20년을 구성하는 5년 단위의 시기마다 영광을 누린다. 이미 놓였던 조각돌 위에 또 다른 조각돌을 올려놓는데, 석회가루와 모래를 섞어서 신전의 벽면에 두기도 하고 제사장들의 집에 두기도 한다. 이것들은 아직까지도 정확히 밝혀지지 않은 집터들에서 발견되는가 하면 메리다의 수도원과 그 밖의 작은 독방 등에서 발견되기도 한다. …조각돌 위에 또 다른 조각돌을 올려놓는 장소라는 뜻을 가진 띡스우알아뚠(Tixhualahtun)이라는 마을이 있는데, 이곳에서 발견된 기록들을 통하여 모든 사람이 온갖 종류의 행사를 알 수 있게 되었다. 마치 우리가 시망까스(Simancas, 에스빠냐의 까스띠야 이 레온 지방의 살라망까를 가리킨다.)에 가는 것처럼 말이다."
또한 인디오들의 사료인 칠람발람 추마옐(Chilambalam Chumayel)과 다른 초기의 기록들에서 다음의 내용을 확인할 수 있다. "여러 까뚠의 마지막 날에는 마을의 '돌'들을 '취하거나' 혹은 '취하지 않았다'. 처음으로 어느 한 마을에 '돌'을 세우면 다음번에는 다른 마을에 돌을 세우는 식이었다. 그러한 마을들이 모여서 까뚠이 완성되는 것을 기념하였다고 한다."
한편 뻬츠(Pech MS)에는 다음처럼 기록되었다. "올해 까뚠이 막을 내렸다. 이로써 마을에 돌을 세우는 것 또한 끝이 났다. 에스빠냐 사람들이 아직 꾸사밀(Cuzamil)에 오기 전에 사람들은 이 20개의 돌로 인하여 마을에 모이곤 하였다. 그러나 에스빠냐 사람들이 이곳에 도착한 후로는 그러한 행위를 그만두게 되었다"(Tozzer, 38–39).

7 란다가 그의 눈으로 직접 확인한 것은 비석 같은 것으로 추정된다. 현재 마야 지역 유적지에서 이러한 비석들을 흔히 발견할 수 있다. 그러나 란다가 살았던 16세기에는 고전기 마야의 도시들이 이미 폐허가 된 지 700–800년 이상 되어서 특별한 관심과 지식을 가지고 찾아보지 않는 한 그 폐허 더미 속에서 비석을 발견하기는 힘들었을 것이다. 또한 후고전기 도시들 대부분도 이미 폐허가 된 지 수십 년에서 수백 년이 지난 상태였기 때문에 상황은 크게 다르지 않았다. 게다가 16세기 마야 지역은 대부분 작은 촌락의 형태를 유지하고 있었고, 대단위 토목공사를 하여 피라미드를 만들거나 비석을 세우는 일이 드물었다.

8 이곳은 산 후안 데 울루아라고 불렸던 현 멕시코 따바스꼬주의 주도 비야 에르모사(Villa Hermosa) 근방인 것으로 여겨진다. 이 근처에 있는 꼬말깔꼬(Comalcalco) 유적지가 바로 이곳을 가리키는 것으로 추정된다. 이곳에서는 멕시코 고원 지방의 메시까와 마야 간 물물교환이 활발하게 이루어졌다. 토설은 여기서의 울루아가 멕시코에 있는 울루아가 아니라 온두라스에 속한 울루아강을 가리킨다고 주장하였다(Tozzer, 39).

9 가리바이본에는 'jugados fuimos'로 표기되었고, 게이츠본에는 "We have been played with"으로 표기되었다. 에스빠냐어의 'jugar' 동사와 영어의 'play' 동사는 공히 '놀다' 혹은 '경기하다' 등의 뜻이 있는데, 문맥상 이 부분이 경기나 놀이와 관련된 것으로는 생각되지 않는다. 또한 이 동사는 '반역' 혹은 '반란'이라는 뜻이 있는데, 앞뒤 문맥상, 역사적 사실상 이러한 뜻으로 해석되는 것이 더욱 타당하다고 여겨진다. 따라서 본문에서는 '우리는 배신당했다'라고 해석하였다. 한편 이러한 뜻을 가진 '띠불론(Tibulón)'이라는 원래의 마야어를 식민지 시대 사료에서는 발견하지 못하였다. 이 단어가 'jugados fuimos'라는 뜻과 연관된다는 것 역시 식민지 시대 사전에서 발견하지 못하였다. 이것이 란다의 단순한 오류인지 아니면 당시에 '띠불론'이라는 마을이 실제로 존재하였으며 란다가 언급한 것처럼 그 뜻이 'jugados fuimos'와 일치하는지의 여부는 확인하기 힘들다. '띠불론(Tibulón)'이라는 단어의 어원으로 추정되는 마야어 '띠빌(Tibil)'과 관련해서 살펴보면 '좋은 것' 혹은 '정당한 것'과 같이 긍정적인 의미가 주로 내포된 것을 알 수 있다.

10 이곳은 멕시코의 유까딴주에 속한 지역으로 현재는 소뚜따(Sotuta)로 표기되고 있다. 마야의 꼬꼼 가문의 주요 중심지였고, 식민지 시대에도 인디오들이 많이 살았으나 19세기 인디오들이 반란을 일으킨 까스따 전쟁(Guerra

de Casta)의 중심지가 되면서 퇴보의 길을 걷게 되었다. 오늘날에는 현대적인 도시의 탄생과 산업화에 밀려 인디오들의 작은 촌락으로 변모하였다.

11 가리바이본에는 '모기'라는 뜻의 'mosquito'로 표기되었다. 은유적인 표현이기도 하지만 따바스꼬 지역은 그 어떤 지역보다 늪지가 많고, 실제로 모기가 기승을 부리는 곳이다.

12 1541년 깜뻬체에서 시작된 유까딴 정복 두 번째 시도에 대한 언급으로 보인다(Tozzer, 39).

13 이곳은 깜뻬체의 북동쪽에 있는 지역으로 고대 지명은 깔끼니(Calkini)이다. 깔끼니 기록에서 다음의 내용을 확인할 수 있다. "그들은 우두머리 자리를 요구하지 않았고 불화를 조장하지도 않았다." 따라서 "그들은 곧 이곳 마을들과 마을의 촌장들을 좋아하게 되었고, 우리의 위대한 조상들이 지배하던 마을의 주민들로부터 사랑을 받게 되었다"(Roys, 1933, 188, Tozzer, 39).

14 이 현자는 아 수빤을 가리키는 것으로 보인다. 아 수빤이 마니(Maní)의 창립자이자 시우족 사람들의 조상이라는 것은 8장(8-6)의 해당 각주를 통하여 이미 언급한 바 있다. 첼(Chel)은 '어치'라는 까마귓과의 새인 'Ꜫhel 새'에서 이름을 따서 'Ꜫhel'이라고 불리는데, 이 연맹체는 아 수빤의 딸과 아 첼(Ah Chel) 혹은 아 낀 첼(Ah Kin Chel)의 결혼에서부터 시작되었다. 여기서의 아 낀 첼은 훗날 그를 지칭하던 또 다른 이름이다. 한편 잇사말의 렐라씨온(N. 177)을 통하여 아 첼(Ah Chel)이 아 수빤의 '끄리아도(Criado, 직역하면 하인이란 뜻이다.)'로 불렸다는 것을 알 수 있다. 여기서의 '끄리아도'라는 말은 '하인'이 아닌 '제자' '후원자' 혹은 '사위'로 해석되는 것이 더욱 설득력 있다. 후자의 뜻은 사위가 장인을 위하여 특정 기간 일하던 '혼인 봉사'의 관습으로 쉽게 설명될 수 있다. 란다는 남자가 장인어른 댁의 맞은편에 집을 짓고 5년 혹은 6년 동안 장인어른을 위하여 일했다고 하였다(Tozzer, 40). 이와 같은 관습은 오늘날 마야의 전통 원주민 지역에 여전히 많이 남았다.

15 가리바이본에는 "…a la cual llamaron, por aquel nombre, la provincia de Ah Kin Chel, y es la de Ytzamal"로 표기되었는데, 이 문장의 뜻이 명확하지 않다. 본문에서와 같이 "또한 오늘날의 잇사말에 해당되는 이 지역은 (아 첼이라는) 이름으로 인하여 아 낀 첼이라고 불리게 되었다."라고 해석될 수 있지만, "아 낀 첼은 잇사말의 옛 지명이다." "아 낀 첼은 잇사말 안에 있는 지역이다." 혹은 "잇사말은 아 낀 첼 안에 있는 지역이다."라는 의미로도 해석 가능성이 있다.

16 이 부분은 16세기 에스빠냐의 정복자들이 진입한 후로 그들과 함께 들어온 란다 신부가 현지 원주민들이 이곳에서 살아온 그들의 과거에 대하여 진술한 내용을 옮겨 적은 것이다. 몬떼호는 1527년 유까딴반도를 정복하고 복속하였는데, 중앙집권화된 강력한 국가 없이 여러 지역에 수많은 도시국가를 이루고 있던 마야를 정복하는 데 다른 지역에 비하여 꽤 오랜 시간이 걸렸다. 첼(Chel)족은 상대적으로 초기에 정복된 집단에 속한다.

17 가리바이본에는 'Cocomes' 'Xiues' 'Cheles'와 같이 복수형으로 표기되어 있으나 모두 고유명사이기 때문에 본문에서는 단수형으로 번역하였다.

18 가리바이본에는 'las tres casas de señores principales'로 표기되었다. 이것을 직역하면 '세 개의 주요 지도자들의 집'이라고 할 수 있는데, 여기서의 집은 단순히 사람이 사는 건축물인 '집'이 아닌 '가문(家門)' '가계(家系)' 혹은 '그러한 가계를 이루는 종족'으로 의역될 수 있다.

19 정복 당시 꼬꼼족 사람들은 소뚜따에 있었고, 시우족은 마니(Maní)에 있었으며, 첼족은 잇사말(Itzamal)에 있었다. 꾸뿔족(los Cupules)은 치첸이트사에 있었고, 멕시코 고원 지방에서 들어온 세력은 아 까눌(Ah Canul)이라고도 불리는 깔끼니(Calkini)에 있었다(Tozzer, 40). 이러한 각 세력의 알력은 유럽 정복 시대와 식민지 시대에도 존재하였으며, 오늘날까지도 일부 계속되고 있다. 이렇듯 이들 사이에는 알력과 갈등 그리고 분쟁이 있어 왔는데, 현재까지도 계속되고 있지만 이것은 극히 자연스러운 일이다. 전 세계와 한국에서도 지역 갈등이 많건 적건 존재하는 것을 보면 이러한 현상이 쉽게 납득될 수 있다. 때로는 지역색이 극단적인 폭력으로 이어지기도 했으나 항상은 아니며 일반적으로는 건전한 경쟁 관계로 지속되었다고 보는 것이 바람직하다.

정복 이전 유까딴에서 발생한 많은 재난: 태풍, 역병, 전쟁 등

10-1 이곳 사람들은 20년이 넘도록 건강하고 풍족한 생활을 누리며 수많은 자손을 번창시켰다. 그리하여 이 땅 전체는 마치 하나의 마을처럼 보였고; 오늘날 사방에서 볼 수 있을 정도로 무척이나 많은 신전을 지어 놓았다. 또한 숲으로 나가 보면 수풀 사이로 집터와 훌륭한 건축물들을 발견할 수 있다.[1]

10-2 그렇게 행복했던 시간이 지나고, 어느 겨울날 오후 6시경에 바람이 불기 시작했다. 바람이 (점점) 거세지더니 어느덧 네 개의 바람을 거느린 태풍으로 돌변하였다. 이 태풍은 자라던 모든 나무를 쓰러뜨리며 동물의 목숨을 대량으로 앗아 갔다. 또한 높은 집들까지도 무너뜨렸는데, 추위를 피하려고 집 안에 피워 놓았던 불로 인하여 짚으로 된 지붕과 집에 불이 붙게 되었고, 그 결과 수많은 사람이 화염 속에서 목숨을 잃었다; 간신히 도망쳐 나온 사람들마저 나뭇조각에 맞아 온몸이 산산조각이 났다; 태풍은 다음 날 정오까지 계속되었다. 작은 집에 살던 사람들은 (이 참변을) 피해 갈 수 있었는데, 이들 중에는 지역의 관습에 따라 처음 몇 년 동안 부모님 댁이나 장인 장모 댁 앞에 작은 집을 짓고 살아가던 갓 결혼한 젊은이들도 있었다; (이 태풍으로) 이 땅은 줄곧 불리던 사슴과 칠면

조의 땅(de los venados y de los pavos)이라는 이름을 잃게 되었다. 살아남은 나무도 그 수가 얼마 되지 않았다. (그래서인지) 현재 심어진 나무들은 마치 동일한 시기에 심은 것처럼 모두 키가 똑같을 뿐만 아니라 높은 곳에서 보면 꼭 가위로 잘라 놓은 것처럼 보인다.[2]

10-3　살아남은 사람들은 다시 힘을 내어서 건축물들을 짓고 땅을 경작하였으며 많은 자손을 번창시켰다. 그렇게 이곳 사람들은 좋은 기후에서 16년 동안 건강한 삶을 누렸다. 특히 마지막 해는 그 어느 해보다 더욱 풍요로운 해였다; 그런데 열매를 막 수확하려고 할 즈음에 전염성 열병이 창궐하였다.[3] (이 열병은) 24시간 동안 지속되었고, 역병이 돌고 난 후로 [병에 걸린 사람들의] 몸이 퉁퉁 붓기 시작하였다. 사방에서 구더기가 들끓었다. 그렇게 많은 사람이 이 역병으로 목숨을 잃었으며, 열매 대부분은 수확하지 못한 채 남아 있었다.

10-4　역병이 지나간 후로 16년간 다시 좋은 시기였다. 그러나 광기와 분쟁이 되살아나면서 십오만 명에 이르는 사람들이 전쟁에서[4] 목숨을 잃었다.[5] 이후 정국이 가라앉고 20년 동안 평화가 지속되었으나 (곰보 같은) 커다란 자국이 생기는 역병이 발생하였다. 이로 인하여 심한 악취와 함께 사람의 몸뚱이가 썩어 문드러지고 삼사일 만에 (몸에서) 팔다리가 떨어져 나갔다.[6]

지금은 역병이 돌고 50여 년이 흘렀다. (가장 최근) 역병이 창궐하기 20년 전에는 전쟁으로 인한 대참사가 있었고, 그 전쟁이 발발하기 16년 전에는 몸이 퉁퉁 붓고 구더기가 들끓는 역병이 있었다. 또한 그 역병이 있기 16년 전에는 태풍으로 인한 재난이 있었는데, 이렇게 태풍이 불어닥친 해는 마야빤 도시가 멸망한 이후로 22년 혹은 23년이 지나고 난 후의 일이다.

이러한 계산에 의하면 (마야빤) [도시]가 멸망한 것은 지금으로부터 125년 전 일이며[7], 그사이에는 앞서 이야기한 불행한 일들과 에스빠냐 사람들이 이곳에 들어온 이후로 발생한 전쟁 및 주님께서 내리신 다른 많은 벌에 의한 불행한 일들이 이 땅에 있어 왔다[8]; 비록 그 숫자가 많지는 않지만 (이곳에) 사람들이 산다는 것은 매우 경이로운 일이다.

1 유까딴반도뿐만 아니라 메소아메리카와 전 아메리카 대륙의 고대 문명 중심지에는 유럽이나 동양에 뒤처지지 않는 발달된 건축물들이 있었고, 인구밀도 또한 매우 높았다. 현재 유까딴 지역만 하더라도 수백 개의 유적지가 발굴된 상태이고, 아직 발굴이 채 이루어지지 못한 곳들은 그보다 몇 배나 많을 정도이다. 이처럼 유까딴반도의 전 지역에서 마야문명이 꽃피었으며 그 흔적들이 현재 구석구석에 많이 남았다.

2 〈뽄쎄의 씨우닫 레알(Ciudad Real on Ponce)〉(1932 ed., 306)에는 다음처럼 기록되었다. 유까딴에는 "쭉쭉 뻗은 나무들이 빽빽이 우거져 있는데, 마치 같은 시기에 가위로 똑같이 잘라 놓은 것처럼 나무들의 높이가 일정하다. 인디오 노인들이 이야기하기를 과거 이 땅에는 어마어마한 태풍이 불어닥친 적이 있다고 한다. 그때 모든 나무가 송두리째 뽑혔으며, 새로운 나무들이 똑같이 자랐다고 한다"(Tozzer, 41).

3 인디오들이 직접 작성한 칠람 발람(Chilam Balam) 사료의 추마옐(Chumayel, 138, 142) 지역 편에서 다음의 내용을 확인할 수 있다. "4 아하우에 역병이 발생하였다. 이 시기는 독수리들이 (마야빤) 요새 안의 집 안으로 들어왔던 때이다. 역병이 돈 시기는 까뚠인데, 까뚠 4 아하우의 다섯 번째 뚠(Tun)에 역병이 발생하였다"(Tozzer, 41).

4 마야빤의 몰락 이후에 마니와 욱스말의 시우족 사람들, 떼꼬의 첼족 사람들, 모똘의 뻬츠, 현재 치첸이트사 인근에 사는 꾸뿔족 사람들 사이에는 비공식적인 동맹이 있었던 것으로 추정된다. 분쟁은 역병의 발생과 태풍으로 더욱 심화되었고, 계속 이 나라에 남아 있던 멕시코 사람들과도 전쟁을 벌였던 것으로 보인다. 따라서 에스빠냐 사람들은 이곳을 정복하는 데 그들 사이의 증오심을 이용하였다.
이와 관련하여 도옷(Dohot)의 렐라씨온에는 다음처럼 기록되었다(Dzonot, Relaciones de Yucatán, 2: 209). "그들이 전쟁을 벌인 또 다른 이유는 재산을 빼앗고, 아이와 아내들을 붙잡아 가는 데 있었다. 서로의 전유물을 저당 잡는 것은 마치 그들의 관습과도 같았다. 소장품과 지불로 서로 다투고 공격하였는데, 이때 마을의 왕은 백성들을 무장시킨 후 싸울 태세를 갖추었다. 이러한 이유로 그들은 서로 전쟁을 벌였다"(Tozzer, 41).
그러나 마야 사람들이 끊임없이 전쟁을 치렀고, 그들 내에 골 깊은 갈등이 존재했다고 보는 것은 과장일 수도 있다. 멕시코 고원 지방에서는 메시까와 뜰락스깔라 간에 갈등이 있었고, 안데스 지역에는 까하마르까와 꾸스꼬 등지 간에 심각한 갈등이 있었다고 봄으로써 식민지 정복을 합리화하였을 가능성이 존재한다. 또한 이곳 아메리카 대륙에 유럽인들의 정복 이전부터 전쟁과 그 밖의 다른 많은 불행한 상황이 있었다는 점을 과장하였을 가능성도 존재한다. 여러 번에 걸쳐서 강조하지만 갈등과 반목은 어느 곳에나 있고, 또 어떤 시기에나 존재해 왔다. 그러나 그 정도가 얼마나 심각하였는지는 어떠한 시각으로 어떻게 기술하느냐에 따라 상당히 다르게 해석된다.

5 유까딴에 거주하는 마야 사람들의 인구 추정치는 정복 직전에 약 8십만 명이었고, 정복 이후 20여 년이 지난 1550년에는 약 24만 명이었다(Pedro Bracamonte, 84). 이렇게 본다면 인구의 20퍼센트 가까이가 죽었다는 주장은 축소 왜곡인 것으로 보인다. 저자가 '식민 지배로 원주민들이 죽은 것은 사실 별것도 아니다. 그 이전에도 수많은 원주민이 죽었다. 원주민들은 전쟁을 좋아하는 사람들이어서 잔인하고도 포악하다. 더 나아가 우리가 식민 통치를 함으로써 이렇게 잔인하고 포악한 원주민들을 구제해 주었다.'라는 논지의 내용을 직간접적으로 계속 강조하였던 것을 볼 수 있다.

6 칠람 발람의 추마옐 기록(138)에서 이와 관련된 내용을 확인할 수 있다. "2 아하우에 혹이 나는 병이 발병했다. 그것은 작은 수두였다." 또한 띠시민에서 까뚠 2 아하우에 "천연두가 발병했다."는 기록을 살펴볼 수 있다. 두 기록의 상관관계에 의하면 까뚠 2 아하우는 1517년(12.6.0.0.0) 혹은 1520년(11.15.0.0.0)에 끝이 나는데, 1517년 초에 꼬르도바가 이곳을 방문했던 시기는 마야 연도로 1516년이며, 이때는 초기 천연두가 발병했던 시기로 파악된다.
게이지(Gage)(1648, XX)는 과테말라에서 이와 유사한 병에 대하여 다음처럼 묘사하였다. "1632년 바로 다음 해에 역병 같은 증상이 전국적으로 퍼졌다. 마치 역병처럼 강한 전염성을 가지고 있었는데, 이들의 언어로는 따바르디요(Tabardillo)라고 불렸다. 또한 증상이 시작된 후로 3–5일 만에 사람들이 목숨을 잃었다. … 에스빠냐 사람들이 이 병에 걸리는 경우는 극히 드물었으나, 인디오 대부분은 이 병에 전염되었다." 이 병은 멕시코에서 시작된 것으로 마을을 통하여 과테말라와 그 주변 지역으로까지 퍼졌다고 기록되었다(Tozzer, 42).
유럽인들이 아메리카 대륙에 들어오기 전까지 특별한 전염병 기록은 발견된 바 없다. 전염병이 있기는 하였으나 기록으로 남아 있지 않을 가능성도 존재한다. 그러나 이 점은 확인하기 어렵다. 다만 에스빠냐 사람들이 들어온 이후로 아메리카 대륙 전체에 전염병이 창궐하였고, 많은 원주민이 목숨을 잃었다는 것은 잘 알려진 사실이다. 그 심각성과 피해 정도에 대해서는 학자들 간에 이견이 있는데, 일반적으로 전체 원주민 인구의 2/3 정도가 1500년대 유럽에서 전해진 전염병으로 사망한 것으로 여겨진다. 아메리카 대륙의 원주민 인구를 대략 7천만 정도로 본다면 약 4천 6백만 정도가 전염병으로 목숨을 잃은 셈이다. 구대륙의 병원균에 대한 면역력을 전혀 가지고 있지 않던 원주민들에게 유럽인들과의 접촉은 엄청난 재앙이었다. 그러나 한편으로는 이러한 수치가 유럽인들이 원주민들을 죽인 것이 아니라 원주민들이 어쩔 수 없이 죽었다는 점을 합리화하는 도구로 이용되기도 한다. 유럽인이 최초로 정복한 카리브해의 섬들에는 현재까지 원주민이 남아 있는 경우가 거의 없다. 쿠바, 자메이카, 아이티, 트리니다드 토바고 같은 나라들이 바로 여기 해당되는데, 전염병도 원인이었지만 초기 에스빠냐 정복자들의 살인과 학대, 무차별적인 노동 착취 역시 원인이었다. 전염병이 있기도 전에 상당수 원주민이 목숨을 잃은 것이다. 따라서 아메리카 대륙에 유럽인들과 함께 들어온 전염병을 가장 중요한 원주민 사망 원인으로 볼 수 있으나 모든 책임을 전염병으로만 돌리는 해석에는 무리가 있다. 여기에는 유럽인들이 식민지 건설의 잔혹함을 다소 완화하려는 기재가 다분하다고도 볼 수 있다.

7 시간순으로 정리해 보면 다음과 같다.
마야빤의 멸망/(2년)/꼬꼼, 시우, 첼의 성립/(20년)/태풍/(16년)/전염병(16년)/전쟁/(20년)/페스트/(50년)/현재

8 가리바이본에는 이 부분이 '… así por guerras como por otros castigos que Dios envía'로 표기되었다. 이 문장은 문법상 다음의 두 가지 뜻으로 해석될 수 있다.
1. 전쟁은 주님이 내리신 다른 많은 벌 가운데 하나이다.
2. 주님은 많은 벌을 내리셨지만, 전쟁은 주님과 상관없이 발생하였다.

11

에스빠냐 사람들의 도착에 대한 예언들

- 유까딴 최초의 총독인 프란씨스꼬 데 몬떼호의 전기

11-1 멕시코 사람들에게 에스빠냐 사람들의 도착과 자신들의 권력 및 종교의 종말에 대한 징후와 예언이 있었듯이, 유까딴 사람들에게도 몬떼호[1] 총독이 그들을 정복하기 몇 년 전부터 이러한 것이 있었다; 뚜뚜시우(Tutu Xiu) 지방 마니(Maní)의 구릉지[2]에는 칠람(Chilám)[3]의 임무를 수행하며 악마[4]의 계시를 전달하는 아 깜발[5]이라는 인디오가 살았다。그가 사람들에게 공표하기를 머지않아 외지인들이 자신들을 지배할 것이요[6], 유일한 신과 나무 막대기의 덕(德)을 전도할 것이라고 하였다。그 나무 막대기는 그들 말로 바몬체(Vamonché)라고 불리는데, 이 말인즉슨 악마들에 대항하여 높이 세워진 커다란 덕(德)의 막대기(palo enhiesto de gran virtud contra los demonios)라는 뜻이다.[7]

11-2 세례를 받은 후[8] 돈 후안 꼬꼼(Don[9] Juan Cocom)[10]이라고 불리게 된 꼬꼼족의 후계자가 있었다。그는 큰 명성을 지니고 있었고, 여러모로 박식하였으며, 굉장히 영리했고, 자연의 섭리를 잘 이해하고 있었다; 그는 이 책의 저자인 디에고 데 란다 신부와도 매우 친하게 지냈으며[11] 그(란다)에게 많은 옛일을 들려주었다。[12] 또한 그(후계자)의 할아버지는 마야빤에서 목숨을 빼앗긴 꼬꼼의 아들이었는데, 그가 (란다에게) 보여 준 할아버지

의 책에는 사슴이 한 마리 그려져 있었다; 옛날 그의 할아버지는 손자에게 이 땅에 소라고 불리는 커다란 사슴[13]들이 들어오면 신들을 향한 종교의식이 중단될 것이라고 이야기하였다; (그런데) 에스빠냐 사람들이 커다란 소들을 데리고 왔으므로 (그의 말이) 실현된 셈이다.

11-3 프란씨스꼬 데 몬떼호[14] 총독은 살라망까 출신으로 산또 도밍고와 에스빠뇰라섬(Isla Española)에 도시를 건설한 후 인디아스[15]로 건너갔다. 처음 얼마간은 세비야에 머물면서 아들을 한 명 두었다[16]; 그 후 쿠바의 도시로 건너가 그곳에서 일했고[17], 좋은 조건[18]으로 많은 친구를 사귈 수 있었다. 그중에는 섬의 지사였던 디에고 벨라스께스와 에르난도 꼬르떼스도 있었다; (당시) 지사는 프란씨스꼬 에르난데스 데 꼬르도바가 처음 유까딴을 발견하고 돌아와서 매우 풍요로운 땅이라고 보고하자 유까딴 지역을 정복하고 보다 많은 땅을 발견하기 위하여 자신의 조카인 후안 데 그리할바를 파견하기로 결정하였다. 그리고 몬떼호에게는 그리할바와 함께 가라고 지시했다.

부유했던 [몬떼호는] 한 척의 선박과 다른 많은 물자를 제공하였다. 그리하여 그(몬떼호)는 유까딴을 두 번째로 발견한 에스빠냐 사람들 중 한 명이 될 수 있었다.

그(몬떼호)는 유까딴의 해변을 바라보며 이곳에서 쿠바에서보다 더 큰 부자가 되고 싶다는 욕망을 품었다. 그러고는 에르난도 꼬르떼스의 결단력을 보고 자신의 재산과 사람을 동원하여 그(꼬르떼스)를 따라나섰다. 꼬르떼스는 그(몬떼호)를 선장으로 임명하여 그의 지휘하에 배 한 척을 맡겼다.

그들은 유까딴에서 헤로니모 데 아길라르[19]를 만났다. 몬떼호는 그를 통하여 이곳의 언어와 관습을 이해할 수 있었다. 꼬르떼스는 누에바 에스빠냐[20]에 도착하자마자 마을을 형성하였다. 그리고 그가 가진 문장(紋章)을 따서 처음으로 정착한 마을에 베라-끄루스(Vera-cruz)라는 지명을 붙였다; 몬떼호는 이곳에서 알깔데 델 레이(Alcalde del Rey, 왕의 도지사)로 임명되었고[21], 그의 역할을 성실히 수행하였다. 이러한 사실은 훗날 주변 지역 항해를 마치고 돌아온 꼬르떼스에 의하여 공표되었다. 이러한 이유로 (꼬르떼스는 에스빠냐의) 왕에게 바치는 세금[22]을 운송하고 그들이 발견한 땅과 이곳에서 시행하려는 일들에 대한 렐라씨온을 전달하기 위하여 몬떼호를 누에바 에스빠냐의 행정관 중 한 명으로 에스빠냐에 파견하였다.[23]

11-4 프란씨스꼬 데 몬떼호가 까스띠야[24] 법정에 도착했을 때 꼰세호 데 인디아스(Consejo de Indias, 인디아스 자문위원회)[25]의 장관은 부르고스(Burgos)의 오비스뽀(주교)인 후안 로드리게스 데 폰세까(Juan Rodríguez de Fonseca)였다。 그는 누에바 에스빠냐에 야심을 품고 있던 쿠바의 지사 디에고 벨라스께스에 의하여 꼬르떼스를 부정적으로 생각하던 차였다; 꼰세호(Consejo, 자문위원회)의 다른 관료 대부분도 그가 왕에게 돈을 보내지는 않으면서 요구만 하고, 황제가 플란데스(Flandes)[26]에 있는 것을 알면서도 일을 잘 처리하지 못하는 것 같다고 [말하였다]。 이처럼 그들도 꼬르떼스가 하는 일들을 부정적으로 생각하였다.

[몬떼호]는 1519년 인디아스를 떠나 (15)26년 (다시) 배를 타고 (누에바 에스빠냐로 돌아가기 전까지[27]) 7년을 참고 견뎠다。 이러한 근성으로 (꼰세호의) 장관과 [왕국]을 지배하던 교황 아드리아노(Adriano)[28]를 설득할 수 있었다。 또한 황제와 대화를 나누기도 하였는데, (그와의 대화는 일을 성사하는 데) 큰 도움이 되었다。 이로써 당연히 그래야 하듯이 꼬르떼스의 일은 잘 마무리되었다.

1

현재 메리다 시내에 있는 몬떼호의 집

메리다 시내에 있는 몬떼호의 집 현판

2 유까딴반도에는 산지가 거의 없고, 북부의 뿌욱(Puuc) 지역에서만 낮은 구릉지가 미세하게 나타난다. 따라서 여기서 란다가 언급한 구릉지는 우리가 생각하는 험준한 산지가 아니라 평지에 낮은 언덕이 모여 있는 정도로 이해해야 한다.

3 '칠람(Chilám)'은 마야의 제사장을 지칭하는 말이다.

4 란다는 기독교적인 입장에서 이교도들의 잘못된 신이라는 판단하에 'Demonio(악마)'라는 어휘를 사용하였다. 그러나 인디오들 입장에서는 엄연한 '신'이므로 "… 칠람(Chilám)의 임무를 수행하며 악마의 계시를 전달하는 아 깜발이라는 인디오가 살았다."라는 해석이 가능하다.
한편 'Demonio'라는 에스빠냐어 단어는 란다의 기록상 약 30회 정도 등장하는데, 란다는 이 단어를 다음처럼 여러 의미로 사용하였다. 기독교적인 관점에서 도자기나 돌 등으로 만들어진 우상 혹은 그림으로 그려진 우상을 말할 때, 단순히 '사악한 영혼'을 말할 때, '신(God)'을 말할 때, 기독교에서 이야기하는 악마를 말할 때, 인신공양의 희생자를 말할 때. 따라서 이 단어는 각 정황에 따라 다른 의미로 해석되어야 한다(Tozzer, 43).

5 식민지 초기 여러 저자의 기록에 언급된 다섯 명의 예언가들은 각각 '칠람 발람' '나뿍 뚠(Napuc Tun)' '나하우 뻬츠(Nahau Pech)' '아 까우일 첼(Ah Kauil Chel)' '나친 야분 찬(Natzin Yabun Chan)'이다. 여기서 아 깜발(Ah Cambal)은 호명되지 않았다. 게이츠(Gates)(1937, 19)는 아 깜발이 '배우는 사람' 혹은 '학생'이라는 뜻이 있다고 하였다. 또한 그는 아 깜발이 당시 마니(Maní)에서 칠람(Chilám)의 직무를 수행하던 사람을 묘사하는 것으로 추정된다고 하였다. 로이스(Roys)(1933, 186-7)는 이러한 예언가 중에서 가장 뛰어난 인물로 마니의 칠람 발람을 꼽았다. 메리다의 렐라씨온에서 발췌한 다음의 인용문(Relaciones de Yucatán, 1: 44-5)을 통하여 란다의 기록에 등장하는 아 깜발이 칠람 발람과 동일한 인물일 가능성을 짐작할 수 있다. "전쟁을 일으키지 않고 에스빠냐 군대를 평화롭게 맞은 지역이 몇몇 있었다. 특히 뚜똘시우 지역이 그러했는데, 그곳의 수도는 메리다시에서 남서쪽으로 14레구아(약 59킬로미터 혹은 78킬로미터) 정도 떨어진 마니의 마을이었고, 지금도 역시 그러하다. 그런데 에스빠냐 군대가 이곳을 정복하러 들어오기 몇 해 전 메리다시에는 위대한 예언가이자 점을 치던 중요한 인디오 사제 칠람 발람이 살았다. 그는 사람들에게 머지않아 턱수염을 가진 하얀 인종이 태양이 뜨는 방향에서 십자가 표시의 상징을 들고 올 것이라고 하였다. 우리의 신들은 이 물건에 접근조차 하지 못하고, 그 앞에서 모두들 달아나게 될 것이라고 하였다. 그들이 이 땅을 지배하게 될 것이며, 그들을 평화롭게 맞이하는 사람들은 해를 당하지 않을 것이지만 전쟁을 일으키는 사람들은 목숨을 잃게 될 것이라고 하였다. 이 나라의 인디오들은 자신의 신들을 포기하고 에스빠냐 사람들이 숭상하고 설교하는 유일신을 모시게 될 것이라고 하였다. 인디오들은 그들에게 공물을 납부해야 한다고 하였다. 게다가 자신들이 소유한 직물로 짠 만따(직물)를 그들에게 바치게 될 것이라고 하였다. 그는 십자가상을 가지고 있었으며, 다른 사람들은 돌을 잘라 십자가를 만들었다. 그리하여 모든 지나가는 사람들이 볼 수 있도록 이것을 사원들의 안뜰에 놓아두고는 이것이 바로 세상의 푸른 나무라고 이야기하였다. 많은 사람이 이 새로운 물건을 보러 왔는데, 그때부터 이곳 사람들이 십자가를 숭상하게 된 것으로 보인다. 인디오들은 예언가 칠람 발람이 전한 것처럼 훗날 에스빠냐군이 성스러운 십자가상을 들고 오자 그가 했던 말이 모두 사실임을 믿게 되었다. 따라서 에스빠냐 사람들을 평화롭게 맞이하기로 결심하였고, 이곳에 정착한 이래로 늘 그래왔듯이 전쟁을 벌이지 않고 친구가 되기로 하였다. 인디오들은 에스빠냐 사람들에게 여러 물품 및 전사와 하인을 지원하며 그들이 다른 지역을 정복하는 데 도움을 주었다"(Tozzer, 42).

6 에스빠냐 사람들이 오는 것과 관련된 많은 예언이 있는데, 시기적으로 보았을 때 란다의 기록이 가장 최초의 것으로 추정된다. 메리다 지방의 렐라씨온에서도 이러한 내용을 확인할 수 있지만, 이 렐라씨온의 작성 시기는 란다의 기록보다 늦은 1579년이다. 이 밖에도 이와 같은 예언이 언급된 다른 많은 사료가 있다. 리자나(Lizana)(Pt. 2, 1), 고마라(Gómara), 에레라(Herrera)(4, 3, III, and 10, III, Appendix A), 꼬골유도(Cogolludo)(2, XI), 빌야구띠에레스(Villagutierrez)(1, VI) 등이다. 그러나 로이스(Roys)(1933, Appendix D)는 이러한 예언들에 대하여 다음처럼 언급하였다(185-187). "예언들은 초기 선교사들의 흥미를 불러일으켰다. 왜냐하면 그들은 마야의 예언을 에스빠냐 사람들이 올 것과 관련지어 믿었고, 마야 인디오들이 기독교로 개종하는 것과 관련지어 믿었기 때문이다. … 에스빠냐 사람들의 글을 통하여 이러한 예언을 접했던 사람이라면 그 누구라도 선교사들의 주장을 받아들일 수밖에 없었을 것이다. 그러나 실제로 칠람 발람이 예언했던 것은 께찰꼬아뜰과 긴 옷을 입은 제사장들의 귀환에 관한 것이었다"(Tozzer, 43).
칠람 발람의 내용 중에는 정복 이전에 기록된 것도 있지만 보통은 정복 이후 식민지 사회의 영향을 강하게 받아서 기록된 것들이 대부분이다. 따라서 이러한 예언의 내용은 에스빠냐 사람들이 올 것과 인디오들이 기독교로 개종하는 것과 무관할 가능성이 크다. 왜냐하면 칠람 발람의 예언은 에스빠냐 사람들 혹은 기독교를 말하는 것이 아니라 유럽적인 것과 전혀 관련이 없는 그들의 신과 새로운 믿음 그리고 사회 이야기일 수 있기 때문이다. 게다가 그러한 내용은 기독교 선교사들에 의하여 조작된 것이거나 에스빠냐 선교사들이 강요한 것일 가능성이 있고, 만일 그렇지 않더라도 원주민 제사장들 혹은 원주민 지도자들에 의하여 조작된 것일 가능성도 상당히 크다.

7 이것은 예언상에 '생명의 나무'로 언급되었고, 프란씨스꼬파의 수도사들은 '십자가'로 해석하였다(Tozzer, 43). 마야를 포함한 메소아메리카 문화에는 다양한 형태의 십자가와 유사한 문양들이 등장한다. 동서남북의 사방신이 존재하였고, 종교행사를 하는 때도 네 개의 방위를 중시했던 것을 볼 수 있으며, 도자기로 만들어진 '생명의 나무' 같은 작품들은 십자가 모양을 형상화한 것이다. 이렇듯 십자가를 형상화한 종교, 사회, 예술적인 모티브가 많이 있는데, 에스빠냐 정복 이전의 고대문화에서뿐만 아니라 식민지 시대를 거쳐 오늘날에 이르기까지 십자가 같은 형태는 원주민 문화에서 중요한 부분을 차지하고 있다. 따라서 십자가와 유사한 문양을 기독교와 연관 지어서 원주민들이 예전부터 기독교를 숭상하고 있었다거나 그들이 기독교를 받아들인 상징으로 십자가를 만들었다는 생각은 작위적인 확대해석일 가능성이 크다.

8 당시 세례를 받는 것은 종교적인 행위가 아니라 마치 오늘날 모든 국민이 세금을 내고 법을 지켜야 하는 것과도 같았다. 종교의 자유라는 말조차 없던 시대이다 보니 가톨릭 세례를 받는 것은 모든 사람의 당연한 의무였다. 원주민들의 의사를 묻고 교리 공부를 하는 등의 절차가 없었던 것은 아니지만 대부분은 형식에 그치는 경우가 많았고, 오로지 많은 원주민에게 세례하는 것 자체가 주목적이었다. 아기가 태어나면 유아세례를 받도록 하였고, 이러한 세례자 명단이 곧 마을의 호적이 되었다. 그러한 자료는 식민지 시대 인구 파악의 유일한 자료가 되기도 하였다. 성인이 되면 성당에서 성인식을 치렀으며, 공부하게 하는 학교는 모두 가톨릭 학교였다. 미션스쿨이 아닌 교육기관은 존재할 수 없었고 또 존재하지도 않았다. 결혼과 장례도 당연히 가톨릭식으로 행해졌다. 16세기 유럽에서 일기 시작한 신교운동은 에스빠냐 사람들의 철저한 검열 때문에 아메리카 대륙에 들어올 수 없었다. 이러한 환경 속에서 가톨릭을 믿고 세례를 받는 것은 종교의 자유가 있는 오늘날 우리가 생각하는 것 같은 종교적인 행위가 아니었다. 그것은 어쩔 수 없는 행위였으며, 차후 식민지 사회가 정착되기 시작하면서부터 사회적인 행위로 자리 잡게 되었다. 그러나 이러한 상황에도 원주민들은 기존 그들의 전통 신앙을 쉽게 버리지 않았다. 도리어 그들은 가톨릭과 전통 신앙을 같은 것으로 생각하기도 하였고, 이 둘을 혼합하는 과정을 겪었다. 그래서 많은 경우 에스빠냐 사람들은 원주민들이 개종하고 세례를 받은 후에도 믿음이 약하기 때문에 배교한다고 생각하였다. 란다는 이러한 배교 행위와 전통 종교에서 헤어 나오지 못하는 행위에 강경하게 대응하였다.

9 남자의 이름 앞에 붙이는 경칭. 옛날에는 귀족 자격을 가진 사람에게만 붙였다(MINJUNG'S Essence DICCIONARIO ESPAÑOL-COREANO, 'don').

10 여기서 언급된 꼬꼼은 나치 꼬꼼으로도 알려져 있다.

11 이 기록의 전반에 걸쳐서 1인칭과 3인칭 화법이 공히 사용되는 것을 볼 수 있다. 그 이유는 이 기록이 디에고 데 란다가 직접 쓴 원본이 아니라 이후에 다른 누군가에 의하여 발췌 및 요약된 것이기 때문이다. 옮겨 적은 사람의 어투가 들어간 것으로 추정할 수 있다.

12 이미 몇 차례에 걸쳐서 이야기하였듯이 나치 꼬꼼 이외에 란다에게 정보원 역할을 한 또 다른 사람으로는 가스빠르 안또니오 치가 있다. 그는 가스빠르 안또니오 시우(Gaspar Antonio Xiu)라고 불리기도 하였고, 15살이 되던 해에 기독교인이 되면서부터 그의 대모가 된 몬떼호의 부인 베아뜨리스 데 에레라로 (대모의 성을 따르기도 하는 관습에 따라) 가스빠르 안또니오 에레라로 불리게 되었다. 그의 아버지는 나뿍 (아 낀) 치였고, 그의 어머니는 익스 꾸낄 시우였다. 그는 식민지 시대의 여러 사료를 작성하는 데 필요한 정보를 제공하였을 뿐만 아니라 본인이 직접 글과 책을 쓰기도 하였고, 서명을 남기기도 하였다.
로이스 랠프(Roys Ralph)는 가스빠르 안또니오 치에 대하여 다음처럼 말하였다. "잘 알려진 바와 달리 그는 사실관계를 개인적으로 왜곡하는 데 주저함이 없었다. …그는 조상들의 위대함을 드높이고자 했고, 그들이 가졌던 힘을 과장해서 표현하였다"(Tozzer, 44–46).
그러나 당시 원주민들의 상황을 생각해 보면 이러한 행위는 극히 자연스러운 것이었다. 이제껏 본인들이 스스로 자유롭게 결정하고 행동하는 삶을 살다가 에스빠냐의 침략자들로부터 한순간에 모든 권리를 빼앗기고, 노예처럼 종교를 강요당하며, 노역의 의무를 져야 하는 파괴된 그들 사회에 대하여 항변이 없을 수는 없는 일이다. 따라서 원주민 사회가 이렇듯 긍정적이었고, 그들에게도 권리가 있다는 등의 이야기를 원주민 지도자들에게 들을 수 있었던 것은 극히 자연스러운 현상으로 이해된다.
카리요와 안코나(Carrillo y Ancona)의 주장에 의하면 〈1600년대 소뚜따 땅에 대한 문서(Documentos de Tierras de Sotuta de 1600)〉가 가스빠르 안또니오(Gaspar Antonio)의 작업이며, 이 자료를 마야어로 번역한 사람 또한 동일인으로 파악된다. 여기서 그의 서명이 두 번이나 등장하는데, 서명 전 그는 다음 같은 글을 남겼다. "에스빠냐 왕국의 상위법원 소속 통역가인 나 가스빠르 안또니오는 위 합의서를 번역하였고, 여기에 서명하였다."
다양한 문서를 통하여 그가 1531년 마니(Maní)에서 태어났고, 1610년까지 살았다는 것을 알 수 있다. 그는 자신의 소명서(疎明書, Probanza)에서 "나는 에스빠냐어와 라틴어를 배운 첫 번째 원주민으로 기독교 개종과 관련된 일에서 통역을 담당하며 그들에게 도움을 주었다. … 나는 사제들에게 내가 통역을 담당하던 인디오들의 언어를 가르쳐 주었다."라고 주장하였다. 한편 1581년 렐라씨온(보고서)을 통하여 그의 나이 약 50세 때 그가 에스빠냐어와 나우아뜰어(멕시코 고원 지방의 언어), 모국어인 마야어를 구사했다는 것을 알 수 있다.
앞서 이야기하였듯이 란다는 가스빠르 안또니오에 대하여 일절 언급하지 않았다. 그러나 그들이 함께 작업을 했음은 분명한 사실이다. 산체스 데 아길라르의 글에서 다음의 내용을 확인할 수 있다. "나는 어느 한 인디오를 알고 있다. 그 당시 다른 모든 사람도 그를 알고 있었다. 그는 어릴 때부터 오비스뽀(주교)인 돈 디에고 데 란다의 밑에서 자랐고, 문법을 잘 알고 있었으며, 과거 어린 나에게도 책을 한 권 주었다. …그는 에스빠냐어를 다른 에스빠냐 사람들처럼 구사하였다. … 나는 그가 성스러운 교회의 오르간 연주자였던 것과 훗날 정부의 통역가가 되었다는 것을 알고 있다. 그는 논쟁이 벌어질 때마다 인디오들을 두둔하였고, 인디오들의 소청을 글로 작성하였다. 그는 가스빠르 안또니오 데 에레라(Gaspar Antonio de Herrera)라고 불렸으며, 낀치(Kinchi)라는 이교도 제사장의 아들이었다. 또한 그는 왕의 신하였고, 왕에게 복종하고 세례를 받은 첫 번째 사람이었다."
한편 또 다른 식민지 초기 사료인 렐라씨온에서 다음 내용을 확인할 수 있다. "그는 프란씨스꼬 또랄(Francisco Toral)과 디에고 데 란다 같은 오비스뽀(주교)들의 동료로 그들의 신뢰를 받았다. 오비스뽀(주교)들은 그를 통하여 인디오들이 과거에 행했던 혹은 지금까지도 지니고 있는 관습들에 대하여 알 수 있었다." 란다가 가스빠르 안또니오의 도움을 받아서 인디오들의 삶에 대한 내용을 글로 기록하였다는 것은 거의 분명한 사실이다.
란다가 곁에 두었던 또 다른 통역가로는 호르헤 시우 (Jorge Xiu)가 있다. 그는 특히 종교재판 당시에 증언을 통역하는 역할을 하였다(Tozzer, 44–46).

13 실제로 아메리카 대륙에는 소와 말 같은 동물들이 없었으나 유럽의 식민지화 과정에서 이러한 동물들이 외래종으로 들어와 토착화되었다.

14 아메리카 대륙 최초의 정복자는 1523년 멕시코 고원 지방을 복속시킨 꼬르떼스였다. 외형적으로 그가 메시까 정복을 완성하자 휘하의 많은 장군과 병사들이 다른 지역 정복에 또다시 관심을 갖기 시작하였다. 그리고 그중에서 몬떼호는 유까딴반도의 마야를 정복하였는데, 그는 애당초 그리할바의 항해에도 참여한 적이 있는 경험 많은 사람이었다. 몬떼호는 멕시코 고원 지방의 정복 전쟁 초기에 참여하였으나 꼬르떼스의 특사로서 에스빠냐에 파견되는 바람에 그 이후 직접적인 전투에서 많은 활동을 하지는 못하였다. 그러나 꼬르떼스의 특사 자격으로 에스빠냐에 머무는 동안 에스빠냐의 왕으로부터 유까딴반도를 정복할 합법적인 허가를 얻을 수 있었다. 그것은 1526년의 일이다. 이후 그는 곧바로 멕시코로 돌아와 1527년부터 유까딴의 마야 지역을 본격적으로 정복해 나가기 시작하였다. 그러나 마야 정복은 메시까처럼 그리 간단하게 끝나지 않았다. 당시 마야 사회가 가지고 있던 정치·경제·사회·문화적인 특징들은 마야 정복을 그 어떤 정복보다도 어렵게 만들었다. 그래서 정복을 외형적으로나마 완성하기까지는 거의 20여 년의 세월이 걸렸다. 당시 더 큰 군사력이 있었을 것으로 추정되는 메시까가 불과 2년여 만에 군사적으로 완전히 정복당한 상황과는 많은 차이를 보인다. 이후에도 이곳 마야 지역은 아메리카 대륙의 다른 어떤 지역보다 식민지 체제하 통제와 유지에 에스빠냐 사람들에게 지속적인 어려움을 안겼다.
정복기인 1527년부터 1546년까지의 기간을 지역적인 특징으로 구분해 보면 1527년부터 1528년 사이에는 유까딴반도의 동쪽을 중심으로 정복 전쟁을 해 나갔던 시기이며, 1528년과 1531년 사이의 공백기를 거친 후 1531년부터 1535년까지는 방향을 바꾸어 반도의 서쪽에서부터 군사작전을 펼쳐 나갔던 시기이다. 그러나 이 양대 기간의 공격이 큰 성과를 거두지는 못하였다. 마야의 정치와 사회 형태에 대하여 다룬 앞 장에서 이미 밝힌 바 있듯이 이곳은 지방분권적인 자치를 기본적인 정치의 중요한 틀로 삼고 있었다. 그래서 각각의 단위를 일일이 정복해야 하는 어려움이 따랐고, 이는 에스빠냐의 정복 전쟁을 어렵게 하는 가장 중요한 요인이 되었다. 즉 하나의 수도나 정부를 굴복시켰음에도 이들의 영향권하에 있던 다른 주변 지역들이 모두 정복되었던 것은 아니었던 셈이다. 결국 에스빠냐의 군대는 끝없이 수많은 크고 작은 부족들과 일일이 전투를 해 나가야 하는 힘든 상황과 마주하게 되었다. 이러한 어려움에도 몬떼호는 끝까지 유까딴의 마야 정복 야욕을 거두지 않았다.
1535년에서 1540년까지 이어지는 휴식기를 거친 후 1540년부터 1546년까지 현재 멕시코 유까딴주(州)의 주도인 메리다시를 당시 토(T'ho)라는 이름을 가진 마야의 도시 위에 건설하였다. 그리고 이를 거점으로 삼아 유까딴 반도의 군사적인 정복을 성공적으로 일단락 짓게 되었다. 이러한 역사적인 배경 때문에 현재 메리다시에 남은 정복 초기의 건물과 유적 중에는 몬떼호와 관련된 것들이 많이 있다(송영복, 2005, 320).

15 여기서 말하는 '인디아스'는 아메리카 대륙을 가리킨다.

16 세비야에 머물던 도중에 몬떼호는 좋은 집안의 딸이자 아직 미혼이었던 아나 데 레온(Ana de León)과 관계를 맺었다. 그리고 1507년 그녀와의 사이에서 아들을 한 명 두었다. 아들은 아버지의 이름을 따서 이름이 붙여졌으며, 몬떼호는 1527년 호적상 그를 친자로 등록하였다(Tozzer, 46).

17 1514년 몬떼호는 새로 임명된 뻬드로 아리아스 데 아빌라(Pedro Arias de Avila)의 휘하에서 다리엔으로 향하는 탐험대를 맡기 위하여 쿠바의 산또 도밍고로 향하였다. 이후 그는 다리엔에서 병사들과 함께 전투하였으나 결과는 그리 성공적이지 못하였다. 또한 병에 걸리기도 하였는데, 다행히 죽음을 면할 수 있었다. 1515년 말 혹은 1516년 초에 쿠바로 건너간 후 그는 섬의 서쪽을 평정하는 데 참여하였고, 이에 대한 공로로 마리엔(Marien)만의 북쪽 해안에 있는 엔꼬미엔다(Encomienda, 대농장)를 위임받았다. 그리하여 그는 이곳의 땅을 잘 관리하여 부유해지게 되었다(Tozzer, 46). 그렇게 모은 재산과 명성을 동원하여 그는 다시 여러 차례 정복에 참여하였다. 그리고 그러한 경험을 바탕으로 결국 마야 유까딴반도의 정복을 총지휘하는 지위에까지 오르게 되었다.

18 가리바이본에는 '… por su buena condición'으로 표기되었다. 이것은 다음의 두 가지 뜻으로 해석 가능성이 있다.
1. 그의 좋은 성품으로 인하여
2. 그의 좋은 조건으로 인하여

19 꼬르떼스가 이끄는 정복대가 꼬수멜섬에 머무르고 있을 당시에 꼬르떼스가 멕시코 정복사에 있어 가장 중요한 인물 중 한 명인 헤로니모 데 아길라르를 얻게 되었다는 이야기는 저자인 란다가 앞선 3장에서 자세히 언급하였다. 헤로니모 데 아길라르는 난파선에서 살아남아 우연히 마야 지역에 머무르던 사람으로 에스빠냐어와 마야어를 모두 구사할 줄 알아서 훗날 꼬르떼스의 부관이자 통역사의 임무를 수행하였다. 그런데 마야의 정복사를 장식하는 흥미로운 이야기 중에서는 헤로니모 데 아길라르와 곤살로 게레로의 사건을 빼놓을 수 없다. 이 둘은 모두 1511년에 난파한 에스빠냐 배의 선원으로 가까스로 살아남아 해안가에 도착한 후 마야 사람들과 함께 살아가게 되었다. 각각의 기구한 사연과 함께 헤로니모 데 아길라르는 정복자 꼬르떼스를 만나 그와 동행하며 아메리카 대륙의 정복에 혁혁한 공을 세운 반면 곤살로 게레로는 이러한 에스빠냐의 침략자들에 맞서 마야를 지키는 장군의 길로 들어서게 된다. (이에 대한 자세한 설명은 이 책 3장 참조)

20 여기서 말하는 누에바 에스빠냐는 현재의 멕시코 지역을 가리킨다. 당시 아메리카 대륙을 최초로 정복하고 이곳에 '새로운(Nueva) 에스빠냐(España)'라는 이름을 붙였다.

21 이 내용은 사실과는 거리가 있다. 처음부터 이곳에 상륙한 것은 불법적인 행동으로 에르난도 꼬르떼스와 그의 부하들을 파견한 쿠바의 벨라스께스(Velázquez) 부왕은 그들의 임무를 정찰에 한정 지어 정복하지 못하도록 하였다. 그런데 꼬르떼스는 이를 어기고 육지에 상륙하였고, 이것은 명백한 명령 위반으로 차후에 중대한 사건으로 번지게 되었다. 그러니 이곳에 누구를 임명하는 것 자체가 불법적인 행위였으며, 꼬르떼스나 몬떼호 본인도 이에 대하여 잘 인지하고 있었을 것임은 명백한 사실이다. 일부에서는 이러한 것을 문제 삼아 꼬르떼스에게 항명하기도 하였다. 그러나 당시 몬떼호는 꼬르떼스를 지지하는 편에 있었고, 이러한 임명이 훗날 공식적으로 이루어졌다는 점이 굳이 여기에 언급된 것이다. 이 책의 저자인 란다는 유까딴의 실세를 쥐고 있던 몬떼호뿐만 아니라 그의 일가친척과도 상당히 우호적인 관계를 유지하고 있었다. 그러다 보니 몬떼호를 언급할 때는 항상 긍정적인 부분을 강조하려는 의도가 저술의 전반에 걸쳐서 드러난다.

22 당시 몬떼호는 실제로 보석과 방패, 옷 등의 주요 공물들을 황제인 까를로스 5세(Carlos V)에게 보내는 역할을 담당했던 것으로 보인다(Tozzer, 46). 가리바이본에는 '낀또 델 레이(Quinto del Rey)'로 표기되었는데, 이것을 직역하면 '왕의 1/5'이라는 뜻이다. 이것은 금은같이 값비싼 보석 등에 대하여 왕이 20퍼센트를 세금으로 받는 것을 의미한다. 훗날 이 세금은 너무 과도하다는 이유로 여러 반발을 샀고, 전체 식민지 경제에 악영향을 미치기도 하였

다. 이러한 이유로 차츰 10퍼센트로 경감되었다가 나중에는 5퍼센트로까지 경감되었다. 대서양과 카리브해를 중심으로 활약하던 해적들은 '낀또 델 레이'를 운반하던 에스빠냐의 선박들을 노리는 것부터 시작되었다. 유명한 카리브해의 해적들은 금은보화가 포함된 '낀또 델 레이'를 싣고 대서양을 건너는 배를 약탈하려고 군사력을 총동원하였다.

23 꼬르떼스와 몬떼호의 멕시코 정복은 당시 정황상 불법적인 것으로 훗날 많은 문제를 발생시켰다. 심지어는 이를 반역으로 간주한 쿠바의 부왕청이 파병한 군대와 전투를 벌이기까지 하였다. 상황이 이렇게 되자 이에 대해 해명하고 정복의 권리를 인정받기 위한 노력의 일환으로 몬떼호가 에스빠냐로 건너가는데, 본문의 이어지는 문장들에서 이와 관련된 내용을 확인할 수 있다.

24 까스띠야는 에스빠냐를 통일한 왕국의 이름으로 분열되어 있던 이베리아반도를 10세기 이후부터 정복과 통합 과정을 거쳐 서서히 장악해 나갔다. 그리하여 1512년 오늘날 에스빠냐 영토의 기틀을 완성하였다. 1492년 꼴론(콜럼버스)의 항해 역시 당시로서는 에스빠냐가 아닌 까스띠야라는 이름하에 이루어졌다. 이후 에스빠냐라는 이름이 국가의 공식 명칭이 되기 전까지 까스띠야(Castilla)는 오늘날 우리가 생각하는 에스빠냐(España)를 지칭했다.

25 '꼰세호 데 인디아스(인디아스 자문위원회)'는 에스빠냐가 새로 얻은 아메리카 대륙의 식민지를 관할하던 최고기관으로 정치·경제·사법 등 다양한 사안에 대하여 왕의 정책을 자문하였을 뿐만 아니라 실질적인 식민지 통치의 권한을 행사하였다.

26 플랑드르: 네덜란드, 벨기에 및 프랑스 북부의 연안 지방을 포함한 지역의 옛 명칭(네이버 스페인어사전, 'Flandes').

27 실질적으로는 1519-1524년 사이에 몬떼호가 에스빠냐에 머물렀던 것으로 보인다. 여기에 기록된 것과는 2년 정도 차이가 있다. 그러나 훗날 그가 다시 에스빠냐를 방문한 후 돌아오기 때문에 그 시간까지 모두 합친다면 대략 7년이라는 기간이 가능하다.

몬떼호는 에스빠냐에 가서 꼬르떼스의 대변자 자격으로 법정에 섰고, 꼬르떼스를 누에바 에스빠냐의 지사로 인준하라고 역설하였다. 당시 모든 식민지 업무를 관할하던 꼰세호 데 라스 인디아스(인디아스 자문위원회)의 대표자들과 쿠바의 부왕이었던 디에고 데 벨라스께스는 그와 반대 입장에 있었다. 그러나 몬떼호는 이러한 반대를 물리치고 꼬르떼스의 권리를 획득하여 1524년 누에바 에스빠냐로 돌아오게 되었다. 그러고는 꼬르떼스로부터 엔꼬미엔다(대농장)를 받은 후에 멕시코시티 근처에서 생활하였다. 그로부터 얼마 지나지 않아 그는 누에바 에스빠냐의 대표자 자격으로 또다시 에스빠냐로 건너가게 되었다. 그곳에서 유까딴 정복의 희망을 실현하고자 공식적으로 유까딴 총독의 지위를 하사받았고, 1527년에 다시 누에바 에스빠냐로 돌아와 유까딴의 마야를 정복하였다.

28 교황 아드리아노는 당시 에스빠냐의 황제인 까를로스 5세(Carlos V)의 스승으로 1522년 '아드리아노 6세(Adrian VI)'라는 이름으로 교황의 자리에 올랐다(Tozzer, 47).

12

몬떼호가 유까딴을 항해하고 정복하다

- 철족 사람들이 치첸이트사를 내주다 - 인디오는 자신들을 가만히 내버려 둘 것을 요구하다

12-1 몬떼호는 (까스띠야의) 법정에 있는 동안 다른 것들 대신에 자신을 위하여 유까딴 정복에 대해 협상하였다[1]; (에스빠냐 정부로부터) 총독의 직위를 수여한 후에[2] 그는 자신과 이름이 같은 열세 살짜리 조카를 데리고 세비야로 향하였고, 세비야에서 스물여덟 살 청년이 된 아들을 찾아 함께 데리고 떠났다.

또한 세비야의 돈 많은 과부[3]와 구두(口頭)로 결혼함으로써 사람 500명을 모을 수 있었는데[4], 그렇게 그들을 모두 세 척의 배에 (나누어) 태웠다.

계속된 여행 끝에 그는 유까딴의 섬인 꾸스밀[5]에 도착하였다.[6] 그곳의 인디오들은 꼬르떼스와 함께 온 에스빠냐 사람들에게 이미 익숙해져 있었기 때문에 그들을 보고서도 놀라지 않았다.[7] 몬떼호는 인디오들과 소통하기 위하여 인디오들의 어휘를 배우려고 많이 노력하였다. 그는 다시 유까딴으로 항해하여 그곳을 점령하였는데[8], 그의 부하는 손에 깃발을 든 채로 (다음처럼) 말하였다. "주님과 까스띠야의 왕을 위하여 주님의 이름으로 이 땅을 정복하노라."[9]

12-2 이러한 방법으로 그(몬떼호)는 제법 사람이 많이 살던 아래쪽 해안을 따라서 꼬

닐(Conil)[10]이라는 해안가 마을에 도달할 수 있었다. 인디오들은 수많은 말(馬)과 사람들을 보고는 무척 놀란 나머지 온 마을 사람들에게 지금 무슨 일이 일어나고 있는지 알렸다. 그들은 에스빠냐 사람들이 무슨 목적으로 (이곳에 왔는지) [궁금해하였다].[11]

12-3　치까까(Chicaca)[12] 지방의 인디오 촌장들은 평화적인 목적으로 총독을 방문하였고, (그로부터) 좋은 대우를 받았다[13]; 이들 중에는 무척 힘이 센 남자가 한 명 있었는데, 그는 주인 뒤를 따라가던 검은 하인에게서 칼을 빼앗아 총독을 죽이려고 시도하였다.[14] (총독은) 에스빠냐 사람들이 달려올 [때까지] (그를 잘) 막아 내었다. 그러나 (에스빠냐 사람들은 이 사건을 계기로) 늘 경계를 늦추어서는 안 된다는 (교훈을) 얻었다.

12-4　총독은 사람이 가장 많이 사는 지역이 어디인지 알고자 하였다. 그리고 (그곳이) 첼족(los Cheles) 촌장들이 사는 떼꼬츠(Tekoch)[15]라는 것을 알게 되었다. (떼꼬츠는) 에스빠냐 사람들이 향하고 있던 길의 아래쪽 해안가에 있다[16]; 인디오들은 (에스빠냐 사람들이) 이 땅을 떠나는 것으로 생각했기 때문에 동요하거나 훼방 놓지 않았다. 그리하여 (에스빠냐 사람들은) 떼꼬츠에 도착할 수 있었는데, 그곳은 그들이 생각했던 것보다 훨씬 더 크고 훌륭한 마을이었다.

[총독은] 첼족 사람들보다 훨씬 저항이 심했던 참뽀똔의 꼬우오족 사람들이 이 땅을 지배하고 있지 않은 것을 기쁘게 생각하였다. (첼족 사람들은) 오늘날까지 이어지고 있는 그들의 종교제도에 대하여 다른 (부족들)만큼 큰 자부심이 있지는 않았다.[17] 바로 이러한 이유로 총독이 (에스빠냐) 사람들을 위한 마을을 만들 수 있도록 그곳에서 7레구아[18] 정도 떨어진 참으로 훌륭한 장소인 치첸이트사를 내주었다.[19] (그리하여 에스빠냐 사람들은) 그곳에서부터 땅을 정복해 나가기 시작하였는데, 아 낀 첼족 사람들은 그들에게 저항하지 않았고, 뚜뚤시우(Tutu Xiu)족 사람들이 도움을 주었기 때문에[20] 일을 쉽게 진행할 수 있었다; 또한 이러한 이유로 다른 부족들도 크게 저항하지 않았다.[21]

12-5　총독[22]은 사람들을 시켜서 치첸이트사[23][에] 건축물을 짓도록 하였다. 또한 인디오들처럼 나무로 집을 짓고, 기다란 짚과 야자수잎으로 지붕을 얹어서 단시간 내에 마을 하나를 만들 수 있었다.

인디오들도 큰 어려움 없이 일을 잘해 나가는 듯이 보였다.

그가 이 땅에 있는 사람들을 세니 수가 아주 많았다. (그리하여) 마을 사람들을 에스빠냐 사람들에게 나누어 주었는데[24], 사람들이 말하기를 가장 적게 배당받은 사람의 경우만 하더라도 2,000에서 3,000명에 이르렀다고 한다; (그 후 총독은) 인디오들에게 이 도시를 위하여 무엇을 어떻게 해야 할지 명령하기 시작하였다. 이것은 인디오들의 불만을 자아냈지만, 그들은 (본심을) 감추며 이를 겉으로 드러내지 않았다.[25]

---

1 체임벌린은 다음처럼 말하였다. "꼬르떼스의 성취로 고무되어서 야심에 차 있었을 몬떼호는 자신이 정복을 독립적으로 수행하기를 원하였다. 그가 그리할바와 꼬르떼스의 탐험에 참여함으로써 얻게 된 유까딴에 대한 지식과 그곳의 질 높은 문명은 자연히 유까딴반도에 대한 관심을 유도하였다. 게다가 그는 유까딴이 황금으로 유명해질 것이고, 지리적으로도 장차 무역의 중심지가 될 것이라고 믿었다. 천성이 약삭빠르고 외교적이었던 그는 에스빠냐에 머무르던 당시에 영향력 있는 사람들과 폭넓게 접촉하였으며, 법정에서 그들의 호의를 살 수 있었다. 그리하여 별다른 어려움 없이 그가 열망하던 지역을 정복하고 식민지화 권한을 얻게 되었다"(Chamberlain, 1940a, Tozzer, 47).
1526년 몬떼호는 에스빠냐 정부로부터 공식적으로 유까딴의 통치자로 임명받았다. 그 후 유까딴으로 돌아와 발빠르게 정복에 들어갔다. 개략적인 정복 과정의 연대는 다음과 같다.

- 1527–1528년: 1차 정복기. 주로 유까딴반도의 동부 해안 지역 정복
- 1528년: 누에바 에스빠냐(현재의 멕시코시티, Ciudad de México, D.F.)에 체류
- 1529–1531년: 공백 기간. 따바스꼬 지방의 알깔데 마요르(Alcalde Mayor, 도지사)로 활동
- 1531–1535년: 2차 정복기
- 1535–1540년: 공백 기간
- 1541–1546년: 3차 정복기. 메리다시를 건설하고 이곳을 중심으로 유까딴반도의 정복을 완성

2 이와 관련하여 당시 원주민보호정책을 펼쳤던 가톨릭 신부 라스 까사스(Las Casas)는 다음처럼 말하였다. "1526년 그는 거짓말과 기만으로 왕에게 온갖 제안을 하였다. 그 결과 압제자들이 마치 도둑질하듯이 직위와 임무를 수여받았다. 게다가 다른 불행한 사람(프란씨스꼬 데 몬떼호)이 유까딴 왕국의 총독으로 선출되었다"(1552, Eng. ed., 362, Tozzer, 47).
1526년 12월 8일 에스빠냐 국왕인 까를로스 5세(Carlos V)는 유까딴과 꼬수멜섬에서의 발견과 정복 및 식민지화를 계속 수행하라는 뜻으로 몬떼호에게 직위를 수여하였다. 총독(Adelantado)이라는 직위명은 그의 상속인과 후계자들에게 영원히 세습되었고, 몬떼호는 살아생전 유까딴의 'Gobernador' 'Capitán' 'General' 'Alguacil Mayor' 등의 직위로 불리게 되었다. 그는 이 모든 직책을 수행하는 내내 그에 따른 급여를 지불받았으며, 정복자로서 엔꼬미엔다(대농장)를 위임할 수 있는 권한까지도 누렸다. 또한 10평방 레구아(약 42제곱킬로미터 혹은 55.72제곱킬로미터)의 땅과 모든 수익의 4퍼센트를 받아 챙기는 호사를 누리기도 하였다(Tozzer, 47–48).
당시 몬떼호는 에스빠냐 왕의 대리인으로서 자신의 정복지인 유까딴에서 무소불위의 권력을 행사하였고, 군사와 행정뿐만 아니라 사법과 경제에 이르기까지 절대적인 권력을 누렸다. 정복 초기 국가재정이 미약했던 에스빠냐 정부로서는 민간인들이 자신의 비용을 들여서 정복에 참여할 것을 적극적으로 장려하였다. 그리고 그에 대한 대가로 그들에게 정복한 땅의 권리를 부여하였다. 즉 정복자들이 에스빠냐의 왕을 위하여 정복을 수행하고 정복에 성공하면 왕은 정복자들에게 그곳을 지배할 권력을 위임했다. 지방의 지사들은 세금을 걷어서 에스빠냐의 국왕에게 보

내는 일을 대리하기도 하였는데, 정복자들의 권력이 강화되면서부터 그들과 에스빠냐 정부 사이에는 갈등이 빚어지게 되었다. 지방의 권력자들은 더욱 많은 권한을 누리는 동시에 중앙정부의 간섭으로부터 자유로워지려고 하였고, 반면에 중앙정부는 식민지 통치체제의 정착을 위하여 영향력 확대에 만전을 기하였다. 이러한 갈등은 아메리카 대륙의 전 지역에서 공통으로 나타나던 현상이다. 그러다가 이러한 문제가 멕시코시티에서 반란의 형태로 나타나자 이에 대한 강경책을 펼친 에스빠냐 정부가 1557년 반란을 진압하고 이를 선동한 일당을 교수형에 처함으로써 정복자들의 시대는 일단락되었다고 평가된다. 이러한 과정을 통하여 1557년 이후로 일정 부분 중앙정부가 통치권을 회복하기는 하였지만, 식민지 기간 내내 지방을 통치하던 수장들의 권한은 상당한 수준이었다. 몬떼호도 이러한 정복자들의 전형적인 예라고 할 수 있다.

3 몬떼호의 두 번째 아내라고 할 수 있는 베아뜨리스 데 에레라는 1520년 그녀의 첫 번째 남편이자 하위귀족이던 뻬드로 수아레스(Pedro Suárez)가 세상을 떠나자 과부가 되었다. 1526년 몬떼호는 그녀와 비밀결혼하였고, 란다도 언급하였듯이 1535년 혹은 1536년에 총독에 의하여 멕시코에서 재혼으로 인정받았다. 그리고 1530년 이전에는 둘 사이에서 딸 까딸리나 데 몬떼호(Catalina de Montejo)가 태어났다(Tozzer, 48).

4 그들은 1527년 중반에 항해를 시작하였다. 메리다 지역의 렐라씨온(Relaciones de Yucatán, 1: 39)과 그 밖의 다른 기록들에 의하면 몬떼호와 함께 간 사람들은 400명이었다(Tozzer, 48).

5 가리바이본에는 '꾸스밀'로 표기되었는데, 이곳의 현대식 표기는 '꼬수멜'이고, 다른 기록들에는 '꼬수밀'로 표기되기도 한다. 이 글이 500년 전에 기록되었다는 점을 고려하여 기록한 사람에 따라 당시의 표기가 현재의 표기와 크게 다를 수 있다는 점에 유의하여야 한다.

6 이것은 1527년 9월 말경의 일이다. 꼬수멜의 촌장은 나움 빳이라고 불렸는데, 그는 과거 항해에서 몬떼호와 친분을 쌓은 적이 있었다(Tozzer, 48). 그리할바와 꼬르떼스가 함대를 이끌고 몬떼호와 함께 이곳에 도착했을 당시 이 사람이 촌장으로 있었을 가능성도 존재한다.(2장과 4장 참조)

7 가리바이본에는 'domesticados'로 표기되었다. 에스빠냐어의 'domesticar' 동사는 '동물을 사육하다'라는 뜻과 '원래는 그렇지 않았던 사람을 변화시키다'라는 뜻이 모두 있는데, 본문에서는 후자에 따라 해석하였다. 한편 이와 관련하여 4장에서 꼬르떼스가 처음 이곳에 왔을 당시 원주민들이 놀라서 모두 숨어버렸고, 꼬르떼스가 이들을 달래서 다시 마을로 돌아오도록 하였다는 내용을 확인할 수 있다.

8 당시 그가 점령했던 곳은 유까딴 북동부에 있는 에깝 지역의 셀하(Xelha) 근처였을 것으로 보인다. 그곳의 에스빠냐 정착지는 몬떼호의 고향 이름을 따서 살라망까라고 불리게 되었다. 그곳은 살라망까라는 지명을 가진 다른 수많은 지역 중에서 살라망까라고 불리게 된 첫 번째 장소였다(Tozzer, 48). 살라망까라는 이름을 가진 도시는 정복 과정에서만 마야 지역에서 다섯 개가 만들어졌다. 한편 셀하 지역은 멕시코 최고의 관광지로 손꼽히는 깐군에서 남쪽으로 약 120킬로미터 떨어진 곳에 있다.

9 이 문장은 아메리카 대륙을 정복할 때 항상 되풀이되던 말로 원주민들이 살던 땅을 자신들이 차지하는 것에 대하여 합리성을 부여한다. 정복자 개인의 돈과 권력을 위한 정복이 아니라 '왕에 대한 충성'과 '기독교 전파'라는 정복의 당위성을 표면에 내세우는 것을 볼 수 있다.

십자가를 앞세우고 유까딴의 마야를 정복하는 몬떼호

10 에레라(Herrera)는 란다의 표기에 따라 이곳을 꼬닐(Conil)이라고 하였으나 꼬골유도(Cogolludo)(2, V)는 꼬니(Coni)로 표기하는 것이 옳다고 주장하였다. 그는 꼬닐이 '꼬니(Coni)에 도착하기 전'의 해안에 있는 또 다른 마을이라고 하였다. 한편 바야돌릳의 렐라씨온(Relaciones de Yucatán, 2: 16)에는 이곳이 육지의 가장 끝 쪽에 있다고 언급되었다(Tozzer, 49). 현재의 꼬닐은 깐꾼에서 직선거리로 약 50킬로미터 떨어진 유까딴반도 북동쪽의 끝자락에 있다.

11 결과적으로 이곳 유까딴반도 북동부 지역 원주민들은 에스빠냐군과 친구가 될 수 없었다. 이들은 초기 정복기에도 끝까지 저항했던 세력이고, 식민지 시대에도 많은 반란을 일으켰다. 또한 멕시코 독립 이후에도 원주민의 정체성을 잃지 않고 끊임없이 외부 세력에 대해 폭력·비폭력적으로 저항하였다. 이러한 역사적인 결과에도 몬떼호와 에스빠냐 사람들은 초기 정복 과정에서 그들을 잘 이용하였고, 그렇게 두 달 동안 그곳에 머무를 수 있었다.

12 가리바이본에는 이 부분이 'Chicaca'로 표기되었다. 어떤 기록에는 'Chuaca' 혹은 'Chauacha'로 표기되었는데, '치낀첼(Chiquinchel)' 혹은 '치낀 첼(Chikin Chel)'이라는 이름으로 불리기도 한다. 에스빠냐군은 1528년 봄 꼬닐을 출발한 후에 까치(Cachi)에 도착하였고, 이곳에 무역 본부인 돌집을 건축한 후에 신시마또(Sinsimato)와 차우아까(Chauaca) 혹은 치낀첼이 지배하고 있는 차우아까 마을로 향하였다. 꼬골유도(Cogolludo)(2, V)는 에스빠냐군이 꼬닐을 출발한 후에 꼬바(Coba)에 도착하였다고 기록하였다(Tozzer, 49).

13 란다의 원고에는 이 문장 이후부터 다음 서술 이전까지 일부 과정이 누락되었다. 인디오들은 밤중에 마을을 포기하였지만, 아침이 되자 다시 에스빠냐군을 공격하였고, 그 결과 몬떼호는 많은 병사를 잃었다. 그러나 그 역시 많은 인디오를 사살하였고, 결국에는 마을 지도자들의 충성을 받아 내어 승리를 거두었다. 에스빠냐 사람들은 띠시민의 북동쪽으로 약 15-20킬로미터 떨어진 아께(Ake) 혹은 아꾸(Aqu)라는 곳으로 이동하였다. 이곳에서 인디오들은 많은 에스빠냐군을 곤경에 빠뜨렸는데, 이것이 바로 에스빠냐군과 마야 원주민과의 첫 번째 대규모 전투였다. 꼬골유도(Cogolludo)는 이에 대하여 다음처럼 언급하였다. "많은 수의 인디오가 길에 매복해 있다가 전투에 사용되는 화살통, 횃불, 끝이 뾰족한 창, 흑요석을 단 양손칼, 호각도구, 거북의 등딱지와 사슴의 뿔로 만든 매질하는 무기, 바다뱀의 껍질로 만든 호각도구를 들고, 몸은 색색으로 칠하고, 신체의 일정 부위만 옷으로 가리고, 다른 신체 부위는 맨살을 드러낸 채 사나운 악마의 모습으로 나타났다. 코와 귀에 뚫린 구멍들은 꾸스까스(Cuzcas)의 조각들과 형형색색 돌로 장식되어 있었다." 꼬골유도(Cogolludo)는 인디오들이 오로지 낮에 전투하는 데만 익숙했기 때문에 밤에는 휴전 상태에 있었고, 이 싸움에서만 1,200명이 넘는 인디오가 목숨을 잃었다고 하였다. 전투로 말미암아 다른 주변 마을 역시 복종해 오자 에스빠냐군은 시시아(Sisia)와 로체(Loche)로 향하였고, 그 후 로체에서 셀하(Xelha)의 살라망까로 돌아갔다. 이때는 이미 이곳을 떠난 40명 중에서 20명만 생존하고, 뽈레에 남겨진 20명 병사는 모두 목숨을 잃은 상태였다. 처음에는 125명과 함께 출발하였으나 몇몇 전투 끝에 결국 60여 명밖에 살아남지 못하였다. 이후 다른 선단과 만나 결국 에스빠냐 사람들의 본거지이자 현재의 멕시코시티에 해당하는 누에바 에스빠냐로 떠나게 되었다(Tozzer, 49-50).

14 총독의 목숨을 노린 이 사건은 시기적으로 잘못 배치된 것으로 보인다. 이 사건은 1531년 서쪽 해안에 있는 깜뻬체의 살라망까에서 벌어진 디아 데 산 베르나베(Día de San Bernabé) 전투의 한 사건인 것으로 추정된다(Tozzer, 50). 즉 이 사건이 유까딴반도를 정복하는 과정에서 벌어진 것은 사실이나 제1차 정복기인 1527년에 발생한 것이 아니라 그 이후 2차 정복기인 1531년에 발생하였다.

15 아 낀 첼 지방의 떼꼬(Tecoh)에 대한 언급으로 보인다. 이 지역은 '또꼬(Tocoh)' '띠꼬(Tikoh)' '떼꼬츠(Tecoch)' '띠보츠(Tiboch)' '띠호츠(Tihoch)' '띠꼬끄(Tikokh)'라는 이름으로도 불린다. 그러나 란다는 5장에서 띠후(Tihoo, 현재의 메리다)를 떼꼬 혹은 띠꼬츠로 잘못 표기하였는데, 띠후(Tihoo)는 떼꼬에 비하여 훨씬 더 크고, 마니(Maní) 지방의 북쪽 차깐에 있다.
1529-1531년의 기간 유까딴의 2차 정복기 이전에는 매우 중요한 사건들이 연달아 일어났다. 그러나 란다의 기록에는 이러한 사건들이 누락되었다. 몬떼호는 1차 정복이 끝난 후 지금의 멕시코시티에 있는 누에바 에스빠냐로 향하였고, 그곳에서 아들과 상봉하였다. 그 후 1525년 메시까 정복을 마치고 다시 새로운 지역에 대한 정복을 꾀하고 있던 꼬르떼스의 온두라스 정복에 동참하였다. 따바스꼬와 그곳 강들의 중요성을 감지한 몬떼호는 따바스꼬의 알깔데 마요르(Alcalde Mayor, 도지사)가 되어 아들의 도움으로 따바스꼬와 시깔랑고를 정복하였다. 동부 해안에서 온 아빌라는 알깐(Alcan) 지역을 진압하라는 명령을 받고 그곳에 살라망까 도시를 건설하였다. 예전에도 살라망까라는 이름을 가진 도시들이 많이 건설되었는데, 이번에 건설된 살라망까는 네 번째 살라망까에 해당했다. 그 후 그는 참뽀똔으로 떠났으며, 그곳에서 친절한 인디오들을 만나게 되었다. 그러나 오소리오(Osorio) 이후에 해임된 따바스꼬의 총독이 권력을 회복하자 몬떼호는 직위를 박탈당하였고, 감옥에 갇혔다. 그 후 시깔랑고에서 아들과 만나도 좋다는 허락을 받고는 1531년 몬떼호 부자는 참뽀똔에서 아빌라를 만났다. 그리하여 그들은 다시 유까딴 정복에 대한 결의를 다졌다. 이러한 과정을 거쳐 제2차 정복기가 시작되었다. 바닷길로 함선을 이동시킨 후 깜뻬체에 기지를 건설하였고, 그곳에 또다시 살라망까라는 이름

을 붙였다. 이로써 살라망까라는 이름을 가진 다섯 번째 도시가 탄생하였다.

몬떼호가 아빌라를 차우아까로 보내면서 2차 정복이 본격적으로 시작되었다. 체뚜말에 도착한 아빌라는 1531년 혹은 1532년에 체뚜말의 북쪽에 있는 현재의 바깔라르(Bacalar) 근처의 비야 레알(Villa Real)에 입성하였다. 그러나 인디오들의 항쟁은 계속되었고, 몬떼호와 연락이 두절되자 아빌라는 1532년 비야 레알에서의 탈출을 감행하였다. 훗날 란다가 묘사한 '전쟁에서 욕보이게 될 것을 두려워한 정숙한 여인에 관한 바깔라르 여인의 에피소드'가 바로 이때 일어난 것으로 보인다(32장 참조). 그는 카누를 타고 뜨루히요(Trujillo)의 반대쪽인 남쪽으로 향하였고, 그렇게 울루아(Úlua) 강에 도착하였다. 그곳에 매료된 그는 식민지가 바로 이곳에 세워져야 한다고 생각하였다. 그러고 나서 그와 동행한 사람들과 함께 항해하였으며, 2년 만에 살라망까에서 몬떼호와 재회하였다.

몬떼호는 1531년 아빌라가 체뚜말로 떠난 후에 살라망까에서 깜뻬체와 아 까눌 인디오들의 맹렬한 저항을 받았다. 이때 (인디오들 사이에서) 총독(몬떼호)을 죽이려는 시도가 있었고, 말까지 빼앗겼는데, 그의 충실한 부하 블라스 곤살레스(Blas Gonzales)가 붙잡혔던 말을 꺼내오는 바람에 겨우 목숨을 구할 수 있었다.

이 사건에 대한 또 다른 버전은 란다의 기록과 동일하다. 결국 에스빠냐군의 승리로 끝이 났고, 아 까눌 지방을 정복한 후에 디아 데 산 베르나베 전투에서의 승리를 자축하였다. 총독은 북부 지방을 정복하기로 결심하고는 깜뻬체에 남아 그의 아들인 부총독에게 권력과 엔꼬미엔다(대농장)를 위임하며 자신의 소망을 이루어줄 것을 명령하였다(Tozzer, 50).

16 토설은 유까딴 지방의 렐라씨온(Relaciones de Yucatán, 1: 193–4, 212, 267, 269, etc.)에서 떼꼬(Tecoh)가 잇사말의 북동쪽으로 가까이 있다는 여러 증거를 발견하였다고 하였다(Tozzer, 50). 이 말인즉슨 이곳 떼꼬츠 마을이 란다가 기술한 것처럼 해안가에 있지 않다는 것이다. 바로 다음 문단에서 이 마을이 치첸이트사로부터 7레구아(약 29킬로미터 혹은 39킬로미터) 정도 떨어져 있다는 내용을 발견할 수 있다. 치첸이트사가 있는 곳으로부터 이 반경 내에는 바다가 있을 수 없다.

17 큰 자부심이 있지 않았다는 것은 기독교적인 관점에서 본 마야 종교에 대한 비판이기도 하지만 주로 인신공양과 피공양을 많이 하는 것에 대하여 긍정적으로 생각하지 않았다는 의미로 이해해야 한다.

18 7레구아는 약 29킬로미터 혹은 39킬로미터이다.

19 실질적으로 첼족(los Cheles)은 에스빠냐 사람들에게 치첸이트사를 이양할 아무런 권한을 가지고 있지 않았다. 그곳은 첼족(los Cheles)의 관할 영역이 아닌 꾸뿔의 영역이었을 뿐만 아니라 에스빠냐 군대가 정복하기 이전에도 특별한 저항조차 없었다. 한편 에스빠냐군이 치첸이트사의 주변 지역에서 작전을 펼쳤다는 란다의 기술은 사실관계에서 많은 의문이 든다. 이 시기는 1532년인데, 오비에도(Oviedo)는 이 정복에 대해 어떠한 언급도 하지 않았다(Tozzer, 51). 에스빠냐 군대는 유까딴에 중앙집중적인 왕권이 존재하거나 혹은 이와 유사한 영토와 권력체제가 있을 것으로 기대하고 그에 따른 행동을 개시하였다. 그러나 실제로는 작은 마을 단위 촌락들이 유까딴에서 자치 권력을 유지하고 있었기 때문에 어느 한 마을을 정복하거나 최고지도자를 복속시켰다고 하더라도 다른 지역을 자연스럽게 획득할 수 있는 구조가 아니었다.

치첸이트사의 대표적 건물인 엘 까스띠요

20 뽄쎄의 렐라씨온(1932 ed., 353)에서 마니(Maní)와 시우족 사람들이 보여 준 에스빠냐 사람들에 대한 태도에 대하여 다음의 세부 언급을 확인할 수 있다. "마니는 이 지역에서 가장 큰 마을이다. 3천 명 이상의 공물납부자가 있고, 점잖은 사람들이 산다. 또한 교육과 지적 수준이 다른 주변 지역보다 현저히 뛰어나다. 마니 사람들은 에스빠냐 사람들에게 매우 헌신적이고, 사제들에게는 복종적이다. 에스빠냐 사람들을 평화롭게 맞이한 사람들로는 마니 사람들이 처음이다. 이로써 에스빠냐 사람들은 유까딴에 진입할 수 있었다."

그러나 이 시기 몬떼호의 유까딴 정복과 관련된 내용들은 사실관계에서 여러 이견과 문제점을 내포하고 있다. 먼저 시우족 사람들이 이렇게 고분고분하게 에스빠냐 군대에 협조하였다는 사실에 의문을 제기할 수 있다. 몰리와 로이스(Morley and Roys)는 란다와 에레라(Herrera), 빌야구띠에레스(Villagutierrez)가 기술한 것처럼 1528년 시우(Xiu)

가 치첸이트사에서 몬떼호에게 복종한 기록이 매우 의심스럽다고 하였다.
또한 당시 치첸이트사를 건네받은 사람이 이제까지 우리가 알고 있는 몬떼호가 아닌 아버지와 같은 이름의 몬떼호 2세(Montejo II)라는 주장도 당시의 정황 및 다른 사료의 증언과 비교해 보았을 때 상당한 설득력을 지닌다(Tozzer, 51).

21 치첸이트사는 꾸뿔족 사람들의 땅으로 첼족 사람들이 마음대로 이양할 수 있는 곳이 아니었다는 점을 이미 언급한 바 있다. 통치자인 나꼼 꾸뿔(Nacom Cupul)은 돈 프란씨스꼬 데 몬떼호(Don Francisco de Montejo)를 마지못해 맞이하였고, 이와 관련하여 나꼼 꾸뿔은 다음처럼 이야기함으로써 자신들의 존재를 강조하였다. "우리에게는 왕 꼬꼼, 나움 뻬츠(Naum Pech), 왕 뻬츠(Pech), 나목스 첼(Namox Chel), 왕 찌짠뚠(Dzidzantun)의 첼(Chel) 같은 왕과 촌장들이 계신다. 외국 병사들이여, 외국 병사들이여, 이곳은 잇사족 사람들(los Itzaes)의 땅이다"(Pech MS, 7, Tozzer, 51).

22 12장(12-4) 20번 각주에서 이미 언급한 바 있듯이 이 사람은 몬떼호가 아니라 그의 아들 몬떼호 2세(Don Francisco Montejo)였을 가능성이 크다. 그는 치첸이트사에 씨우닫 레알(Ciudad Real)이라는 도시를 건설하였다(Tozzer, 51).

23 레온본에는 'Chicheniza', FAMSI본에서는 'Chichenizá(Chi Chheen Itza)'로 표기되었다.

24 식민지 지역에 대한 정복이 진행되면서 정복에 참여한 사람들에게 왕이 권리를 위임하는 엔꼬미엔다라는 대농장 형태가 발달하였다. 토지와 함께 그곳에서 노동하게 될 원주민들이 배당되었는데, 공식적으로는 다음 같은 이유로 농지와 원주민들이 엔꼬미엔다(대농장) 제도하에 에스빠냐의 식민지 체제로 편입되었다. "당신에게 많은 인디오가 배당되었다. 당신은 성스러운 기독교적 믿음 아래 그들을 지시하고 가르칠 수 있다"(Tozzer, 52). 공식적으로는 기독교적인 관계를 전면에 내세우고, 이론상으로는 에스빠냐 사람들과 원주민들 모두의 편의를 위한 것이었다. 즉 원주민들이 에스빠냐의 국왕을 대리하는 사람에게 노동을 제공하고 공물을 납부하는 대가로 기독교의 혜택을 받을 수 있어서 모두에게 이득이라는 것이다. 한편 원래 원주민들의 관리권은 상속되는 것이 아니었으나 사유재산으로 원주민들이 아버지에서 아들에게 상속되었다. 그러나 이러한 제도는 식민지 시대 전반에 걸쳐서 실질적으로는 노예제도와 동일하거나 혹은 더욱 가혹한 형태로 발전하게 되었다. 이와 관련하여 머리만(Merriman)은 다음처럼 말하였다. "인디아스에서 발달한 이러한 관행의 성격은 주로 그 핵심적인 요소가 토지의 배분에 있느냐 아니면 자연스럽게 동반되는 강제노역에 있느냐에 따라서 달라졌다. 시간이 지날수록 지배적인 요소로 나타나게 되었다." 임금은 좀처럼 지불되지 않았고, 노동시간은 점점 길어져만 갔다. 그 결과 노골적인 노예제도와 구분이 더욱 힘들어졌다(Herrera, 1, 5, XI, Tozzer, 52). 물론 식민지 초기 제도를 마련한 에스빠냐의 페르난도 왕과 이사벨 여왕에 의하여 인디오들을 착취하고 노예로 부리는 것이 엄격히 금지되었고, 이러한 원칙을 지키기 위하여 노력이 많이 수반된 것도 사실이다. 에스빠냐의 기독교 사제들이 원주민들의 인권을 위하여 노력한 사례들도 다양하게 찾아볼 수 있다. 그러나 현실적인 변화를 기대하기는 힘들었다. 내용적으로는 노예제도보다 더욱 혹독한 상황이 전개되었다. 금은 광산에 종사하는 원주민들의 경우에는 12-13세에 광산에 끌려가 거의 대부분이 20세가 되기도 전에 광산의 열악한 환경에서 비롯된 질병으로 사망하였다는 것은 일반적으로 잘 알려진 사실이다. 장소와 시기에 따라 상황이 조금씩 다르기는 하지만 전 식민지 기간 원주민들의 노예적인 환경은 크게 달라지지 않았다.

25 에스빠냐 사람들은 원주민들의 본심을 눈치채지 못하였거나 그들의 불만 자체를 아예 무시하였다. 엔꼬미엔다(대농장) 체제는 인디오들의 분노에 기름을 붓는 역할을 하였다. 치첸이트사에 씨우닫 레알을 건설한 후로 6개월이 지나자 나꼼 꾸뿔은 돈 프란씨스꼬를 죽이려고 시도하였고, 그 후 스스로 목숨을 끊었던 사례가 있다(Tozzer, 52).

유까딴의 까릴요 뿌에르또의 중앙광장에 그려진 원주민의 저항 정신을 보여 주는 벽화. 위에는 다음과 같은 문구가 있다. "마야는 민속박물관이 아니라 투쟁하는 민중이다(La zona Maya no es un museo etnográfico es un pueblo en marcha)."

13

몬떼호가 사람들과 함께 유까딴을 떠나 멕시코로 향하다

- 그 후 아들 프란씨스꼬 데 몬떼호가 이 땅을 평정하다

13-1 몬떼호 총독은 의도적으로 적들이 있는 곳을 점령하지 않기로 하였다. 왜냐하면 멕시코로 나갔다 들어오고 에스빠냐의 일들을 (처리하기에는) 바다와 너무 멀리 떨어져 있었기 때문이다; (더군다나) 자신들이 촌장으로 있는 곳에서 외지인들에게 노역하는 것에 큰 불만을 느낀 인디오들이 도처에서 공격해 오기 시작하였다; (총독은 에스빠냐) 사람들과 함께 말을 (타고) 스스로를 방어하면서 많은 사람을 죽였다.[1] 그러나 인디오들은 나날이 강해졌고, 결국 (에스빠냐 사람들에게는) 식량이 부족해졌다.[2]

그리하여 어느 날 밤 (에스빠냐 사람들은) 종의 추에 개 한 마리를 묶어서 (개가) 닿지 못할 정도의 거리에 약간의 빵을 두고는 도시를 떠나버렸다. 그날 (에스빠냐 사람들은 인디오들이) 자신들을 쫓아오지 못하게 하려고 (미리) 소규모 전투를 벌여 인디오들을 지치도록 했다. 개는 빵을 먹으려고 종을 울렸고, (이 소리를 들은) 인디오들은 (에스빠냐 사람들이) 자신들을 공격한다고 생각하여 무척이나 놀랐다; 그러나 이후 자신들이 속았다는 것을 알아채자 에스빠냐 사람들을 뒤쫓기 시작하였는데, 어디로 갔는지 몰랐기 때문에 사방팔방으로 (찾아다녔다).

(바른) 길로 쫓아간 사람들은 에스빠냐 사람들을 발견하자 그들이 마치 도망자들인 양 함성을 지르며 덤벼들었다. (에스빠냐 사람 중에서) 말을 타고 있던 여섯 명은 트인 곳에서 기다리고 있다가 많은 인디오를 창으로 공격하였다.

어떤 인디오는 말의 다리를 붙잡고 마치 양을 (쓰러뜨리듯이) 말을 쓰러뜨렸다.

에스빠냐 사람들은 실란[3]이라는 아주 아름다운 마을에 도착하였다. 이곳의 촌장은 첼족(los Cheles)의 젊은이였는데, 가톨릭 신자이자 에스빠냐 사람들의 친구였던 그는 (에스빠냐 사람들을) 무척 환대해 주었다.

실란은 띠꼬ㄲ(Ticokh)와 매우 가까이에 있었고, 이곳의 다른 모든 해안가 마을처럼 첼족 사람들의 [영역하에] 있었다. 그래서 (에스빠냐 사람들은 이곳에서) 몇 개월 동안 안전하게 보낼 수 있었다.

13-2 총독이 판단하기를 이곳에서는 누에바 에스빠냐의 보급품들을 받을 수도 없고, 만일 인디오들이 공격해 오면 자신들이 패배할 것 같았기 때문에 유까딴에 그의 사람들을 남겨 두지 않은 채 [그곳으로부터] 깜뻬체를 거쳐 멕시코로 떠나기로 결정하였다.[4]

실란으로부터 48레구아[5] 정도 떨어져 있는 깜뻬체에는 아주 많은 사람이 살았다.

(에스빠냐 사람들이) 실란의 촌장인 바묵스 첼(Vamux Chel)[6]에게 (이에 대하여) 이야기하자 그는 그들이 길을 무사히 떠날 수 있도록 함께 동행하기로 하였다.

총독은 (이 촌장의) 삼촌인 요바인(Yobain)의 촌장과도 이야기하였고, 그 (역시) 준비가 잘 된 두 명의 자식을 (총독과) 동행시켰다. 그리하여 사촌형제인 세 명의 젊은이 중에서 두 명은 말의 고삐를 붙잡고 실란의 (촌장은) 말을 타고서 (길을 떠나게 되었다).[7] 그들은 깜뻬체에 무사히 도착할 수 있었으며, 그곳에서 평화적인 대접을 받았다.[8]

(그러나) 작별한 후에 자기 마을로 돌아가던 첼족 사람 중에서 실란의 (촌장이) 목숨을 잃었다.

(에스빠냐 사람들은) 그곳에서 다시 멕시코를 향하여 길을 떠났다.[9] 비록 꼬르떼스는 그곳에 없었지만 (몬떼호) 총독에게 배당될 인디오들을 이미 명시해 놓은 상태였다.[10]

13-3 총독이 아들과 조카를 데리고 멕시코에 도착하자 부인인 도냐[11] 베아뜨리스 데 에레라(Doña Beatriz de Herrera)도 그를 찾기 위하여 까딸리나 데 몬떼호라고 불리는 딸을 데리고 (멕시코에) 도착하였다.

총독은 과거 세비야에서 도냐 베아뜨리스 데 에레라와 비밀리에 결혼하였다. 어떤 이들은 (그가) 그녀를 부인(否認)했다고도 이야기하지만 누에바 에스빠냐의 부왕인 돈 안또니오 데 멘도사(Don Antonio de Mendoza)가 중재에 나서 (결국) 그는 그녀를 받아들이게 되었다. 그런 후 부왕은 그를 온두라스의 지사로 임명하여[12] 파견하였다. 그곳에서 그는 딸을 아우디엔시아 데 로스 꼰피네스(Audiencia de los Confines)[13]의 의장인 알론소 말도나도(Alonso Maldonado)와 혼인시켰다; 몇 년이 지난 후에 그는 다시 치아빠스로 보내졌다. 그곳에서 아들에게 자신의 권한을 부여하여 유까딴에 파견하였다. (그리하여 그의 아들은 유까딴을) 정복하고 평정하였다.[14]

13-4 총독의 아들인 돈 프란씨스꼬는 가톨릭왕[15]의 궁정에서 자랐다. 그의 부친은 유까딴 정복을 위하여 인디아스로 돌아올 때 그를 함께 데리고 왔다. 그곳에서 멕시코로 떠날 때도 마찬가지였다. 부왕인 돈 안또니오(Don Antonio)와 돈 에르난도 꼬르떼스(Don Hernando Cortés) 후작은 그를 무척 아껴 주었다. (그리하여 그는) 후작의 깔리포르니아(California) 정복 사업에 동참할 수 있었다.[16]

그가 돌아오자 부왕은 그에게 따바스꼬[17] 지역 통치를 맡겼다. (그 후) 그는 멕시코에서 친척들과 함께 처녀 시절을 보낸 도냐 안드레아 델 까스띠요(Doña Andrea del Castillo)와 결혼하였다.[18]

---

1 1533년 중반 꾸뿔족(los Cupules)은 에깝, 소뚜따, 꼬추아 지역 원주민들의 지원을 받아 치첸이트사를 봉쇄하였다. 반면 뻬츠 사람들(los Peches), 첼족 사람들, 시우족 사람들은 특별한 저항을 하지 않았다(Relación of Blas Gonzales, 112–3; Relación of Ciudad Real, 1932 ed., 322; Cogolludo, 2, IX; Herrera, 4 10, I(Appendix A); Molina, 1896, 495–8, Tozzer, 52). 12장(12–5)의 주에서 언급하였듯이 나꼼 꾸뿔의 죽음은 인디오들을 분개하게 했다. 또한 유까딴 원주민들은 하나의 통합된 정치공동체를 가지고 있지 않았기 때문에 주변 지역이나 연맹체의 수장이

항복했다고 그 산하에 조직된 모든 마을이 항복하는 것은 아니었다. 각 마을이 높은 자치성을 가졌기 때문에 독자적인 결정으로 항복이나 저항을 결정했다. 이러한 이유로 유까딴반도에는 식민지 기간 내내 크고 작은 원주민들의 저항이 끊이지 않았다. 그들은 공물납부와 노역을 거부하였고, 적극적인 군사적 저항을 감행하기도 하였다.

2 가리바이본에는 "… los indios se reforzaban cada día de manera que les vino a faltar la comida"로 표기되었는데, 이 문장의 뜻은 명확하지 않다. 문제는 'les'가 누구를 지칭하는가에 대한 의문이다. 즉 '식량이 부족해진 사람들'이 누구인가가 문제의 핵심인데, 다음처럼 크게 세 가지 가능성이 있다.

1. 주어로만 보았을 때 'les'가 '인디오들'을 지칭할 가능성이 크다. 왜냐하면 이 문단에서 에스빠냐 사람을 언급할 경우, 총독(el adelantado)에 대하여 문법상 3인칭 단수로 표현하였다가 인디오들을 언급할 때는 3인칭 복수로 표현하였기 때문이다.
2. 그러나 바로 다음 문단의 첫 번째 문장을 보면 문맥상 에스빠냐 사람들이 이 땅을 떠났다고 나온다. 그리고 앞 문단과 달리 주어가 생략된 채 에스빠냐 사람들이 3인칭 복수로 표현되었다. 그래서 문제가 되는 문장에서의 '식량이 부족해진 사람들', 즉 'les'가 '에스빠냐 사람들'을 지칭할 가능성도 존재한다. 토설본에는 괄호 안에 에스빠냐 사람들이라고 표기되었다. 즉 토설은 'les'를 '에스빠냐 사람들'로 해석한 것이다. 마찬가지로 이 책에서도 '식량이 부족해진 사람들(les)'을 '에스빠냐 사람들'로 번역하였다.
3. 'les'가 '인디오들과 에스빠냐 사람들 모두'를 가리킬 가능성도 존재한다.

3 1534년 봄에 몬떼호 2세(Montejo II)는 띠후 근처에 있는 차깐 지방의 찌비깔(Dzibikal)에서 아버지를 만났다. 몬떼호는 실란에 두 번째 씨우닫 레알을 건설하였고, 아들을 유까딴 북부 지역 총독으로 임명하였다(Tozzer, 52).

4 체임벌린(1940a)은 이와 관련하여 다음처럼 언급하였다. "재앙은 전혀 예상치 못한 곳으로부터 빠르게 전해져 왔다. … 페루 정복 소식이 그곳의 부유한 상황과 맞물리면서 유까딴까지 들려왔는데, 군사작전에 지치고 유까딴에서 금이라고는 전혀 찾아볼 수 없었던 탓에 환상이 깨져버린 정복자들은 힘들게 일한 대가가 오직 엔꼬미엔다(대농장)밖에 없다는 것을 자각하였다. 그리고 이것이 노력에 합당한 대가가 되지 못한다고 생각하였다. 또한 곳곳에는 위험이 도사리고 있었으며, 에스빠냐군의 숫자는 계속해서 줄어만 가는 상황이었기 때문에 그들은 부유한 지역을 발견하기를 희망하였다. 몬떼호와 그의 병사들은 이 상황에 대하여 어떻게 대처해야 할지를 몰랐다. 몬떼호는 누에바 에스빠냐의 지원을 받아 군사력을 증강할 수도 없었고, 에스빠냐의 주관 관청인 아우디엔시아(법원)에 호소해 보기도 하였으나 모두 헛수고였다." 결국 유까딴에서의 첫 정복 단계는 에스빠냐군의 철수로 막을 내렸다(Tozzer, 53).

5 48레구아는 약 201킬로미터 혹은 267킬로미터이다.

6 에레라(Herrera)와 꼬골유도(Cogolludo)는 'Anamuxchel'로 표기하였고, MS에는 'Namuxchel'로 표기되었다. 브린튼(Brinton)(1887, 4)은 'Namacah Chel'이 바른 표기인 것 같다고 하였다. 브라쉐르 드 부르부르본에는 'Vamuxchel'로 표기되었다. G는 묵스(Mux)와 첼(Chel)의 아들인 'Na-Mux-Chel'이라고 하였고, 뻬레스 마르띠네스(Pérez Martínez)는 Vamux를 'Namox'로 고쳐서 표기하였으며, 로이스(Roys)는 모(Mo)와 첼(Chel)의 아들인 'Na-mo-x-Chel'이라고 하였다(Tozzer, 53). 토설본에는 'Namux Chel'로 표기되었다.

7 가리바이본에는 이 부분이 'dos en colleras'로 표기되었는데, 그 뜻이 명확하지가 않다. 'Collera'라는 단어에는 '말머리에 착용하는 띠(줄)'라는 뜻이 있는데, 이러한 뜻으로 해석하면 '두 명은 (걸어서) 말의 띠를 붙잡고 가고, 다른 한 명은 말을 타고 간다'처럼 해석될 가능성도 존재한다.

8 몬떼호는 이곳에서 아빌라와 재회를 하게 된다. 몰리나(Molina)(1986, 500)는 에스빠냐 사람들이 찔란(Dzilan)에서 배를 타고 깜뻬체로 건너갔다고 주장하였다. 그러나 란다의 기록을 보았을 때 정황상 적어도 지역 대부분이 육로를 통하여 건너간 것으로 추정된다. 몬떼호 2세(Montejo II)는 상황이 악화되기 전까지 씨우닫 레알에 남았다가 깜뻬체에서 다시 그의 아버지와 상봉하였다(Tozzer, 53).

9 1534년 말 또는 1535년 초로 추정된다. 체임벌린(1936, 212-8)은 에스빠냐군이 이 지역을 정복하는 데 실패한 이유를 다음처럼 분석하였다.

1. 그들은 진짜 정복자들이 아니라 금에 눈이 먼 모험가들이었다. 그러나 정작 그곳에는 금이 존재하지 않았다.
2. 에스빠냐군의 규모가 300명을 넘지 않을 정도로 매우 적었다.
3. 군사적인 결함이 있었다.

4. 의사소통을 위한 적당한 시스템을 갖추고 있지 않았다.
5. 재정난을 겪었다.
6. 인디오 마을마다 독립적인 정치 조직이 있었다.

한편 에레라(Herrera)(4, 3, III)는 에스빠냐 사람으로 마야 원주민과 결혼하고 마야의 장군으로 활약하며 에스빠냐 군대에 맞서 싸운 게레로의 반에스빠냐 전술이 상당히 효과적이었다고 평가하였다(Tozzer, 53). (게레로에 관한 내용은 이 책 3장 본문과 주 참조)

10 본격적인 아메리카 대륙의 정복 초기에는 멕시코 침공을 성공적으로 이끈 꼬르떼스가 최고 지휘권을 가지고 있었다. 또한 정복의 공로에 따라 땅과 인디오를 나누어 주는 권한도 가지고 있었다. 따라서 몬떼호는 꼬르떼스와 에스빠냐 정부로부터 유까딴을 정복할 권한과 그곳을 차지한 후 통치를 할 권한을 부여받을 수 있었다. 그러나 이러한 정복자들의 전횡적인 권력 행사에 에스빠냐 정부가 서서히 통제를 가하기 시작하였다. 결국 이것은 초기 정복자들과 에스빠냐 정부의 갈등으로 번지게 되었고, 반란과 전쟁으로까지 이어지게 되었다.

11 옛날에는 나이에 상관없이 여성의 이름 앞에 붙였으나, 지금은 일반적으로 나이 든 여성의 이름에 붙이는 경어로 쓰인다(MINJUNG'S Essence DICCIONARIO ESPAÑOL-COREANO).

12 유까딴을 떠난 후 몬떼호는 꼬삘꼬(Copilco)와 울루아강 사이에 있는 지역의 총독으로 임명되었다. 또한 그의 청원대로 1531년 행정구역상 유까딴과 합쳐진 온두라스-이게라스(Honduras-Higueras)의 총독으로 부임하게 되었다. 체임벌린(1936b, 241)은 다음처럼 말하였다. "몬떼호는 일찍이 그의 직책인 총독(Adelantado)으로서의 권력하에 따바스꼬의 서쪽 경계선부터 온두라스-이게라스를 포함한 치아빠스까지 그리고 남북으로는 폰세까(Fonseca)만까지의 전 영토를 하나로 합치고자 하였다. … 많은 점에서 몬떼호의 대야망은 … 왕권과 부딪혀서 실패하였다." 1537년 그는 온두라스-이게라스로 향하였다. 그곳에서 인디오들의 반란에 휩싸였으나 곧 그들을 진압하였다. 또 다른 정복자인 알바라도, 몬떼호와의 경쟁으로 1539년 8월 치아빠스의 총독 자리를 얻는 대신에 온두라스의 총독 자리를 알바라도에게 양도하게 되었다(Tozzer, 53). 이로써 뻬드로 데 알바라도는 지금의 과테말라 지역의 정복과 행정을 담당하는 사람으로, 몬떼호는 유까딴 지역의 정복과 행정을 담당하는 사람으로 굳어지게 되었다.

13 '아우디엔시아(Audiencia)'는 에스빠냐의 사법기관이다. 아메리카 대륙을 정복하면서 에스빠냐 본토의 제도를 그대로 들여왔으며, 아메리카 대륙의 여러 지역에 아우디엔시아(법원)를 설립하였다. 그중에서 '아우디엔시아 데 로스 꼰피네스'는 중미 지역을 담당하는 사법기관이었다.

14 일반적으로 유까딴 마야 지역의 대부분이 정복되었던 시기는 메리다시를 건설하고 이곳을 중심으로 유까딴반도의 정복을 완성한 3차 정복기의 종결 시점인 1546년으로 볼 수 있다. (12장(12-1)의 주 참조)

15 여기서의 '가톨릭왕'은 당시 에스빠냐를 지배하던 이사벨 여왕과 페르난도 왕을 가리킨다.

16 몬떼호 2세(Montejo II)가 꼬르떼스와 동행하였다는 란다의 언급에 다소 의문이 든다(Tozzer, 53). 한편 깔리포르니아(California)는 무척 막연하고 부정확하게 쓰였기 때문에 현재 미국의 캘리포니아나 멕시코의 깔리포르니아 지역을 지칭하는 것이라고는 보기 힘들다. 여기서 말하는 깔리포르니아(California)는 태평양 해안에 이르는 '남쪽 바다'로의 모든 탐험을 지칭하는 것이다. 당시 아메리카 대륙 전체는 공식적으로 에스빠냐와 포르투갈이 나누어 가지고 있었다. 그러나 포르투갈은 현재 브라질 지역에 한정되어 있었고, 오늘날 미국 등의 영토는 에스빠냐의 정복 대상이었다. 사실 말이 정복이지 워낙 큰 땅에 일일이 행정력을 파견하기가 힘들었고, 또 그렇게 할 필요성도 느끼지 못하였기 때문에 고작 현지를 탐험하고 이름을 붙이는 정도의 수준인 경우도 많았다.

17 멕시코 수도의 남동쪽에 있다. 멕시코만을 끼고 있는 지역으로 멕시코와 유까딴 마야 지역의 중간 지점에 해당된다.

18 몬떼호의 아들인 돈 프란씨스꼬(Don Francisco, Montejo II)에 대한 이야기를 여기서 이렇게 자세하게 기술한 이유는 그가 이 책의 저자인 란다가 관할하는 유까딴 지역을 실질적으로 평정하고 정부를 세워 실권을 쥐고 있던 사람이기 때문이다. 또한 란다는 유까딴을 관할하는 가톨릭의 수장으로 몬떼호 2세(Montejo II)와 정치적·개인적으로 많은 친분이 있었다.

14

에스빠냐 사람들이 떠나고 난 후 유까딴의 상황

- 총독의 아들 돈 프란씨스꼬가 유까딴에 에스빠냐 정부를 다시 세우다

14-1 에스빠냐 사람들이 유까딴을 떠나고 난 후에 이 땅에는 물이 부족하게 되었다。 또한 에스빠냐 사람들과의 전쟁으로 옥수수를 무분별하게 소비하였기 때문에 기아가 닥쳐 왔다; (이러한 기아는) 매우 심각한 수준이어서 나무껍질을 먹는 지경까지 이르게 되었다。 특히 꿈체(Cumché)[1]라고 불리는 속이 부드럽고 무른 (나무의 껍질을 먹었다).

기아로 마니 지방 촌장인 시우족 사람들은 치첸이트사라고 불리는 연못에서 남녀 노예[2] 몇 명을 우상들에게 바치는 신성한 의식을 행하기로 하였다.

그러나 (치첸이트사 연못에 가기 위해서는) 최대의 적이었던 꼬꼼족 촌장들의 마을[3]을 지나가야만 했고, 예전과 같은 적대심이 되살아날지도 모른다는 생각에 (시우족 사람들은) 자신들이 그들의 땅을 무사히 지나갈 수 있도록 간청하려고 (그곳으로 사람들을) 파견하였다.

꼬꼼족 사람들은 그럴싸한 대답으로 (시우족 사람들을) 속였으며, 모든 사람이 함께 묵을 수 있는 커다란 집을 내주었다。 그러고는 그곳에 불을 질러서 도망가는 사람들까지도 죽였는데[4]; 이를 계기로 하여 (그들 사이에는) 커다란 전쟁들이 벌어졌다.

[더욱이] 5년에 걸쳐 메뚜기 떼가 창궐하면서 초록색을 띠고 있는 모든 것을 죄

다 휩쓸어버렸다; (이로 인하여) 심각한 기아가 찾아왔고, 길거리에는 시체들이 나뒹굴게 되었다. 에스빠냐 사람들이 다시 이곳을 찾았을 때는 메뚜기 떼가 (창궐한) 해로부터 4년이라는 시간을 별 탈 없이 지내고 난 후여서 (상황이) 조금은 나아졌음에도 이 땅을 온전히 알아보기가 힘들었다.[5]

14-2 돈 프란씨스꼬는 따바스꼬의 강들을 거쳐서 유까딴으로 향하였고, 도스 보까스의 호수들로 들어갔다. 그가 처음으로 도착한 마을은 참뽀똔이었는데, 이 마을의 촌장은 과거 프란씨스꼬 에르난데스(Francisco Hernández)와 그리할바에게 적대적이었던 모츠 꼬보(Moch kovoh)라는 인물이었다; 그러나 그는 이미 세상을 떠난 후였고, 더 이상의 저항은 없었다. (오히려) 마을 주민들이 돈 프란씨스꼬와 그의 부하들을 2년 동안 지원해 주었는데[6], 이 기간에 (다른 지역 인디오들의) 저항이 매우 거세었기 때문에 더는 전진할 수 없었다.

그 후 (돈 프란씨스꼬는) 깜뻬체로 향하였고, 마을 사람들과 우호관계를 맺었다.[7]

그리하여 그는 이곳 사람들과 참뽀똔 사람들의 지원에 힘입어 마침내 정복을 끝낼 수 있었다. 그리고 그들의 깊은 충성심은 왕으로부터 보상받게 될 것이라고 약속하였으나 그 약속은 아직도 지켜지지 않고 있다.[8]

14-3 저항이 그렇게 크지 않았으므로 돈 프란씨스꼬는 군대를 이끌고 띠호(Tihó)[9]까지 진입하여 그곳에 메리다시[10]를 세울 수 있었다[11]; 그렇게 메리다에 진을 치고 여러 지역으로 대장들을 파견하여 정복을 계속해 나갔다.

돈 프란씨스꼬는 사촌인 프란씨스꼬 데 몬떼호를 바야돌릳에 보내어[12] 반역의 기미가 보이는 마을들을 평정하도록 하였다.[13] 그리고 지금 같은 마을들을 이루도록 하였다.

그는 첵떼말에 살라망까 마을을 만들었는데, 깜뻬체에는 이미 마을이 조성된 상태였다.

[그리하여] 그는 아버지인 총독이 통치를 위하여 치아빠스 지역에서부터 부인과 집안 (살림을) 이끌고 (이곳에) 도착하기 전까지 인디오들을 관리하며 에스빠냐 사람들을 통치하였다[14]; 그는 깜뻬체 지역에서 환대받았고, 자신의 이름을 따서 이 마을을 산

프란씨스꼬(San Francisco)라고 명명하였다.[15]

그러고는 메리다시로 건너갔다.

---

1 유까딴 지방의 렐라씨온에서 이 식물에 대한 묘사를 확인할 수 있다. "인디오들과 에스빠냐 사람들에게는 꾼체(Cunche)라고 불리는 또 다른 나무가 있다. 이 나무는 껍질이 두꺼운 기다란 열매를 맺는데, 마치 설탕에 절인 레몬껍질처럼 당도가 매우 높다. 또한 무화과 나무의 열매처럼 속이 부드럽고, 노르스름하며, 맛이 좋다. 씨는 고수풀 씨와 비슷하고, 맛은 겨자과 야채와 비슷하다. 이 나무는 키가 무척 크고, 속은 마치 초록색 호박의 속처럼 하얗고 부드럽다. 인디오들은 흉년이 든 해에 이 나무의 열매로 음식과 음료를 만들어 식량을 해결한다"(Relaciones de Yucatán, 1: 59, Tozzer, 54). 토설본에는 'Kumche'로 표기되었다.

2 노예제도와 관련해서 8장(8-4)의 15번을 참고하면 된다.

3 소뚜따의 남쪽에 있는 오츠말(Otzmal)이라는 마을로 추정된다. 추마옐의 칠람 발람(Chilam Balam de Chumayel)에서 이와 관련된 내용을 확인할 수 있다. "이 사람들은 외국인을 그들의 마을로 데려오는 것에 대하여 논의한 중요한 사람들이다. 왜냐하면 과거에 아 (쭌) 시우라는 마을의 촌장이 오츠말에서 목숨을 잃었기 때문이다"(Tozzer, 54). 이러한 내용을 근거로 본문에서 이야기하는 사건이 일어난 장소를 오츠말로 추정할 수 있다.

4 기우제를 지내려고 시우족 사람들이 꼬꼼족 사람들의 영토를 지나갔을 때 일어난 사건이다. 이때의 사건을 계기로 시우족 최고지도자(Halach Uinic, 할라치 우이닉)의 후계자뿐만 아니라 다른 시우 사람들도 나치 꼬꼼에 의하여 목숨을 잃었다. 이것은 꼬꼼족이 전부터 시우족에게 가지고 있던 '오랜 미움'에서 발생한 것이었다(Herrera, 4, 10, I, Appendix A). 꼬꼼족 사람들은 그들 스스로가 자신들이 이곳의 본래 왕(주인)이며, 시우족 사람들을 '외부인들'이라고 여겼다. 게다가 시우족 사람들이 에스빠냐 사람들에게 협조하는 것을 배신 행위로 간주하여 그들에게 앙심을 품고는 시우족 사람들을 배신하고 학살을 저질렀다(Tozzer, 55).

이 사건과 관련하여 꼬골유도(Cogolludo)와 가스빠르 안또니오 치(Gaspar Antonio Chi)의 사료들에는 날짜와 방법 등을 포함한 정확한 과정이 다르게 언급되었다. 그러나 이 사건은 시우족 사람들이 에스빠냐 사람들을 도와 마야 지역 정복에 협조한 것에 꼬꼼족 사람들의 분노가 표출된 것이고, 전부터 있던 서로 불편한 관계에 따른 여러 사건이 겹치면서 상호 적대적인 관계가 증폭된 것이라고 볼 수 있다.

5 이에 대하여 제넷(Genet)(1:116)은 다음처럼 말하였다. "란다의 기록 중에서 이 부분은 납득하기 힘들다. 이 부분에 대하여 5년 동안 기근이 있었고, 이후 4년 동안 상황이 호전되었으며, 이 4년의 마지막 해에 에스빠냐의 정복자들이 다시 돌아왔다고 이해해야 옳은가? 란다의 진술에 의하면 1536+5+4=1545인데 이것은 불가능하다. 왜냐하면 에스빠냐 사람들이 다시 이곳에 돌아온 해는 1540년 혹은 1541년이기 때문이다. …따라서 우리의 방식대로라면 이 부분은 다음처럼 해석되는 것이 사실관계와 더 일치하는 것으로 보인다. 기근이 있은 후로 에스빠냐 사람들이 다시 돌아올 때까지인 5년(1536-1541년) 동안 1년(1536년)의 기근이 있었고, 나머지 4년 동안(1537-1541년)은 상황이 호전되었다"(Tozzer, 56).

6 이곳 주민들은 실제로 로렌소 데 고도이(Lorenzo de Godoy)와 몬떼호 3세(Montejo III, 몬떼호 2세의 사촌)를 2년 동안 지원해 주었다(Tozzer, 56).

7 약 1533년 가스빠르 안또니오 치의 아버지인 아 꿀렐 치(Ah Kulel Chi)와 아 모찬 시우(Ah Mochan Xiu)로 대표되는 시우족 사람들은 몬떼호 일가에 복종하였다. 몬떼호 2세(Montejo II)는 따바스꼬에서 참뽀똔과 깜뻬체로 돌아가면서 유까딴 정복에 대한 결의를 확고히 하였다. 그가 깜뻬체에 도착한 후 1541년이 되는 해에 에스빠냐 정복자들에게 복종할 것을 요구하자 시우족 사람들과 주변의 다른 까씨께(촌장)들은 복종하겠다는 응답을 보내 왔다. 반면 아 까눌의 인디오들은 항복을 거부하였는데, 이러한

이유에서 그들을 진압할 목적으로 몬떼호 3세(몬테호 2세의 사촌)가 파견되었고, 바로 이러한 내용이 사료에 기록되었다. 그런데 이곳에 파견되었던 사람은 사촌(Montejo III)이 아닌 몬떼호 2세였던 것으로 보인다. 사실이 어찌 되었건 간에 떼나보(Tenabo)에서 출발한 몬떼호 2세 혹은 몬떼호 3세는 차깐에서 인디오들의 저항에 부딪혔다. 왜냐하면 어느 한 인디오 사제가 (에스빠냐 정복자들에 대한 인디오들의) 적대감을 부추겼기 때문이다(Tozzer, 57). 그러나 이 부분의 역사적인 사실관계는 여러 가지로 복잡하며 모순되는 진술이 많다.

8 몬떼호와 그의 자식, 친척, 부하들은 식민지 초기 이 글의 저자인 란다 신부가 부임한 유까딴 지역에서 실질적인 최고의 권력자였다. 또한 란다도 유까딴의 대주교로서 그들과 친분을 유지했기 때문에 그들의 노고를 칭송하는 한편 그들이 이 땅을 정복하는 데 도움을 주었던 충성스러운 원주민들에게 합당한 보상이 이루어져야 한다는 점을 강조하였다. 오히려 에스빠냐의 국왕은 그들의 권한을 축소하기로 결정하였는데, 란다는 이러한 점을 들어서 왕이 이곳을 정복한 사람들에게 한 약속을 이행해야 하며, 그들의 공이 크기 때문에 다른 제재나 처벌을 해서는 안 된다는 점을 간접적으로 주장하였다.

9 여기는 띠호(Tihó)로 표기되어 있으나 5장에는 '띠꼬츠(Tikoch)'로, 42장에는 띠꼬(Tikoh)로 표기되었다. 그러나 모두 같은 장소를 가리키며, 현재 유까딴의 주도인 메리다시에 해당된다. 같은 장소에 대한 다른 표기는 란다의 실수이거나 란다의 글을 옮겨 적은 사람의 실수로 보인다. 단 7장에 등장하는 '떼꼬츠(Tekoch)'는 다른 장소다. 로벨로(Robelo)(1902)는 '띠호(Tihó)'라는 지명에 특별한 의미가 없다고 하였는데, 제넷(Genet)은 'Ti'가 '장소'를 의미하고 'Ho'가 '다섯'을 의미한다고 하였다. 그러므로 'Tihó'는 '다섯 번째 장소' 혹은 '세상(지구)의 중심'이라는 의미를 지닌다고 하였다. 이들의 세계관에 의하면 이 세상은 동서남북인 사방과 나머지 다섯 번째인 세상의 중심으로 이루어져 있기 때문이다. 한편 로이스(Roys)는 이것이 나무의 이름일지도 모른다고 추측하였다. 유까딴의 렐라씨온에는 '탄생 혹은 시작'이라는 의미로 기록되었다(Tozzer, 57). 한편 토설본에는 'Tihoo'로 표기되었다. 이러한 정보들을 토대로 여기에 등장하는 'Tihó'라는 말의 뜻을 좀 더 유추해 보자. 마야를 포함한 메소아메리카의 전설에는 오늘날 우리가 사는 세상이 이전의 불완전한 네 개의 세상 이후 다시 탄생한 제5의 세상이라는 믿음이 존재하였다. 이러한 전설의 개념들이 이 도시 이름 속에 숨어 있다고 추정할 수 있다. 물론 이러한 다양한 추정은 그야말로 추정일 뿐 확신할 수는 없다.

10 현재 멕시코의 31개의 주 가운데 하나인 유까딴의 주도 메리다가 이때 생겨나게 되었다.

11 몬떼호 2세와 그의 사촌인 몬떼호 3세는 뚜치깐(Tuchican)에서 만나 1541년 말 인디오들의 땅인 띠후에 도착하였다. 그리고 1542년 1월 6일에 메리다시를 건설하였다. 유까딴 지방의 렐라씨온(Relaciones de Yucatán, 1: 54)에는 고대 도시 띠후에 메리다라는 이름이 붙여진 사유를 다음처럼 언급했다. "에스빠냐 사람들은 도시를 세운 후에 메리다라고 명명하였다. 왜냐하면 이곳 띠후에서 에스빠냐 정복자들이 에스빠냐의 메리다시에 있는 것과 비슷한 훌륭한 석조건축물들과 건축 장식들을 발견했기 때문이다. 이 도시는 1542년 2월 6일 정복의 총사령관직을 맡고 있던 돈 프란씨스꼬와 70명의 주민, 인디오들의 엔꼬멘데로(대농장주)들에 의하여 세워졌다." 또한 동일한 문서에는 몬떼호의 주택과 과거 인디오들이 인신공양을 하던 성소인 '돌 언덕' 그리고 그러한 '언덕'의 돌들을 가져다가 성당과 그 밖의 다른 건축물을 지은 것에 대해서도 언급되었다.

한편 춘추추(Chunchuchu, Chunhuhub)와 따비(Tabi) 지방의 렐라씨온(Relaciones de Yucatán, 1: 142–3)에서도 메리다시에 대한 묘사를 확인할 수 있다. "메리다시는 주변으로 평야가 펼쳐진 평평한 지대의 거주지 위에 세워졌다. 인디오들은 이곳을 'Tihó' 혹은 'Ciho'라고 불렀다. 이 말들은 탄생 혹은 시작을 의미한다. 한때 이곳은 (훗날) 에스빠냐 정복자들에 의하여 발견된 석조건축물들이 지어지면서부터 한 지역의 수도였던 적이 있었다. 그러나 지금은 인디오들이 사용하는 짚으로 지어진 집들이 아주 조금밖에 남아 있지 않다. 이곳의 건축물들은 크고 훌륭한데, 그중에서도 가장 멋진 건축물은 현재 산 프란씨스꼬 수도원이 세워진 곳의 도시 담장 밖으로 지어져 있었다. 인디오들이 말하기를 이 건축물은 오래된 인디오 왕들의 것으로 그들 간의 전쟁과 불화로 결국은 끝이 났지만 이 건축물들이 지어졌을 당시에는 치첸이트사 왕들의 통치하에 평화로웠다고 한다. 건축물들에는 둥근 천장이 있고, 매우 견고한 회반죽이 입혀져 있었다. 이곳에서 이러한 건축물들을 발견한 에스빠냐 정복자들은 이 도시를 메리다라고 부르게 되었다"(Tozzer, 57–58).

12 몬떼호 3세는 총독으로부터 동쪽 지역의 정복을 위한 부지사(Lieutenant Governor)의 직위를 받았고, 많은 탐험을 통하여 (그의 능력을) 증명해 보였다. 또한 몬떼호 2세가 정복한 소뚜따에서 꼬꼼족의 반란이 있었는데, 이를 진

압하였으며, 1542년 봄에 떼꼬(Tecoh)로 갔다가 같은 해 혹은 1543년 초에 차우까(Chauca)로 진입하였다. 꼬추아의 까씨께(촌장)를 제외한 이 지역의 다른 모든 까씨께(촌장)들은 그를 평화롭게 맞이하며 에스빠냐 사람들과의 연대를 과시하였다. 체임벌린은 당시의 정복 과정을 다음처럼 언급하였다. "인구가 가장 많은 곳을 비롯하여 유까딴 지역의 절반 이상이 평화로운 방식에 의하여 식민지화되었다. 그러나 차깐, 소뚜따, 꾸뿔, 꼬추아, 우아이밀–체떼말(Uaymil–Chetemal)에서는 반란이 있었고, 군사적인 방법을 동원하여 그곳 사람들을 진압하였다." 그는 5월 28일에 약 200채의 집이 있고 600–1,000명의 주민이 살던 인디오 마을 차우아까에 바야돌릳을 세웠다. 체임벌린과 로이스(Roys)는 이 도시가 차우아까가 있던 호수의 서쪽에 세워졌던 것으로 추정하였다(Tozzer, 58).

13 꼬추아의 왕들을 상대로 짧지만 힘든 군사작전을 펼친 후에 몬떼호 3세는 바야돌릳으로 돌아가 식민지 행정구역을 분할하였다. 그러나 꾸뿔족 사람들은 복종하겠다는 약속을 어겼고, 두 번째 (도시이자) 현재 바야돌릳이 있는 사씨(Zaci)의 사제 역시 반란을 일으켰다. 훗날 란다는 이 사건을 진술한 바 있다. 몬떼호 3세는 이곳을 정복한 후에 동쪽 해안으로 이동하였다. 그러는 도중에 에깝을 복속시켰고, 그 후 다시 뽈레에 진입하였으며, 그곳의 항구에서 다시 꼬수멜로 이동하고자 하였다. 그렇게 하려고 원주민이 사용하는 카누를 구하는 데 약간의 어려움을 겪기는 하였으나 이를 해결하고는 꼬수멜행을 시도하였다. 그러나 태풍을 만나 다시 돌아오게 되었고, 이때 함께 간 사람 중에서 9명의 에스빠냐 사람들과 많은 인디오가 목숨을 잃었다. … 몬떼호와 동행한 히랄도 디아스 데 알뿌체(Giraldo Díaz de Alpuche)는 (그는 메시까의 최고지도자였던 목떼수마의 조카딸과 결혼하였고, 유까딴의 쪼놋에서 엔꼬미엔다를 하사받았다.) 이 사건에 대하여 다음처럼 기록하였다(Relaciones de Yucatán, 2: 219). "(그는) 약 30명의 병사와 함께 꼬수멜섬을 정복하러 떠났다. … 이곳은 대양에서 4레구아(약 17킬로미터 혹은 22킬로미터) 정도 떨어진 곳에 있다. 인디오들의 언어로 뽈레라고 불리는 작은 마을에 도착한 후에 그 섬으로 가기 위하여 배를 타려고 하였으나 인디오들은 그(몬떼호)에게 바다가 무척 성나서 (섬에) 갈 수 없다고 하였다. 그러나 대장(몬떼호)은 그들의 말을 믿으려고 하지 않았고, 급기야는 병사들과 함께 그들 말로 쳄(Chem)이라고 불리는 두꺼운 나뭇조각으로 만들어진 배에 올랐다." 그러나 그들은 태풍 때문에 돌아올 수밖에 없었고, 다음 날 다시 같은 시도를 하였다. 10명의 선원을 태운 세 척의 배가 드디어 섬에 도착하였다. 그러나 돌아오는 도중에 9명이 익사하였고, 나머지 한 명인 포르투갈 사람 프란씨스꼬 에르난데스만이 역경을 딛고 육지에 올랐으나 인디오에 의하여 목숨을 잃었다. 한편 에스빠냐 정복자들의 이러한 재앙이 꾸뿔과 꼬추아 지역을 뒤흔드는 바람에 또다시 반란이 일어났다. 그러나 결국 두 지역은 진압되었고, 1546년 대반란이 일어나기 전까지 평화가 지속되었다.

한편 최초의 정착지인 바야돌릳이 여러 열악한 상황을 가지고 있었기 때문에 1544년 3월 14일 다시 도시의 중심을 사씨라는 인디오 마을로 옮기게 되었다. 지금도 이곳 사씨에 바야돌릳이 있다. 바야돌릳의 렐라씨온에서 바야돌릳을 이전한 사안에 대한 세부 내용을 확인할 수 있다. 여기에는 1545년에 이전한 것으로 기록되었다. "몬떼호 대장은 바야돌릳을 북쪽에서 남쪽으로, 동쪽에서 서쪽으로 옮겼다. 또한 북쪽에서 남쪽으로 도로를 냈는데, 그 폭이 40피트(feet, 약 11.1미터)나 되었다. 꾸(Cu)의 (원주민들이 신전의 용도로 사용하는 피라미드를 가리키는 말이다. 그러나 이 용어는 원래 나우아뜰어로 멕시코 고원 지방에서 주로 사용되었다.) 맞은편 광장의 남쪽으로는 초가지붕을 얹은 세 개의 본당이 딸린 교회가 있었고, 그곳 돌기둥들은 토막 내어 자른 돌들과 함께 아치형으로 지어져 있었다." 역시 동일한 유까딴 렐라씨온의 초기본에서 이 유적지에 대한 다음의 내용을 확인할 수 있다. "사람들이 많이 거주하던 당시에 바야돌릳 마을의 중앙광장에는 꾸(Cu)라고 불리는 직접 손으로 쌓아올린 매우 높은 석조건축물이 있었다. 꼭대기에는 흰 (돌로) 만들어진 층계가 있었는데, (하도 높아서) 멀리서도 볼 수 있을 정도였다. 또한 그곳에는 인디오들이 숭상하던 우상이 있었다. 꾸(Cu)는 둥근 모양을 한 언덕이었고, 바깥쪽 길이가 400페이스(약 305미터) 이상 되었다. 계속해서 위로 높아지는 형태로 되어 있었는데, 윗부분은 그리 넓지 않았다. 인디오들이 숭상하던 우상이 꾸(Cu)라고 불렸기 때문에 이 건축물 역시 꾸(Cu)라고 불렸다"(Tozzer, 59).

바야돌릳 시는 유까딴 북부 지역 내륙 중심지로 서쪽 바다와 동쪽 바다에서 대략 같은 거리에 있는 내륙 도시이다. 일반적으로 에스빠냐 정복자들은 정복 과정에서 해양교통의 요지인 바닷가에 대한 식민지화를 효과적으로 수행할 수 있었고, 이에 대한 관리 또한 수월하게 진행할 수 있었다. 그러나 내륙지방으로 들어갈수록 에스빠냐의 군사와 행정력의 공백이 생길 위험이 점점 더 커졌다. 따라서 내륙의 중심지에 도시들을 만들어서 이러한 도시들을 식민지 정복과 행정 유지를 위한 발판으로 삼았는데, 바야돌릳이 대표적인 예라고 할 수 있다. 그러나 바야돌릳의 건설에도 이 도시의 동쪽 지역은 계속해서 지배력과 행정력 면에서 많은 문제를 보였다. 즉 오늘날에는 깐군이나 뚤룸과 같은 지역이 유까딴반도에서 가장 발전된 곳이지만 바야돌릳의 동쪽에 있던 이 지역들은 식민지 시대 행정력에 문제가 많았던 곳이다. 이와는 반대로 바야돌릳의 서쪽에 있는 메리다 같은 지역은 상대적으로 식민지 시대의 행정중심지로서 많은 발전을 이룩하였고, 정치·행정·군사적인 측면에서도 더욱 안정된 곳이었다.

14 몬떼호 1세가 돌아온 시기가 란다가 언급한 시기와 일치하지 않는 것으로 보인다. 몬떼호 1세는 1546년 바야돌릳에서 반란이 일어난 후로 유까딴으로 곧장 돌아간 적이 없다(Tozzer, 59).

15 아 까눌과 낀 뻬츠가 몬떼호 3세에 의하여 복속된 후에 몬떼호 2세는 1540년 프란씨스꼬 데 깜뻬체를 세웠다. 이 도시가 설립된 날짜에 대하여 각기 다른 주장이 제기되었는데, 제넷(Genet)은 여기서 말한 란다의 지명 이야기에 반발하며 에스빠냐 정복자들이 10월 4일 산 프란씨스꼬의 날에 도착했기 때문에 (이 도시의 이름 역시) 그렇게 불리게 되었다고 주장하였다(Tozzer, 59).

원주민들에 대한 에스빠냐 사람들의 잔인함

- 그들은 (그 잔인함을) 어떻게 변명하였는가

15-1 인디오들이 고통스러운 노역의 속박을 짊어진 반면에 에스빠냐 사람들은 땅과 인디오들을 배당받았다. 비록 인디오 중에서 반기를 들려던 사람이 없었던 것은 아니지만 그렇게 하면 매우 잔인한 형벌을 받았고, 그로 인하여 많은 사람이 목숨을 잃었다.[1]

꾸뿔 지역의 몇몇 (인디오) 지도자는 산 채로 불태워졌으며, 어떤 사람들은 교수형에 처해졌다.[2]

(에스빠냐 사람들은) 첼족 사람들의 마을인 요바인에서 반역 정보를 입수하자 그곳의 지도자들을 체포하여 족쇄를 채운 채 그들을 한 집에 몰아넣었다. 그러고는 집에 불을 질러서 산 채로 불태워 죽이는 세상에서 가장 비인간적인 행위를 자행하였다.[3] (필자인) 디에고 데 란다는 (에스빠냐) 지휘관이 마을 근처에 있는 커다란 나뭇가지에 수많은 여자 인디오를 목매달아 죽이는 것을 목격하였는데, 그녀들의 발에는 어린 자식들이 (매달려 있었다).

이 마을과 이 마을에서 2레구아[4] 정도 떨어진 베레이(Verey)라는 곳에서는 두 명의 여자 인디오를 목매달아 죽였다. 그중 한 명은 처녀였고 다른 한 명은 갓 결혼한 여자였다. 그녀들에게는 아무런 죄가 없으나 에스빠냐 사람들은 너무나 아름다운 여인들로 인하여 그들의 군사 진영에 소동이 일어날 것이 두려워서, 그리고 그들이 여자들에게 관심이 없다는 것을 인디오들에게 보여 주기 위해서 (이와 같은 만행을 저질렀다); 두 여인의 빼어난 미모와 (그녀들을) 처단한 잔인함으로 인하여 인디오들과 에스빠냐 사람들 사이에는 그녀들에 대한 많은 이야기가 전해지고 있다.

15-2 꼬추아 지방과 첵떼말 지방 인디오들이 동요하자 에스빠냐 사람들이 그들을 평정하고 나섰다.[5] 이로 인하여 사람이 가장 많이 살던 두 지방은 이 땅 전체를 통틀어서 가장 불행한 지역이 되었다.

(에스빠냐 사람들은) [인디오들에게] 전대미문의 잔혹한 행위를 벌였다. 코와 팔다리를 베어 내는가 하면 여자 인디오들의 유방을 도려내었고, 발에 호박을 묶은 채로 깊은 호수에 빠뜨리기도 하였다; 엄마들처럼 잘 걷지 못한다는 이유로 어린아이들을 창으로 찔렀으며, 목쇄[6]를 질러서 인디오들을 이동시키는 도중에 누군가 병이 들거나 다른 사람들처럼 잘 걷지 못하면 (전체 행렬을) 멈추고는 (그 사람만) 풀어놓는 (수고로움을 피하려고) 목을 베기도 하였다.

그들은 노동 목적으로 수많은 남녀-포로를 이와 같은 방법으로 데리고 왔다.

(그러나) 확신하건데 돈 프란씨스꼬 데 몬떼호(Don Francisco de Montejo)는 그러한 잔혹한 행위를 한 적이 전혀 없으며, 그러한 현장에 있었던 적도 없다.[7] 오히려 그는 (그러한 행위들을) 매우 좋지 않게 여겼는데, [이를 멈추지는] 못하였다.[8]

15-3 에스빠냐 사람들은 (자신의 인원이) 적기 때문에 이렇게 무서운 형벌로 (인디오들을) 겁주지 않고서는 그 많은 사람을 도저히 복종시킬 수 없었다고 변명하였다. 그 예로 히브리인들이 약속의 땅에서 주님의 명령에 따라 지극히 잔인한 행동을 [했던] 과거의 역사를 이야기하였다[9]; 한편 인디오 입장에서는 자유를 지키려고 아주 용감한 대장들을 믿고 (따르며) 에스빠냐 사람들에게 저항하려고 한 것이므로 (그들의 행동은) 당연한 것이었다.

15-4 뛰어난 실력을 자랑하던 어느 에스빠냐 석궁수와 인디오 활잡이가 서로를 죽이려고 하였다. 누구 하나 허점을 보이지 않자; 에스빠냐 석궁수가 땅에 한쪽 무릎을 꿇으

며 거짓으로 허점을 드러내었다. 그러자 인디오 활잡이가 그의 손을 향하여 활을 쏘았고, 화살은 팔 위까지 파고들어 뼈를 갈라 놓았다; 그러나 그 순간 에스빠냐 사람도 석궁을 쏘아 인디오의 가슴을 맞추었다. 치명적인 부상이었지만, 인디오는 자신이 에스빠냐 사람에게 목숨을 잃었다는 소리를 듣지 않으려고 길이는 훨씬 더 길어도 버들처럼 생긴 덩굴풀을 꺾어서 모든 사람이 보는 앞에서 스스로 목을 매었다.

이러한 용맹스러움의 본보기가 아주 많이 있다.

---

1 꾸뿔, 꼬추아, 소뚜따, 꼬꼼, 체뚜말과 주변 지역은 계속해서 에스빠냐 정복자들에 대항하여 반란을 일으켰다. 그리고 이를 진압하기 위하여 무력이 동원되었다. 몬떼호 2세와 몬떼호 3세의 대화를 통한 설득이 실질적으로 효과를 발휘한 곳은 오로지 시우의 지방이자 쎄 뻬츠의 일부인 낀 뻬츠와 치 낀 첼 혹은 차우아까였고, 호까바-호문과 시빠딴, 에깝이 전부였다(Tozzer, 59-60). 아메리카 대륙 전체에서는 유럽의 식민지 정책에 대한 반항이 지속적으로 이어졌다. 그중에서도 마야 지역의 반항은 1500년대의 정복에서부터 독립 이전까지 에스빠냐 세력에 대한 저항으로, 독립 이후부터 원주민 주권 회복 운동과 맞물려서 국내 기득권 세력 혹은 외국 세력에 대한 저항운동으로 이어졌다. 심지어는 1900년대 초반까지도 유까딴반도의 북동부-현재의 깐꾼과 뚤룸을 포함한 지역-에서는 외국인을 살해하는 사건이 빈번하게 일어났다. 마야의 치아빠스주에서 오늘날까지도 이어지고 있는 사빠띠스따민족해방군(EZLN)의 무력투쟁 역시 이러한 맥락에서 이해할 수 있다.

2 꾸뿔족(los Cupules)은 정복기와 정복기 바로 이전에 유까딴의 중북부 지방인 바야돌릳 인근에 있는 치첸이트사의 주변 지역에 살았다. 1579년의 사료에서 꾸뿔족에 대한 다음의 묘사를 확인할 수 있다. "에르발론(Erbalon, Ekbalam) 사람들이 죽자 인디오들은 잘 알려진 꾸뿔(Copul, Cupul)을 통치자로 추대하였다. 꾸뿔은 오랜 시간 동안 에르발론의 왕을 지내며 이 지역을 정의롭게 다스리고 통치하였다. 인디오들은 그를 왕으로 섬겼고, 그에게 공물을 납부했다. 옥수수, 후추, 콩, 면, 그 밖의 다른 것들을 음식으로 바쳤으며, 필요하면 언제든지 달려와 그의 집을 짓고 수선하였다. 한편 이 왕은 알꼬바라는 마을과 경쟁관계에 있었는데, 이 마을과 전쟁을 벌였고, 지금은 사람이 살지 않는 마을들과도 전쟁을 벌였다. 그렇게 인질로 잡힌 사람들을 데려와서 노예로 부렸으며, 돌과 흙으로 만들어진 못생기고 소름 끼치는 얼굴의 우상에게 인신공양 하였다. …이들 꾸뿔족은 도둑질한 사람과 노상강도를 엄격하게 처벌하였다. 이교도가 성행하던 시절에도 인육을 먹지 않았고, 추악한 죄악을 저지르지도 않았다. …꾸뿔족의 혈통과 가계도는 현재까지 이어지고 있는데, 통치자인 후안 꾸뿔(Juan Copul)과 최고 촌장인 알론소 꾸뿔(Alonso Copul)이 직계혈통이다. 그들은 지금도 계속해서 통치하고 있다"(Relaciones de Yucatán, 2: 161-2, Tozzer, 60). 실제로 몬떼호는 이 지역의 반란을 평정하는 과정에서 원주민 지도자들을 산 채로 불태워 죽였다. 이러한 강경책은 식민지 건설과 행정 유지를 위하여 필요한 조치로 간주되었다. 란다도 많은 원주민을 죽이는 데 앞장섰던 사람이고, 란다의 기록이나 위에서 인용된 사료들은 모두 에스빠냐 사람들의 입장에서 작성된 것이다. 따라서 이러한 반란을 강경하게 처리할 수밖에 없었다고 이야기하는 것이며, 대부분은 반란을 저지른 사람들의 죄목에 우상숭배, 인신공양, 폭정 등이 첨가되었다. 또한 이러한 강경한 처벌을 통하여 원주민 사회가 긍정적으로 변하였음을 강조하는 것도 잊지 않았다. 즉 나쁜 원주민 지도자들이 기독교화와 문명화에 반대하여 반란을 일으켰으나 그들을 처벌하였고, 그 결과 식민지 사회가 더욱 긍정적으로 변하였다는 점을 늘 반복해서 강조하였다.

3 이것은 뻬드로 알바레스(Pedro Alvarez)가 아 낀 첼 지역에서 자행한 사건이다. 란다는 다른 두 명의 사제와 함께 1559년 이러한 잔인한 행위를 적은 서한을 써서 꼰세호

데 라스 인디아스(인디아스 자문위원회)에 보냈다. 체임벌린(1936, 283)은 이 사건을 두고 '충격적이고 잔인한 행위 중에서도 가장 두드러지는 사건'이라고 이야기하였다. 그러나 그는 란다가 제시한 이 사건의 시기에 대해서는 확신하지 못하였다. 마지막 정복이 이루어지던 1543–1546년 사이에 벌어진 것으로 추정하였고, 정복의 마무리 단계인 1546년에 반란이 일어난 것으로 보았다(Tozzer, 60).
에스빠냐 사람들이 저지른 잔인한 살육에 대한 란다의 비판은 몇 가지 문제점을 지니고 있다. 첫 번째는 객관성 상실이라는 점이다. 이와 유사한 행위가 몬떼호나 그 밖 다른 정복자에 의하여 비일비재하게 행해졌으나 정치적인 상황에 따라 문제가 되기도 하였고, 문제가 되지 않기도 하였다. 이러한 점에서 객관성의 한계가 존재하였다. 두 번째는 원주민들에 대한 비인간적인 행위의 근본적인 면이 아닌 방법적인 면에서만 비판이 이루어졌다는 점이다. 즉 원주민들을 지배하고 처벌하며 때로는 죽일 수도 있는데, 그러한 행위를 좀 더 합법적이고 덜 잔인하게 하자는 주장을 펼쳤다. 그는 기본적으로 식민지화를 당연시하고 필연적인 것으로 간주하였다. 이러한 문제들을 지적하며 에스빠냐 사람들의 잔인함을 강조하는 사료들은 대부분 동정적인 시선에 불과하다는 한계를 지니고 있다. 란다도 이러한 비판에서 자유롭기 힘들다. 그는 우상숭배를 한다는 이유로 또는 기독교를 받아들이지 않는다는 이유로 원주민들을 갖은 방법으로 탄압하고 목숨을 빼앗았다. 그렇지만 이러한 행위를 필연적이고 정당한 행위로 여기는 모순을 보인다.

4 2레구아는 약 8킬로미터 혹은 11킬로미터이다.

5 1543년 봄에 몬떼호는 부총독인 가스빠르 빠체꼬를 둘쎄만에서 남쪽으로 멀리 떨어진 우아이밀–체뚜말 지방의 총대장이자 대법관으로 임명하였다. 가스빠르는 병으로 몸 상태가 악화되자 아들인 멜초르에게 그의 직책을 위임하였다. 그러나 (실제로 그의 직무를 수행한 사람은) 그의 사촌인 알론소 대장이었다. 알론소 대장은 역사상 가장 잔인한 유까딴의 정복자 가운데 한 명으로 꼽히는데, 이 사건은 강력하게 저항한 꼬추아와 체뚜말의 인디오들을 복속시키는 과정에서 발생하였다. 란다의 주장에 따르면 인디오들의 강력한 저항은 에스빠냐 정복자들의 잔인함을 부추겼고, 에스빠냐 정복자들은 인디오들의 몸을 갈기갈기 찢어 놓는 잔인한 짓까지도 서슴지 않았다. 비엔베니다 신부는 1548년 필립 2세 왕에게 보낸 서신에서 이러한 잔혹한 행위에 대하여 묘사하였는데, 유명한 네로 황제도 알론소 빠체꼬보다 결코 더 잔인하지는 않았을 것이라고 이야기하였다(Tozzer, 60–61).

6 'Collera'는 죄수들이 도망을 가지 못하도록 목에 두르던 형구이다.

7 가리바이본에는 "…ni se halló en ellas"로 표기되었다. 여기서의 'hallarse' 동사는 '허용하지 않았다(게이츠본)', 혹은 '그곳에 있지 않았다(레온의 의견)'와 같은 뜻으로도 해석될 수 있다.

8 체임벌린은 1546년 꾸뿔의 반란이 있었을 때조차 "인디오들이 모든 에스빠냐 사람들을 죽였고, (에스빠냐 사람들에게) 호의적인 인디오들마저 죽였다. …총독과 어린 몬떼호, 조카 몬떼호는 계속해서 중용 정책을 택하였다. 그러나 총독은 심문한 후에 명령을 내려서 반역을 저지른 다섯 명 혹은 여섯 명의 종교·정치지도자들을 화형에 처하였다."고 언급하였다. 1547년 3월 1일 후안 데 라 뿌에르따 신부는 황제에게 '그가 베푼 수많은 훌륭한 일'로 몬떼호 2세의 은사를 요청하는 서신을 띄웠다(Tozzer, 61).
그러나 몬떼호 일가는 노예제도가 과도하게 이루어지면 식민지 경제활동의 주축을 이루는 노동 활동 인구를 감소시킬 뿐만 아니라 세수(稅收)가 감소할 수 있다는 점에서 무분별한 노예화와 에스빠냐 사람들의 원주민에 대한 잔혹 행위 등에 반대 입장이었다. 이것은 원주민 인권에 대한 자각이나 인도주의 같은 이유에서가 아니었다. 오히려 그는 정복이라는 과정을 통하여 잔인한 방법으로 원주민들을 가장 많이 죽였을 뿐만 아니라 식민지 시대에 원주민 착취로 가장 많은 혜택을 누린 사람이었다. 라스 까사스(Las Casas)는 그의 브레비스마 렐라씨온(1552, MacNutt ed., 363, Tozzer, 61)에서 총독에 대하여 다음의 기록을 남겼다. "그는 그가 죽이지 않은 사람들을 무차별적으로 노예로 만들었다. 선박에 노예가 있다는 소식이 들리기라도 하면 서둘러서 움직였고, …50명 혹은 100명 중 가장 예쁜 여자 노예들을 골라 포도주 혹은 돼지와 맞바꾸려는 남자들에게 주었다. 잘생긴 남자 노예들도 이와 다르지 않았다." 란다의 사료 전체에 걸쳐서 당시 최고의 권력을 누렸던 몬떼호와 그의 주변 사람들을 일방적으로 두둔하려는 의도를 감지할 수 있다.

9 에스빠냐 사람들의 잔인한 행동을 비판하면서도 근본적으로는 원주민들에게 더 많은 문제가 있었으므로 이러한 조치는 어쩔 수 없는 것이었다고 합리화하고 있다. 란다는 식민지 정책의 가장 중요한 부분인 종교의 수장으로서 원주민 정복의 정당성을 주장했던 사람이다. 따라서 이러한 그의 기록을 통하여 식민지 정복자의 전형적인 시각을 엿볼 수 있다.

정복 이전 나라의 상태

- 반란 - 인디오들을 위한 왕의 칙령 - 총독의 죽음 - 그의 후손들

16-1 에스빠냐 사람들이 이 땅을 차지하기 전 원주민들은 (여러) 마을에 함께 모여 살았다. 행정이 원활하게 이루어졌고, 땅은 깨끗했으며, 잡목들이 잘 관리되어 있었고, 좋은 나무도 많이 심겨 있었다; 그들의 주거지는 다음과 같은 형태로 구성되었다. 마을 한복판에는 아름다운 광장과 신전들이 있었고, 그 주변으로는 촌장과 제사장들의 집이 있었다. 그다음으로는 (마을의 중요한) 어르신들의 집이 있었으며, 다시 그 주변으로는 가장 부자들이나 가장 많은 존경을 받는 사람들의 집이 있었다. 그리고 마을의 끝자락에는 하층민들의 집이 있었다.[1]

우물[2]이 흔하지 않은 곳에는 그 근처로 촌장들의 집이 있었다. 경작지에는 포도주용 나무[3]가 심겨 있었고, 목화와 후추, 옥수수가 재배되었다. 그들은 적들의 포로가 될지도 모른다는 두려움 때문에 이렇듯 공동체를 이루고 살았으나, 에스빠냐 사람들과의 전쟁으로 숲으로 흩어지게 되었다.

16-2 바야돌릳의 인디오들은 그들의 나쁜 관습 때문인지 아니면 에스빠냐 사람들의 횡포 때문인지 공물을 걷으려고 흩어져 있는 에스빠냐 사람들을 죽이기로 결의하였다;

그리하여 그들은 하루 만에 17명의 에스빠냐 사람들과 400명의 하인을 죽였는데, (이 가운데는) 죽은 에스빠냐 사람들의 (하인도) 있었고, 살아남은 에스빠냐 사람들의 (하인도) 있었다[4]; 그 후 (인디오들은 다른 마을의) 봉기를 도모하려고 자신들이 벌인 일의 증표로 (죽은 사람들의) 팔다리를 전 지역으로 보냈다. 그러나 다른 (마을의 인디오들은) 그렇게 하기를 원치 않았다. 이로써 총독은 바야돌릳에 머물던 에스빠냐 사람들을 구하는 동시에 인디오들을 처벌할 수 있었다.[5]

16-3 총독은 메리다에 있는 [에스빠냐 사람들] 때문에도 초조해했지만[6], 황제의 칙서 때문에 더욱 초조해졌다. 왜냐하면 그가 이 칙서로 모든 지사에게서 인디오들을 빼앗았기 때문이다; (결국) 어느 행정관이 유까딴에 와서 총독의 인디오들을 모두 빼앗은 후에 (이들을 다시) 왕의 이름으로 되돌려놓았다.[7] 그리고 아우디엔시아 레알 데 멕시코(Audiencia Real de México)에서 그를 상벌위원회[8]에 회부하여 에스빠냐에 있는 꼰세호 레알 데 인디아스(Consejo Real de Indias, 인디아스 자문위원회)[9]에 출두하도록 하였다. (그렇게) 총독은 에스빠냐에서 고생스럽게 일만 하다가 나이가 들어 생을 마쳤다.[10] (그리하여) 그보다 더욱 부자였던 부인 도냐 베아뜨리스(Doña Beatriz), 유까딴에서 결혼한 아들 돈 프란씨스꼬 데 몬떼호(Don Francisco de Montejo), 에스빠뇰라섬의 온두라스와 산또 도밍고의 아우디엔시아(las Audiencias de Honduras y Santo Domingo) 의장인 알론소 말도나도와 결혼한 딸 까딸리나(Catalina), 에스빠냐 사람인 돈 후안 몬떼호(Don Juan Montejo) 그리고 그와 어느 여자 인디오 사이에서 태어난 돈 디에고(Don Diego)를 유까딴에 남겨 두고 세상을 떠났다.

16-4 돈 프란씨스꼬는 아버지인 총독에게 통치권을 내준 후 공직 차원이 아닌 개인적인 자격으로 자신의 집에 거주하였다. 그(돈 프란씨스꼬)는 이 땅을 정복하였을 뿐만 아니라 땅을 분할하고 통치하였기 때문에 모두로부터 존경을 받았다.

(그 후) 그는 과테말라의 상벌위원회에 갔다가 집으로 되돌아왔다.[11]

슬하에 몇 명의 자식을 두었는데, 돈 후안 데 몬떼호(Don Juan de Montejo)는 도냐 이사벨(Doña Isabel)이라는 살라망까 출신 여자와 결혼하였고; 도냐 베아뜨리스 데 몬떼호(Doña Beatriz de Montejo)는 아버지의 사촌형제이자 삼촌과 결혼하였으며; 도냐 프란씨스까 데 몬떼호(Doña Francisca de Montejo)는 과달라하라 출신인 돈 까를로스 데 아레야노(Don Carlos de Arellano)와 결혼하였다; 이렇듯 그는 모든 자식의 출가를 지켜본 후에야 오랜 지병으로 세상을 떠났다.

---

1 여기에 등장하는 마야의 사회제도와 관련된 주거지 체계는 마야 사회를 연구하는 데 중요한 원천으로 이용되고 있다. 이러한 란다의 증언과 유사한 내용을 꼬골유도(Cogolludo)(328)의 사료에서도 확인할 수 있다. 도시의 중심지에는 장엄한 건축물들이 지어졌고, 그곳에서 왕과 왕의 친인척을 중심으로 한 귀족과 제사장들이 특권을 누리고 살았으며, 평민이나 노예들처럼 사회적 중요성이 적은 사람들은 그러한 신분에 따라 도시의 외곽 지대에 살면서 생산적인 노동에 종사하였다. 이것이 마야의 사회계층에 따른 촌락구조에 대한 일단의 시각이다.

고고학적인 연구 결과들도 이러한 주장을 뒷받침해 주었다. 대략적으로 한 고대 도시의 중앙 신전 지역을 발굴하였을 때 가치 있는 유물들과 밀집된 대단위 건축물들이 나오면 그곳을 상류계급의 주거지역으로 생각하였다. 반면 다른 지역을 발굴하였을 때 일상생활에서 사용되는 유물들이 나오고 건축물들의 질과 밀집도가 낮으면 하층민들이 살았다고 생각하였다. 즉 삶의 질에 있어서 상류계급은 도시의 중심에 살면서 경제적인 부를 누렸던 반면에 평민 대부분은 도시의 외곽에서 생산노동에 종사하며 가난한 삶을 살았다는 것이다.

그러나 이러한 주장들에 의문을 가지고 좀 더 구체적으로 고고학적인 연구 결과에 귀를 기울여보면 중앙집중적인 권력을 배경으로 한 촌락구조와 그 사회계층에 대한 해석에 문제를 제기할 수 있다. 또한 가족 단위의 경제적인 자급자족 촌락구조와 정치적인 독자 운영에 주목하게 된다. 먼저 정복 이전 마야의 어느 지역에서나 반독립적인 대가족 촌락구조의 형태가 두드러졌던 것을 발견할 수 있다. 특히 광범위한 규모의 발굴과 지표조사의 보고서, 촌락구조에 중점을 둔 심도 높은 고고학적 연구 결과들에 의하면 마야 연구에서 가장 중요한 디에고 데 란다의 사료를 바탕으로 주장된 중앙집중적인 도시 형태의 모델이 그 의미를 상실하고 있다.

따라서 반독립적인 가족 중심 촌락들의 정치와 경제적인 중요성에 관심을 기울일 필요가 있다. 촌락이나 도시의 주거환경을 관찰하면 중심지역이 있기는 하였지만 부심의 발달이 뚜렷하였고, 이러한 부심에서도 중요한 건축물들과 질 높은 도자기, 도구 등이 사용되었던 것을 발견할 수 있다. 이것은 중앙집중적인 부와 권력의 존재 가능성에 의문을 품는 계기를 준다.

한편 엄격한 사회계층의 분화가 없었다는 주장도 검토해 보아야 한다. 다른 중요한 사료로 꼽히는 시메네즈(Ximénez)의 증언은 다음과 같다. "이곳 인디오들의 정부의 형태는 이미 언급한 것처럼 한 왕조에 한 명의 왕이 있고, 그것이 (항상 꼭 그런 것만은 아니지만) 아들에게 세습되는 구조이다. 그리고 그들은 마치 신이라도 되는 것처럼 화려하며 많은 존경을 받는다. 왕은 24개의 커다란 다른 왕국을 포함하고 있고, 일을 처리하는 데 크고 작은 모든 것이 그들과의 상의하에 이루어진다. 그런데 이러한 단위들은 다시 다른 조직으로 세분화한다. 이 왕들은 다시 각각의 마을에 있는 촌장들과 상의한다. 그러나 역시 이들도 절대적인 힘이 있는 것은 아니다. 모든 것은 중앙의 왕이 이야기하고, 가족의 대표들이 모여서 그것에 대해 심의한 후에 만장일치에 의하여 결정된다"(Ximénez, 1975, 104). 마야 정치사회의 기본은 각각의 반독립적인 촌락들로 구성되고, 이러한 촌락들은 혈연관계를 중심으로 한 가치관으로 움직인다. 따라서 혈연을 중심으로 한 작은 씨족공동체가 권력의 중심에 놓였는데, 이것은 엄격한 사회계층 구조의 발달과는 상반된 결과를 초래한다. 즉 일반적으로 동서양에서 발달한 사회 신분제도 자체가 마야 사람들에게는 다른 차원의 것이었고, 이를 굳이 서양식으로 말한다면 사회계층의 발달이 뚜렷하지 못하였다는 말로도 대신할 수 있을 것이다. 결국 이러한 면들은 한 도시의 촌락구조에서 잘사는 사람과 못사는 사람, 정치적 엘리트와 일반 평민의 주거지에 큰 차이가 있기 힘들다는 쪽으로 마야 사회와 촌락구조를 바라볼 수 있게 한다(송영복, 마야, 113-119).

2 정복 이전 유까딴반도에 우물이 존재하였을 가능성은 희

박하다. 유까딴반도에는 강이 거의 없어서 지표 밑의 땅에 물을 저장된 자연 지하연못인 쎄노떼와 이러한 것을 인공적으로 만든 출뚠 등이 식수 및 농수의 공급원으로 이용되었다. 지하수나 석회암질의 층을 통과한 빗물이 이곳에 저장되는데, 어떤 것들은 그 폭이 수십 미터에서 수백 미터에 이르기도 한다. 쎄노떼는 아직도 마야의 중요한 수자원 공급원으로 이용되고 있다. 따라서 오늘날 우리가 알고 있는 형태의 우물이 있었다고 이야기하기는 힘들다. 더욱이 다른 사료들에서도 이러한 내용을 확인할 수 없으며, 오늘날에도 우물은 유까딴에서 일반적이지 않다. 따라서 란다가 쎄노떼나 출뚠을 우물이라고 착각하였거나 적당한 표현을 발견하지 못하였거나 혹은 특별한 설명을 하기 힘들어서 우물이라는 말로 대신 기술하였을 것으로 보인다.

3 포도나무는 정복 이후에 에스빠냐에서 들어왔다. 따라서 여기서 언급하고 있는 포도주와 포도나무는 진짜 포도주와 포도나무가 아니라 마야의 전통술과 그 술을 만드는 데 사용되는 발체라는 나무를 가리키는 것으로 보인다.

4 이것은 꾸뿔족이 '에스빠냐 정복자들을 죽이거나 이 땅에서 추방하기 위하여' 따세스(Tazes), 꼬추아, 차우아까, 소뚜따의 꼬꼼족, 우아이밀-체뚜말 그리고 그 밖의 다른 지역을 선동하여 반란을 일으킨 사건이다. 원주민들의 공격은 1546년 11월 8-9일에 일어났다. 체임벌린(1938a, Ⅳ)은 이와 관련하여 다음처럼 말하였다. "바야돌릳 근처에 있는 자신들의 엔꼬미엔다(대농장)에 고립된 에스빠냐 사람들은 죽임을 당하거나 인신공양으로 희생되었다. 에스빠냐의 식민지 체제에 협조적이었던 사람들(인디오들) 또한 목숨을 잃었다. 유럽에서 가져온 가축들과 집에서 기르던 동물들은 모두 살처분되었고, 에스빠냐에서 가져온 나무들은 뿌리채 뽑혀 나갔다." 체임벌린(1939b, 358)은 사제들의 기독교 강요 역시 1546년 반란의 주요 원인으로 작용하였다고 하였다. "이것은 정치적인 만큼이나 종교적인 사건이었다. 마야 사회의 전체 구조와 그러한 사회 속 종교·정치적 영역에서 자신들의 영향력을 매우 잘 알고 있던 인디오 제사장들은 영구불변의 에스빠냐 정복에 마침표를 찍고자 하였다. 반란이 일어나자 프란씨스꼬 수도회의 수도사들은 고유의 직무를 수행하는 데 어려움을 겪었으나 진압된 후로 다시 증가세를 보이며 그들의 과업을 실현해 나갔다. 깜뻬체의 산 프란씨스꼬 지역에서만 28,000명의 인디오가 세례를 받았다."

로렌소 데 비엔베니다(Lorenzo de Bienvenida)는 1548년에 다음의 글을 남겼다. "에스빠냐 사람들이 인디오들을 학대했기 때문에 반란이 일어났다. 에스빠냐 사람들은 여자들과 아이들을 데려가서 매질하였고, 팔다리를 분질렀으며, 심지어는 죽이기까지 하였다. 게다가 인디오들에게 극심한 개인적인 노동을 부과하였다"(Molina, 1896, 788-805).

톰슨(Thompson)(1935, 55)은 꾸뿔족이 반란을 일으킨 시기는 앞서 살펴본 바와 같이 1546년 11월 8-9일 밤이었는데, 날짜를 11월 8일로 정한 데는 분명 이유가 있을 것이라고 하였다. 왜냐하면 란다에 의하면 이날이 마야의 달력이 시작되는 1이믹스(1Imix)에 해당되기 때문이다. "이것은 단순한 우연일까 아니면 반란의 날로 신중하게 결정된 날짜일까? 마야의 일상에는 행운의 날들과 불행의 날들이 중요시되었다. 따라서 저자는 단순한 우연의 일치가 아니라 반란을 위하여 이날이 신중히 결정된 것이라고 본다. 게다가 에스빠냐 사람들에 대한 학살은 11월 19일 아침에 자행되었지만, 반란을 모의하고 의식을 거행하기 위해서는 분명 그 이전에 모임이 이루어졌을 것이다." 그는 마야 지역에서 발생한 또 다른 역사적인 사건 역시 이와 같은 날에 이루어졌다고 지적하였다(Tozzer, 64-65).

5 이 진술의 일부만이 사실인 것으로 보인다. 반란이 처음 일어났을 당시 몬떼호 총독은 치아빠스에서 돌아오던 중이었고, 몬떼호 2세와 그의 사촌인 몬떼호 3세는 깜뻬체에서 그가 돌아오기만 기다리고 있었다. 반란이 일어나기 전까지 총독은 내내 온두라스와 치아빠스에 있었는데, 그는 1546년 치아빠스를 떠난 후에 그 해가 다 끝날 무렵에야 깜뻬체에 도착하였다. 그때는 이미 바야돌릳에서 폭동이 일어난 지 약 두 달이 지난 후였다. 메리다 의회는 바야돌릳의 에스빠냐 사람들을 지원하기 위하여 프란씨스꼬 따마요(Francisco Tamayo) 대장을 파견하였다. 그 후 총독은 참뽀똔과 깜뻬체에서 인디오들로 구성된 군대를 조직하여 파견하였다. 20여 명의 에스빠냐 사람들과 동맹을 맺어 반란을 일으킨 수백 명의 인디오가 죽고 난 후에야 꾸뿔족과 따세스는 몬떼호 3세에 의하여 진압되었다(Tozzer, 65).

6 몬떼호 2세는 아버지로부터 위임받은 권한으로 메리다에서 엔꼬미엔다(대농장) 체제를 도입하여 실시하였다. … 여기서 란다는 엔꼬미엔다를 몰수하는 과정에서 기존의 농장주인 에스빠냐 사람들과 마찰이 있었다는 내용을 언급하고 있다.

이러한 정책은 인디오들과의 마찰도 초래하였는데, 나치 꼬꼼도 당시 공격을 선동하던 지도자 가운데 한 명이었던 것으로 파악된다. 인디오들은 (이러한 체제를) 거부하였고, 도시를 공격하였다. 그러나 1542년 에스빠냐 사람들이 소뚜따를 공격하자 나치 꼬꼼이 그들과의 평화를 선포하였다(Tozzer, 65–66).

7 몬떼호의 정치와 행정, 엔꼬미엔다(대농장) 체제와 관련된 행동에 대해 불평과 불만이 끊이지 않았다. 몬떼호는 그에 대한 고발에 스스로를 변호해야 하는 상황에까지 놓이게 되었다. 결국 유까딴에서 이룬 그의 절대 권력 세상은 종말을 맞이하였다. 숄스(Scholes)(SA, Introd., pp. viii–ix)는 1549년 말경에 아우디엔시아 데 로스 꼰피네스의 오이도르(감사관)이자 상벌위원회(Residencia)의 판사인 블라스 꼬따 학사(Licenciado Blas Cota)가 메리다의 행정권을 통제하기 시작하면서 몬떼호의 실질적인 권력이 마침표를 찍었다고 하였다.
또한 체임벌린은 다음처럼 말하였다(1936b, 244). "1549년 잘못된 통치와 법적 권한에의 도전, 그 밖의 다른 문제들로 인하여 … 왕실은 몬떼호로부터 유까딴의 통치권을 박탈하였다. 그때 그의 아들 몬떼호 2세와 조카인 몬떼호 3세 역시 권한을 빼앗기게 되었다. 또한 몬떼호 일가는 엔꼬미엔다(대농장)를 몰수당하였다"(Tozzer, 66).

8 'Residencia'는 관료를 지낸 사람을 대상으로 공직생활의 잘잘못을 가려서 합당한 상이나 벌을 묻던 위원회이다. 보통 그 사람과 관련된 주변인들의 증언을 통하여 판정이 내려졌다. 일종의 상벌위원회라고 할 수 있다.

9 유까딴과 따바스꼬는 행정구역상 1543년 아우디엔시아 데 로스 꼰피네스과테말라(Audiencia de los Confines Guatemala)가 온두라스의 그라시아스 아 디오스(Gracias a Dios)에 설립되기 전까지 멕시코의 아우디엔시아(법원)에 속해 있었다. 그러다가 1543년 아우디엔시아 데 로스 꼰피네스에 속하게 되었다. 이러한 변화는 여러모로 불합리하다는 평을 낳았고, 이에 따라 1548년 다시 멕시코의 아우디엔시아(법원)에 속하게 되었다. 그러나 1550년 무효화되었으며, 다시 과테말라의 아우디엔시아(법원)에 속하게 되었다. 아우디엔시아(법원)의 위치 역시 1549년 그라시아스 아 디오스에서 산띠아고 데 과테말라(Santiago de Guatemala)로 이전되었다. 그 결과 유까딴 지역의 입장에서는 각종 어려움이 뒤따랐다. 과테말라까지의 거리가 장거리인데다가 가는 데 비용도 많이 들어서 행정이 잘 이루어지는 것이 불가능하였다. 이에 란다와 다른 사제들은 1559년 4월 3일 꼰세호 데 라스 인디아스(인디아스 자문위원회)의 의장과 오이도르(감사관)들에게 이 지역을 다시 멕시코의 아우디엔시아(법원)의 관할 지역으로 환원해 줄 것을 간청하는 서한을 보냈고, 정부 공직자들과 시민들 역시 동일한 요청을 하였다. 그리하여 1560년 유까딴과 따바스꼬는 멕시코에 속하게 되었다.
한편 몬떼호는 1549년 봄에 권한을 박탈당하였다. 멕시코의 오이도르(감사관)였던 프란씨스꼬 데 에레라가 8월에 메리다에 도착하여 몬떼호에게 이와 같은 조치를 취하였다. 그는 레알 아씨엔다(Real Hacienda, 대농장)를 조사하였고, 당시 최고의 행정관이던 꼬따(Cota)를 감옥에 가두었다(Tozzer, 66).

10 법정에서 자신을 변호해야 했던 몬떼호는 그가 에스빠냐 왕실을 위하여 이룬 공적에 대해 강변하였다. 또한 그가 박탈당한 권한과 엔꼬미엔다(대농장)의 반환 그리고 엄청난 액수의 보상을 요구하였다. 그는 꼰세호 데 라스 인디아스(인디아스 자문위원회)에 이러한 점들을 계속해서 탄원하였다. 그러나 1553년 생을 마감할 때까지 정부로부터 아무런 보상도 받지 못하였다. 한편 그의 딸도 계속해서 같은 맥락의 소송을 제기하였다(Tozzer, 66). 그러나 결국 다른 정복자 대부분이 그런 것처럼 그 역시 결과적으로 분쟁에 휘말리면서 불우한 생을 마감하였다.

11 몬떼호의 아들인 몬떼호 2세는 그의 아버지가 받은 비난을 비교적 담담하게 받아들이면서 이 문제로 정부나 주변 사람들과 큰 갈등을 겪지 않았던 것으로 보인다. 결국 그는 과테말라에서 열린 상벌위원회를 성공적으로 통과하였고, 1564년 아버지에 비하여 비교적 순탄한 생을 마감하였다.

17

에스빠냐 프란씨스꼬파 신부들의 유까딴 도착

- 인디오 보호조치의 실시 - 엔꼬멘데로(대농장주)들과의 분쟁

17-1 프란씨스꼬파의 하꼬보 데 떼스떼라 신부(Fray Jacobo de Testera)[1]는 유까딴으로 건너가 인디오의 자녀들을 대상으로 선교를 시작하였다. (그러나) 에스빠냐 병사들이 젊은 이들을 너무 많이 부려 먹으니 가르침을 위한 시간적인 여유가 없었다; 게다가 인디오들에 대한 부당한 처사로 신부들이 그들(에스빠냐 병사들)을 비난하는 것을 싫어해서[2], 하꼬보 신부(Fray Jacobo)는 멕시코로 되돌아가 그곳에서 여생을 마쳤다.

그 후 또리비오 모똘리니아 신부(Fray Toribio Motolinia)[3]가 과테말라에서 신부들을 파견하였고[4], 마르띤 데 오하까스뜨로 신부(Fray Martín de Hojacastro)[5]도 멕시코에서 더 많은 (신부를) 파견하였다.[6] 그들은 모두 총독과 아들인 돈 프란씨스꼬[7]의 배려에 힘입어 깜뻬체와 메리다에 자리를 잡을 수 있었다. 또한 전에도 이야기하였듯이 메리다에 수도원을 세운 후에[8] 상당히 어려운 (인디오들의) 언어를 배우려고 노력하였다.

17-2 (인디오들의 언어를) 가장 많이 알고 있던 사람은 루이스 데 비얄빤도 신부(Fray Luis de Villalpando)였다.[9] 그는 손짓이나 작은 돌멩이로 (인디오들의 언어를) 배우기 시작하여 이것을 하나의 문법서로 정리하였고, 이들의 언어로 가톨릭 교리를 집필하였다.[10] (그러나

이 땅의) 절대적 집권자였던 에스빠냐 사람들은 모든 일이 자신들의 수익을 올리고 세수를 충당하는 쪽으로만 흘러가기를 원했기 때문에 그에게 많은 곤란함을 안겨 주었다; 게다가 우상숭배와 술에 취하는 관습을 계속하고자 했던 인디오들도 그를 힘들게 하였는데, 무엇보다도 숲속에 뿔뿔이 흩어져 살던 인디오들을 (관리하는 것은 여간) 어려운 일이 아니었다.

17-3 에스빠냐 사람들은 신부들이 수도원을 짓는 것을 못마땅하게 여겼고, 교리를 배우러 가지 못하도록 자기 구역에 있던 인디오의 자식들을 멀리 떠나보냈다; 또한 나무와 짚으로 지어진 바야돌릳의 수도원을 성당과 함께 드 번이나 불태우는 바람에[11]; 신부들은 인디오들과 함께 지내게 되었다; 이 지역의 인디오들이 반란을 일으키자 (에스빠냐 사람들은) 부왕인 돈 안또니오 [데 멘도사(Don Antonio de Mendoza)]에게 (인디오들이) 신부들에 대한 애정으로 반란을 일으켰다는 내용의 서신을 띄웠다。이에 부왕이 직권으로 조사한 결과 인디오들이 반란을 일으켰을 당시는 신부들이 아직 이 땅에 들어오기 전이라는 사실이 밝혀졌다[12]; [그러나 엔꼬멘데로(대농장주)들은] 인디오들이 소동을 일으키자 밤마다 신부들을 감시하였을 뿐만 아니라 그들의 일상을 꼬치꼬치 캐묻는[13] 한편 헌금을 빼앗아 가기도 하였다.[14]

17-4 이러한 위험에 직면한 신부들은 이곳의 상황을 알리려고 성직자 한 명을 과테말라의 의장이자 매우 뛰어난 판사인 쎄라또(Cerrato)[15]에게 보냈다。그는 에스빠냐 사람들이 왕명을 어긴 채 (인디오들로부터) 공물을 갈취하는 것에서부터 온갖 사적인 일들로 [인디오들을 부려 먹던 것] 그리고 그들을 동원하여 짐을 나르는 것에 이르기까지 에스빠냐 사람들의 잘못된 신앙심과 혼란스러운 상황을 접하고는 특정한 세금을 규정하였다。이것은 비록 일시적으로만 시행되었으나 매우 세밀하게 (명시되었고), 엔꼬멘데로(대농장주)들에게 세금을 내고 난 후 인디오들에게 돌아가는 몫도 잘 알 수 있도록 하였기 때문에 에스빠냐 사람들이 모든 것을 독식하지 못하도록 하였다.[16]

이것을 탄원하던 [엔꼬멘데로(대농장주)들은] 세금에 대한 두려움으로 인디오들에게서 더욱 많은 양을 착취하였다。그러자 신부들은 아우디엔시아(법원)로 돌아간 후에 에스빠냐에서 이에 대해 항의하였다. 그리고 여러 번의 (항의 끝에) 과테말라의 아우디엔시아(법원)로부터 오이도르(감사관)[17]가 파견되었다. 그는 토지의 세율을 규정하는 한편 (인디오들의) 사역을 금지했고[18], 여자들로 가득한 집[19]들을 없애버렸으며, 일부 (에스빠냐 사람들을) 결혼시켰다.

(오이도르는) 뗀디야(Tendilla) 출신의 또마스 로뻬스(Tomás López)[20] 학사였는데, 그로 인하여 (에스빠냐 사람들은) 신부들을 더욱 미워하게 되었고, 그들을 중상모략하는 문서를 작성하였으며, 미사에도 더는 참석하지 않게 되었다.[21]

17-5 이러한 증오를 계기로 인디오들은 신부들과 매우 좋은 관계를 유지하게 되었다. (그들은 신부들이) 자신들에게 자유를 주려고 아무런 대가도 바라지 않고 일한다는 것을 이해하게 되었다. 심지어는 신부들에게 보고하지 않은 일은 절대로 행하는 법이 없었다. 그리고 (언제나 신부들의) 충고에 귀를 기울였다. (그로 인하여) 에스빠냐 사람들은 신부들을 더욱 시기하게 되었다. 그들은 신부들의 목적이 인디아스를 장악하고 빼앗긴 것들을 다시 누리려는 것이라고 하였다.[22]

---

1 하꼬보 데 떼스떼라 신부는 프랑스 사람으로 1529년 아메리카에 도착하였다. 그러고는 누에바 에스빠냐 프란씨스꼬 수도회의 꼬미사리오(Comisario, 판관)가 되었다. 그는 1535년 유까딴에 도착하여 포교 활동을 시작한 것으로 보인다.

2 란다 사료의 다른 부분들에서도 엿볼 수 있듯이 정복 과정에서 신부와 정복자들은 같은 목적을 가진 동반자이자 협력자로서 이해관계를 같이하였다. 그러나 정복이 마무리되고 식민지 체제가 정상화되면서 그들 간 갈등이 확대되기 시작한다. 가톨릭과 신부 대부분은 정복자들의 이해관계와 정치적인 면들을 고려한 종교적인 행위를 하였다. 그러나 일부 사제들의 원리 원칙적인 면으로 갈등이 빚어지기도 하였다. 신부들은 인디오들이 우상숭배 같은 행동을 하면 그것을 자신들에게 이야기하라고 아이들에게 가르쳤고, 그렇게 하면 아이들의 부모는 순진한 자식들의 고발로 죽임을 당했다. 결과적으로 이것은 노동력 상실로 이어졌다. 또한 주일에 일하지 않고 성당에서 미사를 드리는 행위 역시 이들의 노동력을 최대한 착취하려는 에스빠냐 사람들 입장에서는 반가운 일이 아니었다. 원칙적인 면에 입각하여 원주민들의 종교적인 충실성에 중점을 두던 신부들은 현실적인 이익에 급급한 지방 세도가들을 비난하기도 하였다. 다른 어떤 가치보다도 가톨릭 선교에 우선순위를 둔 사제들의 판단과 행동은 이러한 면에서 다른 에스빠냐 사람들과의 갈등을 빚어냈다.
이와 관련하여 바르똘로메 데 라스 까사스(Bartolomé de las Casas) 신부의 사례를 아메리카 대륙에서의 대표적인 갈등 사례로 꼽을 수 있다. 라스 까사스 신부의 인디오 보호정책 강조는 다른 에스빠냐 정복자들의 분노를 불러일으켰다. 왜냐하면 라스 까사스 신부가 에스빠냐 사람들에게 그들이 소유하던 노예들을 자유롭게 해 주어야 한다는 주장을 펼쳤을 뿐만 아니라 원주민들의 권리와 인권을 역설하였기 때문이다. 그는 1517년 초 누에바 에스빠냐가 인디오들을 보호할 수 있는 법을 제정해야 한다고 주장하였다. 인디오들과 관련한 그의 거친 항의는 결국 1542년 왕이 법률가들과 성직자들을 불러 모아 새로운 법을 재정하는 결과를 낳았다. 라스 까사스 신부는 정복자들에게 불편하기 짝이 없는 '새로운 법과 질서'를 정립하는 데 성공을 거두었다. 그러나 이에 대한 항의가 빗발치자 1545-6년 인디오들을 위한 법이 철회되었다. 하지만 라스 까사스 신부는 평생토록 인디오들의 권리를 위하여 지속적으로 투쟁하였다. 다만 그의 입장은 식민지화는 정당할 뿐만 아니라 확대되어야 한다는 점, 기독교적인 기본 위에서 원주민들이 철저히 바뀌어야 한다는 점에서 기독교 중심적이며 서양 중심적인 한계를 극복할 수 없었다.

3 모똘리니아(Motolinia) 신부는 약 1540년 《누에바 에스빠냐 인디오들의 역사(Historia de los Indios de Nueva España)》라는 책을 저술하였다. 이것은 식민지 역사를 연구하는 데 중요한 사료 중 하나로 손꼽힌다. 그러나 이 책은 마야에 관한 내용보다는 누에바 에스빠냐 즉 멕시코 고원 지방에 대한 정보에 더욱 많이 치우쳐 있다.

4 여기서 란다는 1545년 프란씨스꼬 수도회의 사제들이 유까딴 지방에 도착한 것을 묘사한 것으로 보인다. 모똘리니아가 파견한 프란씨스꼬 수도회의 수도사들은 유까딴에 온 세 번째 사제단으로 알려져 있는데, 그들은 거의 평생을 이곳에 머무른 첫 사제단이라고도 할 수 있다. 그들 중에는 1549년 수도회의 첫 번째 꼬미사리오(판관)가 된 루이스 비얄빤도(Luis Villalpando)와 로렌소 데 비엔베니다(Lorenzo de Bienvenida), 멜초르 데 베나벤떼(Melchor de benavente), 후안 데 에레라(Juan de Herrera)가 있다. 그중에서도 비얄빤도가 가장 주목할 만하다. 그가 그 시대의 첫 번째 마야 학자라는 점에서도 그렇지만 그보다는 교회를 불태우려는 음모에 동료인 베나벤떼(Benavente)와 보여 준 전설적인 이야기 때문에 더욱 유명해졌다. 그 내용은 다음과 같다. 1547년 그들은 처음으로 에스빠냐 사람들을 호의적으로 맞아 준 시우족에게 선교를 할 목적으로 길을 떠났다. 그러나 그다음 해 노예들을 풀어 주지 않으면 세례를 받지 않겠다던 인디오 지도자들이 옥스꾸츠깝(Oxkutzcab)의 교회를 불태우려는 음모를 계획하였다. 이러한 음모를 눈치 챈 비얄빤도와 베나벤떼는 기도를 하며 교회에서 밤을 지새웠다. 인디오들은 그들의 신앙심과 용감함에 말을 잃었고, 그들의 계획을 차마 이행할 수 없었다. 에스빠냐 당국은 마니의 최고 지도자인 아 꾸꿈(Ah Kukum)으로부터 이 사실을 전해 듣게 되었다. 총독은 메리다에서 재판을 열어 죄인들을 산 채로 화형에 처한다고 발표하였다. 그러나 비얄빤도의 중재로 그들은 용서받을 수 있었다. 이러한 사제들의 행동은 많은 인디오의 개종을 이끌었다. 아 꾸꿈은 몬떼호를 대부로 두어 프란씨스꼬라는 세례명으로 세례를 받았다. 이것은 1548년 말과 1549년 초에 일어난 일이다. 이후 옥스꾸츠깝의 교회와 수도원은 마니로 이전되었다(Tozzer, 68).

5 마르띤 사르미엔또 데 오하까스뜨로(Martin Sarmiento de Hojacastro)는 1538년 멕시코에 도착하였다. 그는 떼스떼라(Testera)에 이어서 멕시코 프란씨스꼬 수도회의 꼬미사리오 헤네랄(Comisario General, 수석판관)이 되었다(Tozzer, 68).

6 1545년 오하까스뜨로가 파견한 (유까딴의) 네 번째 프란씨스꼬 수도회의 수도사들은 니꼴라스 데 알바라떼(Nicolas de Albarate), 앙헬 말도나도(Angel Maldonado), 미겔 데 베라(Miguel de Vera), 꼬미사리오(판관)인 후안 데 라 뿌에르따(Juan de la Puerta)였다. 이들 중에서 후안 데 라 뿌에르따는 비얄빤도의 뒤를 이어서 유까딴 수도회의 꾸스또디오(Custodio, 감독관)가 되었고, 에스빠냐에 있는 동안 유까딴의 오비스뽀(주교)로 임명되었으나 출발 당일 밤 세상을 떠났다. 이 사제들은 1545년 깜뻬체에 도착하였는데, 이것은 같은 해 과테말라에서 온 사제들이 이곳에 도착한 후의 일이었다.
많은 프란씨스꼬 수도회의 수도사가 이곳으로 건너왔지만 '수도사의 총인원 수'는 인디오의 인구수에 비하여 턱없이 부족하였다. "당시 인디오들은 총 3십만 명 정도로 추산되는데, 이 지역만 하더라도 약 200개의 마을이 있었고, 이들 중 대다수는 우연한 계기로 (사제들의) 방문이 이루어지거나 혹은 짧은 시간 동안에만 방문이 이루어지는 것이 전부였다. 그 결과 매일 진행되던 인디오들의 교리 수업은 기독교 교리를 조금이나마 배운 인디오 학교의 선생님들에게 맡겨지게 되었다"(Tozzer, 68-69). 이러한 상황을 생각해 보면 사제들이 고대 인디오들의 풍습과 의식을 금지한 내용 역시 그 실효성을 믿기 힘들다. 식민지 기간 내내 계속해서 원주민들의 전통적인 풍습이 상당히 살아남아서 오늘날까지 이르고 있는 현실도 이러한 면에서 이해될 수 있을 것이다.

7 아버지 몬떼호와 아들 몬떼호 2세는 다른 에스빠냐 정복자 대부분과 달리 사제들에게 호의적이었다. 몬떼호 2세는 인디오 통치자들을 불러 모아 왕이 보낸 사제들에게 복종하라고 이야기했을 정도이다(Tozzer, 69). 이러한 관계는 이 사료의 저자인 란다 신부의 몬떼호에 대한 호감으로 나타난다. 정복 과정을 이야기하거나 식민지화 과정

을 이야기할 때 언제나 몬떼호 일가의 공로를 치하하는 한편 그들에 대한 존경심을 내비치는 모습을 이 책의 곳곳에서 발견할 수 있다.

8 몬떼호 2세는 꼬미사리오(판관)인 후안 데 라 뿌에르따에게 메리다에서 수도원을 지을 장소를 지정해 주었다. 이에 따라 1547년 산 프란씨스꼬 수도원이 건립되었다(Tozzer, 69).

9 비얄빤도 신부(Fray Luis de Villalpando)는 1546년 에스빠냐에서 유까딴으로 건너온 사제이다. 그는 16세기 에스빠냐 사람 중에서 유까딴의 마야어에 가장 조예가 깊었던 사람으로 알려져 있다. 까리요와 안꼬나(Carillo y Ancona)는 이와 관련하여 다음처럼 말하였다. "비얄빤도는 실제 유까딴 지역의 마야어인 유까떼깐(Yucatecan)을 공부하던 사람들 앞에서 (그들에게 가르침을 주고) 유까떼깐 언어로 문명을 기록한 저자 가운데 한 명이다." 한편 또르께마다(Torquemada) 신부는 다음처럼 기록하였다. "비얄빤도는 인디오들의 언어를 배운 첫 번째 사람으로 (인디오들에게) 인디오말로 설교를 하였다"(Tozzer, 69). 그의 마야어 문법과 그 밖의 다른 자료들은 오늘날까지도 남았다. 식민지 시대의 마야어 연구에서 귀중한 자료로 활용되고 있을 정도로 마야어에 대한 높은 구사능력과 지식을 겸비하고 있었다.

10 초기의 많은 마야 문법서, 사전, 교리서, 설교문 등은 현재 남아 있지 않다. 그중에는 루이스 비얄빤도 신부(Fray Luis Villalpando)의 저서도 다수 포함되었는데, 문법서는 란다에 의하여 완성된 것으로 여겨진다. 란다도 원주민어에 당대 가장 많은 지식이 있는 사람 중 한 명이었다. 이와 관련하여 꼬골유도(Cogolludo)는 다음처럼 말하였다. "로렌소 데 비엔베니다 신부(Fray Lorenzo de Bienvenida)가 에스빠냐에서 돌아왔다. …그는 당시 왕이 이 지역으로 파견한 다른 10명의 사제를 함께 데리고 왔다. 그들이 실람(Zilam)항에 도착한 것을 알고는 수도회의 꾸스또디오(감독관)로 있던 신부가 메리다의 과르디안(주임신부)인 디에고 데 란다에게 항구로 그들을 마중 나가서 잇사말의 수도원으로 데리고 가라고 하였다. 또한 그들에게 원주민 언어를 가르치고 난 후 메리다의 수도원으로 돌아오라고 하였다." 만일 꼬골유도(Cogolludo)의 말이 사실이라면 란다는 초기 거물급 마야 학자들의 대열에 올라 있었던 셈이다. 또한 그는 다음처럼 말하였다. "그는 (인디오들의 언어를) 그 누구보다도 빠르게 습득하였고, 가장 완벽하게 구체화했다. 어느 누구라도 (존경하는 마음으로) 디에고 데 란다가 인디오들의 언어를 가장 빨리 배웠고, 마치 모국어인 양 그 언어로 설교하였다고 이야기할 것이다."

사제는 선교하는 데 중요한 수단으로 인디오들의 언어를 배웠다. 숄스(Scholes)가 멕시코 문서(Mexican Archieves)에서 발견한 1579년 멕시코에서 작성된 〈인디오 언어를 통한 성경 설교(Sobre la Predicación de la Biblia en Lenguas Indígenas)〉에 의하면 인디오들의 언어를 읽고 쓸 줄 아는 사람은 극히 드물었다. "이 땅(멕시코)의 인디오들이 구사하는 언어들은 제각기 달랐을 뿐만 아니라 그 수도 아주 많았다. 언어 대부분은 이해하기가 힘들었고, 발음도 알아듣기가 어려워서 그들에게 우리의 성스러운 종교를 전파할 수 없었다. 이러한 이유로 사제 중에서도 인디오들의 말로 정확하게 성경의 내용을 전달할 수 있는 사람은 매우 드물었다. 그러나 인디오들의 언어를 집중적으로 공부하면서 성경의 내용을 그들의 언어로 번역할 수 있게 되었다. 만일 이러한 도움조차 없었다면 인디오들과의 대화는 중단되었을 것이다. 또한 인디오들의 언어에 대한 해박한 지식을 바탕으로 성경의 의미를 그들의 언어로 설명할 수 없다면 사제들이 인디오들에게 교리를 가르치는 데 가장 중요한 수단이 결핍된 것과 같다고 볼 수 있다." 물론 이것은 현재의 멕시코시티를 중심으로 한 멕시코 고원 지방에 중점이 맞추어진 이야기다. 그러나 유까딴의 상황도 이와 다르지 않았을 것으로 파악된다. 숄스와 로이스(Scholes and Roys)는 다음처럼 말하였다. "루이스 데 비얄빤도 신부와 디에고 데 란다 신부를 비롯한 몇몇 사제들만이 마야어를 읽고 쓰는 법을 배웠고, 다른 사람들(사제들)에게도 가르침을 주었다. 그러나 이곳에 온 사제의 절반 이상이 그들의 언어에 능숙했는지는 의문이다."

한편 이러한 정황을 뒷받침해 주는 흥미로운 기록이 남았다. 란다는 1578년 메리다의 오비스뽀(주교)로 있던 시절에 에스빠냐의 종교재판관(Inquisidor)에게 다음의 글을 작성하였다. "지금까지도 이곳에는 인디오들의 언어로 된 신성한 성서가 없을 뿐만 아니라 인디오들의 언어로 된 교리서도 한 권밖에 존재하지 않는다. 나는 이곳에 있는 동안 이것을 베끼는 작업을 하여 이 지역에 건네주려고 한다. 또한 인디오들의 언어로 작성된 몇몇 육필 설교문이 있는데, 마음에 들지 않는 부분이 있어서 이것을 베끼지는 않을 생각이다." 이 글을 통해서 란다가 이미 인디오들의 언어에 상당한 수준의 지식이 있었다고 볼 수 있다. 또한 수준의 차이가 존재하기는 하지만 원주민들의 언어로 설교를 하기 위한 다수의 책이 존재했던 것을 알 수 있다(Tozzer, 69–70).

11 이미 앞서 언급한 바 있는 가톨릭 사제들과 에스빠냐 농장주들과의 갈등은 16세기 중반에 들어서자 절정에 달하

였다. 시살(Sisal)의 산 베르나디노(San Bernadino) 수도원은 1553년 에르난도 데 게바라 신부(Fray Hernando de Guevara)에 의하여 세워졌다. 사제들과 그들의 동료들은 인디오들을 수도원 근처로 데리고 와서 새로운 종교(기독교)를 효과적으로 가르치려고 하였다. 그러나 이 때문에 떼삐츠(Tepich)와 치낀쪼놋(Chikindzonot) 지방의 농장주인 게바라(Guevara)를 비롯한 에스빠냐 사람들과 갈등을 빚게 되었다. 급기야는 이와 관련된 고소문이 1555년 과테말라의 아우디엔시아 데 로스 꼰피네스에 제출되기에 이르렀다. 이러한 분쟁은 이 지역의 중요한 사안으로 계속해서 문제가 되었다(Tozzer, 70).

12 사실관계로 보았을 때 1546년 바야돌릳에서 일어난 이 반란은 사제들과는 아무런 상관이 없는 사건이다. 당시 사제들은 아직 꾸뻘 지역에 도착하지도 않은 상태였다. 그들은 반란이 끝날 무렵에야 도착했고, 1553년에 처음으로 이곳에 성당을 세웠다(Tozzer, 70).

13 가리바이본에는 "… hacían inquisición de sus vidas"로 표기되었다. '일상을 심문하고, 취조하고, 꼬치꼬치 캐어 묻다'라는 해석이 가장 근접한 것으로 판단된다. 그러나 '종교재판으로 사형시키다'라는 해석 또한 가능할 것으로 보인다.

14 여기서 란다는 많은 신부가 선교와 원주민들을 위하여 에스빠냐 정복자들 혹은 지방의 유력자들과 갈등을 빚었다는 식으로 언급하였다. 즉 이 책의 서술 내용만을 본다면 이러한 일이 일반적인 현상처럼 이해될 수 있다. 그러나 전제 아메리카 대륙의 정복과 선교라는 측면에서 본다면 이것은 일부 사례에 국한된 것으로 극히 소수에 불과하였다. 일반적으로는 가톨릭 신부들이 에스빠냐 사람들의 인디오 착취 행위에 결탁하여 이를 적극적으로 지원하고 조장하거나 최소한 방조했던 것을 볼 수 있다.

15 알론소 로뻬스 데 쎄라또는 식민지 지배의 가장 중요한 행정기구 중 하나였던 아우디엔시아(법원)의 부의장이었다. 1550년경 유까딴에 머물던 사제들은 유까딴 지역이 멕시코에서 과테말라의 아우디엔시아 데 로스 꼰피네스의 관할 구역으로 바뀌었기 때문에 그곳의 책임자였던 알론소 로뻬스 데 쎄라또에게 호소한 것이었다. 이에 로뻬스 쎄라또(López Cerrato)는 관리 감독 상황을 점검하기 위하여 1552년 또마스 로뻬스(Tomás López)를 이곳에 파견하였다(Tozzer, 70).

16 가리바이본에는 "… y que fuese todo absolutamente del español"로 표기되었다. 이 문장은 "에스빠냐 사람들이 모든 것을 독식하도록 하였다."는 뜻으로 해석된다. 그러나 문맥상 이 문장은 "에스빠냐 사람들이 (예전처럼) 모든 것을 독식하지 못하도록 하였다."는 뜻으로 해석되어야 한다. 그리고 이어지는 다음 문장이 "엔꼬멘데로(대농장주)들에게 세금을 낸 후에 인디오들에게 돌아가는 몫에 대해서도 잘 알 수 있도록 하였다."처럼 해석되어야 하므로 사실상 위 문장은 모순이라고 할 수 있다. 그런데 레온본에는 이 문장에 'no'라는 단어가 들어가 다음처럼 "… y que no fuese todo absolutamente del español"로 표기되었다. 레온본 대로 해석하면 전체적인 맥락에서 모순되지 않는다. 이 책 본문에서는 레온본에 준하여 번역하였다.

17 '오이도르(Oidor)'를 직역하면 '듣는 사람'이라는 뜻이다. 국민의 원성과 문제가 되는 일들을 듣고 해결해 준다는 뜻에서 이러한 이름이 붙여지게 되었다. 우리나라로 하면 암행어사 같은 존재라고 할 수 있다. 현대적인 의미로는 '감사관'이라는 말이 가장 근접한 해석인 것으로 보인다.

18 또마스 로뻬스(Tomás López)에 의하여 제정된 새로운 법은 사제들의 힘을 더욱 강화한 반면 정복자들의 힘은 약화하는 결과를 가져왔다. 그러나 이러한 문제점이 개선되지 않자 1559년 란다는 다시 과테말라의 아우디엔시아(법원)에 출두하여 이에 대해 항의하였다(Tozzer, 71). 결국 개선을 위한 일련의 노력이 행정조치와 감독관의 파견 같은 형태로 구체화했지만, 실효를 거두지는 못하였다. 이후 식민지 체제 내에서 원주민들의 상황은 더욱 악화했고, 지방의 농장주들과 정치인들뿐만 아니라 가톨릭 사제들까지 한통속이 되어 전반적으로 원주민들의 노동력이 더욱 착취되는 방향으로 나아가게 되었다.

19 '여자들로 가득한 집'은 매춘하는 곳으로 보인다.

20 1549년 몬떼호에 의한 통치가 끝나자 유까딴과 따바스꼬는 알깔데 마요르(도지사)의 통치하에 놓이게 되었다. 그들 중 가스빠르 후아레스 데 아빌라(Gaspar Juárez de Ávila)는 메리다와 바야돌릳, 깜뻬체를 관할하였고, 사제들은 지역 행정 일에 더욱 관여하게 되었다. 숄스(Scholes)(SA, Introd., p. xviii)는 이와 관련하여 다음처럼 말하였다. "성공적인 선교 사업을 이끌 수 있었던 것은 인디오들에게 기독교 교리와 숭배의 원리를 가르친 것뿐만 아니라 에스빠냐 통치자들이 인디오들을 학대하고 남용하는 것에 사제들이 대항하는 등 그 지역의 행정적인 일에 관여하였기 때문이다. 사제들은 선교 프로그램에 해가 될 만한 정책들에 항의하였고, 몇몇 사람의 언행이 교회와 교리에

어긋난다고 공개적으로 비난하였다. 이렇듯 사제들은 정치적인 일에 적극적으로 관여하였다."
1548년 아우디엔시아 데 로스 꼰피네스의 오이도르(감사관)로 임명된 또마스 로뻬스는 1552년 비시따도르(Visitador, 방문감사)의 직책으로 유까딴에 오게 되었다. 그는 권력을 위임받아 알깔데 마요르(도지사)가 되었고, 식민지의 행정을 관할하였다. 인디오들에 대한 대우와 그들에게 부과된 공물납부의 의문점들을 집중 검토한 후에 전보다 부담이 경감된 새로운 법을 제정하였다. …숄스와 로이스(Scholes and Roys)는 다음처럼 말하였다. "그들은 지역 행정의 모든 일에 관여하였고, 까씨께(촌장)들의 권한까지 제한하며 통제하였다. 또마스 로뻬스는 한 마을에서 까씨께(촌장)들이 종종 비밀 모임을 소집한다는 것과 마을과 조금 떨어진 곳에서 원주민들에게 고대 종교의식을 가르친다는 사실을 알게 되었다." 또마스 로뻬스는 사제들의 편을 들며 에스빠냐 정복자들의 반대 입장에 섰다. 그 결과 정복자들로부터 미움을 사게 되었다.
…또마스 로뻬스가 과테말라로 돌아가자 1554-1560년까지 그의 뒤를 이어서 알바로 데 까르바하(Álvaro de Carvaja), 알폰소 오르띠스 델게따(Alfonso Ortiz Delgueta), 후안 데 빠레데스(Juan de Paredes)가 알깔데 마요르(도지사)가 되었다. 1558년 과테말라의 아우디엔시아 데 로스 꼰피네스에서 온 사람은 알깔데 마요르(도지사)들에게 사제들을 도와서 일하라는 명령을 내렸다. 일반적으로 알깔데 마요르(도지사)들은 에스빠냐 농장주들과 정치적인 이해를 함께하는 경우가 많았기 때문에 사제들과 종종 의견과 행동을 달리하였다. 이를 개선하기 위하여 사제들의 손을 들어준 조치였다고 볼 수 있다. 앞서 살펴본 바와 같이 란다도 행정가들의 이러한 행위에 항의하기 위하여 다양한 조치를 취했던 것을 보면 당시의 정황을 잘 이해할 수 있다(Tozzer, 71).
1560년 과테말라의 오이도르(감사관)인 가르시 후프레 데 로아이사 학사(Licenciado Garcí Júfre de Loaísa)가 비시따도르(방문감사) 직책으로 이곳에 파견되었다. 그는 1561년 5월까지 이 지역의 일을 관할하였고, 농장주들이 그들의 땅과 집에서 인디오들의 노동력을 사용할 수 있도록 허락하였다.
한편 이 시기 란다는 새로운 관직에 임명되었다. 1560년 그는 사제단 회의의 의장과 메리다 수도원의 과르디안(주임신부)으로 선출되었다. 란다와 다른 프란씨스꼬 수도회의 사제들 그리고 몇몇 정복자들이 여러 번에 걸쳐서 청원서를 제출한 결과 유까딴과 따바스꼬의 관할권이 1560년 다시 멕시코로 바뀌었다. 디에고 끼하다(Doctor Diego Quijada)는 알깔데 마요르(도지사)와 함께 유까딴과 꼬수멜 그리고 따바스꼬의 후스띠시아 마요르(Justicia Mayor, 대법관)로 임명되었다. 그러나 유까딴의 상황은 좋지 않았다. 끼하다는 직무 초기부터 어려움을 겪었다. 그는 고질적인 문제였던 엔꼬미엔다(대농장)의 행정 문제들을 고스란히 떠안았다. 게다가 깜뻬체 지역은 프랑스 해적들에게 공격을 받고 있었고, 그도 자신의 처우에 불만이 있었다. 그는 1561년 10월 6일 이 모든 문제점을 언급한 서한을 왕에게 보냈다. …끼하다가 있던 시절까지만 해도 비시따도르(방문감사)는 엔꼬미엔다(대농장)를 배당받을 수 있었지만 알깔데 마요르(도지사)는 그렇지가 않았다. 결국 이러한 항의가 결실을 맺자 1561년 9월 22일 왕실은 증명서를 발급함으로써 끼하다가 왕실의 이름으로 엔꼬미엔다(대농장)를 소유할 수 있도록 하였다. 이로써 왕실은 알깔데 마요르(도지사)들에게 봉급을 지불하고자 하였다. …그러나 끼하다의 역경은 계속되었다. 그는 친구들과 추종자들을 위한 편파적인 행정을 했다는 이유로 고소당하였다. 그 결과 깜뻬체에서 알깔데 마요르(도지사)로 선출되기가 힘들어졌고, 재정적으로도 어려움을 겪게 되었다(Tozzer, 71-72).

21 또마스 로뻬스가 사제들의 인디오 선교에 도움을 주기 위하여 채택한 방법 가운데 하나는 인디오들을 수도원 근처의 큰 마을로 집단 이주시키는 것이었다. 그 결과 엔꼬멘데로(대농장주)들은 인디오들이 납부해야 하는 공물의 양이 줄어드는 것에 대하여 반기를 들며 항의하였다. 다음은 어느 한 인디오의 말이다. "인디오 노인들은 그렇게나 많은 사람이 죽은 이유가 원래 살던 지역에서 수도원 근처로의 이주정책 때문이라고 하였다. 그리고 그 책임자로 오이도르(감사관)였던 또마스 로뻬스를 지목하였다. 그는 과테말라의 로얄 아우디엔시아(Royal Audiencia)에서 이 지역으로 파견되었는데, 이 마을 역시 그의 관할구역 내에 속해 있었다. 또마스 로뻬스는 사람들을 원래 살던 마을에서 수도원 근처로 이주시키고자 하였고, 이를 원치 않던 사람들의 집에 불을 지르도록 하였다. 그는 이 지역을 떠나기 전에 인디오들을 수도원 근처로 이주시키려고 하였는데, 만일 그렇게 하지 않으면 그들의 집에 불을 지르는 것조차 어쩔 수 없다고 생각하던 프란씨스꼬 수도회의 다른 사제들에게 이와 관련된 권한을 이양하였다. 나는 이것을 실제로 목격한 증인이다. 또마스 로뻬스에게는 인디오들의 이주와 엄청난 인구수의 감소에 대한 책임이 있다. 인디오들이 말하기를 그가 강압적으로 이주시키고, 집을 불태우며, 인디오들 소유의 과실수를 베어낸 결과 (많은 사람이) 무척 분개하였고, 목숨을 잃었다고 하였다. 나는 바로 이러한 이유로 인디오들의 인구수가 급격히 감소하였다고 생각한다"(Relaciones de Yucatán, 2: 209-10). 메리다의 렐라씨온(Relaciones de Yucatán, 1: 49)에는

에스빠냐 사람들이 이 땅에 들어온 이후로 인디오들의 인구수가 급격히 감소한 원인이 천연두와 페스트 때문이라고 언급되었다(Tozzer, 72).
일반적으로 원주민 인구 감소의 제1 원인으로 거론되는 전염병 외의 다른 원인이 원주민 인구 감소에 얼마나 많은 영향을 주었는지 정확히 파악하기는 힘들다. 즉 전염병이 중요한 원인으로 작용한 것은 사실이지만 탄압과 살인 등에 의한 인구 감소 역시 이와 상응하는, 혹은 더 큰 원인이 되었다.

22 1526년 왕의 포고(Real Decreto)에서 정부가 에스빠냐 정복자들의 탐욕과 잔인함을 바로잡으려던 시도가 있었고, 원주민 보호가 주 내용이었다는 것을 확인할 수 있다. 이와 관련하여 어느 에스빠냐 사람은 다음처럼 증언하였다. "주변으로 높은 바다가 있는 본토와 섬으로까지 진입한 우리 신하들은 이 섬과 본토의 인디오들을 학대하였고, 힘든 노역을 부과하였다. 또한 생활에 필요한 옷과 식량을 지급하지 않았으며, 마치 노예처럼 잔인하고 불쾌하게 다루었다. 그 결과 수많은 인디오가 목숨을 잃었고, 많은 영토가 황폐해졌다. 본래 주인이던 인디오들은 사라진 대신에 우리 외지인들이 이 땅을 차지하게 되었다. 인디오들은 스스로 목숨을 구하고 학대를 면하고자 숲으로 도망갔다. 이것은 인디오들을 우리의 성스러운 종교로 개종시키는데 엄청난 방해가 되었다. …따라서 (우리가 가르침을 준) 인디오들의 입을 통하여 사제들로 인하여 인신공양의 악습이 멈추게 되었다는 것과 성스러운 신앙이 전파되었다는 것을 알리도록 해야 하며, 사제들이 다른 어떤 좋은 것들을 가르쳐 주었는지 알리도록 해야 한다"(Tozzer, 72).
그러나 이러한 악행은 단지 정복자들과 에스빠냐의 엔꼬멘데로(대농장주)들에 의하여 자행된 것만은 아니었다. 란다 본인이 신부였던 만큼 그가 집필한 사료에는 사제들의 행동을 미화하고 정당화하는 부분이 상당하다는 점을 염두에 두어야 한다. 즉 실제로는 많은 신부가 세속적인 것에 눈이 멀어서 정복자나 농장주들과 결탁하였다. 이로써 원주민들을 착취하는 경우가 많았으며, 원주민들은 정부에서 요구하는 세금뿐만 아니라 교회에서 요구하는 십일조에 대한 부담으로 세금이 이중으로 부과되는 극심한 고통을 겪어야 했다. 식민지 시대의 신부들을 비롯한 종교인들의 부패는 그 뿌리가 상당히 깊다. 16세기가 면죄부가 판을 치고, 종교개혁을 부르짖던 시대였음을 생각해 보자. 특히 에스빠냐는 이러한 종교개혁을 거부하고 가톨릭을 끝까지 고집했던 몇 안 되는 유럽국가 가운데 하나였다. 한편 원주민 선교를 우선순위로 둔 가톨릭 사제들은 선교를 거부하거나 비협조적인 원주민들에게 형벌을 가하고 죽이는 등의 처벌이 극히 당연한 처사라는 입장이었다. 실제로 식민지 체제가 안정되면서부터 많은 원주민이 종교재판으로 처형되었다. 란다는 그 책임의 한가운데 있었다.

18

인디오의 나쁜 습관들

- 신부들이 이 나라의 언어를 공부하다 - 원주민들에 대한 교육 - 배교자들에 대한 벌

18-1 인디오들의 나쁜 습관을 들자면 우상숭배를 하는 것과 배우자를 버리는 것[1], 모두 모여 술에 취하는 관습[2], 노예를 사고파는[3] 것인데; 이러한 것들을 바로잡으려고 했기 때문에 신부들이 미움을 샀다; 비록 겉으로 표현하지는 않았지만 에스빠냐 사람 중에서도[4] 성직자들을 가장 애먹이던 사람들은 제사장들이었다. 그들로 말할 것 같으면 (신부들로 인하여) 주업과 그로 인한 이익들까지 (모두) 잃어버린 사람들이다.

18-2 (신부들은) 포교를 위하여 촌장과 높은 어르신들의 어린 자식을 모아 각 마을 수도원 근처 집들에 데려다 놓는 방법을 택하였다.[5] (그리하여) 마을의 모든 아이를 한데 모으게 되었고, 부모와 친척들도 먹을 것을 가져다주려고 (이곳을 방문하게 되었다); 아이들로 인하여 (다른 인디오들도) 가르침을 받았고, 지속적으로 (가르침을 받다 보니) 많은 사람이 신앙을 가지고 세례받기를 원했다. 가르침을 받은 아이들은 우상숭배나 (마을 전체가) 술에 취하는 것을 보면 신부들에게로 달려가 보고하였으며[6], 비록 친부모 것일지라도 우상들을 부수어버렸다. 또한 [엔꼬멘데로(대농장주)들이나 다른 인디오들이] 이혼녀들과; 고아들을 노예로 만들면 이를 신부들에게 고발하도록 설득하였다.[7] 이로 인하여 비록 (다른 인디

오들로부터) 협박을 받을지라도 신부들에게 보고하는 일을 중단하지 않았다. 오히려 이렇게 명예로운 일을 하는 것이 자신들의 영혼을 위한 일이라고 대답하였다.

총독과 왕의 판사들은[8] 인디오들이 의무적으로 교리에 참석하도록 하고, 그들이 옛 생활로 돌아가는 것[9]을 벌할 수 있도록 신부들에게 특정 권한을 부여하였다.[10]

처음에 촌장들은 에스빠냐 사람들처럼 (신부들이 자식들을) 노예로 만들려는 거라고 생각했기 때문에 자식들을 내주기를 꺼렸다.[11] 이러한 이유로 친자식 대신 다른 어린 노예들을 내주는 경우가 많았는데; (신부들이 하는) 일을 이해한 후로는 흔쾌히 (자식들을) 내주게 되었다.

18-3 이러한 방법으로 젊은이들은 학교에서, 그 밖의 다른 사람들은 교리 수업을 통하여 큰 발전을 이룰 수 있었다. 이것은 실로 감탄할 만한 일이었다.

18-4 (신부들은) 잘 정리된 문법서로 마치 라틴어를 공부하듯이 인디오들의 언어로 읽고 쓰는 법을 배웠다.[12] 또한 이들의 언어에는 우리가 사용하는 문자 중에서 D, F, G, Q, R, S 같은 여섯 개가 빠져 있다는 것을 발견하였는데, (그들은 이러한 문자를) 그 어디에도 필요로 하지 않는다; 그러나 여러 뜻의 특정한 단어를 이해하기 위해서는 문자를 두 번 반복하여 쓴다거나 (새로운 글자를) 덧붙여야 할 때가 있다. (예를 들어) 빠(Pa)는 연다는 뜻이고, 입술을 꽉 붙여서 소리를 내는 빠(PPa)는 부순다는 뜻이다[13]; 또한 딴(Tan)은 석회 혹은 재라는 뜻이고, 혀와 윗니 사이로 세게 발음하는 딴(Than)은 말 혹은 말한다는 뜻이다; 이런 식으로 다른 어휘들에서도 차이를 보이는데[14], 그들에게는 (이를 위한) 또 다른 문자들이 있기 때문에[15] 굳이 새로운 형태의 문자를 고안해 낼 필요가 없었다. 그러나 모든 사람의 공용어로 라틴문자들을 활용할 필요는 있었다.[16]

(신부들은 인디오들에게) 숲속에서 사는 것을 그만두고[17] 전처럼 좋은 마을에서 함께 모여 살 것을 명령하였다. 더 쉽게 인디오들을 가르치기 위해서였고, 부활절이나 다른 축일에[18] 헌금을 걷는 일을 덜 수고롭게 하려는 것이었다; (인디오들은) 이러한 목적으로 선정된 두 명의 노인을 통하여 교회에 헌금하였으며, 신부들이 그들을 방문하고 다닐 때 (신부들에게) 필요한 것을 주었다. 또한 장신구로 교회를 치장하기도 하였다.

18-5 이처럼 (신부들이) 사람들에게 종교적인 가르침을 주고, 젊은이들을 교육했음에도 (인디오들은) 우상숭배를 주관하던 제사장과 촌장들에 의하여 다시 타락의 길로 들어섰다.[19] 그들은 우상숭배와 공양을 다시 시작하였는데, (이러한 공양에서) 단순히 향을 피우는 것뿐만 아니라[20] 인간의 피를 바쳤다.[21] 그리하여 신부들은 종교재판을 열었고, 알깔데 마요르(도지사)에게 도움을 청하여 수많은 사람을 잡아들였다. 그러고는 종교재판 형식에 준하여; (죄수들이 쓰는) 고깔을 씌운 후 그들을 처형대로 보냈다.[22]

[수많은 인디오가] 채찍질을 당하고 머리를 깎였으며, 그중 일부는 종교재판에 따라 일정 기간 벌을 받았다[23]; 또 어떤 사람들은 악마에게 속은 것에 슬퍼하며 스스로 목을 매기도 하였다. (이렇듯) 사람들 대부분은 잘못을 깊이 뉘우치며 좋은 기독교인이 되겠다는 의지를 보여 주었다.[24]

---

1 모뚤의 렐라씨온에서 원주민들이 배우자를 버리는 것과 관련된 내용을 확인할 수 있다. "그들은 한 명의 여자를 아내로 맞이하였다. 그러나 매우 사소한 이유로 아내를 버리고 다른 여자와 재혼하기도 하였다. 이런 식으로 10–12번이나 결혼한 남자들도 있었다. 여자들에게도 남자들과 똑같은 자유가 있었다. 여자들도 남편을 버리고 다른 남자와 재혼하였다. 그러나 첫 번째 결혼은 사제들에 의하여 이루어졌다"(Tozzer, 73).
이러한 자유로운 결혼 이야기는 다른 지역을 다룬 사료에도 자주 등장한다. 그러나 과연 현실이 이들이 묘사한 것과 같았는지는 많은 의문이 든다. 식민지 시대뿐만 아니라 오늘날에도 이들의 결혼풍습과 남녀관계는 상당히 보수적인 형태를 근간으로 한다는 견해가 일반적이다. 물론 자유로운 부분이 없는 것은 아니지만 자유롭다기보다는 방만 혹은 부도덕하다는 느낌이 드는 란다의 원주민 결혼 관습에 대한 묘사는 이들의 문화가 저속하고 부정적이기 때문에 그들에게 유럽의 문물을 전할 필요가 있다는 주장을 뒷받침하려는 의도에서 확대 재생산된 것으로 보인다.

2 가리바이본에는 'borracheras públicas'로 표기되었다. 이를 직역하면 '공적인 혹은 마을 전체의 술 취하기'가 될 것이다. 이것은 마야 사람들이 달력에 따라 특정한 날에 신들에게 제사를 지내고 함께 술을 마시며 취하는 행위를 가리키는 것으로 보인다. 달마다 행해지던 관례를 설명한 35장 이후 장들에서 이러한 종교적인 음주에 대한 더욱 자세한 설명을 확인할 수 있다.

3 마야 원주민들의 노예제도와 관련해서는 8장(8–4) 주를 참고하면 된다.

4 이 부분은 뜻이 다소 애매하거나 혼란스럽게 느껴진다. 가리바이본에는 '… pero que entre los españoles'로 표기되었고, 이에 따라 본문에서도 '… 에스빠냐 사람 중에서도'라고 해석하였다. 그러나 브라쉐르 드 부르부르본에는 '… pero que a parte de los españoles(에스빠냐 사람들 외에도)'로 표기되었다. 이 둘은 그 내용과 전달하는 뜻이 완전히 상반된다. 이에 대하여 라다와 델가도(Rada y Delgado)는 다음처럼 말하였다. "아마도 대수도원장은 다른 사제들과의 분쟁에 휩싸여 있던 란다가 이 문장에서 에스빠냐 사제들을 언급하는 것으로 해석되는 것을 원치 않았기 때문에 이것을 수정한 것으로 보인다. … 원문에서 언급하는 사람들은 에스빠냐 신부들에게 관직과 혜택

을 빼앗기고 난 후 이에 대항하던 에스빠냐의 사제들이었다"(Tozzer, 73).

다시 말해서 에스빠냐어 원문을 통하여 살펴보면 '마야의 제사장들이 자신들이 하던 일을 빼앗기고, 그에 따른 이익도 없어지자 에스빠냐 신부들을 미워한 것'으로 이해할 수 있다. 그러나 문제는 란다가 작성한 원문의 내용이 수정되었을 가능성이 크다는 것이다. 기존의 원문에는 에스빠냐 사람들, 그들과 이해관계를 함께한 에스빠냐 성직자들이 신부들을 미워한 것으로 기록되어 있었을 가능성도 존재한다. 즉 사제와 성직자, 에스빠냐 사람들 간의 갈등관계를 피하려는 이유로 훗날 사료의 내용이 첨삭되었을 가능성이 크다. 따라서 이렇게 본다면 '자신들이 하던 일을 빼앗기고 그에 따른 이익도 없어지게 됨으로써 에스빠냐 신부들을 미워하게 된 사람'은 마야의 제사장들뿐만 아니라 그곳에 살던 에스빠냐 성직자들을 포함한 다른 많은 에스빠냐 사람이라고 할 수 있다. 또는 마야의 제사장들은 신부들을 미워하지 않았으나 에스빠냐 사람들이 신부들을 미워한 것이라는 풀이도 가능하다.

5 또마스 로뻬스의 주도하에 사제들이 인디오들을 그들의 원래 마을로부터 수도원 근처로 이주시키려고 하였고, 농장주들이 이에 항의하였다는 내용을 17장(17-4)의 주에서 살펴본 바 있다.

6 실제로 비얄빤도의 원주민들이 신부들이 있던 옥스꾸츠깝의 교회를 불태우려는 음모를 꾸몄던 것을 원주민 아이들이 보고한 사례가 있다(Tozzer, 73). 이와 관련된 에스빠냐 신부들의 전설적인 이야기는 17장(17-1)의 주에서 자세히 설명하였다. 당시의 사제들은 원주민 선교를 위하여 원주민 어른들보다 순진하고 기존의 원주민 전통 종교에 물들어 있지 않은 아이들의 교육에 더욱 힘을 쏟았다. 이러한 경향은 마야 지역뿐만 아니라 전 아메리카 대륙에 걸쳐 유사하게 나타났다. 학교를 만들고 기존의 원주민 지도자들의 자녀를 식민지 거점 도시에 데려다가 에스빠냐어 교육을 포함한 종교 교육으로 에스빠냐 사제들의 충직한 도우미로 활용하였다. 또한 그들을 식민지 통치를 원활하게 하는 도구로 삼았다. 이러한 현상은 식민지 시대에 에스빠냐어를 할 줄 아는 원주민들과 그렇지 않은 원주민들 간의 신분적·경제적·정치적인 차이를 낳았다. 식민지 시대에 에스빠냐어를 할 줄 아는 원주민들은 '라디노(Ladino)'라고 불렸는데, 물론 에스빠냐 사람들만큼은 아니지만, 이들도 꽤 많은 권한을 행사하였다. 이후 시간이 흐르면서 '라디노'라는 말은 '혼혈인' '도시에 이주하여 사는 원주민' '백인들의 앞잡이' '원주민어를 할 줄 모르는 혼혈인' '교활한 사람' 등의 파생 의미를 갖게 되었다.

원주민에게 세례해 주는 식민지 시대의 가톨릭 사제

7 다음과 같은 해석도 가능하다. "부정한 짓을 하는 여자들과 고아들을 설득하였다." 혹은 "신앙을 받아들이지 않는 여자들과 고아들을 설득하였다."

8 가리바이본에는 이 부분이 'las fuerzas del rey'로 표기되었다. 이것을 직역하면 '왕의 부대' 같은 뜻으로 해석되는데, 문맥상 잘 어울리지 않는다. 레온본에는 'los jueces del rey'로 표기되었고, 토설본에는 'judges of the King'으로 표기되었다. 이 둘은 모두 '왕의 판사들'이라는 뜻으로 해석되며, 이러한 해석이 문맥상 더욱 자연스럽다. 따라서 본문에서도 이와 같은 뜻으로 해석하였다. 이것은 란다 혹은 란다의 글을 옮겨 적는 과정의 실수인 것으로 보인다.

9 여기서 말하는 옛 생활로 돌아간다는 것은 기독교 전파가 되기 이전에 원주민들이 우상숭배 하던 시절로 되돌아간다는 것을 의미한다.

10 란다는 기독교적 의무에 반발하는 사람들, 우상숭배를 그만두는 것을 거부하는 사람들, 기독교로 개종했음에도 다시 우상숭배를 하는 사람들, 인신공양을 하는 사람들에 대한 형벌이 얼마나 엄중했는지 묘사하지 않았다. 18장(18-5)의 본문과 주에 1562년 란다가 집행한 종교재판과 관련하여 설명되었다(Tozzer, 73).

11 멕시코 남부의 라깐돈 지역에 살며 촐(Chol) 언어를 구사하는 라깐돈 원주민들에 관한 1696년의 기록에서 이와 관련된 내용을 확인할 수 있다. 마르힐 신부(Fray Margil)의 편지 내용에는 다음과 같은 대목이 등장한다. "북소리가 울리면(아침과 저녁때마다 교리 수업을 위하여 부르는 소리) 소년과 소녀들은 가고 싶어 하지만 부모들이 허락하지 않는다. 대신에 (부모들은) 아이들을 들로 보내어 '그곳에 가지마! 가면 넌 죽게 돼'라고 말하도록 시킨

다"(Tozzer, 73).

12 란다는 인디오들의 언어를 공부하며 문법을 완성한 개인적인 경험에 비추어서 이 내용을 서술하였다. 현재 비얄빤도와 란다의 인디오어 문법서는 남아 있지 않다. 식민지 초기 사제들은 인디오들의 언어를 익히기 위하여 많은 노력을 기울였다. 그들은 라틴어 문법에 기초하여 인디오 언어의 문법과 교리를 작성하였고, 어휘들을 모아서 기록하였다. 현재는 이보다 훨씬 늦은 시기에 만들어진 《꼬로넬(Coronel)》(1620)과 《산 부에나벤투르(San Buenaventura)》(1648)라는 두 권의 문법서만이 남았다.
인디오 언어의 어휘를 집대성한 책 중에서 안또니오 데 씨우닫 레알(Antonio de Ciudad Real)의 작품이 가장 대작으로 꼽힌다. 꼬골유도(Cogolludo)는 이에 대하여 다음처럼 말하였다. "그는 인디오의 언어들을 완벽하게 배웠다. 이 땅에 존재하는 (인디오) 언어들의 대가였고, 앞으로 다가올 주님의 영광의 날들을 위하여 (인디오 언어로) 전도하고 가르침을 주며 교리를 작성하였다. (인디오들이) 에스빠냐의 언어를 배우고, (에스빠냐 사람들이) 인디오들의 언어를 배울 수 있도록 어휘표를 작업하였다. 이 책은 그 양이 너무도 방대하여 마야와 유까떼깐(Yucatecan) 언어의 깔레삐노(Calepino, 라틴어 사전)로 불렸다."
리자나(Lizana)는 이 사전에 대하여 다음처럼 말하였다. "안또니오 데 씨우닫 레알은 … 각 200페이지에 달하는 방대한 분량의 사전을 총 여섯 권이나 집필하였다. 그중 두 권은 인디오 언어로 작성되었고, 초기에 만들어진 초고들이 두 자루나 된다. 그는 40년에 걸쳐 작업하였는데, 성과물은 너무나 훌륭하고 중요하며 유용해서 결점을 찾아볼 수 없다. 이 책을 통하여 인디오들의 언어는 세계로 뻗어 나갈 수 있는 발판을 마련하였다. 또한 이 책은 인디오 언어를 접하는 사람들에게 이해와 명료함을 안겨 주며, 많은 표현이 빠짐없이 기록되었다."
한편 모뚤의 사전도 마야어 사전 중에서 중요한 작품으로 꼽히는데, 이 사전의 저자인 후안 마르띠네스 에르난데스(Juan Martínez Hernández)는 스스로 그가 저술한 모뚤 사전이 씨우닫 레알의 작업에 비하여 극히 일부라고 평가하였다(Tozzer, 74).

13 통합된 마야어 표기상에서는 'Pa'를 'Pah'로, 'Ppa'는 'Pa'로 표기하고 있다(Diccionario Maya). 그 뜻은 란다의 서술과 동일하다.

14 란다는 에스빠냐어와 정확히 일치하는 소리와 문자가 아닌 마야어가 어떻게 다른 뜻을 갖는지에 대하여 묘사하였다. 성문음 'P'는 'P'를 두 번 쓴 'Pp'로 표현하였고, 성문음 'T'는 'Th'로 표현하였다. 초기 협약(1557년)에 의하여 성문음 'ch'는 'h' 위에 작대기를 표시하는 것으로, 마찰음 'S' 혹은 'Sh'는 'X'로, 파찰음 혹은 치음과 무성음은 'C'를 뒤집어서 표기하는 것으로, 그리고 이보다 더 나중에는 다시 'Dz'로 표기하는 것으로 정해졌다. 란다의 'K'는 연구개음 혹은 성문음 'K'를 나타낸다(Tozzer, 74).

15 마야 사람들이 사용하던 마야문자를 가리키는 것으로 보인다. 마야문자는 우상숭배 도구로 간주되었기 때문에 정복 이후 마야문자로 쓰인 모든 책은 불태워졌다. 또한 마야문자의 사용이 철저히 금지되면서 결국에는 지구상에서 사라진 문자가 되고 말았다. 그러나 1950년대 이후로 마야문자 해독이 조금씩 시도되기 시작하였고, 지금은 상당한 성과를 거둔 상태이다. 그렇지만 이때 사라진 문자 체계를 500여 년간 사용하지 않았기 때문에 완벽한 해독에는 많은 어려움이 따른다.

16 마야어의 일반적인 언어 특징을 살펴보면 다음과 같다.
- [아] [에] [이] [오] [우]의 5가지 모음 외에도 따바스꼬 촌딸(Chontal de Tabasco)어와 촐(Chol)어에는 [이]와 [우]의 중간 발음인 [ ]와, [에]와 [오]의 중간 발음인 [@] 등이 있다. 마야어를 연구하는 사람들에 의하여 이러한 발음들은 일반적으로 [ ]와 [@]로 표기된다.
- 글로딸리사씨온(Glotalización): 나오는 발음을 목에서 강제로 끊어 내는 소리. P', T', K', Ts', Ch' 등의 발음이 글로딸리사씨온에 해당된다. 마야어의 이웃어인 또또나까(Totonaca)어와 떼뻬후아(Tepejua)어에도 이러한 글로딸리사씨온이 있다. 성문음과 마찰음으로 표기되기도 한다.
- 기수와 서수에는 접두사가 존재하고, 세려는 대상에 따라 다른 접미사가 붙어 다닌다. 즉 우리나라 말에서와 같이 사람을 셀 때 한 개, 두 개라고 하지 않고 한 명, 두 명이라고 하며, 꽃을 셀 때는 한 송이, 두 송이라고 말하는 것과 같은 원리이다. 다만 마야어의 경우 말의 뒤에 붙는 접미사가 아니라 앞에 붙는 접두사로 쓰인다는 것이 다르다.
  예) Kotz: 동물을 셀 때, K'e: 식물을 셀 때, Tej: 나무를 셀 때 등
- 여러 종류의 주격대명사가 접두사(타동사)나 접미사(자동사)의 형태로 동사에 붙어서 사용된다. 마야 유까떼꼬어로 예를 들어 보자. '나는 가져온다'라는 말을 하기 위해서는 '가져온다'라는 동사인 'Tares'에 주격대명사 일인칭 단수인 'In'이 동사의 접두사로 붙어서 'Intares'가 된다. 인칭대명사는 In(1인칭 단수: 나는), A(2인칭 단수: 너는), U(3인칭 단수: 그는), Ka(1인칭 복수: 우리는),

I(2인칭 복수: 너희들은), U-ob(3인칭 복수: 그들은, U는 접두사, Ob은 복수를 구성하는 접미사)이다. 따라서 차례대로 보면 다음과 같다.

나는 가져온다: Intares　　우리는 가져온다: Katares
너는 가져온다: Atares　　너희들은 가져온다: Itares
그는 가져온다: Utares　　그들은 가져온다: Utaresob

- '… 이다'에 해당되는 에스빠냐어의 'ser(영어의 be동사에 해당)' 동사가 존재하지 않는 것도 큰 특징이라고 할 수 있다. 따라서 '… 이다'에 해당되는 것 역시 명사에 주격대명사인 접미사가 붙어서 뜻이 만들어진다. 마야 유까떼꼬어에서 예를 찾아보면, '나는 사람이다'라는 말을 하려고 할 때 먼저 명사인 사람이 'Winik'이고 다음과 같은 '… 이'에 해당되는 각 인칭별 주격대명사들을 붙여서 문장을 완성한다.

1인칭 단수: E'n → 나는 사람이다: Winike'n
2인칭 단수: E't → 너는 사람이다: Winike't
3인칭 단수: Ø(아무것도 들어가지 않는다) → 그는 사람이다: winikØ
(송영복, 2005, 127-129)

17 이와 관련하여 바야돌릳의 렐라씨온에서 당시 선교사의 또 다른 관점을 살펴볼 수 있다. 당시의 목소리를 직접 들어 보면 다음과 같다. "과거 (에스빠냐 사람들이) 많은 인디오를 정복하였고, 현재 (인디오들의 인구수는 과거의) 20분의 1도 채 되지 않는다. 현재 인디오 인구수가 감소한 가장 큰 원인은 프란씨스꼬 수도회의 사제들이 인디오들을 원래 살던 지역에 가만히 놔두지 않고 다른 기후와 환경을 가진 지역으로 이주시킨 데 있다. (이를 실현하기 위하여) 마을에 불을 질렀고, 자신들이 원하는 곳으로 인디오들을 이주시켰다. 그러나 그곳은 전에 인디오들이 살던 곳처럼 살기에 그리 좋지는 않았다. 사제들은 매우 호화로운 성당에서 인디오들에게 노동을 시켰다. 그들은 계속해서 건물을 지었고, (기존에 있던 인디오들의) 건축물들을 부수어버렸다. 새로 부임한 과르디안(주임신부)은 건축물들을 헐어 낸 후에 그의 방식대로 새롭게 건축하였다. 인디오들이 경작해야 하는 시기에도 건축을 멈추지 않았다. 인디오들은 생계를 위협당했고, 자연스레 불평불만이 생겨나게 되었다. 인디오들을 한곳으로 이주시키는 방침을 실현하기 위하여 사제들은 종교의 가르침을 구실로 삼아 (인디오들에게) 형벌을 내렸다. 또한 다른 방식으로 강요하였던 탓에 인디오들의 숫자가 감소하게 되었다. 인디오들은 이를 무척 두려워하며 숲으로 도망갔다. 어떤 이들은 비탄에 잠겨 목숨을 끊었다. 또한 많은 인디오가 마을을 버리고 30레구아(약 126킬로미터 혹은 167킬로미터) 정도 떨어진 아쎈씨온(승천)만으로 이주하기도 하였다. 결국 우리 때문에 인디오의 인구수가 감소한 것으로 생각된다"(Relaciones de Yucatán, 2: 30-1, Tozzer, 74-75).

18 부활절 외에도 각 도시 수호성자의 축일, 성령강림대축일, 성체성혈대축일, 성모승천대축일, 예수성탄대축일(크리스마스) 같은 다양한 교회 행사에 들어가는 비용의 상당 부분을 원주민들이 부담하였다. 또한 이에 필요한 노동력 역시 대부분 원주민들에 의하여 충당되었다.

19 사료(SA, LXXXI, noted by Scholes in Introd., p. xliii)를 통하여 1558년 초 란다가 바야돌릳 근처의 마을들을 방문하던 중에 '엄청난 부정행위와 우상숭배'를 발각하였다는 사실을 확인할 수 있다. 란다는 연회날 모든 촌장을 불러 모아 책망하였고, 그들에게 우상숭배를 그만두라고 하였다. 또한 1559년 호까바에서 인디오들이 우상숭배로 형벌을 받았다는 것과 1560년 꼬추아 지역의 떼삐츠(Tepich)에서 (인디오들이) 우상숭배 죄를 저질렀다는 것을 확인할 수 있다(Tozzer, 75).

20 마야 사람들은 향을 피울 때 꼬빨(Copal), 고무, 치클(Chicle), 뿍 악(Puk Ak)이라고 불리는 송진을 사용하였다. 멕시코 고원 지방의 메시까 사람들은 이러한 것들 외에도 밀랍과 역청을 사용하였다. 이것 중에서 인디오들이 가장 일반적으로 사용한 것은 꼬빨이었다. 나우아뜰어로는 '꼬빨리(Copalli)', 마야어로는 '뽐(Pom)'이라고 불렸다. 꼬빨이라는 용어는 '고무' '송진' '꼬빨리' 등을 포괄적으로 지칭하는 용어로 사용되었다. 특히 고대 멕시코 사람들에게는 모든 송진을 지칭하는 용어 혹은 특별히 향을 피울 때 사용하는 송진을 지칭하는 용어였다.
마마(Mama)의 렐라씨온에서 이와 관련하여 다음의 글을 확인할 수 있다. "인디오들이 뽐이라고 부르는 나무가 있는데, 크기가 매우 크고, 바람이 불면 스스로 증류해서 테레빈유와 비슷한 송진을 만들어 낸다. 이 송진은 테레빈유보다 더 진하고 희다. 에스빠냐 사람들은 이것을 꼬빨이라고 부른다. 향이 매우 좋고, 치료에 사용되는 등 쓰임이 유용하다. 인디오들은 이것을 그들의 신들에게 바치기도 하였다"(Tozzer, 75-76).

21 인디오 문화를 이해하는 데 빼놓을 수 없는 중요한 사료 중의 하나인 바야돌릳의 렐라씨온에서 다음의 기록을 확인할 수 있다. "우상에게 꼬빨을 바친 후에 스스로 여러 신체 부위에 상처를 내어서 피를 바쳤다"(Relaciones de Yucatán, 2: 27-8). 또한 과테말라의 로만과 자모라(Roman y Zamora)의 사료(1, XVII)에서 다음의 내용을 확인할 수 있다. "그들은 팔다리, 허벅지, 코, 귀, 혀, 음경 등

신체의 모든 부위에서 피를 내었다. 낮과 저녁 하루에 두 번씩 (피를 내는) 의식을 치르며 밤에는 신들에게 향을 피운다"(Tozzer, 76).

이러한 피공양의 사례는 정복 이전 사료나 식민지 시대 사료에만 등장하는 것이 아니다. 전고전기와 고전기, 후고전기의 그림과 조각 같은 많은 유적과 유물에서도 다양한 신체 부위에 상처를 내고 그 상처에서 나오는 피를 종교적인 의미로 받아들였다는 것을 볼 수 있다. 그러나 이러한 피공양 의식을 행하기 위하여 인간을 죽이는 행위는 제한적이었던 것으로 보이며, 손가락 끝을 바늘로 찔러서 그 피를 떨어뜨리는 정도가 일반적이었던 것으로 추정된다. 예를 들어서 집의 아궁이를 새로 단장했다면 아궁이에 처음 불을 지피기 전에 식물의 가시나 물고기의 가시 등을 이용하여 손가락 끝에 피를 내었고, 이것을 새 부뚜막에 떨어뜨리면서 앞으로 이 아궁이에서 불이 꺼지지 않고 잘 타기를 기원하였다. 이러한 형태가 식민지 시대를 거쳐서 오늘날에 이르기까지 일부 남아 있는 것을 발견할 수 있다.

22 꼬로사(Coroza)라고 불리는 종이로 된 고깔을 씌워서 마을 사람들에게 이 사람이 악마라는 것을 알리고 교수형에 처하는 악명 높은 종교재판의 형태를 가리킨다. 이 밖에도 식민지 시대의 아메리카 대륙에서는 종교적인 명분 아래 갖은 고문을 가하고 화형에 처하는 등의 방법으로 수많은 폭력과 살인이 행해졌다.

23 끼하다(Quijada)의 사료에는 다음의 내용이 기록되었다. 다양한 방식의 고문이 있었다. 그중에는 끈으로 팔다리를 묶어서 막대로 세게 조이거나 꼬는 방식도 있었다. '도르래 고문'으로 막대기로 입을 고정한 후에 물이 차서 복부가 부풀어 오를 때까지 물을 들이붓는다. 그렇게 한 후에 한 사람이 고문받는 사람의 몸 위로 올라가서 그 사람의 입과 코, 귀로 피가 섞인 물이 흘러나오게 한다.

이 증언 자료에 언급된 또 다른 고문 방식으로는 다음의 것들이 있다. 손과 손목을 매단 채로 발에 돌을 매단다. 그러고는 뜨겁게 밀랍 초를 태우고 알몸에 채찍질하는데, 많게는 200번가량 하고는 걷어차버린다. 또한 나무 판대기에 희생자를 묶어서 당나귀가 끌고 가는 식의 고문을 하기도 한다.

끼하다의 증언 자료에 의하면 이렇게 고문을 받은 사람들의 수가 4,549명에 이른다. 채찍질을 당하고, 찢기며, 벌금을 부과받은 남자와 여자는 그 수를 합쳐서 6,330명이나 되었다. 고문의 결과 많은 사람이 목숨을 잃거나 평생 불구가 되었다. 이 증언에는 1562년에 행해진 고문의 결과 157명이 사망했다고 기록되었다. 또한 란다가 다른 사람들을 위한 본보기로 인디오들을 화형에 처할 것을 명령했다고 기록되었다. 그러나 이렇듯 엄연한 고문의 증거가 있음에도 란다를 비롯한 많은 사제는 혹독한 고문의 결과로 인디오들이 목숨을 잃었다는 사실을 부인하였다.

한편 후안 꼬우오는 자신이 목격한 전형적인 심문과 고문 상황에 대하여 다음처럼 기록하였다. "이미 세례를 받은 (인디오에게) 네 가지의 기도문을 외우고 있느냐고 물었다. 그러자 그는 모두 잊어버렸다고 답하였다. 그는 다시 맹세하고 십자가 표시를 한 후에 진실만을 고하겠다고 하였다. 그가 가진 우상들의 수가 몇 개냐는 질문에 그는 세 개가 전부라고 하였다. 그는 다시 진실만을 고하겠다고 맹세한 후에 스무 개의 우상들이 더 있다고 하였다. 이번에는 그가 행한 인신공양에 대한 질문을 하였다. 그가 더 이상의 우상들이 없다고 하자 그에게 고문하며 같은 질문을 반복하였다. 그러자 그는 다시 세 개의 우상들이 더 있다고 하였다. 그러자 다시 고문하였고, 그는 하나의 우상이 더 있다고 하면서 그 수가 총 27개라고 하였다. 마지막으로 한 번 더 고문하자 그는 두 개의 우상이 더 있다고 고백하였다."

란다는 과거 이교도의 풍습으로 되돌아가려는 인디오들에 대한 가장 단순한 형벌만 서술하였다. 그러나 다른 방식의 가혹행위는 수도 없이 많았다. 당시 가장 일반적인 형벌은 죄수들을 투옥하는 것이었다. 그 밖에도 3년간 개인 노역을 하거나 목에 줄을 묶거나 그 밖의 다른 불명예스러운 모습을 한 채 10년간 교회 봉사를 하는 것 등이 있었다. 이들은 2주마다 미사에 참석해야 했고, 일 년에 한 번씩 '(인디오) 언어를 아는 사람(신부)에게' 고해성사를 해야만 했다. 또한 특정 기간 마을에서 추방당하였으며, 벌금을 물기도 하였다. 지도자의 자리를 박탈당하는 한편 명예도 사라졌다. 벌금은 돈으로 지불해야 했는데, 카카오 열매나 원주민들이 만든 천으로 지불하는 것도 가능하였다. 많은 옥(Chichiuites, Jade)과 붉은 돌, 구슬들, 과거 (기독교에 대한) 믿음이 없던 시절부터 내려오던 구리로 만든 작은 종들로도 벌금을 낼 수 있었다. (인디오 죄인들은) 이것들을 이미 악마들에게 바쳤다고 하면서 자신들이 이러한 것들을 소유하는 것은 죄가 된다고 하였다. 만일 죄가 입증된 후에 또다시 교회의 법을 어기면 그때는 처음 정해진 것보다 형량이 두 배나 늘어났다. 이를 두 번째로 어기면 12년을 선고받았고, 세 번째로 어기면 종신형을 선고받았다.

고문과 형벌하에서 인디오들이 더욱 난폭해졌다는 사실은 그리 놀라운 일이 아니다. 당시 인디오들에게서 폭동의 조짐이 보인다는 증거들이 무척 많이 발견되었다. 농장주들과 메리다의 의회(Cabildo), 까씨께(촌장)들, 사제들조차 란다의 강경책에 항변하였다. 그러나 이 모든 것은 소용이 없었다. 결국 멕시코의 아우디엔시아(법원)에 항의한 결과 또랄이라는 사람이 오비스뽀(주교)로 임명되어서 이곳에 온 후에야 란다의 강경책이 위기를 맞게 되었다(Tozzer, 79-80).

24 사제들은 고문의 결과 인디오들이 사망한 것에 대하여 그들이 회개한 후에 자살하였다고 설명하였다. 마니(Maní)의 감옥에 투옥되어 있던 한 인디오가 자기 머리에 스스로 돌을 던져서 자살했다는 내용이 사료에 언급되었다. 한편 란다의 정책에 반대한 또랄이 수집한 자료에서 다음의 내용을 확인할 수 있다. "어떤 인디오들은 목숨을 잃었고, 어떤 인디오들은 고문으로 불구가 되었다. 또 어떤 인디오들은 절망한 나머지 스스로 목을 매어 질식사하였으며, 어떤 인디오들은 투옥되었을 당시에 자살을 택하였다"(Tozzer, 80).

저자인 란다가 이 글을 쓴 목적이 여러 가지가 있음을 이미 옮긴이의 머리말에서 밝힌 바 있다. 특히 이 부분은 유까딴에 있는 선교사들이 어려운 상황에도 많은 노력을 기울이며 에스빠냐의 정부와 왕, 기독교 전파를 위하여 일을 잘하고 있다는 것을 에스빠냐의 왕과 고위 관료들에게 알리기 위하여 작성된 것이었다. 따라서 란다는 본인에게 불리한 이야기나 그가 저지른 비인간적인 행위 등을 생략하거나 미화시켜서 이 글을 기록하였다.

19

또랄 오비스뽀(주교)의 도착

- 감옥의 인디오들을 독단적으로 석방시키다 - 프란씨스꼬 수도회 신부들의 활동을 정당화하려는 란다의 에스빠냐 방문

19-1 이 시기 프란씨스꼬 수도회 소속이자 고향이 우베다(Ubeda)인 돈 프란씨스꼬 또랄 신부(Don fray Francisco Toral)가 20년 동안 멕시코[1]에 있다가 유까딴의 오비스뽀(주교)로 깜뻬체에 부임해 왔다.[2] 그는 에스빠냐 사람들로부터 전해 들은 정보와 인디오들의 항의를 근거로 감옥에 있던 사람들을 석방하는 등 신부들이 이루어 놓은 일을 모두 수포로 돌아가게 하였다.[3] 이에 심한 모욕감을 느낀 (유까딴의) 쁘로빈씨알(주관구장)[4]은 먼저 멕시코에 항의한 후에[5] 에스빠냐를 방문하기로 결심하였다.[6] 그리하여 그는 마드리드에 도착하였으나 꼰세호 데 라스 인디아스(Consejo de las Indias, 인디아스 자문위원회)의 (관료들)로부터 오비스뽀(주교)와 종교재판관의 직분을 침해하였다는 강력한 비난을 받았다.[7] (이러한 비난에 맞서) 그는 이 지역에 대한 권한은 황제의 청원으로 그가 속한 수도회가 교황 아드리아노(Papa Adriano)로부터 부여받은 것이고[8], 다른 오비스뽀(주교)들과 마찬가지로 자신이 아우디엔시아 레알 데 라스 인디아스(Audiencia Real de las Indias)로부터 권한을 부여받았다는 점을 들어서 해명하였다; (그러나) 꼰세호(자문위원회)의 (관료들은) 이러한 해명에 더욱 분노하였다. (결국 란다가) 제출한 서류와 (또랄) 오비스뽀(주교)가 신부들에 반대하여 보낸

서류들을 함께 동봉하여 까스띠야의 쁘로빈씨알(주관구장)인 뻬드로 보바디야 신부(Fray Pedro Bobadilla)에게 보내기로 결정하였다. 한편 왕은 그에게 공문을 보내어 (서류들을) 잘 검토한 후에 정의(正義)를 바로 세우라고 명령하였다.[9]

(그런데) 뻬드로 신부(Fray Pedro)가 병에 걸리는 바람에 동일한 교파이자 종교재판 경험이 풍부하고 정통하였던 뻬드로 데 구스만 신부(Fray Pedro de Guzmán)가 이 임무를 위임받게 되었다.[10] 또한 똘레도 왕국 7명의 전문가로부터 의견을 수렴하도록 하였는데, 그들은 프란씨스꼬 수도회 소속[11]인 프란씨스꼬 데 메디나 신부(Fray Francisco de Medina)와 프란씨스꼬 도란떼스 신부(Fray Francisco Dorantes)였다; 또한 아우구스틴 수도회 소속으로 30년 동안 인디아스에 머물렀던 적이 있고 스승이자 신부인 알론소 데 라 끄루스(Fray Alonso de la Cruz)와 새로운 왕국에서 과테말라의 오이도르(감사관)이자 유까딴의 꼬미사리오(판관)였던 또마스 로뻬스(Tomás López) 학사였고; 가톨릭 교리 교수인 돈 우르따도(Don Hurtado)와; 성서학 교수인 돈 멘데스(Don Méndez); 알깔라(Alcalá)의 스꼬또(Scoto) 교수[12]인 돈 마르띠네스(Don Martínez)였다. 이들은 쁘로빈씨알(주관구장)이 종교재판을 열어서 인디오들을 벌한 것이 정당하다고 하였다.[13] 그리고 프란씨스꼬 데 구스만 신부(Fray Francisco de Guzmán)는 (까스띠야의) 쁘로빈씨알(주관구장)인 뻬드로 데 보바디야 신부에게 장문의 (서한을) 띄웠다.[14]

19-2 유까딴의 인디오들은 (왕을) 섬기려는 의지를 보여 준 점뿐만 아니라 다른 여러 면에서 왕[15]으로부터 혜택을 누려야 마땅하다.

(왕이) 플란데스[16]에서 어려움에 처해 있던 당시 (에스빠냐) 왕국 지사로 있던 (왕과) 남매인 도냐 후아나(Doña Juana)[17] 공주가 인디아스 사람들에게 도움을 청하는 내용의 칙서를 보내온 적이 있었다; 과테말라의 오이도르(감사관)는 (이 칙서를) 가지고 유까딴에 와서 이곳의 촌장들을 모았다. 그러고는 어느 한 신부에게 황제의 명을 받들어 (칙서에서) 요구하는 사항들을 그들에게 전하도록 하였다.

이야기가 끝나자 두 명의 인디오가 일어나서 대답하기를 이렇게나 훌륭하신 기독교 왕을 보내 주신 주님에 대한 의무를 잘 알고 있으며, 그분을 직접 섬길 수 없는 곳에 사는 것이 서글플 따름이라고 하였다. 또한 자신들이 가진 것은 매우 미천하나 그분께 최대한의 도움을 드릴 것이고, 만일 부족하다면 처자식이라도 팔아서 봉사할 것이라고 하였다.[18]

---

1 이 시대의 '멕시코'는 지리적으로 오늘날의 멕시코 수도인 '멕시코시티'를 가리킨다. 이곳에는 식민지 시대에 전 중북미를 관할하던 부왕청이 소재하고 있었다.

2 이 책의 저자인 란다와 끝까지 불편한 관계를 유지한 것으로 유명한 프란씨스꼬 또랄은 유까딴과 깜뻬체에 부임한 세 번째 오비스뽀(주교)였다. 그러나 유까딴에 거주한 오비스뽀(주교)로는 그가 처음이었는데, 왜냐하면 예전의 다른 오비스뽀(주교)들은 다른 지역에서 업무를 보며 이곳 유까딴을 간혹 방문하거나 혹은 전혀 방문하지 않는 경우도 있었기 때문이다. 과거 유까딴은 1538년에 설립된 치아빠스의 오비스뽀(주교) 관구에 속해 있었다. 치아빠스의 첫 번째 오비스뽀(주교)였던 후안 데 아르떼가(Juan de Artega)는 유까딴을 방문한 적이 단 한 번도 없었다. 그의 뒤를 이어서 라스 까사스가 1545년 1월에 깜뻬체에 2주간 머물렀으나 그 후 다시 치아빠스로 떠나게 되었다. 그러나 이들은 다른 지역을 본거지로 하여 이 지역을 함께 관할하던 식이었다. 따라서 본격적으로 유까딴 지역을 전담하는 주교가 부임하게 된 배경은 이 지역 에스빠냐 사람들의 청원에서부터 시작된다. 1547년 메리다 의회, 몬떼호, 프란씨스꼬 수도회의 사제들은 유까딴에 오비스뽀(주교)를 임명해줄 것을 왕실에 요청하였다. 그리하여 1552년 왕의 칙령으로 후안 데 산 프란씨스꼬 신부(Fray Juan de San Francisco)가 유까딴의 첫 번째 오비스뽀(주교)로 임명되었다. 그러나 그는 얼마 지나지 않아 다른 지역의 직책을 맡아 유까딴의 오비스뽀(주교)직을 사임하게 된다. 이어서 후안 데 라 뿌에르따 신부가 1555년 7월 17일에 오비스뽀(주교)로 임명되었다. 그러나 그는 관직을 수행하던 중에 세상을 떠났다. 그다음으로 부임한 사람이 여기에 등장하는 또랄 신부이다.

또랄은 1542년 멕시코에 도착했고, 그곳에서 오랜 기간 선교 사업을 수행하여 멕시코 고원 지방의 원주민 언어와 문화 등에 조예가 깊었다. 그는 뿌에블라(Puebla)의 뽀뽈로까(Popoloca)어를 처음으로 배웠으며, 이 언어의 문법과 어휘에 관한 책을 집필하였다. 또한 멕시코 고원 지방의 주 언어였던 나우아뜰어도 구사할 줄 알았다. 이후 공백 기간이 있기는 하였지만 그는 원주민 포교와 관련하여 많은 경험과 이해가 있었다. 그 공백 기간은 1552년 산또 에반헬리오 지역(Provincia del Santo Evangelio)의 꼬미사리오(판관)로 에스빠냐에 갔다가 1554년 다시 멕시코로 돌아온 기간이다. 또한 그는 행정적으로도 풍부한 경험이 있었다. 1557-1560년까지 멕시코의 프란씨스꼬 수도회 쁘로빈씨알(주관구장)을 지냈고, 그러한 가운데 (유까딴의) 오비스뽀(주교)로 임명되었다. 1562년 유까딴에 도착하였으나 앞으로 자세히 설명하게 될 여러 갈등으로 1567년 왕에게 서한을 보내 자신을 해임시켜 줄 것을 요청하였다. 이후 1571년 세상을 떠났다. 그리고 그와 갈등을 빚었던 란다가 바로 다음 해에 그의 자리를 대신하여 이곳의 오비스뽀(주교)가 되었다. 또랄이 유까딴에 도착한 1562년 이후 란다와의 갈등과 정치적인 싸움, 그가 세상을 떠난 1571년까지의 과정은 《란다의 유까딴 견문록》이라는 이 책이 만들어지는 데 중요한 배경이기도 하고, 그 과정에서 란다의 정치적인 승리이기도 하며, 한편으로는 유까딴 지역 원주민들의 최소한의 인권마저 소멸된 역사이기도 하다. 이에 대하여 좀 더 자세히 살펴보겠다.

1562년 8월 14일 유까딴에 도착한 또랄은 란다가 많은 원주민을 탄압하고 죽인 마니(Maní)의 종교재판이 최근에 집행되었던 까닭에 란다에 대한 부정적인 시각이 있었다. 란다의 재판권은 이곳에 또랄이 오비스뽀(주교)로 오게 됨과 동시에 중단되었고, 국면은 급격히 변화하였다. 이러한 변화는 란다와 그의 주변에 있던 강경파들에게 상당한 충격을 주었다. 이때부터 유까딴에서는 또랄과 란다의 정치적인 다툼이 시작되었다.

리자나(Lizana)는 또랄이 란다에 대한 좋지 않은 감정이 있던 것에 대하여 다음처럼 언급하였다. "이러한 또랄의 감정은 왕의 회계원이던 뻬드로 고메스가 에스빠냐에 갔을 때 (란다에 대하여) 좋지 않은 (말을 전했기) 때문이다." 고메스가 (란다에게) 적대감을 갖게 된 원인은 예전에 그가 수도원에 피해를 입혔던 일이 있었는데, 란다가 보상을 요구하였기 때문인 것으로 보인다. 원인이 어찌 되었건 또랄과 란다의 갈등은 피하기 힘들었던 것으로 보인다. 그리고 이러한 상황은 또랄이 첫 부임하고 나서의 국면에서부터 드러난다. 바레라 벨라스께스(Barrera Velázquez)는 이와 관련하여 다음처럼 전하였다. "오비스뽀(주교)가 깜뻬체에 도착했다는 것을 알았을 때 란다는 그를 직접 만나서 이곳에서 일어난 일을 설명하고자 하였다. 그러나 이 고위성직자(또랄)는 마니 지방에서 종교재판을 집행한 것이 모두 이 지역을 위한 것이라는 란다의 변명에 납득하지 못하였고, 끝내 어두운 표정을 지었다."

당대의 사료인 끼하다의 사료에서 이러한 상황이 더욱 급박하게 묘사된 것을 확인할 수 있다. "후안 꾸(Juan Ku)는 직접 오비스뽀(주교)를 만났다. (또랄이) 그에게 엄중히 다스릴 것이라고 하자 사제들은 그들이 (빼앗은) 우상들을 치우는 데 급급하였다. 가스빠르 안또니오 치는 우상들을 발견하고 (사제들이 인디오들로부터 우상들을) 빼앗는 과정을 도왔다는 이유로 감옥에 갇혔다. 그리고 그에게 벌을 받게 될 것이라고 하였다. 쁘로빈씨알(주관구장)인 (란다) 신부는 오비스뽀(주교)에 대한 두려움 때문에 소뚜따로 도망갔다."

또랄은 에스빠냐 사람들이 두 그룹으로 나뉜다는 것을 알게 되었다. 란다와 끼하다는 프란씨스꼬 수도회의 사제들과 같은 그룹을 이루었고, 농장주들과 몇몇의 성직자 그리고 사제들은 쁘로빈씨알(주관구장)인 란다의 (강경)책에 반대하는 입장에 있었다. …또랄이 부임한 8월에 끼하다와 신부들, 평신도들, 주요 에스빠냐 지역의 주민들을 모아서 메리다에서 회의가 열렸다. 그리고 향후 조사 방향에 대한 그들의 의견을 수렴하였다. 이곳에 모인 증인들은 란다의 행위가 정당하다는 입장이었다. 이들 중 어떤 사람은 아 낀과 칠란족 가문의 촌장들에 주목하며 그들을 두고 '사악한 행위들의 설교자이자 살인자이며 인신공양을 행하는 자'라고 하였다. 이때 자신의 의견을 말한 에스빠냐 사람들 중에는 몬떼호 2세(Montejo II)와 몬떼호 3세(Montejo III)도 있었다. 이들은 원주민들의 행위가 그만한 처벌을 받기에 충분한 이유가 있었다는 점을 강조하였다. 또랄은 우상숭배를 발각하는 행위는 계속되어야 한다는 점에 동의하였지만 그 방법적인 면에 문제가 많다고 판단하였다. 그리하여 그는 같은 해인 1562년 9월 호까바-호문에 사제들을 보내어 상황을 재조사하라고 명령하였다. 고문하에서 증언이 이루어졌는지 밝혀내는 것은 쉬운 일이 아니었다. 그러나 결국 란다와 그를 따르는 사제들의 행위가 무리한 것이었다는 정황이 속속 드러나기 시작하였다. 메리다에 투옥되었던 원주민 지도자들을 비롯하여 그 밖의 많은 사람은 당시 그들이 고문을 받았고, 결코 행하지도 않은 일을 자백했다고 주장하였다. 이러한 조사는 또랄에 의해서 직접 이루어지기도 하였고, 조사관을 파견하여 실행되기도 하였다. 소뚜따와 다른 지역에서도 증언들을 재조사하였는데, 많은 경우 증언자들(인디오들)이 자신들의 죄목을 부인하는 입장을 보였다. 그 예로 다음 내용을 확인할 수 있다. "후안 까우이츠(Juan Cauich)가 이 마을의 지도자들이자 시민들이며 현재는 투옥되어 있는 프란씨스꼬 깐과 후안 쫄과 관련하여 이야기하기를 그와 다른 여섯 명의 사람들이 아이들을 교회와 묘지 그리고 마을 밖의 숲에서 인신공양 하였다는 죄목에 대하여 누군가 재조사하러 왔을 때 그것은 사실이 아니라고 말하였다. 또한 다른 증언자들의 이름을 대자 그 증언자들도 그러한 인신공양을 한 사실을 모른다고 하였다.

또랄은 종교재판을 받은 원주민 대부분이 탄압과 고문으로 자백을 강요받았고, 이러한 책임이 란다와 그 지방 위정자들에게 있다고 판단했던 것으로 보인다. 새로 부임한 또랄의 판단이 인디오들 쪽으로 편향되었다고 생각한 끼하다와 란다는 이에 반대하는 글을 써서 보내기로 결심한다. 1562년 9월 15일에 작성된 란다의 진정서와 9월 18일 끼하다가 오비스뽀(주교)인 또랄에 반대하여 작성한 렐라씨온이 바로 이 글에 해당된다.

결국 란다는 이에 그치지 않고 새로운 오비스뽀(주교)인 또랄과의 한판 승부를 위하여 멕시코로 떠나기로 결심하였다. 그러는 도중 깜뻬체에서 마르띤 꼬르떼스와 마르께스 델 바예를 만났다. 그들은 란다와 또랄을 중재하려고 노력하였고, 그 결과 또랄은 에스빠냐의 지도자들 중 몬떼호 2세(Montejo II)를 보내어 고문 없이 증인들을 재조사하라는 명령을 내렸다. 그러나 결국 그러한 중재 노력은 헛수고로 돌아갔으며, 또랄은 수집한 증언 대부분이 거짓이라고 확신하게 된 것으로 보인다(Tozzer, 80-81).

오비스뽀(주교)인 또랄과 쁘로빈씨알(주관구장)인 란다 사이에는 더 이상 화해의 가능성이 존재하지 않았다. 또랄도 자신의 주장을 적극적으로 펼쳤다. 그는 프란씨스꼬 수도회의 꼬미사리오(판관)인 로렌소 데 비엔베니다 신부를 과테말라로 불렀다. 그는 란다의 선교방식과 관련하여 반기를 들며 또랄의 편에 있던 몇 안 되는 중요한 신부들 중 한 명이었다. 또랄은 소명서를 준비하여 1563년 두 통의 편지와 함께 다른 자료들을 왕에게 보냈다. 비엔베니다(Bienvenida) 신부 역시 편지를 띄웠다. 인디오들의 옹호자인 디에고 로드리게스 비방꼬(Diego Rodríguez Bibanco)도 란다와 폭정을 일삼던 사제들에 대항하여 또랄의 편에서 왕에게 서신을 띄웠다. 그 밖에도 메리다 의회와 왕의 직접 관할하에 있던 레알 아씨엔다(대농장)의 공직자들도 란다에 반대하는 통신문을 에스빠냐에 보냈다(Tozzer, 82).

이러한 갈등은 결국 란다로 하여금 에스빠냐에 직접 출두하여 적극적으로 해명해야 하는 상황으로까지 이어졌다. 그 결과는 란다의 승리였다. 또랄 신부는 자리를 떠났고, 얼마 지나지 않아 세상을 떠났다. 반면 란다는 그 후로 오비스뽀(주교)의 자리에 오르며 승승장구하였다. 정치적으로 볼 때 란다는 또랄 오비스뽀(주교)라는 공동의 적 앞에서 자신들의 이익을 위하여 싸웠던 몬떼호 일가와 유대를 강화하는 한편 자신의 입지를 넓히는 계기를 마련하였다. 또한 종교적으로는 에스빠냐에서의 해명과 그 전후로 형성된 에스빠냐 본토의 종교지도자들과의 우호적인 관계에 힘입어 또랄을 물리치고 유까딴 성직자의 최고 자리인 오비스뽀(주교)까지 오르게 되었다.

3 란다가 그의 렐라씨온(Relación, 보고서)에서 종교재판과 관련하여 또랄 오비스뽀(주교)와의 논쟁에 대하여 별로 언급하지 않았다는 것은 매우 흥미로운 사실이다. 1563년 1월에 오비스뽀(주교)인 또랄은 란다로 인하여 메리다에 갇혀 있던 원주민 촌장들을 재조사하는 한편 그들의 형벌을 경감시켰다. 또한 2월에는 란다의 거센 항의에도 기존의 판정을 취소하여 그들을 풀어 주었다. 이에 란다는 매우 분개하였고, 또랄이 "사제들이 해 놓은 일을 백지화시켰다."고 진술하였다. 수감자들을 풀어 주는 결정을 내리기 전에 통역가인 후안 바우띠스따 데 깜뽀(Juan Bautista de Campo)는 인디오들에게 당신들은 더 이상 사제들을 두려워할 필요가 없으며, 지금 감옥에 갇힌 사람들은 곧 풀려나게 될 것이라고 이야기하였다.

에스빠냐 정부는 현지 행정관들과 종교인들이 결탁하여 상호 암묵적으로 원주민들을 탄압하고 그들로부터 부당한 세금을 징수하는 행위가 식민지 전체에 만연해 있다는 점에 대하여 많은 우려를 나타냈다. 이러한 행위들은 너무나 일반화되어 있었기 때문에 지방의 권력을 통제하기 힘든 상황까지도 생겨났다. 또한 이러한 이유로 원주민들의 숫자가 감소하고 세금의 징수액이 줄어드는 등의 여러 부정적인 일들이 이어졌다. 이에 중앙정부 직속의 정치 감찰관과 종교심판관 등이 파견되어 부당한 행위를 바로잡을 수 있도록 조치가 취해졌다. 또한 원주민들을 보호하기 위한 여러 조치들이 병행되었다. 그러나 이것은 현지에 있던 에스빠냐 사람들과 종교인들의 극심한 저항을 불러일으켰다. 자신들의 이익을 극대화시키는 데 방해가 되는 인디오 보호조치에 반기를 드는 것은 그들로서 당연한 일이었다(Tozzer, 82).

4 당시 유까딴의 쁘로빈씨알(주관구장)은 이 글의 저자인 란다였다.

5 당시 행정상의 최고 권력기구는 에스빠냐 왕실이었고, 그 산하에 식민지 통치기구로 부왕청을 두었다. 가장 먼저 쿠바의 부왕청이 설치되었고, 그다음으로는 멕시코와 페루 부왕청이 설치되었다. 쿠바의 부왕청이 가장 먼저 생겨났지만 이후 조세와 통관 등을 담당하는 기능이 더욱 강화되었으며, 멕시코와 페루 부왕청은 아메리카 대륙을 실질적으로 지배하고 통치하는 행정기능에 더욱 역점을 두었다. 멕시코의 부왕청은 전체 중미와 북미 지역을 관할하였고, 페루의 부왕청은 남미 전체를 관할하였다. 따라서 지휘계통상 지방의 사제들이나 행정관들은 문제나 분쟁이 생기면 부왕청에 보고 및 진정하도록 되어 있었다. 란다 신부가 있던 유까딴반도는 멕시코 부왕청 소속이었기 때문에 행정계통상 또랄 신부의 행동에 이의를 제기하는 공문을 먼저 멕시코에 보내는 것이 순서였다. 그러나 직접 에스빠냐 왕실에 진정하는 경우도 많았다. 특히 왕실이나 가톨릭 고위관계자들과 친분이 있던 사람들은 중앙정부와 직접 소통하여 문제를 해결하려고 하였다.

6 란다와 또랄 사이의 논쟁이 계속해서 이어지고 있다. 1563년 3월 말 혹은 4월 초에 란다는 소명서를 준비하고 사의를 표한 후에 멕시코시티를 거쳐서 에스빠냐로 건너갔다. 또랄의 요청으로 과테말라에서 온 비엔베니다 꼬미사리오(판관)는 편지를 통해서 란다가 떠나도록 자신이 조치를 취하였다고 하였다. 그러자 란다는 분개하며 이를 부인하였다. 그는 또랄과 비엔베니다로부터 받은 대우와 현재의 병약한 상태로 인하여 자신이 사의를 표하였고, 에스빠냐로 건너가게 되었다고 하였다. 1564년 2월 26일 란다가 에스빠냐로 떠나기 직전에 왕은 멕시코와 유까딴의 여러 공직자에게 란다와 마니(Maní)의 종교재판에 참여했던 다른 사제들에게 이 사건과 관련된 모든 문서들을 가지고 에스빠냐를 방문하라고 통지하였다.

이에 란다는 소뚜따에서 확보한 우상숭배에 대한 중요한 증언들을 비롯한 다량의 자료들과 또랄에 대항하여 조치를 취하고자 했던 안또니오 데 따라꼰 신부(Fray Antonio de Taracon)의 서신을 함께 가지고 갔다. 그리고 끼하다는 자신과 란다의 행동에 대하여 입장을 표명한 서신을 띄웠다.

란다가 에스빠냐를 방문하면서 후안 꼬꼼(Juan Cocom)과 가스빠르 안또니오 치 그리고 그 밖의 다른 사람들에게서 수집한 인디오 관습에 관한 자료들을 함께 가지고 갔을 가능성이 존재한다. 이 자료들을 토대로 약 1566년에 그가 《란다의 유까딴 견문록(Relación de las cosas de Yucatán)》을 집필하였다는 것을 앞선 머리말에서 이미 살펴본 바 있다. 그는 약 일 년 반 만에 에스빠냐에 도착하였다. 1564년 10월에 도착하였으나 배멀미와 질병으로 이미 지연된 상태였다. 그런데 그 사이에 꼰세호 데 라스 인디아스(인디아스 자문위원회)는 이미 또랄의 문서를 받아 상황을 파악하고 있었다. 이러한 상황은 자연히 란다에게 불리하게 작용하였다. 그러나 그의 문서와 편지들, 에스빠냐에 있던 친구들의 도움으로 반대 입장에 있던 사람들을 설득할 수 있었다(Tozzer, 82).

7 란다가 그의 권한 밖의 일을 행사한 것인지 아니면 합법적으로 위임받은 고유의 권한을 행사한 것인지에 대해서는 정확히 판별하기 힘들다. 이에 대하여 란다의 손을 들어주고 있는 숄스와 로이스(Scholes and Roys) 같은 학자들은 다음처럼 해석하였다. 이들은 "란다가 무슨 권리로 종교재판에서 판사 같은 역할을 하였는가?"라는 질문을 던지며 다음처럼 대답하였다. "1571년 이전에 멕시코시티에 누에바 에스빠냐와 과테말라 전체를 관할하는 재판소가 설립되었다. 그 당시 이교도와 그 밖의 교회법을 어긴 사건들에 대한 책무는 각 감독관구의 오비스뽀(주교)들이 맡고 있었다. 하지만 유까딴에는 오비스뽀(주교)가 없었고, 멕시코의 선교 활동을 책임지던 프란씨스꼬 데 또랄 신부(Fray Francisco de Toral)가 이 지역(유까딴)의 오비스뽀(주교)직을 임명받은 상태였다. 그러나 그는 에스빠냐에서 (유까딴으로) 건너오던 중이었다. 따라서 교서에 의하면 오비스뽀(주교)가 없는 상황에서 아메리카 수도원 체제 내의 고위 성직자들이 자신들이 직무를 맡은 지역에 거주하는 오비스뽀(주교)의 특정 권한을 제외한 다른 오비스뽀(주교)의 임무를 대신 행사할 수 있었다. 따라서 1542-1562년 유까딴 프란씨스꼬 수도회의 고위 성직자들은 최고의 기독교 권한과 교회와 관련된 일반 사건들과 법률에 대한 판결권을 가지고 있었다. 또한 1558년 2월 28일 결정에 의하면 과테말라의 아우디엔시아(법원)는 공식적으로 유까딴의 자체적인 권한을 인정하였다"(Tozzer, 82-83).

이렇게 본다면 란다는 그가 행한 종교재판과 이에 따른 원주민들의 학살과 처벌에 대한 합법성을 인정받을 수 있게 된다. 그러나 또랄을 비롯하여 란다에 반대했던 측은 그가 감정에 치우쳐서 위임받지도 않은 오비스뽀(주교)의 결정과 처분을 임의로 행사하였다고 주장하였다. 이미 유까딴에는 오비스뽀(주교)가 임명된 상태였는데, 그것을 잘 인지하던 란다가 이를 무시하고 자신의 결정대로 권한을 행사하였다고 보는 것이다. 따라서 이 문제의 핵심은 또랄이 언제 유까딴의 오비스뽀(주교)로 정식 발령을 받았는가, 유까딴에 오비스뽀(주교) 체계가 언제 확립되었는가, 이러한 발령과 체제 확립이 유까딴에 어떻게 합법적으로 고지되었는가 등과 같은 문제이다. 그러나 이러한 점들은 당시에도 논란이 되었고, 현재로서는 불분명하여 명확히 알기가 힘들다.

8 란다는 스스로를 변호하기 위하여 (교황) 아드리아노 4세(Adriano IV)의 증표에 이어서 '그 지역에 거주하는 오비스뽀(주교)가 없는 상황에서 수도회 고위성직자의 권력과 특권을 인정한다'라는 교황 레오 10세(Leo X)와 파울 3세(Paul III)의 증표들을 제시하였다(Tozzer, 83).

9 1565년 1월 말 꼰세호 데 라스 인디아스(Consejo de las Indias, 인디아스 자문위원회)는 란다와 또랄 간의 논쟁을 해결하기 위하여 프란씨스꼬 수도회와 까스띠야의 쁘로빈씨알(주관구장)인 뻬드로 데 보바디야(Pedro de Bobadilla)에게 이 사건을 이양하였다. 1565년 2월 13일 꼰세호 데 라스 인디아스(Consejo de las Indias, 인디아스 자문위원회)가 이 사건을 프란씨스꼬 수도회에 이양한다는 내용의 왕의 교서가 존재한다(Tozzer, 83).

10 뻬드로 데 구스만(Pedro de Guzmán)은 쁘로빈씨알(주관구장)인 뻬드로 보바디야(Pedro Bobadilla)에게서 많은 양의 문서들을 건네받았다. 그는 란다에 대한 여러 고소문과 진술을 살펴본 후에 1565년 3월 6일과 5월 2일 자신의 견해를 피력한 통신문을 쁘로빈씨알(주관구장)인 뻬드로 보바디야(Pedro Bobadilla)에게 보냈다. 렐라씨온에는 란다에 대한 호의적인 내용이 담겨 있었다.

란다가 에스빠냐에서 꼰세호 데 라스 인디아스(Consejo de las Indias, 인디아스 자문위원회)에 제출하려고 작성한 자료가 있다. 그 자료에는 스스로를 변호하는 내용이 주를 이룬다. 그러나 어떠한 이유로 그 자료는 발송되지 못하였다. 오비스뽀(주교)의 부재하에 쁘로빈씨알(주관구장)인 란다의 행위가 합법적이라는 주장을 펼친 사람들 중에는 아메리카 대륙의 중요한 사료와 연대기를 집필한 또마스 로뻬스가 있었다. 1569년 란다의 사안에 대한 마지막 공판이 있기 전에 왕은 에스빠냐 사람들과 인디오들, 사제들의 행위에 대한 항의 내용이 적힌 수많은 서한을 받았다. 그중에는 프란씨스꼬 데 몬떼호, 멜초르, 프란씨스꼬 빠체꼬의 서한과 그 밖의 다른 사람의 서명이 포함된 메리다 의회의 1566년 5월 1일자 서한도 있다. 이 서한에는 프란씨스꼬 수도회의 사제들에 대한 항의 내용이 피력되어 있었다. 특히 프란씨스꼬 데 몬떼호, 시우, 호르헤 시우, 다른 두 명의 통치자들의 1567년 4월 12일자 서한의 내용이 매우 흥미롭다. 이 서한들에는 프란씨스꼬 수도회의 사제들에 의하여 자행된 고문과 살인, 강도짓에 대한 항의가 적혀 있다. 그들은 마니(Maní)에서 모든 군중들이 참여하여 진행된 종교재판에 대하여 다음처럼 말하였다. "사제들은 많은 주민을 이주시켰고, 그 과정에서 수많은 사람을 죽였으며, 불을 지르기도 하였다. 그러고는 그 사람들을 8–10년간 에스빠냐 사람들의 시중을 드는 노예로 전락시켰다." "디에고 데 란다가 사악한 문제들의 주역이다." 한편 란다의 편을 들던 서한 중에서 1567년 2월 12일자 서한의 내용은 다음과 같다. "당신(왕)께 간청하오니 우리를 가엾이 여기시어 이끌어 주시고, 신의 가르침을 전해 줄 프란씨스꼬 수도회의 사제들을 돌려보내 주십시오. 특히 지금 에스빠냐에 가 있는 사제들은 우리의 말(인디오어)을 잘 알고 있으며, (우리의) 말로 선교하고 가르침을 주십니다. 그들은 디에고 데 란다 신부와 똘레도 지방의 뻬드로 구미엘 신부(Fray Pedro Gumiel)입니다. 특히 디에고 데 란다 신부는 신의 안목을 가진 매우 훌륭하고 존경받아 마땅한 분으로 우리를 찾아와 기독교인이 되도록 선교를 이끄셨던 분입니다." 게이츠(Gates)는 이 편지가 아 까눌 지방의 촌장이 1565년 2월 11일 육필로 서명한 글과 정확히 일치한다고 하였다. 또한 이를 바탕으로 이 내용이 동일한 편지의 복사본일 것이라고 주장하였다. 이처럼 란다를 옹호하는 편지는 모두 7통인데, 1565년 2월 11일자로 아 까눌이 보낸 편지를 제외하고는 마야 문서의 어법과 에스빠냐어로의 번역이 동일하고, 심지어는 글씨체도 동일하다. 두 통은 뻬츠(Pech) 지방 촌장과 지도자들이, 다른 두 통은 아 낀 첼 지방의 촌장과 마을의 지도자들이, 다른 편지들은 띡스첼 지방과 참뽀똔 지방의 촌장과 지도자들이 서명하였다(Tozzer, 83–84). 결국 이러한 정황은 란다의 구명을 위하여 원주민 촌장과 지도자들에게 편지를 쓰거나 서명하도록 강요하였을지도 모른다는 가능성을 보여 준다.

11 란다가 늘 수도회에 대하여 언급하는 것을 볼 수 있는데, 당시 각 수도회는 성격과 활동이 달랐을 뿐만 아니라 교리도 달랐기 때문에 어느 수도회 소속인지가 상당히 중요했다. 아메리카 대륙에서 주로 활동하던 수도회는 '프란씨스꼬 수도회(Franciscano)'와 '도미니카 수도회(Dominicano)' 그리고 '예수회(Jesuita)' 등이었다. 이 중에서 전자의 두 수도회 세력이 가장 막강했고, 규모도 컸던 반면에 후자인 예수회의 규모는 작았으나 원주민 보호정책에 적극적이었고, 진보적인 성향을 띠고 있었다.

12 브라쉐르 드 부르부르본은 '스콜라 철학 교수'로 번역하였다. 이 교수직은 연금술과 점성학, 그 밖의 숨겨진 과학 분야에 대해 저술하였다. 또한 사후에 명예를 얻게 된 마이클 스코트(Michael Scot)를 기리기 위하여 생겨난 것으로 보인다(Tozzer, 84).

13 란다가 언급한 '7명의 지식인'은 모두 법률 전문가들이었다. 이들은 쁘로빈씨알(주관구장)로서 란다가 교회 내 판결권을 행사할 권한을 갖는지에 대하여 교황의 칙서에 준하여 이를 해석하고 보고하라는 명령을 받았다. 1565년 이들은 권력의 남용과 우상숭배자들에 대한 과도한 형벌 집행에 대하여 만장일치로 란다의 죄에 해당 사항 없다라는 의사를 표명하였다. 결국 란다는 이러한 의견에 힘입어 사면될 수 있었다(Tozzer, 84).

14 숄스와 로이스(Scholes and Roys)는 이러한 행동에 대하여 다음처럼 언급하였다. "까스띠야 쁘로빈씨알(주관구장)의 결정은 합법적 의문에 근거한 응당한 처사였다. 란다는 우상숭배에 대하여 심문하고 고문을 행한 것과 관련하여 혹독한 비난을 받을 만했다. 그런데 그가 상관들에 의하여 (개인적인 친분으로) 비난을 면할 수 있었던 것은 아닌지 의심스럽다." 향후 란다의 사건으로 정책에는 여러 변화가 생겨났다.
란다는 에스빠냐에 있는 동안 오까냐(Ocaña)의 수도원에 머물렀다. 그 후 그가 16살 때 수도회에 입문했던 똘레도의 산 후안 데 로스 레예스 수도원으로 이동하였다. 란다는 산 안또니오 데 라 까베라(San Antonio de la Cabera)의 과르디안(주임신부)이 되었다. 그는 유까딴의 네 번째 오비스뽀(주교)로 선출되었고, 이때 완전한 해명을 할 수 있었다. 그러나 1571년 4월 멕시코에서 그의 적이었던 또랄 오비스뽀(주교)가 사망한 후에야 실질적인 임무를 수행할 수 있었다. 그는 다른 13명의 사제들과 함께 1572년에 에스빠냐를 떠났고, 1573년 10월에 깜뻬체에 도착하였다. 인디오들은 그를 무척 환영해 주었다. 이때 분명 란다가 에스빠냐에서 집필한 《란다의 유까딴 견문록(Relación de las Cosas de Yucatán)》의 원본을 가져왔던 것으로 추정된다.
란다의 사면과 유까딴 오비스뽀(주교)로의 승진은 끼하다에 대한 꼰세호 데 라스 인디아스(Consejo de las Indias, 인디아스 자문위원회)의 처사와는 매우 대조적이었다. 란다의 사건과 끼하다의 사건에는 원주민 탄압이라는 유사점이 있는데, 그 결과는 정반대였던 것이다. 끼하다는 알깔데 마요르(도지사)로서 그의 직무를 초과하면서까지 우상숭배에 대항하기 위하여 지나치게 간섭하였다. 다른 사제들은 특히 그가 도로를 닦고 화물을 옮기는 데 인디오들의 노동을 부려 먹은 점과 관련하여 규율을 파기하였다고 비난하였다. 반면에 인디오들을 짐꾼으로 부려도 좋다는 허락을 받았던 농장주들은 1563년 도로가 완성됨과 동시에 끼하다가 공물과 상품을 나르는 데 인디오들을 더 이상 짐꾼으로 부리는 것을 전면 취소시키자 이에 항의하며 그에게 반기를 들었다. 그의 다른 죄목으로는 메리다 성당의 건축자금 횡령, 인디오 착취, 대가무지불의 대량 식량수취, 친한 사람들에게는 호의적이고 갈등관계에 있는 사람들에게는 적대적이었던 판정 태도, 하위 공직자들을 무시하는 행위, 부도덕함 등이 있었다. 이에 대하여 숄스(Scholes)는 다음처럼 말하였다. "이러한 불평 중에서 몇몇은 타당했지만 일부는 과장되거나 근거 없었다." 1563년과 그다음 해 메리다 의회와 공직자들 그리고 또랄은 끼하다에 대하여 항의하였다. 그러자 부왕은 세바스띠안 바스께스(Sebastián Vázques)를 임명하여 상황을 조사하라는 명령을 내렸다. 그는 1564년 깜뻬체에 도착했고, 끼하다의 적들은 이에 적극적으로 대항하였다. 끼하다의 주장대로 이때 제기된 증언 중의 상당수는 과장되었거나 거짓일 가능성이 있다. 혐의를 받은 4,549명의 우상숭배자가 고문을 받았고, 회개를 한 사람은 6,330명이었다. 불에 탄 140구의 인디오 시체가 발견되었으며, 고문으로 157명이 사망하였다. 그리고 32명은 불구자가 되었다. 조사관은 1565년 이러한 자료들을 동봉하여 왕에게 서신을 띄웠다. 끼하다도 자신을 변호하는 수많은 문서를 발송하였다. 루이스 쎄스뻬데스(Luis Céspedes)가 통치자로 유까딴에 도착하였고, 결국 끼하다는 상벌위원회에 출두하라는 명령을 받았다. 1566년 끼하다는 여러 의문점을 소명하였으며, 쎄스뻬데스는 100가지의 비난을 들며 끼하다에 대한 반대 입장을 표명하였다. 최종적으로 쎄스뻬데스가 끼하다에게 유죄를 선고하며 많은 돈을 지불하라는 판정을 내렸다. 자금을 모을 수 없었던 끼하다는 11개월간 메리다의 감옥에 수감되었다. 1567년 부왕을 만나기 위하여 멕시코에 방문해도 좋다는 허락을 받은 후에 결국 에스빠냐로 건너가게 되었다. 꼰세호 데 라스 인디아스(Consejo de las Indias, 인디아스 자문위원회)는 이 사건을 재검토하였고, 1569년 12월 9일 재판정을 내렸다. 쎄스뻬데스보다 더 공정하고, 덜 심각한 판정이었다. 과거의 판정은 무효화되었고, 부과해야 할 벌금도 줄어들었다. 그러나 그가 1571년 혹은 1572년 에스빠냐에서 사망한 후에 1572년 그의 미망인이 채무를 갚음으로써 사안은 종결되었다(Tozzer, 84–85).

결국 이러한 정황은 당시의 상벌위원회나 정치적으로 중요한 결정이 종교적·정치적인 영향력과 개인적인 친분관계에 의하여 좌지우지될 수 있었다는 점을 보여 준다. 또한 란다는 이러한 면에서 다른 사람들보다 수완이 좋았다는 것을 알 수 있다.

15 펠리뻬 2세(Felipe II, 1527–1598)는 아버지인 까를로스 5세(Carlos V)가 퇴위한 후 1566년 왕위에 올랐다(Tozzer, 85).

16 플랑드르: 네덜란드, 벨기에 및 프랑스 북부의 연안 지방을 포함한 지역의 옛 명칭(네이버 스페인어사전, 'Flandes').

17 후아나는 왕자 펠리뻬(Felipe)에게 북쪽 지역으로 가도록 하였고, 1554년 구교도(가톨릭)인이었던 메리와 영국에서 결혼을 시켰다. 그녀는 1556년 까를로스 5세(Carlos V)가 퇴위한 후에 펠리뻬의 재정기간 처음 3년 동안 섭정하였다. 1559년 합스부르크가(家)–발로이스 간의 전쟁이 끝나자 펠리뻬는 다시 에스빠냐로 돌아왔다(Tozzer, 85).

18 기독교를 전파하고 에스빠냐 왕에게 봉사할 수 있음에 원주민들이 지극히 감사하고 있음을 강조하는 내용이다. 란다 신부의 정치적인 수완과 성격이 잘 드러나는 부분이라고 할 수 있다.

유까딴의 집 짓는 방법

- 촌장들에 대한 인디오의 복종과 존경 - 머리를 꾸미고 옷을 입는 방식

20-1　[인디오들은] (이곳에) 많이 있는 양질의 짚이나 (지붕을 얹는 데) 안성맞춤인 종려나무잎으로 (지붕을) 덮어씌워서 집을 지었다; 비가 새지 않도록 처마의 경사를 급하게 만들었고[1], 중간에 집 전체를 나누는 벽을 길게 쌓았다. 벽에는 몇 개의 문을 만들어 놓았는데, (이러한 문들을 기준으로) 한쪽 면을 가리켜서 집의 뒷면이라고 불렀고, (이곳에) 침대를 두었다. 나머지 반대쪽 면에는 아주 솜씨 좋게 하얀 석회칠을 해 놓았으며, 촌장들은 이곳에 대단히 아름다운 그림을 그려 놓았다[2]; 이곳은 손님들을 영접하는 한편 그들의 잠자리로 이용되는 공간으로 문이 하나도 없고[3] 모든 공간은 훤히 트여 있었다. 또한 비나 햇빛을 피할 수 있도록 집 앞의 아래까지 처마가 깊숙이 내려와 있었다. 사람들이 말하기를 비상시 적들로부터 내부를 방어하기 위한 것이라고 하였다.[4]

마을 사람들은 자신들의 돈으로 촌장들의 집을 지었다; (집에는) 문이 없었기 때문에 다른 사람의 집에 가서 나쁜 짓 하는 것이 대단히 큰 범죄로 여겨졌다.[5]

작은 뒷문이 있었는데 이것은 필요한 경우에 사용하였다.[6] (인디오들은) 나무로 엮은 침대 위에 돗자리를 깔고 면으로 된 이불을 덮고는 잠자리에 든다[7]; 특히 남자들은 여름이 되면 회반죽으로 된 (바닥에) 돗자리를 깔고 잠을 잔다.

모든 마을 사람은 집에서 떨어진 곳에서 촌장들을 위해 땅을 경작하였다. 그곳에서 일하면서 그와 가족을 위한 충분한 양의 (곡물을) 수확하였다; 또한 사냥과 낚시를 가거나 소금을 거두는 시기가 되면 그 일부를 늘 촌장에게 바쳤다. 왜냐하면 이러한 일들을 항상 공동으로 행하였기 때문이다.

만일 촌장이 죽은 후에 (직위가) 맏아들에게 상속되더라도[8] (마을 사람들은) 촌장의 다른 자식에게 (계속해서) 충성을 바치고 도움을 주는 등 그들을 마치 촌장처럼 받들었다.

20-2 (또한 마을 사람들은) 촌장보다 하위에 있는 마을의 높은 어르신들에게도 그들이 누구이고, 또 촌장이 그들에게 얼마나 호의를 베푸느냐에 따라서 이러한 모든 일에 있어서 도움을 주었다.

제사장들은 직무를 수행하며 (마을 사람들이) 바친 것들로 생활하였다.

20-3 촌장들은 분쟁을 조정하고[9] 나라의 업무를 관장하며 마을을 통치하였다. 이러한 일들은 모두 최상위계층 어르신들에 의하여 행해졌다. 그들은 많은 복종과 존경을 받았고, 특히 그들이 방문하는 부자들로부터 더욱 그러한 (대우를 받았다); 집에는 주로 밤에 업무를 관장하던 (집무실 같은) 공간을 두었다; 촌장들이 마을과 집을 나설 때는 많은 사람이 동행하였다.

20-4 유까딴의 인디오들은 풍채가 좋고 키가 크며[10] 건장할 뿐만 아니라 힘이 장사이다. 또한 어릴 때 어머니들이 골반 쪽에 걸터앉혀서 데리고 다녔기 때문에 대부분 다리가 휘어져 있다.[11]

사팔뜨기가 예쁘다고 생각했기 때문에 어머니들은 아이들이 어릴 때 그들의 눈썹과 눈썹 사이 머리카락에 작은 구슬 같은 것[12]을 붙여 놓았다; 그러면 (매달아 놓은 것이) 거기서 달랑거리면서 아이들이 눈을 치켜뜨게 되었고, 그렇게 (아이들은) 사팔뜨기가 되었다.[13]

평평한 머리통과 이마를 가지고 있었는데, 이 또한 어머니들이 어릴 때 인위적으로 만든 것이었다.[14] 귀걸이를 위해서 귀에 구멍을 뚫었으며, (피)공양으로 (모양이 둥그

렇지 않고) 뾰족하였다.[15]

턱수염을 기르지 않았는데, 그들이 말하기를 수염이 나지 않도록 어릴 적 어머니들이 뜨거운 수건으로 아이들의 얼굴을 지졌기 때문이라고 하였다.

지금은 수염을 기르지만 마치 뻣뻣한 말의 털처럼 (모발이) 거칠기 짝이 없다.[16]

20-5 (남자 인디오들도) 여자들처럼 머리카락을 길렀다。마치 훌륭한 왕관인 양 머리의 윗부분을 지져서 (주변의) 머리카락을 아래로 길게 늘어뜨렸다。단 윗부분의 머리카락은 짧게 남겨 두었다。그러고는 (주변의) 머리카락을 화관처럼 땋아서 마치 술장식처럼 꼬랑지를 내려뜨렸다.[17]

20-6 모든 남자가 거울[18]을 사용한 반면에 여자들은 그렇지 않았다; 그들은 부정을 저지른 아내를 둔 남자를 가리켜서 아내가 남편의 뒤통수 머리카락에 거울을 붙여 놓았다고 하였다.

20-7 목욕을 매우 자주 하였는데[19], (목욕할 때는) 필요하면 손으로만 가리는 정도로 특별히 몸을 가리려고 하지 않았다.

20-8 향기를 무척 좋아했기 때문에 꽃과 향초로 아주 예쁘고 정성스럽게 꽃다발을 만들었다.

20-9 얼굴과 몸에 붉은색을 칠하였는데, 아주 흉측해 보이는데도 그들은 이것을 매우 아름답다고 여겼다.[20]

20-10 이들의 옷은 손 하나 정도의 폭을 가진 천으로 속옷과 바지를 겸하는 것이었다。허리에 몇 번 감아서 한쪽 끝은 앞쪽으로 오도록 하고 다른 끝은 뒤쪽으로 오도록 하였다。아내들은 이러한 끝부분을 깃털로 (장식하는 데) 많은 공을 들였다[21]; 또한 길고 네모난 망토를 둘렀는데, (이 망토는) 어깨 부분에서 (매듭을 지어) 묶었다; (그 밖에도) 삼이나 무두질을 해서 말린 사슴 가죽의 샌들을 신었다。[22] 그 밖의 다른 (의복류는) 착용하지 않았다.[23]

1 인디오들은 우리나라의 초가집 같은 원리로 지붕을 얹었다. 주로 종려나무를 많이 사용하였는데, 종려나무의 잎을 여러 겹으로 겹쳐서 지붕을 얹으면 비가 올 때 빗물이 잎사귀를 타고 흘러내리게 된다.

유까딴의 렐라씨온에서 다음의 내용을 확인할 수 있다. "집의 문은 항상 동쪽을 향한다." "서쪽을 제외한 다른 방향으로도 향하게 할 수 있지만, 서쪽을 향하는 것은 사원밖에는 없다." 잇사말의 렐라씨온에는 다음처럼 기록되었다. "보통 인디오들은 나무와 막대기로 (골격을 만들고) 이곳에서 쉽게 구할 수 있는 짚과 야자수 잎을 얹어서 집을 짓는다. 또한 이 지역에 많이 있는 돌로 집을 지었던 것으로 추정된다. 그들이 말하기를 4–9월까지 지속되는 열기로 짚으로 짓는 것이 돌로 집을 짓는 것보다 더 위생적이라고 하였다."

메리다의 렐라씨온에는 다음처럼 언급되었다. "인디오들의 집들 가운데는 돌로 지어진 집이 없다. 왜냐하면 돌로 지은 집에 살면 병이 나서 죽게 되기 때문이다. 그들의 삶의 방식에 가장 적합한 재료로 짚만 한 것이 없다"(Tozzer, 85–86).

이러한 내용은 오늘날 우리가 마야의 유적지에서 볼 수 있는 돌로 지어진 많은 집이 주거용으로 상용되지 않았을 것이라는 가능성을 생각하게 해 준다. 실제로 유적지의 피라미드나 돌로 된 건축물들은 습기가 많고 어둡다는 점 등에서 일상생활의 공간으로는 적합하지 않다. 따라서 최고지도자나 엘리트들이 돌로 지어진 고급의 집에서 살았고, 일반인들은 초가집에서 살았을 것이라는 일반적인 생각에 문제를 제기하게 된다. 즉 돌로 지어진 마야의 많은 건축물을 신전이나 신전에 부속된 건물 혹은 행정적인 기능을 수행하던 건물로 보는 것이 더욱 타당하다. 주거를 위한 목적으로, 특히 특권계층의 화려한 생활을 위하여 돌로 된 건축물들이 지어졌다고 보기는 힘들다.

2 건물의 벽면에 회반죽을 칠하고 그 위에 그림을 그리는 것은 마야 사람들이 애용하던 장식기법의 하나였다. 많은 마야의 피라미드 벽면에는 식물성과 광물성 재료를 섞어서 만든 빨갛고 파란 원색의 물감을 사용한 기하학적인 문양과 종교적인 그림, 동식물, 상상의 이미지, 일상생활 모습, 축제와 전쟁 등과 같은 다양한 주제들이 그려졌다. 그러나 오늘날 벽화 대다수는 소실되었다. 현존하는 벽화 중에서 가장 규모가 크고 유명한 것은 마야 중부 지방의 치아빠스주 라깐돈(Lacandón) 정글에 있는 보남빡(Bonampak) 유적지의 벽화이다.

멕시코 라깐돈(Lacandón) 밀림의 한가운데 있는 보남빡 유적지에는 세계적으로 명성이 높은 벽화가 그려져 있다. 빨간색과 파란색 등의 강렬한 원색이 주를 이룬 이 벽화는 그 아름다움으로 절로 보는 이들의 경탄을 자아낸다. 벽화는 피라미드 안에 있는 세 개의 방 전체 벽면을 가득 메우고 있다. 전체를 펼치면 그 길이가 총 112미터에 이를 정도로 규모가 매우 크다. 첫 번째 방에서는 의식이 진행되고 있다. 춤을 추는 장면도 있고 중요한 제사장들의 모습도 보인다. 두 번째 방에는 전쟁의 모습이 그려져 있다. 많은 인물이 화려한 의상을 입고 전쟁을 치르고 있으며 여기저기 전쟁포로의 모습도 보인다. 세 번째 방에는 축제의 모습이 그려져 있다. 종교적인 의례로 보이는 이 행사에는 악사들이 나팔을 불고 북을 치는 등의 악기를 연주하는 모습도 보인다. 일반적으로 이 축제는 전쟁 이후 승리의 축제로 알려져 있다. 높은 예술적 가치가 있다는 점 외에도 당시의 축제와 생활상들을 엿볼 수 있다는 점에서 이 벽화가 가지는 역사적 자료로서의 의미는 상당히 크다(송영복, 2005, 222).

종교적인 성격을 띤 건축물 대부분에는 크건 작건 간에 많은 벽화가 그려져 있었고, 색이 입혀져 있었다. 그러나 안타깝게도 현재 남은 것은 그리 많지 않다. 열대밀림의 높은 습도와 오랜 풍상이 마야 사람들이 그려 놓은 그림들을 대부분 마모시켰기 때문이다. 그러나 보남빡 벽화 외에도 (규모가 더 작긴 하지만) 우악삭뚠(Uaxactún), 빨렝께(Palenque), 착물뚠(Chacmultún), 물칙(Mulchic), 치첸이트사와 같은 곳에서 마야의 벽화를 만날 수 있다. 그리고 이것들을 통해서 당시의 제작기법과 소재 등을 충분히 엿볼 수 있다. 크고 작은 돌을 엇갈려 쌓은 벽에 두꺼운 회반죽을 발라 그림을 그릴 수 있는 바탕을 만들었고, 그 위에 각종 광물이나 식물성 원료로 만든 물감을 이용하여 그림을 그렸다. 그 내용은 축제, 전투, 포로, 인신공양, 피공양, 신, 지도자, 악사, 무용수, 마야문자같이 종교와 정치에 관련된 것들이 대부분이다. 시기적으로는 기원후 5세기에서 15세기 사이에 제작된 것들이 많다(송영복, 2005, 222).

멕시코 치아빠스주 보남빡 유적지의 벽화

3 정복 이전의 마야 건축물에는 문이 없던 것이 일반적인 특징이다. 보통 건물 입구의 양쪽에 고리를 만들어서 그곳에 커튼 같은 천을 달아 문을 대신하는 정도였다.

4 가리바이본에는 '… para enseñorarse de los enemigos'로 표기되었다. 여기서의 'enseñorarse' 동사는 'enseñorear' 동사가 잘못 표기된 것으로 보이는데, 'enseñorear' 동사의 사전적인 의미는 '지배하다' '주인이 되다' 등과 같다. 한편 게이츠본에는 '방어'의 의미로 해석되었고, 토설본에도 방어의 개념인 'control'로 해석되었다. 여기서도 적들이 지배하려는 행위에 반대하여 그들을 '방어'하는 것으로 보아 본문처럼 해석하였다.

5 제넷(Genet)은 다음처럼 언급하였다. "집에는 문이 없었다. …그러나 집 앞을 지나가는 사람들이 안을 들여다보지 못하도록 입구에 커튼을 달았다. 또한 커튼에는 종을 달아 놓았는데, 이것은 낯선 사람이 커튼을 걷었을 때 이 집의 사람들이 알 수 있도록 하기 위한 것이었다. 주인의 허락 없이는 아무도 집 안으로 들어갈 수 없었다"(Tozzer, 86).

6 여기서 '필요한 경우에 사용'의 의미가 불분명하다. 가리바이본에는 '… para el servicio necesario'로 표기되었는데, 다음의 뜻으로 해석될 가능성이 존재한다.
1. 평소에 사용하는 (문)
2. 용변을 보기 위하여 드나드는 (문)

7 고대 마야 사람들이 침대를 사용했는지 아니면 해먹(그물 침대)을 사용했는지 혹은 이 두 가지를 모두 사용했는지는 풀리지 않는 의문으로 남았다. 오늘날 유까딴반도에서 인디오들이 해먹을 사용하는 것은 매우 보편적이며, 그들은 혼혈인이나 백인들보다도 해먹을 더 많이 이용하고 있다. 보통 평범한 원주민의 집에 가 보면 해먹을 걸어 놓는 고리가 집의 여기저기에 부착되었고, 수면할 때와 휴식을 취할 때 많이 사용하는 것을 볼 수 있다. 만일 그 시절 유까딴에서 해먹이 흔히 사용되었다면 란다가 이것을 언급하지 않고 넘어갔을 가능성은 매우 희박하다. 그러나 란다의 사료에서 해먹에 대한 언급은 발견되지 않는다. 반면에 다른 사료에서 이와 관련된 내용을 확인할 수 있는데, 그 내용은 다음과 같다.
1565년 끼하다의 증언에서 우상들이 '그들의 침대 밑에서' 발견되었다는 내용을 확인할 수 있다. 즉 해먹이 직접적으로 나오지는 않지만, 침대와 유사한 잠자리가 있었던 것을 확인할 수 있다. 한편 1579년 유까딴의 렐라씨온에서 '끈으로 엮은 침대(Camas de Cordeles)'에 대한 언급을 확인할 수 있다. 이것을 통하여 당시에도 침대나 해먹이 있었을 것이라는 추정이 가능하다.
해먹에 대한 식민지 초기 언급들이 시사하는 바는 매우 크다. 1526년 피터 마티르(Peter Martyr)는 꼬수멜에 있는 집들의 해먹에 대하여 언급하였다. 또한 우상숭배에 관한 부분에서 죽어가는 남자가 해먹에 실려서 그의 고향으로 돌아갔다는 내용을 언급한 바 있다. 오늘날 벨리세의 마야 원주민들이 여행할 때 해먹을 이용하는 것과 흡사하다고 할 수 있다. 또한 오비에도(Oviedo)는 해먹에 몸을 기대고 있는 촌장을 찾는 몬떼호에 대하여 언급하였고, 산체스 데 아길라르는 마야 사람들이 해먹을 제조했다고 언급하였다.
1548–1550년 과테말라의 세금 목록에도 해먹이 등장한다. 체임벌린은 태평양 부근에 있는 니카라과의 두 마을에서 1548–1550년 과테말라에 공물로 납부하던 물품들의 목록에서 해먹을 발견하였다고 들은 바 있다고 하였다(Tozzer, 86–87). 일반적으로 당시 공물로 납부되던 물품들은 원주민들이 정복 이전 시기부터 생산해 오던 전통적인 생산품이라는 것을 고려하였을 때 해먹은 유럽인들이 아메리카 대륙에 들어오기 전부터 사용되었을 것이라고 추측할 수 있다.
해먹의 기원에 대하여 E. H. 톰슨은 나무에 매달아서 사용하는 그물로 짠 흔들거리는 의자라고 하였다. 그리고 해먹의 기원이 이곳이 아닐지도 모른다는 가능성을 언급하였다. 몰리나(Molina)는 해먹이 유까딴 고유의 것이 아니라 에스빠냐의 식민지 기간 산토 도밍고로부터 들어온 것이라고 하였다. J. E. 톰슨은 해먹이 중앙아메리카를 거쳐서 마야로 들어왔고, 침대와 함께 사용했을 것으로 추정하였다. 토설은 라깐돈 정글 속 해먹이 가지각색인 유까딴 해먹과는 다른 방식으로 제조되었다고 하였다. 그리고 횡선으로 엮은 것은 남미 북동 지방 타입과 흡사하다고 하였다. 또한 중앙아메리카의 부족들은 (그물 모양의 무언가를) 엮는 기술이 있었는데, 결국 해먹은 이러한 지역의 기술이 발달한 결과물이라는 내용을 덧붙여 언급하였다. 오비에도(Oviedo)는 마야의 다른 지역 해먹이 라깐돈의 해먹과 차이를 갖는다고 하였다(Tozzer, 86-87).
이러한 점들을 종합해 보면 해먹이 원래 마야 원주민들이 사용하던 것이었다고 단정하기 힘들지만 그럴 만한 가능성도 충분히 존재한다고 볼 수 있다. 또한 만일 그렇다고 해도 이것이 마야 토착의 것인지에 대해서는 여전히 의문으로 남았다.

8 란다는 형제들 또한 상속의 권한을 갖는다고 하였다. 이것은 아들이 물려받는 것이 꼭 '법으로 정해진 것은 아니다'라는 것을 암시한다. 에스빠냐의 정복 이후에도 촌장의 직무는 종종 아버지에서 아들로 이어졌다. 소뚜따 지방 렐라씨온을 보면 후안 꼬꼼이 아들을 남겼는데, 아들이 너무 어렸기 때문에 후안의 형제가 대신 통치를 맡았으나 1581년 다시 후안의 아들이 우두머리가 되었다고 기록되었다. 란다는 (맏아들의) 동생들에게 자질이 있는 경우에 사제들이 그들에게 '과학'을 가르쳤다고 하였다. 이것은 그들이 종교적인 일을 맡게 될 것임을 시사한다(Tozzer, 87).
그러나 이러한 장자 상속 혹은 가족 상속의 풍습이 서양이나 동양의 왕권 계승 같은 성격을 갖는 것은 아니었다. 실질 혹은 가상의 혈연관계로 맺어진 마야의 촌락과 부족공동체는 어떠한 방식으로든 모든 구성원이 혈연관계로 맺어져 있었다. 즉 어떤 한 가문이 촌장을 하거나 권력을 독점한다는 것이 애당초 큰 의미를 갖지 않을 수도 있다는 것이다. 더군다나 촌장 혹은 지도자의 개념이 '가족이 많은 사람'이라는 점에서도 다른 문화에서 볼 수 있는 절대적인 권력과는 상당히 다른 성격이라는 것을 알 수 있다. 따라서 이러한 형태의 정치권력을 가진 지도자 체제를 이해하기 위해서는 우리나라 종친회의 수장으로서의 종갓집 장손이나 부락공동체 마을 지도자 등을 통해서 이와 유사한 형태를 이해할 필요가 있다(송영복, 2008).

9 여기서 란다는 촌장의 꼬미사리오(판관) 역할에 대하여 언급하였다. 꼬골유도(Cogolludo)는 이와 관련하여 다음처럼 좀 더 구체적으로 언급하였다. "왕들은 명령하는 데 있어서 절대적이다. 그들의 명령은 실수 없이 이행되었다. 마을에 까씨께(Cacique, batab, 촌장)들 혹은 상위계층 사람들을 두어서 소송과 공공의 요구를 살피도록 하였다. 그는 소송 관계자들이나 협상하는 사람들을 만나서 사건을 들었다. 만일 문제가 심각하다고 판단되면 이에 대하여 왕과 의논하였다"(Tozzer, 87).

10 키가 크다는 표현은 납득하기가 조금 어렵다. 인종적으로 유까딴 사람들은 작은 편에 속하며, 에스빠냐 사람들과 비교했을 때도 그렇게 큰 편이 아니기 때문이다.

11 지금도 마야 지역을 돌아다니다 보면 아이를 엉덩이 위쪽의 허리에 앉혀서 데리고 다니는 모습을 쉽게 볼 수 있다. 아이를 업는 방식 또한 매우 독특한데, 우리처럼 등에 똑바로 업는 것이 아니라 한쪽으로 비스듬하게 업는다.

12 가리바이본에는 'un pegotillo'로 표기되었는데, 이것은 'pegote'의 축소형인 것으로 보인다. 'pegote'는 '송진(역청) 혹은 접착력이 있는 것으로 만든 고약이나 연고'를 뜻한다. 그러나 오늘날까지 일부 전해지는 사팔뜨기 전통에 의하면 여기에 사용된 도구는 고약이나 연고 같은 것이 아니라 일종의 구슬 같은 것이다. 따라서 본문에서는 '작은 구슬 같은 것'으로 번역하였다.

13 사팔뜨기를 선호하던 풍습은 마야문명의 생성기에서부터 볼 수 있을 정도로 매우 오래되었다. 사팔뜨기를 한 인형도 출토되었는데, 아메리카 대륙 전고전기의 대표적인 문명인 올메까(Olmeca) 유물에서도 사팔뜨기 모습을 한 인형을 볼 수 있다.

14 란다는 이러한 두개골변형(편두) 풍습에 대하여 여러 차례 언급하면서 이를 행하는 방법을 묘사하였다. 또르께마다는 이러한 관습에 관하여 다음처럼 말하였다. "그들은 사납고 맹렬하게 보이도록 얼굴 모양을 망가뜨렸다. …귀에 구멍을 뚫고는 (시간이 지날수록) 구멍의 크기가 점점 더 커지도록 하였다. 코와 입술에도 마찬가지였다. 구멍에는 금이나 은으로 된 보석을 달았다. 이것은 전쟁 때 적들에게 두려움을 주고, 그들을 농락하기 위한 것이었다. 전쟁 때 얼굴을 망가뜨리는 것과 같이 무서운 외모를 만드는 관습으로 몇몇 지역에서는 그곳의 왕자들에게도 길고 펑펑한 이마를 만들 것을 강요하였다"(Torquemada, 14, XXIV).
에스빠냐 사람들이 인디오들에게 이러한 관습을 묻자 그들은 다음처럼 대답하였다. "…아이들이 아주 어릴 때는 머리가 무척 부드러워서 속이 빈 두 개의 나뭇조각을 이용해서 지금의 우리 같은 머리 형태를 만들 수 있다. 이러한 관습은 신이 우리 조상들에게 전해 준 것이며 우리에게 귀족적인 외모를 갖게 해 주신 것이다. 그 결과 우리는 왕을 모시기에 더욱 적합한 외모를 지니게 되었다"(Tozzer, 88).
일반적으로 많은 메소아메리카 사람들이 일종의 두개골변형(편두)을 하였다. 인간의 두개골에 특별한 종교적 의미를 부여하였던 것으로 보인다. 마야 지역과 메시까 지역에서 많이 나타나는 쏨빵뜰리(Tzompantli, 두개골 벽면 장식: 열을 맞춰서 해골을 장식하거나 해골의 형태를 건물 벽면에 바둑판처럼 빼곡히 장식한 것을 말한다. 마야 지역뿐만 아니라 전체 메소아메리카 지역에서 자주 등장하는 건축 장식 문양의 하나이다.)라는 두개골 벽면 장식은 이러한 두개골에 대한 특별한 종교적인 의미를 잘 보여 준다. 갓 태어난 어린아이의 머리에 송판을 대고 그것을 천으로 단단히 누름으로써 원하는 모양을 만들었다. 그러나 이렇게 어린아이에게 나무를 묶어 놓는 것은 한두 달로 끝나는 것이 아니었다. 의도하는 변형을 얻기 위해서는 몇 년에 걸친 작업이 이루어졌다.

두개골변형(편두)의 전통은 마야뿐만 아니라 전 세계 각지에서 나타난다. 이것은 일반적으로 편두라는 말로 불리는데, 동양의 훈족 문화에도 이러한 편두풍습이 존재하였다. 더욱 재미난 것은 한국에서도 두개골변형 전통이 발견된다는 점이다. 경남 김해의 예안리 유적지에서 발견된 가야 사람의 것으로 추정되는 두개골에서 편두의 전통이 나타났다. 그러나 한반도의 편두풍습은 기원후 4세기 이후로 사라진 것으로 보인다. 《삼국지》 〈위서〉 동이전에는 어린아이가 태어나면 돌로 머리를 눌러 놓았다는 기록이 있다. 마야 사람들이 나무판자를 사용하는 것과는 방법적인 면에서 약간의 차이가 있었다.

두개골을 변형하는 정확한 이유에 대해서는 알려진 바가 없다. 로마노 빠체꼬(Romano Pacheco)는 이러한 두개골 변형이 단순히 미(美)적인 목적으로 행해진 것이 아니라 종교와 관련된 사회계층을 나타내기 위해서 행해진 것이라고 주장하였다. 즉 두개골변형이 각 사회계층 혹은 정치 권력의 정도를 나타내는 외적인 징표로 이용되었다는 것이다(Romano, 25–41).

마야의 경우에는 두개골변형을 모두 일정하게 하던 것이 아니라 지역과 시기에 따라서 형태의 차이를 보였다. 크게 나누어 머리를 직각으로 만드는 수직형이 있고, 눈 위를 경사지게 만드는 경사형이 있는데, 일반 평민들은 수직형을 할 수 있었고, 높은 계층의 사람들만 경사형을 할 수 있었다는 주장이다. 까르멘 발베르데(Carmen Valverde)는 이것을 재규어 두개골 모양을 모방한 것이라고 해석하였다(Valverde, s/n).

재규어는 일찍이 메소아메리카의 정치와 종교의 중요한 소재로 많이 등장하던 동물이다. 이 동물은 먹이를 사냥하기에 수월하도록 눈썹 위에서부터 윗부분이 기울어져 있어서 숨어서 적을 노릴 때 머리 부분이 잘 보이지 않는 생김새를 가지고 있다. 마야의 많은 두개골변형이 이와 상당히 유사한 모양을 하고 있다. 따라서 이것이 마야 사람들이 숭상하던 재규어 두개골의 모방이라고 주장하는 것이다. 이 두 가지 의견을 종합해 보면 재규어의 머리 모양에서 모티브를 얻어서 두개골변형을 하였고, 이것이 정치적 권력의 외형적인 상징으로도 이용되었다는 것이다.

그러나 이에 대하여 많은 문제점이 제기될 수 있다. 이와 반대되는 연구 결과도 등장하였다. 티슬러(Tiesler)의 연구는 두개골변형이 씨족적인 동질성 상징하는 것이라는 가능성을 제시하였다. 두개골변형은 각 지방과 시기에 따라서 그 형태와 각도 등이 상당히 다르게 나타나는데, 이것은 두개골변형이 각 씨족 혹은 촌락적 전통의 차이에서 비롯된 것이지 사회계급적인 차이에서 이루어진 것이 아니라는 것이다. 그 예로 상위계층의 것으로 추정되는 부장품이 많은 무덤에서 발견된 두개골의 변형 형태가 일정한 규칙이 없다는 점을 들 수 있다. 사실상 앞서 언급한 로마노 빠체꼬(Romano Pacheco)의 지도를 받은 박사 논문의 발표 내용을 보았을 때 그녀의 분류가 이 분야 연구의 발전된 결론이라고도 말할 수 있을 것이다. 또한 이점에 있어서 옮긴이도 1998년에 발표한 〈고대 마야 사회의 역동성〉이라는 논문에서 사회계층 간의 외견적인 차이는 뚜렷하게 존재하지 않았을 것이라는 의견을 피력하였다(송영복, 1998).

이러한 전통은 전고전기부터 후고전기에 이르기까지 전체 마야 지역에서 꾸준히 나타났다. 그중에서도 고전기 때 절정을 이루었던 것으로 보인다. 즉 당시의 두개골이 더욱 높은 비율로 그 변형의 정도를 보여 주고 있다. 마야 사람들은 두개골변형뿐만 아니라 치아변형 등 오늘날 우리와는 다른 미적 혹은 종교적인 형태의 변형을 하였다(송영복, 2005, 140).

15 귀걸이를 하기 위해서 귀를 뚫는 것은 고대부터 현재에 이르기까지 라틴아메리카 대륙의 전 지역에 걸쳐서 있어 온 관습이다. 마야에만 이러한 전통이 있었던 것은 아니며, 각종 그림과 조각들에서도 귀걸이를 한 모습이 자주 등장하는 것을 확인할 수 있다. 오늘날에도 갓난아기가 태어나면 (특히 여자아이일 때는) 대부분 생후 얼마 지나지 않아서 귀를 뚫고 작은 귀걸이를 달아 주는 것이 일반적이다.

귀걸이의 용도 외에 피공양을 위해서 귀를 뚫기도 했다. 이것은 일종의 정화의식으로 인간의 몸에서 가장 중요한 구성 요소 중의 하나로 여겨졌던 피를 내서 종교적인 의미를 부여하는 행위를 하였다. 신체 부위 중에서도 피를 쉽게 낼 수 있고 뚫기에도 쉬운 부위가 많이 선택되었다. 귀, 손가락 끝, 혀, 복부 등에 구멍을 내거나 날카로운 것으로 상처를 내서 피를 내었다.

16 턱수염과 콧수염 모두 마야 원주민들뿐만 아니라 아메리카 대륙 원주민들에게서 잘 나타나지 않는 신체적인 특징이다. 따라서 오늘날 중남미 사람들에게 난 수염은 대부분

서양 사람들로부터 전해진 유전적인 영향이라고 할 수 있다. 원주민들 가운데 수염이 난 사람이 전혀 없던 것은 아니지만 정복 이전 시대에 일반적인 것은 아니었다. 그러나 부조와 조각상에 수염 난 사람의 모습이 표현된 것을 일부 발견할 수 있다. 특히 올메까(Olmeca) 문화에는 수염 난 사람의 모습이 자주 등장한다. 마야에도 많지는 않지만, 수염 난 사람의 모습이 드물게 표현되었다. 따라서 이러한 사람들은 외부에서 온 사람들을 표현한 것이 아닌가 하는 추측을 불러일으킨다. 특히 올메까(Olmeca) 문화 조각의 찢어진 눈에 수염을 가진 모습 조각이 동양인과 유사하다는 이유로, 오랜 옛날 아메리카 대륙 원주민의 기원이 된 인류가 아시아에서 건너왔다고 추측하거나 아메리카 대륙의 문명이 발달하면서 동양과 교역이 있었다는 추측까지 하고 있다.

수염을 가진 사람 조각, 멕시코 국립인류학박물관 소장

17 1511년에 난파로 유까딴에 상륙한 이후 인디오 마을에 정착해서 살다가 1519년 다시 꼬르떼스와 재회한 헤로니모 데 아길라르의 당시 모습에 대하여 세르반테스 데 살라자르(Cervantes de Salazar)가 묘사한 내용이 매우 흥미롭다. "이마와 (머리) 옆면으로 머리카락이 있었고, 정수리 부분에도 머리카락이 있었다. 나머지 부분에는 검은색 머리카락이 붉은 가죽끈으로 묶여 있었는데, 그 끈이 허리까지 닿았다." 다른 부분에서도 원주민들의 머리카락에 대한 묘사를 확인할 수 있다. 그 내용은 다음과 같다. "그들은 머리를 땋았다. 그리고 마치 여자처럼 (머리를) 앞쪽(이마 부분)에서 묶었다." 세르반테스 데 살라자르(Cervantes de Salazar)는 인디오들이 꼬르떼스의 '편지를 그들의 매우 긴 머리카락 속에 말아서' 아길라르에게 가져다주었다고 이야기하였다. 한편 오늘날에도 전통적인 삶의 방식을 상당 부분 간직하고 있는 라깐돈 원주민들에게서 란다가 묘사한 것처럼 남녀 모두 머리를 길게 기르고 있는 모습을 발견할 수 있다(Tozzer, 88–89).

18 여기서 란다가 언급한 거울은 오늘날의 거울이 아닌 흑요석이나 황철광으로 만들어진 것을 가리킨다. 얼굴을 보기 위한 도구라기보다는 몸치장 용도로 사용되었다고 보는 것이 적합하다.

19 오늘날 마야 원주민들을 관찰하거나 과거 정복 시절 혹은 식민지 시대의 기록들을 살펴보면 일반적으로 그들은 청결 관념이 뛰어나고 목욕을 즐긴다는 것을 알 수 있다. 보통 자연 재료로 지어진 초가집 같은 집에서 사는 경우가 많지만, 주변 정돈을 잘하고 위생적인 생활을 하며 목욕을 자주 한다. 그러나 도시 인근에 살면서 반 도시화된 생활을 하거나 시골에 살더라도 현대화의 영향을 받아서 주변 지역으로 큰 목장이나 관광지가 들어서게 되면 전통 생활의 체제가 깨지고, 그렇다고 도시 생활의 혜택을 누릴 만한 충분한 경제적인 여건도 안 되는 경우가 많다. 따라서 오염의 정도가 심해지며 위생의 문제도 심각해지는 것을 볼 수 있다.

20 마야 인디오들 사이에서 몸에 색을 칠하는 것은 매우 일반적이었다. 특히 붉은색이 가장 흔하게 사용되었다. 란다는 검정색이 단식 기간이나 결혼하지 않은 어린 남자들이 칠하던 색이라고 하였다. … 파란색은 제사장들이 칠하던 색이고, 붉은색과 검은색은 전사들이 칠하던 색이었다. (인디오) 여자들에 대해서는 31장(31–1)에서 다음처럼 묘사하였다. "(화장하는 것이) 경박하다고 여겨져서 우리나라의 (여자들과는) 달리 얼굴에 화장하지 않는다." 그러나 란다는 31장(31–3)에서 다음처럼 모순된 말을 하였다. "(그녀들은) 남편들처럼 몸에 붉은색의 크림 같은 것을 칠하였고, 가능한 여자들은 향기로운 고무로 만든 아주 끈적끈적한 것을 바르기도 하였다."
1696년 촐어(Lengua Chol)를 구사하는 라깐돈 인디오들에 대하여 기록한 마르힐 신부는 몸을 검게 칠하는 것에 대하여 지속적으로 불평하였다. 그는 몸을 칠하는 인디오들을 채찍질했던 것으로 파악된다. 아베다뇨(Avedaño)는 다음처럼 말하였다. "(지금은 색이) 벗겨졌으나 (전에는 색이) 칠해져 있던 조각의 얼굴들은 마치 악마와도 같다."
오늘날 라깐돈 원주민들은 안나토 열매(Achinote berry, Bixa orellana)에서 붉은색의 염료를 채취한다. 그들은 그것을 얼굴에 바르기도 하고, 옷을 만드는 데 사용하기도 하며, 신에게 의식을 행할 때에 사용하기도 한다. 그러고는 다시 항로에 넣어서 사용한다(Tozzer, 89).
마야의 그림이나 조각 혹은 도자기 등에서도 몸에 각종 색을 칠한 사람들의 모습을 쉽게 발견할 수 있다.

21 이러한 천은 마야의 사료들과 부조들에서도 확인할 수 있다. 바야돌릳의 렐라씨온에는 다음처럼 기록되었다. "치낀

첼, 따쎄스(Tacees), 꼬추아, 꾸뿔족의 인디오들은 모두 옷을 입고 다녔다. 왕은 실과 깃털로 짠 색색의 웃옷을 입었다. 그것은 직물로 짠 망토 같은 긴 천으로 복부까지 둘둘 감아올렸고, 중요한 부위(성기)를 가렸다. … 많은 인디오는 허리에 천 하나만을 두른 채 발가벗고 다녔다. 이것은 바야돌릳 지방의 일반적인 풍습이었다." 옷 외에도 깃털로 깃발과 모자, 방패를 만들었으며, 화폐로 사용하기도 하였다. 블롬(Blom)은 바티칸 원고에서 다음의 구문을 인용하였다. "베라빠스(Verapaz) 지역에서는 값비싼 깃털을 가진 새를 죽인 사람을 사형에 처하였다. 왜냐하면 이러한 깃털을 가진 새는 이 지역에만 있었고, 화폐로 사용되었기 때문이다"(Tozzer, 89).

22 그림이나 조각 속 원주민들의 모습에는 대부분 신발이 등장한다. 샌들을 신는 것이 일반적인데, 그 형태는 발가락이 그대로 드러난 오늘날의 샌들과 크게 다를 바 없다. 다만 바닥에서부터 올라온 끈이 발가락을 통과하는 구조는 오늘날의 샌들과 차이를 보인다(Tozzer, 89).

고대 마야의 의상과 신발을 볼 수 있는 빨렝께 유적지의 조각

23 이러한 마야 원주민들의 의상에 대한 언급은 실제와는 많은 차이를 보인다. 예를 들면 유까딴 지방의 마야 사람들은 망토를 두르지 않았고, 고지대의 다른 마야 지역 사람들은 란다가 묘사한 것과 다른 형태의 의상을 착용하였다. 뿐만 아니라 실제와 차이를 보이는 내용들이 란다의 기록에서 발견된다. 이 부분은 메시까 지역의 인디오 지도자들의 모습 묘사로 보인다. 여기에 언급된 표현들을 보면 마치 메시까 지역의 풍습을 설명한 다른 신부들의 설명과 그림을 보는 듯하다. 란다의 서술 중 어떤 부분에는 마야와 상관없는 멕시코 고원 지방 원주민들의 생활에 대한 묘사나 그들의 정치·사회적인 특징들이 나타나기도 한다. 이것은 보고서나 편지 등을 작성할 때 다른 사람들에게서 전해 들은 말 혹은 일반적으로 그렇다고 여겨지던 것들을 여과 없이 서술하던 당대의 관행적 태도의 결과물인 것으로 추정된다.

유까딴 인디오의 음식과 음료

21-1 주식은 옥수수[1]이며 이것으로 다양한 종류의 음식과 음료를 만든다. 비록 마시는 것이지만 (곡기가 있어서) 식사와 음료 역할을 모두 겸한다. 여자 인디오들은 옥수수를 하룻밤 동안 횟물(석회수)에 담가서 불리어 놓는데, [다음 날] 아침이 되면 (옥수수가) 물렁해지고 반쯤 익은 상태가 되어 겉껍질과 자루가 (잘) 벗겨진다; 그것을 돌로 적당히 갈아 커다랗고 둥글게 빚어서 일하는 사람들과 길을 떠나는 사람들 그리고 선원들에게 준다.[2] (시간이 지나도) 시큼해지기만 할 뿐 (상하지는 않기 때문에) 몇 달이라도 두고 먹을 수 있다; 덩어리를 조금 떼어 내 어떤 열매 껍데기로 만든 잔에 넣어서 발효하는데, 나무에서 열리는 그 열매는 주님께서 잔으로 사용하도록 인디오들을 위하여 내려 주신 것이다[3]; 내용물을 마신 후에 나머지 부분을 먹는다. 맛도 좋고 영양가도 뛰어나다; 더 곱게 간 (옥수수는) 즙을 내어 불에 응고시킨 후 묽은 죽처럼 만들어서 아침에 따뜻하게 데워먹는다[4]; (인디오들은) 그냥 맹물은 잘 마시지 않기 때문에 아침에 먹고 남은 것에 물을 타두었다가 낮 동안 마신다.

(또한) 옥수수를 볶은 후에 갈아서 물에 녹인 다음 인디아스의 후추[5]와 카카오를

조금 첨가하면 무척 시원한 음료가 된다.[6]

21-2 간 옥수수와 카카오로 거품이 있는 (음료를) 만드는데, 맛이 아주 일품이며 의례에도 사용된다.[7] 또한 카카오에서 버터 같은 지방을 추출하여 옥수수를 넣어서 만드는 또 다른 음료가 있는데, 이것도 맛있어 인기가 있다; (그 밖에도) 간 옥수수를 익히지 않은 채로 만드는 음료가 있는데, 이것 역시 아주 신선하고 맛이 좋다.

21-3 (인디오들은) 여러 가지 방법으로 빵을 만든다. 맛있고 건강에도 좋으나 차가워지면 먹기에 안 좋다; 그래서 여자 인디오들은 하루에 두 차례씩 (빵을) 만든다.[8]

(또한 인디오들은) 아직 밀가루처럼 반죽이 잘되는 가루를 만들지 못하기 때문에 (이 가루로) 밀가루 빵처럼 만들려면 엉망이 되어버린다.

21-4 (인디오들은) 야채와 사슴고기, 매우 풍부한 야생조류, 집에서 기르는 새, 다양한 생선을 재료로 (스튜와 같은) 요리를 만든다. 이렇듯 매우 다양한 식자재가 있는데, 까스띠야 지방의 돼지와 새를 기르게 된 후로는[9] 더욱더 그러하다.

21-5 앞서 이야기했듯이 아침에는 후추를 넣은 따뜻한 음료를 마시고, 낮에는 차가운 음료를 마시며, 밤에는 식사한다; 고기가 없을 때는; 후추와 야채로 소스를 만들어서 (먹는다).

일반적으로 남자들은 여자들과 함께 식사하지 않았다[10]; 이들은 각각 바닥에서 음식을 먹거나 때에 따라 식탁 같은 돗자리 위에서 음식을 먹었다. 먹을 것이 많을 때는 잘 먹지만 그렇지 않을 때는 아주 조금만 먹고서도 배고픔을 매우 잘 견딘다.

식사하고 난 후에는 손과 입을 닦는다.

---

1 마야 사람들의 주식은 옥수수이다. 그들은 채집과 경작을 통하여 다양한 작물을 식생활에 이용했지만, 그중에서도 가장 중요한 식량원은 단연 옥수수였다. 따라서 원주민들의 종교에서도 옥수수를 신성시하는 흔적을 쉽게 발견할 수 있다. 또한 옥수수의 기원도 이들의 설화로 소개되었다. 먼 옛날 옥수수는 바위 속에 숨겨져 있었다. 이것을 알고 있던 유일한 존재는 바로 개미들이었다. 그래서 신들은 동물을 보내는 등의 여러 방법을 동원하여 옥수수를 찾으려고 하였으나 모두 실패하고야 말았다. 결국 번개를 치도록 해서 옥수수를 덮고 있던 바위를 부수었고, 거기에서 머리

가 긴 젊은 옥수수신이 나왔다. 이것이 이 신화의 대략적인 내용이다. 마야 사람들의 기원 신화라고 할 수 있는 뽀뽈 부(Popol vuh)에는 흙이나 나무 등을 이용해서 여러 방법으로 인간을 만들어 보았지만 모두 소용이 없었고, 마지막으로 옥수수로 인간을 창조하자 비로소 온전한 인간이 만들어졌다고 기록되었다. 따라서 그들의 믿음에 의하면 지금 이 지구상에 사는 모든 인간은 옥수수로 만들어진 셈이다. 마야 사람들의 주 식량원인 옥수수의 중요성과 그에 어울리는 독특한 종교적인 의미를 잘 보여 주는 설화라고 할 수 있다.

마야와 메소아메리카 문화권을 공유하고 있는 멕시코 고원 지방의 사람들도 역시 옥수수를 주식으로 하고, 이들의 구전설화에도 마야 지방에서처럼 옥수수와 관련된 전설을 찾아볼 수 있다. 소치께찰과 삘친떼꾸뜰리(Piltzintecuhtli)라는 신들 사이에서 태어난 씬떼오뜰(Cinteotl)이라는 신이 죽으면서 그 몸에서 여러 작물이 나왔는데, 그중 하나가 바로 옥수수라는 이야기다. 이렇듯 옥수수는 종교관에서도 중요성이 강조되었을 정도로 이들에게는 더할 나위 없이 큰 의미를 주었던 작물이다.

마야 사람들의 가장 중요한 식량원인 옥수수를 이용한 요리 또한 풍부하였다. 제일 먼저 꼽을 수 있는 것은 가장 일반적인 형태라고 할 수 있는 또르띠야(Tortilla)이다. 이것은 옥수수알을 돌판에 갈아서 우리나라의 밀전병같이 둥그런 모양으로 만들어 불판에 구운 것을 말한다. 쌈을 싸듯이 속에 각종 재료를 넣어서 먹기도 한다. 옥수수로 만든 요리에는 따말(Tamal)도 있는데, 이것은 물과 섞은 옥수수 반죽 안에 고기, 콩, 차야(Chaya, Cnidoscolus Chayamanca), 잎 등을 넣어서 찐 것을 말한다. 또한 옥수수는 평소에 그들이 즐겨 마시는 음료를 만드는 재료로도 이용된다. 뽀솔(Pozol)이라는 음료는 지금까지도 마야의 전 지역에서 서민들의 일상적인 음료로 많이 이용되고 있다. 적당히 익은 옥수숫가루를 물에 섞어서 만드는 것으로 제조법이 아주 간단하다. 오늘날에도 가난한 마야의 원주민들은 보통 한 끼 이상을 야외에서 먹어야 할 때 익힌 옥수숫가루를 보자기에 싸서 가지고 다니며 그것을 물에 타서 마신다. 한편 뽀솔(Pozol)이 간편히 만들 수 있는 일상 음료라고 한다면 아똘레(Atole)는 좀 더 정성을 드린 옥수수차 혹은 그 농도에 따라서 옥수수죽이라고도 말할 수 있다. 이것은 옥수숫가루를 물에 섞어서 끓인 것인데, 이렇게 가열하면 옥수수의 녹말 성분으로 점성이 강한 음료가 만들어진다. 지역에 따라서 여러 가지 향료나 갖은 첨가물을 곁들여서 끓이기도 한다. 16세기 마야 원주민들이 만들어 먹던 옥수수 음료에 대한 기록을 바야돌리 지방의 렐라씨온에서도 확인할 수 있다. 그 내용은 다음과 같다. "그들은 오래전부터 옥수수를 식량으로 이용하였고, 오늘날에도 옥수숫가루를 물에다 개어서 만든 (쌀죽과 같은 형태의 걸쭉한) 아똘레라는 음료를 만들어 마신다. 또한 뽀솔이라는 것을 온종일 마시는데, 이것은 찐 옥수수 덩어리에 물을 넣고는 걸쭉해질 때까지 풀어서 만든다. 그들은 지금도 계속해서 이러한 음료를 마신다. 그런데 음료가 없던 시절에는 야생 열매와 뿌리를 먹던 습관으로 많은 사람이 목숨을 잃기도 하였다. 또한 현재 인디오들은 화폐로도 사용되는 카카오로 음료를 만들어 마시는데, 이것은 찬음료이기 때문에 감기를 유발하기도 한다"(Tozzer, 89–90).

그 밖에도 상당히 많은 요리와 음료들이 옥수수로 만들어지는 것을 볼 수 있다. 우리나라에서 식혜나 약식처럼 쌀을 이용한 음식이 많이 발전한 것과 같이 마야 지역에서도 옥수수를 이용한 여러 가지 먹거리가 많이 있다. 이러한 음식들은 예나 지금이나 거의 차이 없이 그대로 전통을 이어오고 있다. 영양학적인 면에서 보면 현대를 사는 마야 원주민들은 아주 적은 양의 단백질을 섭취한다. 평균적으로 하루에 80그램 정도를 소비하는 것으로 나타났고, 섭취하는 음식의 80퍼센트 가량은 탄수화물이며, 옥수수가 그 대부분을 차지하는 것으로 나타났다. 위에서 설명한 여러 가지 형태의 옥수수 음식들이 아직도 그들 식생활의 주를 이루고 있다. 그들은 평균 2,565킬로칼로리를 섭취하는 것으로 조사되었다. 이러한 수치는 미국의 3,500킬로칼로리에 비하여 적지만 한국의 2,000킬로칼로리에 비한다면 상대적으로 많은 양이라고 할 수 있다(송영복, 2005, 135).

2 이것은 '마아쯔(Maadz)'라고 불리며 에스빠냐어로는 '뽀솔레(Pozole)'라고 불린다. 레이필드와 빌야(Redfield and Villa)는 '키엠(Keyem)'이라고 하였고, 다음처럼 묘사하였다. "주로 또르띠야를 식량로 만들어 먹었지만, 다음의 음식도 만들어 먹었다. 반쯤 익은 옥수수알맹이를 씻어서 깨끗한 물에 넣고는 부드러워질 때까지 익힌다. 그러고는 (돌로 잘 가는데), 일꾼들은 거친 가루를 가지고 밭으로 나갔고, 여기에 차가운 물을 타서 마셨다. 뽀솔레는 먼 길을 떠날 때 주로 가지고 다니던 식량이었다."

유까딴 지방의 렐라씨온에는 인디오들이 주로 물에 개어서 먹고 마시는 가루 반죽이 묘사되었다. "해가 지기 한 시간 전에 앞서 언급한 반죽으로 또르띠야를 만든다. 여기에 고춧가루를 묻혀서 먹는데, 이것으로 저녁 식사를 해결한다." 또한 사제들이 반죽을 익혀서 만든 옥수수빵을 먹는다는 내용도 언급되었다(Tozzer, 90).

3 메리다 지역의 렐라씨온에는 이와 관련하여 다음의 내용이 기록되었다. "용기를 만드는 나무라는 뜻의 '루츠

(Luch)'라고 불리는 나무가 있다. 이 나무는 볼링공만 한 열매를 맺는데, 이것보다 더 크거나 작은 크기의 열매들도 열린다. 열매는 초록색이고, 껍질이 두껍고 딱딱하다. 속은 멜론과 비슷한데 먹기에 그리 좋지는 않다. 인디오들은 이것을 반으로 잘라서 속을 제거한다. 그러면 다른 과정 없이 이 자체로 용기가 만들어진다. 에스빠냐 사람들은 (이 용기에) 멕시코어로 히까라스(Jícaras)라고 불리는 음료를 넣어서 마신다"(Tozzer, 90). 이것은 호리병박으로 추정된다. 란다는 49장(49-11)에서 이와 유사한 식물에 대하여 묘사하였다.

4 이것은 에스빠냐 사람들이 말하는 옥수수죽 아똘레와 오늘날 마야 사람들이 말하는 초꼬사까(Chocosaca)와 동일한 음료로 파악된다. 레이필드와 빌야(Redfield and Villa)는 이것을 사(Za)라고 하였고, 또르띠야를 만드는 거친 (옥수수) 가루와 같은 것이라고 하였다(Tozzer, 90).

5 인디아스의 후추란 오늘날 우리가 사용하는 후추가 아니라 이곳 원주민들이 후추처럼 사용하던 것 혹은 후추와 비슷한 것을 가리킨다. 오늘날에는 마야의 음료를 만들 때 후추를 넣기도 하지만 식민지 시대 이전에는 아메리카 대륙에 후추가 존재하지 않았을 뿐만 아니라 식민지 시대에는 비싸고 귀한 식자재로 취급되었다.

6 이것은 마야어로 까(Kah)이고, 에스빠냐어로는 삐놀레(Pinole)이다. 아똘레 혹은 초꼴라떼(Chocolate)로 불리기도 한다. 레이필드와 빌야(Redfield and Villa)는 오늘날의 마야 원주민들에 대하여 묘사하면서 다음처럼 언급하였다. "옥수수를 구울 때 계피가루와 아니스의 열매 그리고 후춧가루를 종종 첨가한다. 빻은 가루는 커피처럼 끓이는 음료의 재료가 된다"(Tozzer, 90).

7 40장에는 각 달에 행하는 원주민들의 의식들이 나온다. 40장(40-6)의 4월에 해당되는 무안(Muan) 달의 의례에는 땅콩을 재배하는 사람들이 그것을 주관하는 신들인 엑추아(Ekchuah), 착(Chac), 홉닐(Hobnil)에게 기원을 드리는 내용이 언급되었다.

8 오늘날 멕시코와 중미의 대중적인 음식으로 자리 잡은 또르띠야에 대한 설명이다. 국가와 지방에 따라서 크기와 두께만 다를 뿐 기본적인 재료와 만드는 방법은 거의 유사하다. 문화마다 주식 대부분이 그렇듯이 갓 지은 밥과 이미 지은 지 오래된 밥을 다시 데워서 먹는 맛은 확연히 다르다. 밀가루로 만든 빵도 마찬가지다. 또르띠야 역시 만들고 나서 시간이 지나면 식어서 딱딱해져서 먹기가 힘들뿐만 아니라 당연히 맛도 떨어진다.

9 아메리카 대륙의 식민지 정복이 이루어진 후로 유럽으로부터 다양한 동식물이 유입되었다. 이로써 원주민들의 의식주에도 커다란 변화가 일어났다. 여기서 말하는 까스띠야 지방은 에스빠냐 전체와 유럽으로 확대해서 이해할 수 있다.

10 란다는 성별에 따른 분리된 행동에 대하여 여러 차례 언급하였다. 여자들이 남자들에게 등을 돌리고 혼자서 음식을 먹는 것 외에도 남자들 앞에서 웃지도 않고, 남자들과 좀처럼 춤을 추지 않는다는 것에 대해서도 이야기하였다. 또한 여자들은 남자들과 달리 혼자서 (술을 마시고) 취한다고 하였다. 오늘날의 마야 원주민들 역시 일반적으로 남녀가 따로 식사한다(Tozzer, 91).
이러한 남녀의 외적인 차이는 과거에도 있었고 현재에도 존재하는 것이 사실이다. 그러나 이것을 꼭 남존여비의 문화나 정서로 이해하는 것은 옳지 않다. 결혼과 이혼에 대하여 기록한 25장을 보면 여성도 적지 않은 동등하고 자율적인 권리가 존재했다는 것을 알 수 있다. 오히려 다음의 문장은 남존여비 문화가 정복의 과정을 통해 유럽에서 들어왔다고 추측하게 한다. "또한 최근 들어서는 에스빠냐 사람들이 아내를 죽이는 것을 보고 (인디오들도) 부인을 학대하기 시작하였고, 심지어는 살인하기까지 한다." 결혼하고 신랑이 몇 년간 신부의 집에서 일해 주던 풍습 역시 이 책 25장(25-3)을 통해서 확인할 수 있다. 마야 여성들의 실질적인 중요성은 오늘날까지도 이어지고 있다. 1994년에 발발한 마야 원주민들의 반정부 무장투쟁 단체인 사빠띠스따민족해방군의 경우만 보더라도 사령관직을 포함한 주요 지도부를 여자들이 구성하고 있는 것을 볼 수 있다. 또한 원주민의 전통을 독자적으로 유지할 수 있도록 허용할 것을 요구하는 투쟁에서 여성의 역할에 대한 고무적인 정책과 현상들을 쉽게 발견할 수 있다. 한편 고대 마야 사회에서 여성이 정치적으로 중요한 역할을 담당하는 사람으로 자주 등장하는 것을 볼 수 있다. 마야문자에 나타나는 어떤 도시나 국가의 중요한 인물로 여성들이 마야문자의 구문에 등장하는 것은 전혀 특별한 일이 아니다. 그 밖에도 조각이나 그림 등에서 여성들이 국가의 정체성을 상징하거나 한 도시나 국가의 상징적인 시조(始祖)를 이루는 경우도 볼 수 있다. 따라서 여기서 란다가 증언하고 있는 내용이나 과거나 현재에 마야 사회에 나타나는 단편적이고 외형적인 면들만 고려하여 마야 사회가 남존여비 사상을 가진 남녀불평등 사회였다고 쉽게 단정하기는 힘들다.

22

인디오의 그림과 문신

- 술에 취하기, 연회, 광대놀이, 음악과 춤

22-1 (인디오들은) 몸에 문신을 하였다. 문신하는 데는 엄청난 고통이 뒤따랐기 때문에 이것을 많이 하면 할수록 더욱 용감하고 씩씩한 사람으로 여겨졌다.[1]

그 방법은 다음과 같았다. 장인(匠人)들은 원하는 부위에 잉크로 그림을 그려 넣고, 그림 부분을 조심스럽게 찔러서 피와 잉크가 몸에 문신으로 새겨지도록 하였다; 엄청난 통증이 뒤따랐기 때문에 한 번에 조금씩만 문신을 하였다. 끝나고 난 다음에도 그 부위에 염증과 고름이 생겨서 계속해서 고통스러워[하였다].[2] 이 모든 것으로 인하여 문신하지 않은 사람들은 조롱당하였다.

(인디오들은) 자신들이 유쾌하고, 복을 타고났으며, 천부적인 재주가 있음을 무척 자랑스러워하였다. 이제는 그들도 우리처럼 먹고 마시게 되었다.

22-2 인디오들은 술을 마시고 만취하는 부분에서 상당히 방탕하였다. 그로 인하여 나쁜 일을 무척 많이 저질렀는데, 서로를 죽이는가 하면 남편으로 착각한 불쌍한 여자들을 잠자리에서 강간하였다.[3] 마치 적들의 집에 있는 양 부모를 대하였고; 집에 불을 지르기도 하였다. 이 모든 것은 술에 취해서 생기는 문제였다.

(마을) 전체가 술에 취하는 행사와 인신공양이 있을 때는[4] 모두가 공동으로 비용을 부담하였다. 사적인 경우에는 (행사를) 주관하는 사람이 친척들의 도움을 받아서 경비를 충당하였다.

(인디오들은) 꿀과 물 그리고 (술을 만들기 위하여) 기르는 어떤 나무의 뿌리로 아주 독하고 냄새가 고약한 술을 빚었다[5]; 춤을 추고 즐겁게 놀며 삼삼오오[6] 짝을 지어 앉아서 음식을 먹었고, 보통 술에 취하지 않은 채 술 시중을 들던 사람들은 식사가 끝난 후에 커다란 술 단지를 가지고 왔다.[7] (이러한 술자리는) 누군가가 소란을 피우기 전까지 계속되었다; 여자들은 술에 취한 남편을 집으로 데리고 가느라 무척 애를 먹었다.

22-3 (인디오들은) 여러 날 동안 장사하고 흥정해서 모은 돈을 한 번의 연회에 모두 써버리는 경우가 많다[8]; 이러한 연회를 하는 데는 두 가지 방식이 있다.

첫 번째 (방식은) 촌장들과 (마을의) 높은 어르신들이 (연회를) 행하는 것인데, 그들은 초대받은 사람들에게 (다음번에) 이와 같은 연회를 베풀도록 하며, 손님들에게 구운 새와 빵 그리고 카카오 음료를 넉넉하게 제공한다. 연회가 끝난 후에는 보통 (연회를 주최한 사람이) 덮을 수 있는 담요[9] 한 장과 작고 긴 의자 한 개, 매우 훌륭한 잔을 손님들에게 선물한다. 만일 (초대받은) 사람 중에서 누군가가 세상을 떠나면 (고인의) 가족이나 친척이 (다음번의) 연회를 맡아야 할 의무가 있다.

두 번째 방식은 자식을 결혼시키거나 조상을 추모할 때 일가친척끼리 (행하는) 것이다; 이 경우에는 초대받은 사람이 반드시 다음번 연회를 주최해야 하는 것은 아니지만 만일 이렇게 초대받은 누군가가 연회를 베풀거나 자식을 결혼시키면 그때는 (자신을 초대했던) 사람을 모두 초대해야 한다.[10]

(인디오들은) 서로 간의 친분이 매우 두터워서 [비록] 멀리 떨어져 [있더라도] 이러한 초대를 통하여 (관계를) 유지해 나간다; 이와 같은 의례에서는 아름다운 여인들이 마실 것을 돌렸는데, 그녀들은 한 잔을 따르고 난 후에 상대방이 잔을 모두 비울 때까지 등을 돌리고 있었다.

22-4 인디오들은 대단히 익살스럽고도 품위 있는 놀이들을 한다. 특히나 연극하는

사람들이 매우 해학적으로 행위를 한다[11]; (이러한 극은) 너무나 재미있어서 에스빠냐 사람들은 자신이 하녀[12]나 남편 혹은 같은 에스빠냐 사람들을 좋거나 나쁘게 대하는 모습을 (인디오들이 흉내 내는 것을) 보려고[13] 그들을 불러서 (공연하도록) 한다。(그러면 인디오들은) 기교를 부리며 정성껏 (공연을) 한다.[14]

(인디오들이 사용하는 악기로는) 손으로 두드리는 조그만 북이 있고, (속이) 텅 빈 나무로 만든 북이 있다。(이 북은) 육중하고 구슬픈 소리가 나며[15], 끝부분을 나무 진액[16]으로 처리한 긴 막대로 두드려서 (소리를 낸다); 속이 텅 빈 나무로 만들었으며, 길게 휘어진[17] 호리병박이 끝부분에 달린 길고 가는 나팔이 있고; 등딱지가 (붙어 있는) 거북의 살을 긁어내어서 [만든] 악기도 있다。(이 악기를) 손바닥으로 두드리면 음산하고 서글픈 소리가 난다.
22-5 사슴의 다리뼈와 커다란 고둥[으로 만든] 호루라기[18]가 있으며, 갈대로 만든 피리[19]가 있다。(인디오들은) 이러한 악기들로 용사들을 위한 장단을 연주한다.

(인디오들의 춤 중에는) 특별히 아주 볼만한 두 개의 춤이 있다.[20]

(그중 첫 번째 춤은) 막대기의 놀이라는 춤이다。(이 춤은) 꼴롬체(Colomché)[21]라고 불리는데, (이것은 인디오들 말로 막대기의 놀이라는) 뜻이다.[22]

(춤을 추는 방법은 다음과 같다.) 춤을 추는 사람들이 음악과 함께 장단에 맞추어 하나의 커다란 원을 만들면 두 사람이 리듬에 맞추어 원의 (중앙으로) 나온다。한 명은 한 다발의 나뭇가지를 들고 꼿꼿한 자세로 춤을 추고; 다른 한 명은 쭈그린 자세로 춤을 춘다。(그렇게) 두 사람이 원의 리듬에 맞추어 춤을 추다가 나뭇가지를 든 사람이 있는 힘을 다하여 (가지를) 다른 사람에게 던지면 그 사람은 작은 막대기로 그것을 매우 솜씨 좋게 받아 낸다.

(그렇게 나뭇가지를) 다 던지고 나면 그들은 장단에 맞추어서 큰 원으로 돌아가고, 다른 사람들이 나와서 이것을 똑같이 반복한다.

(두 번째) 춤은 800명 내외의 인디오들이 함께 추는 춤[23]이고 작은 깃발을 들고 장단에 맞추어 호전적인 긴 보조로 (춤을 춘다)。(이렇게 춤을 추는) 사람 중에 박자를 이탈하는 사람은 아무도 없다; 온종일 멈추지 않고 춤을 추기 때문에 꽤 힘이 들며 (다른 사람들

이) 그곳으로 마실 것과 먹을 것을 가져다준다.

남자들은 일반적으로 여자들과 함께 춤을 추지 않는다.

---

1 란다는 문신과 관련하여 30장(30-3)에서 범법자에게 문신하는 경우를 언급하였다. 또한 같은 장(30-6)에서 일부를 제외하고는 결혼하기 전까지 문신하지 않는다고 하였고, 앞선 3장(3-2)에서 곤살로 게레로가 원주민 여자와 결혼하였으며, 몸에 많은 문신을 하였다고 하였다. 31장(31-2)에서는 마야의 여자들이 가슴을 제외한 허리 윗부분에 문신하였다고 하였다.
고대 마야 원주민들 사이에서 문신은 상당히 보편적으로 행해진 풍습으로 보인다. 그러나 그 형태와 위치, 문양, 색깔 등은 상당히 다양하고 복잡했던 것으로 추정된다. 정복 이전의 조각과 회화 등에 등장하는 사람들과 신들의 모습에서도 종교적 혹은 미적 기능의 다양한 문신의 형태를 볼 수 있다. 따라서 용기의 상징인 문신, 범법자에게 행해지던 특정한 무늬의 문신, 아름다움을 추구하기 위한 문신 등 다양한 목적과 내용의 문신이 행해졌음을 알 수 있다.

2 잉크로 그림을 그리고 그곳을 찔러서 문신하는 방법은 로쓰로프(Lothrop)와 오비에도(Oviedo)가 묘사한 파나마 인디오들의 (문신 방법과) 일치한다. 그 내용은 다음과 같다. "현재 유행하고 있는 원하는 모양을 그려 넣는다. 그러고는 날카로운 뼈 혹은 생선 가시나 조각칼로 그곳을 찔러서 살 속에 색소가 침착되도록 한다. 이러한 방식으로 문신을 한다." 고마라(Gómara)는 시술을 한 후에 고통이 지속되기 때문에 당분간 아무것도 먹지 못한다고 기록하였다(Tozzer, 91).

3 가리바이본에는 "… violar las camas pensando las pobres mujeres recibir a sus maridos"로 표기되어 있는데, 그 뜻이 명확하지 않다. 단순히 침대를 침범한 것일 수도 있고, 강간했을 수도 있다. 또한 'recibir'라는 동사가 같은 맥락에서 남편이라고 생각하여 성관계를 가졌다는 뜻일 수도 있고, 아니면 단순히 대접했다는 뜻일 수도 있다. 그러나 정황상 강간이나 성관계를 했다고 보는 것이 가장 근접한 해석으로 보인다.

4 종교행사 때 의례적으로 술을 마시던 분위기는 모든 사료에 공통으로 언급되었다. 란다는 이러한 인디오들의 관습을 혐오하였고, 이 책에서도 이와 관련하여 상당히 많이 언급하였다. 앞선 18장(18-1)에서 원주민들 음주의 문제점에 대하여 언급하였고, 31장과 그 이후에도 다양한 원주민들의 축제에 등장하는 술 취하는 관습에 대하여 여러 번에 걸쳐 언급하였다. 란다는 이에 대하여 매우 부정적으로 서술하였는데, 당시의 기독교는 술을 마시는 것과 술을 마시고 취하는 행동을 부정적으로 보았다. 특히 란다는 원주민들이 술을 마시고 나서 우상숭배를 하거나 그 밖의 다른 나쁜 행동을 하므로 술을 마시는 것 자체를 원주민들에게서 떼어 놓아야 할 나쁜 관습 중 대표적인 것으로 여겼다. 따라서 아이들에게 그들의 부모나 주변 사람들이 술을 마시고 취하는 것을 목격하면 신부들에게 신고하라고 가르치기도 하였다.

5 이 술은 뿌리가 아닌 발체라는 나무의 껍질로 만든다. 여기에 사용되던 꿀은 야생벌이든 양식벌이든 상관없이 벌들로부터 얻어진 꿀인 것으로 생각된다. 오늘날 라깐돈 원주민들은 신성한 오두막에 벌집을 놓아두는데, 일상에서 먹을 용도로는 절대 이 꿀을 사용하지 않는다. 일상에서는 꿀 대신에 사탕수수즙이 종종 사용된다. 이와 관련하여 레이필드와 빌야(Redfield and Villa)는 다음처럼 묘사하였다. "발 크기만 한 네 개의 나무껍질을 막대기로 쳐서 가루로 만든 것을 물 두 통, 꿀 한 컵과 함께 단지에 담아 둔다. 삼일이 지나고 나서 맛을 보는데, 맛이 좋지 않으면 꿀을 더 첨가한다. 노란색이 될 때까지 두면 맛이 좋아진다."
바야돌릳 지방의 렐라씨온에는 다음의 내용이 기록되었다. "발체라는 나무의 껍질과 꿀, 물을 넣어서 만든 술을 마시고 취하는 습관이 있다. 몸을 정화해 주고 입을 통해서 벌레들이 빠져 나오도록 해서 이 술이 건강에 좋다고들 말한다." 이처럼 발체가 몸에 좋다는 언급들을 많이 볼 수 있는데, 에스빠냐 사람들이 이 술의 사용을 금지하자 많은 인디오가 괴로워하였다.
유까딴 지방의 렐라씨온에서 다음의 내용을 확인할 수 있다. "인디오들의 인구수가 줄어든 또 다른 원인은… (에스빠냐 사람들이) 그들이 즐겨 마시던 술을 금지했기 때문이다. 그들은 발체라는 술이 건강에 매우 좋다고 하였다. …술에 취한 후에 구토하였고, 그렇게 함으로써 몸이 깨끗해졌으며, 그 후 허기가 져서 밥맛이 좋아진다는 것이다. 어떤 인디오 노인들은 이 술이 그들에게 매우 좋다고 이야기하면서 이 술에는 정화기능이 있어서 약처럼 쓰이기도 하고, 몸을 고치는 데 쓰이기도 한다고 하였다. 이 술을 마시면서 건강이 좋아졌고 튼튼해졌다는 말은 사실이다. 과거에는 이러한 사람을 많이 볼 수 있었으나 지금은 그렇지 않다"(Relaciones de Yucatán, 2: 187–8 quoted in Roys, 1931, 216).

소뚜따와 호문 지방의 사료에는 발체가 '까스띠야의 술'이 아닌 '나라(인디오 땅)의 술'이라고 불리며 '꿀과 물을 섞어서' 만든다고 기록되었다. 토설은 라깐돈 원주민들이 오로지 종교적 의례를 할 때만 발체를 만들고, 종교행사의 한 과정으로 술에 취한다고 묘사하였다(Tozzer, 92).

술에 취하는 행위에 대한 부정적인 묘사는 본 사료뿐만 아니라 다양한 사료에도 여러 차례 등장한다. 좀 더 엄밀하게 본다면 원주민들이 술을 만들고 마시던 행위가 종교 혹은 건강과 깊은 연관관계에 있었기 때문으로 보인다.

6 가리바이본에는 '… de dos en dos o de cuatro en cuatro'라고 표기되었다. 이 문장을 직역하면 '둘씩 넷씩 짝을 지어 앉아'라고 해석되는데, 의역해서 본문에서는 '삼삼오오'로 해석하였다.

7 종교행사나 사회적인 행사가 열리면 그 행사를 주관하던 사람들은 행사에 참여한 사람들을 대접하고 행사를 진행해야 했기 때문에 술을 멀리하였다. 그러고는 행사가 끝나고 나서 남은 음식과 술 등을 가져와서 그것들을 먹고 마셨다.

8 가리바이본에는 '… y trompeando'로 표기되었는데, 여기에 등장하는 'trompear' 동사의 에스빠냐어 뜻이 명확하지 않다. 토설본에는 '흥정하다(regatear)'라는 뜻으로 해석되었다. 'trompear' 동사에는 '속이다 혹은 사기 치다'라는 뜻이 있다. 이러한 뜻으로도 해석할 수 있지만, 문맥상 토설본처럼 '흥정하다'라는 뜻으로 해석하는 것이 가장 적합한 것으로 보인다. 한편 이들의 경제활동을 사기 친다는 말로 표현한 것으로도 볼 수 있다. 그렇게 모은 돈을 허망하게 쓴다고 표현함으로써 이들의 전통적인 풍습을 부정적인 것으로 여기는 란다의 시각이 드러난다고도 볼 수 있다.

9 가리바이본에는 'manta'로 표기되었다. '만따(직물)'는 인디오들이 사용하는 일종의 이불 혹은 담요 같은 것이다. 보통 마야 지역의 만따(직물)는 색상이 다양하고, 직접 손으로 만들기 때문에 무척 아름다우며 예나 지금이나 고가의 물건으로 취급되고 있다.

10 일종의 상호부조의 형태로 서로 주고받는 것으로 생각할 수 있다. 우리나라 관혼상례의 부조와도 유사하다.

11 에레라(Herrera)는 이와 관련하여 다음처럼 기록하였다. "축제할 때는 배우들이 늘 (놀이를) 하였다. 연극을 할 때 입는 특별한 의상을 갖추어 입었고, 조롱하며 에스빠냐 사람들 사이를 돌아다녔다. 또한 구성진 연기를 하였으며, 예의를 차리되 재치 있는 말들로 사람들에게 큰 웃음을 주었다"(Tozzer, 93).

12 가리바이본에는 'sus mozas'로 표기되었다. 이 단어는 '하녀들' 혹은 '젊은 여자들'이라는 뜻으로 해석될 수 있는데, 문맥상 본문에서는 '하녀들'로 해석하였다.

13 레온본에는 이 부분이 "… tanto, que estos alquilan los españoles para que vean"으로 표기되었다. 가리바이본에는 'vean'의 'ver(보다)' 동사가 'viendo(ver동사의 현재분사)'로 표기되었고, 레온본에는 'vean(ver동사의 접속법 현재)'으로 표기되었다. 이러한 표기의 차이는 육필로 작성된 원본의 글씨를 어떻게 보느냐에 따라서 달라질 수 있다. 원본을 기록한 사람의 글씨체로 인한 혼동이 있을 수 있고, 원본의 보존 상태 등에 따른 오역도 있을 수 있다. 이 문장에서는 이 단어를 'viendo(가리바이본)'로 볼 것이냐 'vean(레온본)'으로 볼 것이냐에 따라서 현격한 해석의 차이가 있다. 'viendo(가리바이본)'로 볼 경우에는 문장이 다소 어색해지며 혼란이 따르지만, 굳이 해석하면 마치 에스빠냐 사람들이 이 글에 나오는 자신들의 다양한 행동을 자신들의 연극에 적용한 것과 같은 뜻으로 해석될 가능성이 있다. 그러나 전후좌우 문맥상 많은 의문이 생긴다. 'vean(레온본)'으로 해석하는 것이 문장구조와 문맥상으로 보았을 때 적합해 보인다. 따라서 본 번역본은 원래 가리바이본을 번역하는 것을 기본으로 하지만 이 경우에는 레온본 표기가 더욱 정확하다고 판단하여 예외적으로 본문과 같이 풀이하였다.

14 지금까지도 이러한 연극 일부가 남았다. 그중에서도 과테말라 지역의 '라비날 아치(Rabinal Achi)'라는 연극이 유명하다. 이 연극은 전통이 오래되고 원형이 그대로 보존되어 있을 뿐만 아니라 잘 발전되어 있어서 무형문화재로서 가치가 높다. 그러나 현재는 내부적인 사정으로 전승이 끊어질 위기에 놓였다.

15 에레라(Herrera)는 다음처럼 언급하였다. "케틀드럼 같은 작은 북이 있고, 속이 빈 북도 있는데 (이 북에서는) 쉰(떠들썩한) 소리가 난다." 꼬골유도(Cogolludo)의 저술에서도 이와 관련한 내용을 확인할 수 있다. "우상숭배를 하던 시절뿐만 아니라 현재에 이르기까지 인디오들은 메시까의 전통에 따라 춤을 추고 노래를 부른다. 대장이 되어 노래를 부르는 사람이 있는데, 이 사람은 음을 맞추고 다른 사람들을 가르치는 역할을 한다. 다른 사람들은 이 사람에게 존중을 표하며 교회나 축제 때 혹은 회의 때 특별한 자리를 내준다. 이 사람은 홀뽑(Holpop)이라고 불린다. …뚠꿀(Tunkul, 북의 이름)은 속이 빈 나무로 만들어진다. 길이가 길어서 바람이 불면 그 소리가 2레구아(약 8킬로미터 혹은 11킬로미터)나 떨어진 곳까지 울려 퍼진다"(Tozzer, 93).

16 여기서 말하는 진액은 고무를 가리킨다. 끽(Kik)을 문자 그대로 해석하면 '피'라는 뜻인데, 고무를 가리키는 마야어이다. 블롬(Blom)은 다음처럼 말하였다. "고무는 열대 저지대에서만 나지만 상인들에 의하여 멕시코의 고지대까지 운반되었다. 이들은 마야 상인들로 여겨지며, 마야어로 공 혹은 둥근 것을 뜻하는 우올(Uol), 우올롤(Uolol)에서 나우아뜰어로 고무를 뜻하는 올린(Ollin)이 파생되었다. 또한 이보다 훨씬 더 이후에 에스빠냐 사람들은 이와 같은 뜻으로 울레(hule)라는 말을 사용하였다"(Tozzer, 93). 결국 이것은 오늘날 세계에 고무를 알린 계기가 되었고, 고무공이나 껌 같은 식품의 기원이 되었다.

17 가리바이본에는 'tuertas'로 표기되어 있는데, 이 단어의 뜻이 명확하지 않다. 토설본에는 'twisted'로 표기되어 있으며(Tozzer, 93), 문맥상 본문에서도 '휘어진'이라는 뜻으로 해석하였다.

18 오늘날까지도 마야 전통의 원형을 많이 간직하고 있는 라깐돈 원주민들이 그들의 제례의식에서 하늘에서 내려와 제물을 취하시라는 의미로 신을 부르기 위하여 조개껍데기로 만든 트럼펫을 부는 것을 볼 수 있다(Tozzer, 93).

19 이러한 종류의 피리는 정복 이전에 제작된 마야의 사료와 그림, 조각 등에 많이 등장한다. 오늘날까지도 그들의 전통을 이어가고 있는 종족으로 가장 많이 거론되는 라깐돈 원주민 인류학 연구 보고에도 이러한 악기의 한 종류인 피리가 등장한다. 또한 꼬디쎄 드레스데의 34a면에서 어떤 인물이 뼈로 만든 것으로 보이는 피리를 불고 있는 장면을 볼 수 있다.

고대 마야의 악기로 추정되는 다양한 모습을 볼 수 있는 보남빡 유적의 벽화

20 깜뽀꼴체(Campocolche) 지방의 렐라씨온에서 마야 원주민들의 춤 전통에 대한 언급을 확인할 수 있다. "약 천 개 이상의 다른 많은 종류의 춤이 있었다. 사람들은 이 춤을 매우 중요하게 여겼고, 모두 이 춤을 보려고 한데 모여들었다. 15,000명의 사람이 30레구아(약 126킬로미터 혹은 167킬로미터)나 떨어진 곳에서도 보러 올 정도였다. 사람들이 이 춤을 매우 중요하다고 생각했기 때문이다."

프란씨스꼬 수도회의 주교 신부인 알론소 뽄쎄(Alonso Ponce)는 유까딴의 수도원을 시찰하기 위하여 1588년 여행을 떠났다. 그러는 도중에 신부는 끊임없이 '이 땅(인디오들의 땅)과 까스띠야 스타일'의 춤들에 대하여 언급하였고, 원주민 춤의 원형에 대한 이해를 도울 수 있는 기록을 남겼다.

뽄쎄의 렐라씨온에는 다음처럼 기록되었다. "인디오들은 그를 환영하기 위하여 특별한 사물과 함께 춤을 선보였다. 어떤 구조물 위에 높이가 2바라스(varas, 약 1.7미터)인 둥글고 좁은 탑이 설교단의 형태로 세워져 있었다. 위부터 아래까지 색색의 천으로 뒤덮여 있었다. 각 면의 꼭대기에는 두 개의 깃발이 꽂혀 있었다. 가장 윗부분에는 멋지게 차려입은 한 인디오가 있었는데, 그는 한 손에는 딸랑이를 들고 다른 손에는 깃털로 만든 부채를 들고 있었다. 그러고는 계속해서 신부 쪽을 향하여 부채로 손짓을 보냈고, 떼뽀나스뜰레(Teponastle, 원주민들이 사용하는 작은 북)의 리듬을 타며 호루라기를 불었다. 그 주변으로는 노래를 부르는 인디오와 연주하는 많은 인디오가 한데 섞여서 소란스럽고 날카로운 소리를 냈다. 여섯 명의 인디오들은 이 구조물과 탑을 어깨에 들어 올린 채 춤을 추며 노래를 불렀고, 스텝을 밟으며 떼뽀나스뜰레의 음에 맞추어서 다른 사람들과 마찬가지로 묘기를 부렸다. 높이가 꽤 되는 탑에는 화려한 색이 칠해져 있어서 멀리서도 잘 보였다. 이러한 춤과 구조물은 인디오들 말로 소노(Zono)라고 불렸다.

그들이 말하기를 이것은 조상 대대로 추던 춤이라고 하였다. 많은 인디오 군중이 이 춤을 보러 모여들었다"(Tozzer, 93-94).

란다는 이 사료에서 정복 이전 원주민 춤에 대하여 별다른 관심을 보이지 않았다. 그러나 실제로 원주민들의 춤은 상당히 다양했고, 실생활에서도 춤을 추는 경우가 많았던 것으로 보인다. 각종 종교행사에 춤이 빠지지 않았다는 점만 보더라도 춤이 마야 사람들의 생활에 상당 부분을 차지했다는 것을 알 수 있다. 또한 이러한 전통이 계속해서 이어져서 오늘날까지도 다양한 춤이 전해져 내려오고 있다. 과테말라 지방에는 라비날 아치라는 연극과 춤, 이야기가 곁들여진 마당극이 오늘날까지도 이어지고 있다.

21 로이스(Roys)는 이 단어와 관련하여 다음처럼 언급하였다. "모뚤 (사전)에는 '꼴(Col)'에 대한 다양한 뜻이 나온다. 그중에는 '무언가를 밖으로 꺼내다'라는 뜻이 있다. '꼴-악(Col-ak)'의 정의가 매우 흥미로운데, 이것은 덩굴식물이라는 뜻이다. '옴(Om)'은 오래된 접미사로 여겨진다. 비록 문법에는 나와 있지 않지만 이에 대한 많은 예가 있다. 어부를 뜻하는 '까욤(Cayom)', 도예가를 뜻하는 '빠똠(Patom)'이 그러한 예들이다. '체(Che)'는 앞의 단어와 떨어져서 '나무' 혹은 '막대기'라는 뜻을 가진다. 즉 이를 종합적으로 보면 '꼴롬체'라는 춤은 '막대기를 꺼내는 남자'라는 뜻이다"(Tozzer, 94).

한편 마야어 사전에 등장하는 '꼴롤체(Kololche)'는 '나무 막대기나 목재로 만든 울타리' '나뭇가지로 엮어서 만든 울타리'라는 뜻으로 기록되었다(Diccionario Maya, 334). 이 역시 본문에 나오는 춤의 이름과 관련이 있는 것으로 보인다.

22 레온본에는 이 부분이 표기되어 있지 않다. 게이츠본에는 '꼴롬체'의 뜻이 '막대기로 된 울타리'로 나오고, 토설본에는 게이츠본과 유사하게 '… which has that meaning'으로 나와 있다.

23 란다는 홀깐 오꼿(Holcan okot) 혹은 바뗄 오꼿(Batel okot)이라고 불리는 전사들의 춤에 대하여 매우 간략하게 묘사하였다. 그러나 이러한 춤들은 마야의 종교적인 의례에 자주 등장하는 매우 중요한 춤으로 이 책 36장(36-2)에 등장하는 물룩(Muluc)을 (머리)문자로 하는 새해의 공양에서 행해졌다. 또한 40장(40-7)에서 설명하고 있는 빡스(Pax) 달에도 추던 춤이다.

23

산업, 교역, 화폐

- 농업과 종자 - 법률과 친절함

23-1 인디오 중에는 옹기장이와 목수가 있었다. 그들은 잦은 단식과 함께 치성을 드리며 흙과 나무로 우상을 만들었고, 수입이 좋았다.

의사도 있었는데 더 정확히 말하면 무당이라고 할 수 있으며, 풀과 각종 미신으로 병을 치료하였다[1]; 그 밖에도 다른 많은 직업이 있었다.

(인디오들이) 가장 선호하던 직업은 울루아(Ulúa)와 따바스꼬[2] 땅으로 소금과 옷[3], 노예들을 교역하던 상인[4]이었다. (그들은) 화폐로 사용되던 카카오[5]와 돌구슬[6]로 거래하였고, 주로 노예나 아주 정교하고 훌륭한 구슬을 사들였다. 촌장들은 행사가 있을 때마다 (이러한 구슬로) 마치 보석처럼 스스로 치장하였다; 또한 화폐나 보석처럼 사용되던 붉은빛깔의 조개[7]로 만들어진 것을 그물주머니[8]에 넣어서 가지고 다녔다. (이렇듯) 시장[9]에서는 이 지역에서 생산되는 모든 것이 거래되었다.

외상 거래가 이루어졌고, 폭리를 취하지 않는 등 (상거래의) 예의가 잘 지켜졌다.[10] 사람 대부분은 농사를 지었으며, 옥수수나 그 밖의 다른 작물을 경작하는 사람들은 제철에 내다 팔려고 (수확한 농작물을) 훌륭한 창고[11]와 곡간에 보관하였다.

그들의 노새와 소는 사람이다.[12]

기혼 남자들이 부인과 함께 20피트[13]의 막대기로 폭과 길이가 각각 20인 400피트의 땅을 재서 경작하는 것이 (인디오들의) 관습 중 하나이다. (이러한 땅은) 훔 우이닉(hum uinic)[14]이라고 불린다.[15]

23-2 인디오들은 모든 일을 서로 돕는 좋은 관습이 있다.

파종 시기가 되면 일손이 부족한 사람들이 대략 20명쯤 모인다. 각자 할 일을 정한 후에 맡은 일을 하는 식으로 모두가 함께 일한다. 모든 사람의 일이 마무리되기 전까지는 (그 누구도) 손을 놓지 않는다.[16]

현재로서는 토지가 공동의 것이기 때문에[17] 먼저 차지한 사람이 소유하게 된다.[18]

(인디오들은) 여러 곳에 경작하는데, 그래서 만일 어느 한 곳에서 (농사가) 잘되지 않는다고 해도 (부족한 양을) 다른 곳에서 보충할 수가 있다.

땅을 경작하기에 앞서 지저분한 것을 모은 후에 태워버린다. 1월 중순부터 4월까지 땅을 일구고, 우기가 되면 씨앗을 뿌린다. 작은 자루를 지고 다니면서 끝이 뾰족한 작대기[19]로 땅에 구멍을 내서 대여섯 개의 씨앗을 뿌리고는 다시 그 작대기로 (흙을) 덮어 놓는다.

비가 오면 신기하게도 싹이 나온다.

(인디오들은) 사냥하러 갈 때도 대략 50명의 사람이 함께 모여서 움직인다. 낭비하지 않기 위하여 사슴고기를 작대기에 (꽂아서) 굽는데, 마을에 도착하면 촌장에게 고기를 선물로 바친 후에[20] [나머지를] 서로 사이좋게 나누어 갖는다. 이러한 방식으로 고기잡이도 한다.

23-3 인디오들은 어딘가를 방문할 때 항상 그 사람의 지위에 따른 선물을 준비해 간다; 방문을 받은 사람 역시 선물을 준비하여 상대방을 기쁘게 해 준다. 주변 사람들은 대화 상대에 따라 화자의 말을 경청하며 대화에 동참한다. 그렇지만 모든 사람은 (2인칭) 너라고 불린다. 왜냐하면 대화 내내 (직위 혹은 나이가) 낮은 사람이 높은 사람의 직위명이나 덕망을 반복하기 때문이다.

(인디오들은) 메시지를 전달하는 사람에게 목에서 호흡을 (조절하여 내는) 소리로 많은 호응을 해 준다。이것은 마치 '그렇군요(hasta que)' 혹은 '그래서요(así que)'라는 말과도 흡사하다.

여자들은 이성적인 면이 부족해서 보통 [스스로] 일을 처리하지 않는다。특히 가난한 사람들이 더욱 그러했는데, 이러한 이유로 촌장들은 가난한 사람에게나 부자에게나 차이를 두지 않고 귀를 기울이는 신부들을 조롱하였다.

23-4 어떤 사람이 다른 사람에게 피해를 주면 가해자 마을의 촌장이 (가해자가 피해자에게) 보상하도록 하였다; 만일 그렇게 하지 않으면 사건이나 분쟁의 발단이 되기도 하였다.

만일 (그러한 사건이) 같은 마을 내에서 일어나면 시시비비를 가리는 재판관을 찾아갔다.

(그러면 재판관이) 피해를 조사한 후에 배상하도록 명령하였는데; (가해자가) 모든 배상을 할 수 없는 처지일 때는 그의 친구나 친척이 도움을 주었다.

과실치사를 범했을 때나 어떤 잘못으로, 혹은 그럴 만한 이유를 제공함으로써 배우자가 목매달아 자살했을 때도 이런 식의 배상 조치를 하였다。또한 집, 경작지, 양봉장, 옥수수 창고에 화재의 원인을 제공해도 (마찬가지였다).

사악해서 저지른 다른 죄목에 대해서는 항상 피와 폭력으로 처벌하였다.

23-5 유까딴 사람들은 매우 관대할 뿐만 아니라 (다른 사람들을) 무척 환대해서[21] 자기 집에 온 모든 사람에게 반드시 음식이나 음료를 대접한다; 낮에는 음료를 대접하고 밤에는 음식을 대접한다.

만일 (집에 아무것도) 없을 때는 이웃집에서 (구해 와서 대접하며); 길에서 사람을 만나면 비록 조금밖에 남지 않더라도 모든 사람과 나누어 먹는다.

1 마야의 원주민 의학은 주술적인 부분과 과학적인 부분을 모두 가지고 있다. 한국의 한의학 같은 마야 사람들의 임상의학 지식은 식민지화와 현대화 과정을 거치면서 많이 사라졌지만, 꾸준히 그 명맥을 유지하다가 최근 들어서 과학적인 연구가 차츰 진행되고 있다.

2 마야를 비롯한 아메리카 대륙의 장거리 및 단거리 교역은 상당한 수준으로 발전하였다. 수천 킬로미터에 이르는 지역을 왕래하는 교역이 빈번하게 이루어졌는데, 마야의 경우에는 남쪽으로 가는 교역의 대표적인 장소가 현 온두라스 지역의 울루아였고, 북쪽으로 가는 교통의 요지는 현 멕시코의 멕시코만에 있는 따바스꼬주였다. 따바스꼬 지역에서는 특히 시깔랑고가 중요한 교통의 요지이자 상업의 중심지로 발전하였다.

3 블롬(Blom)은 라스 까사스(Las Casas)와 오비에도(Oviedo)의 글을 인용하여 다음처럼 언급하였다. "카누 가운데 꼴론(Colón)과 마주친 카누에는 '직접 짠 많은 종류의 옷감과 여러 디자인과 색상으로 제작된 옷감, 무릎까지 내려오는 상의, 수옘(Zuyem)이라고 불리며 외투(망토)로 많이 입는 네모난 만따(직물)가 들어 있었다." 보통 이러한 옷감들은 식민지 시대에 에스빠냐 사람들이 인디오들에게서 가장 흔하게 공물로 수취하던 물품들 가운데 하나였다(Tozzer, 95).

4 마야 원주민들의 주요 교역품은 지역과 마을, 계절에 따라 다르기는 하였지만, 기본적으로 다음의 품목들이 주로 거래되었다. 소금, 생선, 옷, 만따(직물), 깃털, 꼬빨, 밀랍, 꿀, 부싯돌 칼, 카카오, 옥구슬, 깃털, 종, 금속류 등.

한편 다른 사료들과 연구 자료들에는 다양한 항목과 방식들이 보다 구체적으로 제시되었다. 로이스(Roys)는 전문 상인들이 존재했다고 주장하였다. "무역 상품들은 전문 상인들(Ppolom)에 의하여 거래되었다. 그들의 대부분은 여행자들(Ah ppolom yoc)이었다." 마티르(Martyr)는 꼴론과 마주친 카누에서 거래되던 상품들의 목록을 다음처럼 나열하였다. "종, 면도칼, 칼, 반투명한 노란색 돌로 만든 자귀, 그것들에는 잘 다듬어진 무거운 나무 손잡이가 고정되어 있었다. 주방 도구들과 나무나 반투명한 노란색 돌로 만들어진 도기 예술품들도 있었다. 주로 색색의 옷감과 직물류가 있었다."

카리요와 안코나(Carrillo y Ancona)는 앞서 언급한 교역 상품들에 무기, 악기, 흙, 나무, 돌로 만든 우상, 대마(삼), 가죽, 과일, 옥수수, 바닐라, 석회, 흙과 함께 건축자재로 쓰일 목재를 덧붙여 언급하였다. 물물교환 대부분이 육로로는 따바스꼬에서 이루어졌고, 해상을 통해서는 온두라스와 니카라과에서 이루어졌다.

또르께마다(Torquemada)는 이와 관련하여 다음처럼 언급하였다. "이 지역(니카라과)으로 오는 외국인 중에서 특히 유까딴 사람들은 해상을 통하여 카누를 타고 만따(직물), 깃털, 그 밖의 다른 물건을 실어 왔다. 그러고는 카카오로 거래를 하였다"(Torquemada, 3, XLI). 유까딴은 지정학적으로 니카라과와 멕시코의 고원 지방을 연결하는 루트상에 있다(Tozzer, 94-95). 여행자로 표현된 상인들에 대한 기록은 이 책 27장(27-7)에서 확인할 수 있다. "길을 떠난 사람들조차 그들의 여정에 향과 (향을) 태울 작은 접시를 가지고 다녔다. 어디에 도착하건 밤이 되면 세 개의 조그마한 돌멩이를 세워 놓았고, 각각의 (돌멩이에) 향을 조금씩 올려놓았다. 그 앞에는 다른 세 개의 평평한 돌을 놓았으며, 거기에 향을 뿌려 놓았다. 그러고는 엑추아(Ekchuah)라고 불리는 신에게 무사히 귀가할 수 있게 해 달라고 기원하였다. 집으로 돌아가기 전까지 매일 밤마다 (기원을) 드렸다. 그들의 집에서도 누군가가 늘 그들을 위하여 이처럼 혹은 이보다 더한 지극정성으로 치성을 드렸다."

한편 이 책 42장(42-13)에는 유까딴반도의 종교의례 등에 자주 등장하는 지하연못(Cenote) 언급이 나온다. 란다는 이곳에서 발견되는 다양한 제물들이 유까딴에서 나거나 만들어진 것이 아니라 멀리 떨어진 다른 지역으로부터 들어왔다는 점을 다음처럼 간접적으로 기술하였다. "또한 보석과 다른 많은 귀중한 물건을 (연못 안으로) 던져 넣었다. 이렇듯 연못에 대한 인디오들의 신앙심을 보건데, 만일 이 땅에 금이 있었다면 (금은) 대부분이 연못 안에 있었을 것이다." 이러한 물건들이 가깝게는 치아빠스나 과테말라로부터, 멀게는 남미와 북미 지역을 아우르는 다양한 지역으로부터 들어왔다는 점을 통하여 당시 마야의 무역이 아주 먼 지역에까지 미쳤고, 상당히 활성화되어 있었다는 사실을 확인할 수 있다.

이렇듯 마야의 상업과 교역은 넓고도 깊게 발달하였다. 그렇다고 해도 이러한 마야의 전통이 우리가 일반적으로 생각하는 동서양의 상업이나 무역의 개념과 많이 다를 수 있다는 점에 주의하여야 한다. 마야 상업의 본질을 이해하기 위해서는 부(富)를 추구하기 위한 행위가 미약했다는 마야 경제의 기본적인 성격을 다시 한번 생각할 필요가 있다. 기본적인 식량은 대부분 마을 단위의 자급자족 형태로 충당되었기 때문에 중요한 교역품 중에는 소금이나 물고기, 야생동물의 가죽 등과 같은 기본 생활용품이나 식량들도 있었지만, 무엇보다도 종교적인 물건들이 많았던 것이 사실이다. 먼저 생활용품의 경우에는 물질에 대한 개인적인 요구가 상업을 구성하는 가장 중요한 요인으로 작용하지는 않았던 것으로 보인다. 즉 개인 한 사람이 부를 축적하여 상업을 통해 다른 지방에서 생산되는 고급의 물건을 사용하는 것은 있을 수 없는 일이었다. 이것을 설명하기 위해서는 농업사회에서 가장 중요한 부 축적의 수단인 토지를 마야 사회에서는 개인적으로 사유할 수 없었다는 점을 상기할 필요가 있다. 노동 대부분이 집단으로 이루어졌을 뿐만 아니라 생산의 단위인 마을 전체가 실질적인 혈연관계로 이루어졌다는 점 또한 상업을 이야기할 때 고려해야 할 중요한 부분이다. 우리가 일반적으로 이해하고 있는 경제 사회의 기본 원칙은 한 개인에게 경제적인 부가 집중되고 이렇게 집중된 부가 발전해서 부가가치를 창출함으로써 또다시 새로운 부를 만들어 내는 순환 구조가 있다. 그러나 사회계층 분화에 직·간접적으로 영향을 주는 서양 경제의 기본 원칙이 마야 사회에서는 적용되기가 힘들었다. 그리고 이러한 특징은 마야 사회가 경제적인 구조를 바탕으로 한 계층분화를 이룰 가능성을 근본적으로 제한하였다는 것을 설명해 준다. 따라서 마야를 이해할 때는 상업이 이윤을 창출하기 위한 것이고 돈을 벌기 위한 것이라는 우리가 가지고 있는 일반적인 고정관념을 직접 대입하기 어렵다.

그렇다면 마야의 상업은 도대체 무엇을 위하여 이루어졌는가 하는 의문을 제기할 수 있다. 돈을 벌기 위한 기능 외에 상업의 다른 기능들은 우리의 것과 크게 다르지 않다. 즉 지역적인 생산품 차이로 인한 물물교환의 필요성이 마야 지역의 상인들에게 수천 킬로미터를 이동하여 장(場)에 모이도록 하였다. 이러한 물물교환의 필요성에는 단순히 일상생활에 필요한 물건들만 포함되어 있던 것은 아니었다. 오히려 종교적인 제례의식 등에 필요한 특수한 물건들이 교환 품목 중에서 많은 부분을 차지하고 있었다. 종교의 중요성을 생각하면 전혀 이상할 일이 아니다. 그런데 제례의식 자체가 마을 전체의 중요한 행사였기 때문에 교역 역시 이러한 종교행사에 필요한 물건을 조달하는 역할을 한다는 점에서 교역이 각 마을의 행정적인 차원에서 이루어졌다. 또한 그것을 담당하는 것은 행정을 담당하는 마을 지도층의 일이었기 때문에 상업적인 이윤 추구를 목적으로 하지 않았다. 기존의 마야문명에 대한 해석을 보면 엘리트들이 상업을 통하여 부를 축적하였다고 말한다. 그리고 그 근거로 지도자나 그의 친족들이 상업을 주관하였다는 것을 들고 있다. 그러나 실제로 식민지 시대의 초기 사료를 보면 마야빤의 최고지도자였던 꼬꼼의 아들이 교역에 참여하였다는 기록을 발견할 수 있다. 교역 자체가 종교적인 목적이건 혹은 생활용품 조달의 목적이건 간에 마을의 중요한 행사로서 마을 지도자들이 관여하고 주관했다. 특히 이러한 일들이 종교적인 문제와 연관되면 신정일치 사회였던 마야의 행정관료들이 장거리와 단거리 교역을 잘 완수해야 할 의무를 지니고 있었다. 마야의 행정관료들이 상업의 중심에 놓였다는 동일한 현상의 해석에 있어서 이렇듯 상반된 의견이 존재하는 것이다.

이러한 상업과 교역의 근본적인 원리와 철학을 바탕에 두고 마야 무역의 구체적인 내용들 가운데 교역품을 좀 더 자세히 살펴보면 교역품 대부분이 각 지역 특산물이라는 것을 확인할 수 있다. 종교적인 제례의식에 쓰이던 여러 장신구뿐만 아니라 동식물과 광물 등 셀 수 없을 정도로 다양한 물건이 교역의 대상이 되었다. 각 지방에서 나는 특산물로 장거리 교역의 중요한 수출품으로 많이 이용되었던 것은 다음과 같다.

① 유까딴반도 – 소금, 꿀, 초, 생선(말린 것, 절인 것, 구운 것), 면, 면으로 된 천, 에네껜, 부싯돌, 꼬빨, 새의 깃털 등
② 과테말라 – 고급목재, 가죽, 면, 께찰(Quetzal)새의 깃털, 꼬빨, 소합향, 옥, 터키석, 메따떼(맷돌) 제작용 화산석, 도기 제작용 탈지 성분의 화산재, 도기 등
③ 멕시코만 해안 – 카카오, 고무 등
④ 치아빠스 – 가죽, 인도쪽, 바닐라, 께찰새의 깃털, 호박(Ámbar), 붉은색 물감, 흙, 구리 등
⑤ 온두라스 – 카카오, 설화석고 등(송영복, 2005, 103).

5 카카오는 마야의 문화에서 중요한 역할을 하였던 작물이다. 란다는 이 사료에서 여러 번에 걸쳐서 카카오에 대해 언급하였다. 24장(24–1)에서는 마야의 전통적인 20진법 셈이 카카오를 세는 데 유리하다고 하였고, 40장(40–6)에서는 본문의 주에서 밝히고 있듯이 땅콩을 재배하는 농민들이 풍년을 기원하며 치르던 제례의식에 관하여 언급하였으나 실질적으로는 이것이 카카오에 관련된 것이라고 볼 수 있다. 그 밖의 다른 부분에서도 카카오와 관련된 음식과 같은 다양한 내용들을 기술하였다.

다른 많은 사료에는 중앙아메리카 사람들이 카카오를 화폐처럼 사용하였다는 내용이 언급되었다. 오비에도(Oviedo)는 니카라과에 대한 묘사에서 카카오 혹은 아몬드에 대하여 다음처럼 이야기하였다. “인디오들은 카카오와 아몬드를 같은 가격으로 책정하였다. 에스빠냐 사람들에게 금과 동전이 그렇듯이 그들은 (카카오와 아몬드를) 화폐처럼 생각한다. 왜냐하면 아몬드로 모든 것을 살 수 있기 때문이다. 니카라과에서는 토끼 한 마리가 아몬드 열 개에 해당되고, ‘무논까뽓(Munoncapot, 치꼬뜰–사뽀뜰[Chicotl–zapotl] 혹은 아츠라스 사뽀따[Achras zapota])’이라고 불리는 과일 여덟 개가 아몬드 네 개에 해당된다.

아몬드 백 개를 주면 노예를 살 수 있는데, 노예의 상태와 판매자의 동의하에 값이 덜하거나 더해지기도 한다. 에스빠냐처럼 이곳에도 몸을 팔아서 생활하는 여자들(매춘부라는 뜻의 과떼뽈이라고 불린다.)이 있는데, 쾌락을 원하는 남자들은 이러한 여자들의 동의하에 여덟 개에서 열 개의 아몬드를 지불한다. 결론적으로 이 땅에서는 에스빠냐 사람들이 사용하는 'Doubloons' 혹은 'Ducats'가 아무 짝에도 쓸모가 없고, 거래조차 되지 않는다는 것이다." … "또한 돈으로 거래되는 아몬드 중에는 사기를 목적으로 속에 다른 것을 채워 넣은 거짓 아몬드가 존재한다. 껍질을 벗긴 후에 속에 흙이나 다른 유사한 것을 채워 넣어서 그 구멍을 기술적으로 교묘하게 막으면 잘 구분이 되지 않는다. 사기를 당하지 않으려면 아몬드를 건네받는 사람이 아몬드를 세면서 하나씩 잘 살펴보아야 한다. 만일 손가락으로 만져 보았을 때 껍질이 잘 벗겨지면 가짜 아몬드인데, 이렇게 만져 봄으로써 진짜 아몬드와 가짜 아몬드를 구별할 수 있다"(Tozzer, 95).

6 란다는 그의 사료에서 화폐처럼 사용되는 돌구슬에 대하여 여러 차례 언급하였다. 토설은 여기서 말하는 돌구슬이 옥과는 다른 것임에도 많은 사람이 원본에는 언급되지 않은 파랗다는 말을 덧붙이며 돌구슬을 마치 옥인 양 해석하였다고 주장하였다. 모양은 다르지만 크기가 같은 약 천 개 이상의 옥구슬이 쎄노떼에서 발견되었다. 이것은 과거 옥구슬이 화폐처럼 사용되었을 것이라는 추정을 가능하게 한다. 구리종 또한 화폐로 사용되었는데, 란다는 따바스꼬로부터 금속을 들여온다고 기술하였다. 꼬골유도(Cogolludo)는 이와 관련하여 다음처럼 말하였다. "그들이 돈으로 사용하는 것은 구리종이다. 크기에 따라서 값이 다르게 매겨진다." 한편 인신공양을 행하던 쎄노떼에서 다량의 구리종이 발견되었다(Tozzer, 95–96).

7 꼬골유도(Cogolludo)는 다음처럼 기록하였다. "그들은 수입한 붉은 조개껍데기를 화폐로 사용하였다. 마치 염주 알을 꿰듯이 (조개껍데기를) 하나로 이어서 연결하였다"(Tozzer, 96). 이러한 조개 장식 같은 것들은 마야의 그림과 조각 등에 나오는 인물의 장식으로도 자주 등장한다.

8 모뚤 사전과 스와데쉬(Swadesh) 사전에는 마야의 상인들이 카카오를 넣어서 가지고 다니던 주머니가 '뗌(Tem)'으로 불렸다고 나와 있다. 스와데쉬 사전에는 '호뗌(Ho Tem)'으로 표기되었다(Diccionario Maya, 783, Swadesh, 80).

9 유까딴에서는 시장이 흔하게 열렸던 것으로 보인다. 로이스(Roys)는 치첸이트사에 커다란 시장이 있었다는 것에 의심의 여지가 없다고 하였다. "마치 오늘날 많은 순례자가 멕시코의 과달루뻬(Guadalupe) 사원에 숭배하러 모여드는 것처럼, 외지인이 거래하러 이곳에 모여들었다." 뽄쎄의 씨우닫 레알 지방에 관한 렐라씨온에서 다음의 내용을 확인할 수 있다(1837, ed., 2: 408). "치첸이트사의 '왕들'은 깃털과 카카오를 가지고 온두라스와 거래를 하였다. 그들이 승선하는 장소는 아쎈씨온(승천)만이었다."
오비에도(Oviedo)(32, III)는 다음처럼 말하였다. "커다란 시장 혹은 광장에서 많은 상인이 물건을 꺼내 놓고 거래를 하였다. 인디오들은 식량과 음식을 비롯하여 다른 많은 물건을 사고팔았고, 물물교환하였다"(Tozzer, 96).
이 장의 앞선 각주에서 이미 언급한 바 있듯이 상업 자체가 개인 영리를 목적으로 하는 것이 아니라 마을 전체의 필요성에 의하여 지역 생산물의 차이를 교환하는 것이라고 본다면 시장의 성격에 대한 이해에도 한결 도움이 될 것이다. 즉 시장의 존재 원인과 목적이 영리활동을 중심으로 한다는 우리들의 개념과는 달라서 시장 자체의 성격이 다를 수밖에 없다. 그러나 다른 많은 학자는 영리를 추구하는 상인계급이 마야뿐만 아니라 전체 메소아메리카 지역에 생겨났고, 유럽의 정복을 앞둔 시기에는 이러한 영리적인 목적을 추구하는 상인계급이 서서히 힘을 얻어 갔으며, 바로 이 시기가 상업자본 형성이 이루어지던 시기였다고 주장하였다.
한편 도시 중앙에 있는 광장이 시장으로 이용되기도 하였는데, 도시 한가운데보다는 그 이면 공간이 더욱 많이 활용되었다. 시장을 위한 특별한 건축물들이 있던 것은 아니었고, 현재 마야 지역에서 열리는 장의 형태 혹은 한국의 전통장과 같이 약속된 날에 사람들이 지정된 공터에 모여서 교환할 물건들을 쌓아 놓고 거래하던 것이었다. 후고전기에는 현재의 멕시코 따바스꼬주에 있는 시깔랑꼬 지역이 멕시코 고원 지방과 연결되는 중요한 시장으로 자리하였다. 메소아메리카 전체를 놓고 볼 때는 고전기 떼오띠우아깐의 씨우다델라(Ciudadela)나 후고전기 뜰랄떼롤꼬(Tlaltelolco) 같은 멕시코 중앙고원 지방 유명한 시장들의 규모가 컸던 것으로 알려져 있다(송영복, 2005, 249–250).

10 꼬골유도(Cogolludo)는 이와 관련하여 다음처럼 기록하였다(4, III). "그들은 판매하거나 계약할 때 서면을 작성하지 않았고, 만일에 대비한 지불 약속 같은 것도 일절 행하지 않았다"(Tozzer, 96).

11 토설은 이것을 두고 뻬뗀(Petén) 지역에 특히나 잘 발달된 출뚠(Chultún)을 가리키는 것이라고 주장하였다(Tozzer, 96). 출뚠은 지표면에 인접한 일종의 지하 동굴이라고 할

수 있다. 이것은 유까딴반도의 지표면 가까운 지하에 상당히 발달해 있고, 온도와 습도를 조절하는 데 이점이 있어서 정복 이전에는 말할 것도 없이 오늘날까지도 각종 창고로 (특히 곡물창고로) 각광받고 있다. 또한 과거에는 시체를 매장하는 곳으로 이용되기도 하였다.

12 가리바이본에는 "Sus mulas y bueyes son la gente"로 표기되었다. 이 문장을 의역하면 다음과 같다. "(이곳에서는) 사람이 노새와 소(의 역할을 도맡는다)이다." 마야와 메소아메리카 지역에는 짐을 운송하기 위한 동물이나 기구가 전혀 발달되어 있지 않았다. 이곳 원주민들은 바퀴의 개념을 알고 있었으나 이를 이용하여 수레를 만들지는 않았다. 따라서 사람들이 직접 모든 것을 날랐는데, 이를 두고 란다는 "그들의 노새와 소는 사람(사람들이 노새와 소)이다."라고 표현한 것으로 생각된다.

13 에스빠냐의 까스띠야 지역의 길이값(1피트=27.86센티미터)으로 계산해 보면 대략 5.57미터 정도이다.

14 토설은 이 단어가 문어적으로 '한 남자(Hun uinic)'를 뜻한다고 하였고, 일부 마야 지방 사투리로는 '20(10개의 손가락과 10개의 발가락, 한 남자)'을 뜻한다고 하였다(Tozzer, 96). 가리바이본에는 '훔 우이닉(Hum uinic)'으로 표기되었는데, 이 단어의 뜻을 살펴보면 '훔(Hum)'이 모든 종류의 소리와 소음을 뜻하기 때문에 '사람이(우이닉, Uinic) 내는 소음' 혹은 '사람의 소리'라는 직역도 가능하다(Diccionario Maya, 245).

15 마야를 비롯한 아메리카 대륙의 고대 문명에는 토지의 개인 소유 제도가 존재하지 않았다. 따라서 모든 토지는 공동의 것이었고, 다만 그 사용 권리를 각 마을에서 자치적으로 지정하여 운영하였다.
에스빠냐의 까스띠야 사람들이 사용하던 1피트(pie)는 0.27미터이다. 이것을 기준으로 계산해 보면 훔 우이닉(Hum uinic)은 5.4미터(0.27×20)의 막대기이고, 폭과 길이가 각각 20이므로 108미터(5.4×20)의 폭과 108미터의 넓이를 가진다. 따라서 11,664제곱미터가 된다. 만일 이것을 평으로 계산해 보면 대략 3,528평이고, 밭의 경우에는 300평을 한 마지기로 계산하므로 대략 11마지기가 넘는 크기이다. 한 가정이 경작하기에 절대 작지 않은 농지의 규모이다. 그러나 토설은 이것을 평방 400피트 혹은 폭과 길이가 각각 20인 땅(가로세로 6.1미터의 땅)으로 계산하였기 때문에 특별한 목적이 있거나 이것 외의 다른 경작지가 있지 않은 한 가정을 부양하기에는 너무 작다는 결론을 내렸다(Tozzer, 96).

16 마야 사회는 농업 중심의 경제구조 아래 실질 혹은 가상의 혈연으로 맺어진 정치·경제·군사 사회였다. 따라서 마야 사회에서도 우리나라의 상호부조나 두레 혹은 향약 같은 다양한 공동생산과 상호협동의 전통이 강하게 이어졌던 것을 볼 수 있다.

17 Chi MS에는 이와 관련하여 다음처럼 기록되었다. "땅은 공동의 것이다. (따라서 마을에는 땅을 나누기 위한 경계표도 없을뿐더러 경계선조차 없다.) 다만 어떤 한 지역과 (다른 지역은 예외인데, 이곳은 전쟁으로 지역 간의 경계선이 있다.) 또한 우묵한 곳(계곡, 분지 혹은 도랑)과 동굴, 과일 경작지, 카카오나무, (개량을 위하여 매수한) 특정한 땅에도 소유권이 적용되었다"(Tozzer, 96–97).

18 인디오들에게 토지는 개인이 소유할 수 있는 것이 아니었다. 토지는 마치 공기나 햇빛 같다고 생각했기 때문에 토지의 개인 소유제도가 존재하지 않았다. 다만 토지를 이용하여 수확을 올릴 수 있는 권리를 공동으로 확립했던 것으로 보인다. 그러나 이것을 이해하기 힘들었던 에스빠냐 사람들은 먼저 차지한 사람이 임자라고 생각하였다.

19 이것은 '꼬아(Coa)'라고 불리는 막대기다. 마야에는 다양한 농사 방법이 발달했음에도 농기구는 많이 발달하지 않았다. '꼬아'가 거의 유일한 농사 도구였다. 형태는 일반 막대기와 다를 것이 없으나 용도에 따라서 길이와 두께 등에 차이가 있다.

20 모똘 지방의 렐라씨온에는 이와 관련하여 다음처럼 기록되었다. "그들이 공물로 바친 물건들은 면으로 된 만따(직물), 수탉, 암탉, 옥수수, 꿀이었고, 그 밖에도 (평소에) 지니지 않던 모든 종류의 값진 물건들이 해당했다. 이 땅에서 생산된 모든 것들은 촌장에 대한 예우로 (촌장에게) 바쳐졌다"(Tozzer, 97).

21 Chi MS에는 이와 관련하여 다음처럼 기록되었다. "(인디오들은 다른 사람들에게) 매우 관대하였다. … 한 인디오가 (아무것도 지불하지 않고 하룻밤을 묵어가는 것뿐만 아니라) 음식과 음료까지 달라고 요구해도 상인이 (아니라면) 아무런 대가 없이 허락해 주었다. 많은 촌장은 에스빠냐 여행자들이나 숙박객들에게도 이러한 전통을 유지하였다." 한편 꼬골유도(Cogolludo)는 그가 있던 시절(1688년)에는 이미 이러한 환대의 미덕이 사라지고 없어진 상태였다고 하였다(Tozzer, 98).

유까딴 사람들의 수를 세는 방법

- 족보 - 고아들의 상속과 후견 - 촌장의 승계

24-1 (유까딴의 인디오들은) 5를 한 단위로 20까지 세고, 20을 한 단위로 100까지 센다。 또한 100을 한 단위로 400까지 세며, 400을 한 단위로 8,000까지 센다。[1] 이러한 계산법은 카카오를 거래할 때 매우 유용하게 사용되었다.

굉장히 긴 다른 셈도 있는데, (이러한 계산법을 적용하면 그 수가) *ad infinitum*(무한대까지 이르게 된다)。 (예를 들면) 8,000을 20배 하여 160,000을 만들고, 160,000을 다시 20배 하여 셈한다。 이렇게 계속 곱셈해 나가면 그 수가 무한대까지 이르는 것이다。 (인디오들은) 땅바닥이나 평평한 곳에서 셈을 한다.

24-2 (인디오들은) 조상들의 근원에 대하여 관심이 많다。 특히 마야빤 가문(家門)의 후손들은 더욱 그렇다。 이러한 것이 (제사장들의) 과학지식 가운데 하나였기 때문에 제사장들을 통하여 (조상들의 근원에 대하여) 알고자 하였다。 또한 자신들과 같은 가계(家系) 출신의 뛰어난 남자들에 대한 강한 자부심이 있었다.

아버지의 이름은 항상 아들에게 이어지지만; 딸의 경우는 그렇지 않다.[2]

아들이건 딸이건 자식들의 이름은 늘 아버지와 어머니의 이름을 따서 지었다;

아버지의 이름은 정식 이름으로, 어머니의 이름은 별칭으로 붙였다[3]; 예를 들면 첼(Chel)과 찬(Chan) 사이에 태어난 아들은 나찬첼(Nachanchel)이라고 불렸는데, 이 말은 아무개(첼과 찬)의 자식이라는 뜻이다.[4] [이러한 이유로] 인디오들은 같은 이름을 가진 사람들을 두고 친척지간이라고 하였고, 이를 계기로 서로를 친척이라고 여겼다.

그래서 어떤 사람이 잘 모르는 타지에 와서 도움을 필요로 [할 때는] 동명의 사람이 있는지 찾아본다. 그리고 만일 [동명의 사람이] 있다면 정성스러운 대접을 받으며 친분을 만들게 된다.

또한 남자건 여자건 간에 같은 이름을 가진 사람끼리는 결혼하지 않았다. 왜냐하면 (이러한 결혼이) 그들 사이에서 매우 불명예스럽게 여겨졌기 때문이다.

현재는 세례명[5]이나 다른 이름[으로] 불린다.

24-3 인디오들은 딸이 남자 형제와 함께 상속받는 것을 허락하지 않았다. (딸들에게는) 자유의사에 따라 자비를 베푸는 식이었다; 이 경우에는 (먼저 딸들에게) 어느 정도 큰 몫을 떼어 준 후에 나머지는 (다른) 형제들끼리 공평하게 나누어 갖도록 하였다. 그러나 만일 재산을 불리는 데 크게 기여한 아들이 있다면 그에게는 그에 걸맞은 몫을 증여하였다; 딸들만 있는 경우에는 [아버지의] 형제들이나 가장 [가까운 사람들]에게 상속하였다; (상속받게 된 대상이) 재산을 물려받을 만큼 분별력을 지닌 나이가 아니라면 가장 가까운 친척을 후견인으로 삼아 그에게 (상속받은) 재산을 넘겨주었다. 그러면 (그 후견인이 상속자의) 어머니에게 아들의 양육비를 지급하였는데, 그렇게 한 까닭은 (상속자의) 어머니에게는 (재산을) 소유할 아무런 권리가 없기 때문이다. 또한 그 후견인이 고인의 형제라면 (어머니로부터) 아이를 데려가기도 하였다.

(훗날) 후견인은 자신이 (상속)받은 것을 상속자에게 넘겨주었다. 그렇게 하지 않는 것은 (인디오들) 사이에서 매우 비열한 것으로 여겨졌고, 분쟁의 큰 원인이 되기도 하였다.

이렇게 (후견인이 대신 상속받은 것을 원래 상속자에게) 넘겨주는 일은 촌장들이나 (마을의) 높은 어르신들이 보는 앞에서 이루어졌다. (상속인의) 양육비로 지급된 부분; 경작지에서 수확한 것들은 제외한 반면에 벌집이나 카카오나무 같은 것들은 (모두) 넘겨주었다。그들이 말하기를 (이렇게 하는 이유는 경작지를 운영하는 데) 많은 노동이 들어갔기 때문이라고 하였다.

촌장이 세상을 떠난 후에 (촌장의) 자식들이 아직 통치할 만한 [나이에] 이르지 않았을 때는 (촌장의) 형제 중에서 가장 나이가 많은 사람이나 제일 능력이 있는 사람이 통치를 맡았다。[6] (그 형제는) 촌장의 아들이 성인이 될 때까지 마을의 관습과 의례에 관하여 가르쳤다; 그러나 (촌장의) 아들이 통치할 만한 [나이에 이르더라도] (대신 통치를 맡은 형제는) 죽을 때까지 통치권을 놓지 않았다; 만일 (죽은 촌장에게) 형제가 없는 경우에는 제사장들이나 (마을의) 높은 어르신들이 충분한 (능력을 갖춘) 사람을 선출하였다.

---

1 마야의 산술법은 유럽이나 동양과 대별되는 가장 특징적인 문화라고 할 수 있다. 먼저 0의 개념을 알았다는 것은 이미 상당히 발전된 수학 체계라는 것을 보여 준다. 그리고 란다의 서술에 나오는 것처럼 20진법을 사용하였다는 것도 중요한 특징으로 꼽힌다.
마야 사람들에게는 20진법이 생활화되었기 때문에 일상의 수리(數理)와 언어체계에서도 20진법 개념이 사용되었다. 우리가 대강의 숫자를 말할 때 한 열 개 정도, 백 개 정도라고 한다면 그들은 한 이십 개, 사백 개, 팔천 개 같은 식으로 이야기한다. 이러한 전통은 지금까지도 마야 사람들의 언어 습관에 그대로 남았다. 우리가 막연하게 긴 시간을 천년만년이라고 하는 것처럼 마야 사람들에게는 사백 개라는 말이 많은 수를 가리킬 때 일반적인 대명사로 쓰이는 경우가 많다. 팔천이라는 숫자 역시 마찬가지다. 따라서 20×20=400, 20×20×20=8,000, 20×20×20×20=160,000처럼 20의 제곱에 해당하는 숫자들은 단순한 숫자의 의미와 함께 다수(多數)의 상징적인 의미를 포함하고 있다고도 할 수 있다. 예를 들어서 마야 원주민들에게 당신네 집에 닭이 몇 마리 있냐고 물었을 때 20마리 정도 된다고 대답한다면 그것은 실제로 20에 근사한 숫자의 닭을 가지고 있다는 뜻이 아니라 막연히 많이 있다는 뜻으로 이야기하였을 가능성이 크다는 것이다(송영복, 2005, 187).

2 로이스(Roys)는 란다의 서술과는 달리 딸도 아들처럼 아버지의 이름을 물려받았고, 여자들은 결혼한 후 계속해서 자신의 이름을 사용했다고 하였다. 또한 그는 다음처럼 언급하였다. "우리는 마야어에서 모계 체제가 부계 체제처럼 평등했다는 흔적들을 발견할 수 있다. 남자들의 경우에 친아들과 형제의 아들을 지칭하는 말로 메헨(Mehen)을 사용하였고, 여자들의 경우에는 친자식과 자매의 자식들을 지칭하는 말로 알(Al)을 사용하였다. 결국 귀족이라는 뜻의 알메헨(Almehen)이라는 용어는 모계와 부계 모두의 자손들을 지칭하는 말이다. 게다가 마야어에서 가계와 관련된 두 개의 용어를 발견할 수 있는데, 하나는 아버지를 통해서 내려온 직계혈통을 이르는 치발(Chibal)이라는 단어이고, 다른 하나는 어머니를 통해서 내려온 직계혈통을 이르는 짜깝(Dzacab) 이라는 단어이다"(Tozzer, 98–99).
남성이 마을회의의 대표권을 행사한다든가 가사일을 할 때 음식을 준비하지 않는 것 등에서 외형적으로만 보았을 때 마야 사회에 가부장적인 전통이 있다고 느껴질 만한 요소들이 있다. 그리고 오늘날까지도 이러한 전통은 상당 부분 그대로 남았다. 그러나 여성의 내부 조정의 힘이라든가 내조를 통한 실질적인 권리행사 또한 두드러지는 것이 사실이다.

3 가리바이본에는 "… el del padre como propio, y el de la

madre como apelativo"로 표기되었는데, 이 문장의 의미가 명확하지 않다. 현대식 에스빠냐어의 문어적인 해석에 의하면 아버지의 이름은 '고유 이름'이 되고, 어머니의 이름은 '성'이 된다고 할 수 있다. 또한 문맥상으로 보았을 때 아버지의 이름이 '정식 이름'이 되고, 어머니의 이름이 '다른 이름'이 된다고 해석할 수 있다. 후자의 해석이 원문이 전달하려는 의미에 더욱 근접한 것으로 생각된다.

4 로이스(Roys)는 이와 관련하여 다음처럼 말하였다. "시우의 가계도와 마야의 다른 많은 자료를 통하여 우리가 부르는 성은 아버지에서 아들로 이어지는 아버지 가족의 이름이라는 것을 알 수 있다. 란다는 첼(Chel)이라는 남자와 찬(Chan)이라는 여자가 낳은 아들이 나찬 첼(Nachan Chel)로 불린다고 하였다. 이것은 분명한 사실인 것으로 보인다"(Tozzer, 99).
고유한 이름으로 불리기보다는 '누구누구의 자식'으로 불리는 것이다. 마치 우리나라에서 '누구네 자식'이라고 부르거나 역으로 '개똥이(자식의 이름) 엄마' 혹은 '개똥이(자식의 이름) 아빠'라고 부르는 것과 유사하다.

5 가리바이본에는 이 부분이 'los nombres de pila'로 표기되었다. 이것은 세례명을 뜻하지만 '이름'과 '성' 중에서 이름만 가리킬 가능성도 있다.

6 로이스(Roys)는 이 문장을 조금 다르게 해석하였다. "촌장이 죽고 난 후에 그의 자식들이 (정치를 하기에 아직) 촌장이 될 만한 [나이에] 이르지 않았다면 (촌장에게) 형제들이 있으면 그들 가운데 제일 맏형이나 (지배와 권위로부터 가장) 자유로운 사람이 통치하였다." 우리는 이 문장을 통하여 촌장의 직무가 가족에게 상속되었음을 알 수 있다. 그러나 로이스(Roys)는 이러한 진술이 현재의 관행과는 맞지 않는다고 하였다. 시우의 가계도를 보면 촌장의 직위가 부자간에 상속되는 것이 아니었고, 형제간에 상속되는 것도 아니었기 때문이다(Tozzer, 100).
마야의 정치지도자 선출 관행을 보면 장자상속, 장자가 아닌 다른 아들의 상속, 형제상속이 있다. 또한 고대 사료를 통하여 어머니와 딸 등 여성이 관여하기도 했음을 알 수 있다. 그 밖에도 다른 선출방식에 의하여 존경받는 마을의 원로인 노인이 정치를 하기도 했다. 따라서 구대륙처럼 마야 사회에서도 어떤 하나의 권력 이양 방식이 지배적으로 행해졌다고는 보기 힘들다.

결혼

- 유까떤 사람들의 잦은 이혼 - 결혼식

25-1 오래전에 (인디오들은) 스무 살이 되면 결혼하였다。지금은 열두 살 혹은 열세 살로 (연령대가 낮추어졌으나)[1] 그로 인하여 애정도 없이 결혼하고 부부생활과 부부로서의 책무에 무지해서 더욱 쉽게 이혼한다; 부모들은 (이혼한) 자식에게 다시 전처와 합칠 것을 설득하지만 만일 그렇게 하지 않으면 계속해서 또 다른 배우자를 찾아 준다.

(남자들은 이혼하는 것만큼이나) 쉽게 자식과 부인을 버렸다。다른 남자가 전처를 아내로 삼는다거나 자신이 (전처에게) 다시 돌아갈 것에 대해서는 염려하지 않았다; 그러나 이 모든 것에도 그들은 질투가 무척 심하며 정숙하지 못한 아내에게 관대하지 못하다; 또한 최근 들어서는 에스빠냐 사람들이 아내를 죽이는 것을 보고 부인을 학대하기 시작했으며 심지어는 죽이기까지 한다.

[부인과] 이혼할 때 아직 자식들이 어리다면 어머니가 돌보도록 하였고; (자식들이) 크면 사내아이들은 아버지가, 계집아이들은 어머니가 맡도록 하였다.

25-2 비록 이혼이 상당히 일반적이고 흔한 것이었음에도 노인들은 이것을 곱지 않은 시선으로 바라보았다。또한 그들의 관습상 (이혼은) 좋지 않은 일로 여겨졌다。(그러나) 한

명의 [여자]와만 평생을 함께한 남자들도 무척 많았다.[2] 아버지 쪽의 [친척인 여자와는] 절대로 결혼하지 않았는데[3], 왜냐하면 인디오들 사이에서 이것이 매우 보기 흉한 일로 여겨졌기 때문이다[4]; 형제의 아내인 형수 혹은 제수[5]와 결혼하는 것도 좋지 않은 일로 여겨졌다.

의붓어머니나 부인의 자매인 처형 혹은 처제[6], 어머니의 자매인 이모와도 결혼하지 않았다. (이것 역시 그들 사이에서) 좋지 않은 일로 여겨졌다.

(반면에) 비록 사촌지간이더라도 어머니 쪽의 다른 모든 친척과는 [결혼을] 할 수 있었다.

25-3 부모들은 지극 정성으로 아들의 배우자를 미리 찾아 나섰다. 여자의 조건이나 상황을 고려했을 뿐만 아니라 가능하면 한마을에서 구하려고 하였다; 남자가 스스로 자신의 부인감을 찾아 나선다든지 딸을 출가시키려고 부모들이 (사윗감을 찾아 나서는 것은) 드문 일이었다; 결혼을 논의하기 위하여 (양가 부모들이 모여서) 결혼의 증표로 삼는 (물건과) 비용을 결정하였는데, (그 액수는) 매우 적었다. 신랑의 아버지는 신부의 아버지에게 이러한 것들을 주었고, 신랑의 어머니도 돈 외에 며느리와 아들에게 옷을 지어 주었다[7]; (결혼식) 날이 되면 음식이 준비된 신부의 아버지 집으로 제사장과 초대를 받은 손님들이 방문하였다. 신랑 신부와 양가 부모가 (모두) 모이면 제사장은 양가 부모가 (이 결혼에 대하여) 신중하게 생각하였는지 그리고 (이들의 결혼에 모두) 동의하는지 확인한 후에 예식을 마쳤다; 그날 밤 준비를 마친 신랑에게 신부를 주었으며, (손님들에게) 음식을 대접하고 잔치를 베풀었다. 사위는 그날 이후부터 장인을 위하여 5-6년 동안 일하며 장인의 집에서 (장인과 함께) 살아야만 했다[8]; 만일 그렇게 하지 않으면 (장인이 사위를) 집에서 내쫓아버렸다.

어머니들은 혼인한 여자로서 부인(딸)이 항상 남편에게 음식을 해 줄 수 있도록 신경을 썼다.

홀아비와 홀어미들은 잔치나 엄숙한 의식 없이 (재혼을) 하였다. 남자들이 여자들의 집으로 찾아가 승낙을 받고, 음식을 대접받는 것으로 결혼이 성사되었다; 이러한 이유로 [여자들은] 결혼하는 것만큼이나 쉽게 (남편들과) 갈라섰다.

유까딴의 남자들은 다른 지역과 다르게 절대로 여러 명의 여자를 거느리는 법이 없었다. 그들은 단 한 명의 여자와만 (평생 함께하였다). 부모들이 [자식의 이름을 걸고] 어린아이들을 결혼시키는 경우도 있었는데, [혼인 당사자들은] 나이가 찰 때까지 [기다려야 했고], [양가 부모들은] 마치 시부모 혹은 장인 장모처럼 행동하였다.

---

1 이와 관련하여 현대 마야 학자인 깐(Gann)은 다음처럼 말하였다. "과거에 인디오 소녀들은 14-15살 정도에 결혼하였고, 소년들은 17-18살에 결혼하였다. 그러나 유까딴반도 동남부 지방인 바깔라르의 정복이 있고 난 후에 유까딴의 인디오들이 영토에서 추방당하자 모든 여자는 12살 정도에 필히 결혼하게 되었다. 오랜 전쟁으로 많은 사람이 목숨을 잃자 인구를 증가시키려는 의도에서 시행된 것으로 파악된다"(Tozzer, 100).

2 마야 사회가 일부다처제였는지 아니면 일부일처제였는지는 지금까지도 논란이 많다. 우리는 18장(18-1)의 첫 번째 문장의 각주에서 모뚤 지방의 렐라씨온에는 마야 사회가 일부일처제로 언급되었다는 것을 앞서 확인한 바 있다. 꼬골유도(Cogolludo)는 마야 사회가 일부일처제였다는 점에는 동의하였지만 산체스 데 아길라르는 마야 사회가 일부다처제였다고 주장하였다(Tozzer, 100). 그러나 18장(18-1)의 주에서 이미 언급하였듯이 일부일처제가 근간을 이루고 있었고, 일부다처제는 만일 있었다 하더라도 특수한 것이었을 가능성이 크다.

3 마야 사회는 다른 사회와 마찬가지로 금기시하는 결혼상대자가 통념화되어 있었다. 다음은 선택할 수 없는 신붓감에 대하여 나열한 것이다.
1. 같은 이름을 가진 사람(다른 족의 이름을 가진 사람하고만 결혼해야 하는 원칙)
2. 형제의 부인(과부가 고인의 형제와 결혼하는 것)
3. 부인의 자매(죽은 아내의 자매와 재혼하는 것)
4. 의붓어머니
5. 이모
이들은 모두 적절하지 않은 신붓감으로 이들과의 결혼은 금지사항에 속하였다. 그러나 시우족의 족보를 보면 후안 몬떼호 시우가 프란씨스꼬 데 몬떼호 시우의 장인어른이었음을 알 수 있다. 이것은 족외혼인의 규칙을 파기한 예에 속한다(Tozzer, 100-101). 이러한 전통은 지역과 시대에 따라 변화가 있었다. 뿐만 아니라 철저하게 지켜진 것도 아니었던 것으로 보인다.

4 부계(父系)와 근친상간을 금하는 내용에 대한 언급이다.

5 가리바이본에는 'cuñadas'로 표기되었다. 그런데 에스빠냐어의 'cuñada'는 부인이나 남편의 여자 형제를 가리키는 말로 '처제, 처형, 시누이, 올케, 형수, 제수'의 의미를 모두 가질 수 있다. 그러나 이 경우에는 남자 형제의 부인만 가리키기 때문에 형수와 제수 중 하나로 범위가 좁아진다.

6 원문에는 'cuñadas'라는 한 단어로 표기되었다. 앞서 언급한 것처럼 에스빠냐어의 'cuñadas'는 부인이나 남편의 여자 형제를 가리키는 말로 '처제, 처형, 시누이, 올케, 형수, 제수'의 의미가 모두 있으나 이 경우에는 부인의 자매만을 가리키기 때문에 처형과 처제를 말한다.

7 WG는 다음처럼 해석하였다. "…반면에 신부의 어머니는 신랑과 아이들을 위한 옷을 준비하였다"(Tozzer, 101).

8 여기서 란다는 처의 가족과 기거하는 혼인 양식에 대해서 기술하였다. 이것은 소위 '봉사에 의한 혼인'이라고 불린다. 꼬수멜의 인구조사에서도 딸의 가족과 장인어른이 한 집에서 함께 사는 풍습을 확인할 수 있다. 로이스(Roys)는 한집에서 집주인과 집주인의 아내 외에도 1-7명의 결혼한 부부들이 함께 산다는 것에 대하여 언급하였다. 그는 비엔베니다(Bienvenida)의 글을 인용하여 다음처럼 말하였다. "왕께서는 이 땅에 오직 한 명만 사는 집이 거의 없다는 사실을 인지하셔야 합니다. 각각의 모든 집에는 두

명, 세 명, 여섯 명 혹은 그보다 더 많은 사람이 함께 살았습니다. 이러한 집 중에는 집주인의 딸과 사위가 함께 사는 집(Patrifamilia)도 한 채 있습니다." 또한 로뻬스는 오르데난자(Ordenanza)에서 다음의 글을 인용하였다. "그들은 종종 사위들에게 2–3년 동안 자신들을 위하여 일하라고 시켰다. 사위 부부가 자신들의 집을 떠나 그들이 원하는 곳으로 가서 사는 것을 허락하지 않았다."

라깐돈의 원주민들은 결혼한 후에도 남편의 가족과 동거하였다. 그러나 남자가 자매인 두 명의 여자와 결혼하였다면 예외적으로 남자가 그녀들의 집에서 함께 살았다. 1861년 멘데스(Mendez)는 다음처럼 언급하였다. "며느리는 시아버지의 집으로 가서 함께 살았고, 사위는 장인어른의 집에서 함께 살았다"(Tozzer, 101).

멘데스의 서술은 모순적이다. 그러나 이러한 기록들을 통해서 우리가 알 수 있는 것은 일반적으로 결혼한 남자가 아내의 부모와 함께 사는 경우가 상당히 많았고, 지역과 시대 그리고 각 개인과 가족의 상황에 따라 다양한 방법이 있었다는 점이다.

26

유까딴의 세례 방식

- 그것을 어떻게 거행하는가

26-1 세례의식은 유까딴을 [제외한] 인디아스의 다른 어떤 지역에서도 발견되지 않았다.[1] (유까딴에는) 여전히 새로 태어나다 혹은 다시 태어나다(nacer de nuevo u otra vez)라는 뜻을 가진 (세례의식이 존재한다). (이 말은) 다시 태어난다는 [뜻의] 라틴어와 같다; 유까딴 말로는 시힐(zihil)[2]이라고 하고, (시힐은) 새로 태어나다 혹은 다시 태어난다는 뜻이다. (단독으로는) 쓰이지 않으며, 동사와의 합성을 통해서만 쓰인다. 예를 들면 까뿟시힐(caputzihil)은 새로 태어나다(nacer de nuevo)라는 뜻이다.

26-2 우리는 (세례의식의) 기원에 대해서는 알 수 없지만, 오래전부터 항상 해 오던 것으로 그들 사이에서는 이에 대한 믿음이 무척이나 강했다. 따라서 세례를 받지 않으려는 사람이 아무도 없었다. 또한 존경심이 [매우 컸으므로] 죄를 지은 사람들은 (그 죄를) 알리기 위하여[3] 특별히 제사장들에게 자신의 죄를 고백해야 했다[4]; 믿음이 깊었던 만큼 두 번 다시 죄를 반복하지 않았다.

(인디오들은) [세례를] 통하여 그들의 관습에서 (이야기하는) 좋은 사람이 되기 위한 마음가짐을 얻을 수 있고, 이 세상에서 악귀들에게 피해를 받지 않을 거라고 생각하

였다. (이렇듯) 세례와 올바른 삶을 통하여 그들이 갈구하던 영광을 얻을 수 있으리라 생각하였다. 그 (영광) 속에서는 마호메드(Mahoma)의 (영광)에서처럼 맛있는 음식과 음료를 즐길 수 있다고 (믿었다).[5]

세례를 위하여 (다음 같은) 관습이 있었다. 아이들이 세 살이 되면 여자 인디오들은 사내아이에게는 작고 하얀 염주를 정수리 부분의 머리카락에 붙이고 다니도록 하였고, 계집아이에게는 콩팥 아랫부분에 가느다란 끈을 동여매도록 하였다. 그리고 그 끈에 패각을 매달아 그것이 여성의 정숙한 부위[6] 위에 오도록 하였다. 또한 그들 사이에서는 세례를 받지 않은 아이에게서 이러한 두 가지 물건들을 떼어 내는 것이 범죄에 해당했을 뿐만 아니라 무척 추악한 일로 여겨졌다. 세 살부터 열두 살까지는 늘 이러한 것들을 차고 다녔으며 세례를 받기 전까지 절대로 결혼하지 않았다.

만일 어떤 사람이 자식에게 세례의식을 해 줄 때는 제사장을 찾아가 본인의 의사를 전달하였다; 제사장은 세례의식을 마을에 통보하였고, 세례 당일이 되면 사람들은 불길한 일이 일어나지 않는지 수시로 주변을 살폈다.

그런 후에 의식을 거행하는 사람이자 의논하여 준비했던 사람은 자기 뜻에 따라 마을의 중요한 어르신[7]을 한 명 정하였다. 그리고 이러한 의식과 관련하여 그에게 도움을 (요청하였다).

그 후 (세례) 당일에 의식을 행할 때 제사장을 도울 수 있도록 관습에 따라 네 명의 점잖은 노인[8]을 추가로 정하였다. 네 명의 노인을 정하는 일은 그와 제사장 사이의 합의로 이루어졌다. 세례를 받을 모든 아이의 아버지들은[9] 이러한 의례가 모두를 위한 것임을 잘 알고 있었다. 정해진 (네 명의 노인은) 착(chac)이라고 불렸다.

(세례를 받게 될) 아이들의 아버지들과 행정관들은 의식이 있기 3일 전부터 금식하였다. 그리고 여자들과 잠자리를 삼갔다.[10]

26-3 [세례식] 당일에는 모든 사람이 세례를 받을 아이들을 데리고 의식을 거행하는 사람의 집으로 모여들었다. 깨끗하게 (정리된) 집의 뜰 혹은 마당에는 신선한 나뭇잎들이 뿌려져 있었다.[11] 그곳에 한쪽으로는 사내아이들을 그리고 다른 한쪽으로는 여자아이들

을 순서대로 세웠다.

나이가 지긋한 여성을 대모(代母) 역할로 여자아이들과 함께 세웠고, 역시 동일한 역할을 맡은 한 남성을 사내아이들과 (함께 세웠다).

26-4 그렇게 한 후에 제사장은 악귀를 쫓아내며 집을 정화하는 (의식을) 하였다.

(악귀를) 쫓아내기 위하여 뜰의 네 모퉁이에 네 개의 작은 의자를 두었으며, 네 명의 착들(Chaces)이 서로가 끈으로 연결되어 (의자에) 앉았다.[12] 이렇게 함으로써 아이들은 마치 줄의 가운데 혹은 줄의 안쪽에 가두어진 것[처럼] 보였다; 다음으로는 단식한 아이들의 아버지들이 모두 줄을 넘어서 그 안으로 들어갔다.

그 후에 혹은 그 이전에 중앙에도 작은 의자를 하나 놓았는데, 간 옥수수 조금과 약간의 향[13] 그리고 향로를 든 제사장이 (그 자리에) 앉았다.

사내아이들과 여자아이들이 차례대로 다가가면 제사장은 (아이들의) 손에 옥수숫가루와 향을 조금씩 나누어 주었다. 그러면 모든 (아이들이) 그것을 향로에 [집어넣었다]; 향 피우기가 끝나자 (향을) 피웠던 향로와 착들(Chaces)을 둘러싸고 있던 끈을 모았고, 잔에 술[14]을 조금 채워서 이 모든 것을 어느 인디오에게 주었다. 그러고는 (인디오에게 술을) 마셔서도 안 되고 뒤를 돌아봐서도 안 된다는 당부의 말과 함께 (건네준 모든 것을) 마을 밖[으로] 가지고 가도록 하였다. 이로써 (인디오들은) 악귀가 물러갔다고 이야기하였다.

26-5 인디오가 떠나자 (사람들은) 씨홈(Cihom)[15]이라고 불리는 [나무]의 잎사귀를 치우며 뜰을 깨끗이 정리하였다. (그러고는) 꼬뽀(Copó)[16]라고 불리는 (나무의 잎사귀를) 뿌리며 멍석을 몇 장 깔았다. 그러는 동안에 제사장이 복장을 갖추어 입었다.

(제사장은) 붉은색 깃털로 만든 외투를 입고 등장하였다. 다양한 색의 깃털로 공들여 만든 (외투의) 끝자락에는 기다란 깃털들이 달려 있었다. 머리에는 (옷에 달린 것과) 같은 깃털로 만들어진 고깔 같은 것을 쓰고 있었고, 외투 안에 달린 면으로 된 여러 개의 명주끈은 마치 꼬리처럼 바닥에까지 [닿았다].[17] 손에는 이소뽀(Hisopo, 성수채 같은 막대기)[18]를 들었는데, (이것은) 정교하게 세공된 짧은 막대기로 이 도구에 달린 수염 혹은 술은 방울뱀 같은 뱀의 꼬리로 만들어졌다.[19] 그 장엄함은 더도 덜도 말고 교황이 (대관식에서)

황제에게 관을 씌워 주는 것과 같았다. 복장에서 풍기는 엄숙함 또한 매우 두드러졌다.

착들(Chaces)은 아이들에게 다가가 어머니들이 준비해 온 하얀 천 조각을 (아이들의) 머리(위)에 하나씩 올려놓았다.

조금 큰 아이들에게는 나쁜 짓이나 흉측한 접촉 같은 것[20]을 한 적이 있느냐고 물어보았다. 만일 그런 짓을 한 적이 있다면 이를 고백하도록 하였으며, (이러한 아이들을) 다른 아이들로부터 떨어뜨려 놓았다.

26-6 그런 후에 제사장은 사람들을 조용히 시키며 (자리에) 앉혔다. (그러고는) 긴 기도문으로 아이들에게 축복을 내려 주었다. 또한 이소뽀(성수채와 같은 막대기)로 성호(聖號)를 그어 주었는데, [이 모든 것은] 엄숙한 분위기에서 이루어졌다.

축복을 끝내고 (제사장이) 자리에 앉으면 의식을 위하여 아이들의 아버지들이 정한 어르신 한 명이 일어나서 제사장이 건네준 뼈를 가지고 아이들에게 다가갔다. (그것을) 모든 아이의 이마에 대고 아홉 번에 걸쳐서 두드리는 듯한 행동을 하였다; 손에 들었던 잔에 채워진 물로 (뼈를) 적셨고, 말없이 아이들의 이마와 얼굴, 손가락과 발가락 사이를 문질렀다.

이 물은 특정한 꽃들과 정한수[21]에 녹인 젖은 카카오로 만든 것이다. 그들이 말하기를 들판의 돌이나 나무의 오목한 부분에서 (정한수를) 떠 온다고 하였다.[22]

26-7 문지르는 (의식이) 끝나자 제사장이 일어나 (아이들의) 머리에 있던 하얀 천 조각을 걷어 내었다. 몇 개의 아름다운 새의 깃털과 카카오가 달려 있던 등에서도 (천 조각을 걷어 내었다). 그러면 한 명의 착(chac)이 그것들을 모두 모았으며, 제사장은 돌로 된 칼로 (아이들의) 머리에 붙어 있던 염주를 떼어 내었다; 그러고는 제사장을 도와주던 사람들이 한 다발의 꽃과 인디오들이 맡는 짙은 연기를 들고 다니며 아이들에게 각각 아홉 번에 걸쳐서 두드리는 듯한 동작을 취하였다. 그러고는 (아이들에게) 꽃향기와 짙은 연기[23]를 들이마시도록 하였다.

그런 후에 어머니들이 가져온 선물을 모아 아이들이 먹을 수 있도록 그 자리에서 조금씩 나누어 주었다. 선물로는 먹을 것을 받았다. 커다란 잔에 가득 따른 술을 마셨고, 경건한 기도와 함께 신들에게 남은 선물을 바치며 아이들의 작은 제물을 받아 달라고 기원하였다. (행사를) 도와주던 또 다른 행정관인 까욤(Cayom)[24]을 불러서 [술을] 권하고는 이를 단숨에 마시도록 하였다. 그렇게 하지 않으면 죄악이라고 여겼다.

26-8 그러고 나서 제일 먼저 여자아이들이 (집으로) 돌아갔다. 어머니들도 이제껏 아이들의 콩팥 (아랫부분에) 묶여 있던 끈과 음부 (근처에) 매달렸던 패각을 떼어 주기 위하여[25] (아이들을) 뒤따라갔다. 이것은 부모들이 원한다면 (아이들이) 언제라도 결혼할 수 있다는 허가와도 같았다.

그다음으로는 사내아이들이 돌아갔다. (아이들이) 돌아가자 아버지들이 가져온 작은 천 조각들이 쌓인 곳으로 가서 주변 사람과 행정관들에게 그것들을 직접 나누어 주었다.

한참 동안 음식을 먹고 (술 혹은 음료를) 마시고 나서 (모든) 의식이 끝이 났다.

(사람들은) 이 의식을 두고 '신이 강림하다(bajada de Dios)'라는 뜻의 엠꾸(emku)[26]라고 불렀다.

의식을 주관하고 운영하며 경비를 마련했던 사람은 3일간의 금식을 마친 후에도 9일 동안이나 더 (금식을) 실천해야 했다. 이것은 매우 엄격하게 행해졌다.

---

1 마야 사람들의 세례의식과 관련된 기록들을 살펴볼 수 있다. 모뚤 지방의 렐라씨온에는 다음의 내용이 언급되었다. "그들은 세례를 받았다. 남자아이들의 경우에는 14-15살에 받았고, 20살이 되기 전까지 결혼할 수 없었다. 결혼하려면 세례를 받아야 했고, 만일 세례를 받지 않았다면 결혼할 수 없었다." 꼬골유도(Cogolludo)의 기록과 또마스 로뻬스의 렐라씨온에는 (세례를 받은) 다른 아이들과 구별하기 위하여 아기가 태어나자마자 아기의 몸에 무언가를 달아서 표시하였고, 그들이 6-7살이 되는 해에 세례의식이 행해졌다는 내용이 언급되었다. 메리다 지방의 렐라씨온에서 다음의 내용을 확인할 수 있다. "특정 의식과 관습에 의하여 인디오들이 우상숭배를 하던 시절에 그들 역시 그들의 방식에 따라 세례를 받았다는 것을 알 수 있다. 물을 가져온 높은 제사장이 물에 꽃을 뿌리면서 몇 마디 말을 하였다. 그러고는 막대기에 물을 축여서 (세례를 받는 아이의) 이마와 눈 그리고 얼굴에 갖다 대었다. 이때 '아 아 아(Ah ah ah)'라고 말하였는데, 이것은 다시 태어나라 혹은 기억하라는 뜻이다. 만일 세례를 받지 않았다면 결혼할 수 없었고, 사제가 될 수 없었다. 또한 만일 누군가가 세례를 받기 전에 세상을 떠나면 세례를 받은 후에 세상을 떠난 사람보다 지옥에서 더 큰 고통을 겪게 될 것이라고 믿었다." 에레라(Herrera)는 (세례의식에서) "해골에 담아 둔 물을 사용한다."고 하였다(Tozzer, 102).
그 형태와 의미가 서양의 세례의식과 꼭 같은 것은 아니

지만 세례의식과 유사한 종교적·사회적 의미를 가진 이 의식은 마야 사람들뿐만 아니라 아메리카 대륙 원주민들 대부분에게 행해졌다는 것이 일반적인 견해이다. 메시까나 오아하까(Oaxaca) 문화에서뿐만 아니라 남미의 잉까에서도 이러한 풍습이 전해졌고, 아마존의 밀림지대에 사는 원주민들도 오늘날까지 일종의 성년식 같은 전통을 이어오고 있다.

란다는 이러한 성년식을 기독교적인 세례의식과 혼동하였다. 당시 기독교적인 세계관에 몰입해 있던 유럽인으로서는 이러한 의식들을 기독교적인 세례의식과 동일하거나 유사한 것으로 볼 수밖에 없는 한계를 지니고 있었다. 따라서 그들은 이곳 원주민들이 유럽 정복 이전부터 기독교를 믿었다고 하였고, 또 전혀 그렇지 않았다고 하는 등 증언이나 기록에서 모순된 언급이 보이는 경우가 많이 있다. 식민지 시대를 거치면서 성년식과 세례의식이 융합되었기 때문에 외형적인 면에서 기독교적인 세례의식의 형태였지만, 내용적인 면에는 원주민들의 정서가 많이 함유되었고, 그 맥이 오늘날까지도 이어지고 있다.

2 '시힐(Zihil 혹은 Sihil)'은 '새로 태어나다 혹은 다시 태어나다'라는 의미를 갖는다. 또한 '어떤 것이 다른 것으로 바뀌다'라는 뜻도 포함되었다(Diccionario Maya, 301, 727).

3 가리바이본에 '… si eran para saberlos cometer'로 표기되었는데, 이 문장의 뜻이 명확하지 않다. 다음과 같은 해석이 가능할 것으로 보인다.

1. 죄를 저지른 사람이 그 죄를 알아야(스스로 인지해야) 하는 경우에는
2. 죄를 저지른 사람이 그 죄를 인지해야 할 나이가 된 경우에는
3. 죄의 사실을 제사장이 알아야 하는 경우에는
4. 죄의 사실을 마을 사람들이 알아야 하는 경우에는

4 란다는 다른 여러 곳에서도 세례를 받기 전과 어떤 사람이 아프거나 죽음의 공포에 사로잡혀 있을 때 죄를 고백한다고 언급하였다. 또마스 로뻬스는 '죽음이 가까이 다가왔으나 그들 스스로가 거기에서 벗어날 수 없을 때' 죄를 고백한다고 하였다(Tozzer, 102).

5 가리바이본에는 "… en la cual, según en la de Mahoma, habían de usar de manjares y bebidas"로 표기되었다. 문장의 구조상 문어적으로 확대해석일 수 있지만 "마호메드에 의하면 먹고 마시는 것도 중요하기 때문에 이러한 영광 속에서 (그러한 것들을) 잘 조절해야 한다."라고 해석될 가능성도 있다.

6 여성의 음부를 가리키는 말이다.

7 가리바이본에는 'principal'로 표기되었다. 이 단어는 '어르신' '어른' '족장' '귀족' 등 여러 해석이 가능하다.

8 이들을 가리켜서 착(Chac)이라고 불렀다. 착은 마야의 전통 의례에서 자주 등장한다. 네 명의 착은 제사장을 보조하는 역할을 담당했던 것으로 묘사되었다. 그러나 이들은 단순히 보조적인 역할만 담당했던 것이 아니다. 다른 제사장들과 행사의 중심적인 기능을 공유하였고, 금식과 금욕하였으며, 부수적인 기능이기는 하지만 주 제사장처럼 행사에서 의미 있는 역할을 하였다. 특히 동서남북을 의미하는 사방신의 역할을 하였다. 보통 네 명으로 구성되어 있었고, 네 명은 각각 동서남북의 네 방향을 가리켰다. 즉 중심을 보조하는 혹은 중심을 구성하는 네 개의 방향과 네 개의 기능을 나타냈다. 란다의 묘사에 의하면 이들은 제물로 바쳐질 희생자들의 손과 다리를 붙잡고 있던 사람들이기도 하다. 또한 의식이 시작되기 전 각자의 방향에 있으면서 나쁜 기운을 내쫓는 역할도 담당하였다. 세례의식이 있던 마야 달력상 뽑(Pop) 달의 축제에서 의식이 행해질 장소의 주변에 네 개의 줄을 치고 악령을 물리치는 역할을 하였다. 란다는 "그들이 바깝들의 예언을 하였다."고 언급하였다. 이를 통하여 착들이 제사장 역할도 하였다는 것을 알 수 있다. 각 달의 종교적인 의식을 기술한 40장에서 착에 대한 여러 언급을 확인할 수 있다.

한편 '착(Chac)'은 발음의 차이로 완전히 다른 다양한 뜻을 가질 수 있다는 점에 유의하여야 한다. 여기서 언급된 '착(Chac)'은 마야어로 장음인 '차악(Chaak)'이라고 표기되는데, 이것은 '거인, 신, 위대한 사람, 제사장, 물의 신' 같은 뜻을 가진다. 그러나 단음인 '착(Chak)'은 '색깔이 있는 것, 색깔이 있는 식물' 같은 뜻을 갖는다. 또한 앞의 'ㅊ' 이후에 음을 끊어 주는 '차'악(Ch'ak)'은 '잘린 것, 관통한 것'처럼 완전히 다른 뜻이 있다. 따라서 혼동하지 않도록 주의하여야 한다(Tozzer, 112).

9 가리바이본에는 'los padres'로 표기되었다. 본문에서는 이 단어를 '아버지들'이라고 해석하였으나 '부모님들'이라는 뜻으로도 해석할 수 있다. 한편 토설본(103)에는 'the fathers'로 표기되었다.

10 란다는 종교행사나 일상생활에서 이루어지는 금욕과 금식 등의 행위에 대하여 여러 번에 걸쳐서 반복적으로 설명하였다. 특히 27장에서 마야의 종교적인 특징들을 설명하면서 이에 대하여 자세하게 다루었다. 또한 각 달의 종교행사를 언급한 40장에서 금식과 금욕 등이 구체적으로

언제 어떻게 필요한지 설명하였다. (금욕과 금식 등에 대해서는 27장과 40장 참조)

11 의식을 거행하기 위해서 금욕과 금식하는 것은 물론이고 주변을 정화하는 행위가 필수적이었다. 주변을 청소하는 것도 기본이었다. 횃불을 밝힌다든가 나쁜 기운의 범접을 막는 나뭇가지나 다른 징표를 마을 혹은 의식을 거행하는 장소의 주변에 가져다 놓았다. 또한 정갈한 나뭇잎을 펼쳐 놓는 행위도 동반되었다. 특히 펼쳐진 나뭇잎은 주로 제사에 필요한 여러 음식이나 기물을 올려놓는 용도로 사용되었는데, 실용적인 측면에서는 일종의 깔개같이 사용되었다. 그 밖에도 적극적으로 나쁜 기운을 쫓아내고, 그 기운이 다시는 범접하지 못하도록 하는 정화 행위가 있었고, 향을 피우거나 나무의 진액을 뿌리는 행위가 있었으며, 신성한 줄을 주변에 쳐서 잡귀의 범접을 막는 행위도 있었다.

12 사방에 신성한 줄을 치고 그것을 사람들이 사방에서 잡는 모습을 꼬디쎄 마드리드에서 확인할 수 있다. 그리고 란다가 묘사한 내용이 이와 유사한 분위기였음을 상상할 수 있다. 한편 로쓰로프(Lothrop)(1936, 28)는 사꾸알빠(Zacualpa)에서 발견된 화병에 이러한 행위가 조각된 것을 삽화로 제시하였다. 삽화의 아랫부분에서 네 명의 인물들이 꼬인 줄을 잡고 앉아 있는 모습을 발견할 수 있다(Tozzer, 104). 악귀의 범접을 막으려고 줄을 치고는 그것을 사람들이 잡는 행위가 마야 종교에서 많이 행해졌던 것을 알 수 있다.

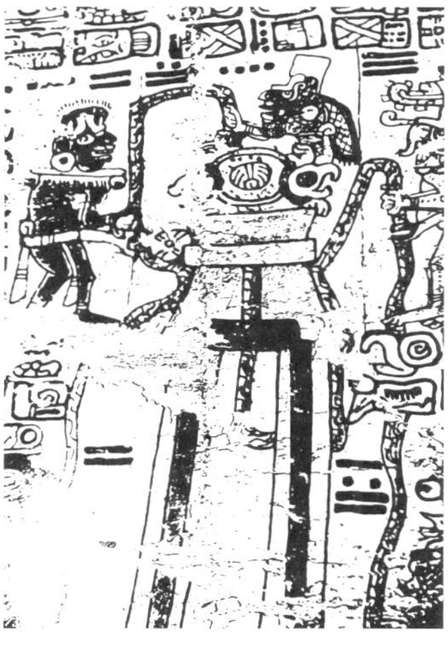

꼬디쎄 마드리드에 나오는 신성한 줄을 잡고 의식을 거행하는 것으로 추정되는 모습(Los Códices Mayas, 94)

13 주로 꼬빨이라고 불린다. 이것은 각종 열대 수목에서 분비되는 수지성 물질이다. 공기 중에서 백색, 황색, 적색 또는 갈색의 불규칙한 형태로 경화된 것을 사용하였다.

14 가리바이본에는 포도주라는 뜻의 'vino'로 표기되었다. 당시 에스빠냐 사람들은 모든 종류의 술을 'vino(포도주)'라고 하였다. 여기서 술은 발체라고 불리는 나무 껍데기를 이용해서 물과 꿀을 가미한 술이거나 옥수수나 선인장을 재료로 한 마야 사람들의 전통술을 가리킨다.

15 모뚤 사전(Calepino de Motul I, 170)에는 시홈(Zihom) 또는 시훔(Zihum)이 '비누로 쓰이는 작은 열매를 맺는 나무'로 정의되었다. 마야어 사전(Diccionario Maya)에는 'Sapindus saponaria'로 기록되었다(Diccionario Maya, 728 en Roys, 1931, 309). 이 학명 역시 원주민들이 비누를 만들어 쓴 데서 유래한 것으로 보인다. 한국에서는 이를 무환자나무(Soapberry)라고 부른다. 이 나무에서 열리는 열매의 껍질로 비누 대용품을 만들거나 샴푸로 사용하는 한편 종자로는 염주를 만든다.

16 모뚤에 의하면 "꼬뽀는 무화과나무의 한 종류로 이 섬에서 잘 알려져 있다. 이 나무에서는 작은 무화과 열매가 열린다"(Diccionario Maya, 337). 꼬뽀 나무의 잎사귀는 식민지 시대 종교의식에서 교회를 장식하는 데 쓰였다고 기록되었다. 로이스(Roys)(1931, 226)는 렐라씨온(Relaciones de Yucatán, 1: 82)에서 다음처럼 언급하였다. "마야의 촌장은 꼬뽀라고 불리는 나무껍질로 만든 종이띠를 머리에 썼다"(Ficus cotinifolia H B K[Standl], Tozzer, 105).
영어로는 'Strangler fig'라고 하고, 우리말로는 '무화과나무' 혹은 목을 매다는 나무라는 의미로 '교살자 무화과'로 불리기도 한다.

17 다음 그림은 꼬디쎄 드레스데에 나오는 모습이다. 이러한 모습을 통하여 여기서 란다가 기술한 사제의 모습을 상상할 수 있다.

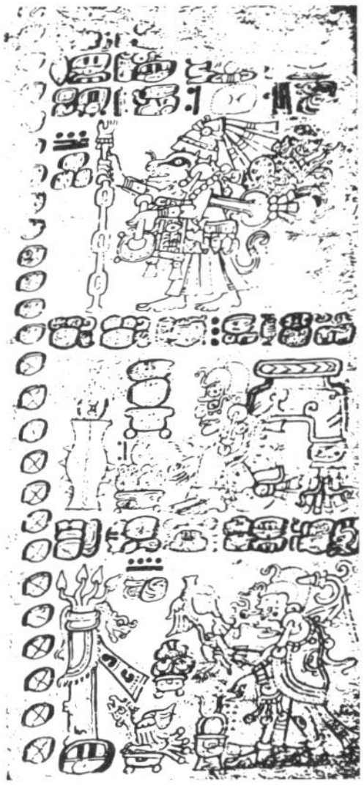

꼬디쎄 드레스데의 25, 26장에 나오는 마야 제사장의 모습

18 가리바이본에는 'hisopo'로 표기되었다. 이 단어의 원뜻은 '가톨릭에서 성수를 뿌리는 기구인 성수채'를 가리킨다. 그러나 여기서는 가톨릭의 종교행사가 아닌 마야의 종교행사를 설명하고 있어서 '이소뽀(성수채 같은 막대기)'로 해석하였다.

19 묘사에 의하면 꼬디쎄 마드리드의 100d와 111b에 나오는 지팡이 같은 사물이 란다가 언급한 것일 가능성이 있다(Tozzer, 105).

마드리드 사료 꼬디쎄 마드리드의 100d

20 가리바이본에는 "si habían hecho algún pecado o tocamiento feo"로 표기되었다. 여기서 'pecado'는 '종교적인 죄악'의 의미가 강하고, 'tocamiento'는 '접촉'이라는 뜻이다. 그런데 이 단어들이 '흉측한' '보기 나쁜, 안 좋은' 같은 뜻을 가진 'feo'라는 형용사와 함께 쓰였기 때문에 '수음, 성교, 애무' 등을 포함한 다양한 성적인 접촉의 뜻으로 해석될 수 있다. 또한 성적인 것 외에도 나쁜 행동을 가리킬 가능성이 존재한다.

21 가리바이본에는 'agua virgen'으로 표기되었다. 이것은 '정결한 물'이라는 뜻으로 우리나라 민속의 '정화수(정한수)'와 유사한 개념으로 생각할 수 있다.

22 종교적인 성격의 제물에는 순수함과 정결함이 요구되었다. 이와 관련하여 바야돌릳 지역의 렐라씨온에서 '물과 나뭇잎 위의 이슬' '단 한 명의 여자도 지나가지 않은 나무에서 나온 물'이 정갈한 물로 묘사된 것을 확인할 수 있다. (Tozzer, 105–106).

23 꼬디쎄 마드리드의 79b와 87b에는 이와 유사한 장면을 연상하게 하는 그림이 등장한다. 오늘날 마야의 원주민들 종교의식에서 연기나 담배 같은 것을 중요시하는 것을 쉽게 볼 수 있다. 이들은 항상 향을 피우고 담배를 피워서 주변을 정화한다든가 자기 몸을 신성하게 하는 행위를 한다. 이것은 마야 지역에서뿐만 아니라 남미의 안데스 문화권과 북미의 원주민 문화권, 그 밖 세계의 다양한 문화권에서도 쉽게 볼 수 있는 풍습 중 하나이다.

꼬디쎄 마드리드의 79b

24 뻬레스(Perez) 사전에 의하면 '까욤(Cayom)'은 '어부 또는 낚시꾼'을 의미한다. '까윰(Cayum)'은 '우리 아버지'라는 뜻이고, '까욤(Kayom)'은 '가수(歌手)'라는 뜻이다(Tozzer, 106).
마야어 사전에는 이와 관련하여 '고기잡이(Pescar)'라는 뜻의 '까이발(Kaybal), 까요말(Kayomal), 까요말따(Kayomaltah)' 같은 단어들이 나온다(Diccionario Maya, 307).

그러나 토설이 언급한 '까윰(Cayum)'은 마야어 사전에 'Ka'yum'으로 표기되었고, 이것은 '할아버지'나 '증조할아버지'라는 뜻이다. '아버지'라는 뜻의 '윰(Yum)'에 접두사 '까(Ka)'가 붙어서 '아버지의 아버지'인 '할아버지'가 되는 것으로 보이며, '증조할아버지'라는 뜻도 있는 것으로 파악된다. 그러나 'Ka''는 강세가 포함하지 않은, 즉 나오는 음을 막아서 소리의 단절을 유도하는 마야어의 특징인 글로딸리사씨온이 없는 그냥 단순한 발음인 'Ka'와는 완전히 다른 말이 된다는 점에 유의하여야 한다. 즉 '고기잡이'와 '할아버지나 증조할아버지'는 표기상의 유사성만 존재할 뿐 완전히 다른 단어일 가능성이 크다.

이를 종합해 보면 여기에 등장하는 '까욤(Cayom)'은 다음의 두 가지 뜻으로 해석될 가능성이 있다.

1. 어부
2. 할아버지

토설은 단어 자체의 형태에 주목하여 '어부'라는 뜻으로 판단하였다. 그러나 마야 문화와 종교상의 특징을 고려하였을 때 '할아버지'로 해석될 가능성이 크다. 정치·종교·사회적으로 나이 많은 사람의 역할과 위상이 중요시되었다는 점을 상기해 보자.

25 모똘의 사료에는 이와 관련하여 다음처럼 기록되었다. 그 내용은 거의 동일하다. "그들은 세례식을 하였다. 14–15살이 되면 세례를 받았고, 20살이 되기 전까지 결혼할 수 없었다. 세례를 받아야만 결혼할 수 있었고, 만일 세례를 받지 않았다면 결혼할 수 없었다. 어머니들은 딸들의 부끄러운 부위(음부) 위로 떨어지도록 그들의 허리춤에 붉은색 돌을 묶어 주었다. 이것은 처녀성을 상징했다. 세례식을 진행하면서 끈을 자르는 동시에 돌도 떼어버렸다. 그때부터 (딸들은) 결혼할 수 있었다. 제사장은 처녀가 아닌 여자들에게 세례를 허락하지 않았다"(Relaciones Histórico~geográficas de la Gobiernación de Yucatán, 270).

각 지방의 행정관들이 작성하던 렐라씨온은 일종의 지방 행정 보고서로 이것을 작성하는 데 란다도 일부 참여한 것으로 보인다. 또한 다른 사람들이 작성한 렐라씨온을 란다가 참고하였을 가능성도 있다. 그런데 여기서 주의해야 할 점은 각 렐라씨온의 내용이 거의 동일하다는 것이다. 다른 여러 지역에서 작성된 렐라씨온의 내용이 토씨 하나 틀리지 않고 같은 경우도 많이 볼 수 있다. 이것은 각 마을의 풍습이 같기 때문이라기보다는 렐라씨온의 작성자들이 그 내용을 서로 베껴서 제출하였다고 보는 것이 타당하다. 아무리 비슷한 풍습을 보고 기록하였다고는 하지만 서술한 글이 똑같을 수는 없기 때문이다. 따라서 일반적으로 위에서 언급한 형태의 세례식이 존재하였으나 전 지역에서 완전히 동일한 행사를 진행했다고는 보기 힘들다. 이런 점으로 미루어 보았을 때 다른 이들이 란다의 사료를 보고 베꼈거나 혹은 란다가 다른 렐라씨온의 내용을 베꼈을 가능성이 존재한다.

26 이와 관련하여 단어의 뜻을 추적해 보면 'Emsah'는 '내려오다' 혹은 '유산하다, 조산하다'의 뜻이 있다(Diccionario Maya, 154). 이 단어와 어원이 같은 것으로 추정되는 'Emelsah'와 'Emesah' 역시 '내려오다'는 뜻으로 표기되었다. 'Emal'과 'Emlil'도 이와 유사한 의미를 갖는다(Diccionario Maya, 153). 마야어–에스빠냐어 사전에도 'Emel'이 '내려오다'라는 동사로 기록되었다(Diccionario Maya, Segunda parte 48). 그러나 뒤에 'Ku'가 붙어 있어서 전체 단어의 뜻을 정확히 알 수 있는 기록을 발견하기 힘들다. 그러나 'Cu' 혹은 'Ku'가 마야 및 주변 문화권에서 피라미드나 신전을 가리키는 말이라는 점과 연관시켜보면 '마야의 신이 신전으로 내려오는 것'을 의미하는 것으로 볼 수 있다. 일반적으로 마야 사람들 사이에는 신들이 제물을 먹으러 내려온다는 믿음이 널리 퍼져 있다(Tozzer, 106).

27

유까딴 사람들의 고해성사

- 금욕과 미신 - 다양한 많은 우상 - 제사장들의 임무

27-1 유까딴 사람들은 (인간이) 천성적으로 나쁜 짓을 한다는 것을 알고 있었다. 나쁜 짓을 하거나 죄를 지으면 목숨을 잃게 되고, 질병에 걸리며, 고통을 겪게 된다고 믿었다. 그래서 만일 이미 이러한 일들을 겪고 있다면 (죄를) 고백하는 풍습이 있었다.

이러한 이유로 만일 질병이나 다른 원인으로 목숨을 잃을 수도 있는 상황이면 자신들의 죄를 고백하였다. 만일 (당사자가 이렇게 하는 데) 소홀한 경우 가장 가까운 친척이나 친구들이 이것을 상기시켰다. 그리하여 (당사자는) 그의 죄를 공개적으로 고백하였는데, 제사장이 있을 때는 그에게 하였고, 그렇지 않을 때는 아버지나 어머니에게 하였다. 아내는 남편에게 남편은 아내에게 고백하였다.

27-2 일반적으로 고백하던 죄목은 도둑질, 살인, 육욕(肉慾), 거짓 증언 같은 것이었다. 이렇게 함으로써 그들은 구제받았다고 믿었다; (그러나) [죽음을] 면했더라도 많은 경우 그들에게 일어난 좋지 않은 일들이나 원인을 제공한 사람들로 인하여 부부싸움이 일어났다.

27-3 그들은 자신의 나약함에 대해서도 고백하였다. 그런데 (여자 노예들을) 데리고 있

는 사람이 그녀들을 상대로 저지른 일에 대해서는 예외였다. 자신이 소유한 것을 마음대로 하는 것은 정당하다고 말하였다.[1]

(간음의 유혹을 느낀) 죄에 대해서는 고백하지 않았는데, 비록 (이러한 죄가) 나쁘다고 여겨져도 그러지 않도록 설교와 충고로 조언하였다.

일반적으로 행하던 금욕은 음식에 소금과 후추를 가미하지 않는 것이었다. 이것은 매우 힘든 일이었다; (또한) 모든 의식을 행하기 전에 부인과의 금욕 생활을 실천하였다.[2]

27-4 (인디오들은) 홀아비나 홀어미가 되고 난 후 1년 동안 남자나 여자를 사귀지 않았고, 결혼도 하지 않았다; (사람들은) 이를 지키지 못한 사람들을 두고 침착함이 부족하다고 하였다. 또한 이로 인하여 좋지 않은 일이 벌어질 것이라고 [믿었다].

27-5 어떤 의식을 치를 때는 고기를 먹지 않았고, 여자들을 만나는 것도 자제하였다; 의례를 행하던 사람들은 늘 금식하였으며, 나라의 행정관들 역시 마찬가지였다; 어떤 [금식은] 굉장히 길어서 3년 동안 행해야 하는 것도 있었다. 이를 어기는 것은 그들 사이에서 아주 커다란 죄악으로 여겨졌다.

27-6 그들은 우상들을 향한 기도에 상당히 심취해 있었다. 어려운 시기에 봉착할 때면 여자들이나 사내아이들 혹은 계집아이들 할 것 없이 다들 알아서 향을 피웠다. 그러고는 자신들을 죄악에서 벗어나게 하시고 원인을 제공한 악귀를 물리쳐 달라고 신에게 간청하였다.

27-7 길을 떠난 사람들조차 그들의 여정에 향과 (향을) 태울 작은 접시를 가지고 다녔다. 어디에 도착하건 밤이 되면 세 개의 조그마한 돌멩이를 세워 놓았고, 각각의 (돌멩이에) 향을 조금씩 올려놓았다. 그 앞에는 다른 세 개의 평평한 돌을 놓았으며, 거기에 향을 뿌려 놓았다. 그러고는 엑추아(Ekchuah)[3]라고 불리는 신에게 무사히 귀가하게 해 달라고 기원하였다; 집으로 돌아가기 전까지 매일 밤 (기원을) 드렸다. 그들의 집에서도 누군가가 늘 그들을 위하여 이처럼 혹은 이보다 더한 지극정성으로 치성을 드렸다.

27-8 (이곳에는) 수많은 우상[4]과 그들의 방식대로 (지어진) 화려한 신전들이 있었다. (마

을 전체를 위한) 신전들 외에도 제사장과 마을의 높은 어르신들은 그들의 집에 기도와 봉헌을 위한 신당(神堂)과 우상들을 사적으로 소유하고 있었다.[5]

(인디오들에게) 꾸스밀과 치첸이트사의 연못[6]은 우리가 예루살렘과 로마를 순례하는 것만큼이나 성스러운 것이었다. 그래서 그들은 우리가 성지에서 그렇게 하듯이 그곳을 방문하여 제물을 바쳤다.[7] 특히 꾸스밀에서는 더욱더 그러했다. (직접) 가지 못할 때는 늘 제물을 보냈다.

또한 그곳에 가던 사람들은 폐허가 된 신전들을 지날 때 그 안으로 들어가서 기도를 드리고 꼬빨[8]을 태우는 관습이 있었다.[9]

27-9 그렇게나 많은 우상이 있었지만, 신들을 (형상화한) 우상들은 충분하지 않았다; 그러나 동물이나 곤충의 (모습 등) 상으로 만들지 않은 것이 없고 모든 상은 그들의 신들이나 여신들과 비슷하게 만들어졌다.[10]

돌과 나무로 만들어진 작은 크기의 우상들도 있었으나 흙으로 만들어진 것만큼 많지는 않다.

나무로 된 우상들을 많이 가지고 있었는데, 그것들은 가장 중요한 유산으로 상속되었다.

이곳에는 금속이 존재하지 않으므로 금속으로 만들어진 우상들도 존재하지 않았다.[11]

(인디오들은) 자신들이 만든 작품이기 때문에 우상들은 살아 있는 것이 아니며 신성함을 지니지 않는다는 것을 잘 알았다. 그렇지만 그 상징성과 여러 의례를 거쳐서 만들어졌다는 점에서 공경했다. 특히 나무로 된 우상들에게는 더욱더 그러했다.[12]

27-10 가장 열렬한 우상숭배자는 제사장들과 칠란들(los Chilanes)[13], 무당들, 의사들, 착들(Chaces), 나꼰들(Nacones)이었다.

제사장들의 임무는 과학을 다루고 가르치는 것, 필요한 일을 알리고 방안을 마련하는 것, 제례의식을 알리고 진행하는 것, 인신공양 하는 것, 성사(聖事)를 관장하는 것이었다.[14]

칠란들[15]의 임무는 악마들의 대답을 마을 사람에게 전달하는 것이었는데, 어깨에 모시고 다닐 만큼 그들을 무척이나 존경하였다.[16]

무당과 의사들[17]은 아픈 부위에서 피를 뽑아 환자를 치료하였다。또한 그들의 업무와 그 밖의 다른 일을 예견하기 위하여 운수를 점치는 일을 하였다.[18]

네 명의 남자 노인으로 (구성된) 착들(los Chaces)은 제사장을 도와 의례를 무사히 치를 수 있도록 항상 다시 정해졌다.[19]

나꼰들(Nacones)은 두 개의 임무로 (나뉘었다); 먼저 영구적인 (나꼰이) 있었는데, 그는 인신공양에서 가슴을 가르는 (역할을 하였기 때문에) 덜 명예롭다고 여겨졌다[20]; 또 다른 (나꼰은) 전쟁이나 의례를 위하여 대장으로 선출된 사람으로 3년의 임기를 가졌다.

(후자는) 굉장히 명예롭다고 여겨졌다.[21]

---

1 (실제로 마야 사회에 노예가 존재하였는지에 대한 학술적인 논쟁은 8장(8–4)의 주 참조) 노예와 유사한 제도가 존재하기도 하였는데, 그 경우는 다음과 같았다.

1. 도둑질하여 노예가 된 경우: 도둑질로 노예가 된 경우에는 돈만 갚으면 다시 평민으로 돌아왔다.
2. 전쟁포로: 종교적인 의미가 강할 뿐 고단한 노동에 종사하는 등의 노동을 위한 일에는 종사하지 않았다.
3. 짐꾼: 상인들의 짐을 들고 원거리를 다니는 짐꾼들을 노예로 취급하기도 했으나 열악한 조건에서 노동했을 뿐 노예라고 단정하기는 어렵다. 또한 어떠한 경우도 이들을 관리 감독하는 사람들이 이러한 사람들과 그 밖의 노예로 의심되는 사람들의 생살여탈권을 절대적으로 가지지는 못하였다. 이러한 점들로 미루어 보았을 때 마야 사회에 노예제도가 존재하였다는 것을 마치 절대적인 사실인 양 믿기는 어렵다(송영복, 1995).

한편 토설은 노예를 첩으로 들이는 것같이 언급한 란다의 기록이 일부일처제의 관습에 대한 의견 차이를 불러일으킬 수 있다는 점에서 의문을 제기하였다(Tozzer, 107).

2 금욕과 금식 등의 행위는 종교의식을 치르는 데 필수적인 요소였다. 이것은 마치 우리가 경건한 일을 앞두고 몸과 마음을 정갈하고 단정히 하는 것과 다르지 않았다. 이러한 요소는 다른 종교에서도 일반적으로 나타나는 인류 종교의 보편적인 특징들 가운데 하나이다. 란다는 이 사료에서 마야 원주민들이 행하던 금욕과 금식에 대하여 많이 언급하였다.
금욕과 금식은 다양한 형태로 나타난다. 보는 것, 만지고 사용하는 것, 먹는 것, 말하는 것 같은 모든 행동과 연관이 있고, 특정한 시간과도 연관이 있다. 부부관계를 삼가는 것도 금욕의 중요한 부분이었다. 중요한 의식이 거행될 때면 행사를 앞두고 의식을 담당하는 사람들이 금욕과 금식하던 것이 일반적이었다. 그리고 이러한 관습은 오늘날까지도 이어져서 현재의 마야 지역에서 이러한 전통을 어렵지 않게 관찰할 수 있다.

3 교역의 신이자 카카오의 신이었던 것으로 보인다. 별자리나 여행을 다니는 사람들과 깊은 관련이 있는데, 기본적인 성격은 다음과 같다.

• 이름: 엑추아(Ekchuah, 검은별) – 마야어 사전에는 'Ek chuah'가 '검은색의 전갈'을 의미하고, 'Ek chuwah'가 '상인과 카카오를 재배하는 사람들의 수호신'으로 풀이되었다.

- 밀접한 관련이 있는 다른 신: 금성의 신
- 관계되는 동식물: 재규어, 부엉이, 카카오(당시 화폐와 같은 기능을 하던 열매)
- 이 신을 수호신으로 모시는 사람: 상인
- 관련 날짜: 멘(Men)
- 셸하스(Schellhas): 'M'-마야의 신들에 대한 고전적인 연구로 꼽히며 아직도 상당 부분 마야 신들의 기준표로 사용되고 있는 셸하스의 연구에는 마야의 신들이 영어의 알파벳으로 표기되었다. 이 가운데 엑추아(Ekchuah)는 'M신(God M)'으로 지칭되었고, 호전적인 성격이 강조되었다.
- 관련 숫자: 19

눈 주변에 있는 'U'자형의 무늬가 다른 신들과 구분되는 중요한 특징 중 하나이다. 코가 길며, 보통 검은색으로 칠해져 있다. 머리에는 등에 짐을 질 때 사용하는 띠가 묶여 있다. 각 달의 종교의례에 대하여 다룬 이 책 40장(40-6)에는 무안(Muan) 달에 카카오를 재배하는 사람들이 카카오색 얼룩개를 잡아다가 이 신에게 제사를 지냈다는 기록이 있다.

한편 게이츠(Gates)(1931, 129)는 꼬디쎄 마드리드(Códice Madrid, 52-5)에 등장하는 신이 엑추아라고 하였다. 여기서 이 신은 그의 사람들과 함께 여행자로 등장한다. 줄이 달린 바구니를 등에 메거나 땅에 내려놓고 있고, 어떤 곳에서는(53c) 셸하스가 북극성을 가리켜서(21) 상징화한 C신(God C)의 머리를 들고 있는 것처럼 보이기도 한다. 또한 이 신은 '상인들의 안내자'로 북극성(North star, Xaman ek)과 깊은 관계를 맺고 있다(Brinton, 1894, 57-8, Tozzer, 107).

4 이와 관련하여 바야돌릳 지역의 렐라씨온(Relaciones de Yucatán, 2: 28)에서 다음의 내용을 확인할 수 있다. "들판의 우상이 있었고, 바다의 우상이 있었다. 그 밖의 다른 모든 것에도 이에 해당되는 우상들이 따로 존재하였다. 우상들은 각각 다른 얼굴을 하고 있다." 꼬골유도(Cogolludo)(4, VIII)는 다양한 우상이 있다는 것과 촌장의 집주변으로 아주 많은 우상(9, XII)이 있다고 이야기하였다. 푸엔살리다(Fuensalida)는 띠뿌(Tipu)로 가는 여행 중에 (인디오들이) 모든 것에 대한 각기 다른 우상이 있어서 그 많은 우상의 숫자를 모두 세는 것이 불가능하다는 것을 깨달았다고 하였다. 또한 아베다뇨(Avedaño)(f. 29v)는 그들에게 많은 공공의 우상이 있으며, 그 수가 제사장들의 집과 그 구역의 거리만큼이나 많았다고 하였다(Tozzer, 108).

원주민들을 전도하기 위하여 이곳에 온 선교사들에게는 원주민들이 믿는 우상들이 가장 민감한 사안이 아닐 수 없었다. 바로 이러한 이유로 다양한 사료에는 우상들에 대한 언급이 빠지지 않는다. 여기에 언급된 우상들은 대부분 관념적인 것이 아니라 형태를 지닌 토우나 조각 등에 대한 것이다. 여기서 우리가 주의해야 할 점은 종교적인 것과 생활의 관습을 과연 어떻게 구별하느냐의 문제이다. 이곳 원주민들은 종교와 생활이 일치된 생활을 하였다. 따라서 생활의 모든 물건의 모양과 문양 중에-엄밀하게 말하면-어느 것 하나 종교적이지 않은 것이 없었다. 그러다 보니 이곳 원주민들은 철저하게 우상숭배를 하던 사람들이라는 주장이 가능하다. 그러나 그저 삶의 일부로 관습적인 것에 불과하였다는 주장도 가능하다.

5 마야 사회에서 종교적인 의식을 수행하던 장소는 중앙 신전과 지역 신전, 개인 신전으로 구분될 수 있다. 각 촌락이 모여서 도시의 중심지에 가장 크고 웅장한 중앙 신전 구역을 만들었다. 이곳에서 가장 중요한 종교적 행사가 열렸던 것으로 보인다. 그러한 중앙 신전 구역으로부터 떨어져서 발달한 부심들이 존재하였고, 그러한 부심들에도 중앙 신전 구역보다 조금 작은 규모의 지역 신전들이 존재하였다. 또한 각 가정에는 그 가정의 작은 신전을 갖추고 있었다. 이것은 오늘날의 종교와 유사한 면을 가지고 있다. 나라의 제사를 모시는 종묘와 그 밖의 중앙 종교 중심지들이 존재하고, 각 지방에는 각종 사당이 있으며, 각 가정에는 상청 같은 것이 있는 것과 유사하다.

6 꾸스밀은 현재의 '꼬수멜섬'이고, 치첸이트사(Chicheniza)는 동일한 이름을 가진 '치첸이트사 유적'을 가리킨다. 이곳은 과거부터 현재에 이르기까지 마야 사람들에게 종교적으로나 역사적으로 매우 중요한 장소이다. 한편 여기서 언급하는 연못은 사실 우리나라 말로 연못이라고 하기에는 무리가 따른다. 커다란 물웅덩이이기는 하지만 유까딴의 지질학적인 환경이 만든 독특하고 거대한 물구덩이이기 때문이다. 오늘날에도 이 쎄노떼의 모습을 그대로 볼 수 있다. 미국의 대학과 재단들이 20세기 초 이 연못에서 중장비를 동원한 대단위 작업을 벌인 결과 많은 양의 제물과 시신 등 제사를 지낸 흔적들이 발견되었다.

7 마야 원주민들도 일종의 종교적인 순례를 하였다. 우리나라에서 부처의 진신사리가 모셔진 절에서 기도하거나 석가탄신일에 절에 가는 것과 유사하다. 마야 사람들은 중요한 일이 있을 때 사안의 종류와 중대성에 따라 제일 먼저 주변의 중요 신전들을 찾았다. 그다음으로는 중요한 특수 기능을 담당하던 성지를 찾아 기도를 드렸다. 여자들은 현재의 깐꾼 앞바다에 있는 여인들의 섬(Isla Mujeres)으로 가서 잉태와 순산을 기원하였던 것으로 추정된다. 그 남쪽에 있는 꼬수멜섬 역시 종교적으로 중요한 곳이었다. 오래

기리고 싶은 사람이 세상을 떠났을 때 현재의 깜뻬체 인근에 있는 하이나섬(Isla de Jaina)을 자주 찾았다. 이처럼 다양한 순례지가 존재하였다. 여기서 언급된 치첸이트사의 연못도 그러한 중요한 종교적 중심지로 원주민들의 발길이 끊이지 않았던 곳이다.

8 꼬빨은 인디오들이 제사 지낼 때 사용하던 일종의 향이다.

9 치첸이트사는 마야의 고전기에 발달하였다가 쇠퇴한 이후로 후고전기에 들어서 다시 한차례 번영을 누렸다. 그러나 기원후 1,000년을 넘기지 못하고 결국 중심지 역할을 잃게 되었다. 따라서 16세기 원주민들 사이에 이러한 풍습이 있었다고 한다면 그 당시 원주민들이 찾아갔던 치첸이트사 신전은 공식적인 사용이 중단된 지 이미 500년 이상 지났을 때이다. 그렇다고 해서 이곳이 완전히 폐허가 되었다고 말하기는 힘들다. 인구가 급속히 감소하였고, 새로운 건축물이 더 이상 지어지지 않았으며, 기존의 건축물에 대한 유지와 보수가 이루어지지 않았다. 종교적인 의례가 급격히 줄어들었지만, 이곳이 완전히 한 명도 살지 않는 곳으로 전락한 것은 아니었다. 생각보다 점진적으로 쇠퇴가 이루어졌다고 보는 견해가 우세하다. 여기서 언급된 것처럼 규모가 작기는 하지만 쇠망 이후에도 주거와 농사가 이루어졌고, 종교적인 활동이 있었던 것으로 보인다. 지금까지도 마야 원주민들이 꾸준히 조상들이 만들어 놓은 유적지에서 그들의 독특한 종교의식을 행하는 것을 볼 수 있다. 쇠망 이후에도 종교적인 의식을 행할 때 사용하는 지역 주민들이 만든 토우가 이곳에서 발견되었다. 이런 점에서 이곳이 종교적인 물건들을 보관하는 기능을 가진 장소였을 가능성도 존재한다. 또한 의례에서 여전히 일부 역할을 담당했던 것으로 보인다.

10 란다는 원주민들의 우상을 표현하기 위하여 'Idolo(우상)' 'Imagen(이미지, 상)' 'Estatua(조각상)' 'Brasero(향로)' 'Demonio(악마, 우상)' 같은 단어들을 사용하였다(Tozzer, 110). 이러한 표현은 상당히 모호한 기준을 가지고 그때그때 상황에 따라서 다르게 사용된 것으로 보인다. 'Idolo(우상)'라는 단어는 다른 단어들 가운데 가장 두드러지게 사용되었는데, 돌이나 나무 또는 점토로 만들어진 종교적인 의미가 있는 토우와 인형을 모두 가리켜서 'idolo(우상)'라고 표현하였다. 이러한 점에서 'Imagen(이미지, 상)'은 이와 유사한 의미로 사용되었다. 'Estatua(조각상)'는 속이 빈 것을 가리키는 걸로 묘사되었는데, 이 단어를 'Imagen(이미지, 상)'과 혼용하여 쓴 예를 찾아볼 수 있어서 이 단어 역시 다른 단어들과 혼용된 것으로 보인다(Tozzer, 110). 한편 'Estatua(조각상)'는 일반적으로 나무로 만든 것을 가리키고, 'Imagen(이미지, 상)'은 점토로 만든 것을 가리킨다. 'Brasero(향로)'는 외형적으로나 의미상으로 보았을 때 위에서 언급한 단어들과 같은 선상에서 언급되는 것이 낯설게 느껴진다. 그러나 보통 향로로 쓰이는 도구가 동물이나 신의 모습을 한 경우가 많아서 이러한 단어들과 혼용된 것으로 보인다. 우리나라의 향로에도 종교적인 의미를 가진 다양한 동식물의 이미지가 들어가는 것처럼 마야 사람들 향로에도 각종 그림이 그려져 있거나 특정한 대상이 형상화된 것이 많다. 특히 하나의 동물이나 신 혹은 인간의 모습이 그대로 향로에 표현된 경우가 많다. 바로 이러한 이유로 'Brasero(향로)'라는 단어가 다른 우상이나 이미지, 조각상 등과 혼용된 것으로 판단된다.

다양한 형태의 향로로 추정되는 유물,
메리다 인류역사학박물관 소장

다양한 형태의 향로로 추정되는 유물,
메리다 인류역사학박물관 소장

다양한 형태의 향로로 추정되는 유물,
메리다 인류역사학박물관 소장

11 유까딴에는 금속이 생산되지 않았던 것으로 보인다. 그러나 금과 상당히 많은 양의 다른 금속 물질이 발견되었다. 이러한 물질들은 모두 무역을 통해서 들어온 것으로 파악된다. 란다는 최초의 탐험가 가운데 한 명인 꼬르도바가 여인들의 섬(Isla Mujeres)에서 금을 발견하였다고 언급하였다. 한편 유까딴의 치첸이트사 유적지에서 신성한 연못(Cenote of Sacrifice)을 발굴 작업하였을 때 금속으로 된 많은 양의 물건이 발견되었다(Tozzer, 111). 마야를 비롯한 주변의 메소아메리카문명에서 고도의 금속공예 기술이 발전하였다는 것은 이미 잘 알려진 사실이다. 특히 가깝게는 오아하까 지방과 멕시코 고원 지역에서 융성했던 따라스꼬 문화가 금속공예에 높은 기술이 있었고, 생산품도 다양하였다. 따라서 마야 사람들은 이러한 지역들과의 빈번하고 광범위한 교류를 통하여 금속으로 된 다양한 공예품을 가지고 와서 사용했던 것으로 보인다. 유까딴 지역에서 자체적으로 금속공예품들을 만들었던 흔적은 아직 발견되지 않았다. 한편 남미 안데스문명권과 금속공예 교류의 가능성이 남아 있다. 마야와 주변 지역의 금속에 대한 높은 지식과 그에 따른 금속공예의 발전에도 이러한 금속이 장신구 같은 것들을 만드는 데만 사용되었을 뿐 농기구나 전쟁의 도구를 만드는 방향으로 발전하지 않았다는 것은 매우 재미있는 현상이다. 이것은 인류문화의 발전 양태와 문화의 다양성이라는 점에서 시사하는 바가 크다.

12 란다는 이 책 40장에서 의례에 관해 기술하였는데, 특히 몰(Mol) 달(月)을 다룬 40장(40-21)에서 나무로 어떻게 신성한 상을 만드는지 자세하게 묘사하였다.

13 칠란(Chilan)과 칠람(Chilam)은 같은 단어의 다른 표기인 것으로 보인다. 이 두 단어는 공히 마야의 제사장 가운데 한 형태를 가리키는 대명사이다. 보통 '예언자'와 '사제' 등으로 해석된다. 광범위한 의미에서는 모든 종류의 마야 종교 활동을 수행하고 이를 관리하는 제사장을 가리킨다. 과거의 사료들과 최근 저술들에는 이 두 가지 용어 가운데 '칠람'이 더욱 많이 사용되었다. 이 책에서는 두 단어가 혼용되었다.

14 여기서 란다는 마야 제사장의 포괄적인 역할을 설명하였다. 그러나 마야 제사장의 역할과 기능을 충분히 이해하기 위해서는 마야 사람들의 종교와 생활에 대한 이해를 바탕에 둘 필요가 있다. 마야의 세계관에 입각한 변화무쌍한 많은 신은 당연히 인간이 참여하는 종교의 영역을 중요하게 만들었다. 란다의 사료에서 가장 중요한 부분을 차지하고 있는 것처럼 크고 작은 여러 종교행사가 마야 사람들의 일상에 늘 자리 잡고 있었다. 주변에서 금식, 금욕, 피공양, 정화의식 등을 행하는 것을 쉽게 볼 수 있었고, 꽃, 음식, 동물, 인신공양 등을 통하여 신들에게 정성을 바치는 것도 흔한 일이었다. 인간의 일상 속에 너무나도 깊이 파고 들어간 이들의 종교는 그러한 의미에서 오늘날 우리가 이해하는 도그마적 종교의 모습을 많이 상실했다고도 이야기할 수 있다. 너무나 종교적인, 그래서 너무나 비종교적이라는 역설적인 표현이 이들의 종교관과 그렇게 무관하지 않다. 이러한 성격은 종교와 정치, 경제, 문화 등의 사회 전반을 직·간접적으로 밀접하게 연결시켜 준다. 따라서 종교의 지도자가 곧 마을의 지도자였고, 정치적인 힘이 있는 사람이었으며, 자연스럽게 한 가족의 어른이 되는 것이 전혀 어색하지 않았다. 종교와 정치, 사회가 분리되어 있지 않았고, 많은 일이 종교적인 동인(動因)에 의하여 움직이는 만큼 한 공동체 내에서 제사장이 차지하는 역할이 매우 컸다. 또한 다양한 종류의 수많은 제사장이 있었다. 따라서 여기서 란다가 언급한 것처럼 마야의 제사장이 특정한 역할만 수행했다고 이해하는 것은 바람직하지 않다.
한편 그들 중에는 전문적으로 종교적 직책을 수행하던 전업 제사장이 있었는가 하면 다른 일을 겸하면서 때때로 필요에 따라 종교적인 업무를 수행하던 겸업 제사장이 있었다. 유까딴 지역 제사장들의 이름과 역할을 일부 살펴보면 다음과 같다.

- 아 낀(Ah Kin: 태양의 사제)–모든 제사장을 통틀어서 부르는 말
- 아하우깐(Ahaucan: 뱀의 사제)–제일 높은 제사장
- 칠람(Chilam)–마야문자의 기록과 사용, 천문학을 관장하는 제사장, 예언자
- 나꼰(Nacón)–인신공양을 관장하는 제사장
- 착(Chac)–인신공양을 할 때 나꼰을 도와주던 네 명의 노인

• 아멘(Ahmen)–문어적으로 지식을 가진 사람이라는 뜻으로 의사와 주술사를 가리킨다. 현대 마야 사회에서도 명맥을 유지하고 있다(송영복, 2005, 170).

이렇듯 마야의 제사장은 우리가 생각하는 것보다 더욱 다양한 기능을 수행했던 것을 알 수 있다. 쪼놋 지역의 렐라씨온(Relaciones de Yucatán, 2:210)에서 다음의 내용을 확인할 수 있다. "원주민들은 그들의 언어를 쓰는 아 낀(Ah kin)이라는 또 다른 사람을 제사장처럼 섬겼다. 이 사람은 파종의 시기를 알려 주었고, 한 해의 길흉이나 비가 오는 시기에 대해서도 예언하였다"(Tozzer, 111–112).

란다는 마야의 종교를 애당초 부정적인 것으로 생각하였고, 제사장의 기능을 한정적으로 보았다. 따라서 그들의 생활과 정치, 종교가 한데 어우러진 사회의 모습을 이해하기 힘들었을 것으로 보인다. 결국 란다가 마야 제사장을 마치 유럽 가톨릭의 사제, 즉 자신들과 같은 식으로만 풀이하였다는 것을 알 수 있다.

15 토설은 칠란들이 또날라마뜰스(Tonalamatls)라고 불리는 일종의 달력(Book of the days)을 읽었을 것이라고 추정하였다(Tozzer, 112). 즉 토설은 그들의 주 임무를 달력이나 예언 등과 관련한 일로 보았다.

마야어 사전에서 (마야어 사전은 다양한 원전을 근간으로 하는데) 모뚤 사료에 기반을 둔 내용에 의하면 '칠란(Chilan)'이 '예언자'라는 뜻 외에도 '번역가' 혹은 '통역가' 같은 의미가 있다고 기록되었다. 다른 원전에 기반을 둔 해석에도 이 용어가 '번역가'나 '통역가'라는 의미로 빈번하게 사용되었던 것을 확인할 수 있다. 이를 통해서 본다면 달력이나 예언을 해석하는 능력이 있는 사람이라는 뜻도 가능하다. 한편 뻬드로 벨뜨란 데 산따 로사 신부(Fray Pedro Beltrán de Santa Rosa)의 사료에 근거를 둔 해석에서는 이 용어가 '전쟁을 선포하는 사람(Ah chila'n k'atun)'을 의미한다(Diccionario Maya, 99). 여기서 '통역'이라는 의미는 신의 뜻을 전달한다는 점에서 신의 말씀을 통역 혹은 전달한다는 것이다. 즉 그의 종교적인 기능에 초점을 맞추어서 생각하면 통역이라는 행위를 종교적인 면에서 해석할 수 있다. 동일한 사전에서 'Naguatato'라는 단어를 발견할 수 있다. 이 단어는 일반적으로 통역가의 의미가 있지만 좀 더 구체적으로는 마야어 혹은 에스빠냐어를 멕시코 고원 지방에서 사용하는 나우아뜰어로 통역하던 사람을 일컫는다고 정의되었다. 마야의 제사장들이 상당한 과학지식과 교양을 겸비한 지식인·지도자 집단이었다는 점을 감안하면 이들이 주변의 다양한 언어를 알고 있었고, 이를 통하여 과학적인 지식을 교환하였으며, 정치 외교적인 일을 수행하였다고 예측할 수 있다.

16 게이츠본에는 이 부분이 다음처럼 더욱 구체적으로 묘사되었다. "…그들(칠란들)을 향한 존경심이 매우 컸기 때문에 보통 그들이 집을 나설 때는 가마에 태워서 어깨에 메고 이동하였다" (Gates, 47).

17 제사장(Priests), 의사(Physicians), 무당 혹은 마법사(Sorcerers)라는 용어들 사이에는 큰 의미 차이가 없었던 것으로 보인다. 란다의 시각에서는 이것들이 모두 같은 것에 속하였다(Tozzer, 112). 앞서 언급한 마야 종교의 성격과 사회 그리고 생활 등을 고려해 본다면 이러한 란다의 시각은 당연한 결과이다.

18 멕시코 고원 지방의 메시까에 대한 역사와 사회를 소재로 한 플로렌띤 꼬덱스(Florentine Codex)(66)에는 메시까 사람들이 란다가 언급한 내용과 유사한 형태로 병의 치료 방법을 점치던 것이 묘사되었다. 그 내용은 다음과 같다. "원주민들은 악마적인 의술을 행하였다. 만일 누군가가 아프면 의사(남자 또는 여자)를 불러서 병명이 무엇인지 물어보았다. … 의사는 깔개 위에 앉았는데, 깔개 위에는 하얀색의 면으로 된 망토가 있었다. 의사는 손으로 스무 알의 옥수수알맹이를 집어 들었다. … 다른 사람이 주사위를 던질 때 그는 옥수수알맹이를 망토 위로 던졌다. 알맹이가 어떻게 떨어지느냐에 따라 …그가 병으로 죽어서 그곳에 묻힐 징조인지 아닌지를 암시하였다. … 만일 알맹이의 반은 한쪽에 나머지 반은 다른 쪽에 나누어져서 떨어지면 병이 낫는다는 징조로 여겨졌다"(Tozzer, 112).

19 26장에 '착(Chac)'에 대하여 자세하게 설명했다.

20 여기서 '명예롭다' 또는 '명예롭지 못하다'는 란다 본인이나 서양적인 것을 기준으로 한 견해였다. 제사장이라는 존재는 마야 사람들에게 그들의 신성한 종교를 수행하는 사람이자 지도자적인 역할을 하는 사람으로 많은 존경을 받았다. 애당초부터 그렇게 존경을 받을 만한 사람이 제사장에 임명되었고, 그렇게 임명된 제사장은 마을 사람들이 필요로 하는 종교적인 역할을 수행하였다.

한편 16세기 란다를 비롯한 많은 사람이 이곳 원주민들에 대하여 보고 들은 것을 자료로 남긴 기록들에는 언제나 인신공양 이야기가 빠지지 않았다. 그러나 인신공양의 실상은 이러한 기록들과는 상당히 거리가 멀다. 16세기 서양 사람들에 의하여 가장 심하게 왜곡된 부분이 바로 인신공양이라고 해도 과언이 아니다.

서양 사람들에게 야만적인 행위의 대명사로 손가락질을 받던 인신공양은 인간의 피를 신에게 바침으로써 신이 이 세상을 움직이게 할 힘을 준다는 그들만의 독특한 종교관에서 비롯되었다. 그러나 이것은 마야의 종교가 만들어 낸 하나의 의식일 뿐이다. 실질적으로 관찰하면 마야뿐만 아니라 지구상의 많은 종교가 많건 적건 간에 인명의 희생을 요구하였던 것을 인류 역사를 통하여 발견할 수 있다. 냉정하게 따져 보면 마녀를 화형에 처하던 행위나 죄인을 십자가에 못 박아 죽이던 로마 시대의 행위도 일종의 종교적인 인신공양이라고 할 수 있다. 그리고 우리나라의 심청전에서도 인신공양 흔적을 엿볼 수 있다.

이렇듯 인신공양은 근대 이전의 각 문명에서 공통적으로 행해졌던 인류의 일반적인 풍습이었다. 각각의 구체적인 타당성은 일단 접어 두고서 종교적인 이유로 인간의 신체를 희생시키는 행위였다는 점에서 유사성을 발견할 수 있다. 일부 사료에는 마야 사람들의 원시성과 잔인성을 부각해서 이들을 노예화하고, 자신들의 필요에 따른 구속을 위하여 인신공양 횟수나 정도가 부풀려지기도 하였다. 실제로 마야 사람들이 이러한 인신공양을 행하였던 것은 사실이지만 그렇게 흔한 일이 아니었다. 특히 메소아메리카 중에서도 마야 지역은 상대적으로 인신공양 전통이 약하게 나타났다. 마야의 고전기 때까지만 해도 종교적인 공양 대부분은 음식과 꽃 혹은 동물이었다. 그러나 고전기 이후 멕시코 중앙고원의 영향을 받게 되면서부터 일부에서 인신공양이 행해진 것으로 보인다는 주장이 현 학계의 유력설이다. 사실관계야 어찌 되었건 간에 인신공양의 전통은 이곳 원주민들을 야만인으로 몰아가는 데 가장 큰 구실이 되었다.

21 전쟁의 우두머리로서 '나꼰(Nacón)'에 대한 논의는 29장(29-4)에서 더욱 자세하게 다루었다.

잔인하고도 더러운 유까딴 사람들의 인신공양과 고행

- 화살을 쏘아 인간 제물을 죽이다

28-1 (인디오들은) 스스로 귀에 둥글게 상처를 내서[1] 피를 바치는 피공양[2]을 하였다。그러고는 그것의 증표를 (귀에) 남겨 두었다.

볼에 구멍을 내기도 하였고[3], 아랫입술에 내기도 하였으며; 몸 일부에 상처를 내기도 하였다; 혀의 양옆으로 비스듬하게 구멍을 내서 지푸라기를 통과시키기도 하였는데, (이렇게 하는 데는) 엄청난 고통이 뒤따랐다; 또한 부끄러운 부위인 (남성 성기의) 포피에 상처를 내서[4] 귀에서처럼 (증표를) 남겨 두었다。이 때문에 그들이 할례(의식을) 한다고 인디아스의 역사가[5]가 착각하였다.

28-2 그 밖에도 (인디오들은) 더럽고도 처참한 공양을 하였다。(피공양을) 할 남자들은 신전에 모여 차례대로 서서 각자 성기의 측면으로 비스듬한 구멍을 냈다。가능한 많은 실을 (구멍으로) 통과시켰고, 그리하여 모든 남자의 성기는 실에 꿰어진 상태가 되었다; 모든 사람의 성기에서 낸 피로 악마[6]를 문질렀는데[7], 가장 많이 한 사람이 가장 용감한 사람으로 여겨졌으며, 그의 자식들 또한 어려서부터 이러한 일에 익숙해졌다。이토록 그들이 광적으로 (피공양을) 하는 것은 경악할 만한 일이 아닐 수 없다.[8]

28-3 여자들은 피를 내지는 않았지만 지독한 미신쟁이들로; 하늘의 새와 지상의 동물, 물의 물고기, 그 밖의 가능한 (다른 생명체들의) 피를[9] 악마의 얼굴에 칠하였다.

또한 자신들이 소유한 것들을 제물로 바쳤다.

동물들의 심장을 도려내어 바치기도 하였고; 통째로 바치기도 하였으며, 어떤 것은 산 채로, 어떤 것은 죽은 채로, 또 어떤 것은 날것으로, 어떤 것은 익혀서 바쳤다。그 밖에도 빵과 술 그리고 그들이 먹는 모든 종류의 음식과 음료를 성대하게 바쳤다.[10]

28-4 이러한 공양을 행하려고 신전 광장에는 조각된 키 큰 장대들이 몇 개 세워져 있었다。신전의 계단 부분 근처로는 둥글고 널찍한 대가 놓였다。또한 (계단과 대의) 중앙에는 네 뼘에서 다섯 뼘 정도 높이의 홀쭉한 돌이 하나 세워져 있었다; 신전 계단 부분의 위쪽으로도 그와 비슷한 대 하나가 놓였다.[11]

28-5 엄숙함을 더하려고 동물을 제물로 바치는 의식을 행하는 것 외에도 어떤 역경이나 곤궁에 봉착했을 때 제사장과 칠란들이 인간을 제물로 바치도록 지시하기도 하였다。[12] 이 경우에는 모든 사람이 (비용을 공동으로) 부담하였다.

어떤 사람들은 노예를 살 (비용을) 지불하였고, 또 (어떤 사람들은) 신앙심에 어린 자식들을 내주기도 하였다。[13] 이러한 (인신공양의 희생자들은) 축제가 열리는 날까지 융성한 대접을 받았으며, 도망가거나 육체적 죄로 더럽혀지지 않도록 철저히 감시했다; 춤을 추며 그들을 이 마을에서 저 마을로 데리고 다니는 동안 제사장들은 칠란들, 다른 행정관들과 함께 금식하였다.

28-6 그날이 되면 (모두들) 신전의 광장으로 모였다。활쏘기로 희생될 [노예는] 알몸이 되어 몸이 파란색[14]으로 칠해졌고, 머리에는 고깔 (같은 것이) [씌워졌다]; 악귀를 몰아내고 난 다음 사람들은 활과 화살을 들고 (희생자와) 함께 장대 주변을 돌며 엄숙한 춤을 추었다。그렇게 춤을 추면서 (장대) 위로 올라가서는 그곳에 (희생자를) 묶어 놓았다。(사람들은) 그에게서 시선을 떼지 않고 계속해서 춤을 추었다.

복장을 갖추어 입은 사악한 제사장이 (장대 위로) 올라갔다。그는 화살 한 개로 남자건 여자건 간에 (희생자의) 부끄러운 부위에[15] 상처를 내서 피가 나도록 하였다。그리고는 (다시 장대에서) 내려와 그 피를 악마의 얼굴들에 문질렀다; 그가 춤을 추는 사람들에게 어떤 신호를 보내면 그들은 춤을 추며 재빠르게 움직였고, 하얀 표시가 된 (희생자의) 심장에 차례대로 화살을 쏘았다; 그러면 (희생자의) 가슴은 화살로 마치 고슴도치처럼 되었다.

28-7 심장을 꺼내려고[16] (공양을 위한) 모든 준비를 마친 많은 사람이 (희생자를) 광장으로 데리고 갔다. (그의 몸은) 파란색으로 칠해졌으며, (머리에는) 고깔이 씌워졌다. (사람들은) 그를 희생 제단으로 사용하는 둥그런 단으로 데리고 갔다. 제사장과 행정관들이 그 돌을 파란색으로 칠하고 신전을 정화하며 악귀를 몰아내자 착들(Chaces)이 불쌍한 제물을 붙잡아 재빠르게 돌 위에 눕혔다. 그러고는 그의 팔다리를 붙잡고 (가슴의) 중앙을 가르기 시작하였다.

이때 사형집행자인 나꼰(Nacón)이 커다란 돌칼[17]을 들고 나타나서 매우 익숙한 솜씨와 잔인함으로 젖꼭지 아래 왼쪽 늑골 사이를 가르기 시작하였다. 그러고는 그곳으로 손을 집어넣어서 심장을 움켜쥐고는 마치 성난 호랑이처럼 산 채로 끄집어내었다. 그는 이것을 접시에 올려 제사장에게 주었다. (제사장은) 아주 재빠르게 그 신선한 피로 우상들의 얼굴을 문질렀다.

28-8 어떤 경우에는 신전의 높은 단과 돌에서 인신공양을 한 후 이미 죽어서 시체가 된 (희생자의) 몸을 단 밑으로 굴리기도 하였다.[18] 그러면 밑에 있던 행정관들이 (시체를) 붙잡아 손발을 제외한 몸통 전체의 가죽을 벗겼고[19], 발가벗은 제사장이 자기 몸에 (희생자의) 가죽을 쓴 채 사람들과 춤을 췄다. 이것은 그들에게 있어 대단히 엄숙한 일이었다.

이렇게 희생된 사람들은 신전의 광장에 묻히는 것이 일반적이었지만 촌장들과 먼저 온 사람들이[20] (시체를) 나누어 먹기도 하였다; 손발과 머리는 제사장과 행정관들의 몫이었다; 희생자들은 성자로 취급받았다.[21]

그들이 만일 전쟁포로로 잡혀 온 노예일 때는 춤을 출 때 승리를 상징하는 표식으로 삼으려고 그들의 주인이 (시체의) 뼈를 가져가기도 하였다.

치첸이트사의 연못에 산 채로 사람을 집어넣기도 하였는데, (인디오들은 희생자가) 사흘째에 다시 (살아서) 나온다고 믿었다. 그러나 그런 경우는 단 한 번도 없었다.[22]

1 토설은 '귀'라는 뜻의 'orejas'라는 용어를 이 문장에 집어 넣기도 했고 빼기도 했다고 하였다(Tozzer, 113). 이 둘의 차이는 피공양을 위해서 자르거나 상처를 내는 신체 부위를 귀로 구체적으로 한정하느냐, 아니면 피공양은 신체 부위 언저리를 잘라 내는 것이라는 일반론을 이야기하느냐에 있다.

란다는 귀의 끝(가장자리)을 자르는 것과 귀를 자르는 것, 귀에서 나온 피로 그림을 그리는 것에 대하여 언급하였다. 보통 식민지 초기 원주민들에 대한 기록에서 이러한 풍습이 많이 묘사된 것을 발견할 수 있다. 디아즈(Díaz)(III)는 깜뻬체의 원주민 제사장들이 귀에 상처를 내어 제물로 바치는 것에 대하여 묘사하였다. 빌야로보스(Villalobos)는 귀와 코, 이마와 혀에서 나온 피를 제물로 바치는 것에 대하여 묘사하였다(SA, 63–4). 톰슨(Thompson)은 뽀뽈 부(Popol Vuh, Villacorta ed., 343)에서 귀뿐만 아니라 팔꿈치에서도 피를 냈다고 기록된 부분에 대하여 언급하였다(Tozzer, 113).

피공양을 하는 것으로 추정되는 보남빡 유적지의 벽화. 왼쪽 밑에 연이어 앉아 있는 사람들의 손에서 피공양을 하고 난 후에 핏방울이 떨어지는 모습을 확인할 수 있다.

2 지금까지 발견된 마야의 조각이나 그림, 사료 등의 자료를 토대로 보았을 때 피공양(Autosacrificio)은 혀, 이마, 입술, 귀, 코, 볼, 팔꿈치, 몸통, 손가락, 발가락, 귀두 등 신체의 끝부분을 중심으로 다양하고 광범위하게 행해진 것으로 보인다. 이러한 전통은 식민지 시대를 거쳐서 오늘날에 이르기까지 그 일부가 전해져 내려오고 있다.

한편 피공양은 서양에 의하여 야만적이고 원시적이라는 이미지로 굳어졌다. 그리고 많은 사람이 마야 피공양 전통을 부정적인 것으로만 생각하는 경향이 있다. 그러나 따지고 보면 어느 민족에게나 이와 유사한 형태의 전통이 존재하였다. 우리나라에서도 죽어가는 사람에게 손가락을 잘라 피를 마시게 했던 것을 볼 수 있고, 혈서 또한 이와 같은 맥락에서 이해할 수 있다. 이러한 관습을 단순히 원시적인 문화에서나 볼 수 있는 야만적인 행위로 일축하기는 힘들다.

3 돌로 만든 장신구를 달기 위해서 행해진 것으로 보인다. 멕시코 국립박물관에 있는 돌로 만들어진 거대한 여신의 머리인 꼬욜사우끼(Coyolxauhqui)의 볼에는 금으로 된 원반이 끼워져 있다. 피바디 박물관에는 볼에 종이 달려 있고 옥으로 된 동일한 신의 머리가 있다(Tozzer, 113).

4 리자나(Lizana)(Pt. 1, V)는 제물을 바치는 행위를 '가장 연약한 부위를 잘라서 여는 것'이라고 표현하였다. 마야의 우상숭배에 대한 멜초르(Melchor UC)의 증언(SA, 58) 내용은 다음과 같다. "그는 기독교인이 되기 위한 세례를 받기 전에 자기 성기에 상처를 내서 피를 낸 후에 그것을 바닥에 뿌렸다." 델가도 신부(Fray Delgado)는 다음처럼 말하였다. "나는 빈센떼 빤츠(Vincente Panch(Pech))의 목장에서 제물을 바치는 것을 목격하였다. 그들은 끌과 나무망치를 가져와서 부드러운 돌판 위에 피공양의 대상이 될 남자를 올렸다. 그러고는 그의 성기에서 세 군데나 상처를 내었다. … 내가 모르는 주문과 말들을 동시에 내뱉었다. 그러한 행위의 당사자는 고통스러운 기색을 전혀 보이지 않았고, 피를 한 방울도 흘리지 않았다." 이에 톰슨(Thompson)은 "피를 한 방울도 흘리지 않았다는 것은 의심스럽다."는 내용의 주석을 붙였다. 한편 오비에도(Oviedo)(42, XI, Lothrop 인용, 1926, I :82)는 성기로 하는 피공양에 대하여 다음처럼 묘사하였다. "그렇게 하고 난 후에 그(Lucifer)의 촌장들은 한 명도 빠짐없이 지위 순으로 작고 날카로운 돌칼로 그들의 혀와 귀 또는 성기를 잘랐다(이것은 그들이 느끼는 헌신의 정도에 따라 차이가 있었다)"(Tozzer, 114).

오른쪽에 앉아 있는 인물이 송곳 같은 것을 자기 성기에 통과시킴으로써 피공양을 하고 있다고 추정되는 약스칠란 유적지의 17번 부조. 왼쪽의 여성은 자신의 혀에 실을 통과하여 피를 내는 피공양을 하고 있다.

5 란다는 세 번에 걸쳐서 《인디아스의 역사(Historia General y Natural de las Indias)》의 저자인 곤살로 페르난데스 데 오비에도 이 발데즈(Gonzalo Fernández de Oviedo y Valdés)에 대하여 언급하였다. 그러나 그의 이름을 직접적으로 언급하지는 않았다. 이러한 그의 대작들은 1535년에 처음으로 발간되었고, 나머지는 1557년에 발간되었다. 따라서 란다가 그의 저술을 접하였을 것임에는 의심의 여지가 없다(Tozzer, 114).

6 필자인 란다가 가톨릭 사제이다 보니 마야 인디오들의 신들을 조각한 상들을 '악마'라고 표현하였다. 앞선 27장(27-9)의 주에서 이와 관련된 용어들에 대하여 자세히 설명하였다.

7 가리바이본에는 "…también untaban con la sangre de todos aquellas partes al demonio"로 표기되어 있는데, 이 문장의 뜻이 명확하지 않다. 다음처럼 두 가지 뜻으로 해석될 가능성이 있다.

1. 레온본(127)에는 "…también untaban con la sangre de todas estas partes al Demonio"로 표기되었다. 이 문장은 "모든 사람의 성기에서 낸 피로 악마를 문지른다."로 해석된다.
2. 문법상 'todos'는 '모든 사람'을 가리키고, 'aquellas partes'는 '성기'를 가리킬 수 있다. 따라서 "모든 사람의 피로 악마의 (성기를) 문지른다."라는 해석도 가능하다. 정황상 레온본 같은 1번에 가깝다고 판단되어 본문에서도 이처럼 번역하였다.

8 톰슨(Thompson)은 이와 관련하여 1640년에 작성된 렐라씨온(Relaciones de Requejo Salcedo, 89)에서 파나마(Panama)의 구아이미(Guaymi) 의식에 대하여 다음처럼 언급하였다. "그들은 벼락을 에스빠냐 사람들의 신으로 여긴다. 그들의 지역 가운데 어디든 벼락이 떨어지기라도 하면 에스빠냐 사람들의 신이 화가 난 것이라고 여긴다. 그래서 벼락을 달래 주기 위하여 모두가 모여 큰 축제를 연다. 그러고는 잔인하게 제물을 희생시켜서 신에게 바친다. 생선의 등뼈로 음경의 포피에 구멍을 내고, 손가락 반절 너비의 목화 줄로 자신들을 엮는다. 그러고는 처음과 마지막에 선 무용수들이 들고 있는 두 개의 막대기로 끝을 묶는다. 그렇게 한곳에서 다른 곳으로 이어지는 줄이 크게 흔들리면 이러한 움직임 속에서 노래를 부른다. 피를 흘린 채 서로가 묶여 있는 남자들 사이로 옷을 벗은 여자들이 돌아다니면서 얕은 그릇에 피를 모은다. 조금 더 중요한 여인에게 그릇을 건넨다. 벼락이 떨어진 곳의 나뭇가지 위에 시간이 꽤 지날 때까지 그릇을 올려둔다. 이러한 의식으로 신의 노여움이 풀렸다고 생각하였다"(Tozzer, 114).

9 오늘날 마야의 원주민들뿐만 아니라 전 라틴아메리카 지역의 원주민들은 각종 동물을 제물로 바치는 전통을 이어오고 있다. 종교적으로 신성한 존재라고 여겨지는 동물들을 잡아다가 다양한 방법으로 피를 낸다. 이것은 하나의 종교적인 의식으로 행해진다.

10 소뚜따와 호문(Homun, SA, XII, XIV)의 우상숭배에 대한 증언에서 사람 다음으로 가장 흔하게 제물로 바치던 것이 개라고 기록되었다. 또한 이러한 희생에 대한 그 밖의 다른 언급에는 종종 심장을 도려내서 태웠고, 마치 성수처럼 피를 우상에게 사용하였으며, 동물의 몸을 먹었다는 내용이 나온다. "그러고는 개를 죽여서 그 심장을 우상에게 바쳤고, 개를 요리해 먹은 성당에서 또 다른 제물을 바쳤다"(SA, 101). "그들은 성당에서 밤에 제물을 바치는 의식에 참여하였다. 고대 방식으로 개를 제물로 바치면 모든 참석자는 각자 들고 온 우상을 위하여 심장을 꺼내 악마의 얼굴에 문질렀다"(107).

거세하지 않은 수퇘지(야생돼지)나 일반돼지, 개, 사슴도 흔히 제물로 바쳤다. "그들은 야생돼지와 개, 사슴을 죽여서 제물로 바쳤고, 고대 방식으로 음식과 채소를 바친 성당의 묘지에서 또 다른 제물 의식을 치렀다." 각 의식의 마지막에는 (신에게 바친) 음식들을 (나누어) 먹었다.
오늘날 라깐돈 원주민들이 신에게 바치는 음식과 음료에서 이와 유사한 전통을 엿볼 수 있다. "우상에게 제물을 바치는 의식은 보통 세 단계로 나누어진다. … 우상에게 제물을 바치고는 직접 내려와서 제물을 거두어 줄 것을 간청한다"(Tozzer, 114–115).

11 여기서 란다가 묘사한 것과 똑같이 생기지는 않았으나 이와 유사한 많은 제단을 실제로 오늘날 유적지에서 발견할 수 있다. 신전의 위나 신전 아래의 광장 등에는 다양한 형태의 단이 놓였다. 이러한 것들이 바로 여기서 언급된 것처럼 의식을 거행하는 데 사용되었던 것으로 보인다.

제사를 지냈을 것으로 추정되는 기둥이 있는 신전과 제단의 모습을 가진 치첸이트사 유적지의 전사의 신전(Templo de los Guerreros)

12 인신공양은 의식 전체를 지휘하는 사람과 그러한 행위를 하는 사람들, 의식을 보조하는 사람들 같은 다양한 인력이 필요하다. 그뿐만 아니라 의식에 필요한 많은 준비물이 필요하다. 인신공양을 행하는 방식은 매우 다양했다. 토설은 제물로 바쳐질 사람의 가슴을 열고 심장을 꺼내는 것과 제물로 바쳐질 사람을 화살로 쏘고 껍질(피부)을 벗기는 것은 멕시코 고원 지방 전통이 전해진 것이라고 주장하였다(Tozzer, 115). 란다는 살아 있거나 죽은 제물을 신성한 연못에 던지기도 하였고, 벼랑 끝이나 높은 곳에서 돌무더기 위로 밀치기도 하였다고 기록하였다.
한편 소뚜따와 호문(Homun)의 증언(XII, XIV)에서 인신공양을 행하는 몇 가지 다른 방식에 대하여 살펴볼 수 있다. 그중 하나는 이 시기 제물의 심장을 꺼내기에 앞서 목을 잘라 죽였다는 것이고(137), 제물로 바쳐질 희생자의 팔과 몸이 사다리에 묶여 있는 동안에 심장을 잘라 꺼내어 그 몸뚱이를 신성한 연못으로 던졌다는 것이다. 로렌소 꼬우오(Lorenzo Couoh)(SA, 146)는 에스빠냐 사람들 사이에서 가장 혐오스러운 제물의식으로 여겨졌던 인신공양에 대하여 다음처럼 묘사하였다. "이 목격자는 후안 이우잇(Juan Iuit)과 혹뚠(Hoctun)의 촌장들이 다른 소녀를 죽이려는 것을 보았다. 그녀는 그들이 땅에 세워둔 기둥에 묶여 있었는데, 기둥에 어깨가 단단히 매어 있었으며, 손이 뒤로 묶여 있었다. 그는 가시가 많은 뽀초떼(Pochote, 나무의) 막대기로 그녀의 가슴 부위를 죽을 만큼 때렸다"(Tozzer, 116).
이후 식민지 시대를 거치면서 인신공양 전통은 기독교와 혼합되었고, 십자가와 연관된 다양한 상징과 의미로 발전하였다. 기독교 교육의 결과 제물로 바쳐질 몇몇 희생자들은 십자가에 몸이 덩굴로 묶이고, 못질을 당하여 죽기도 하였다. 또한 심장을 꺼내기 전에 가끔 십자가에서 몸을 풀어 줄 때도 있었으며, 십자가에 몸이 매달린 채로 신성한 연못에 버려질 때도 있었다. 어떤 경우에는(SA, 94) 십자가를 잘 가라앉게 하려고 무거운 돌을 함께 매달기도 하였다(Tozzer, 116).
로이스(Roys)(1938)는 십자가에 매달아 죽이는 것은 비를 내리는 신과 쎄노떼 숭배와 연관이 있다고 하였다. 최초의 선교사들 가운데 한 사람인 프란씨스꼬 에르난데스(Francisco Hernández, 1545, 1921 ed., 209)는 (사람들이) 십자가를 물 또는 비의 신으로 여겼고, 그러한 이유로 (십자가를) 좋아했다는 내용을 보고하였다. 로이스(Roys)(1939, 362)는 십자가의 화신(까 윰 산따 끄루스, Ca Yum Santa Cruz)이 있다고 기록된 1814년의 문서를 제시하였다. 그 내용은 다음과 같다. "우리의 주, 신성한 십자가" 또한 그는 깐(Gann)(1918, 41)의 언급을 지적하였는데, 그 내용은 다음과 같다. "지난 한 세기 중반의 까스따 전쟁이 끝난 후에 유까딴 동부 원주민들은 오랜 시간 산따 끄루스(신성한 십자가, Santa Cruz)를 중심으로 한 교회의 의식을 모방하였다. 나무로 만든 십자가에는 연설의 힘이 있었고, 신탁의 기능이 있었다."
십자가에 사람을 매달아서 죽이는 방법으로 행하여진 인신공양에 대한 묘사는 1562년 프란씨스꼬 까말(Francisco Camal)의 증언에서 확인할 수 있다. "대략 3개월 전에 이 목격자는 교회 묘지의 십자가 앞에서 그곳에 있던 우상과 악령들에게 제물이 어떻게 바쳐지는지를 보았다. 그들은 아 뚜스(Ah Tuz)라고 불리는 한 소년을 죽였다. 그 소년을 죽여서 제물로 바치기 위하여 그를 큰 십자가에 묶었고, 양손에 못을 박아서 높이 세워 두었다. 다시 내렸을 때 (소년이) 살아 있었기 때문에 루이스 나우앗(Luis Nauat)이 다가가 그의 몸을 가르고 심장을 꺼내어 프란씨스꼬 발람(Francisco Balam)과 아낀(Ah-Kin)에게 가져다 주었다. 그러자 그가 그곳의 우상과 악령들에게 심장을 바쳤다. 소년이 죽은 후에 발람(Balam)이 그들에게 설교를 하였다. … 설교가 끝나자 그들은 소년(의 시체)을 버리기 위하여 그곳에서 멀리 떨어진 쳄세노떼(Chemzenote)라고 불리는 신성한 연못으로 갔다. (그곳에서) 소년은 십자가에 못 박힌 채로 버려지게 되었다"(Tozzer, 116).

두 소녀를 십자가에 매달아서 죽인 또 다른 예를 안또니오 뻬츠(Antonio Pech, 78–79)의 증언에서 확인할 수 있다. "그는 두 소녀가 두 개의 십자가에 어떻게 묶이는지를 목격하였다. 수도사들이 눈치채지 못하도록 조용히 아무 말도 하지 않을 것을 당부받았다. 이 목격자와 다른 동행한 사람들은 두려움에 떨며 침묵을 지켰다. 두 소녀는 십자가에 묶여 있었다. '이 소녀들이 예수그리스도처럼 십자가에서 죽게 하소서. 그는 우리들의 예수님이셨으나 우리는 그것을 알지 못합니다.'라고 말한 후에 소녀들을 내려놓았다. (십자가에서 소녀들의 몸을) 풀고 몸을 갈라서 심장을 꺼냈다. 아 낀들(ah kines)은 익숙한 방법으로 악령들에게 심장을 바쳤다. …그러고는 앞서 이야기한 신성한 연못에 버리기 위하여 두 소녀를 그곳으로 옮겼다." 이 증언은 멜초르 깐체(Melchor Canche, 80)에 의해서 전해지게 되었다(Tozzer, 116).

인신공양과 관련된 이러한 증언들은 상당 부분 과장되고 왜곡된 것으로 보인다. 이 책 3장(3–2)과 27장(27–10)의 주에서 이와 관련하여 자세하게 다루었다. 그러나 많건 적건 간에 인신공양, 동물공양 혹은 피공양 같은 공양의 형태는 마야의 전통으로 상당 기간 그 맥락을 이어온 것으로 보인다.

13 이와 관련하여 숄스와 로이스(Scholes and Roys)는 다음처럼 증언하였다(612). "그들은 네 살 정도로 보이는 소년을 꾸뿔에서 데려왔다." "두 명은 꾸뿔에서 사 왔다." 다른 매매를 통하여 살펴보았을 때 소년 한 명당 몸값이 구슬 다섯 개에서 열 개 정도였던 것으로 보인다. 각각 두 장소에서 제물로 바쳐질 두 소년에게 1파톰(fathom)의 굵은 구슬을 지불하였다. 종종 제물의 희생자들은 부자들이 데려다가 키운 고아들이었고, 때로는 죽은 여자의 친척이나 여종의 자식들이었다. 부모가 모두 죽으면 그들의 자식들을 제물로 바치는 데는 오랜 시간이 걸리지 않았다는 내용의 사료가 발견되었다(155–6). "그들은 차블레(Chable)라는 소녀를 죽여서 제물로 바쳤다. …그녀의 모친이 죽자 그로부터 5–6일이 지난 후에 그들은 소녀를 죽였다." 또한 독실한 신자들이 아이들을 기부하거나 어떤 촌장이 다른 촌장에게 선물하였다는 기록을 호문 기록(Homun paper, 152)에서 확인할 수 있다. 그 내용은 다음과 같다. "로렌소 이우잇(Lorenzo Iuit)은 다른 촌장에게 프란씨스꼬 첼(Francisco Chel)이라고 불리는 깐사깐(Cansahcan)의 촌장이 이 소녀들을 보냈다고 하였다. …고대에는 촌장들이 다른 촌장들에게 소년과 소녀들을 선물로 보내는 것이 하나의 풍습이었다. 예전에는 (이러한 풍습을) 꾸임치츠(Quymchich), 씸 치츠(Cim chich)라고 불렀다"(Tozzer, 117).

원주민들이 사람을 사고팔았고, 인신공양을 했다는 내용을 각종 사료에서 발견할 수 있다. 그러나 이러한 이야기의 어디까지가 사실인지는 분명치 않다. 모든 증언은 식민지 시대 에스빠냐 사람들에 의한 것이거나 에스빠냐 사람들이 원주민들의 증언을 들어서 기록한 것인데, 이러한 과정에서 많은 왜곡이 있었을 것으로 보인다. 특히 인신공양을 하거나 원주민들을 사고파는 것은 교황청과 에스빠냐 국왕의 칙령으로 철저하게 금지되어 있었다. 그런데 이러한 광경을 목격하고도 에스빠냐 사람들이 아무런 조치를 하지 않았다는 것은 이해할 수 없는 대목이다. 예외적인 상황에서 어쩔 수 없었다고 하더라도 원주민들의 이와 같은 행위를 에스빠냐 사람들이 그렇게 흔하게 보았다고 하는 점은 믿기 힘들다. 게다가 당시 마야 사회는 실질·가상의 혈연관계를 가진 소규모 집단이 정치·경제의 중심을 이루고 있었고, 구성원들 간의 유대가 매우 높았다. 그래서 에스빠냐 사람들이 아이들을 빼앗아 가거나 마을 사람들을 괴롭히면 원주민들은 그에 대하여 항변하였다. 마야 원주민들이 작성한 항의 서한에서 기존의 우리들의 전통에는 없던 것들인데, 에스빠냐 사람들이 들어오면서부터 수탈과 핍박이 있었다는 내용을 많이 발견할 수 있다. 또한 실질·가상의 혈연이 중심이 된 마을의 정치, 경제, 사회적인 전통으로 마을에 고아가 생기면 주변의 이웃이나 친척들이 보살펴 주는 전통이 발달했다는 것도 잘 알려진 사실이다. 이러한 정황들을 보았을 때 위와 같은 내용의 어디까지가 사실인지는 여전히 의문으로 남는다.

14 파란색은 아닐(Añil) 혹은 인디고(Índigo)라로 불리는 식물성 염료인 것으로 보인다. 학명은 'Indigofera suffruticosa'이고, 마야어로는 '초(Ch'oh)'이다. '초(Ch'oh)'는 파란색을 만드는 풀 혹은 그러한 식물을 가리킨다(Diccionario Maya, 139). 유까딴 지방의 렐라씨온(Relaciones de Yucatán, 1: 55; 2: 147)에서 다음의 기록을 확인할 수 있다. "인디고를 만드는 나무 또는 식물이 있다. 이 지역의 원주민들은 예전의 방식대로 파란색 염색이나 칠을 하였고, 에스빠냐 사람들은 이를 이용해서 대규모 농장을 시작하였다. 그들은 많은 양을 만들기 위하여 이 지역으로 이주해 온 것이었다. 8년 전 이것이 에스빠냐로 전해지면서 국왕이 큰 이득을 보게 되었다." "이 땅에서 발견된 수익성 있는 인디고 산업으로 원주민들의 수가 줄어들게 되었다"(Tozzer, 117–118).

이처럼 파란색을 염료로 한 산업이 발전하였는데, 이것은 식민지 시대 아메리카 대륙에서 중요한 산업 중 하나가

되었다. 원래 인디고는 인도를 통하여 유럽에 알려졌으나 상당히 귀한 것으로 값이 비싸서 사치품으로 취급되었다. 그러다가 에스빠냐 사람들의 아메리카 대륙 정복을 통하여 이곳 원주민들도 이 염료를 사용하는 것을 보고 관련된 산업이 국제적으로 발전하게 되었다.

15 가리바이본에는 이 부분이 '… en la parte verenda'로 표기되었다. 여기서 'verenda'는 공식적인 에스빠냐어에는 존재하지 않는 단어이다. 기존 연구가들의 번역과 문맥의 전후 의미를 고려해서 본문에서는 '부끄러운 부위'로 유추하여 해석하였다. 한편 토설은 'parts of shame'으로 번역하였고, 게이츠(Gates)는 'private parts'로 번역하였다.

16 1562년 소뚜따에서 발견된 약스까바(Yaxcaba)의 후안 꼬우오의 증언에는 인간의 심장을 꺼내서 의례를 치르는 것에 대하여 다음처럼 세밀하게 묘사되었다(SA, 106-7). "그들은 경작지에서 가져온 열 개의 우상과 … 인신공양에 사용되는 다른 부속물을 가지고 사원으로 향했다. 사원에 도착하자 기도를 드리지도 않고, 제단 앞에서 고개를 숙이지도 않은 채 안으로 들어가서 우상들을 일렬로 늘어놓았다. 각각의 우상들에게 아주까리를 올려놓았고, 그 앞으로는 기다란 멍석을 깔아 놓았다. 손잡이를 흰 천으로 싼 매우 단단하고 긴 칼을 멍석 위에 올려놓았다. 그곳에 있던 사람 가운데 두 명의 아 낀(Ah kin, 제사장)이 커다란 두 개의 초를 쥐어 들었다. …모두 작은 의자에 앉아서 제단 가까이에 앉아 있던 인디오에게 들어오라고 명령하였다. 인디오는 손이 뒤로 묶인 채로 웃옷도 없이 짧은 바지만을 입고 있었다. 그리고 눈은 흰천으로 가려져 있었다. …그들이 죽이려는 사람은 눈물을 흘리고 있었다. 촌장인 디에고 뻬츠(Diego Pech)는 그에게 다음처럼 말하였다. "우리는 너를 해치려는 것이 아니다. 나쁜 곳으로 보내려는 것도 아니고, 지옥에 떨어뜨리려는 것도 아니다. 조상들이 해 오던 방식 그대로 너를 천당과 행복의 장소로 보내 주려는 것이다. 그러니 용기를 내어서 스스로 위로하여라." 그러자 그들이 죽이려는 젊은이는 다음처럼 대답하였다. "하늘에 계신 신을 위하여 원하는 대로 하십시오. 그가 절 도와주실 것입니다." 그러자 아 낀인 가스빠르 침(Gaspar Chim)이 말하였다. "아마 사람들이 오지는 않을 것이니 동이 트기 전에 그를 풀어 주시오. 그리고 해야 할 일을 어서 행하도록 하시오." 그러자 그들은 젊은이를 풀어 준 후에 멍석 위로 내던졌다. …아 낀들은 젊은이의 얼굴이 위로 향하도록 하였고, 그의 손과 발을 붙들었다. 뻬드로 에우안(Pedro Euan)이 다가가 손에 단단한 칼을 쥐고서 젊은이의 심장 측면의 왼쪽 부위를 갈랐다. 그의 심장을 움켜쥔 채 쥐고 있던 칼로 주변의 창자들을 잘라 심장을 도려내었다. 그러고는 그 심장을 아 낀(Ah kin)인 가스빠르 침에게 건네주었다. 그러자 아 낀(Ah kin)은 심장을 위로 번쩍 들어 올려서 십자가의 형태로 두 번의 칼질을 하였다. …그러자 그들은 커다란 그릇에 죽은 사람의 피를 받아 내었다. 그러고는 희생자의 몸뚱이와 심장, 피, 우상들을 촌장의 집으로 가지고 갔다. …그 후 증인은 그의 집으로 돌아갔고, 앞서 언급한 촌장들과 아-낀들(Ah-kines)은 시체와 우상들, 심장을 가지고 디에고 뻬츠의 집으로 향하였다. 증인은 그들이 이것들을 가지고 무엇을 했는지에 대하여 알지 못한다."
마야 후기 정복 시기에 가장 흔한 방식은 심장을 도려내어서 아 낀(Ah kin)에게 건네주면 그가 우상들에게 그 심장을 바치는 것이었다. 그 후 심장은 모두 불태워졌고, 희생자의 시체와 남은 심장 부위는 신성한 연못인 쎄노떼로 던져졌다(Tozzer, 118-119).
이미 여러 번에 걸쳐서 언급하였듯이 인신공양과 피공양 같은 비인간적인 행위들이 이곳 원주민들에 의하여 행해졌다는 당시 에스빠냐 사람들의 기록은 왜곡 및 과장되고 확대되었을 가능성이 크다. 따라서 이러한 내용과 관련해서는 늘 경계할 필요가 있다. 여기서는 심장을 잘라 내는 부분에 대하여 좀 더 자세하게 살펴보도록 하자. 이러한 행위가 상당히 빈번하고 극단적으로 행해졌다는 내용은 여러 사료를 통해서 확인할 수 있다.
그러나 먼저 원주민들의 잔인성이 식민지 침략을 정당화하는 데 가장 중요한 역할을 했다는 점을 간과해서는 안 된다. 특히 인간의 심장을 잘라 내어 신에게 바쳤다는 부분은 서양 사람들에게 잔인한 이곳의 원주민들을 강하게 처벌해야 하며 강경책을 써야 한다는 주장의 설득력을 높이는 데 가장 많이 이용되었다. 그런데 여러 사료에서 묘사된 것처럼 실제로 인간의 심장을 그렇게 간단하게 잘라 내었다는 것 자체에 의문이 제기된다. 심장을 잘라 내기 위해서는 심장을 둘러싸고 보호하고 있는 갈비뼈를 회피해야 한다. 그러려면 직접적으로 갈비뼈를 부러뜨리거나 그 뼈 사이를 벌려서 칼을 쥔 손을 그 안으로 집어넣어야 한다. 또한 각 심방과 심실에 있는 7-8여 개의 동맥과 정맥들을 잘라 내야 한다. 물론 숙련된 사람이라면 쉽게 할 수 있겠지만 그 당시에 금속도구를 사용하지 않았다는 점을 생각하면 결코 쉬운 일이 아니었을 것임을 어렵지 않게 상상할 수 있다. 만일 갈비뼈를 자르거나 열어서 손을 집어넣는 것이 힘들다면 심장의 아래, 즉 복부를 절개하여 배나 옆구리 부분으로 손을 집어넣은 후에 심장 쪽으로 향해야 한다. 그런데 그렇게 하기 위해서는 복부에 손을 집어넣어서 횡격막을 절개해야 하는 어려움이 따른다. 즉 더욱 복잡한 외과적 어려움이 따르는 것이다. 본문 같은 란다의 기록을 참고해 보았을 때 복부를 자른 것이 아니라 갈비뼈 주변을 절개하고 뼈를 벌린 후에 손을 집어 넣는 방식으로 시행된 것으로 보인다. 그런데 심장까지 손이 미치고 난 후에도 앞서 이야기하였듯이 심장에 붙어 있는 각종 근육으로 된 관을 자르는 일 또한 만만치가 않다. 그 당시 가장 날카롭고 유용한 도구는 흑요석 칼이었는데, 이것은 이가 나가는 경우가 많았고, 특히 칼 자체의 강도가 약해서 이 칼로 심장 부근의 내부에서 작업하는 일이 쉽지 않았을 것이다. 당시 철기의 도움 없이 이러한 작업을 쉽고 빠르게 한다는 것은 아무리 숙련된 사람이라도 힘든 일이었을 것임은 분명한 사실이다. 또한 매일같이 이러한 일을 반복적으로 숙련한다는 것은 현실적으로 불가능하였다. 물론 오늘날의 경험 많은 도살장의 숙련공이 인간의 신체 구조와 유사한 돼지의 심장을 절개하여 꺼내기까지 수십 초밖에 걸리지 않는다는 점을 고려하면 숙련에 따른 기술적 완성도와 시간 단축은 가능한 것으로 보인다. 그렇지만 많은 사료에는 수십 초 만에 심장을 잘라서 마치 아직 맥박을 유지하는 심장을 적출하는 행위가 가능한 것처럼 서술되었다. 그렇게 잘린 심장이 계속해서 일정 시간 동안 박동을 유지하고 있었다는 점도 당시의 잔인성을 증폭시키는 데 한몫하였다. 그러나 이것은 과학적으로 불가능한 일이다. 심지어는 이러한 희생자들의 줄이 수 킬로미터에 이르렀고, 그렇게 자신의 심장이 잘리기를 기다리고 있었으며, 신전의 아래에는 시체가 산처럼 쌓여 있었다는 증언 내용을 확인할 수 있다. 식민지 시대 에스빠냐 사람들의 통치하에서는 이러한 일이 반인륜적인 행위로 취급되었기 때문에 시행되는 것 자체가 불가능하였다. 만일 이러한 행위가 그 이전 고대 시대에 시행되었다고 하더라도 그것을 증언한 사람들이 그들에게 질문을 던진 가톨릭 사제들의 구미에 맞추어서 이야기를 각색한 경우가 많았다는 점을 고려한다면 신빙성이 많이 떨어진다. 다양한 사료에 관한 연구에서 이와 관련된 의문이 빈번하게 지적되었다.

17 신성한 쎄노떼(Cenote of Sacrifice)에서 제물로 바쳐진 돌로 만들어진 칼이 발견되었다. 나무로 된 손잡이 부분에는 서로 엉켜 있는 두 마리의 뱀이 조각되어 있었다. … 호문(Homun, SA, 142)의 증언에서 제물로 바쳐지는 칼이 우 깝 꾸(U kab ku)라는 신의 팔로 불렸다는 기록을 확인할 수 있다(Tozzer, 119).

18 소뚜따와 호문(Homun)의 증언(SA, XII XIV)에서 희생자의 시체를 처리하는 또 다른 방법들에 대한 기록을 확인할 수 있다. 그 내용은 다음과 같다. 물이 마른 우물에 던지기(87), 물과 함께(162) 또는 물 없이 동굴에 버리기(146), 들판에 던지기(159-160), 산에 묻기(157). 호문과는 다른 소뚜따(Sotuta, XII)의 증언 내용이 매우 흥미롭다. 소뚜따의 증언에는 시체를 처리하는 일반적인 장소가 신성한 연못으로 나온다. 하지만 호문의 목격자들은 보통 제물로 바쳐질 희생자를 돌 위에 눕혀서 심장을 제거한 후에 대부분 시체를 매장한다고 하였다. 시체의 매장은 주로 성당의 묘지나 성당 안에서 이루어졌다. "제물을 바치기 위하여 그들은 치첸이트사에서 우상들을 교회로 가지고 왔고, 우상들을 한 줄로 세우고는 나를 불렀다. 나는 교회에 가서 우상들과 프란씨스꼬 축(Francisco Chuc) 그리고 제사장 아 낀(Ah kin)의 앞에 있는 제물로 바쳐진 소년들을 보았다. 소년들의 몸이 갈라졌고, 심장이 꺼내졌다. 그들의 피는 우상들에게 칠했다. 돌로 제작된 칼로 소년들의 몸을 가른 사람은 후안 베(Juan Be)라는 남자였다. 그는 프란씨스꼬 축에게 심장을 건넸고, 그것들을 불태워서 우상들에게 바쳤다. 희생자들이 죽고 난 후에 나는 그들이 어떻게 시체를 교회에 매장하는지 보았다. 소년들은 고아들이었다"(Tozzer, 119-120).

19 인간의 피부를 벗겨서 그 피부를 쓰고 의례를 치르는 행위는 메소아메리카 전체의 종교 세계에서 상당히 중요한 의미를 지니고 있었다. 멕시코 고원 지방에서 중요한 신으로 추앙받던 시뻬 또떽(Xipe Totec)은 이러한 의례와 관련하여 다양한 외형적·내용적 특징을 가지고 있었다.

20 가리바이본에는 이 부분이 '… y los que alcanzaban'으로 표기되었다. 이 문장의 뜻이 명확하지 않은데, 정황상 '먼저 온 사람들'이라는 뜻으로 해석될 가능성이 있다. 토설본(120)에는 '… among those who had arrived (first)'로 해석되었다.

21 란다는 종교적인 의식에서 인육을 먹는 것이 신성한 행위였다는 점을 강조하였다. 그러나 다양한 사료에는 이와 대립하는 의견들이 언급되었다. 라스 까사스(Las Casas)(1875-6, 3, CX XII)는 여러 증거를 통하여 원주민들이 식인풍습을 가지고 있지 않았다는 점을 주장하였다. 유까딴 지방의 렐라씨온(Relaciones de Yucatán, 1: 149, etc.)에도 마야 원주민들이 식인풍습을 가지고 있지 않았다는 내용이 단정적으로 언급되었다. "이 원주민들은 인육을 먹지 않았다." 씨우닫 레알은 그의 뽄쎄 렐라씨온(Relación de Ponce, 1932, ed., 314)에서 다음처럼 증언하였다. "그들은 인육을 먹지 않았다. 식인은 멕시코와 다른 지역에서 아주 일반적이었다. 심지어는 요즘도(1588) 몇몇 지역에서 식인이 계속되고 있다." 후세의 학자로 다양한 사료를 접하였던 클라비게로(Clavigero)(Bk, 6)는 메시까(Meixca, Azteca)의 종교적인 의식인 식인에 대하여 다음처럼 말하였다. "만일 제물로 바쳐진 희생자가 전쟁포로

가 아니라면 희생자의 다리와 넓적다리, 팔을 먹었고, 나머지 부위는 불태워졌다"(Tozzer, 120). 식인의 전통은 멕시코 고원 지방의 메시까 사람들이 주로 행하던 것인데, 그 전통으로 사료들에는 마치 마야 사람들도 일반적으로 식인을 하던 것처럼 묘사된 것으로 추정할 수 있다. 이 테마 역시 민감한 논쟁거리이다.

22 유일하게 살아 나온 단 한 명의 사람이 있었다. 그는 바로 후낙 첼이라는 인물이다. 이러한 이유로 많은 사람이 그를 신성한 사람, 신으로부터 선택받은 사람이라고 여겼다. 그리하여 그는 정치·사회·종교적으로 영향력 있는 사람이 되었고, 새로운 분쟁과 변화의 역사에서 중요한 역할을 담당했다는 이야기가 전해져 내려오고 있다. 이것은 사실일 수도 있고, 위정자가 자신의 정치적·사회적 권위를 정당화하기 위하여 지어낸 이야기일 수도 있다. (이에 관한 자세한 이야기는 42장(42-13)의 주 참조)

유까땅 사람들의 무기

- 군대의 장교들 - 병법과 병사들, 전쟁 풍습

29-1 (인디오들에게는) 공격용 무기와 방어용 무기가 있다.[1]

공격용 무기로는 활과 화살통에 넣어 다니는 화살이 있다. 화살촉으로는 단단한 돌멩이와 매우 뾰족한 물고기 이빨이 사용되었다. (인디오들은) 이것들을 무척 정확하고 위력적으로 쏘았다.

활은 아주 튼튼한 황갈색의 아름다운 나무로 만들어졌다. 곡선보다는 직선에 가까웠고, 활시위는 육지에서 나는 삼(대마, 大麻)으로 [만들어졌다].

활의 길이는 그것을 사용하는 사람의 (키보다) 약간 짧은 것이 일반적이었다.

화살은 늪에서 자라는 길이가 다섯 뼘이 넘는 (식물의) 매우 가는 줄기로 만들어졌다; 가늘지만 아주 튼튼한 나뭇조각을 이 줄기에 묶어 여기에 (화살촉으로 사용되는) 돌멩이를 고정했다.

그들은 (화살촉에) 독을 사용하지 않았고, 독을 묻히는 (방법)도 알지 못하였다. 그러나 (이 땅에는) 독으로 사용할 만한 것들이 얼마든지 많이 있다.

금속의 일종으로 만들어진 도끼가 있었다.[2] 이것을 나무로 된 손잡이에 끼워서 무기로 썼는데, 나무를 다듬을 때도 사용하였다.

금속이 연하기 때문에 돌로 때려서 날을 세웠다.

날이 단단한 돌로 만들어진 한 키 정도 되는 짧은 창이 있었다.[3] 그 밖에 더 이상의 (공격용) 무기는 없었다.

29-2 방어용으로는 방패가 있었다. 이것은 갈라 놓은 줄기를 매우 촘촘하게 엮어 만든 것으로 사슴의 가죽이 씌워져 있었다.[4]

솜이나 갈지 않은 소금으로 누빈 외투도 있었는데, 두 겹으로 만들거나 속을 이중으로 넣었기 때문에 매우 튼튼했다.

어떤 촌장들과 대장들은 나무로 된 투구[5]를 가지고 있다. 그러나 (이러한 투구는) 매우 드물었다. 무기를 소지한 사람들은 깃털 장식을 하고, 호랑이와 사자[6] 가죽을 갖추어 입고는 전쟁에 나갔다.[7]

29-3 언제나 두 명의 대장이 있었는데, 그중 한 명은 영구적으로 [직책이] 상속되었던 반면에 다른 한 명은 여러 의식을 통하여 삼 년마다 선출되었다. (선출직 대장은) 빡스(Pax) 달의 5월 12일에 해당하는 날에 의례를 주관하는 역할과 전쟁에서 다른 부대를 지휘하는 역할을 담당하였다.[8]

29-4 (후자는) 나꼰(Nacón)이라고 불렸다[9]; 그는 삼 년 동안 비록 자기 부인일지라도 여자와 관계를 삼갔고, 고기를 먹지도 않았다; (사람들은) 그를 매우 존경하였으며, 생선과 도마뱀과 비슷한 이구아나를 식사로 가져다주었다; 그는 이 기간 술에 취하지 않았고, 자기 집에 사용하는 그릇과 소지품을 따로 두었다. 또한 여자가 시중들지 않도록 하였으며, 가급적 마을 사람과의 접촉을 피하였다.[10]

29-5 삼 년이 지나면 다시 예전의 [삶으로 되돌아갔다].

이 두 명의 대장은 전쟁에 대해 논의하고 정비하였다. 각 마을에는 병사로 선발된 사람들이 있었고, 필요시에 무기를 들고 집합하였다.

이러한 사람들을 두고 홀깐들(Holcanes)[11]이라고 불렀다. 수가 부족했기 때문에 더 많은 사람을 소집해야 했다. 의논을 통하여 그들 내에서 (역할을) 분담하였고, 높이 솟은 깃발을 따라 조용히 마을을 빠져나온 후에 신속히 이동하였다. 그러고는 커다란 고함을 지르며 방심하던 적들을 잔인하게 습격하였다.

29-6 적들은 길과 통로에 궁수를 빼곡히 배치한 방어진을 설치하였다.[12] (방어진은) 말뚝과 나무로 만들어진 것도 있었으나 보통은 돌로 만들어졌다.

승리를 거둔 후에는 죽은 사람들의 턱뼈를 떼어 내어 살을 제거하였고, 그것을 자기 팔에 매달았다.[13]

전쟁의 제물로 전리품을 성대하게 바쳤으며, 만일 중요한 인물을 포로로 잡으면 그를 제물로 희생시켰다. 왜냐하면 훗날 자신들에게 해를 끼칠 수 있는 존재를 계속해서 살려 두는 것을 원하지 않았기 때문이다.

나머지 사람들은 그들을 포획한 사람의 몫으로 돌아갔다.[14]

홀깐들은 전쟁 외의 기간에는 돈을 받지 않았다. 전쟁이 있을 때만 대장들로부터 일정한 금액을 받았는데, 사비로 지급되다 보니 (액수가) 적을 수밖에 없었다. 만일 충분하지 않을 때는 마을 사람들이 도움을 주었다.

마을 사람들은 (홀깐들에게) 음식을 제공하기도 하였다. 이것은 여자들의 몫이었다; 가축들이 없었기 때문에 (사람들이 직접) 음식을 지고 날랐고[15], 이러한 이유로 전쟁은 오래가지 않았다.

전쟁이 끝나고 난 뒤 병사들은 마을에서 나쁜 짓을 아주 많이 저질렀다. 그들은 전쟁의 냄새가 계속되는 [내내] 봉사와 융숭한 대접을 받으려고 하였다; 대장이나 촌장을 죽인 사람은 대단히 높이 받들어지며 찬양을 받았다.

---

1 란다는 앞선 8장(8-4)에서 멕시코 사람들에 의하여 처음으로 활과 화살, 창, 도끼, 방패, 면과 소금으로 된 튼튼한 조끼 같은 공격용 무기와 방어용 무기가 마야 사람들에게 전해졌다는 것에 대하여 언급하였다. 이와 관련하여 메리다 지방 렐라씨온에서 다음의 내용을 확인할 수 있다. "인디오들이 전쟁에서 사용한 무기로는 나무로 된 활과 화살촉이 달린 가는 갈대 화살이 있었다. 어떤 사람들은 방패와 끝이 달구어진 던지기 쉬운 크기의 가벼운 창을 사용하였고, 또 어떤 사람들은 끈을 이용해서 돌을 던지기도 하였다. 잦은 부상으로부터 신체를 보호하기 의하

여 면으로 된 좁고 긴 천을 두른 후에 그것을 아주 꽉 끼게 조여서 입었고, 면으로 누빈 민소매 겉옷을 입었다." 또 다른 유까딴 지방의 렐라씨온에는 다음처럼 언급되었다(Relaciones de Yucatán, 2: 186). "그들이 전투에 나갈 때 가져갔던 무기는 활과 화살, 창과 방패였다. 그들은 활을 출룰(Chulul)이라고 불렀고, 화살을 할랄(Halal)이라고 불렀다. 또한 창을 납떼(Nabte)라고 불렀고, 방패를 치마스(Chimas)라고 불렀다. 갑옷을 착용했기 때문에 심하게 부상하지 않았고, 목숨을 잃지도 않았던 것으로 보인다. 만따(직물)를 몸에 감아서 두르기도 하였는데, 이렇게 두른 만따(직물)는 무척 튼튼했기 때문에 화살이 뚫고 들어오지 못하기도 했다. 속에 솜을 넣어서 박음질한 에우윱(Euyub)이라는 만따(직물)를 입기도 하였으며, 이 또한 매우 튼튼해서 이것을 입은 사람은 전혀 부상하지 않을 정도였다. 이것은 오늘날까지도 일부 남아 있으며, 에스꼬삘(Escopil)이라는 또 다른 이름으로 불린다"(Tozzer, 121).

2 이 금속은 철이나 그 밖의 강한 금속이 아니라 구리의 일종인 것으로 추정된다. 또한 농업이나 전쟁을 위하여 만들어진 것이 아니라 장신구나 종교적 목적으로 만들어진 도구로 보인다. 마야를 포함한 아메리카 대륙의 유럽 정복 이전 문명에서 살상용 또는 농업용으로 금속도구가 사용되었다는 증거는 현재까지 발견된 바가 없다. 한편 토설본(121)에는 이 문장에 이어서 '… and of this form'으로 표기되었다. 그리고 문장 옆에 다음과 같은 도끼의 그림이 삽입되었다.

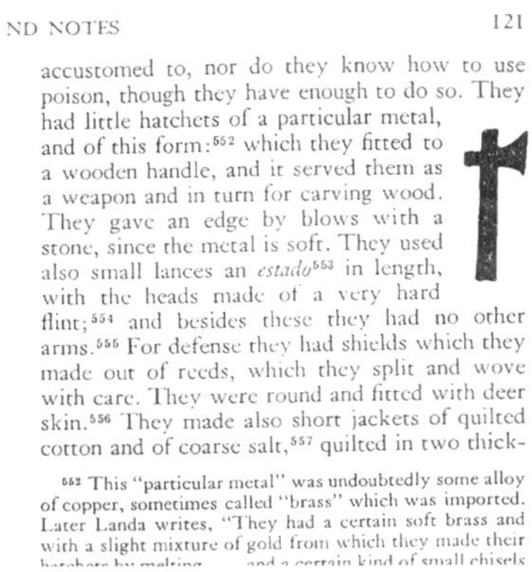

ND NOTES 121

accustomed to, nor do they know how to use poison, though they have enough to do so. They had little hatchets of a particular metal, and of this form:[552] which they fitted to a wooden handle, and it served them as a weapon and in turn for carving wood. They gave an edge by blows with a stone, since the metal is soft. They used also small lances an *estado*[553] in length, with the heads made of a very hard flint;[554] and besides these they had no other arms.[555] For defense they had shields which they made out of reeds, which they split and wove with care. They were round and fitted with deer skin.[556] They made also short jackets of quilted cotton and of coarse salt,[557] quilted in two thick-

552 This "particular metal" was undoubtedly some alloy of copper, sometimes called "brass" which was imported. Later Landa writes, "They had a certain soft brass and with a slight mixture of gold from which they made their

토설본(121)에 삽입된 도끼의 모습

3 여기서 언급된 창과 유사한 모양의 창을 꼬디쎄 마드리드에서 확인할 수 있다(Códice Madrid, 50b, 51c).

꼬디쎄 마드리드의 50b

4 다른 사료에는 이와 관련하여 다음처럼 묘사되었다. "그들은 방어용으로 … 잘게 벗겨 낸 (나무의) 껍질로 양면을 단단하게 엮어 만든 둥그런 방패를 사용하였다. 손잡이가 있고, 사슴과 재규어 가죽으로 장식되어 있으며, 크기는 우리들(에스빠냐)의 것과 비슷하다"(Relaciones de Yucatán, 1: 80–1).
오비에도(Oviedo)(42, III, 로쓰로프에 의해 인용, 1926, 1: 43)는 중앙아메리카의 방패에 대하여 다음처럼 묘사하였다. "방패는 나무 혹은 가벼운 목재의 껍질로 제작되었다. 깃털과 깃털공예 장식 그리고 면보로 장식되었다. 매우 가볍고 단단할 뿐만 아니라 보기에도 좋다"(Tozzer, 121).

방패로 추정되는 모습을 표현한 치첸이트사 유적지의 벽화, 멕시코 국립인류학박물관 소장

5 현재까지 남은 마야의 조각들에서 깃털이 꽂힌 나무 투구를 쉽게 발견할 수 있다. 치첸이트사의 재규어 사원 아래쪽 방에서 이러한 조각들을 다양하게 살펴볼 수 있다

(Maudslay, 3: Pls. 45–51). 한편 신들에게 바쳐졌던 '나무 가면들'이 우상들이라는 기존의 추측과는 달리 투구의 일종이었을 것이라는 가능성이 존재한다(Tozzer, 122). 위의 사진에서 이것을 확인할 수 있다.

6 호랑이와 사자는 마야 지역에 존재하지 않았다. 따라서 여기서 란다가 언급한 동물들은 마야 전사들이 자주 사용하였던 재규어나 퓨마 같은 동물로 보는 것이 현실적이다.

7 란다는 몸을 칠하는 것(바디페인팅)에 대해서는 여러 차례 언급하였으나 전사들의 몸과 관련해서는 어떠한 언급도 하지 않았다. 메리다의 렐라씨온(Relación, 보고서, Relaciones de Yucatán, 1: 41)에서 다음의 내용을 확인할 수 있다. "흉포함과 사나움, 용맹함을 부각하기 위하여 (전사들은) 눈과 코, 얼굴 전체, 몸, 팔을 붉고 검게 칠하였다." "…눈 쪽에 피어싱을 하였고, 속이 빈 줄기에 도금한 것 같은 금속 조각들을 매달았다. 또한 여자들처럼 머리를 길게 길렀다. 싸우러 나갈 때 어떤 사람들은 머리카락을 길게 늘어뜨리는가 하면 또 어떤 사람들은 다른 모양으로 묶기도 하였다. 각자 자신들의 용맹함을 최대한으로 나타내고자 하였다." 한편 모리스(Morris)(1: 463)는 치첸이트사에 있는 전사들 사원의 프레스코에 대하여 전사들의 손과 안면의 절반이 동적인 색으로 칠해져 있고, 나머지 부분이 검게 칠해져 있는 것에 대하여 언급하였다(Tozzer, 122).

8 가리바이본에는 이 문장이 '… o por capitán de la otra banda para la guerra'로 표기되었는데, 그 뜻이 명확하지 않다. 특히 'otra banda'의 뜻은 혼란을 일으킬 소지가 있다. 본문에서는 전체 문장의 흐름상 '다른 부대'라고 번역하였으나 이 부분만을 떼어 놓고 본다면 '다른 편'이라는 뜻에 더욱 가깝다고 볼 수 있다. 만일 후자와 같다면 전달하는 내용이 완전히 달라지고, 역사적으로도 마야 사람들의 전쟁에 관한 서술에 수정이 필요하다. 즉 한 마을에서 두 명의 대장을 뽑아서 각각 아군과 적군을 만들었다는 뜻으로 이해될 수 있다. 그렇다면 마치 전쟁을 메시까의 꽃의 전쟁(Guerra Florida, 게라 플로리다) 같은 '전쟁의식' 혹은 '전쟁놀이' 같은 것으로도 생각할 수 있고, 좀 더 세세하게 따져 보면 이러한 것이 마야의 공놀이장에서 행해졌던 것으로도 추정할 수 있다. 더 나아가 마야 사람들이 서로 영토를 빼앗거나 상대 도시를 점령하기 위하여 전쟁을 치렀다기보다는 종교적인 의식으로 전쟁을 치렀다는 의미로도 생각할 수 있다.
한편 토설본(122)에는 '… and to be the captain of the other division in war'로 번역되었고, 게이츠본에는 '… second corps of the army'로 번역되었다. 이 두 문장은 '같은 편의 다른 부대를 지휘한다'는 뜻으로 해석된다.

9 나꼰(Nacón)은 때때로 나꼼(Nacom)으로 표기되었다. 27장(27–10)에는 우상숭배를 가장 많이 하는 제사장으로 묘사되었고, 28장(28–7)에는 인신공양을 담당하는 제사장으로 묘사되었다. 그러나 전쟁과 관련된 나꼰의 역할과 성격에 관하여 엿볼 수 있는 내용을 또 다른 사료에서도 발견할 수 있다. 전사로서 빡스(Pax) 달 동안에 "전쟁 문제에 관여하며 적들로부터 승리를 거두려고 지휘하였다." 또한 "사람들은 마치 우상인 양 (나꼼을) 향기롭게 하면서 위용 당당하게 사원까지 데려갔고, 그를 자리에 앉혔다." 신성한 직위를 가진 전쟁의 우두머리이자 수장인 바땁이 마을의 대장으로 전쟁에 나가 있는 동안에 (나꼼은) 실질적인 전쟁의 지휘를 도맡아 하였다. 한편 유까딴 지방의 렐라씨온(Relaciones de Yucatán, 2: 185–6)에는 다음처럼 기록되었다. "앞서 살펴본 바와 같이 과거에도 지금처럼 사람들에게 명령을 내리고 지휘하던 사람이 있었다. 그는 바땁이라고 불렸으며, 대장의 역할을 하였다." "두 명의 노인들이 우리에게 들려준 이야기에 의하면 이 마을에는 세 명의 우두머리들이 있었다고 한다. 그중 한 명은 바땁이라고 불리던 사람인데, (바땁은) 대장이라는 뜻이다. 사람들이 그에게 공물을 바치지는 않았지만, 문제를 의논하기 위해서 또는 오락을 즐기기 위해서 그의 집으로 모여들었다. 또한 우두머리로서 늘 그와 함께 전쟁에 나갔다. … 사람들에 의하여 전쟁의 우두머리로 선출된 사람들은 나꼼(Nacom)이라고 불렸다. 만일 그들이 사람들에게 등을 돌리거나 죽게 되면 그의 병사들도 그에게서 등을 돌리거나 도망을 갔다. 그래서 많은 사람이 목숨을 잃었고, 우리가 이 지역에 도착했을 때는 이미 수많은 사람이 죽고 없는 상태였다"(Tozzer, 122).

10 마야에서 여러 종교적인 기능을 담당하던 인물 가운데 나꼰이라는 직책은 상당히 넓은 역할을 했던 것으로 보인다. 그는 종교적인 공양과 관련된 기능뿐만 아니라 전쟁에서 중요한 장수의 역할까지 도맡고 있었다. 이러한 그의 폭넓은 기능은 기본적으로 종교적인 성격에 기초한다는 점을 이 기록을 통하여 유추할 수 있다. 전쟁에 나가기 위하여 신성한 정화 과정을 거치고, 불순한 기운이 들어오지 못하도록 여러 타부를 가지고 있었다는 것은 마야문명이 가진 전쟁의 성격에 대한 여러 시사점을 안겨 준다.

11 대장들에게 적은 금액을 받고 마을에서 식량과 그 밖의 원조를 받던 용병들을 가리킨다. 홀깐(Holcan)이라는 이름은 '용맹함'과 '강인함'을 의미한다(Tozzer, 123). 그런데

이 용병이라는 것이 과연 어떤 것이며 어떤 성격이었는지는 정확히 파악하기 어렵다. 특히 과연 이렇게 용병이라고 부를 수 있을 만한 제도나 인물이 존재하였는지도 의문이다. 에스빠냐어에서 'H'는 묵음이지만 마야어에서는 일반적으로 'ㅎ'의 음값을 가지기 때문에 'Holcan'이 '홀깐'으로 발음된다.

12 가리바이본에는 "En los caminos y pasos, los enemigos les ponían defensas de flechaderos"로 표기되었는데, 그 뜻이 명확하지 않다. 특히 'flechaderos'는 현재 공식적인 에스빠냐어에 존재하지 않는 단어이다. 이 문장은 다음과 같은 뜻으로 해석될 가능성이 있다.

1. 만일 'flechaderos'가 '궁수'라는 뜻의 'flechador'를 잘못 표기한 것이라면 본문의 해석같이 "적들은 길과 통로에 궁수들을 빼곡히 배치한 방어진을 설치하였다."라는 뜻으로 해석될 수 있다.
2. 문맥상 'flechaderos'는 '궁수'가 아니라 '활을 쏘는 곳'으로 해석될 수 있다. 그렇다면 "적들은 길과 통로에 방어진을 빼곡히 설치하였다."라는 뜻으로 해석된다.
3. "적들은 길과 통로에 창을 날리는 방어진을 설치하였다."라는 뜻으로도 해석될 수 있다.

   토설본(123)에는 1번과 같이 "In the roads and defiles, the enemy placed defenses filled with archers"로 번역되었다.

13 식민지 후기의 사료들을 종합하여 집대성한 끌라비헤로(Clavigero)(1826 ed., 1: 257)는 메시까 사람들이 희생된 전쟁포로들의 머리를 보관하였다고 언급하였다. 멕시코 고원 지방의 또 다른 중요한 사료를 완성한 모똘리니아(Motolinia)(1, IX)는 이와 관련하여 다음처럼 언급하였다. "특히 전쟁의 희생자들을 비롯한 다른 희생자들의 머리 껍질을 벗겨 냈다. 이러한 희생자들이 촌장들(Señores) 혹은 중요한 사람들일 경우에는 머리카락을 남겨두고 껍질만 벗겨 냈다. 또한 보관을 위하여 말려 두었다." 라깐돈 원주민들은 성상을 모신 곳에 사슴과 원숭이, 그 밖의 야생 멧돼지들의 아래턱을 보관해 두었다(Tozzer, 123).

14 이와 관련하여 Chi MS(Appendix C)에는 다음의 내용이 기록되었다. "전쟁에서 붙잡힌 사람들은 … 만일 그들이 높은 계층의 사람들일 경우에는 (우상들에게 인신공양되었다. 그러나) 몸값을 지불하고 풀려난 사람들도 있었다." 지목되지 않은 사람들은 노예로 붙잡혔고, 꼬골유도(Cogolludo)는 이렇게 붙잡힌 사람들이 매우 혹독하게 다루어졌다고 하였다(Tozzer, 123).

15 토설은 이 부분을 다음처럼 해석하였다. "… and this the women prepared; but the men carried it on their backs for want of beasts of burden(여자들이 (음식) 준비를 하였지만 짐을 지울 가축들이 없었기 때문에 남자들이 등짐으로 날라야만 했다)"(Tozzer, 123).

30

간음, 살인, 도둑질한 사람에 대한 징계와 형벌

- 젊은이들에 대한 교육 - 아이들의 머리를 평평하게 하는 관습(편두풍습)

30-1 간음을 저지른 사람을 처벌하는 이곳 사람들 관습은 마야빤(시대)[까지] 거슬러 올라간다。 방법은 다음과 같았다。 조사 결과 간음을 저질렀다고 판단되면 마을의 어른들이 촌장의 집에 모여서 간음한 남자를 데리고 왔다。 그러고는 그를 나무 막대기에 묶어서 죄를 범한 여자의 남편에게 데리고 갔다; 만일 (여자의 남편이) 용서하면 (죄인의 몸이) 자유롭게 되었으나, 그렇지 않으면 높은 곳에서 (죄인의) 머리 위로 커다란 돌을 [떨어뜨려서] 사형에 처하였다; 여자들의 경우에는 (그 죄로 인한) 불명예가 엄청난 것이었기 때문에 그것만으로도 (죗값을 치르기에) 충분하였다。[1] 게다가 보통 이 일로 그녀들은 (남편에게) 버림받았다.

30-2 비록 과실일지라도 살인에 대한 형벌은 친척들의 계략으로[2] 사형에 처하는 것이었다。 만일 그렇게 하지 않으면 죽음을 보상해야 했다.[3]

도둑질은 비록 (양이) 적더라도 노예가 되어서 배상하고 처벌받아야 했다。[4] 이러한 이유로 (이 땅에는) 노예가 무척 많았다。 특히 기근이 들었을 때는 더욱더 그러했다。 그래서 우리 신부들은, 그들에게 자유를 주려고 참으로 열심히 세례를 해주었다.

30-3 만일 (범죄를 저지른 사람이) 촌장이나 (마을의) 중요한 어른일 때는 마을 사람이 모여서 [죄인을] 붙잡아 턱수염에서 이마까지 얼굴의 양쪽에 문신을 새겼다.[5] 이러한 형벌은 커다란 불명예로 여겨졌다.

30-4 젊은이들은 노인들을 매우 존경하며 그들의 조언을 따랐다. 그래서 (노인들은) 그들이 노인이라는 것을 자랑스럽게 생각하였다. 그들은 젊은이들에게 자신이 본 것을 들려주었고, 그들(자신)을 신뢰해야 한다고 하였다; 젊은이들이 조언을 따르면 따를수록 노인들은 더욱 큰 존경을 받았다.

이러한 면에서 큰 존경을 받았으나 젊은이들은 꼭 필요한 경우에만 노인들과 접촉하였다; 혼인을 앞둔 젊은이들은 기혼자들과 거의 접촉하지 않았다.

이러한 이유로[6] 각 마을에는 회반죽이 칠해져 있고 사방이 트인 커다란 집이 한 채씩 있었다. (그곳에) 젊은이들이 모여서 여가를 즐겼다.[7]

공놀이하고, 콩을 주사위처럼 가지고 놀았으며[8], 그 밖의 다른 많은 (놀이를) 즐겼다.

혼인하기 전까지는 거의 매일같이 이곳에서 모두 함께 잠을 잤다.

30-5 들리는 소리에 의하면 인디아스 다른 지역들에서는 이런 집에서 남색(男色, 동성애)[9]이 이루어졌다고 한다.[10] 이 지역에서도 그런 일이 있었는지는 알 수 없지만 나는 그렇게 생각하지 않는다. 왜냐하면 이러한 역겨운 불행에 엮인 사람들은 (자신들이) 여자들을 좋아하지 않는다고 이야기하는데, (이곳 인디오들은) 이곳에 나쁜 매춘부들을 데리고 와서 그녀들을 이용해 먹었기 때문이다. 이 일에 종사하던 불쌍한 여자들은 비록 돈을 받기는 했지만 수많은 젊은 남자에게 에워싸여 몸이 망가졌고, 목숨을 잃기도 하였다.

30-6 혼인하기 전까지 몸에 검정색을 칠하였고, 문신을 아주 조금밖에 하지 않았다.

모든 일에 있어서 늘 부모와 함께하였고, 그렇게 함으로써 (부모들)처럼 철저한 우상숭배자가 되었다. 또한 (부모들이) 하는 일을 열심히 도와주었다.

30-7 여자 인디오들은 어린 자식들을 발가벗긴 채 더없이 혹독하게 길렀다. (그녀들은) 태어난 지 4-5일 된 갓난아기를 줄기로 엮은 작은 침대에 엎드려 놓고[11] 아기의 머리에

두 개의 작은 판자를 묶어 놓았다. 하나는 후두부에 그리고 다른 하나는 이마에 댔다. 아주 꽉 조여 놓았기 때문에 고통 속에서 며칠이 지나면 머리 모양이 평평하게 자리 잡았다. 다른 사람도 모두 이렇게 하였다.[12]

이것은 불쌍한 어린아이들에게 대단히 고통스러울 뿐만 아니라 위험하기까지 하였다. (이로 인하여) 생명이 위태로웠던 (아이들도) 있었다. 필자는 귀 뒤쪽으로 (아이의) 머리에 구멍을 내는 것을 본 적이 있는데[13], 다른 수많은 (아이들)에게도 (똑같이) 행하였을 것이다.[14]

30-8 (인디오들은 어린아이들을) 발가벗겨서 키웠다. 그러나 4-5살이 되면 잘 때 덮을 수 있는 작은 담요를 주었고, 부모들처럼 정숙할 수 있도록 (성기를 가릴 수 있는) 천을 (주었다). 이때부터 여자아이들의 허리 아랫부분을 가려 주기 시작하였다.

젖을 뗄 수 있음에도 서너 살이 된 (아이들에게) 계속해서 젖을 먹이다 보니 (아이들은) 젖을 많이 빨았다. 이러한 이유로 그들 중에는 힘이 장사인 사람들이 아주 많았다.[15]

30-9 처음 2년 동안은 참으로 예쁘고 오동통하다.

그 후 어머니들이 계속해서 (아이들을) 목욕시키고, 햇볕에 그을리다 보니 살이 까무잡잡해진다; 그렇지만 (아이들은) 언제나 귀여운[16] 개구쟁이로 여러 명이 쉴 새 없이 몰려다니며 활과 화살로 서로 장난을 친다. 그러다가 청년들의 생활 방식을 따르기 시작하는데, 계속 그렇게 지내다가 어린아이의 삶에서 벗어나게 된다.

---

1 가리바이본에는 "… a la mujer por satisfacción bastaba la infamia que era grande"로 표기되었다. 여기서 'satisfacción'은 에스빠냐 왕립 학술원(Real Academia Española, RAE) 사전의 여섯 번째 정의에 의하면 'Una de las tres partes del sacramento de la penitencia(고해성사의 세 가지 부분 중의 하나)'라는 뜻이다.
만일 이와 같은 뜻으로 해석하면 "여자들의 경우에는 (그 죄로 인한) 불명예가 엄청난 것이었기 때문에 그것만으로도 (죗값을 치르기에) 충분하였다."라는 본문의 번역과는 달리 "고해성사를 하는 것으로 죄를 사한다."라는 의미로 해석될 수 있다. 그러나 이것을 고해성사와 관련하여 해석한 영어 번역본은 없다. 토설본(124)에는 다음처럼 본문의 번역과 유사하게 번역되었다. "Her disgrace, which was great, was a sufficient punishment for the woman, and usually they left their wives for this crime."

2 가리바이본에는 '··· por insidias de los parientes'로 표기되었는데, 여기서 'insidias'라는 단어로 문장의 해석이 명확하지 않다. 이 단어는 '계략'이라는 뜻이 있지만, 이 문장에서는 다른 뜻으로 쓰였을 가능성도 있다. 그러나 16세기 에스빠냐어 사전에는 계략 혹은 모략 외의 또 다른 뜻으로 정의되어 있지 않다. 또한 토설본(124)에도 이 문장이 '··· by the snares of his relations(친척들의 덫에 의하여)'로 번역되었다.

3 이와 관련하여 또 다른 사료에서 다음의 기록을 확인할 수 있다. "살인하면 그가 사람을 죽인 방법과 똑같이 그를 사형에 처하도록 하였다(Relaciones de Yucatán, 1: 80)"(Tozzer, 124).
한편 가리바이본에는 이 부분이 '··· pagar el muerto'로 표기되었다. 이 문장은 두 가지 뜻으로 해석될 가능성이 있다.
1. (사람을 죽였으니) 죽음으로써 죗값을 치르는 것
2. 사망금을 지급하는 것

4 유까딴 지역의 렐라씨온에는 절도 행위와 관련하여 다음 내용이 기록되었다. "만일 도둑이 그의 절도 행위를 보상할 만한 수단이 없을 때는 훔친 돈을 모두 갚을 때까지 계속 노예 생활을 하였다. 증인들을 불러 공개 수사를 하였는데, 당시 문자로 서로를 이해할 수 있었음에도 이러한 문자는 왕과 사제들만 배울 수 있었다"(Relaciones de Yucatán, 1: 80, Tozzer, 124). 훔친 돈을 모두 갚을 때까지 노예 생활을 한다는 것은 노예 생활이 조건부였다는 것이다. 마야 사회에는 원칙적으로 동서양의 노예와 같이 철저히 폐쇄된 노예제도가 존재하지 않았다고 볼 수 있다.

5 가리바이본에는 이 부분이 "··· le labraban el rostro"로 표기되었다. 여기서 'labraban'을 문자 그대로 해석하면 '일하다' '디자인하다'라는 의미이다. 브라쉐르 드 부르부르는 '절개하다(Scarify)' '그리다(Paint)' '문신하다(Tattoo)' 같은 뜻으로 번역하였고, WG는 '꾸미다(Decorate)' '절개하다(Scarify)' '문신하다(Tattoo)' 같은 다양한 뜻으로 번역하였다(Tozzer, 124). 또한 토설(124)은 '문신하다'의 뜻으로 "··· they tattooed"로 번역하였다.

6 이 문장의 첫머리는 '이러한 이유로(Por eso)'로 시작되는데, 이야기 전개와 내용상 앞문장과 호응이 어색하다. 중간에 문장이 삭제되었거나 잘못 표기된 것으로 보인다.

7 이와 관련하여 현대 마야 학자인 톰슨(Thompson)(1938a, 596)은 다음처럼 말하였다. "촐(Chol) 마야 사람들에게는 우상들이 놓인 집이 있었다. 이곳은 아내의 임신 기간 중에 남편들이 잠을 자던 '남자의 집(Men's house)'처럼 보였다." 로만과 자모라(Roman y Zamora)(1, XVII)는 종교적인 의례가 있는 기간 과테말라의 인디오들 사이에 격리 문화가 있었다고 주장하였다. 그리고 다음처럼 말하였다. "(신에게 공양을) 하는 기간에는 누구도 본인들의 집에서 잠을 자지 않았다. 사원 근처의 마을회관(Porticos, Portales, 직역하면 주랑 현관이라는 용어로 해석되지만, 전체적인 맥락이나 마야 전통 마을의 구조상 마을회관이라고 번역하였다.)이나 집에서 잠을 잤다"(Tozzer, 124).
마야뿐만 아니라 아메리카 대륙의 원주민들 사이에는 젊은이들이 모여서 함께 여가생활을 즐기고 마을의 공동체 생활하는 '젊은이의 집' 혹은 '남자들의 집' 같은 장소가 존재하였다. 아직도 그러한 전통이 상당 부분 남았다. 특히 멕시코 고원 지방의 메시까 원주민들에 관한 사료에서 이와 관련된 내용을 많이 발견할 수 있다. 이러한 장소는 '떼뿌츠깔리(Telpuchcalli)'라 불렸고, 놀이와 교육 같은 다양한 활동이 이루어졌다. 마치 오늘날의 고등학교 혹은 대학교 같은 기능을 담당하였다. 식민지 시대의 에스빠냐 사람들은 이러한 전통을 이용하여 원주민 유력자의 자녀들이 다니는 이곳에서 식민지 교육과 가톨릭 교육을 병행하였다. 또한 식민지 지배체제를 공고히 하는 데 필요한 현지인 조력자들을 양성할 목적으로 이용하기도 하였다.

8 이러한 '콩 놀이'는 점을 치는 행위로 마치 게임처럼 행해졌던 것으로 추정된다. 꼬골유도(Cogolludo)(4, IV)는 옥수수 한 줌으로 하는 '제비뽑기'에 대하여 언급하였고, 플로렌띤 꼬덱스(Florentine Codex)(Nuttall ed., 66)에서 천 위에 알맹이를 뿌린 뒤 알맹이가 떨어진 위치에 따라 답을 얻는 행위의 삽화가 실려 있는 것을 확인할 수 있다. 한편 오늘날의 마야 사람들은 옥수수알맹이로 미래를 예견하기도 한다(Tozzer, 124). 점을 치는 신성한 행위로서의 주사위 놀이와 비슷한 것들이 있었다. 그러나 오늘날 그 실체를 정확히 파악하기는 쉽지 않다.

9 가리바이본에는 이 부분이 'nefando pecado'로 표기되었다. RAE에는 'pecado nefando'가 'sexo con niños(아이들과의 성교)' 혹은 'sodomía(항문으로 성교하다)'라는 뜻으로 정의되었다. 여기서 'sodomía'는 '남색(男色, 동성애)'이 될 수도 있고, '남녀 간의 성교'가 될 수도 있다. 영어의 'sodomy'는 '남색'이라는 뜻이다. 토설본(124)에는 'pederasty'로 번역되었다. 'pederasty'는 '성인 남자와 남자아이 사이의 성교'라는 뜻으로 정의되었다. 결론적으로 'nefando pecado'는 '남색'이라는 뜻으로 이해될 수 있다.

10 이와 관련하여 춘추추 지방의 렐라씨온(Relaciones de

Yucatán, 1: 149)에서 다음 내용을 확인할 수 있다. "인디아스의 다른 지역들과 마찬가지로 이곳 인디오들 역시 끔찍한 죄(남색)에 대하여 알지 못하였다. 시우 왕의 집권기 때는 이러한 죄를 지은 사람을 타오르는 용광로에 던지는 형벌에 처하였다는 말이 전해 내려오고 있다. 오늘날 (메리다)시에서 남서쪽으로 7레구아(약 29킬로미터 혹은 39킬로미터) 정도 떨어진 고대도시 마야빤에서 용광로로 추정되는 유적을 발견할 수 있다. 이 도시는 뚜뚤시우의 거주지가 있던 곳이고, 그가 나라를 통치했던 곳이기도 하다."
한편 남색에 대한 시우의 과격한 처벌을 부인하는 내용들이 유까딴의 렐라씨온에 여러 차례 언급되었다. Chi MS에서 다음의 내용을 확인할 수 있다. "이 지역에서 사람들이 자연스럽지 못한 죄를 저질렀다는 것은 (사실이 아니다)." 뽄쎄 렐라씨온(1558, 1932 ed., 314)의 씨우닫 레알 편에는 "에스빠냐의 통치 기간 사람들에게 권장하였던 세 가지 사항이 언급되었다. 그 내용은 다음과 같다. 책(원주민들의 전통 종교 서적으로 추정된다.)과 카니발리즘(Cannibalism, 식인풍습)의 근절, 인디아스의 몇몇 지역에서 매우 빈번하게 이루어지던 남색이라는 끔찍하고 부도덕적인 행위"(Tozzer, 124).
이러한 자료들을 통하여 동성애가 식민지 시대에 문제가 되었고, 금지된 적이 있었다는 사실을 알 수 있다. 또한 에스빠냐 정복 이전부터 동성애가 원주민들 사이에서 존재하였다는 것 또한 역설적으로 유추할 수 있다. 그런데 여기서 란다가 언급한 것처럼 원주민 젊은이들이 모이는 장소에서 동성애가 공공연하게 이루어졌고 실제로도 빈번히 이루어졌다고 보기는 어렵다.

11 가리바이본에는 "…la criaturita ponianla tendidita en un lecho pequeño, hecho de varillas, y allí, boca abajo"로 표기되었다. 즉 여기서는 '…boca abajo(아래쪽으로)'로 표기되었는데, 라다와 델가도(Rada y Delgado)와 유까딴의 렐라씨온(Relaciones de Yucatán)에는 'arriba(위쪽으로)'로 표기되었다(Tozzer, 125). 얼굴이 위쪽을 보면(boca arriba) '누워'라고 해석되고, 아래쪽을 보면(boca abajo) '엎드려'로 해석되는데, 자료 대부분에는 '아래쪽을 향하다(abajo)'로 번역되었다.

12 편두풍습은 20장(20-4)의 주에서 자세하게 설명하였다.

13 게이츠본에는 이 문장이 "…the head was pressed back of the ears"로 표기되었다. 즉 '구멍을 내다'가 아니라 '누르다'는 뜻으로 해석되었다. 그런데 이처럼 '누르다'는 표현이 가능한지에 대해서는 의문이 든다. 가리바이본에는 "…agujerarle a uno la cabeza por detrás de las orejas"로 표기되었다. 여기서의 'agujerar'는 '구멍을 내다'라는 뜻이다. 본문에서도 이와 같은 의미로 번역하였다.

14 가리바이본에는 "…y así debían hacer a muchos"로 표기되었다. 이 문장은 다음의 두 가지 뜻으로 해석될 가능성이 있다.

1. (이러한 것을) 다른 수많은 아이에게도 (똑같이) 행하였다.
2. (이러한 것을) 다른 수많은 아이에게도 (똑같이) 행하였을 것이다.

2번은 추측의 의미를 내포하고 있다. 토설본(125)에는 "…and this must have happened to a great number"로 번역되었는데, 이 문장은 2번과 가깝게 해석된다.

15 이렇듯 오랜 수유 기간은 많은 인디오 사이에서 일종의 규율이었던 것으로 보인다. 오늘날의 마야 사람들도 오래도록 수유를 한다(Tozzer, 1907, 46 en Tozzer, 125).

16 가리바이본에는 이 부분이 'bonicos'로 표기되었고, 레온본에도 동일하게 표기되었다. 이것은 'bonitos(예쁜, 귀여운)'를 잘못 표기한 것으로 보이는데, 'bonico'라는 에스빠냐어 단어가 존재하기는 하지만 '조용히'라는 뜻이 있어서 전체 문장의 흐름과 호응이 되지 않는다. 따라서 본문에서는 'bonitos(예쁜, 귀여운)'의 의미로 해석하였다.

31

유까딴 여자 인디오들의 의복과 장식

31-1 일반적으로 유까딴의 여자 인디오들은 에스빠냐의 여자들보다 용모가 좋고 (몸집이) 크며 몸매가 예쁘다。 또한 흑인 여자들처럼 허리 부위[1]가 그렇게 크지 않다.

예쁜 여자들은 자신의 미모를 자랑스럽게 여기는데, 얼핏 보면 못생기지는 않았다; (피부는) 하얗지 않고 까무잡잡하다。 햇볕에 그을리고 목욕을 자주 하다 보니 원래의 (피부색보다) 더 (까매지게 되었다).

(화장하는 것이) 경박하다고 여겨져서 우리나라[2] (여자들과는) 달리 얼굴에 화장하지 않는다.

톱니 모양으로 치아를 갈던 관습이 있다。[3] 이렇게 하는 것이 매우 아름답다고 여겨졌고, 돌과 물로 치아를 갈아 주던 노파들이 있다.

31-2 콧구멍을 반으로 가르는 연골에 호박(琥珀)[4]을 끼우려고 구멍을 뚫었다。(이 또한) 매우 아름답다고 여겨졌다.[5]

(여자 인디오들도) 남편들처럼 귀고리를 달려고 귀에 구멍을 뚫었다; 허리 윗부분에는 문신을 하였는데-(아이를) 기르는 것 때문에 유방은 예외였다-。 문신 모양은 남자들

의 것보다 더욱 섬세하고 아름다웠다.[6]

(그녀들도) 남자만큼이나 찬물로 자주 목욕하였다. 목욕하러 가는 연못에서 옷을 모두 벗고 (몸을 씻었기 때문에) 그리 조신해 보이지는 않았다.

그 밖에도 드물지만 뜨거운 물과 불로 목욕하였다. 이것은 청결보다는 건강을 위한 것이었다.[7]

31-3 (그녀들은) 남편들처럼 몸에 붉은색의 크림 같은 것을 칠하였고, 가능한 여자들은 향기로운 고무로 만든 아주 끈적끈적한 것을 바르기도 하였다. 내가 볼 때는 마치 소합향(蘇合香)[8] 같은데, 이곳 사람들은 이것을 이스따-떼(Iztah-te)[9]라고 하였다. 비누처럼 벽돌 모양으로 아주 아름답게 만들어서 가슴과 팔, 등에 칠하였다. 그들의 눈에는 아주 예쁘고, 향기로운 것으로 비추어졌다; 크림이 좋으면 좋을수록 (향이) 날아가지 않고 오래도록 지속되었다.

31-4 (그녀들의) 머리카락은 굉장히 길었다. 예나 지금이나 (머리카락을) 두 갈래로 나누어서 매우 아름답게 장식한다. 또한 땋아서 다른 모양으로 장식하기도 한다.

섬세한 어머니들은 결혼식을 앞둔 딸의 (머리를) 매우 정성스럽게 가꾸어 준다. 나도 에스빠냐 여자들처럼 머리를 정성스럽게 손질한 여자 인디오를 많이 보았다.

어른이 되기 전까지 여자아이들의 (머리를) 보기에도 참으로 예쁘게 네 갈래나 두 갈래로 땋아 준다.[10]

31-5 해안과 바깔라르, 깜뻬체 지방 여자 인디오들의 복장은 참으로 정숙하다. 그녀들은 (허리) 밑으로 천을 걸치고, 겨드랑이 아래쪽으로 천을 접어 묶어서 가슴을 가리고 있었다[11]; 다른 지역의 여자 인디오들은 길고 넓은 천을 걸친 것이 전부였다. 이 천은 양옆이 트여 있고, 입었을 때 (길이가) 엉덩이까지 오며, (이 부분에서) 같은 너비로 매듭을 지어 묶었다. 잠을 잘 때 항상 사용하는 [만따(직물)] 말고는 다른 의복이 있지 않았다. 길을 떠날 때도 (만따를) 접거나 말아서 쓰고 다녔다.

1 가리바이본에는 "… que no son de tantos riñones como las negras"로 표기되었다. 여기서 'riñones'는 '콩팥' '중심, 중심부'라는 뜻이 있다. 토설본(125)에는 "… for they do not have such large loins as the black women"으로 표기되었다. 이 문장에서 'riñones'에 상응하는 단어는 'loins'인데, 'loins'는 '엉덩이' '허리 부분'이라는 뜻이다. 본문에서는 문맥상 'riñones'를 '허리 부위'라는 뜻으로 해석하였다.

2 여기서의 '우리나라'는 저자인 란다의 본국인 에스빠냐(España, Spain)를 가리킨다.

3 실제로 다양한 형태의 신체변형이 있었고, 치아를 갈아서 특정한 모양을 내던 풍습도 있었다. 세계의 다양한 부족들은 미적·사회적·종교적 혹은 그 밖의 다른 이유로 그들 나름의 신체변형을 하거나 신체에 인위적인 고통을 가한다. 넓은 의미에서 보면 오늘날의 우리도 예외는 아니다. 귀를 비롯한 다양한 신체 부위에 피어싱을 하고, 머리카락을 자르거나 포경수술 하는 것도 같은 맥락에서 이해할 수 있다. 마야 사람들은 다양한 신체변형을 하였는데, 두개골변형과 치아변형은 그들이 즐겨하던 신체변형 가운데 대표적이다. 치아를 가는 전통이 있었고, 치아의 여러 곳에 구멍을 내서 그사이 다양한 보석을 박은 사례들도 발견되었다.

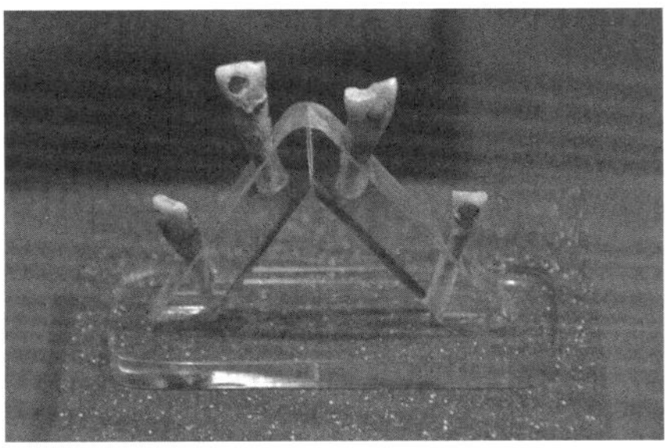

치아변형을 보여 주는 마야 지역 출토 유물,
멕시코 국립인류학박물관 소장

4 '호박(Ambar)'은 마야 지역에서 많이 나는 보석이다.

5 다양한 마야의 그림과 부조 등에서 코에 피어싱을 하고 코걸이를 한 모습을 발견할 수 있다. 이러한 전통은 이미 고전기 때부터 있었고, 후고전기를 거치면서 계속해서 이어지다가 식민지 정복 시대까지도 전승되었다. 그리고 오늘날에도 일부가 전통으로 남았다.

마야의 건축에 나타나는 코걸이를 한 조각,
멕시코 국립인류학박물관 소장

6 문신한 사람들도 있었으나 모든 사람이 문신했다고는 볼 수 없다. 특히 문신의 형태와 유행은 지역과 시대에 따라 많이 바뀌었다. 식민지 시대에 에스빠냐 사람들에 의하여 기록된 사료 대부분에는 문신하는 행위가 원시적인 것으로 기술되었다.

7 일부 지역에서는 이러한 증기목욕탕의 전통이 에스빠냐의 정복 이전 시대부터 지금까지 계속해서 이어져 내려오고 있다. 그러나 증기목욕은 건강을 위한 목적보다는 종교적인 의미에서 몸을 정화하는 의식으로 행해졌다고 보는 견해가 더 강하다. 마야의 유적지들에서는 증기목욕탕으로 여겨지는 장소들이 많이 발견되었다.
증기목욕탕이 도시의 중심에 있었다고 하면 보통 사람들은 이러한 시설이 일부 특권층의 호화로운 생활을 위하여 만들어진 것이 아니냐고 추측하기 쉽다. 그러나 증기목욕탕이 기본적으로 종교적인 성격을 띠고 있다는 것을 먼저 이해할 필요가 있다. 즉 상류층 사람들이 일반 평민과 차별화되는 호화로운 생활을 위하여 증기목욕탕을 만들어 사용한 것이 아니라는 것이다. 또한 마야 지역의 기후적인 특성을 통해서도 알 수 있듯이 고원 지역은 우리나라의 늦가을 날씨와 비슷해서 증기목욕탕이 생활에 유용하게 사용되었을 수도 있다. 그러나 저지대는 기온이 항상 높은 열대우림 지역이므로 목욕할 때 온수를 사용해야 할 필요성을 거의 찾기 힘들다. 즉 증기목욕탕이 생활의 필요가 아니라 다른 차원의 필요로 만들어진 것이고, 그것이 종교적인 부분과 상응한다는 것이다.

마야 사람들은 제례의식을 행하기 앞서 항상 여러 자기 정화 절차를 거쳤다. 그중에서도 가장 대표적이고 일반화된 것은 손끝 같은 자기 신체 일부에 상처를 내어서 피를 바치는 피공양이었다. 여기서도 묘사되었듯이 증기목욕탕에 들어가서 몸을 씻어 내는 것도 중요한 자기 정화의 한 방법이었다.

증기목욕탕의 형태는 여러 가지가 있었다. 대부분은 좁은 공간에 사람이 겨우 들어갈 만한 문이 만들어져 있었다. 목욕하는 중에는 열을 차단하기 위하여 천이나 나무 등으로 문을 막아 놓았던 것으로 보인다. 밖에서 건물의 벽면에 장작을 지펴서 달구었고, 안쪽에서는 그 달구어진 벽면에 물을 흩뿌려 줌으로써 벽면의 열을 통하여 물이 증기로 변하도록 하였다. 마야의 인디오들은 이러한 원리로 증기목욕을 함으로써 의식을 올리는 데 필요한 정화 효과를 얻게 된다고 믿었다. 과테말라의 삐에드라스 네그라스(Piedras Negras)와 유까딴반도의 치첸이트사 등 많은 마야의 도시에는 이러한 증기목욕탕 시설이 갖추어져 있었다. 한편 증기목욕탕 시설과 개념은 마야 사람들만 있던 것은 아니었다. 증기목욕은 전체 메소아메리카 지역의 원주민들 사이에서 넓게 행해지던 관습이었다. 메시까 사람들 역시 증기목욕탕에 관심이 많았으며, 멕시코 고원 지역의 많은 유적지에서도 공히 이러한 형태의 건축물들을 발견할 수 있다(마야, 2005, 246-247). 토설은 크레송(Cresson)을 인용하여 이러한 증기목욕탕이 마야 지역에서 '숨뿔체(Zumpulche)'로 불렸다고 하였다(Tozzer, 126). 마야어 사전에는 이러한 '숨뿔체'라는 단어가 '닦다' 혹은 '향을 입히다'라는 뜻으로 정의되었다. 이것은 앞서 기술한 증기목욕탕의 기능과 역할을 좀 더 분명하게 해 준다. 멕시코 고원 지방의 '떼마스깔(Temascal)'이라는 오래된 증기목욕탕은 지금까지도 그 전통을 이어 오고 있다.

빨렝께 유적지의 증기목욕탕

치첸이트사 유적지의 증기목욕탕

8 풍나무에서 얻어지는 향기 나는 노르스름한 수액이다. 향기가 좋아서 향료로도 쓰이고, 피부병에도 효과가 있어서 옴 따위의 치료용으로도 사용된다.

9 잎이 별 모양으로 생긴 커다란 나무의 잎에서 추출한 고무를 뜻한다(Tozzer, 126).

10 가리바이본에는 "… se los trenzan en cuatro cuernos y en dos"로 표기되었는데, 문장의 뜻이 명확하지 않다. 토설본(126)에는 '… in four or two horns'로 번역되었는데, 이것은 "머리카락을 두 갈래나 네 갈래로 땋아 준다."라는 뜻으로 해석될 수 있다. 그러나 "머리카락을 네 갈래로 나눈 후에 이것을 다시 두 갈래로 땋아 준다."라는 해석도 가능할 것으로 보인다.

11 바야돌릳 지방의 렐라씨온(Relaciones de Yucatán, 2: 29)에는 여성들의 복장에 대하여 다음처럼 언급되었다. "인디오 여자들은 속치마 같은 것을 입었다. 이것은 마치 양옆이 트인 자루처럼 보였고, 허리춤에 묶어서 정숙한 부분을 가렸다. 그 밖에도 많은 여자가 길게 기른 머리카락을 잘라서(역주: 땋아서. 가리바이본에는 'tranzado'로 표기되었다. 이 말은 '자르다'라는 뜻이지만 '짜다 혹은 땋다'라는 'trenzado'의 잘못된 표기일 가능성이 크다.) 면 손수건을 씌운 후에 작은 고깔처럼 만들어 가슴을 가렸다"(Tozzer, 126). 란다는 이 책 3장(3-3)에서 여인들의 섬을 이야기하면서 다음처럼 언급하였다. "… 그러고는 여인들의 섬에 도착하였는데, 그곳에서 여자 인디오들처럼 허리 아래에 옷을 걸치고 가슴가리개를 하고 있던 아익스첼, 익스체벨리악스, 익스부닉, 익스부니에따 같은 그 지방의 토착 여신들을 발견하였다. 이러한 까닭에 이 섬을 (여인들의 섬이라고) 이름 붙이게 되었다." 그러나 다른 많은 사료에는 마야의 여자 인디오들이 모두 가슴을 내놓고 다닌다고 기록되었다.

32

유까딴 여자 인디오들의 정절과 교육

- 그들의 높은 교양과 경제 - 출산과 관련된 신앙심과 특별한 관습들

32-1 (인디오들은 정조에) 가치를 두었다. 그것은 틀린 것이 아니다. 오늘날을 한탄하는 노인들에 의하면[1] (이곳 사람들이) 우리나라를 알기 이전에는 더없이 훌륭했다고 한다. 다음 같은 예가 있다. 몬떼호 총독의 처남[2]인 알론소 로뻬스 데 아빌라(Alonso López de Avila)[3] 대장은 바깔라르 전투에서 아름답고 착한 여자 인디오를 붙잡았다.

전쟁에서 (적들이) 아내를 죽이지 않을 것을 두려워하던 남편에게 그녀는 당신 이외의 다른 어떤 남자도 만나지 않겠다고 이미 약속한 상태였다.[4] 그래서 다른 남자에게 몸을 더렵히는 대신 죽음을 택하겠다는 그녀를 설득해도, 소용이 없었다. 결국 그녀는 개한테 던저졌다.[5]

32-2 아직 세례를 받지 않은 여자 인디오가 세례를 받은 어느 남자 인디오에 대하여 내게 불평을 털어놓은 적이 있다. 아름다운 그녀를 사랑한 남자는 남편이 없는 틈을 기다리다가 어느 날 밤 그녀의 집으로 찾아갔다. 온갖 사랑의 말로 마음을 고백하였으나 그것으로 충분하지 않자 미리 준비해 간 선물들을 내밀었다. 그런데 (선물들도) 별 효과가 없자 (이번에는) 그녀를 겁탈하려고 하였다; 거인[6]이었던 그는 목적을 달성하려고 밤새도

록 매달렸다. 그러나 그것은 결국 그녀의 화를 더욱 돋우기만 하였다. (여자는) 남자 인디오의 추악함을 불평하려고 나를 찾아왔고, 이것이 그녀가 내게 들려준 이야기이다.

32-3 (여자 인디오들은) 남자와 마주치면 등을 돌리고 길을 내주던 관습이 있었다. 마실 것을 줄 때도 (남자가) 모두 마실 때까지 이렇게 (행동하였다).

(그녀들은) 알고 있는 것을 딸들에게 가르치며 자신들만의 방식대로 (딸들을) 잘 기른다. 야단치고, 훈계하며, 일을 시킨다. 잘못을 저질렀을 때는 귀와 팔을 꼬집으며 벌을 준다.

(딸들이) 눈을 치켜뜨면 심하게 나무라며 (두 눈을) 후추로 문지른다.[7] 이것은 상당히 고통스러운 일이다; 만일 거짓말하면 이를 수치스럽게 여긴 (어머니가) 벌로 매를 들고 (눈 외의) 다른 부위를 후추로 문지르며 모욕을 주었다.

버르장머리가 없는 여자아이들에게는 어머니 없이 자란 것 같다고 이야기하는데, (이것은) 아주 심한 질책이자 면박이다.

32-4 (여자 인디오들은) 질투심이 매우 강하다. 그래서 질투를 느끼는 사람들에게 손찌검하기도 한다. 비록 (평소에는) 굉장히 유순하지만 (질투하면) 불같이 화를 내고 노여워하기 때문에 어떤 (여자들은) 실수가 대수롭지 않더라도 남편의 머리카락을 끄집어 당긴다.[8]

(그녀들은) 일을 무척 열심히 하고, 생활력이 아주 강하다. 가정을 부양하는 데 있어서 중요한 일들을 도맡을 뿐만 아니라 자식 교육에서부터 공물 납부까지 (모두 여자 몫이다). 게다가 필요할 때는 땅을 경작하고 씨뿌리기를 하며 식량을 (해결한다).

농사일을 무척 열심히 하고, 밤늦게까지 남은 집안일을 하며, 시장에 나가 물건을 사고팔기도 한다.

32-5 (그녀들은) 잡아먹거나 내다 팔려고 (인디아스의) 토종 새들이나 까스띠야의 새들을 기른다.

애완용이나 깃털을 얻으려고 새들을 기르고, (깃털로) 멋진 옷을 만든다; 그 밖의 다른 가축도 기르는데, (이 가축의) 젖을 노루[9]에게 주기 때문에 (노루들은) 무척 온순하게 자란다. 숲으로 데리고 다녀도 야생으로 돌아갈 생각을 하지 않는다. (그렇게) 노루들은

(숲)에서 자란다.

32-6 (그녀들은) 천을 짤 때 서로 도움을 주고받는 관습이 있다. 남편들이 땅을 경작할 때와 마찬가지로 (도움을 받은 사람이 도움을 줌으로써) 갚는 식이다.[10] (그녀들은 일하면서) 항상 조롱 섞인 농담을 하고, 새로운 소식을 주고받으며, 때로는 (다른 사람들에 대하여) 수군덕거리기도 한다.

남자들을 쳐다보거나 조롱하는 것은 매우 교양 없는 행동으로 여겨졌다. 그래서 단지 그렇게 하는 것만으로도 천박하게 보며 흉이 되었다.

(여자들)끼리만 추는 춤이 있고, 남자들과 함께 추는 춤이 있었다. 특히 나우알(Naual)이라고 불리는 (춤은) 그리 정숙하지 못하였다.[11]

(여자 인디오들은) 다산하고, 일찍이 출산하며, 양육을 대단히 잘한다. 이유는 두 가지다. 아침에 따뜻하게 마시는 음료로 모유가 많이 생기는 것이 첫 번째 이유이고, 계속해서 옥수수를 갈고[12], 가슴을 꽉 조이지 않기 때문에 (가슴이) 굉장히 커져서 모유가 많이 생기는 것이 두 번째 이유이다.

32-7 여자들 또한 잔치에서 술을 마시고 취하기도 하였다. 그러나 밥도 자기들끼리만 먹듯이 (술도 여자들)끼리만 마셨다. 남자들과 달리 많이 취하지 않았다.

(인디오들은) 자식들을 많이 낳기를 원한다; 우상들에게 제물을 바치며 기도를 드렸는데, 오늘날에는 주님께 기도를 드린다.

(그녀들은) 신중하고, 예의가 바르며, 서로 마음이 맞는 사람들끼리 이야기하기를 좋아한다. 인심 또한 매우 후하다.

비밀이 적고, 족제비처럼 (아주 깨끗이) 씻으며[13], 몸과 주변을 청결히 한다.[14]

32-8 (여자 인디오들은) 신앙심이 무척 깊을 뿐만 아니라 굉장히 독실하기 때문에 우상들을 숭배하는 행위를 아주 많이 하였다. (그녀들은 우상들에게) 향을 피우고, 면으로 지은 옷과 음식, 음료를 제물로 바쳤다. 또한 인디오들이 행하던 의례에서 음식과 음료로 제사상을 차리는 것 역시 그녀들 몫이었다; 그렇지만 (그녀들은) 악마들에게 피공양을 하는 관습이 없었으며, 이것을 결코 행한 적이 없다.[15]

또한 공양을 [할 때] 여자들은 신전에 갈 수 없었다.[16] 그러나 예외적으로 특정한 의례들에는 행사를 치르기 위하여 일부 노파들에게 (신전에 가는 것이) 허락되었다.[17]

(여자 인디오들은) 출산을 위하여 무당을 찾아갔다.[18] (무당들은) 자신들의 거짓말을 (산모들이) 믿도록 하였다. 또한 (산모들의) 침대 밑에 익스췔이라고 불리는 악마의 우상을 집어넣었고, 이 여신이 아이를 점지해 준다고 이야기하였다.[19]

32-9 (그녀들은) 아이가 태어나면 재빨리 목욕시켰고, 이마와 머리를 평평하게 하는 고통을 치르게 하였다. 그러고는 (아이의) 운명을 점치는 동시에 앞으로의 직업 이야기를 듣기 위하여, 어린 시절 불리게 될 이름을 받아오기 위하여 (아이들을) 데리고 제사장을 찾아갔다. 그들의 관습상 어린아이들은 세례를 받기 전이나 좀 더 성장하기 전까지 다른 이름으로 불렸다; (세례를 받은) 후부터 혼인하기 전까지는 아버지의 이름[으로] 불렸으며, [(혼인한) 후로는] 아버지와 어머니의 이름[으로] 불렸다.

---

1 가리바이본에는 "… según los viejos ahora lloran"으로 표기되었다. 이 문장을 직역하면 '현재 울고 있는 노인들에 의하면'이라는 뜻이다. 여기서의 'llorar' 동사는 '울다'라는 뜻이 아니라 'lamentarse'처럼 '한탄하다 혹은 안타까워하다' 같은 뜻으로 쓰인 것으로 보인다. 따라서 본문에서도 이처럼 해석하였다. 토설본(127)에는 "… the old men who are complaing of it today"로 번역되었고, 게이츠본에는 이 문장이 누락되었다.

2 가리바이본에는 이 부분이 'cuñado'로 표기되었다. 이 단어는 '처남, 매제, 매형' 등을 의미하므로 여기서도 다양한 해석 가능성이 존재한다. 그러나 본문에서는 편의상 알론소 로뻬스 데 아빌라(Alonso López de Avila)를 몬떼호의 처남으로 해석하였다. 여러 사료를 검토했으나 실제로 알론소가 몬떼호의 처남인지 혹은 매제나 매형인지는 확인하지 못하였다.

3 이 부분이 알론소 로뻬스 데 아빌라(Alonso López de Avila, 1486–1542)에 대한 유일한 언급이다. 그는 알론소 다빌라(Alonso Dávila)로 불리기도 하였고, 유까딴(Yucatán) 동쪽 지역을 비롯한 유까딴 정복에서 혁혁한 공을 세운 것으로도 알려져 있다. 인디오들을 대하던 그의 태도와 행실은 몬떼호 일가(Montejos)보다 훨씬 '부도덕'하였다. 이러한 이유로 란다가 그를 좋지 않게 평가한 것으로 보인다(Tozzer, 127).
알론소 로뻬스 데 아빌라는 아메리카 대륙 최초의 정복에 참여하며 많은 전공을 올린 인물로 파악된다. 에스빠냐 정부의 본격적인 아메리카 대륙에 대한 2차 탐험이라고 할 수 있는 그리할바의 탐험에서 그는 선장 중 한 명으로 지휘를 맡았다. 이후 3차 탐험에서 에르난 꼬르떼스를 도와 메시까를 정복하는 데 중요한 역할을 하였다. 이와 관련된 무용담은 아메리카 대륙의 정복사에서 빠지지 않는 재미난 이야기로 손꼽힐 정도이다. 메시까 사람들의 공격을 받아서 많은 에스빠냐 병사들이 죽고, 겨우 일부만 목숨을 부지한 채 도망을 가던 중 에르난 꼬르떼스는 소위 '슬픈 밤의 나무(Árbol de Noche Triste)'라고 불리는 나무를 붙잡고 이 상황을 한탄하며 눈물을 흘리고 있었다. 이때 알론소가 그에게 다가가서 "장군님, 지금 울고 계실 때입니까?"라고 말했다. 그러자 꼬르떼스는 "어찌 슬퍼하지 않을 수 있겠느냐!"라고 답하였다. 그러나 알론소는 지금 이 상황에서 울고만 있으면 결국 더 이상 도망가지 못해서 모두가 죽게 될 것이라고 하였다. 그렇게 알론소가 꼬르떼스에게 상황을 인식시켜서 새로운 도주로를 마련하였다고 사료는 전하고 있다(Aguilar, s/n). 또한 에스빠냐 본국으로 돌아가던 중 프랑스 해적에게 공격당하여 금은보화를 빼앗기고는 약 2년에 걸친 포로생활을 하다가 간신히 몸값을 지불하고 풀려나는 등 파란만장한 삶을 살았다.

4 토설본(127)에는 다음처럼 약간 다르게 해석되었다. "전쟁에서 죽게 될 것을 두려워한 남편에게 다른 남자와 관계를 맺지 않겠다고 약속하였다." 즉 토설은 전쟁에서 남자 자신이 죽게 될 것을 두려워한 것으로 해석한 것이고, 본 번역본에서는 전쟁에서 여자가 죽임을 당하지 않을 것을 남자가 두려워한 것으로 해석한 것이다. 그러나 레온본에는 이 문장의 첫 번째 줄의 'no la matasen'에서 'la' 대신에 'le'로 표기되었다. 이렇게 되면 토설본 같은 번역이 가능하다. 문맥상이나 정황상 레온본과 토설의 번역이 보다 자연스럽지만 가리바이본도 전혀 말이 안 되는 것이 아니기 때문에 본문에서는 가리바이본에 충실하여 번역하였다.

5 가리바이본에는 이 부분이 "… por lo cual la hicieron aperrear"로 표기되었다. 이 문장은 다음과 같은 두 가지 뜻으로 해석할 수 있다.
1. 개에게 던져져서 죽게 하다.
2. 고통받게 하다.
문맥상 1번과 같은 뜻으로 쓰였을 가능성이 크다. 따라서 본문에서도 이와 같은 의미로 해석하였다. 한편 토설본(127)도 1번 같은 뜻으로 번역되었는데, 그 문장은 다음과 같다. '… to be put to death by dogs'

6 가리바이본에는 이 부분이 '… con ser un gigantón'으로 표기되었다. 이와 관련하여 에스빠냐 왕립 학술원(RAE) 사전에는 "echarle(soltarle) a alguien el gigantón"의 뜻이 "남을 생각하지 않고 거북한 말을 하다."처럼 정의되었다. 따라서 여기서도 '남을 생각하지 않고 거북한 말을 하며' 같은 뜻으로 해석될 수 있다. 그러나 위와 같은 동사가 함께 쓰이지 않았으므로 이러한 해석에는 무리가 따른다. 한편 RAE 사전에서 'gigantón'에 대한 정의를 발견할 수 없는데, 이 단어는 일상적으로 '거인처럼 덩치가 큰 사람'을 일컫는다. 토설본(127)에도 'large man'으로 번역되었다. 16세기 에스빠냐어 사전인 Diccionario de Autoridades(Tomo cuarto, 49)에서 'gigantón'에 대한 두 가지 정의를 확인할 수 있다.
1. 거인
2. 축제할 때 나무 등으로 골격을 만들고 종이나 천 등으로 겉을 장식한 사람의 모양을 한 거대한 인형
본문에서도 이 단어를 '거인'이라고 해석하였다.

7 이 형벌에 대한 삽화를 멘도사 문서(Mendoza Codex)(Kingsborough, 1: Pl. 61)에서 확인할 수 있다(Tozzer, 127). 그러나 이 삽화는 마야 지역 풍습을 서술한 것이 아니라 멕시코 고원 지방 문화에 관해 이야기하고 있다는 점에 주의할 필요가 있다.

8 가리바이본에는 "… que algunas solían dar vuelta de pelo a los maridos con hacerlo ellos pocas veces"로 표기되었는데, 여기서 "con hacerlo ellos pocas veces"의 뜻이 명확하지 않다. 문맥상 '외도하다'는 의미로 파악된다. 토설본(127)에도 이와 유사한 의미로 해석되었다. 본문에서는 '질투하다'는 말을 이미 앞에서도 하고 있어서 이와 관련하여 '실수가 대수롭지 않더라도'라고 해석하였다.

9 가리바이본에는 'los corzos'로 표기되었다. 이 단어는 '노루'를 의미하는데, 당시 아메리카 대륙에는 이 동물이 존재하지 않았다. 따라서 란다가 '사슴(Venado)'을 '노루'라고 한 것으로 보인다. 이와 유사한 예로 란다는 2장(2–8)과 29장(29–2)의 본문에서 아메리카 대륙에는 존재하지 않던 '사자(León)'와 '호랑이(Tigre)'에 대하여 이야기하였다. 이것 역시 진짜 사자와 호랑이가 아닌 '재규어(Jaguar)'와 '퓨마(Puma)'를 가리킬 가능성이 있다.

10 마야의 인디오 사이에는 상부상조의 전통이 깊게 뿌리박혀 있었다. 따라서 농사일도 서로 품앗이 형식으로 하였다. 이것을 가리켜서 "다른 사람이 나의 일을 도와주면 나도 그 사람의 일을 도와준다." 혹은 "그것을 갚아 지불한다."라고 표현하였다. 이러한 전통은 남녀의 일을 가리지 않고 모든 차원에서 행해졌다. 이를 통하여 마을공동체가 중시되고 사회성이 강조되던 마야 전통 촌락의 관습을 엿볼 수 있다. 이러한 전통은 오늘날에도 그대로 이어져서 마을의 대소사를 결정하고 실천하는 데 마을 사람 대부분이 (남성들 대부분이 가족의 대표로 의결권을 행사한다.) 의사결정에 동참하고 주체가 되어서 상호협조한다.

11 '나우알'은 뻬레스(Perez) 사전에 '금지된 춤'으로 정의되었다. 또한 모뚤 사전에는 '술에 취한 사람처럼 걷다'라는 뜻으로 정의되었고, 산 프란씨스꼬 사전에는 '여자들의 오

래된 춤'으로 정의되었다(Tozzer, 128). 이를 좀 더 자세히 살펴보면 모뚤 사전에 근간한 마야어 사전에는 'Nawal'이라고 표기되었고, 이와 동일한 표기하에 두 개의 다른 단어로 분리되었다. 그중 하나는 '옛날 여인들의 춤(모뚤 사전)' '사슴의 춤(산 프란씨스꼬 사전)'이라는 뜻이고, 다른 하나는 '비실거려서 쓰러지다' '말라서 쓰러지다' '술에 취해서 쓰러지다'라는 뜻이다(Diccionario Maya, 563).

12 중북미 지역 원주민 여인들은 오늘날까지도 란다가 묘사한 것처럼 무릎을 꿇고 앉아서 우리나라의 다듬잇방망이처럼 생긴 갈돌로 옥수수를 가는 경우가 많다.

멕시코의 화가 디에고 리베라의 그림에 등장하는 옥수수를 가는 여인의 모습

13 토설본에는 이 부분이 그리 청결하지 않다는 뜻으로 번역되었는데, 문맥상 청결히 한다는 뜻으로 해석될 가능성이 더욱 큰 것으로 보인다.

14 족제비는 깨끗하고 부드러운 털이 있어서 털을 이용한 제품들이 많이 만들어진다. 따라서 "족제비처럼 씻는다."라는 표현은 자연스럽게 "깨끗이 씻는다."라는 말로 풀이될 수 있다.

15 란다는 이 책 28장(28-3)에서도 여자들이 피공양을 하지 않았다는 내용을 다음처럼 언급하였다. "여자들은 피를 내지는 않았지만 지독한 미신쟁이들로, 하늘의 새와 지상의 동물, 물의 물고기, 그 밖의 가능한 (다른 생명체들의) 피를 악마의 얼굴에 칠하였다." 그러나 여자들이 피공양을 하지 않았다는 란다의 주장은 신빙성이 떨어진다.

16 란다는 마야 사람들이 의례와 관련하여 여자들을 불결하게 여기는 것이 매우 보편적이었다는 점을 분명히 하였다. 여자들의 신전 출입이 허락되지 않았을 뿐만 아니라 여자들의 피가 신들에게 바쳐지는 것 또한 허락되지 않았다. 여자들은 종교에 매우 헌신적이었으나 그녀들의 역할은 향을 피우고 신들에게 제물을 바치는 것에 그쳤다. 단 필요한 물을 가지고 가는 여자들 혹은 필요로 처녀성을 바치러 가는 여자들은 예외적으로 의례에 동행하였다.
꼬골유도(Cogolludo)(12, VII)는 다음처럼 말하였다. "모든 인디오는 항상 우상들을 숭배하러 가지만 여자들은 가지 않는다. 단 악마의 제사장들에게 빵을 만들어 줄 처녀들은 예외이다." 라깐돈 원주민들의 여자들도 이와 마찬가지로 종교적 의례에 적극적으로 참여하는 것이 허락되지 않았다(Tozzer, 1907, 104-5, 108). 이곳 여자들은 의례가 끝나고 축제가 시작될 무렵에만 성역에 들어갈 수 있었다(Tozzer, 128-129).
그렇지만 여자들의 역할이 정치, 경제, 사회, 종교적으로 아주 미약했다고 말하기는 어렵다. 자신들의 원조 혹은 조상신이라고 할 수 있는 인물들로 여자들이 등장하고, 왕권을 넘겨주거나 권력을 넘겨주는 사람의 역할도 여자가 행하였으며, 직접적이지는 않지만, 여자들의 의견이 상당 부분 의사결정에서 중요한 부분을 차지하였다는 점에서 근거를 들 수 있다. 부부 사이에 분쟁이 일어났을 때도 실질적인 여성들의 파워가 두드러졌던 것을 볼 수 있다. 마야 사람들의 결혼과 관련된 이야기를 하는 이 책 25장에서 란다가 언급한 바 있듯이 남녀가 이혼하기도 했고, 남편들의 일방적인 결정이 아닌 여성들의 요구로 파경에 이르기도 하였다. 오늘날 마야 사회에서도 이러한 특징들을 발견할 수 있다. 즉 외형적으로는 가부장적인 형태를 보이는 것이 사실이지만 내부적으로는 여성들의 역할이나 힘이 상당히 복잡한 구조를 통하여 전체 사회 흐름에 상당한 영향을 미친다.

17 란다는 이 책 40장(40-11)에서 '뽑(Pop) 달'에 행하는 의례에 관하여 묘사하면서 다음처럼 기록하였다. "새해가 되면 남자만 모두 신전의 광장으로 모였다. 신전에서 행해지던 모든 공양과 의례에서는 춤을 추던 노파들을 제외하고 여자들의 (모습을) 전혀 발견할 수 없었다."

18 산체스 데 아길라르(1639, 1921 ed., 205)는 다음처럼 말하였다. "여자가 분만할 때 사람들은 인디오 무당을 불렀다. 그러면 (무당이 와서) 과거 우상숭배 시절의 언어로 마법을 걸었고, 그녀(산모)가 고해하는 것을 들었다"(Tozzer, 129).

19 '익스첼'은 '달의 신, 여성의 신, 월경의 신' 등 여성성을 주관하는 주신이다. 따라서 우리나라의 삼신할머니 같은 성격을 띠고 있다고 볼 수 있다.

33

초상

-제사장들의 매장 - 촌장들의 유골을 보관하는 조각상 - 조의 - 사후세계에 대한 믿음

33-1 이곳 사람들은 죽음에 대한 과잉 공포가 있었다. 그것은 신들에게 바치던 모든 의례에서 다른 이유나 목적이 아닌 오로지 건강한 삶과 일용할 양식을 기원하였던 것을 통하여 알 수 있다.[1]

그러나 (누군가가) 세상을 떠나면 고인(故人)으로 인하여 무척 슬퍼하였고, 눈물을 흘리며 매우 비통해하였다.

낮에는 조용히 울었고, 밤에는 소리 높여 통곡하였다. 이것을 듣고 있노라면 참으로 가슴이 아팠다.

며칠이고 커다란 슬픔에서 헤어 나오지 못하였다.

(장례 기간에는) 고인(故人)을 위하여 금욕과 금식을 하였다. 특히 (고인의) 남편이나 부인은 (이를 더욱 철저히 행하였다). 또한 사람들이 말하기를 악마가 [고인을] 데리고 갔다고 하였는데, 왜냐하면 자신들에게 일어나는 모든 나쁜 일의 근원이 악마에게 있고, 특히 죽음이 그러하다고 믿었기 때문이다.

33-2 (사람이) 죽으면 수의(壽衣)를 입혔으며, 꼬옘(Koyem)[2]이라고 불리는 그들의 음식

과 음료 같은 간 옥수수를 (고인의) 입속에 채워 넣었다. 돈으로 사용되는 돌 몇 개도 함께 (놓았는데), 저승에서 먹을 것이 부족하지 않도록 한 것이었다.[3]

집 안이나 집 뒤편에 (시신을) 매장하였고[4], 무덤 안에 몇 개의 우상들을 함께 집어넣었다; (고인이) 제사장일 때는 그의 책 가운데 몇 권을 (함께 묻었으며); 무당일 때는 주술용 돌과 기구들[5]을 (함께 묻었다).

일반적으로 장사(葬事)를 지내고 난 후에는 집을 버리고 황폐하게 놔두었다. 그러나 (집 안에) 사람들이 많고, 그들과 함께 지내면서 죽음에 대한 공포가 어느 정도 사라지면 그렇게 하지 않았다.

33-3 (고인이) 촌장이거나 (마을의) 높은 어르신일 경우에는 시신을 태운 후 커다란 토기 안에 유골(遺骨)을 집어넣었다. 그리고 그 위에 신전을 지었는데, 잇사말에서 발견된 (신전들이) 오래전에 (이러한 관습으로) 지어졌다는 것을 알 수 있다.[6]

[고인들이] 아주 높은 사람들일 경우에는 흙으로 만든 속이 빈 조각상에 유골을 집어넣었다. 오늘날 이것이 발견되기도 하였다.

33-4 그 밖의 (마을의) 중요한 어르신들은 (부모의 장례를 치를 때) 부모를 위하여 머리 뒤쪽이 빈 나무 조각상을 만들었다. 시신 일부를 태운 후에 그곳에 유골을 집어넣어서 밀봉하였고; 고인의 머리 뒤쪽에서 피부를 벗겨 내어 그것을 (나무 조각상에) 붙였다. 그러고는 그들의 관습대로 남은 부분을 매장하였다; 이러한 조각상들은 여러 우상과 함께 모셔지며 많은 공경을 받았다.

꼬꼼의 옛 촌장들이 죽으면 머리를 베어 내어서 삶은 후에 살을 발라냈다. 그러고는 머리 앞부분의 턱뼈와 치아를 남겨둔 채로 정수리에서부터 뒷부분의 반을 잘라냈다.

이 반쪽짜리 해골의 살이 없는 부분에 역청(같은 것)을 채워서 보충한 후에 살아 생전 모습을 완벽하게 재현하였다. 그러고는 이것을 유골을 넣은 조각상들과 함께 우상들이 모셔진 신당에 함께 두었고, 커다란 존경과 경의를 표하였다. 또한 의례나 잔치가 있는 날에는 (고인들의) 영혼이 휴식을 취하며 자신들이 올린 선물을 받는 저승에서 부족함이 없도록 음식을 차려서 제사상을 올렸다.

33-5 비록 (이와 관련된 수준) 높은 문화가 있는 것은 아니지만 이곳 사람들은 영혼의 불멸을 그 어떤 나라 사람들보다도 굳게 믿었다。 왜냐하면 사후(死後)에는 더욱 훌륭한 삶이 존재하고 영혼은 육체와의 분리를 통하여 (그 삶을) 즐길 수 있다고 믿었기 때문이다.

그들은 사후의 삶은 좋은 삶과 나쁜 삶, 고통스러운 삶과 휴식이 충만한 삶으로 나누어진다고 이야기한다.

나쁘고 고통스러운 삶은 악한 자들을 위한 것이요; 좋고 즐거운 삶은 (각자의) 방식대로 훌륭한 삶을 살다간 자들을 위한 것이라고 하였다[7]; 착한 자들만이 아무런 고통 없이 달콤한 음식과 음료가 넘쳐 나는 행복한 곳으로 가서 휴식을 취할 수 있다고 하였다。 그곳에는 약스체(Yaxché)라고 불리는 무척 신선하고 커다란 그늘을 드리우는 판야나무[8]가 있는데, 그 나뭇가지의 그늘에서 매일같이 안식을 취하며 노동하지 않아도 된다고 하였다.[9]

33-6 악한 자들이 겪게 된다는 나쁜 삶에서는 벌로 가장 낮은 곳에 있는 미뜨날(Mitnal)[10]로 가게 된다고 (하였다)。 (미뜨날이라는 말은) 지옥(Infierno)이라는 뜻이다。 그곳에서는 악마들에게 고통에 시달리며 엄청난 배고픔과 추위, 피로와 슬픔에 (허덕이게 된다고 하였다).

또한 그곳에는 어떤 악마가 한 명 있는데, (그는) 모든 악마의 왕자로 인디오들 말로는 훈하우(Hunhau)[11]라고 불린다(고 하였다)。 모두 그에게 머리를 조아린다(고 하였고), 이러한 좋은 삶과 나쁜 삶에는 영혼이 없어서 끝 또한 없다고 하였다.

게다가 스스로 목매달아 죽으면 천당에 갈 수 있다고 굳게 믿었기 때문에; 이러한 이유로 많은 사람이 대수롭지 않은 슬픔과 힘든 일, 작은 질병에도 거기서 벗어나 천당에서 안식을 얻기 위하여 스스로 목을 매달았다고 하였다。 (그러면) 익스땁(Ixtab)[12]이라고 불리는 목매다는 죽음의 여신이 와서 목매어 죽은 사람들을 천당으로 데려간다고 하였다.[13]

(그러나) 그들은 육신의 부활에 대해서 전혀 몰랐을 뿐만 아니라 누구로부터 천당과 지옥에 대하여 전해 들었는지도 알지 못하였다.

1 가리바이본에는 '… salud y vida y mantenimientos'로 표기되었다. 이것을 직역하면 '… 건강과 생명력 그리고 양식(糧食)'이 되지만 이 책 본문에서는 가독성을 높이기 위하여 '… 건강한 삶과 일용할 양식'으로 의역하였다.

2 마야어 사전에는 'K'eyen'으로 표기되었고, 구운 옥수숫가루로 고추나 소금, 설탕, 꿀을 가미하여 음료로 마시는 것 혹은 그러한 음료를 만들기 위한 옥수숫가루 반죽이라고 정의되었다(Diccionario Maya, 398). 보통 여행을 다니는 사람들이 가지고 다니다가 쉬면서 식사를 할 때 물과 섞어서 마시는 것이라고 설명하기도 한다. 일반적으로 마야 사람들은 이것을 뽀솔레(Pozole)라고 부르는데, 마야 지역에서는 오늘날까지도 뽀솔레를 즐겨 마신다. 한편 멕시코의 다른 지역에서는 옥수수알을 고깃국물에 집어넣은 일종의 탕을 '뽀솔레'라고 말한다. 그러나 유까딴반도와 마야 사람들이 말하는 뽀솔레는 이것과는 다르다. 우리나라의 장례 전통에도 고인(故人)의 입안에 생전에 먹던 밥을 넣어 주는 과정이 있듯이 마야의 원주민들도 그들이 즐겨 먹던 꼬옘을 고인의 입안에 넣어 주는 풍습을 지니고 있다.

3 멕시코 고원 지방 메시까 원주민들의 풍습에 대하여 상세히 기록한 또르께마다(Torquemada)(13, XLV)의 사료에서 다음의 문장을 확인할 수 있다. "사람들은 (고인의) 입에 인디오들 말로 찰치우이뜰(Chalchihuitl)이라고 불리는 고운 에메랄드 돌을 집어넣었다. 그러고는 이렇게 하는 것이 심장을 위한 것이라고 말하였다." 한편 블롬(Blom)(1934, 14, Figs. 10, 15)은 두개골의 입에서 경옥구슬을 발견하였다. 이것은 란다의 기록과 정확히 일치한다. 또한 마야의 많은 무덤에서 옥구슬이 발견되었는데, 의문점이 남아 있기는 하지만 원래 구슬이 놓였던 자리는 (현재 두개골이 전혀 남아 있지 않기는 하지만) 고인의 입 부분인 것으로 파악된다. 한편 앨프리드 키더 박사(Dr. Alfred V. Kidder)는 1937년 카네기 학술문화연구장려기관(Carnegie Institution)을 통하여 과테말라 시티의 남서쪽 변두리 까미날후유(Kaminaljuyu)에서 발굴 작업을 하던 중에 두개골에 있던 옥구슬을 발견하였다(Tozzer, 130).

4 여기서 란다는 서민들의 매장풍습에 관하여 언급하였다. 이러한 풍습은 오늘날까지도 마야의 상당 지역에서 그 전통을 이어가고 있다. 깐(Gann)(1919, 85; 1928, 51-2; 1929, 57-8)은 벨리세(Belice)의 마야 사람들이 여전히 자신들의 집 아래에 고인을 묻는다고 하였다. 톰슨(Thompson)(1930, 82)은 인디오들이 30-40년 전에 이처럼 하였고, 알따 베라빠스(Alta Verapaz)의 인디오들은 지금도 여전히 그렇게 하고 있다고 말하였다. 또한 블롬(Blom)과 라파즈(La Farge)(361)는 마야 부족인 북쪽의 쩰딸(Tzeltal) 인디오에게 이와 똑같은 풍습이 있는 것에 대하여 언급하였다(Tozzer, 130).

5 가리바이본에는 '기구들'이라고 해석한 부분이 'pertrechos'로 표기되었다. 이 단어는 일반적으로는 '도구'라는 뜻으로 사용되지만 그런 도구 가운데 '군인들이 사용하는 전쟁을 위한 도구'라는 뜻으로 사용되기도 한다. 만일 후자의 뜻이라면 제사장 가운데 전쟁과 제례의식을 겸하던 29장(29-5, 29-6) '홀깐(Holcan)'이라는 제사장을 생각할 수 있다. 홀깐이 죽으면 그가 평소에 제례의식과 전쟁 지휘관 역할을 맡았던 만큼 두 가지 물건을 함께 묻었을 가능성이 있다.

6 이러한 관습은 마야문명 역사를 통하여 꾸준히 전해진 것으로 보인다. 특히 특별한 경우 화장하지 않고 피라미드 아래 무덤을 만들어서 죽은 시신을 직접 안치하기도 하였다. 고전기 마야의 대표적인 유적지인 빨렝께와 꼬빤(Copán) 등에서도 이러한 무덤이 발견되었다.

7 천국과 지옥으로 나뉘는 응징과 징벌에 대한 믿음에는 기독교적인 가르침이 반영된 것으로 추정된다. 이에 대하여 레이필드와 빌야(Redfield and Villa)(374)는 다음처럼 말하였다. "이 문장은 기독교적 사상과 아주 흡사하지만 메시까나 보통 인디오들의 사상과는 매우 동떨어져 있다. 그래서 란다의 렐라씨온의 사실성에도 의문이 든다"(Tozzer, 131).

8 보통 현지에서 쎄이바(Ceiba)라고 불리는 판야나무는 마야 지역에서 많이 자생하는 나무로 원주민들에 의하여 늘 숭배의 대상이 되었다. 이 나무는 세상의 중심 혹은 신의 세계와 인간의 세계를 연결해 주는 나무로 여겨졌다. 그래서 마야의 조각과 그림 등의 소재로 많이 활용되었다.

9 아벤다뇨(Avendaño MS)(29, given by Means, 135-6, quoted by Genet, 1: 232-3, and by Roys, 1933, 102)에는 최초의 나무인 약스체엘 깝(Yaxcheel cab)이 삐뗀이차에 재현되었다고 기록되었다. "각 위에 놓인 … 돌로 이루어진 기둥 조각들은 … 소인배인 왕과 그의 가족들 그리고 추종자들은 돌기둥과 함께 이것(돌 가면)을 숭상하였다. 이 기둥은 … '이 세상 최초의 나무'라는 뜻의 약스체엘

깝이라고 불린다. …사람들은 이 기둥을 소유하고자 하였다. 또한 최초의 아버지인 아담(Adam)이 바로 이 나무의 열매를 먹었기 때문에 이 기둥 또한 숭배되고 있다."

한편 식민지 시대 유럽의 영향이 비교적 적었다고 평가되는 추마옐(Chumayel, 102)의 사료에서 다음의 내용을 확인할 수 있다. "이 세상 최초의 나무는 매우 빠르게 뿌리를 내린다." 그 밖에도 칠람 발람에서 '세상의 푸른 나무'(N. 211)라는 기록과 함께 '생명의 나무'(N. 215)라는 기록을 확인할 수 있다.

토설(Tozzer, 1907, 154, quoted by Beuchat, 1907, 278 and from him by Genet, 1: 234)은 현대 마야 사람들에 대하여 다음처럼 언급하였다. "유까딴의 원주민들은 땅 위에 일곱 개의 천국이 있다고 한다. 각각의 천국 가운데는 구멍이 나 있고, 그 구멍들은 다른 천국들의 구멍 바로 위에 나 있다. 땅의 한가운데서 자라는 거대한 쎄이바(Ceiba, Yaxche, Bombax)는 에스빠냐 사람들의 엘 그란 디오스(El Gran Dios, 위대한 신)가 사는 일곱 번째 천국의 구멍에 도달할 때까지 연속되는 천국의 구멍들을 통하여 가지를 뻗는다. 죽은 영혼들은 이 나무를 통하여 이승에서 저승으로 승천한다. 가장 높은 곳까지 오르고 나면 그곳에 정착하게 된다"(Tozzer, 131–132).

이렇듯 나무의 형상 가운데 쎄이바 나무는 인디오들의 우주관을 상징하는 중요한 요소이다. 그리고 인디오들이 이러한 나무의 뿌리와 줄기, 가지의 모양을 십자가와 유사한 것으로 생각하는 것을 확인할 수 있다. 나무와 십자가의 모습은 이 세상을 형상화한 모습으로 정복 이전 시대부터 오늘날까지 여러 다양한 소재에서 자주 등장한다.

10 모똘 사전과 그 밖의 다른 사전에는 미뜨날(Mitnal) 혹은 메뜨날(Metnal)로 기록되었다. '아래 지역'을 의미하는 나우아뜰어의 '믹뜰란(Mictlan)'에서 유래한 것으로 보인다. 톰슨 인 깐(Thompson in Gann)과 톰슨(Thompson)(129–30)은 메시까와 마야 사람들의 믿음에 근거하여 다음처럼 말하였다. "마야 사람들은 사후세계에 대한 믿음을 가지고 있었다. 초기 에스빠냐 사제들에 의하면 악한 삶을 살다 간 사람들은 죽어서 메뜨날에 가게 된다고 하였다. 그곳은 땅 밑에 있는 축축하고 음울한 곳으로 사람들이 사후 삶을 살게 되는 곳이다. 이곳에 온 사람들은 아 뿌츠(Ah Puch)의 지배하에 권태로움으로 인한 고통을 받으며, 오로지 주기적으로 찾아오는 극심한 추위 속에서만 권태로움으로부터 벗어날 수 있다."

라깐돈 원주민들은 지하에 지하세계의 신(Metnal)인 끼신(Kisin)의 나라가 있다고 믿었다. 그는 악의 신이다. …그의 지하세계는 쎄노떼에 몸을 던져서 자살하거나 그 밖의 다른 식으로 자살한 사람들의 영혼이 머무는 곳이다. 모든 죽은 자들의 영혼은 짧게나마 이곳에 머물게 되고, 이후 영원한 행복을 누리며 살 수 있는 천국으로 떠나게 된다. 그러나 전사를 한 남자의 영혼이나 분만하다가 죽은 여자의 영혼은 이곳 메뜨날에 머물지 않고 곧바로 지상 세계로 가게 된다(Tozzer, 1907, 156 quoted by Beuchat, 1907, 279, and from him by Genet, 1: 234–5, and Pérez Martínez, 140–1).

모란 촐(Moran's Chol) 사전에는 끼신(Kisin)이 악마 또는 지하세계의 신으로 기록되었다. 톰슨(Thompson)(1938a, 595)은 모란(Moran) 사전에 지하세계를 가리키는 용어가 씨발바(Xibalba)로 기록되었다고 하였다. 뽀뽈 부(Popol Vuh, 1927 ed., 259)에도 같은 의미로 언급되어 있으며, 모똘 사전에는 '악마'라는 뜻으로 기록되었다. 한편 란다는 38장(38–2)에서 익스(Ix) 해에 추는 춤으로 '악마의 춤'이라는 뜻의 '시발바오꼿(Xibalbaokot)'에 대하여 언급하였다(Tozzer, 132).

11 이 신은 죽음의 신이다. 모똘 사전에는 이 신의 또 다른 이름이 '루시퍼, 악마들의 왕자'라는 뜻의 '꿈하우(Cumhau)'와 '아 뿌츠(Ah Puch)'로 기록되었다. 추마옐(Chumayel, 65)에서도 그에 대한 언급을 확인할 수 있다. 한편 윰 끼밀(Yum Kimil) 혹은 씨밀(Cimil)과 끼신(Kisin) 혹은 씨신(Cisin)도 '죽음의 신' 또는 '지하세계의 신'을 지칭하는 말로 쓰인다(Tozzer, 132).

12 셸하스(Schellhas)(1897, Eng. ed., 15)가 지적하였듯이 이 특이한 여신의 이름은 '목매는 밧줄의 여신'이라는 뜻이다. 꼬디쎄 드레스데의 53a면에 보면 죽음의 신이 있고, 그 아래 목에 밧줄을 매고 있는 여자가 있다. 이 여자가 바로 익스 땁(Ix Tab)인 것으로 추정된다(Tozzer, 132).

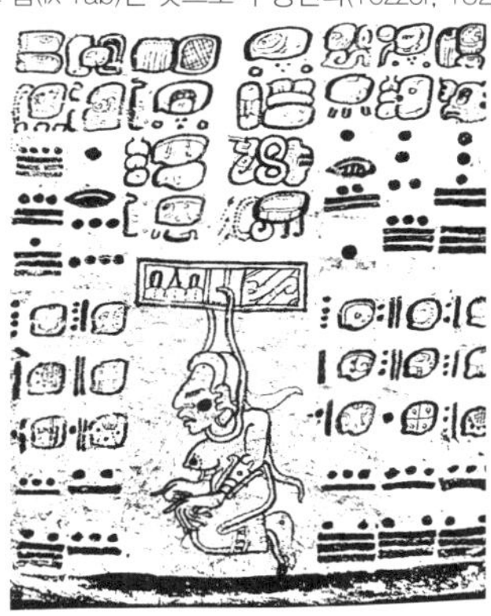

꼬디쎄 드레스데 53a

13 식민지 초기에 많은 사람이 에스빠냐 정복자들에 의하여 목숨을 잃었고, 스스로 목숨을 끊었다. 그러나 마야 사람들이 이처럼 쉽게 자살하였다는 생각은 침략자인 에스빠냐 사람들의 살인과 폭력 정책에 대하여 변호하는 셈이다. 즉 에스빠냐에서는 원주민이 많이 죽은 것이 자신들 때문이 아니라 원래 이곳 원주민들이 쉽게 죽음을 택하기 때문이라는 식으로 자신들의 책임을 회피하고 있다.

34

유까딴의 연도 계산

- 날에 해당하는 문자들 - 네 명의 바깝과 그들의 이름 - 불길한 날들

34-1 유까딴에서는 태양이 오랫동안 지거나 멀어지는 법이 없어서 낮보다 밤이 절대 길어지지 않는다; 산 안드레스(San Andrés)로부터 산따 루씨아(Santa Lucía)까지의 기간[1]이 (밤이) 가장 길어지는 때인데, (낮과 밤의 길이가) 비슷해지는 정도이고, (그 기간이 지나면 다시) 낮이 길어지기 시작한다.[2]

(인디오들은) 밤에 시간을 알기 위하여 금성[3]과 염소자리[4], 쌍둥이자리[5]를 활용하였다.

낮에는 정오를 기준으로 동쪽과 서쪽을 (구분하여) 각각의 (하늘에) 이름을 붙여 놓았다。이것을 통하여 서로 (시간대를) 파악하고 일을 조정할 수 있었다.[6]

34-2 그들도 우리처럼 366일[7]과 6시간으로 이루어진 완벽한 한 해(年)가 있었다.

그들은 두 가지 방법으로 (한 해를) 여러 달로 나누었다。그중 하나는 달(Luna)이라는 뜻의 우(U)라고 불리는 30일로 이루어진 달(月)이다。[8] 이것은 (달이) 새로 시작해서 보이지 않을 때까지의 기간으로 계산한다.[9]

34-3 다른 하나는 우이날 후네께(Uinal Hunekeh)라고 불리는 20일로 이루어진 달이다;

18개의 달에 5일과 6시간이 보태져서 일 년이 채워졌다.[10]

(매년) 6시간이 (보태지는 식으로) 4년마다 하루 더 추가되었기 때문에 4년에 한 번씩 한 해는 366일이 되었다.[11]

이러한 360일에 대해서는 (각각의 날들을) 명명하는 20개의 글자 혹은 문자가 있었으나 나머지 5일은 불길한 날이라고 하여 따로 이름이 없었다.[12]

그 문자들은 다음과 같다. 우리말로 이해할 수 있도록 (각각의 글자) 밑에 이름을 표시해 두었다.

달력의 문자들

34-4 전에도 이야기하였듯이 인디오들은 5를 한 단위로 하여 셈하였고, 5씩 네 번을 세어서 20을 만들었다[13]; 이러한 식으로 20개의 문자를 5개씩 짝지은 것들 가운데 첫머리에 오는 각 4개의 문자는 20일로 구성된 달들의 머리문자[14]가 되었다. 이것들은 우리들의 주일에 해당되었다.[15]

34-5 이곳 사람들이 숭배하는 무수한 신 중에는 바깝[16]이라고 불리는 네 명의 신이 있었다.

(인디오들이) 이야기하기를 (바깝은) 네 명의 형제로 주님이 세상을 창조하셨을 때 (동서남북의) 네 방면에서 (하늘이) 무너지지 않[도록] 하늘을 떠받치게 하셨다고 하였다.[17]

또한 세상이 대홍수로 파괴되었을 때 바깝들(Bacabes)이 도망갔다고 이야기하였다.[18]

그들은 서로 다른 이름으로 불렸고, 세상의 (네 방면 중) 주님이 정해 주신 어느 한 방면에서 각각 하늘을 떠받치는 (역할을 하였다). 각각의 (바깝들과 그들이) 떠받치고 있던 (네) 방면에는 네 개의 머리문자 가운데 하나가 적용되었다. 각각의 (바깝들과) 그들의 (머리)문자에 해당되는 해에는 (그 해에) 반드시 일어나고야 마는 불행한 일들과 행복한 일들이 정해져 있었다.

34-6 악마는 다른 것에서와 마찬가지로 (인디오들을) 기만하였으며, 앞으로 닥치게 될 불행을 피할 수 있도록 제물을 바치고 의례를 행하도록 조장하였다.

만일 (불행이) 닥치지 않으면 (악마에게) 행한 의례 덕분이라고 이야기하였고, (불행이) 닥치면 제사장들은 의례나 의례를 행한 사람들의 어떠한 잘못이나 부족함으로 일어난 일이라고 마을 사람들을 이해시켰다. 또한 그렇게 믿도록 하였다.

34-7 첫 번째 머리문자는 깐(Kan)이다.

이 문자의 해에는 홉닐[19], 까날바깝(Kanalbacab), 깐빠우아뚠(Kanpauahtun)[20], 깐십착(Kanxibchac)[21]이라는 또 다른 이름으로도 불렸던 바깝의 예언이 있었다.

이 (머리문자는) 남쪽에 해당한다.

두 번째 (머리)문자는 물룩(Muluc)이다; (이 문자는) 동쪽에 해당했으며, (이 문자의) 해에는 깐시에날(Canzienal), 차깔바깝(Chacalbacab), 착빠우아우뚠(Chacpauauhtun), 착십착(Chacxibchac)이라는 또 다른 이름으로도 불렸던 바깝의 예언이 있었다.

세 번째 (머리)문자는 익스(Ix)이다.

이 해에는 삭시니(Zaczini), 사깔바깝(Zacalbacab), 삭빠우아우뚠(Zacpauauhtun), 삭십착(Zacxibchac)이라는 또 다른 이름으로도 불렸던 바깝의 예언이 있었다. (이 머리문자는) 북쪽에 해당했다.

네 번째 (머리)문자는 까우악(Cauac)이다. 호사넥(Hozanek), 에껠바깝(Ekelbacab), 엑빠우아뚠(Ekpauahtun), 엑십착(Ekxibchac)이라는 또 다른 이름으로도 불렸던 바깝의 예언이 있었다; (이 머리문자는) 서쪽에 해당했다.

34-8 이곳 사람들은 신들에게 바치던 모든 의례와 행사를 시작하기에 앞서 더 나은 (의례와 행사를) 위하여 늘 자신들에게서 악귀를 쫓아냈다.[22]

(악귀를) 쫓으려고 때로는 축복과 기도를 드렸고, 의례와 봉납을 하였으며, 공양을 드렸다.

새해맞이를 축하하기 위하여 (인디오들은) 그들의 불행한 생각에서 기인한 새해 첫날이 되기 전 5일 동안의 불길한 날들을 더없는 기쁨과 숭고함으로 보냈다. (이 기간에는) 앞서 이야기한 바깝들과 악마에게 커다란 의례를 행하였다. 이 악마는 까누우아야얍(Kanuuayayab), 차꾸우아야얍(Chacuuayayab), 사꾸우아야얍(Zacuuayayab), 에꾸우아야얍(Ekuuayayab) 같은 네 개의 또 다른 이름으로도 불렸다; 또한 이어서 살펴보겠지만 그들은 이러한 섬김과 의례가 끝나고 자신들로부터 (악귀를) 물리치고 난 후에야 새해를 시작하였다.

---

1 게이츠본에는 이 기간이 11월 30일부터 12월 13일까지로 명시되었다. 후안 마르띠네스 H.(Dr. Juan Martínez H.)는 이와 관련하여 다음처럼 말하였다. "란다가 오래된 율리우스력을 통하여 언급한 산따 루씨아는 그레고리력의 12월 13일과 12월 23일에 해당되고, 산 안드레스는 11월 30일과 7월 10일 그리고 12월 10일에 해당된다"(Tozzer, 132-133).

2 분명히 란다는 하지점과 동지점에 대하여 알고 있는 마야의 인디오로부터 이러한 정보를 전해 들은 것으로 추정된다. 만일 란다가 천문학적인 지식이 있었다면 이에 대하여 좀 더 정확한 기록을 할 수 있었을 것이다. 12월 23일은 일 년 중 밤이 가장 길고 낮이 가장 짧은 날인데, 12월 23일에 낮과 밤의 길이가 비슷해지는 정도라고 언급한 부분에서 란다의 무지함을 엿볼 수 있다(Tozzer, 133).

3 여기서 란다는 최초로 마야 천문학과 마야 종교에서 금성(Venus)의 역할에 대하여 언급하였다. 사아군(Sahagun), 에레라(Herrera), 포폴 부흐, 아날 드 콰우티틀란(Popol Vuh, Anales de Cuauhtitlan)은 모두 금성(Venus)을 아침의 별(금성, Morning star)과 관련하여 기록하였다. 또한 이러한 많은 기록에는 께찰꼬아뜰이라고 불리는 신 혹은 위대한 지도자가 금성(Venus)처럼 사라졌다가 다시 등장했다는 전설도 언급되었다(Bowditch, 231-4, and Seler, 1898, 1: 675, etc). 한편 제넷(Genet)은 금성(Venus)의 또 다른 마야식 이름을 다음처럼 언급하였다. "노 엑(Noh ek, 위대한 별), 착 엑(Chac ek, 붉은 별), 사스딸 엑(Sastal ek, 빛나는 별), 아-사깝(Ah-sahcab, 오로라의 길잡이 또는 동무), 숙스 엑(Xux ek, 벌 혹은 말벌의 별)" 금성은 마야 사람들의 삶에서 중요한 역할을 하였다(Tozzer, 133).

4 우리나라에서 '묘성' 혹은 '육련성'이라고 불리는 '프레이아데스성단'을 가리킨다.

5 까스또르(Cástor)와 뽈룩스(Pólux)로 구성된 쌍둥이자리이다. 모뚤 사료에 의하면 어떤 쌍둥이자리는 거북 모양과

흡사하다고 하여 마야 사람들이 '거북이 별'이라는 뜻의 악(Ac) 혹은 엑(Ek)이라고 불렀다고 한다(Tozzer, 133).

6 제넷(Genet)이 인용한 삐오 뻬레스(Pío Pérez)(1864 ed., 368-71)에는 이와 관련하여 다음처럼 기록되었다. "… 그들은 낮을 '낀(Kin)'이라고 불렀다. 낀은 태양이라는 뜻으로 이곳 사람들도 다른 나라 사람들처럼 태양으로 날을 계산하였다. 밤과 천체가 수평선(지평선) 위로 떠오르는 때를 기준으로 하루를 두 개로 나누어서 구분하였다. 동트기 이전을 하츠 하쯔깝(Hach hatzcab)이라고 불렀는데, 이것은 '매우 이른 아침'이라는 뜻이다. 또한 말리-오꼭 낀(Malih-okoc Kin)과 뽀르-아깝(Por-akab)이라고도 불렀다. 각각 '동틀 녘 이전'과 '새벽'을 뜻한다. 한편 하쯔깝(Hatzcab)은 동틀 녘과 정오 사이를 구분 짓는 말이다. '한낮'과 '정오'라는 뜻의 추묵-낀(Chumuc-Kin)을 줄여서 춘낀(Chunkin)이라고도 하였다. 실질적으로 마야 사람들은 이 말을 정오경을 가리키는 뜻으로 사용하였다. 그 밖에도 일주호(日週弧, diurnal arc)상에서 태양이 아래로 움직이는 시간을 쎌립-낀(Tzelip-Kin)이라고 하였다. 이것은 오후 3시를 가리키는 말이고, 오끄-나-낀(Oc-na-Kin)은 밤이 다가오는 시간 혹은 해가 질 무렵을 가리키는 말이다. 오후를 두고는 '태양이 식을 때'라고 하였고, 이것을 꾸 시스딸 낀(Cu ziztal Kin)이라고 불렀다. 또한 밤을 두고는 아깝(Akab)이라고 하였으며, 한밤중을 추물-아깝(Chumul-akab)이라고 하였다"(Tozzer, 133).

7 가리바이본에는 366으로 표기되어있으나 다른 곳에는 365로 표기되어있다. 가리바이본의 기술상 실수로 보인다.

8 란다는 서로 다른 두 종류의 달(月)에 대하여 언급하였다. 하나는 '달'이라는 뜻의 '우(U)'라고 불리는 '30일 달력'이고, 다른 하나는 '우이날(Uinal)'이라고 불리는 '20일 달력'이다. 삐오 뻬레스(Pío Pérez)(1864 ed., 376)는 마야 사람들이 30일 혹은 태음월에 기초한 달력을 처음으로 사용하였다고 하였다. 그리고 이후 20일을 가진 우이날(Uinal) 달력을 사용하게 되었다고 하였다. 한편 게이츠(Gates)(1931, 90)는 다음처럼 말하였다. "우리는 (마야 사람들이) 30일 달력 혹은 태음월 달력을 사용했다는 어떠한 증거도 가지고 있지 않다." 그렇지만 롱(Long)(1925, 580)은 란다가 30일에 기초한 (사실상 29일과 30일) 태음력과 20일에 기초한 태양력으로 달을 구분한 것이 매우 정확하다고 이야기하였다(Tozzer, 133).
이러한 마야 달력에 관한 연구들은 아직도 진행형이다. 자세한 내용은 다음 주에서 더욱 구체적으로 다루겠으나 기본적으로 오늘날까지 밝혀진 바에 의하면 마야 사람들은 다양한 종류의 달력과 천문학 기준을 가지고 있었기 때문에 단순히 우리들의 방식대로 한두 개의 주가 되는 달력이 존재했다고는 말하기 힘들다.

9 이와 관련하여 두 가지 다른 견해가 존재한다. 하나는 마야 사람들이 초승달에서 초승달로 계산하였다는 것이고, 다른 하나는 보름달에서 보름달로 계산하였다는 것이다. 톰슨(Thompson)(1932c, 409-13)은 이와 관련된 기록들을 찾아서 검토한 후에 다음처럼 말하였다. "비록 이 모든 자료가 한 치의 오류도 없이 정확하다고는 이야기할 수 없지만, 란다의 기록과 초기 멕시코 사료, 오늘날의 마야 원주민인 껙치족(Kekchis)의 계산법, 마야문자, 아메리카 인디오 부족들의 달 계산법이 일치하는 것을 보았을 때 마야 사람들의 달 계산법이 보름달에서 보름달에 기초한 것이 아니라는 결론을 내릴 수 있다." 한편 톰슨(Thompson)(1935, 55)은 (초승달에서 초승달로 계산한다는) 란다의 기록을 지지하는 내용의 근거들을 종합하여 이야기하였다. 또한 스핀든(Spinden)(1924, 1928, esp. 43, etc.)은 마야 사람들이 보름달에서 보름달로 계산하였다고 주장하였다(Tozzer, 134).

10 마야 사람들은 발달된 천문학 지식으로 인류 역사상 가장 과학적이라는 말이 전혀 무색하지 않을 정도로 고도의 달력 체계를 만들어 냈다. 그만큼 이들이 보여 준 달력에 대한 정성도 남다르다. 예를 들면 정복 이전에 마야어로 쓰인 종교적인 성격의 책들은 구문의 절반에 가까운 부분이 달력으로 표시된 것을 볼 수 있다. 이러한 점으로 미루어 보았을 때 이들에게 있어서 달력은 실용적인 면과 더불어 상징적인 면이 강조되었다는 것을 알 수 있다.
달력을 계산하고 제작하는 일은 제사장들의 중요한 업무 중 하나였다. 제사장 중에서도 특별히 이러한 임무를 맡은 제사장은 이제까지의 관측 기록들을 연구하고, 새로운 관측을 하며, 그것을 기록하는 한편 달력을 제작하고 일식과 월식을 예측하는 등의 전문적인 일에 종사하였다. 천체의 관측과 연구기록 같은 일에는 전문적인 지식의 축적이 절대적으로 필요하다. 따라서 이를 맡아서 연구하고 교육하며 기록하는 일이 일정한 집단에 의하여 지속적으로 이어졌고, 이들의 주 업무 중의 하나가 다양하고 복잡한 달력의 운영이었다고 이야기할 수 있다.
메소아메리카 지역은-특히 마야는-여러 다른 문명에 비하여 상당히 체계적인 달력을 가지고 있었다. 크게 나누어서 '52년을 주기로 하는 짧은 달력(Cuenta corta)'과 '다른 체계를 가진 긴 달력(Cuenta larga)'이 있었다.
① 짧은 달력(Cuenta corta)
짧은 달력은 쏠낀(Tzolkin)이라고 불리는 260일 달력과 하

압(Haab)이라고 불리는 365일 달력으로 나누어진다.
달력의 숫자들은 점과 선, 조개 같은 모양을 한 0의 값을 가지는 부호들(이것을 일반적으로 조개 모양이라고 부르고 있으나 단지 편의상 별칭으로 부르는 것이다. 따라서 조개를 도안의 소재로 잡았다고 할 수 있는 확실한 근거는 없다.) 또는 이에 해당하는 마야문자들 그리고 우리가 쓰고 있는 달력의 달(月)과 비슷한 역할을 하는 고유의 39개의 문자로 구성되었다. 365일 달력에 해당되는 19개의 문자와 260일 달력에 해당되는 20개의 문자가 바로 그것이다.
260일 달력인 쏠낀은 (란다는 이것을 우(U)라고 부른다.) 20개의 기호와 13까지의 숫자로 이루어져서 그 조합은 260일(260=13일×20달)이 된다. 다양한 숫자의 주기가 있음에도 굳이 260일을 주기로 하는데, 260일의 기능과 의미에 대해서는 아직도 분명하게 알려진 것이 없다. 혹자는 어머니 배 속에 있는 태아의 성장 기간이라고도 하고, 옥수수의 파종에서 수확까지 걸리는 시간이라고도 하며, 천문학적인 시간이라고 말하기도 한다. 또한 단순한 20×13의 성스러운 숫자의 조합이라고 주장하는 등 다양한 논란이 거듭되고 있다.
365일 달력인 하압은 이 책에서 란다에 의하여 우이날 후네께라고 불린다. 태양력으로 18개의 달에 해당하는 기호와 20일의 날짜로 구성되었고, 거기에 우아옙(Uayeb)이라는 5일짜리 달이 더해져서 [365=(20일×18달)+5일]이 만들어진다. 이것은 우리가 사용하는 그레고리력과 상당히 비슷하다고 할 수 있다. 태양력으로 365일의 주기이다.
이러한 260일 달력과 365일 달력으로 구성되는 짧은 달력의 체계를 보면 먼저 260일 달력의 경우 이믹스, 익, 악발, 깐, 치찬, 씨미, 마닉, 라맏, 물룩, 오옥, 추엔, 엡, 벤, 익스, 멘, 씹, 까반, 에드스납, 까우악, 아하우의 순으로 이루어지는데, 각 기호가 1-13까지의 숫자와 같이 조합을 이루면서 바뀌어나간다. 즉 1 이믹스의 다음 날은 2 익이고, 다음 날은 3 악발이 된다. 13 벤의 다음 날은 14가 없어서 다시 1에서 시작되어서 1 익스가 된다. 이렇게 무한대로 계속해서 돌아간다.
365일 달력의 경우는 조금 다르다. 여기에는 0-19까지 20개의 숫자가 있고, 뽑, 우오, 십, 쏘쯔, 섹, 술, 약스낀, 몰, 첸, 약스, 삭, 쎄, 막, 깐낀, 무안, 빡스, 까얍, 꿈후(또는 꿈꾸), 우아옙의 19개 기호로 이루어져 있다. 운용 면에서도 260일 달력과는 차이가 있다. 260일 달력은 숫자와 기호가 함께 하루하루 바뀌지만, 365일 달력은 숫자는 계속해서 변하지만, 기호는 숫자가 20까지 순환이 된 다음에야 바뀌게 된다. 즉 1 뽑에서 시작했다면 그다음 날은 260일 달력과 같이 2 우오가 되는 것이 아니고 2 뽑이 된다. 그리고 그다음 날은 3 뽑 그리고 4 뽑, 5 뽑, 6 뽑… 이러한 식으로 계속 숫자만 바뀌다가 19 뽑의 다음 날이 되어서야 0 우오가 되는 것이다. 그런데 이 365일 달력에는 또 하나의 불규칙이 존재한다. 만일 20개의 숫자가 19개의 기호와 규칙적으로 조합을 이루면 20×19=380일이 된다. 그래서 맨 마지막에 있는 우아옙은 0-19까지의 숫자를 다 가지지 않고, 0-4까지 다섯 개의 숫자만을 가지며, 6일 후에는 뽑으로 돌아간다. 결국 (20×18)+5=365일이 된다. 마야 사람들은 우아옙에 종교적으로도 특별한 의미를 부여한다. 이들은 이 5일을 신이 관장하지 않는 날이라고 생각한다. 따라서 이 기간에는 마음대로 술에 취하는 등의 비정례적인 행동들을 해도 괜찮다고 이야기한다.
이상에서와 같은 각 기호 또는 숫자의 주기들에는 그 시간들을 관장하는 신들이 존재하고, 그에 따른 여러 가지 종교행사들이 앞 장에서 살펴본 바와 같이 이루어진다.
이 두 달력은 항상 같이 표기된다. 예를 들면 '4 아하우(260일 달력) 8 꿈꾸(365일 달력)'처럼 260일 달력과 365일 달력이 항상 같이 표기되어서 두 달력이 만들어 내는 또 다른 조합을 구성하게 되고, 260일 달력과 365일 달력의 조합 즉 260과 365의 최소공배수를 주기로 하게 된다. 이것은 18,980일에 해당하고, 260일 달력의 73주기, 365일 달력의 52주기에 해당한다. 만일 우리가 사용하는 현대 달력과 비교하면 52년의 주기를 갖는다는 말과도 같다. 따라서 마야 사람들은 52년을 마치 우리나라의 환갑(還甲) 같은 특별한 의미로 받아들인다. 52세가 된 사람은 마야의 짧은 달력이 가지는 모든 경우의 날들을 다 살았다고 여기는 것이다. 이것은 다시 태어난다는 개념을 만들어 내며, 사회적인 존경과 예우를 받을 수 있는 기본적인 조건이 되기도 한다.
② 긴 달력(Cuenta larga)
긴 달력은 무한의 주기를 가진다고 말할 수 있는데, 그 계산 방법은 마야 수학의 계산 체계와 유사하다. 기본적으로 20진법으로 이루어져 있지만, 태양력과 날짜를 맞추기 위하여 2번째 자리에서 3번째 자리인 뚠(Tun)으로 한 자리 올라갈 때는 18진법이 적용된다는 차이가 있다. 긴 달력은 지금까지 발견된 대부분이 박뚠, 까뚠, 뚠, 우이날, 낀의 다섯 자리로 구성된다(송영복, 마야, 191- 192).

11 마야 사람들이 윤달과 윤년 개념을 가지고 있었는지에 대한 논쟁은 현재까지도 계속되고 있다. 윤달과 윤년에 대한 구체적인 개념을 가지고 있지 않았다는 의견이 지배적이다. 그렇지만 마야 사람들은 천체 관측에 있어서 당대 세계에서 가장 정밀한 과학적인 결과를 내고 있었다. 이로 인하여 윤달이나 윤년 개념은 아닐지라도 그들의 달력을 조정할 필요가 있다고 인식하였던 것으로 보인다. 또한 그

결과 그들이 만든 달력의 주기를 침해하는 날들을 특정한 행사날 같은 형태로 끼워 넣은 것으로 보인다. 이러한 증거들이 사료에 나타난다는 주장이 제기된 바 있다.

12 이러한 5일은 '이름이 없다'라는 뜻의 마야어인 '우아옙(Uayeb)'이라고 불렸기 때문에 원칙적으로 이 5일에 대한 공식적인 이름은 없는 셈이다. 그러나 이것을 마치 이름처럼 받아들여서 이 5일을 '우아옙'이라고 부르기도 하였고, '이름이 없는 날'이라는 뜻의 '스마 까바 낀(Xma[없다] k'aba[이름] kin[날])'이라고 부르기도 하였다. 그러나 마니(Maní)의 칠람 발람 사료와 띠시민, 까우아(Kaua)에는 이날들(5일)에도 이름이 있다고 기록되었다(Bowditch, 285-6). 삐오 뻬레스(Pío Pérez)(1864 ed., 384)는 이 5일이 '한 해의 안 좋은 날들 혹은 한 해에서 구분되는 날들'이라는 뜻의 우아얍(Uayab) 혹은 우아옙 하압(Uayeb Haab)이라고 불렸다고 하였다. 또한 이 기간에는 갑작스러운 죽음이나 사고 같은 일들이 일어난다고 하여 '불길한 날들 또는 불길한 해'라는 뜻의 우 야일 낀(U yail Kin) 혹은 우 야일 하압(U yail Haab)이라고 불렸다고 하였다. 우아옙 하압(Uayeb Haab)은 이러한 날들을 지칭하는 또 다른 이름인데, 산체스 데 아길라르는 이날들의 또 다른 이름으로 우아예압(Uayeab, 우아옙, Uayeb), 우뚜스 낀(Utuz Kin), 울로볼 낀(Ulobol Kin)을 언급하였다(Tozzer, 135).
'이름이 없다'라는 이름이 이름이냐는 논쟁은 다소 모순적으로 보이지만 이날들이 위와 같은 용어로 통용되었다는 점은 사실이다. 마야어 사전에는 '와옙(Wayeb, 불길한 날)'으로 기록되었다(Diccionario Maya, 917).
한편 멕시코 고원 지방 문화에서는 이러한 날들이 비슷한 의미를 가진 '불필요한 날들 혹은 추가적인 날들'이라는 뜻의 '네몬떼미(Nemontemi)' 혹은 '네논떼미(Nenontemi)'라고 불렸다.

13 란다는 이 책 24장(24-1)에서 이곳 사람들이 20진법을 사용하여 셈을 해 나가는 것에 대하여 다음처럼 기록하였다. "(유까딴의 인디오들은) 5를 한 단위로 하여 20까지 세고, 20을 한 단위로 하여 100까지 센다. 또한 100을 한 단위로 하여 400까지 세며, 400을 한 단위로 하여 8,000까지 센다. 이러한 계산법은 카카오를 거래할 때 매우 유용하게 사용되었다."

14 가리바이본에는 'letras dominicales'로 표기되었다. 이것은 '일요문자' '시작문자' '머리문자'라는 뜻으로 해석된다. 이 가운데 달력이 시작하는 날 혹은 달력의 대표문자라는 의미를 따서 본문에서는 '머리문자'라고 번역하였다.

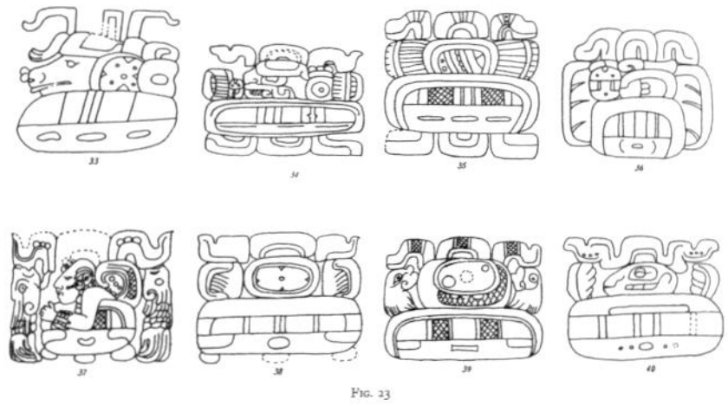

마야의 머리문자

15 마야 달력의 조합은 계속해서 바뀌어나간다. 따라서 첫해 혹은 첫 달 등 특정한 날짜가 특정한 4개의 날 혹은 특정한 1개의 날에 지속적으로 걸릴 수는 없다. 이 책의 저자인 란다가 마야 달력을 깊이 이해하지 못했다는 것은 이 책의 여러 부분에서 명확하게 드러난다. 란다는 종교적인 이유로 마야의 달력과 문자가 인디오들의 우상숭배와 관련이 있다고 생각했기 때문에 이에 대하여 깊이 이해하려고 하지 않았고, 결과적으로는 이와 관련된 자료들을 모두 불살라버린 장본인이기도 하다. 물론 란다가 이 책에서 밝힌 것들이 그나마 실마리가 되어서 마야문자와 달력에 대한 학술적인 이해에 도움을 준 것은 사실이다. 그러나 란다의 마야문자와 달력에 대한 이해에는 분명 한계가 많았다.

16 바깝들은 각 방위를 주관하며 그들 고유의 색을 가지고 있다.

17 인디오 신화에 대하여 언급하다가 갑자기 기독교 신에 대하여 언급하는 것이 다소 혼란스럽게 느껴질 수 있다. 물론 모순되는 점이 많기는 하지만 당시 란다의 입장에서는 매우 자연스러운 일이었다. 이곳에 사는 원주민들을 인간으로 인정한다는 교황의 칙령이 1,500년을 전후하여 아메리카 대륙에 전달되었다. 따라서 이들이 인간이라면, 그리고 이곳이 기독교 신이 창조한 인간이 사는 땅이고, 이곳에 그러한 그들의 문화가 있다면 당연히 원주민들의 삶 일정한 부분에도 기독교 신의 주관이 있었다고 생각하였다. 그러다 보니 저자인 란다 스스로가 이들의 삶과 문화의 모습에서 어디까지를 기독교적인 시각으로 볼 것인가 하는 문제로 혼란스러워한다. 특별히 이 부분은 원주민들 종교의 모든 것을 악마의 소행으로 보던 시각과는 다르다는 면에서 다소 흥미를 준다.

18 마야 사람들은 하늘을 떠받치고 있는 바깝들이 도망가는 바람에 하늘이 내려앉아서 비가 많이 온다고 생각하였다.

중앙아메리카의 모든 인디오는 지금의 세상 이전에 대재앙으로 파괴된 또 다른 세상들이 존재했다고 믿었다. 이러한 우주창조설에 대한 신화는 고원 지방의 메시까 설화와 마야 끼체(Kiche) 지방의 설화인 뽀뽈 부 등에서 공통적으로 나타난다. 또한 추마옐 지방의 칠람 발람 사료에서도 홍수로 이 세상이 없어지고 또 다른 세상이 생겨났다는 내용을 확인할 수 있다(Roys, 1933, 98–107; Martínez, H., 1913). "갑작스럽게 홍수가 일어났다. 세상의 파괴를 부르는 신들인 네 명의 바깝들이 일어나자 하늘이 무너지고 땅 위로 떨어졌다." 그 후 사람들은 세상이 파괴된 것을 기념하려고 동서남북에 각각 네 그루 풍요의 나무를 심었다.
한편 토설(Tozzer, 1907, 153–4, quoted in Alexander, 153)은 오늘날 바야돌릳 근처에 사는 마야 사람들이 가진, 이 세상이 존재한 이래로 오늘날 네 번째 세상에 산다는 믿음에 대하여 언급하였다. "첫 번째 세상에는 조정자들인 사이얌윈꼬옵(Saiyamwinkoob)이 살았다. 이들이 바로 유까딴의 최초의 인종을 만들었다. 체구가 왜소했지만 유적지(도시)를 만든 사람들도 바로 그들이었다. …첫 번째 세상과 두 번째 세상은 하이요꼬깝(Haiyokocab, 물 위로 흥건한 물)이라는 홍수로 구분된다. 두 번째 세상에는 나쁜 짓을 하는 사람들인 쫄롭(Dzolob)이 살았다. 또다시 홍수로 세상 대부분이 파괴되었고, 그 후 마세후알리(Masehualli) (보통 사람이라는 문어적인 뜻이 있다.) 혹은 오늘날의 마야 사람들이 권력을 장악하였다. 또다시 홍수가 일어났고, 이로 인하여 네 번째 세상이 도래하였다. 지금의 마지막 세상에는 그동안 유까딴에 살았던 모든 인종이 혼합되어서 탄생한 사람들이 산다"(Tozzer, 136).

19 란다는 여기서 각각 네 가지 이름을 제시하였다. 이후 계속해서 네 번째까지 각 머리문자와 그 문자의 해에 이루어지는 네 가지 예언의 이름이 나온다. 이러한 네 가지 이름 중에서 앞머리를 제외한 나머지는 다음처럼 모두 일치한다. '–알바깝(–albacab), –빠우아뚠(–pauahtun), –십착(–xibchac)' 단 각 의례의 네 가지 이름 중에서 첫 번째 이름은 어느 것 하나 일치하지 않는다. 이것들은 종종 '통치자들'이라고 불렸고, 새해 의례에서도 이 신들이 언급된 것을 확인할 수 있다. 한편 홉닐은 다른 많은 의례에서도 살펴볼 수 있다(Tozzer, 137).

20 바에사(Baeza)(1813 given by Brinton, 1883, 1890 ed., 165–6)는 '빠아 뚠스(Pahah tuns)'를 비옥함, 네 개의 바람과 연관 지으며 비의 신들과 동일시하였다. 동쪽에 있는 붉은색 빠아뚠(Pahahtun)은 산 도미누스(San Dominus)로 알려져 있다고 하였고, 북쪽에 있는 흰색 빠아뚠은 산 가브리엘(San Gabriel)로 알려져 있으며, 서쪽에 있는 검은색 빠아뚠은 산 디에고(San Diego)로 알려져 있다고 하였다. 또한 남쪽에 있는 노란색 빠아뚠(Pahahtun)은 유일하게 스 깐레옥스(X Kanleox)라는 마야의 여자 이름을 가지고 있다고 하였다.
한편 로이스(Roys)는 이 이름을 '뽕잎의 여신'으로 해석하였고, 산따 마리아 막달레나(Santa María Magdalena)라는 기독교명과 관계가 있다고 하였다(Tozzer, 137).
마야의 종교는 종교와 문화가 서로 영향을 주어서 하나로 재탄생하는 현상인 신끄레띠스모(Sincretismo)의 대표적인 예라고 할 수 있다. 여기서도 원주민들의 전통이 에스빠냐의 가톨릭과 합쳐져서 그 둘이 하나로 이해되는 현상이 잘 드러나고 있다.

21 깐 십 착(Kan Xib Chac)은 '노란 남성 착(Chac)'이라는 뜻으로 해석된다. 이 신 역시 네 가지 의례에서 (다른 신들과는 구별되는) 고유의 색과 함께 등장한다. 비의 신이자 멕시코 고원 지방인 메시까의 신인 뜰랄록 신(Tlalocs)과 동일시된다. 또한 이들은 농업의 신이자 옥수수밭의 신이요, 빵의 신이기도 하다.
한편 로이스(Roys)(1933, 172)는 모뚤 사전의 저자가 착(Chac)을 가리켜서 한 명의 사람이라고 하였고, '농업을 가르친 위대한 인물로 빵의 신, 물의 신, 천둥의 신, 번개의 신으로 추앙받았다'고 기록한 것에 대하여 언급하였다(Tozzer, 137–138).

22 마야의 종교행사는 가략적으로 준비, 행사, 마무리의 세 단계로 나누어진다. 여기서 란다가 언급한 의례를 시작하기에 앞서 악귀를 쫓아내는 절차는 준비 단계의 핵심이라고 할 수 있다. 준비 단계에서는 제물과 꽃, 제사용 도구 등 물질적인 준비뿐만 아니라 단식, 금욕, 목욕, 피공양 등의 정화의식을 통하여 종교행사를 위한 정신적인 준비도 하였다. 이러한 준비 단계에는 일정한 격식이 있는데, 행사를 앞두고 꽃으로 미리 제단을 꾸민다거나 마을 입구를 깨끗이 쓴다거나 하는 등의 구체적인 세부 조항들이 전통적으로 잘 전해져 내려왔다. 이러한 격식에 맞추어서 적절한 제례의식이 준비되었다(송영복, 2005, 164).

35

불길한 날들에 행하는 의례들

- 깐을 머리문자로 하는 새해의 공양[1]

35-1　유까딴의 모든 마을에서는 마을 입구와 동서남북 네 방면으로[2] 두 개의 돌무더기를 서로 마주 보도록 세워 두는 것이 (하나의) 관습이었다.[3] 이것은 불길한 날들 동안 두 가지 의례를 행하기 위한 것이었다. 매년 이런 식으로 (의례들이) 행해졌다.

35-2　깐(Kan)이 머리문자인 해에는 홉닐의 예언이 있었다. 그들이 이야기하기를 (깐과 홉닐은) 모두 남쪽을 지배한다고 하였다.

이 해에는 까누우아야얍이라고 불리는 악마의 흙으로 된 속이 빈 형상이나 상(像)을 만들었다.[4] 그것을 남쪽의 마른 돌무더기로 가지고 가서; 마을의 높은 어르신[5]을 한 명 정하였다. 그러고는 이 기간 그의 집에서 의례를 행하였다. 그러기 위해서 볼론사깝(Bolonzacab)[6]이라는 악마의 상을 만들어야 했다. 그것을 높은 어르신 집에 모셔 두고 모든 사람이 모일 수 있는 공공장소에 (의례를 치르기 위한) 준비를 하였다.

35-3　그렇게 한 후에 촌장들과 제사장과 마을 남자들이 모두 모였다. 상을 모셔 둔 돌무더기가 있는 곳까지 이어진 길을 아치와 신선함[7]으로 깨끗이 정돈하였다. (그러고는) 상을 가지러 가려고 모든 사람이 다 함께 매우 경건한 마음으로 그 길을 따라 걸었다.

(그곳에) 도착하자 제사장이 향과 옥수수 49알을 간 것으로 향을 피웠다.[8] 그것을 (까누우아야얍이라고 불리는) 악마의 향로[9]에 넣고 그에게 향을 피우기 시작하였다.

간 옥수수는 사까(Zacah)[10]라고 불렀고 촌장들의 [음료]는 차알떼(Chahalté)[11]라고 불렀다.

그들은 형상에 향을 피우고 암탉 한 마리의 목을 잘라 제물로 바쳤다.

35-4 그러고 나서 그 형상을 깐떼(Kanté)[12]라고 불리는 막대에 꽂은 후에 물을 상징하는 천사[13]를 (형상의) 등이나 어깨에 올려놓았다. (그렇게 함으로써) 올해도 좋은 해가 될 것이라고 (믿었다). 또한 이러한 천사들을 무섭고도 괴상하게 칠하였는데; 이것을 들고 매우 기쁘게 춤을 추며 볼론사깝이라는 또 다른 상이 모셔진 높은 어르신 집으로 향하였다.[14]

높은 어르신의 집으로 가는 도중에 415개의 구운 옥수수알[15]로 만든 삐꿀라-까끌라(Picula-kakla)라고 불리는 음료를 촌장들과 제사장들에게 대접하였다. 그러면 모두 그 음료를 마셨다; 높은 어르신의 집에 도착하자 (그들이 들고 온 까누우아야얍의) 형상을 원래 그곳에 있던 (볼론사깝이라는) 악마의 상 맞은편에 두었다. 그러고는 음식과 음료, 고기와 생선으로 푸짐하게 차린 제사상을 바쳤다. 그곳에 있던 외지인들에게도 제사음식을 나누어 주었으며, 제사장에게는 사슴의 다리 한쪽을 주었다.

35-5 다른 사람들은 자신들의 귀를 베어 피를 냈다. 그러고는 (그 피를) 그곳에 있던 까날아깐뚠(Kanalacantun)[16]이라고 [불리는] 악마의 돌에 문질렀다.

(또한) 심장 모양의 빵[17]과 호박씨가 들어간 빵을 만들어서 까누우아야얍이라는 악마의 형상에게 바쳤다.

이렇듯 그들은 불길한 날들에 (악마의) 형상과 상을 모시며 향과 간 옥수수[알]을 섞어서 향을 피웠다.

만일 이러한 의례들을 행하지 않으면 이 해에 예언된 질병들에 걸리게 된다고 믿었다.

이러한 불길한 날들이 지나고 나면 볼론사깝이라는 악마의 상은 신전에 모셔졌고[18], (까누우아야얍의) 형상은 동쪽으로 모셔졌다.[19] 이것은 돌아오는 해에 그 (형상으로) 다시 (동쪽으로) 갈 수 있도록 하기 위한 것이었다. 그곳에 (형상을) 모셔 두고는 새해맞이에서 개별적으로 맡은 일들을 행하기 위하여[20] 각자의 집으로 돌아갔다.

35-6 의례들을 마치고 그들의 망상에 따라서[21] 악귀를 쫓아내고 나면 올 한 해에는 깐(Kan)의 머리문자와 함께 바깝 홉닐(Bacab Hobnil)의 (주관하에) 좋은 일들만이 생겨날 것이라고 (믿었다). 또한 다른 형제들과는 달리 (바깝 홉닐에게는) 죄가 없어서 그가 (주관하는 해에는) 불행한 일들이 일어나지 않을 것이라고 이야기하였다.

그러나 많은 경우 (불행한 일들이) 일어났으므로 악마는 (인디오들에게) 본인에게 의례를 올리도록 하였다. 그리고 만일 이러한 일이 발생하면 (인디오들은) 의례를 잘못 행했다거나 혹은 의례를 올린 사람들에게 문제가 있었다는 식으로 책임을 돌리곤 하였다. 이렇듯 그들은 늘 기만을 당하며 장님의 (삶을) 살았다.

35-7 (불행한 일들이 일어나면 악마는 인디오들에게) 이삼나까우일(Yzamnakauil)이라는 우상을 만들 것을 지시하였다. (그러면 사람들은) 그 우상을 신전에 모셨고, 신전의 광장에서 끽(Kik)[22]이라고 불리는 수액이나 송진으로 만든 세 개의 공을 태웠다. 그러고는 앞서 이야기한 것처럼[23] 정해진 절차에 따라 개나 사람을 공양하였다.[24] 이 의례에서 공양하는 방식은 (다른 의례들과는 조금) 차이가 있었다. 신전의 광장에 커다란 돌무더기를 쌓고[25] 제물로 바쳐질 사람이나 개를 그보다 더 높은 곳에 위치시켰다. 그러고는 묶인 공양물을 높은 곳에서 돌무더기 위로 내던졌다. 그러면 집행관들이 희생양을 잡아 아주 민첩하게 심장을 꺼내 새로운 우상에게 가지고 갔다. (그렇게) 두 개의 접시에 담아서 공양하였다.[26]

(그 밖에도) 제물로 음식을 바쳤고, (의례를 위하여) 특별히 선발된 마을의 노파들이 특별한 의상을 갖추어 입고 춤을 추었다.[27]

그들은 천사가 내려와서 (자신들이 올린) 의례를 취한다고 이야기하였다.[28]

1 이 장과 이후로 계속해서 이어지는 36, 37, 38장에는 마야 달력의 새해맞이 종교의례에 대하여 묘사되었다. 이것은 마치 우리나라 설날의 의례와도 같다. 마야의 달력 시스템에는 우리들의 달력보다 더욱 복잡한 부분이 존재한다. 가령 새해 첫날이 항상 1월 1일이 아니라 마야의 짧은 달력 중에서도 365일 달력에 의하면 시작하는 날이 모두 다르다. 그리고 이날은 항상 네 개의 문자 중에서만 해당하는데, 이 네 개의 문자는 '깐(Kan)' '물룩(Muluc)' '익스(Ix)' '까우악(Cauac)'이다. 또한 어떤 문자로 한 해가 시작되느냐에 따라서 그 해의 종교적인 의례도 달라진다. 그 내용에 대해서는 이어지는 36, 37, 38장에서 살펴볼 수 있다. 이것은 우리나라에서 해마다 각기 다른 간지가 존재해서 용의 해, 다음 해는 뱀의 해, 그다음 해는 말의 해와 같이 나누어지고, 간지에 따라서 다른 풍습이 존재하는 것과 유사하다. 다만 우리나라의 경우에는 그 해를 주관하는 각기 다른 12개의 상징물이 있다면 마야의 경우에는 네 개밖에 없는 셈이다. 앞 장에서 살펴본 바와 같이 문자마다 고유의 방위가 존재하며 (깐: 남쪽, 물룩: 동쪽, 익스: 북쪽, 까우악: 서쪽) 주관하는 신과 제물로 바치는 음식, 색깔 등의 복잡한 상징들이 다르게 존재한다.

2 가리바이본에는 "…y por las cuatro partes del mismo, a saber, oriente, poniente, septentrión y mediodía"로 표기되었다. 여기서 'a saber'를 직역하면 '(동서남북을) 알기 위하여' '아는 바와 같이' 같은 뜻이 되지만 본문에서는 문맥의 흐름과 가독성을 고려하여 '동서남북 네 방면으로'라고 번역하였다.

3 마야 사람들은 도시와 건물의 계획과 건축에서뿐만 아니라 생활의 다양한 면에서도 동서남북 사방을 항상 염두에 두었다. 이것은 식민지 시대 십자가의 개념과 어우러져서 더욱 강화되었고, 오늘날까지도 계속해서 이어지고 있다.

4 란다는 새해를 시작하는 네 가지 의례들에 대하여 설명하면서 나무로 만들어진 우상들에 대하여 아무런 언급도 하지 않았다. 반면에 꼬골유도(Cogolludo)(N. 646)는 이 의례들과 관련하여 나무로 만들어진 우상들에 대하여 언급한 바 있다. 재앙을 막기 위한 목적으로도 우상들이 제작되었는데, 이 우상들이 어떠한 재료로 제작되었는지에 대한 기록은 발견되지 않는다(Tozzer, 140).

5 가리바이본에는 'un príncipe del pueblo'로 표기되었다. 본문에서는 '마을의 높은 어르신'이라고 번역하였는데, 여기서 'príncipe'라는 단어는 '귀족' '왕자' '지도자' 등으로도 해석될 가능성이 있다.

6 이 신의 이름에 대한 여러 의견이 존재한다. 오늘날 이해를 돕기 위하여 학자들이 편의상 마야의 신들을 분류해 놓았다. 세일러(Seler)(1895; 3: 671-4)는 이 '아홉 세대의 신'이 분류상 '케이(K)'로 명명된 신과 동일하다고 하였다. 톰슨(Thompson)(1932d, 415, 1934, 227)과 로이스(Roys)(1933, 99) 또한 이 신을 케이(K)와 동일시하였다. 로이스(Roys)는 이 신의 이름을 '아홉 세대' 혹은 '영원한'이라고 해석하였다. 한편 레이필드와 빌야(Redfield and Villa)(115)는 유까딴의 마야 사람들이 '아홉 개 하늘의 착(Chac)'이라는 뜻의 아 볼론 까안 착(Ah Bolon Caan Chac) 신을 숭배하였다고 하였다. 톰슨(Thompson)(1932d, 415)은 이 신을 밤의 네 번째 왕과 관련지어서 논의하였다(Tozzer, 140).

7 가리바이본에는 이 부분이 '…y con arcos y frescuras'로 표기되었는데, 그 뜻이 명확하지 않다. 여기서 'arco'는 '활, 흰, 아치'라는 뜻이고, 'frescura'는 '신선함'이라는 뜻이 있다. 정황상 이 '신선함'은 '나뭇잎'을 가리키는 것으로 추정된다. 한편 두 단어를 합하여 '휘고 신선한 나뭇가지'라고도 해석할 수 있는데, 이것은 상당한 비약일 수 있다. 따라서 본문에서는 '아치와 신선함'으로 번역하였다.

8 오늘날의 원주민들도 가톨릭과 융합된 전통적인 제례의식을 행할 때 그들의 주식이자 가장 중요한 작물인 옥수수를 사용하는 경우가 많다. 일상생활에서 중요한 것일수록 종교적인 중요성 또한 함께 증가하는 현상은 모든 문화에 존재한다.

9 '악마의 향로'란 마야 신의 모습이 조각된 혹은 신의 모습으로 만들어진 향로를 가리키는 것으로 보인다. 마야 사람들의 향로에는 일반적으로 종교적인 문양과 신의 모습이 많이 이용되었다. (고대 마야의 향로 사진은 27장(27-9) 사진 참조)

10 여기서 란다는 일반적으로 마야 사람들이 향을 피울 때 주재료로 사용하는 꼬빨에 옥수숫가루를 섞어서 향을 피우는 것에 대하여 언급하였다. 이어지는 36장(36-2)에서도 50개의 (레온본(142)과 토설본(144)에는 53개로 표기되었다.) 옥수수알을 갈아서 향을 피우는 것에 대하여 묘사하였는데, 여기서도 간 옥수수를 사까라고 표현하였다.

다만 여기서는 옥수수 49알이라고 하였고, 다음 장에서는 50알이라고 (레온본(142)과 토설본(144)에는 53개로 표기되었다.) 묘사하였다는 것에서 차이가 있다. 그러한 차이의 의미는 파악하기 힘들다. 그러나 마야 사람들이 천문학과 수학, 숫자 등을 종교적인 의미에서 발전시킨 부분이 크다는 점을 감안하면 각각의 숫자에 상당한 의미가 있었을 것임을 짐작할 수 있다. 한편 사까는 모똘 사전에 "옥수수와 물로 만든 음료로 데우지 않고 그냥 마신다."라고 정의했고(Diccionario Maya, 709), 마야어 사전에는 '옥수숫가루에 물을 섞어서 만든 음료'라고 정의되었다. 뻬레스 마르띠네스(Pérez Martínez)는 이것을 '삭-하(Xac-ha)'로 표기하였다.

빌야구띠에레스(Villagutierrez)(2, II)의 기록을 통하여 띠뿌(Tipu) 인디오들 사이에서 동일한 이름을 가진 음료가 존재하였다는 것을 확인할 수 있다. 그 내용은 다음과 같다. "띠뿌의 촌장과 족장, 귀족들은 에스빠냐 사제들이 도착하기 전에 이미 그들이 어떻게 마을로 찾아왔는지를 알고 있었다. 그들은 카카오와 옥수수로 만든 사까 음료와 가벼운 식사로 에스빠냐 사제들을 맞이하기 위하여 강을 따라 배를 타고 2레구아(약 8킬로미터 혹은 11킬로미터) 이상을 내려갔다."

레이필드와 빌야(Redfield and Villa)(39)는 이 용어를 "라임 없이 요리한 껍질을 깐 곡물가루로 공처럼 빚는다."라고 정의하였다(Tozzer, 140-141).

11 로이스(Roys)는 이것을 'Cħahalte'로 표기하였다. 그는 '차알(Cħahal)'이 '방울(Drops)'을 뜻하고, 향으로 사용되던 고무에서 방울이 똑똑 떨어지는 모습과 연관이 있다고 주장하였다(Tozzer, 141).

12 네 개의 우아옙 의례들에서 사용되던 막대들 가운데 하나를 제외한 다른 막대들의 이름은 모두 그해에 해당되는 '색의 이름'과 '나무'가 합쳐진 것이다. 예를 들면 '깐떼(Kante)'는 '깐(Kan) 해에 사용되던 노란 나무'라는 뜻이다. 이러한 나무는 이름만 알려져 있을 뿐 실제로는 일치하는 식물이 발견되지 않았다. 이어지는 장에서 등장하는 '착떼(Chacte)'는 '물룩(Muluc) 해에 사용되던 붉은 나무'로 'Caesalpinia platyloba'와 동일하다. 익스(Ix) 해에는 삭떼(Zacte)보다도 보통 사치아(Sachia)가 많이 사용되었다. 까우악(Cauac) 해에 사용되던 '약세'이라는 나무는 '초록 또는 노랑 검정'이라는 뜻으로 'Lysiloma Sabicu Benth'와 동일한 식물이다(Tozzer, 141).

13 가리바이본에는 '… un ángel en señal de agua'로 표기되었다. 로이스(Roys)(1933, 67)는 여기서의 'ángel'이 '휘장(insignia)'이라는 뜻의 'can hel'을 가리키는 것이라고 추정하였다. 또한 추마옐에는 'cangel'로 표기되었다. 이를 통하여 추측해 보았을 때 이 단어가 에스빠냐어의 'angel'이라는 단어와 잘못 연관된 것으로 보인다(Tozzer, 141).

14 '볼론사깝이라는 또 다른 상'은 4년 전에 만들어진 후로 계속해서 높은 어르신의 집에 모셔져 있던 볼론사깝 우상을 가리키는 것으로 추정된다. 이 두 개의 상(4년 전에 만들어진 상과 새로운 상)은 5일이 지난 후에도 새해가 될 때까지 함께 모셔지다가 새해가 되면 새로운 상은 높은 어르신의 집에서 계속해서 모셔지게 되었고, 기존의 상은 신전으로 옮겨졌다. 란다는 이에 대하여 자세하게 설명하지 않았다(Tozzer, 141).

15 종교적인 의례에 사용되는 옥수수알의 숫자와 관련하여 49개의 옥수수알맹이와 50개의 (레온본(142)과 토설본(144)에는 53개로 표기되었다.) 옥수수알맹이가 향을 피우기 위하여 꼬빨과 섞인다는 기록을 확인할 수 있다. 또한 415개의 옥수수알맹이와 380개의 옥수수알맹이로 음료를 만든다는 대목도 등장한다. 35장(35-3)의 주에서도 언급한 바 있듯이 이러한 옥수수알의 숫자는 종교적인 상징성이 있는 것으로 보인다. 그러나 그 정확한 의미는 파악하기 힘들다(Tozzer, 141).

16 까날아깐뚠은 '노란색(Kanal) 돌(Acantun)'로 해석될 수도 있고, '우아옙을 구성하는 신 가운데 한 명'이 될 수도 있다. 뻬레스 마르띠네스(Pérez Martínez)(151)는 이것을 '노란 산'으로 해석하였다. 로이스(Roys)(1933, 114)는 아깐뚠(Acantun)이 'Stone set up on a foundation(건물의 토대에 세워진 돌)' 혹은 'Stone stela(석비[石碑])'를 의미할 수도 있다고 하였다. 또한 아깐뚠들이 동서남북 중의 어느 한 곳에서 각각 신화적인 상대가 있을 것이라고 하였다(Tozzer, 141).

한편 란다는 40장(40-21)에서 나무로 된 우상들을 만드는 의례에 대하여 설명하면서 다음처럼 언급하였다. "사방(四方)으로는 아깐뚠이라고 불리는 네 명의 악마들을 놓아두었다. 그들에게 피울 향도 (함께) 두었다." 또한 이 장 35장(35-1)에서 다음처럼 언급하였다. "유까딴의 모든 마을에서는 마을의 입구와 동서남북 네 방면으로 두 개의 돌무더기를 서로 마주 보도록 세워 두는 것이 (하나의) 관습이었다." 이 문장에서의 돌무더기가 여기서 언급된 돌무더기와 동일한 것으로 추정된다. 이러한 돌무더기에는 각 방향에 따라서 색깔별로 이름이 있었던 것으로 보인다.

17 란다는 40장(40-5)에서 막(Mac) 달에 행하는 의례에 관하여 묘사하면서 다음처럼 기록하였다. "만일 호랑이나 사자, 악어 같은 커다란 동물들이 없을 때는 향으로 심장을 만들었다. 그러나 그러한 동물들이 있다면 (동물들을) 죽인 후에 심장을 꺼내어 불 속으로 (집어넣었다)." 이 문장을 보았을 때 인디오들이 심장을 중요하다고 여겼기 때문에 그것을 신에게 바쳤다는 뜻으로 보인다. 따라서 실제로 심장을 사용하였거나 이것을 상징하는 심장 모양의 향을 피웠던 것으로 해석할 수 있다.

18 깐(Kan) 해의 신은 볼론 짜깝(Bolon Dzacab, God K), 물룩(Muluc) 해의 신은 끼니치 아하우(Kinich Ahau, 태양의 신), 익스(Ix) 해의 신은 이참나(Itzamna, God D), 까우악(Cauac) 해의 신은 우악미뚠 아하우(Uacmitun Ahau)이다(Tozzer, 142). 이들은 각 해를 관장하는 신들로 각각의 해당하는 해에 신전에서 주신으로 모셔졌다.

19 신전으로 모셔진 볼론 사깝(Bolon Dzacab)의 조각상과 동쪽의 돌무더기에 모셔진 까누우아야얍(Kan Uayeyab)의 형상은 모두 4년 전 깐(Kan) 해에 만들어서 바쳐진 우상들이다. 이제는 새로운 상이 촌장의 집에 모셔지게 되고, 새로운 형상이 남쪽의 돌무더기에 모셔지게 된다. 이러한 행사들은 본문에 설명된 의례 기간 중에 행하여진다. 이 두 개의 새로운 상들은 다음의 깐(Kan) 해가 돌아올 때까지 4년 동안 계속해서 각자 그 자리에 모셔지게 된다(Tozzer, 142).

20 가리바이본에는 "… a entender en lo que le quedaba a cada uno por hacer en la celebración del año nuevo"로 표기되었다. 여기서의 'a entender'를 직역하면 '이해하기 위하여'가 되지만 최소한의 가독성을 살리기 위해서 본문에서는 '행하기 위하여'로 번역하였다.

21 가리바이본에는 'según su engaño'로 표기되었고, 본문에서는 이것을 '그들의 망상에 따라서'라고 번역하였다. 란다의 입장에서는 의례를 행하고 악마를 쫓는 것이 원주민들의 잘못된 종교적 속임수로 인한 일종의 망상이기 때문에 이처럼 표현한 것으로 보인다. 그러나 원주민들의 입장에서 본다면 그들의 '믿음'이나 '종교적인 신념'에 의하여 행하는 것이기 때문에 'según sus creencias(그들의 믿음, 종교의례에 따라서)'로 바꾸어 표현할 수 있다.

22 문자 그대로 해석하면 '끽(Kik)'은 '피' '월경(月經)' 또는 '고무'를 의미한다(Diccionario Maya, 399). 마야 사람들에게 고무는 단순히 생활에서 이용하는 물질이 아니었다. 고무는 신성한 것으로 여겨지며 종교적인 의례에 많이 사용되었다. 1562년 호문 연구(Homun Investigation)의 디에고 짭(Diego Tzab)의 증언(SA, 148)에서 꼬빨과 끽이라는 송진(Resina de quic[kik])을 우상들 앞에서 태운다는 내용을 확인할 수 있다.
한편 라깐돈 원주민들은 꼬빨과 고무를 합친 것을 끼낄루까(Kikiluca)라고 불렀다. 토설(1907, 102)은 이와 관련하여 다음처럼 말하였다. "고무나무의 수액을 태워서 만든 또 다른 형태의 향으로 흔히 꼬빨과 합쳐져서 신들을 위한 선물로 바쳐졌다." 또한 라깐돈 원주민들 사이에서 고무와 관련된 개와 남자에 대한 기록을 확인할 수 있는데, 이들은 고무로 만든 인간상을 신에게 바친다고 하였다(Tozzer, 1907, 127). 치첸이트사의 신성한 연못(Cenote de Sacrificio)에서는 꼬빨과 함께 고무공과 꼬빨에 부착된 고무로 만든 인물상들이 다량으로 발견되었다(Tozzer, 142-143).

23 란다는 28장에서 인신공양에 대한 자세한 내용을 기록하였다.

24 바야돌릳 지역의 렐라씨온(Relaciones de Yucatán, 2: 27-8)에서 만일 노예들을 구할 수 없으면 사람을 대신하여 개나 그 밖의 다른 동물들을 공양했다는 내용을 확인할 수 있다. 그 내용은 다음과 같다. "왕들과 촌장들은 자신들이 소유하고 있던 남자 인디오와 여자 인디오 노예들을 죽였다. 그리고 그들의 심장을 꺼내서 우상들에게 바쳤다. 노예들을 소유하지 않은 사람들은 작은 개와 다른 동물들을 바쳤다. 이 동물들의 피로 우상들의 코와 입을 문질렀다." 또한 1562년의 기록을 통하여 개와 그 밖의 다른 동물들이 바쳐졌다는 내용을 여러 차례 확인할 수 있다(Tozzer, 143).

25 마을의 입구나 마을 주변의 사방에 그리고 신전의 앞이나 그 밖의 다른 장소에 돌무더기를 쌓는 것은 마야의 의례에 자주 등장하는 내용이다. 각 달의 의례를 설명한 35장부터 40장까지의 본문 내용을 통해서 이러한 돌무더기가 마을의 입구와 중앙광장 등 다양한 장소에 세워졌다는 것을 알 수 있다. 이러한 돌무더기는 일종의 제단의 역할을 하였고, 그 자체가 신성한 것으로 여겨졌다. 오늘날까지 남아 있는 것이 없어서 돌무더기의 정확한 형태를 알 수는 없지만 특별한 형태가 아닌 한국의 산에서 흔히 볼 수 있는 돌무더기 혹은 케른과 유사한 자연스러운 돌무더기의 형태를 가졌던 것으로 추정된다.

26 희생자의 심장이 접시나 그릇에 담긴 채 혹은 그 위에 다

른 접시로 덮인 채 우상들에게 바쳐졌다는 내용을 호문의 기록(SA, 137, 140, etc.)에서 여러 차례 확인할 수 있다. 한 증인은 다음처럼 말하였다. "심장을 담는 그릇을 수우이 락(Zuhuy lac)이라고 하였다. 이것은 에스빠냐어로 '처녀'라는 뜻이다"(Tozzer, 143).

27 깐(Kan) 해, 물룩(Muluc) 해, 익스(Ix) 해가 시작되는 새해에 재앙을 막기 위한 목적으로 이 춤을 추었다. 또한 란다가 직접적으로 언급하지는 않았으나 까우악(Cauac) 해에도 분명 이러한 춤을 추었을 것으로 추정된다(Tozzer, 143). 한편 란다는 32장(32–8)에서 "또한 공양을 [할 때] 여자들은 신전에 갈 수 없었다. 그러나 예외적으로 특정한 의례들에는 행사를 치르기 위하여 일부 노파들에게 (신전에 가는 것이) 허락되었다."라고 하였는데, 이 내용이 바로 그러한 경우다.

28 란다는 40장(40–18)에서 다음처럼 말하였다. "그들은 (5일 중의) 마지막 날에 꾸꿀깐이 하늘에서 내려와 (그들이 올린) 의례와 밤샘(기도) 그리고 제물들을 취한다고 말하였고, 그것을 굳게 믿었다." 이렇듯 신이 내려와서 인간들이 공양한 것을 취한다는 생각은 인디오들 사이에서 지극히 보편적이다. 라깐돈 원주민들은 제물을 바친 후에 '신이 내려와서 그들이 공양한 것들을 드실 수 있도록' 소라고둥 껍데기를 불었다. 다음은 라깐돈 원주민들의 기도문 내용이다. "당신이 내려와서 보실 수 있도록 저는 당신을 위한 선물들을 번쩍 들어 올립니다. 당신이 내려와서 보고 아실 수 있도록 저는 당신을 위한 선물들을 손에 쥐고 있습니다." "오 아버지시여! 어서 내려와 당신의 그릇을 보십시오"(Tozzer, 144).

물룩을 (머리)문자로 하는 새해의 공양

- 장대춤[1] - 흙으로 만든 개와 함께 추는 노파들의 춤

36-1 물룩(Muluc)을 머리문자로 하는 해에는 깐시에날의 예언이 있었다. 제사장과 촌장들은 그 기간에 의례를 치를 (마을의) 높은 어르신을 한 명 정하였고, 지난해와 마찬가지로 차꾸우아야얍이라고 불리는 악마의 형상을 만들었다. 그러고는 (이 형상을 작년에 까누우아야얍 악마의 형상을) 모셔 두었던 동쪽의 돌무더기로 가지고 가서 (그곳에 잘 모셔 두었다).[2]

(또한) 낀차하우(Kinchahau)[3]라고 불리는 악마의 상(像)을 만들어서 (마을의) 높은 어르신네 집의 적당한 자리에 모셔 두었다. 그러고는 차꾸우아야얍 악마의 형상을 모시고 오기 위하여 그곳에서부터 아주 깨끗하게 단장된 길을 따라 늘 그렇게 하였듯이 모든 사람이 다 함께 경건한 마음으로 이동하였다.

36-2 (그곳에) 도착하자 제사장이 사까라고 불리는 향과 옥수수 50알[4]을 간 것으로 향을 피웠다.

제사장은 촌장들에게 차알떼(Chahalté)라고 불리는 향을 더 많이 주어서 그것을 향로 안에 넣도록 하였다. 그러고는 지난번과 마찬가지로 암탉의 목을 자르고 차스떼(Chasté)라고 불리는 막대에 (차꾸우아야얍의) 형상을 꽂았다. 그러고는 이것을 들고 (마을의 높은 어르신네 집으로) 향하였다. 그러면 다른 모든 사람이 홀까노꼿 바뗄로꼿(Holcanokot batelokot)[5]이라는 전쟁의 춤을 추며 형상을 따라 경건하게 이동하였다.

길을 가던 중에 촌장들과 (마을의) 높은 어르신들에게는 전에처럼 구운 옥수수알 380개로 만든 음료를 대접하였다.

36-3 (마을의) 높은 어르신네 집에 도착하여 (차꾸우아야얍의) 형상을 낀차하우의 상 맞은편에 모셔 두고 모두 제물을 바쳤다. 다른 것들과 마찬가지로 (이러한 제물들 역시 다른 사람들에게) 나누어 주었다.

(또한 차꾸우아야얍의) 형상에게 계란의 노른자위로 만든 빵과 사슴의 심장으로 만든 빵, 후추를 녹여 만든 빵을 바쳤다.[6]

많은 사람이 자신들의 귀에 상처를 입혀서 피를 냈다. 그러고는 그 피를 그곳에 있던 차까깐뚠(Chacacantun)이라는 악마의 돌에 문질렀다.

아이들을 데려다가 그들의 귀에 강제로 칼을 대서 피가 나도록 하였다.

(이렇듯) 불길한 날들이 지나갈 때까지 (낀차하우의) 상과 (차꾸우아야얍의) 형상을 모시며 그들에게 향을 피웠다.

이러한 날들이 지나고 나면 (차꾸우아야얍의) 형상을 북쪽에 모셨고, (낀차하우의 상을) 신전으로 모셨다. 그러고는 새해맞이 준비를 위하여 각자의 집으로 돌아갔다.

만일 위에서 이야기한 것들을 행하지 않으면 (악마가) 저주를 내릴 거라고 두려워하였다.[7]

36-4 그들은 (깐시에날이) 바깝들 중에서도 가장 훌륭하고 위대한 신이기 때문에 깐시에날이라는 바깝이 지배하고 물룩(Muluc)이 머리문자인 해를 좋은 해라고 여겼다. (그들의) 기도문 역시 (깐시에날로) 시작된다.

이 모든 것에도 악마는 (인디오들에게) 약스꼬까뭇(Yaxcocahmut)[8]이라는 우상을 만들어서 신전에 모시도록 하였다. 전에 있던 형상들을 치우고 신전 앞 광장에 커다란 돌[9]을 가져다 놓도록 하였다. (인디오들은) 그곳에서 향을 피우며 끽(Kik)이라는 수액 혹은 송진으로 만든 공을 태웠다. 그러고는 그들이 두려워하는 이번 해에 예언된 불행한 일들에 대하여 대책을 마련해 달라고 우상에게 기도를 올렸다. (불행한 일들이란) 가뭄이 드는 것과 옥수수에 싹이 지나치게 많이 나는 일과 같은 것들이다. 대책으로 약스꼬까뭇을 달래기 위하여 악마는 (인디오들에게) 다람쥐와 자수가 들어가지 않은 옷[10]을 바치도록 하였다. 그리고 (그 옷은) 신전에서 춤을 추는 노파들이 짜도록 하였다.[11]

36-5 비록 (이번 해는) 좋은 해였으나 만일 악마가 지시한 의례들을 행하지 않으면 많은 불행한 일이 생기고 나쁜 징조들이 나타났다. (악마가 지시한 것들이란) 행사를 치르고, 아주 키가 큰 장대를 타고 춤을 추며[12], 칠면조의 머리와 빵[13], 옥수수로 만든 빵과 음료를 바치는 것이었다; [그 밖에도] 등에 빵을 달고 있는 흙으로 만든 개[14]들을 바쳐야 했는데, 노파들은 그 개를 손에 들고 춤을 추어야 했다.[15] 또한 등이 검은 동정(童貞)의 작은 개 한 마리를 공양해야 했다; 신앙심이 무척 깊은 사람들은 자신의 (몸에서) 피를 내서 그것을 차까깐뚠이라는 악마의 돌에 문질렀다.

이러한 공양과 의례는 약스꼬까뭇이라고 불리는 신을 즐겁게 해 주려는 것이었다.

---

1 나무 막대기를 다리에 덧댄 채로 걸어 다니면서 추는 춤이다. 이러한 춤을 추는 사람을 가리켜서 '키다리 삐에로(Stilt-walker)'라고 부르기도 한다.

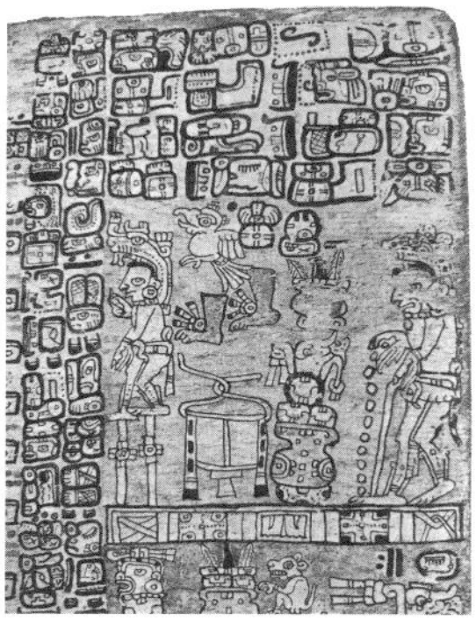

장대춤을 추는 것으로 추정되는 모습, 꼬디쎄 마드리드의 36a

2 란다는 이 부분에 대하여 명확히 설명하지 않았다. 차꾸우아야얍(Chac Uayeyab)의 새로운 상이 동쪽의 돌무더기에 모셔지고, 작년까지 이곳에 모셔져 있던 상은 5일 중 5일째 되는 날에 이곳을 떠나 북쪽으로 도셔지게 된다. 그렇지만 만일 새로운 우상이 매년 만들어진다면 계속해서 쌓여가는 기존의 우상들은 도대체 어디로 모셔지게 되는가에 대하여 쉽게 이해하기 힘들다(Tozzer, 144). 기존에 모셔져 있던 우상을 치우고 새롭게 만들어진 우상을 모신다는 것이 좀 더 명확한 설명으로 보인다.

3 '태양의 얼굴 또는 태양의 눈을 가진 왕' 혹은 '태양신'으로 알려져 있다. 리자나(Lizana)(Pt. 1, IV)는 잇사말의 우상인 끼니츠 깍 모(Kinich Kak Mo)에 대하여 언급하였다. 끼니츠 깍 모(Kinich Kak Mo)라는 이름은 '불의 얼굴을 가진 태양 또는 불빛을 가진 태양'이라는 뜻이다. 식민지 시대의 사료를 남긴 꼬골유도(Cogolludo)(4, VIII)는 낀차하우(Kinich Ahau)의 부인을 직물 짜기와 방적의 창시자인 익

스 아살 우오(Ix Azal Uoh)라고 하였고, 현대학자인 톰슨(Thompson)(1939a, 129–30)은 그녀를 달의 여신과 동일시하였다(Tozzer, 144).

4 레온본(142)과 토설본(144)에는 53개로 표기되었다.

5 홀까노꼿은 '전사들의 춤 또는 용감한 사람들의 춤'이라는 뜻이고, 바뗄로꼿(Batel okot) 혹은 바떼엘 오꼿(Bateel okot)은 '전쟁의 춤'이라는 뜻이다(Tozzer, 144). 홀깐(Holkan)은 제사장 또는 전쟁에 나가는 장수의 이름이기도 하다. 마야어 사전에는 용감한 사람, 병사 혹은 그 밖의 다른 뜻으로 정의되었다(Diccionario Maya, 226).

6 이 문장에서 논란이 되는 쟁점은 본문같이 '계란의 노른자위로 만든 빵과 사슴의 심장으로 만든 빵'으로 해석하는 것이 옳은 것인지 아니면 '계란의 노른자위와 사슴의 심장 모양을 가진 빵'으로 해석하는 것이 옳은 것인지를 가려내는 것이다. 가리바이본에는 "Ofrecían a la imagen pan hecho con yemas de huevo, y otros con corazones de venados, y otro hecho con su pimienta desleída"로 표기되었다. 여기서는 'pan hecho con'으로 표기되어 있어서 '… 로 만들어진 빵'이라는 뜻으로 해석된다. 이 점에 있어서는 논란이 있기 힘들다. 토설본(144)에도 가리바이본과 같이 해석되었다. "They offered the image bread made with the yolks of eggs and others made with the hearts of deer, and another made of dissolved peppers" 반면에 게이츠본(64)에는 다음처럼 번역되었다. "They offered to the image bread formed like the yolks of eggs, others like deer's hearts, and another made of dissolved peppers" 여기서는 'bread formed like'으로 표기되어 있어서 실제로 계란의 노른자와 사슴의 심장이 들어간 빵이 아니라 그러한 모양을 가진 빵이라는 뜻으로 해석될 가능성이 있다.

7 가리바이본에는 "Habían de temer, si no hacían las cosas dichas, mucho mal de ojos"로 표기되었는데, 여기서 'mucho mal de ojos'의 뜻이 명확하지 않다. 이것을 직역하면 '심각하게 나쁜 눈'으로 해석될 수 있고, 의역하면 '눈과 관련된 질병' 정도로 해석될 수 있다. 이를 바탕으로 문장 전체를 해석하면 "그들은 만일 위에서 이야기한 것들을 행하지 않으면 눈에 심각한 문제가 생길 것이라며 두려워하였다."가 된다. 그러나 'mucho mal de ojos'는 '심각한 (악마의) 저주(maldición)' 같은 뜻으로도 해석될 수 있다(RAE). 본문에서는 문맥과 정황상 두 번째에 더욱 가능성이 있다고 판단하여 "그들은 만일 위에서 이야기한 것들을 행하지 않으면 (악마가) 저주를 내릴 것이라며 두려워하였다."고 해석하였다. 토설본(145)에는 '… to have much eyes disease'로 해석되었는데, 이것은 전자와 같다.

8 이것은 '초록색의 꼬까-뭇(Cocah-mut)'을 의미한다. 로이스(Roys)(1933, 153)는 이와 관련하여 티지민(Tizimin MS)(25)에는 'Yax-Cocay-mut'으로 표기되었고, '초록색의 반딧불이 새'라는 뜻으로 해석될 수 있다고 하였다. 훗날 로이스(Roys)는 이것을 'Yax-Cocay(혹은 Cocah-mut)'로 번역하였는데, '초록색의 반딧불이 꿩' 혹은 '결핍의 상징, 초록색의 뭇(mut) 새'라는 뜻이라고 하였다(Tozzer, 145).

9 가리바이본에는 이 부분이 'un bulto de piedra'로 표기되었다. 이것은 본문에서처럼 '커다란 돌'이라는 뜻으로 해석될 수 있지만, '석조조각상'이라고 해석될 가능성도 있다.

10 가리바이본에는 'un paramento sin labores'로 표기되었다. 'paramento'는 옷과 장식품 등의 의미를 모두 포함하지만 이어서 등장하는 'tejiesen'이라는 동사가 '옷감을 짜거나 자수를 놓는다'라는 뜻을 가지기 때문에 본문에서는 '자수가 들어가지 않은 옷'으로 해석하였다. 그러나 벽걸이 융단(Tapiz)이나 태피스트리 장식을 나타낼 가능성도 배제할 수 없다. 한편 'sin labores'는 '자수가 들어가지 않은' '별다른 모양 없이 단순하게 만들어진'과 같은 뜻이다. 토설본(145)에는 'a cloth without embroidery'로 표기되었다. 토설 또한 '자수가 들어가지 않은 옷'으로 해석하였다(Tozzer, 145).

11 라깐돈 원주민들 사이에서 이와 매우 유사한 풍습을 살펴볼 수 있다. "새로운 화로를 준비하는 시기에 새로운 예복을 (차려입는다). 면직물은 반드시 부족의 할머니와 과부가 짠 것이어야 한다. 또한 이 모든 작업은 성스러운 영역 내에서 이루어진 것이어야 한다"(Tozzer, 145).

12 꼬디쎄 마드리드의 36a에서 장대춤을 추는 장면을 확인할 수 있다. 36장(36-1)의 1번 제목의 주에 이 삽화가 삽입되었는데, 삽화의 장면은 여기서 란다가 묘사한 춤과 동일한 것으로 추정된다.

13 마야의 사료들에서 제물로 바쳐진 칠면조 머리를 형상화한 모습이 매우 흔하게 발견된다(Tozzer, 145).

꼬디쎄 마드리의 37b에 등장하는 다양한 종류의 조류

14 꼬디쎄 마드리드의 35b, 36b에서 깐 이미지(Kan sign)와 이믹스 이미지(Imix sign)를 입은 혹은 지고 있는 개의 모습을 확인할 수 있다.

꼬디쎄 마드리드의 35b

15 꼬디쎄 마드리드의 30b에서 노인이 흙으로 빚은 것으로 추정되는 개를 들고 있는 모습을 확인할 수 있다. 여기서 란다가 언급한 춤과 동일한 것으로 짐작된다.

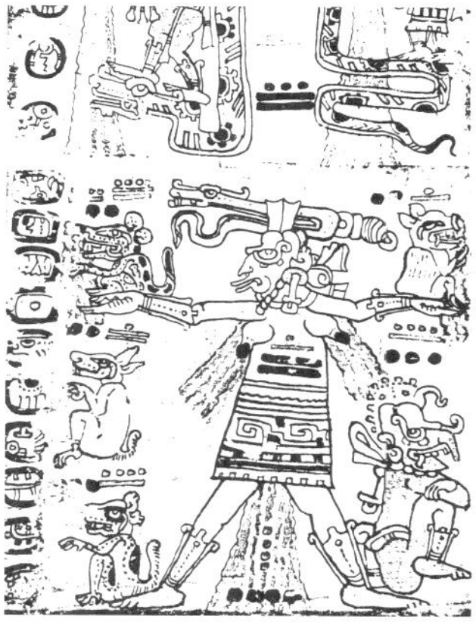

꼬디쎄 마드리드의 30b

37

익스(IX)를 (머리)문자로 하는 새해의 공양

- 불길한 예언과 그에 대한 대책

37-1 익스(Ix)를 머리문자로 하고 삭시니의 예언이 있는 해에는 의례를 치를 (마을의) 높은 어르신을 한 명 정하였다. 그러고는 사꾸우아야얍이라고 불리는 악마의 형상을 만들어서 이 형상을 지난해에 (차꾸우아야얍이라는 또 다른 악마의 형상을) 모셔 두었던 북쪽의 돌무더기들이 있는 곳으로 가지고 갔다.

또한 이삼나(Yzamná)[1](라고 불리는) 악마를 위하여 상(像)을 하나 만들었다. 이것을 높은 어르신의 집에 모셔 둔 후에 모두가 함께 단장된 길을 따라 사꾸우아야얍의 형상이 있는 곳까지 경건한 마음으로 이동하였다.

(그곳에) 도착하면 항상 하던 것처럼 (형상에) 향을 피우고, 암탉의 목을 잘랐으며, 사치아(Zachia)[2]라고 불리는 막대에 형상을 꽂았다. 그러고는 알깝딴 까마하우(Alcabtan Kamahau)[3]라는 춤을 추면서 경건한 마음으로 (형상을) 운반하였다.

(촌장들과 마을의 높은 어르신들은) 길을 가는 도중 늘 마시던 음료를 대접받았다. (높은 어르신네) 집에 도착해서는 (사꾸우아야얍의) 형상을 이삼나라고 불리는 상의 맞은편에 두었다. 그곳에서 모두들 제물을 바치고, 그것들을 서로 나누어 가졌으며, 사꾸우아야얍의

상에 칠면조 머리와 메추라기로 만든 엠빠나다(Empanada)[4]와 그 밖의 다른 제물과 음료를 바쳤다.

37-2 어떤 사람들은 (자신들의 몸에서) 피를 내어 그것을 사까깐뚠(Zacacantun)이라는 악마의 돌에 문질렀다. 이렇듯 새해가 밝기 전 마지막 날까지 우상들을 모시며 그들에게 향을 피웠다. (불길한 날들이 지나고 나면) 이삼나의 (상은) 신전에 모셔졌고, 돌아오는 해에 사꾸우아야얍의 상을 영접하기 위하여 그의 상은 서쪽으로 모셔졌다.

37-3 그들은 만일 이러한 의례들을 게을리하면 실신과 졸도[5], (악마의) 저주[6] 같은 불행한 일이 이 해에 벌어질 수 있다며 두려워하였다; (또한) 이 해에는 농사[7]가 잘되지 않지만, 목화는 잘된다고 믿었다.

그들은 익스(Ix)를 머리문자로 하고 삭시니(라는) 바깝이 지배를 하는 이 해를 나쁜 해라고 여겼다. 왜냐하면 그들이 말하기를 이 해에는 심각한 물 부족 현상이 일어날 것이고, 햇볕이 너무나 강해서 옥수수밭이 메마르게 될 것이며, 이로 인하여 심각한 기근 같은 다른 많은 불행한 일이 일어날 수 있기 때문이라고 하였다. 이러한 배고픔은 도둑질을 유발할 것이고, 도둑질로 (사람들이) 노예로 전락할 것이며, (그렇게 노예가 된 사람들이 곳곳으로) 팔려 나가게 될 것이라고 (하였다).

또한 이로 인하여 불화가 생기고, 그들 간에 또는 마을 간에 전쟁이 벌어질 것이라고 (하였다).

(이러한) 전쟁과 불화는 촌장들과 제사장들의 권력에도 변화를 유발할 것이라고 하였다.

37-4 다음과 같은 예언이 있다. 촌장이 되고자 하는 사람들은 그 뜻을 이루지 못하게 될 것이다.

(그 밖에도) 메뚜기가 창궐하며[8] 기아(飢餓)가 발생하여 사람들이 살지 않는[9] 마을이 많이 생겨날 것이라고 하였다.

(인디오들은 이 해에 예언된) 모든 혹은 일부 불행한 일이 자신들에게 일어날 것이라고 믿었다. 악마는 이 불행한 일들에 대한 대책으로 씬차하우 이삼나(Cinchahau Izamná)라

고 불리는 우상을 만들어서 신전에 모시도록 하였다. 그곳에서 향을 피우고 많은 제물을 바치며 기도를 드리도록 하였다. 또한 (몸에서) 피를 내어 사까깐뜬이라는 악마의 돌에 문지르도록 하였다.

그들은 수많은 춤을 추었다. 늘 그랬듯이 노파들이 춤을 추었다. 또한 이날에는[10] 악마에게 바치는 조그마한 신당을 새로 짓거나 예전의 것을 새롭게 단장하였다. 공양하고 제물을 바치기 위하여 모두들 이곳에 모여 경건하게 술 취하기[11]를 하였다. 이것은 모든 사람이 다 함께 의무적으로 치르던 의례였다.

믿음이 지나친 사람들은 신앙심과 자발적인 마음으로 앞서 이야기하였던 것과 같은 또 다른 우상을 만들어서 다른 신전들에 모시기도 하였다. 그곳에서도 제물을 바치고 술 취하기를 하였다.

(이렇듯 인디오들은 이 해에) 예언된 불행들을 극복할 수 있는 대책으로 우상들을 아주 기쁘게 하려고 술에 취하며 공양을 드렸다.

---

1 이 책에는 '이삼나(Yzamná)'로 표기되어 있으나 다른 사료들에는 주로 '이참나(Itzamna)'로 표기되었다. 이것은 '이구아나의 집'이라는 뜻인데, 일반적으로 이 신은 '하늘의 신'으로 알려져 있다. 뽀뽈 부(Popol vuh)에는 '부꿉 까끽스(Vucub Caquix)'라는 이름으로 등장한다. 마야는 여러 신을 숭상하였고, 신들이 각기 다른 기능을 수행하였다. 그중에서도 '이참나'는 가장 높은 신에 해당했다. 태양신이라고 할 수 있으며, 그를 지칭하는 다양한 이름과 특징을 지닌다. 바야돌릳 지역의 렐라씨온에서 다음 내용을 확인할 수 있다. "그들은 유일신이라는 뜻의 이참나(Itzamna[Zamana])와 후납(Hunab)이라고 불리는 단 한 명의 신을 숭배하였다." 창조의 신으로 알려진 후납 꾸(Hunab Ku)의 아들이 바로 이참나이다. 특히 하늘과 태양의 신인 이참나는 마야의 신 중에서도 가장 중요한 신으로 꼽혔다. 그는 첫 번째 제사장으로서 글쓰기와 책을 고안하였고, 유까딴 지역 곳곳에 이름을 붙였으며, 땅을 나누어서 사람들에게 분배하였다. 그와 착들(Chaces)을 기리는 의례는 막(Mac) 달에 행해졌는데, 이것을 통하여 그와 비의 연관성을 짐작할 수 있다.
한편 깜뻬꼴체 지역의 렐라씨온(Relaciones de Yucatán, 2: 183)에서도 이참나와 그의 우상에 대한 언급을 확인할 수 있다. 또한 제사장이 요리된 옥수수를 하늘 높이 들어 올려서 이참나 신에게 바칠 때 읊는 기도문도 함께 기록되었다. 그 내용은 다음과 같다. "위대하신 하늘의 신이시여! 당신은 하늘과 구름 속에 머물고 계십니다. 옥수수 농사가 풍년을 맞을 수 있도록 우리를 도와주십시오"
한편 기아가 발생하면 아 낀(Ah kin)이 이참나 신에게 몇몇 초록색과 붉은색 돌을 바쳤고, 기아가 계속되면 인신공양을 하였다.
이참나는 재앙을 막기 위한 새해의 의례들에서 다양한 이름으로 등장한다. 깐(Kan) 해에는 이참나 까우일(Itzamna Kauil)로 등장하고, 물룩(Muluc) 해에는 약스 꼬까 뭇(Yax Cocah Mut)으로 등장하며, 익스(Ix) 해에는 끼니츠 아하우 이참나(Kinich Ahau Itzamna)로 등장한다.

톰슨(Thompson)(1939a, 152–60)은 이참나를 하늘의 괴물과 동일시하였다. 그는 마야 예술에서 '악어, 뱀, 머리가 두 개 달린 짐승과 닮은 괴물'을 흔히 발견할 수 있다는 점을 지적하였다. 그들의 몸은 세상의 상징들로 장식되었고, 그들의 입에서는 간혹 물이 쏟아지기도 했다. 톰슨(Thompson)(152–3)은 이참나 뚤 착(Itzamna thul Chac)을 이차맛 우이(Itzamat Ul)와 동일시하였다. 한편 마야 사람들이 기록한 고대 사료인 추마옐의 칠람 발람(Chilam Balam, 66)에는 이침뚤 착(Itzimthul Chac)으로 기록되었고, 띠시민에는 이참나 뚤릴(Itzamna thulil)로 기록되었다. 이 모든 것은 이참나를 구름의 신과 연관 지은 것이다. 로이스(Roys)는 이구아나라는 뜻의 이참(Itzam)으로부터 이침 뚤 셀락(Itzim thul Celac)이라는 이름이 재구성되었다고 하였다. 또한 이것은 곧 이참뚤 착(Itzamthul Chac)과 하늘의 괴물과의 연관성을 시사한다고 하였다(Tozzer, 146).

마야의 신이 이렇게나 다양하고 복잡한 변화와 기능 그리고 이름을 가지는 것은 그들이 유일신 사상과 절대적인 종교의 세계를 가지고 있지 않았기 때문이다. 신은 자연현상이나 인간의 개입으로 변화한다. 해가 뜨고 지는 것에 따라 태양신의 기능 또한 변화하는 것이고 그러한 변화에 따라 이름이 바뀌기도 한다. 이러한 변화에 인간이 적극적으로 개입하여 신을 돕거나 방해하기도 하며 때로는 대리하기도 한다. 신의 세계에 인간이 들어가 그들의 것을 빼앗아 오기도 하고 신들이 좋아하는 것을 주거나 해서 그들의 기능을 강화하기도 한다. 따라서 기독교로 대변되는 전지전능한 유일신 사상의 시각으로 마야의 우주관과 세계관을 이해하는 것은 무리이다. 굳이 유사점을 찾는다면 기독교가 완전히 자리 잡기 이전의 그리스신화의 세계와 유사하다고 이야기할 수 있다.

2 앞뒤 장들에는 달력에 따른 의례와 그러한 의례에 따른 다양한 용어들이 등장한다. 이러한 서술의 일관성상에서 본다면 사치아(Zachia)는 '하얀 나무'인 '삭떼(Zacte)'라고 불러야 한다. 이와 관련하여 35장(35–4)의 주에서도 언급하였듯이 어느 한 기간의 제사용 막대기는 항상 색의 이름과 나무를 조합한 '색이름+te(나무 혹은 막대기라는 마야어)'와 같은 방식으로 불렸다. 한편 로이스(Roys)는 이를 재구성하여 '삭 야(Sac ya)'라는 용어를 언급하였다. 이것을 문자 그대로 해석하면 '하얀 사뽀떼(Sapote)'라는 뜻이다(Tozzer, 146). 용어와 상관없이 사치아가 나무 혹은 사뽀떼라는 것과 그 이름이 삭(Zac, 하얀색)과 관련이 있다는 것은 분명해 보인다.

3 게이츠(Gates)(1937, 65)는 알깝딴 까마하우(Alcabtan Kamahau)를 '왕을 접대하기 위하여 서두르다'라는 뜻으로 풀이하였다. 한편 뻬레스 마르띠네스(Pérez Martínez)(153)는 이것을 '알깝 딴 깜 아하우(Alcab than kam Ahau)'로 재구성하였다. 이것은 '왕의 영접으로부터 달리다(Running from the reception of the king)'라는 뜻이다(Tozzer, 146). 알깝딴 까마하우의 정확한 의미는 분명하지 않다. 다만 마야어 사전에는 이 단어가 '알깝(Alcab)–달리다' '딴(Than)–⋯앞에' '깜(Kam)– 비용이 들다' '아하우(Ahau)–왕 혹은 최고지도자' 같은 뜻으로 정의되었다(12, 289, 769).

4 오늘날의 엠빠나다(Empanada)는 빈대떡보다 조금 더 두툼한 일종의 커다란 파이로 짓이긴 고기 같은 재료가 주 내용물이다. 여기서 란다가 언급한 것도 이와 크게 다르지 않았을 것으로 보인다. 옥수수로 가루를 내어서 일종의 전병이나 파이 같은 형태로 만든 후에 다양한 재료를 곁들여 먹던 음식인 것으로 추정된다.

5 삭 씨밀(Zac cimil)은 마야어로 정신을 못 차리게 되는 것을 뜻한다. 익스(Ix) 해에 해당되는 예언 또는 바깝을 삭 씨밀(Zac cimil, Zaczini)이라고 한다(Tozzer, 146).

6 36장(36–3)의 주에서 '악마의 저주(mal de ojos)'라는 표현에 대하여 자세히 설명하였다.

7 에스빠냐어 원문으로 삼는 가리바이본에는 이 부분이 'pan'으로 표기되었다. 'pan'이라는 단어는 '빵'이라는 뜻인데, 여기서 원주민들의 빵이란 '옥수수'를 가리키는 것이기 때문에 '옥수수가 흉작이다'라고 해석할 수 있다. 그러나 '일반적인 농사가 잘 안 된다'라는 것이 더욱 적절할 것으로 보인다.

8 14장(14–1)에는 마야의 각 부족이 어떠한 과정을 거쳐서 오늘날에 이르렀는가에 대한 설명과 과거에 메뚜기 떼로 농사에 큰 피해가 있었다는 사실이 언급되었다. 깍치껠(Cakchiquel) 사료에 기록된 메뚜기 떼로 인한 피해 사례를 확인할 수 있다. "메뚜기들은 그 지역의 사방을 지나갔다"(Annals of Cakchiquel, Brinton, 1885, 167, 192, Tozzer, 147).

9 가리바이본에는 이 부분이 "⋯y que se desploblarían"으로 표기되었다. 그런데 현재의 에스빠냐어에는 'desploblarse'라는 동사가 존재하지 않는다. 정황과 문맥상 '주민이 줄어들다(없어지다)'라는 뜻의 'despoblarse'가 잘못 쓰인 것으로 보인다. 레온본에는 "⋯y que se despo-

blarían"으로 표기되었다.

10 가리바이본에는 이 부분이 'fecha(날짜, 날)'로 표기되었고, 레온본에는 'fiesta(축제)' 표기되었다. 레온본대로 해석하면 '이 축제에는' 같은 뜻이 되는데, 가리바이본대로 해석해도 '이날에는' '이 날짜에는' 같은 뜻이 되며, 좀 더 의역하면 '이 축제에는' 같은 뜻으로 해석될 수 있다.

11 가리바이본에는 이 부분이 'una solemne borracherra'로 표기되었다. 란다는 일반적으로 'borracherra'로 표현되는 '술 취하기'를 원주민들의 나쁜 습관으로 여기며 부정적으로 이야기하였다. 그런데 여기서는 경건하다 혹은 엄숙하다는 뜻의 'solemne'라는 단어를 함께 사용함으로써 조금은 다른 어감을 준다. 즉 술이 단순히 유흥을 위하여 있는 것이 아니라 종교적으로도 중요한 역할을 담당했다는 일면을 보여 주는 것이라고 할 수 있다. 그러나 이 말이 다른 뜻으로 해석될 가능성도 있다. 여기서의 'una solemne borrachera'가 'una gran borrachera' 즉 '아주 흥건히 술에 취하다'를 의미할 수도 있다. 게다가 이 책의 전반을 보면 란다가 보통 부정적인 이야기를 할 때 부정적인 형용사를 함께 사용하는 글쓰기 습관이 있음을 알 수 있다. 란다의 입장에서는 부정적인 의미의 '술 취하기(borrachera)'를 경건하거나 엄숙하다는 뜻의 'solemne'와 함께 표현하는 것이 다소 어색하다. 따라서 이 부분은 '아주 흥건히 술에 취하다'라는 뜻으로 해석되는 것이 더욱 설득력이 있다. 토설본(147)에는 'solemn orgy(진탕 먹고 마시며 난잡하게 노는 경건한 잔치)'로 해석되었다.

까우악(CAUAC)을 (머리)문자로 하는 새해의 공양

- 불길한 예언과 그 대책으로써의 불춤

38-1　까우악(Cauac)을 머리문자로 하고 호사넥의 예언이 (있던) 해에는 의례를 치르기 위하여 중요한 어르신을 한 명 정한 후에 에꾸우아야얍이라는 악마의 형상을 만들었다。 그러고는 (이 형상을) 지난해에 (사꾸우아야얍의) 형상을 모셔두었던 서쪽의 돌무더기들로 가지고 갔다.

또한 우악미뚠아하우(Uacmitunahau)[1]라는 악마를 위하여 상(像)을 하나 만들어서 (마을의) 중요한 어르신네 집의 적당한 장소에 모셔 둔다。그곳으로부터 의례를 위하여 매우 잘 단장된 길[2]을 따라 모두 함께 에꾸우아야얍의 형상이 모셔진 곳으로 이동하였다.

(그곳에) 도착하면 제사장과 촌장들은 항상 하던 것처럼 (형상에게) 향을 피우고, 암탉의 목을 잘랐다.

그러고는 약섹(Yaxek)[3]이라고 부르는 막대에 형상을 꽂았고, 이 형상의 어깨나 등에 해골과 죽은 남자를 올려놓았다。또한 그 위에 많은 사람의 죽음을 상징하는 육식성향의 꾸츠(Kuch)[4]라는 새를 올려놓았다。이렇듯 그들은 이 (해를) 무척 불길한 해라고 여겼다.

38-2 이렇게 하고 난 후에 감동과 신앙심으로 (에꾸우아야얍의 형상을 들고 중요한 어르신의 집으로) 이동하였다. 그러는 도중에 몇 가지 춤을 추었는데, 그중에서도 악마의 춤(Baile del demonio)[5]이라는 뜻의 시발바오꽂(Xibalbaokot)이라고 불리던 까스까리엔따스(Cazcarientas)[6]를 추었다.

(중요한 어르신의 집으로 향하는 도중에) 술 시중을 드는 사람들이 촌장들의 음료를 가지고 왔다. 그 음료를 우악미뜬아하우의 상이 모셔져 있는 곳까지 (에꾸우아야얍의 형상과 함께) 운반하였다. 그러고는 이것을 (우악미뜬아하우의) 형상 앞에 두었다.[7]

그러고는 제물을 바치고 향을 피웠으며 기도를 드리기 시작하였다. 많은 사람이 몸의 여러 군데서 피를 내어 그 피를 에껠라깐뚠(Ekelacantun)이라는 악마의 돌에 문질렀다. 이렇게 불길한 날들이 지나고 나면 우악미뜬아하우(의 상)이 신전에 모셔졌고, 에꾸우아야얍(의 형상)은 다가오는 해에 다시 영접하기 위하여 남쪽으로 모셔졌다.

38-3 까우악(Cauac)을 (머리)문자로 하고 호사넥(이라는) 바깝이 지배를 하는 이 해에는 많은 사람의 죽음에 대한 예언이 있었을 뿐만 아니라 (사람들 사이에서) 좋지 않은 (해로) 여겨졌다. 그들이 이야기하기를 햇볕이 너무나 강해서 옥수수밭이 쑥대밭이 될 것이요, 수많은 개미와 새들이 그들이 뿌려 놓은 씨앗을 먹어 치울 것이라고 하였다; (그렇지만) 그것은 전 지역이 아닌 일부에서만 발생할 것이며, 힘들게 농사일을 해야만 먹을 것을 얻게 될 것이라고 하였다.

이러한 불행한 일들에 대한 대책으로 악마는 치깍까옵(Chicaccahob)[8], 엑발람착(Ekbalamchac)[9], 아까누올깝(Ahcanuolcab)[10], 아불룩발람(Ahbulucbalam)이라는 네 명의 악마를 만들어서 신전에 모시도록 명령하였다. (인디오들은) 그곳에서 향을 피우고, 끽(Kik)이라고 불리는 나무의 액이나 송진으로 만든 두 개의 작은 공을 태우기 위한 목적으로 바쳤다. 그 밖에도 몇몇 이구아나와 빵, 고깔모자 한 개, 한 다발의 꽃, 그들이 지니던 보석 하나를 바쳤다.

그 밖에도 이 의례를 치르려고 광장에 나무로 된 커다란 둥근 천장[11]을 만들었다. 그 위와 양옆을 장작으로 채우고 몇 개의 문을 터놓아서 드나들 수 있도록 하였다.

그런 후에 가장 용감한 남자들은 한데 묶인 바싹 마른 기다란 작대기 다발을 하나씩 집어 들었다; 노래를 부르는 사람은 장작 위로 올라가서 불렀고, 북으로 리듬을 맞추었다. (그러면) 밑에 있던 사람들이 모두 아주 경건하게 조화를 이루며 나무로 된 둥근 천장의 문들을 드나들었다. 이렇듯 늦게까지 춤을 추다가 각자 (들고 있던) 다발을 내려놓고는 휴식을 취하고 식사를 위하여 집으로 돌아갔다.

38-4 날이 저물면 (집으로 돌아갔던) 사람들과 함께 다른 많은 사람이 다시 (둥근 천장 쪽으로) 모여들었다. 왜냐하면 그들에게는 이러한 의례가 무척 중요하기 때문이다. 각각 자신의 횃불을 들어 불을 붙였고, 각자 횃불로 장작에 불을 붙였다. (장작은) 매우 빠른 속도로 활활 타올랐다.

(장작이) 모두 숯으로 변하면 그것을 편평하고 널찍하게 펼쳐 놓았다. 춤을 추는 사람들의 곁에는 평소처럼 맨발과 맨몸으로 숯불 위를 왔다 갔다 하는 사람들이 있는데; (이렇게 하는데도) 아무런 상처가 나지 않는 사람이 있는가 하면 심각한 화상을 입는 사람도 있었고 가벼운 화상만 입는 사람도 있었다. 그들은 이렇게 함으로써 불행한 일과 불길한 예언들을 막을 수 있다고 믿었으며, 이것이 신들을 가장 즐겁게 하는 의례라고 생각했다.[12]

그러고 나서 (술을) 마시고 흥건히 취하러 가는데, 이렇게 하는 것이 이 의례의 전통이기도 하고 불의 열기[13] 때문에 (술을 마시러 가는 것이기도 하다).

---

1 우악미뚠아하우는 문어적으로 '여섯 지옥의 신' 혹은 '여섯 지옥의 사제'를 뜻한다.

2 가리바이본에는 '…el camino muy aderezado'로 표기되었다. 여기서 단장되었다는 의미는 '깨끗하게 정리된'을 뜻한다. 그러나 '축제의 성격에 따라 각종 나뭇잎과 나뭇가지, 꽃, 장신구, 막대기, 횃불 등으로 다양한 장식을 하였다'는 의미를 포함하기도 한다.

3 약셱은 '흑록색 혹은 노란색'을 의미한다. 이것은 나무의 이름이기도 한데, 35장(35-4)과 37장(37-1)의 경우와 유사한 사항으로 일관성을 위하여 이 막대의 이름은 엑떼(Ekte, 검은 나무)가 되어야 한다(Tozzer, 147).
각각의 새해 의례를 행할 때 그 해를 주관하는 신의 상을 만들어서 여러 과정을 거친 후에 그 상을 나무막대에 올려놓았다. 그 나무 막대의 이름은 그 해를 상징하는 색과 관련이 있다. 즉 깐(Kan) 해는 노란색, 물룩(Muluc) 해는 붉은색, 익스(Ix) 해는 하얀색과 관련이 있다. 다만 이 장에서 다루는 까우악(Cauac) 해만 외형적으로 검은색과 연관이 없는 것으로 나타난다. 이것은 란다의 실수일 수도 있고, 여기서 언급된 약섹이 검은색과 다른 방식으로 연관성을 가질 수도 있다. 혹은 애당초 이 해는 검은색이 아닌 다른 색과 관련이 있을 수도 있다. 단순히 보면 일관된 규칙이 있는 것으로 보이지만 그 밖의 다른 많은 가능성이 존재할 수 있다.

4 가리바이본에는 '… un pájaro carnicero llamado Kuch'로 표기되었고, 본문에서는 이것을 '꾸츠라고 불리는 육식의 새'로 번역하였다. 이 새는 검은 독수리(Catharista uruba)를 가리키는 것으로 추정되는데, 브라쉐르 드 부르부르만 유일하게 'Paxaro cenicero(잿빛새)'로 번역하였다(Tozzer, 147).

5 토설본(147)에는 'muddy dance(진흙투성이의 춤)'로 표기되었다.

6 가리바이본에는 '… como cazcarientas [sic]'로 표기되었는데, 여기서 'cazcarientas'의 뜻이 명확하지 않다. 레온본에도 가리바이본과 마찬가지로 원본을 그대로 옮겼다는 뜻의 [sic]으로 표기되었다. 즉 원문을 그대로 옮겨 적기는 하였으나 무언가 잘못 표기된 것 같다는 의미이다. 브라쉐르 드 부르부르와 톰슨(Thompson)은 다음처럼 해석하였는데, 전체 맥락과의 호응이 어색하고 난해하다. '… mud which sticks and dries on the lower part of the clothes(옷의 아랫부분에 말라붙어 있는 진흙)'(Tozzer, 147)

7 토설본(147)에는 다음처럼 표기되었다. "(중요한 어르신의 집으로) 향하는 도중에 술 시중을 드는 사람들이 촌장들의 음료를 가져왔다. 음료를 마신 후에 우악미뚠아하우의 상이 모셔져 있는 곳에 도착하였다. 그러고는 이것을 (우악미뚠아하우의) 형상 앞에 두었다." 만일 가리바이본에 'llevaban(가지고 가다)'이라는 동사 대신에 'llegaban(도착하다)'으로 표기되었다면 토설본과 같은 해석이 가능할 것이다. 그러나 가리바이본에 의하면 이 문장은 본문처럼 번역될 수밖에 없다. 사실 이러한 해석은 정황과 문맥상 다소 어색할 뿐만 아니라 앞서 살펴본 다른 의례들의 패턴에서도 벗어나는 부분이 있다. 따라서 동사 'llegaban'을 'llevaban'으로 잘못 표기하였을 가능성이 크다. 그러나 원문대로 번역하는 것이 불가능한 것은 아니기 때문에 본 번역문에서는 원문에 충실하게 번역하였다.

8 제넷(Genet)은 치깍까옵이 빡스(Pax) 달의 전쟁 의식과 관련해서 란다가 언급한 씻 착 꼬(Cit Chac Coh)와 동일한 신이라고 하였다. 또한 뻬레스 마르띠네스(Pérez Martínez)(156)는 치찬-촙(Chichan-chob)이 '작은 쥐'라는 뜻이고, 이러한 이름의 건물이 치첸-이트사(Chichén-Itzá)에서 발견되었다고 하였다. 이것은 보통 까사 꼴로라다(Casa Colorada, 붉은 집)라고 불리는 건축물이다. 한편 오늘날 라깐돈 원주민들 사이에서는 출산의 여신인 익스첼, 아 깐(Ah Kan)의 남편인 치 착 촙(Chi Chac Chob) 또는 아 깐 촙(Ah Kan Chob)이라고 불리는 신이 존재한다고 전해진다. 그는 라깐돈 원주민들이 특별히 숭상하는 신 중의 한 명으로 약스칠란(Yaxchilan)의 유적지에 산다고 여겨지고 있다(Tozzer, 148).

9 엑발람착(Ekbalamchac)은 문어적으로 'Black(Ek) jaguar(Balam) Chac(검은 재규어의 착)'으로 풀이될 수 있다.

10 아까누올깝(Ahcanuolcab)은 '흙 위에 똬리를 튼 뱀(He of the coiling serpent on earth)'이라는 뜻으로 해석될 수 있다(Tozzer, 148).

11 가리바이본에는 '… una gran bóveda'로 표기되었다. 이것은 돔과 같은 둥근 형태의 천장을 가리키며 본문에서도 '둥근 천장'으로 번역하였다. 그러나 엄밀히 따져 보면 '장작을 쌓아 엮어 만든 후에 사람들이 그 아래를 통과하는 불기둥의 아치'라고 보는 것이 사실과 가장 근접할 것으로 생각된다.

12 이것은 '불 속 의례(Fire-Walking Rite)'로 까우악(Cauac) 해의 재앙을 막기 위하여 치러진 것으로 보인다. 여러 사료에 종종 언급된 것을 보았을 때 중요한 의례 가운데 하나로 추정된다. 바야돌릳 지역의 렐라씨온에서 다음의 기록을 살펴볼 수 있다. "일 년 중 특별한 날에 폭과 길이가 25피트(feet, 약 6.9미터) 이상 되고, 높이가 남자 키 정도 되거나 혹은 그보다 더 높은 매우 커다란 나뭇조각 더미를 만들었다. 여러 명의 인디오가 불에 잘 타는 나뭇가지를 막대에 엮어서 만든 횃불을 손에 들고 행렬을 이루었다. 그들은 나뭇더미가 있는 곳으로 가까이 다가가 일제히 횃불을 부러뜨렸다. 부러지지 않은 막대가 손에 남아 있으면 이것을 마치 성스러운 물건처럼 여기며 가지고 갔다. 나무에 불이 붙어서 뜨겁고 붉게 변하자 높이가 에스따도의 절반(약 97.5센티미터) 정도인 뜨거운 석탄이 되었고, 이 조각들을 쳐서 무너뜨리자 불의 높이가 한층 낮아졌다. 새벽이 되자 그들은 다시 똑같은 행렬을 이루었다. 아랫부분에 작은 달팽이집들로 선을 두른 흰 천의 긴 옷과 의례복, 많은 악마의 얼굴이 그려진 고깔모자를 착용하기 이전에 먼저 제사장을 모시고 왔다. 제사장은 시종과 함께 뜨거운 나무가 있는 곳으로 다가갔다. 이 나무는 돌을 던져

서 닿을 수 있는 거리보다 더 가까이 다가갈 수 없을 정도로 뜨겁게 달구어져 있었다. 제사장은 독사의 꼬리들과 독을 지닌 뱀들을 묶어 놓은 히솝(Hyssop, 일종의 제례용 막대기)를 들고 있었다. 시종이 그에게 와인과 비슷한 (술이) 들어 있는 용기를 가져다주자 히솝 불의 네 방면으로 (술을) 뿌리며 의례를 행하였다. 숯 조각에도 (술을) 뿌렸다. 그는 자기 샌들을 벗기라고 명령한 후에 (술을) 뿌리면서 뜨거운 나무가 있는 곳으로 앞장섰다. 다른 인디오들의 전체 행렬이 그의 뒤를 따랐다. '알낀(Alquin)'이 행해지는 동안에 그들은 아무런 상처도 입지 않았다."

또마스 로뻬스(Appendix B)는 '불 속 걷기 의례'에서 특히 취한 상태에 초점을 두어야 한다고 주장하였다. 또한 이 의례가 치료 효과와 같은 면을 가지고 있을 가능성에 대하여 언급하였다(Tozzer, 148–149).

13 문어적으로 보았을 때 '불의 열기' 부분의 원문은 'el calor del fuego'이다. 여기서 'fuego(불)'를 'fiesta(축제)' 같은 뜻으로 해석하여 '축제의 열기'로 볼 수도 있으나 불확실한 의역을 최대한 피하려고 '불의 열기'로 해석했다.

달력에 대한 설명

39-1 달(月)에 (포함된 각각의) 날(日)에는 앞서 이야기한 인디오들의 문자로 이름이 붙어 있다。 그리고 이러한 달(月)이 모두 모여서 일종의 달력이 만들어진다。 우리가 우리의 (달력으로) 그렇게 하듯이 (인디오들도) 그들의 달력으로 의례를 행하고 계산과 계약하였으며 거래하였다。 그러나 그들의 달력은 한 해의 첫날이 아닌 그보다 훨씬 이전부터 시작한다는 점에서 (우리의 달력과는 차이가 있다)。 이것은 달(月)에 (포함된) 날(日)을 모두 함께 계산해야 하는 어려움에서 비롯된 것이다。 내가 여기에 제시할 그들의 고유달력을 보면 알겠지만; 달(月)에 (포함된) 문자와 날(日)은 각각 20개인 반면 (달력의 날짜를 셀 때는) 1부터 13까지만 세던 관습이 있었다.[1]

13까지 (세고) 난 다음에는 다시 1부터 (세기) 시작하였다。 이렇듯 한 해는 13씩 27로[2] 만들어졌고, 여기에 불길함이 없는 11일[3]이 더해졌다.[4]

39-2 이런 식으로 반복되는 복잡한 계산을 그렇게나 쉽게 알아서 활용하고 이해하는 것은 참으로 신기한 일이다。 게다가 더욱 주목할 만한 점은 어떠한 실수나 빠짐도 없이 혹은 20개의 (문자 가운데 4개의 머리문자를 제외한) 다른 (날이) 오는 일이 없이 새해의 첫날은

언제나 머리문자로 시작된다는 것이다.[5]

또한 그들은 이러한 계산법[6]을 바탕으로 문자로 나이와 그 밖의 다른 것을 계산하였다. 비록 그들에게는 흥미로운[7] 것일 테지만 여기서 (이러한 것들을) 다루는 것은 우리의 의도가 아니므로; 날(日)과 달력 계산에서 처음으로 시작되는 문자 혹은 글자가 훈 이믹스(Hun Imix)라고 불린다는 것만 언급하겠다. 그것은 다음과 같다.

- 계산법에 따라 계속해서 바뀌어나가기 때문에 (훈 이믹스에) 해당되는 날은 따로 정해져 있지 않다.[8] 그렇지만 새해 첫날은 언제나 머리문자로 시작된다.

39-3 이곳 사람들의 새해 첫날은 항상 우리의 7월 16일에 해당했고[9], 첫 번째 달은 뽑(Pop)[10] [이었다]. 비록 우리가 (인디오들의) 다른 것들에서 신기함을 발견하기도 하고 이에 대한 의견도 (들었지만) 다른 나라들에서도 (이러한 현상을) 볼 수 있어서 이것은 그렇게 놀랄 만한 일이 아니다. 에스겔서(Ezequiel)[11]의 주석에 의하면 로마인에게는 한 해의 시작이 1월이었고; 히브리인에게는 4월이었으며; 그리스인에게는 3월이었고 동양인에게는 10월이었다.

비록 그들은 7월에 한 해를 시작하였으나 나는 여기서 그들의 달력을 우리의 (달력) 순서에 맞추어서 우리의 (달력과) 함께 (표시할 것이다).[12] 이러한 식으로 우리 문자와 그들 (문자)를 함께 표시할 것이며 우리의 달과 인디오의 (달)을 (함께 표시할 것이다). 그리고 이와 관련하여 앞서 이야기한 13의 계산법을 살펴볼 것이다.

39-4 한쪽에는 달력을 다른 쪽에는 축제를 (따로 나누어서) 언급할 필요가 없어서 각 달에 그들이 행하였던 축제와 의식, 의례들을 함께 이야기할 것이다. 이로써 내가 앞 (장의) 어디선가 했던 말을 지키게 되는 셈이다. (그 말은 다음과 같다.) 그들의 달력과 단식에 대하여 언급할 것이고, 나무로 우상들을 만들고 그 밖의 다른 것을 만들던 의례들에 대하여 (언급할 것이다).[13] 여기서 내가 말하려는 모든 것은 오로지 이제껏 참고 견디시다 오늘날에 이르러 구제에 나서고자 하시는 주님의 선량함을 찬양하기 위한 것이다. 우리는 마음속 깊이 새겨진 기독교 신앙으로 (인디오가 과거의) 것을 뉘우치고 훌륭한 신앙으로 계속 수행해 나갈 수 있기를 간절히 청하였다. 이러한 임무를 맡은 사람들이 호의를 베풀어

서 인디오들을 잘 도와주면 그들의 죄악이나 우리의 죄악으로 도움의 손길이 부족해지는 일은 없을 것이요, 그들의 (갓) 시작된 (기독교인의 삶 또한) 실패하는 일은 없을 것이다. 이로써 (과거의) 불행과 과오로 (얼룩진 삶으로) 돌아가는 일은 없을 것이며, 악마들이 그들 영혼의 집으로 다시 돌아가서 처음보다 더욱 악화된 일이 벌어지지는 않을 것이다. 과거 그들의 부도덕과 악습으로부터 영혼의 집을 깨끗이 정화하여 악마들을 쫓아내기 위하여 우리가 얼마나 부단히 노력하였는지 모른다[14]; 상당히 광활한 기독교 아시아 지역과 선하고 기독교적이며 매우 고귀한[15] 아프리카 지역에서도 아주 오래전부터 타락이 있어 온 것을 보면, 그리고 오늘날 유럽과 우리나라[16], 우리네 집들이 불행과 재난에 휩싸여 있는 것을 보면 그렇게까지 두려워할 필요는 없다.[17] 적들이 예루살렘을 에워싸고 파괴할 것이요, 압박을 가하여 멸망시킬 것이라는 예루살렘의 복음 예언이 우리네 (시대에 와서) 실현되었다고도 이야기할 수 있는데; 주님께서는 이것을 허락하신 셈이다. 그러나 주님의 교회와 주님의 말씀이 여기에 빠질 수 없다는 것을 우리는 알아야 한다. (주님께서) 이렇게 하지 않으셨다면 소돔과 같이 되었을 것이다(Dominus reliquisset semen, sicut Sodoma fuissemus).[18]

---

1 여기서 란다는 '13개의 숫자×20개의 문자'로 이루어진 260일 달력에 대하여 설명하였다. (이에 대한 자세한 설명은 34장(34–3)의 주 참조)

2 13×27로 이해할 수 있다.

3 레온본에는 'nueve días'로, FAMSI본에는 '9 días'로 표기되었다. 또한 토설본(149)에도 'nine days'로 표기되었다. 이것들은 모두 '9일'을 의미한다.

4 마야 사람들은 천문학에 조예가 깊었다. 그리고 이를 바탕으로 한 다양하고 복잡한 달력 시스템을 갖추고 있었다. 여러 달력 중에서 여기서 란다가 언급한 것은 260일을 주기로 하는 쏠낀과 365일을 주기로 하는 하압이다. 260일을 주기로 하는 쏠낀에는 13일로 이루어진 20개의 달이 있다. 각 달은 1일에서 시작해서 13일까지 있고, 그 다음 날은 달이 바뀌면서 다시 1에서부터 시작된다. 따라서 "13까지 (세고) 난 다음에는 다시 1부터 (세기) 시작하였다."라는 부분은 이러한 쏠낀의 달력 체계를 설명한 것이라고 할 수 있다. 한편 하압은 각각 20일을 가진 18개의 달로 구성되었다. 이것의 합은 18×20으로 360이다. 따라서 365일을 채우기 위한 5일은 우아옙이라고 불리며 이날들은 특별한 날들로 취급된다. 바로 이날들이 본문에서 언급된 불길함이 없는 날들에 해당하는 것으로 보인다. 그러나 이러한 날들은 현재까지 밝혀진 마야 달력 체계에 의하면 9일이 아닌 5일이다. 앞서 언급한 260일 달력 쏠낀과 365일 달력 하압은 마야 달력상에서 동시에 표기된다.

예) 4 아하우(Ahau), 8 꿈후(Cumhu): 260일 달력의 아하우 달의 4일, 360일 달력의 꿈후 달의 8일

한편 이 책 본문에는 27개의 달에 각각 13일이 있는 것으로 설명되었는데, 이것은 현재까지 발견되고 연구된 마야의 달력 체계와는 조금 차이가 있다. 이 책의 저자인 란다가 마야의 달력 체계를 완전히 이해하지 못했기 때문에 260일과 365일 달력 사이에서 혼동하였을 가능성이 있다. 또한 260일과 365일 달력을 혼합한 13일을 주기로 하는 27달의 다른 방식의 달력 체계가 존재하였을 가능성도 있다. 그렇지만 이러한 다른 시스템을 가진 혹은 260일과 365일 달력을 혼합하여 사용한 달력 시스템이 존재한다고 하더라도 27×13과 11일은 도무지 계산에 들어맞지 않는다. 바로 앞 주에서도 언급한 것처럼 만일 이 숫자가 11이 아닌 9라고 한다면 또 다른 의문이 드는 것이 사실이다. (27×13)+9=360이 된다. 즉 365일 달력의 우아옙 5일만 더해진다고 하면 나름의 의미를 갖게 된다. 다만 이 경우에는 5일의 우아옙에 대한 서술이 생략된 셈이다.

5 여기서 '새해'는 서양식 달력과 유사한 365일 달력의 새해를 가리킨다. 그런데 마야의 달력은 260일 달력(13개의 숫자×20개의 문자)과 365일 달력((18개의 숫자×20개의 문자)+5일) 순으로 표기가 되니 앞에 나오는 260일 달력에 항상 동일한 문자가 오는 셈이다.

예) 4 아하우(Ahau) 8 꿈후(Cumhu)

13개 숫자와 20개 문자의 배합이기 때문에 360일까지는 계속해서 주기적으로 돌아가며 새해의 첫날이 언제나 (동일한) 머리문자로 시작되는 것이다. 이후 5일을 더하는 과정에서 5×4=20으로 20개의 문자 중 특정한 4개의 문자만이 계속해서 다음 해의 첫 문자가 되는 것에 대하여 설명한 것으로 보인다. 앞선 35–38장의 연속되는 네 개의 장에서 깐(Kan), 물룩(Muluc), 익스(Ix), 까우악(Cauac)을 머리문자로 하는 새해의 공양에 대하여 살펴보았다. 이러한 문자들이 바로 여기서 말하고 있는 새해의 첫날에 등장하는 4개의 머리문자에 해당된다.

6 란다는 연도마다 어떠한 머리문자로 시작하게 되는지에 대한 계산법에 관하여 언급하였다. 즉 마야 달력 계산의 전반적인 수리 체계에 관해 이야기하였다.

7 가리바이본에는 '… aunque son para ellos curiosas'로 표기되었다. 여기서의 'curiosas'는 '중요한' '신기한' '잘하는' '재주가 있는' 등의 다양한 뜻으로 해석될 가능성이 있다.

8 란다가 과연 마야 사람들의 달력 체계를 완전히 이해한 상태로 이처럼 설명한 것인지 아니면 원주민들의 잘못된 풍습에 대하여 경계하는 의미에서 자세히 이해할 필요도 없이 그저 본인의 책에 설명하기 위한 목적으로 대략적인 체계를 알려고 한 것인지에 대해서는 의문이 든다. 앞에서 란다는 260일 달력과 365일 달력이 결합한 점에 중점을 두어서 260일 달력의 머리문자에 대하여 설명하였다. 그리고 이 260일 달력이 365일 달력 혹은 일반 서양의 달력처럼 주기를 갖는다는 점에 주목하였다. 그러나 여기서는 260일 달력의 한 날인 1 이믹스(Imix) 날에 대하여 언급하면서 이것이 자체적으로 돌아가기 때문에 따로 정해진 것이 없다는 모순된 설명을 하고 있다. 사실 이러한 표현만을 놓고 본다면 마야 달력의 현실에 더욱 부합한 설명이라고 할 수 있다. 왜냐하면 260일 달력은 굳이 시작과 끝이 없이 계속해서 순환하기 때문에 365일 달력에서 보면 머리문자 외에는 특정한 규칙성 없이 무한 반복한다고도 할 수 있기 때문이다. 그러나 란다가 이러한 점을 이해한 상태에서 서술한 것이라고는 보기 힘들다.

9 마야 달력에 대한 현대의 이해는 한계를 지닌다. 마야 사람들의 새해 첫날이 우리 달력에서 어떤 날에 해당하는지에 대한 여러 학설이 분분하다.

10 란다는 '마야 달력의 1월 1일과 서양 달력의 7월 16일에 해당하는 1 뽑(Pop)'이 아닌 '서양 달력의 1월 1일에 해당하는 12 벤(Ben)'으로 달력을 시작하여 설명하였다. 그리고 이어지는 문장에서 이에 대해 해명하였다.

11 구약성경의 에스겔서를 가리킨다. 브라쉐르 드 부르부르는 이와 관련하여 다음처럼 말하였다. "성서에서 다른 나라들의 달력과 비교하여 유대력(Hebrew calendar)에 대하여 언급한 부분을 확인할 수 있다. 란다는 바로 이 부분에 대하여 설명하였다"(Tozzer, 150).

12 앞서 언급한 것처럼 란다는 서양 달력의 1월 1일에 기준하여 1 뽑(Pop)이 아닌 12 벤(Ben)에서 시작하여 달력을 설명하였다.

13 란다는 23장(23–1)에서 단식과 함께 치성을 드리며 흙과 나무로 우상들을 만든다고 하였고, 27장(27–9)에서 의례를 거쳐 우상을 만들기 때문에 사람들이 공경심을 품는다고 하였다. 그리고 40장(40–21)에서는 어떠한 과정을 거쳐서 우상들을 만드는지에 대하여 그 종교적인 절차를 보다 구체적으로 설명하였다.

14 란다는 기회가 있을 때마다 구구절절 서양 사람들이 들어

오기 전 원주민들의 생활이 '가난과 죄악'으로 가득한 삶이었고, 서양 사람들이 들어옴으로써 원주민들이 구제받기 시작했다는 점을 강조하고 있다. 또한 과거의 생활 방식으로 돌아가지 않도록 자신들이 잘 지도해야 한다는 점을 역설하고 있다. 이러한 신념을 바탕으로 그가 종교재판을 통하여 서양의 종교와 생활 방식을 잘 받아들이지 않는 원주민들을 죽이고 핍박하였으며 그들의 문화를 철저히 말살했다는 것은 주지의 사실이다.

15 가리바이본에는 'augustísima'로 표기되었다. 이 단어는 다음의 두 가지 뜻으로 해석될 가능성이 있다.
1. 매우 고귀하다
2. 아구스틴파의(아구스틴파에 의하여 전도된 혹은 아구스틴파를 믿는)

토설은 'Augustinian'으로 표기하였다. 그리고 각주에서 다음처럼 언급하였다. "MS, 라다와 델가도(Rada y Delgado), Y는 본문과 마찬가지로 'Augustiniana'로 표기하였고, 브라쉐르 드 부르부르, G, 뻬레스 마르띠네스(Pérez Martínez)는 'augustissima'로 표기하였다. 또한 WG도 'augustissima'로 표기하였으며, '매우 위엄 있는'이라는 뜻으로 번역하였다"(Tozzer, 150).

16 여기서 '우리나라'는 필자인 란다의 조국 '에스빠냐'를 가리킨다.

17 란다가 에스빠냐에서 이 글을 집필할 당시인 1560년대에는 에스빠냐에서 이슬람의 무어인들과 가톨릭을 부정하는 신교도들이 박해받고 있었다. 그 당시 가톨릭교는 유럽의 여러 나라들 사이에서 어려운 시기를 겪고 있었는데, 프랑스에서는 위그노 전쟁이 한창 격한 상태였고(1562–98), 영국에서는 이미 신교가 수립된 상태였으며, 독일의 막시밀리언 2세(Maximilian II)는 신교도들에게 우호적인 태도를 보였다. 즉 당시의 신교는 유럽의 신흥 대세로 자리매김하고 있었다. 상황이 이러함에도 란다는 구교의 사제로서 신교와 그 밖의 다른 종교들을 적으로 간주하는 보수적인 성향을 보였다. 그러나 이러한 성향은 단지 란다에게만 나타나는 것이 아니라 전체 에스빠냐의 지배적인 분위기였다고 할 수 있다. 당시 에스빠냐 정부는 신교와 기타 이교에 탄압을 가하였다. 아메리카 대륙에 건너오는 사람 가운데 신교를 믿는 사람이 없도록 감시하였을 뿐만 아니라 신교와 관련된 물품이 반입되지 못하도록 철저한 조사를 시행하였다. 바로 이러한 상황을 여기서 란다가 '우리네 집들이 불행과 재난에 휩싸여' 있다고 표현한 것으로 보인다.

18 가리바이본에는 이 부분이 'Dominus reliquisset semen, sicut Sodoma fuissemus'로 표기되었다. 게이츠본과 토설본에는 'Nisi Dominus reliquisset semen, sicut Sodoma fuissemus'로 표기되었고, 그 밖의 다른 영어본에는 'Master Lord, leaving, seed kin, as fellowship escape' 혹은 'If not Master reliquisset seed, as Sodoma to have been'으로 번역되었다. 토설본에는 이 부분이 영어로 해석되어 있지 않다. 또 다른 에스빠냐어본에는 'Si no Capitán reliquisset arbolillo, como Sodomita haber siendo'로 표기되었다. 이처럼 각 번역본에 따라 문장들이 조금씩 차이를 보인다.

그러나 이 문장은 성경 구문을 축약한 것으로 라틴어성경(Vulgate)의 이사야서 1장 9절에 해당하는 것으로 보인다. 전체 문장은 다음과 같다. "nisi Dominus exercituum reliquisset nobis semen quasi Sodoma fuissemus et quasi Gomorra similes essemus" 이 문장을 영어식으로 해석하면 다음과 같다. "Except the Lord of hosts had left us seed, we had been as Sodom, and we should have been like to Gomorrha"(Latin vulgate, Isaias, 1/9). 우리말 성경에 의하면 다음처럼 해석된다. "만군의 여호와께서 우리 몇몇을 살아남게 하지 않으셨다면 우리는 소돔같이, 고모라같이 되었을 것이다"(두란노, 이사야1장).

여기서 란다는 자신처럼 원주민들을 강경하게 응징하지 않았다면 소도마(Sodoma, 소돔)에 빠지게 되었을 것이라는 그의 신념을 성경 구절을 인용하여 합리화하였다. 여기서 소도마는 'lugar de pecado(죄악의 장소)'이다. 만일 그가 원주민들을 강경하게 응징하지 않았다면 혹은 계속 그렇게 하지 않으면 원주민들은 그들의 전통 종교에 얽매여서 가톨릭을 받아들이지 않고 죄악의 구렁텅이게 빠진다는 주장이다. 란다가 이 책을 집필한 가장 중요한 목적 중의 하나가 원주민들에 대한 탄압으로 고발을 당하자 이를 소명하기 위한 것이었다. 이를 생각하면 그가 원주민들을 강경하게 처벌한 것을 합리화하려고 이러한 내용의 성경 구절을 강조한 것이 자연스럽게 여겨진다.

로마 달력과 유까딴 달력의 시작

* 40장은 가리바이본과 같은 형태로 구성했다.

40-1 사람들이 말하기를 신[3]들을 만드는 데는 엄청난 두려움이 따랐다고 한다.

(우상들이) 완성되고 마무리까지 끝나면 주인은 일한 대가로 [우상들을] 만든 사람들에게 새와 사냥물, 돈 같은 그가 할 수 있는 최대한의 선물을 준비하였다。 작은 집[4]에서 (우상들을) 꺼내어 그것을 이 (의례를) 위하여 광장에 준비한 나뭇가지(장식) 위에 올려놓았다。 그곳에서 제사장이 매우 엄숙한 분위기로 우상들에게 여러 차례 기도를 올리자 먼저 제사장과 행정관들이 (자신들의 몸에 칠해져 있던) 숯검정을 지웠다。 사람들이 말하기를 이것은 [우상들을] 만들기 위하여 너무나 오랫동안 단식했기 때문이라고 하였다.[5]

항상 하던 것처럼 문지르기를 하고, 악귀를 몰

1월[1] ENERO [2]

Treces		Dias	Meses de los Indios
a	12	Ben	
b	13	Ix	
c	1	Men	
d	2	Cib	
e	3	Caban	
f	4	Ezanah	
g	5	Cauac	
a	6	Ahau	

b 7 Imix
c 8 Ik
d 9 Akbal

아내며, 축복의 향을 태운 후에는 천으로 감싼 [우상]을 작은 가방[6]에 넣어서 주인에게 주었다. 그러면 (주인은) 그것을 매우 정중하게 받았다.

그러고 나서 높은 제사장은 새로운 신들을 만드는 일의 훌륭함에 대하여 설교하였고, (신들을) 만드는 사람이 금욕과 단식을 하지 않았을 때 초래할 수 있는 위험에 관해 이야기하였다.

그러고는 아주 잘 먹고 (술에) 흥건히 취하였다.

e 10 Kan
f 11 Chicchan
g 12 Cimi
a 13 Manik
b 1 Lamat
c 2 Muluc
d 3 Oc
e 4 Chuen
f 5 Eb
g 6 Ben
a 7 Ix

○ 약스 YAX

40-2 첸(Chen) 달과 약스(Yax) 달에는 제사장이 지정하는 날에 오끄나(Ocná)[7]라고 불리는 의례를 행하였다. 이것은 신전의 새 단장(Renovación del templo)이라는 뜻으로; 옥수수밭의 신으로 받들어지던 착들(Chaces)[8]을 기리기 위한 것이었다. 또한 여기에서는 바깝들의 예언들을 살펴보았다. 이미 앞 (장)에서 (이러한 예언을) 순서대로 자세히 설명한 적이 있다.[9]

그들은 매년 이러한 의례를 행하였고, 흙으로 만든 우상들과 향로들을 새로이 단장하였다. 향을 피우기 위하여 각각의 우상들에게 작은 향로를 하나씩 배정하는 것은 그들의 관습이었다. 또한 필요한 경우 집을 다시 짓거나 새롭게 단장하였고, 벽에는 그들의 문자로 이러한 것들에 대한 기록을 남겼다.[10]

여기서부터 그들 말로 훈 이믹스라고 불리는 인디오의 달력 셈하기가 시작된다(Aqui comienza la cuenta del Calendario de los Indios deciendo en su lengua).[11]

○ 삭 ZAC 

40-3 삭(Zac) 달에는 사냥꾼들이 제사장이 지정해 주는 날에 십(Zip) 달에 행하던 것과 같은 의례를 행하였다。(이 의례는) 인디오들과 그들의 농경지에 대한 신들의 화를 달래려는 것이자; 사냥에서 흘린 피로 인하여 치르는 것이었다。왜냐하면 (인디오들은) 의례를 제외한 다른 어떤 경우에도 피를 보는 일을 아주 끔찍하다고 여겼기 때문이다。그래서 사냥 갈 때면 언제나 악마에게 기원을 드리고 향을 피웠으며; 가능하면 사냥감에서 (꺼낸) 심장의 피를 (악마의) 얼굴에 칠하였다.

b 8 Men
c 9 Cib
d 10 Caban
e 11 Ezanab
f 12 Cauac
g 13 Ahau
a 1 Imix
b 2 Ik
c 3 Akbal

■ 2월 FEBRERO

d 4 Kan
e 5 Chicchan
f 6 Cimi
g 7 Manik
a 8 Lamat
b 9 Muluc
c 10 Oc
d 11 Chuen
e 12 Eb

f	13	Ben
g	1	Ix
a	2	Men
b	3	Cib
c	4	Caban
d	5	Ezanab
e	6	Cauac
f	7	Ahau
g	8	Imix
a	9	Ik
b	10	Akbal
c	11	Kan
d	12	Chicchan
e	13	Cimi
f	1	Manik
g	2	Lamat
a	3	Muluc
b	4	Oc
c	5	Chuen

40-4 7 아하우(Ahau)에 해당하는 날에는 3일에 걸친 매우 커다란 의례가 치러졌다. (그들은 이 기간에) 향을 피우고 제물을 바쳤으며 이교도적으로 술에 취하였다[12]; 또한 (7 아하우에 해당하는 날이 매번) 바뀌는 만큼 신중한 제사장들은 (마을 사람들이) 올바르게 단식할 수 있도록 (의례를) 미리 공지하기 위하여 주의를 기울였다.

○ 쎄 CEH

3월 MARZO

d	6	Eb	
e	7	Ben	
f	8	Ix	
g	9	Men	
a	10	Cib	
b	11	Caban	
c	12	Ezanab	
d	13	Cauac	
e	1	Ahau	
f	2	Imix	
g	3	Ik	
a	4	Akbal	

○ 막MAC

40-5 막(Mac) 달에는 어떤 날에라도 상관없이 노인들과 가장 나이가 많은 사람이 빵의 신인 착들과 이삼나를 기리는 의례를 행하였다.

(이 의례가 있기) 하루나 이틀 전에 그들 말로 뚭깍(Tuppkak)[13]이라고 불리는 의식을 치렀다. 들판에 있는[14] 동물과 곤충들을 잡아서 신전의 광장으로 모였는데, (광장의) 모퉁이에는 제사장과 착들이 앉아 있었다. 그러고는 항상 [하던] 것처럼 악귀를 쫓아내기 위하여 (제사장과 착들에게) 물동이를 하나씩 가져다주었다.[15]

(광장의) 중앙에는 바싹 마른 막대기들을 한데 세워서 묶어 놓은 커다란 다발을 놓아두었다. 먼저 향로에 향을 피우고 다발에 불을 붙였고, 불이 타오르는 도중에 새와 동물들의 심장을 아무런 주저함도 없이 꺼내어 불 속으로 던져서 태워버렸다; 만일 호랑이나 사자[16], 악어[17] 같은 커다란 동물이 없을 때는 향으로 심장을 만들었다; 그러나 그러한 동물들이 있다면 (동물을) 죽인 후에 심장을 꺼내어 불 속으로 (집어넣었다).

심장을 모두 태우고 나면 착들이 물동이로 불을 껐다.[18]

이 의례와 다음에 이어질 의례는 그들의 빵을 위한 물이 풍족한 한 해[19]가 되기를 기원하는 마음에서 행했다; 그러고 나서 그들은 의례를 치렀다. (여느 의례와는) 다르게 의례를 준비하는 사람을 제외한 다른 모든

b.	5	Kan	
c	6	Chicchan	
d	7	Cimi	
e	8	Manik	
f	9	Lamat	
g	10	Muluc	
a	11	Oc	
b	12	Chuen	
c	13	Eb	
d	1	Ben	
e	2	Ix	
f	3	Men	
g	4	Cib	
a	5	Caban	
b	6	Ezanab	
c	7	Cauac	
d	8	Ahau	
e	9	Imix	
f	10	Ik	

사람은 단식하지 않아도 되었다. 오로지 (의례를 준비하는 사람만이) 단식하였다.

의례를 치르려고 마을 사람과 제사장들 그리고 행정관들이 신전의 광장으로 모였다. 그곳에는 계단이 놓인 돌무더기[20]가 만들어져 있고, 나뭇가지 장식과 함께 모든 것이 매우 깨끗하게 (정돈되어 있었다).[21]

의례를 준비하는 사람이 마련한 향을 제사장이 건네주면 [그 향은] 향로 안에서 태워졌다. 그들이 말하기를 그렇게 하면 악귀가 도망간다고 하였다.

평소 같은 신앙심으로 그렇게 하고 난 후에는 돌무더기의 첫 번째 계단에 연못의 진흙을 바르고 나머지 계단에는 파란색 역청을 발랐다.[22] 또한 아주 많은 향을 피웠으며, 착들과 이삼나(Izamná)[23]에게 기도와 신앙심으로 기원을 드리고 제물을 바쳤다.

(모든 절차가) 끝나면 제물로 바친 음식과 음료를 먹고 마시면서 스스로 위안했다. 그러고는 자신들이 (올린) 의식과 기도로 (올 한 해가) 좋은 해가 될 것이라고 믿었다.

■ 4월 ABRIL

g 11 Akbal 

a 12 Kan 

b 13 Chicchan 

c 1 Cimi 

d 2 Manik 

e 3 Lamat 

f 4 Muluc 

g 5 Oc 

a 6 Chuen 

b 7 Eb 

c 8 Ben 

d 9 Ix 

e 10 Men 

f 11 Cib 

g 12 Caban 

a 13 Ezanab 

b 1 Cauac 

c 2 Ahau 

○ 깐낀 KANKIN 24

○ 무안MUAN

40-6　무안(Muan) 달에는 땅콩[25]을 재배하던 사람들이 그들의 수호성인이던 엑추아[26], 착(Chac), 홉닐을 위한 의례를 행하였다.

의례를 행하기 위하여 그들 중 한 명의 경작지로 가서 카카오색[27] 얼룩이 있는 개 한 마리를 공양하였다。우상들에게 향을 피우고 파란색의 이구아나[28]와 어떤 새의 깃털, 그 밖의 다른 사냥감을 바쳤다。그러고는 행정관들에게 각각 카카오 열매의 알맹이를 하나씩 주었다.

공양과 기도가 끝나면 제물로 바친 것을 먹고 마셨다。그들이 이야기하기를 술은 세 번 이상 마시지 않는다고 하였다。그러고는 의례를 주관했던 사람의 집으로 가서 매우 흥겨운 시간을 보냈다.[29]

d	3	Imix	
e	4	Ik	
f	5	Akbal	
g	6	Kan	
a	7	Chicchan	
b	8	Cimi	
c	9	Manik	
d	10	Lamat	
e	11	Muluc	
f	12	Oc	
g	13	Chuen	
a	1	Eb	

■ 5월MAYO

b	2	Ben	
c	3	Ix	
d	4	Men	
e	5	Cib	
f	6	Caban	
g	7	Ezanab	
a	8	Cauac	
b	9	Ahau	
c	10	Imix	
d	11	Ik	

○ 빡스 PAX

40-7 빡스(Pax) 달에는 작은 마을의 촌장들과 제사장들이 큰 마을에 모여서 빠꿈착(Pacumchac)[30]이라고 불리는 의례를 하였다.[31] 그렇게 모두가 함께 씻착꼬(Citchaccoh)[32] 신전에서 5일 동안 밤을 꼬박 새워 가며 기도를 드리고 제물을 올렸으며 향을 피웠다. 이것은 앞서 이야기하였던 11월 술(Xul) 달에 (행하는) 꾸꿀깐(Culculcán)을 위한 의례와 유사하다.

이러한 날들이 지나기 전 모두 나꼰이라고 불리는 전쟁의 대장이 사는 집으로 향하였다. (나꼰에 대해서는) 이미 앞에서도 이야기한 적이 있다.[33] 사람들은 향을 피우면서 마치 신전의 우상에게 하듯이 그를 화려하게 모셔 왔다.[34] 그러고는 (역시) 향을 피우며 그를 (자리에) 앉혔다. 그렇게 (나꼰과) 그 밖의 다른 사람들은 신전 제사상에 차려진 것을 먹고 마시면서 5일이 지나기 전까지 그곳에 머물렀다. 또한 긴 보조를 가진 전쟁의 춤을 추었는데, (이 춤은) 전사들의 춤(Baile de guerreros)이라는 뜻의 홀까나꼿(Holkanakot)[35]이라고 불렸다.

5일이 지난 후에 그들은 (다시) 의례에 참석하였다. (이 의례는) 전쟁과 관련된 것이요, 적들로부터 승리를 거두려는 것이었기 때문에 매우 엄숙한 분위기 속에서 (치러졌다).

막(Mac) 달에서도 이야기했던 것처럼 먼저 의식을 행하고 불공양을 드렸다; 그러고서 항상 하던 것

e	12	Akbal
f	13	Kan
g	1	Chicchan
a	2	Cimi
b	3	Manik
c	4	Lamat
d	5	Muluc
e	6	Oc
f	7	Chuen
g	8	Eb
a	9	Ben
b	10	Ix
c	11	Men

처럼 매우 엄숙하게 악귀를 물리치고 기도를 드렸으며, 제물을 바치고 향을 피웠다; 사람들이 제물을 바치고 기도를 드리는 동안 촌장들은 나꼰을 어깨에 들어 올린 채 향을 피우면서 신전의 주변을 돌아다녔다; 다시 그와 함께 (촌장들이) 돌아오면 착들은 개 한 마리를 공양하였다. (개의) 심장을 꺼내어 두 개의 접시에 담고는 악마에게 올렸다.[36] 또한 착들은 음료가 가득 든 각각의 커다란 단지를 부수었다. 이렇게 함으로써 의례가 끝이 났다.

(의례가) 끝나면 사람들은 그곳에 제물로 바쳐진 것들을 먹고 마셨다. 그러고는 향[37]을 피우지 않은 채 나꼰을 집까지 엄숙하게 모시고 갔다.

40-8 그곳에서 (다시) 커다란 축제가 열렸고, 촌장과 제사장들, 마을의 중요한 어르신들은 (모두) 술에 취하였다. 그 밖의 다른 사람들은 마을로 발길을 돌렸는데, (이때) 나꼰만은 술에 취하지 않았다.

다음 날 술이 깨고 나면[38] 취하여 그곳에서 (하룻밤을) 보낸 모든 촌장과 제사장들이 (다시) 촌장의 집으로 모였다. (촌장은) 그들에게 미리 준비해 둔 엄청난 양의 향을 나누어 주었다. (그 향은) 제사장들로부터 축복을 받은 것이었다; 그렇게 하면서 촌장은 풍요로운 한 해를 위하여 다른 마을에서도 신들을 위한 의례를 행해야 한다고 힘주어 말하였다.

(촌장의) 말이 끝나고 모두 아주 다정하게 왁자지껄한 작별 인사를 나누었다. 그러고는 각자 자기네

마을과 집으로 발길을 돌렸다.

(각 마을 촌장들이 자기네 마을에서) 의례를 준비하였다. (이러한 의례는) 사바씰딴(Zabacilthan)[39]이라고 불렸다. 얼마나 (오랫동안) 치르느냐에 따라서 뽑(Pop) 달까지 계속되기도 하였다. (의례는) 다음 같은 방식으로 치러졌다. 마을의 최고 부자 중에 의례를 행하려는 사람이 있는지 알아보고서 새해가 되기 전 남은 석 달 동안 많은 제물을 바치기에 (적당한) 날짜를 조언하였다; (그날이 되면) 사람들은 의례를 여는 사람의 집으로 모였다. 그곳에서 악귀를 몰아내는 의식을 치르고, 꼬빨[40]을 태웠으며, 즐겁게 춤을 추면서 제물을 바쳤다. 또한 술을 담는 주머니를 몇 개 만들었는데, 이로써 모든 (의례가) 끝이 났다; 3개월 동안 과도하게 의례를 치른 (인디오들을) 보는 것은 무척이나 안쓰러운 일이다. 과다한 음주로 (몸에) 상처가 난 사람들이 있는가 하면 몸을 제대로 가누지 못하는 사람들도 있고, 눈에 핏발이 선 사람들도 있다. 그렇지만 그들은 술을 [굉장히] 좋아했고, 이로 인하여 스스로 망쳐버렸다.

○ 까얍KAYAB

■ 6월 JUNIO

e	7	Kan	
f	8	Chicchan	
g	9	Cimi	
a	10	Manik	
b	11	Lamat	
c	12	Muluc	
d	13	Oc	
e	1	Chuen	
f	2	Eb	
g	3	Ben	
a	4	Ix	
b	5	Men	
c	6	Cib	
d	7	Caban	
e	8	Ezanab	
f	9	Cauac	
g	10	Ahau	

a 11 Imix 

b 12 Ik 

c 13 Akbal 

d 1 Kan 

e 2 Chicchan 

f 3 Cimi 

g 4 Manik 

a 5 Lamat 

b 6 Muluc 

c 7 Oc 

d 8 Chuen 

e 9 Eb 

f 10 Ben 

■ 7월 JULIO

g 11 Ix 

a 12 Men 

b 13 Cib 

○ 꿈후 CUMHU, 혹은 꿈꾸(CUMKU)

40-9 [41]앞선 장들에서 이미 이야기하였듯이 인디오들은 이름이 없는 (불길한) 날들로 새해를 시작하였다. 새해맞이 의례를 위하여 밤샘했던 것처럼 이 기간에도 (의례에 필요한) 준비를 하였다; 우우아야얍(Uuayayab)이라는 악마에게 바치는 의례를 준비하려면 집 밖으로 나가야만 했는데; 이 경우를 제외하고는 5일 동안 준비하느라 집 밖에 나가는 일은 매우 드물었다. 또한 악마들과 신전의 다른 [우상들]에게 일반적인 의례에서 (바치던) 선물 외에도 구슬들[42]을 바쳤다.

악마에게 바치던 [다른 모든 것과 마찬가지로] 이렇게 바친 구슬은 결코 그들의 필요로 쓰이지 않았다.[43] [단지] (악마에게) 피울 향을 사는 데만 (사용되었다).

이러한 날들 동안 그들은 머리에 빗질하지 않았고, 몸을 씻지도 않았으며, 남녀 구분 없이 벼룩을 잡지도 않았다. 또한 마을 일[44]이나 고된 노동을 하지도 않았다. 만일 이러한 일을 하면 어떤 좋지 않은 일들이 벌어질지도 모른다는 두려움이 있었기 때문이다.

a	12	Kan	
b	13	Chicchan	
c	1	Cimi	
d	2	Manik	
e	3	Lamat	
f	4	Muluc	
g	5	Oc	
a	6	Chuen	
b	7	Eb	
c	8	Ben	
d	9	Ix	
e	10	Men	
f	11	Cib	
g	12	Caban	
a	13	Ezanab	
b	1	Cauac	

○ 뽑 POP[45]

40-10 뽑(Pop)의 첫째 날[46]은 인디오들에게 첫 번째 달의 첫날이자; 새로운 해에 해당했다. 모든 사람이 참여하기 때문에 의례가 무척 성대하게 치러졌다; 이렇듯 온 마을 사람이 다 함께 모여서 모든 우상에게 의례를 드렸다.

더욱 경건하게 행하기 위하여 이날에는 접시, 잔, 작은 의자, 오래된 옷, 우상들을 감싸는 천 같은 모든 제사 도구를 새롭게 단장하였다.[47]

집을 쓸고 쓰레기와 낡은 집기들을 마을 밖의 쓰레기더미에 내다 버렸다. 비록 필요한 것이 있더라도 그 누구도 (버려진 물건에) 손대지 않았다.

의례를 치르려고 촌장들과 제사장, 마을의 높은 어르신들, 신앙심으로 그렇게 하기를 원하는 사람들은 (의례가 시작되기) 며칠 전부터 단식하였고, 부부관계를 멀리하였다. (그 기간은) 개인에 따라서 달랐는데, 석 달 전부터 행하는 사람들이 있는가 하면 두 달 전부터 (행하는 사람들도 있고), 자신이 원하는 만큼만 (행하는 사람들도 있었다). 그러나 누구든지 최소 13일은 기본적으로 행하였다; 13일 동안 여자를 멀리하는 것 외에도 음식에 소금과 후추를 넣지 않았다. 이렇게 하는 것은 그들에게 커다란 고행이 아닐 수 없었다.

이 기간 제사장을 도울 행정관들인 착을 정하였다. 그리고 (제사장은) 제사장들이 소지하던 작은 판들 위에 신선한 향으로 된 작은 공들을 많이 만들어 두었다; (그러면) 금욕과 금식을 한 사람들이 (이것으로) 우상들에게 향을 피웠다.

금식을 시작한 사람들은 감히 이것을 어기려고 하지 않았다。 왜냐하면 (그렇게 어기면) 자신이나 집안에 어떤 좋지 않은 일이 일어날지도 모른다고 믿었기 때문이다.

40-11 새해가 되면 남자들만 모두 신전의 광장으로 모였다。 신전에서 행하던 모든 공양과 의례에서는 춤추던 노파들을 제외하면 여자들의 (모습을) 전혀 발견할 수 없었다.

(반면에) 다른 장소에서 행하던 의례에는 (여자도) 갈 수 있었기 때문에 여자들의 (모습이) 눈에 띄었다.

그들은 금식하면서 칠하고 있던 검은색 숯검정을 모두 지워버리고, (여기에 다시) 붉은색을 화려하게 칠하여 정갈한 모습으로 등장했다.

(제물로 바칠) 많은 음식과 음료 그리고 미리 만들어 둔 넉넉한 양의 술을 가지고 모든 사람이 모였다。 높은 제사장 복장을 한[48] 제사장이 광장 정중앙에 앉아 신전을 정화하였다。 작은 향로와 향이 (들어 있는) 작은 판들을 그와 가까운 곳에 [두었다].

착들은 (광장의) 네 모퉁이에 앉아서 새로운 끈을 서로 잡아당겼다。 악귀를 몰아내려고 단식했던 모든 사람은 그 끈 안으로 들어가야 했다.[49]

8월 AGOSTO

c	2	Ahau	
d	3	Imix	
e	4	Ik	
f	5	Akbal	

악귀가 물러가면 모든 사람이 경건하게 기도를 올리고 착들은 새로이 불을 지폈다; 악마에게 향을 피우고[50] 제사장이 향을 향로에 넣기 시작했다。 촌장들에서 (시작해서) 모든 사람이 제사장이 손에 쥐고 있던 향을 받으려고 순서대로 다가갔다。 (그러면 제사장은) 마치 성유라도 되는 양 무척 조심스럽고 경건하게 (향을) 건넸다。 (그것을 받은) 사람들은 모두 탈 때까지 기다리며 향로 안에 (향을) 조금씩 집어넣었다.

이러한 향 피우기가 끝나면 모두 제물로 바친 것들을 먹으며 완전히 취할 때까지 술을 마셨다。[51] 이것이 (바로) 그들의 새해이자 우상들을 즐겁게 하던 의례였다.

(의례가 치러진) 후에도 뽑(Pop) 달 중에는 신앙심으로 주변 사람과 촌장들, 제사장들을 모시고 의례를 행하던 사람들이 있었다。 술을 마시면서 가장 흥겨워하던 사람은 언제나 제사장들이었다.

○ 우오 UO[52]

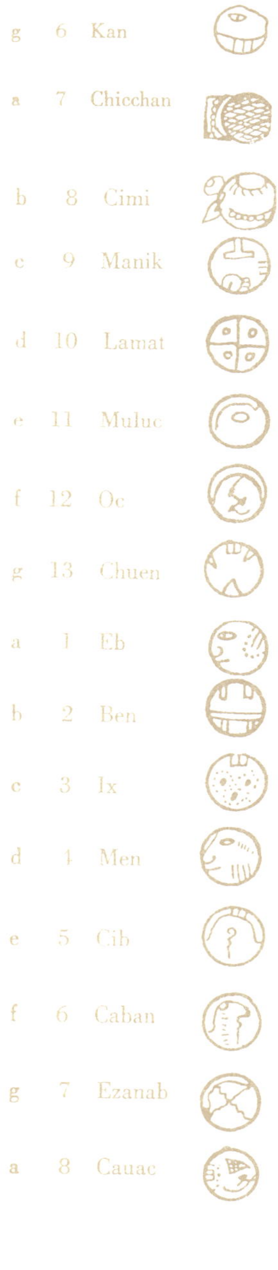

40-12 우오(Uo) 달에는 모두 같은 사람들인 제사장들과 의사들, 무당들이 의례를 치르려고 단식과 함께 다른 (많은) 것을 준비하기 시작하였다.

사냥꾼과 어부들은 십(Zip) 달의 일곱 번째 (날)에 의례를 행하였다; 각각 자신에게 해당하는 날 의례를 치렀으며; 제일 먼저 제사장들이 뽀깜(Pocam)[53]이라고 불리는 [의례]를 올렸다.

몸단장하고[54] 촌장의 집으로 모여 항상 하던 것처럼 먼저 악귀를 몰아내었다. 책들을 꺼내어 미리 준비해 놓은 나뭇가지 장식 위에 펼쳐 놓았다. 사람들이 최초의 제사장이라고 이야기하는 씬차우-이삼나(Cinchau-Izamná) 우상을 기도와 함께 경건하게 불렀다. 그러고는 그에게 선물과 제물들을 바치고 새롭게 지핀 불에 향으로 만든 작은 공들을 태웠다; 그러는 동안 여자들이 발을 들이지 않는 산에서 가져왔다는 정화수(정한수)[55]로 잔에 약간의 녹청[56]을 녹였다. 그러고는 이것

b 9 Ahau 

c 10 Imix 

d 11 Ik 

e 12 Akbal 

으로 책들의 겉표지를 문질러서 정화하였다. (이어서) 제사장 중에 가장 학식이 뛰어난 사람이 책을 펼쳐서 그 해의 운수를 점쳤다.[57] 그곳에 있던 사람들에게 그것을 이야기해 주고[58] 대비책에 관한 약간의 조언을 해 주었다; 또한 이 의례에서 다음 해에 (의례를) 행할 제사장이나 촌장을 정하기도 했는데; 만일 그 사람이 세상을 떠나면 고인을 대신하여 그 자식들이 그 의무를 짊어지게 되었다.

그런 후에 사람들은 가져온 모든 선물과 음식을 먹었다. 그리고 코가 비뚤어질 때까지 술을 마셨다. 그리하여 의례가 (모두) 끝났는데, 어떤 때는 (의례 중에) 오꼬뚜일(Okotuil)[59]이라는 춤을 추기도 하였다.

f 13 Kan 

g 1 Chicchan 

a 2 Cimi 

b 3 Manik 

c 4 Lamat 

d 5 Muluc 

e 6 Oc 

○ 십 ZIP[60] 

40-13 다음 날 의사들과 무당들이 부인을 데리고 그들 중 어느 한 사람의 집으로 모이면 제사장들이 악귀를 몰아내었다; 그러고서 약을 한 보따리 꺼냈다。 그 안에는 약의 여신인 익스첼[61]의 작은 우상들과 온갖 잡동사니[62]가 들어 있었다。 이러한 이유로 이 의례는 이씰 익스첼(Ihcil Ixchel)[63]이라고 불렸다。 또한 암(Am)이라고 불리는 운을 (점치는) 돌멩이들[64]을 꺼내 이삼나, 시뜨볼론뚠(Citbolontun), 아하우 차마에스(Ahau Chamahez) 같은 약의 신들을 매우 경건하게 불렀다。 제사장들은 향로에 새로 (지핀) 불로 향을 피웠다。 그러는 동안 착들은 제사장들의 책에 (발랐던 것과) 같은 또 다른 파란색 역청으로 (우상들과 작은 돌멩이들을)[65] 문질렀다.

그런 후에 각자 자신의 직업과 관련된 도구들을 둘둘 말아서 그 보따리를 등이나 어깨에 짊어졌다。 그러고는 찬-뚠-얍(Chan-tun-yab)이라는 춤을 추었다.

춤이 끝나면 한쪽에는 남자들이, 다른 한쪽에는 여자들이 앉아서 다음 해 의례를 추첨으로 정하였다。 제물로 바친 (음식을) 먹으며 제사장들을 제외한 사람들은 메스꺼워하지도 않고 술에 잔뜩 취하였다。 사람들이 말하기를 (제사장들은) 그것을 부끄럽게 생각했기 때문에 혼자서 마시고 즐기려고 술을 챙겨 갔다고 하였다.

9월 SEPTIEMBRE

f 7 Chuen
g 8 Eb
a 9 Ben
b 10 Ix
c 11 Men
d 12 Cib
e 13 Caban
f 1 Ezanab
g 2 Cauac
a 3 Ahau
b 4 Imix
c 5 Ik
d 6 Akbal

40-14 그다음 날에는 사냥꾼들이 다른 사람과 마찬가지로 부인과 함께 그들 중 어느 한 사람의 집으로 모였다. 그러면 제사장들이 와서 언제나처럼 악귀를 물리쳤다.

(악귀를) 물리치고 나면 향과 새롭게 (지핀) 불, 파란색 역청 같은 공양을 드리려고 준비한 것을 가운데 두었다.

사냥꾼들은 사냥의 신인 아까눔(Acanum)[66]과 수우이십 시삐따바이(Zuhuyzib Zipitabai)[67], 그 밖의 다른 신들을 경건하게 불렀다. 그들에게 향을 나누어 주면 그것을 향로 안에 집어넣었다; (향이) 피어오르는 동안 (사냥꾼들은) 화살과 사슴의 두개골을 각각 하나씩 꺼냈고, 착들은 그것에 파란색 역청을 칠하였다.

(역청을 모두) 칠하고 나면 (화살과 사슴의 두개골을) 손에 들고 춤을 추었다[68]; 어떤 사람들은 귀에 구멍을 내고 어떤 사람들은 혀에 (구멍을 내며) 그 구멍으로 악(Ac)[69]이라고 불리는 다소 폭이 넓은 풀잎 일곱 장을 통과시켰다.

우선 이렇게 하고 난 다음에 제사장이 제물을 바치고 (이어서) 의례의 행정관들이 (제물을 바쳤다). 그들은 춤을 추었고 (잔에는) 술이 채워졌으며 코가 비뚤어질 때까지 술을 마셨다.[70]

40-15 그다음 날에는 어부들[71]이 의례를 행하였다. 낚시 도구들에 (파란색 역청을) 칠하는 것과 귀에 구멍을 내지 않고 (귓바퀴를 따라) 둥글게 상처를 내는 것 그리고 초옴(Chohom)이라고 불리는 춤을 추는 것을 제외하고는 다른 (직업의) 사람들과 같은 방식으로 (의례를 올렸다); 그렇게 하고 나면 두꺼운 장대에 축원하여 그것을 높이 세워 두었다.

마을에서 의례를 치른 후에는 (그들의) 관습에 따라 촌장들과 많은 사람이 그물과 낚싯바늘, 그 밖의 다른 어구를 챙겨서 해변으로 나갔다. 그리고 그곳에서 성대한 고기잡이를 즐겼다.[72]

이 의례의 수호신들은 아깍넥소이(Ahkak-nexoi)[73], 아뿌아(Ahpua)[74], 아씨짜말꾼(Ahcitzamalcun)[75]이었다.

○ 쏘쯔 ZODZ[76]

40-16 쏘쯔(Zodz) 달에는 양봉(養蜂)[77]하는 사람들이 주인들이 쩩(Tzec)에 그들의 의례를 행하기 위한 준비를 하였다。 비록 이러한 의례를 준비하는 데 가장 중요하게 여겨지던 것은 금식이지만 제사장과 그를 도와주던 행정관들에게만 의무였고; 나머지 사람은 자발적으로 행하였다.

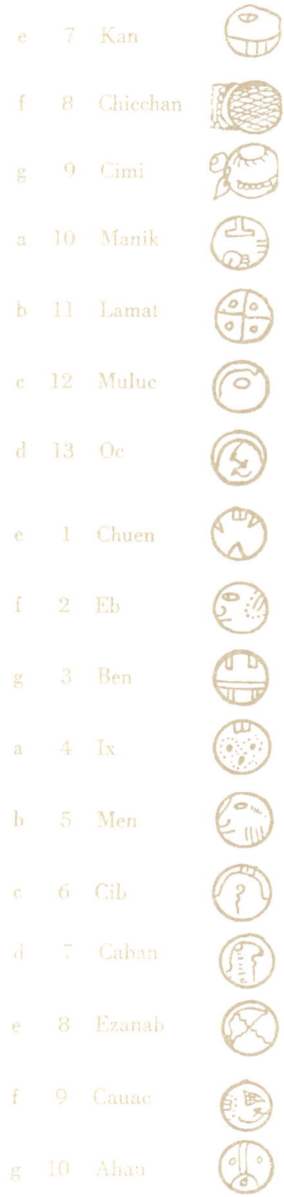

10월 OCTUBRE

a 11 Imix 

b 12 Ik 

c 13 Akbal 

d 1 Kan 

e 2 Chicchan 

f 3 Cimi 

g 4 Manik 

a 5 Lamat 

b 6 Muluc 

c 7 Oc 

d 8 Chuen 

e 9 Eb 

f 10 Ben 

g 11 Ix 

a 12 Men 

b 13 Cib 

c 1 Caban 

○ 쎅 TZEC 60

40-17 의례일이 되면 (의례를) 치르는 집으로 (모여서) 준비하였다。 피공양을 제외하고는 다른 (의례에서 치르는) 모든 것이 (그대로) 행해졌다.

(이 의례의) 수호신은 바깝들[78]이었고, 특별히 홉닐[79]도 있었다.

많은 제물이 바쳐졌다。 특히 네 명의 착에게 네 개의 접시를 주었는데, 각 (접시의) 중앙에는 향으로 만든 작은 공들이 (놓였고), (이 공들에는) 꿀의 모양이 둥글게 그려져 있었다。 (이렇듯) 이 의례에서는 꿀이 풍족하기를 기원하였다.

양봉(養蜂)하는 사람들이 (술을) 넉넉하게 대접했기 때문에 언제나 그랬듯이 (이 의례도) 질편한 술자리로 끝났다.[80]

○ 술 XUL

40-18 꾸꿀깐이 유까딴을 떠난 것에 대해서는 이미 앞서 이야기한 적이 있다.[81] 인디오 중에는 그가 신들과 함께 하늘로 승천했다고 이야기하는 사람들도 있는데, 이러한 이유로 사람들은 그를 신으로 여겼고, 그에게도 다른 (신들에게)처럼 의례를 올릴 수 있도록 신전을 한 곳 지정하였다. 그러고는 마야빤이 멸망하기 전까지 전 지역에서 의례를 행하였다.

(마야빤이) 멸망한 후로 이 의례는 마니 지방에서만 치러졌다; (그러나) 다른 지역에서도 꾸꿀깐을 기리며 한 해에 한 차례씩 또는 다섯 차례씩 깃털로 만든 매우 훌륭한 깃발을 마니 지방으로 보내 왔다.[82] (이러한 깃발들로) 이전 (의례들과는) 달리 다음 같은 방식으로 의례가 치러졌다. 술(Xul) 달의 16일이 되면 모든 촌장과 제사장들이 금욕과 금식을 행한 마을의 수많은 사람과 함께 마니 지방으로 모였다.

11월 NOVIEMBRE

d	3	Eb	
e	4	Ben	
f	5	Ix	
g	6	Men	
a	7	Cib	
b	8	Caban	
c	9	Ezanab	
d	10	Cauac	
e	11	Ahau	
f	12	Imix	
g	13	Ik	
a	1	Akbal	

이날 오후에는 촌장의 집에 모여 있던 사람들이 행렬을 이루며 여러 명의 광대와 함께 화려하게 단장한 꾸꿀깐의 신전[83]을 향해 최대한 정숙하게 이동하였다; (그곳에) 도착하자 기도를 올리고 신전 위에 깃발들을 꽂았다. 그러고는 그 아래 광장에 미리 준비해 놓은 나뭇잎[84]들 위로 모든 우상을 펼쳐 놓았다. 새로 지핀 불로 여러 군데서 향을 피우기 시작하였고, 소금과 후추가 가미되지 않은 음식과 콩과 호박씨로 만든 음료를 제물로 바쳤다; 촌장들과 그들을 보필했던 [사람들은] 집으로 돌아가지 않은 채 계속해서 꼬빨을 태우며 5일 밤낮으로 기도를 드리고 경건한 춤들을 추었다.

광대들은 약스낀(Yaxkin) 달의 첫날까지 5일 동안 광대놀음을 하며 마을의 높은 (어르신들의) 집을 돌아다녔다. 그러고는 자신들에게 주는 선물을 모두 모아서 신전에 가져다 놓았다. 5일이 지나면 그곳에서 촌장들과 제사장들 그리고 춤꾼들이 선물을 서로 나누어 가졌다. (광대들은) 깃발과 우상들을 거두어 촌장의 집으로 향하였고, 그곳에서 각자 자신의 집으로 (돌아갔다).

그들은 (5일 중) 마지막 날에 꾸꿀깐이 하늘에서 내려와 (그들이 올린) 의례와 밤샘(기도)[85], 제물들을 취한다고 말하였고, 그것을 굳게 믿었다.

이 의례는 칙까반(Chickabán)이라고 불렀다.

○ 약스낀 YAXKIN

40-19 약스낀(Yaxkin) 달에는 항상 하던 것처럼 몰(Mol) 달 중에서 제사장이 지정하는[86] 날 모든 사람이 함께하는 의례 준비를 시작하였다; [이 의례는] 모든 신에게 [바치던 것이었다].

올롭-삽-깜약스(Olob-Zab-Kamyax)[87]라고 불렀다.

신전에 모두 모이자 지난 의례들처럼 의례를 행하고 향을 피웠다。그러고는 그들이 만든 파란색 역청으로 모든 직업에 (쓰이는) 도구를 칠하고자 하였다。(그 도구들은) 제사장의 (도구들)부터 여자들이 (사용하던) 물레의 가락[88]과 집의 기둥에 이르기까지 (매우 다양하였다).

의례를 (치르기) 위하여 마을의 모든 어린 사내아이들과 여자아이들을 데려왔다。[89] (몸을) 칠하거나 의식을 (행하는) 대신 손 바깥쪽 관절 마디를 몇 대 가볍게 건드렸다[90]; 여자아이들을 이곳으로 데려온 깃털 옷의 노파가 (역시 여자아이들을) 가볍게 톡톡 때렸는데, 이러한 이유로 그녀는 라 아예가데라(la allegadera, 데려가는 여자)[91]라는 뜻의 익스몰(Ixmol)이라고 불렀다.

이렇게 아이들을 가볍게 톡톡 때리던 것은 부모의 일을 (잘 배워서) 나중에 훌륭한 장인(匠人)이 되라는 의미에서였다.

제물로 바친 음식들을 (먹고) 술에 흥건히 취하는 것으로 (의례는) 끝이 났다。그러나 신앙심이 깊은 그

b	2	Kan
c	3	Chicchan
d	4	Cimi
e	5	Manik
f	6	Lamat
g	7	Muluc
a	8	Oc
b	9	Chuen
c	10	Eb
d	11	Ben
e	12	Ix
f	13	Men
g	1	Cib
a	2	Caban
b	3	Ezanab
c	4	Cauac
d	5	Ahau
e	6	Imix

■ 12월 DICIEMBRE

f	7	Ik
g	8	Akbal
a	9	Kan
b	10	Chicchan
c	11	Cimi
d	12	Manik
e	13	Lamat
f	1	Muluc
g	2	Oc
a	3	Chuen
b	4	Eb
c	5	Ben
d	6	Ix
e	7	Men
f	8	Cib
g	9	Caban
a	10	Ezanab

노파만은 직무에 (필요한) 깃털들을 길에서 잃어버리지 않기 위하여 (마시고) 취할 수 있는 것들을 그녀의 집에 따로 챙겨 갔을 것으로 보인다.

○ 몰 MOL

40-20 이달에는 쎅(Tzec) 달과 마찬가지로 양봉하던 사람들이 꿀벌에게 꽃을 (풍족하게) 해 달라고 신들에게 또다시 의례를 드렸다.

40-21 이 불쌍한 사람들에게 가장 고되고 어려운 일 중의 하나는[92] 나무로 우상들을 만드는 것이었다.[93] 그들은 이를 가리켜 신들을 만든다고 하였다; 이렇듯 (우상들을) 만들던 특정한 기간이 정해져 있었다. (그 기간은) 몰(Mol) 달이나 제사장이 좋다는 또 다른 (달)이었다.

(우상들을) 만들고자 하는 사람은 제일 먼저 제사장을 찾아가서 (그와) 상의를 하였다. 그러고는 그의 충고에 따라[94] (우상들을 만드는) 장인(匠人)에게로 갔다. 사람들이 말하길 장인들은 본인이 혹은 그들 가족 중 누군가 죽거나 죽을병에 걸릴지도 모른다는 두려움 때문에 (우상들을 만들어 달라는 부탁을) 늘 거절하였다고 한다.

만일 승낙하면 이 (의례를) 위하여 선출된 착들이 금식하기 시작하였다.

금식하는 동안 우상들의 주인이 될 사람은 나무를 하려고 (직접) 숲으로 가거나 (그를 대신할 사람을) 보냈다. (우상들을 만드는 데는) 언제나 삼나무가 사용되었다.[95]

나무를 해 오면 짚으로 작은 집을 지어서[96] 울타리를 쳤다. 그러고는 (그 안에 나무와) 우상들을 담아 둘 항아리를 들여놓았다. (우상들을 만드는) 작업이 진행되는 동안 뚜껑을 덮은 채로 보관하였다; 사방(四方)[97]으로는 아깐뚠(Acantunes)이라고 불리는 네 명의 악마[98]를 놓아두었다. 그들에게 피울 향도 (함께) 두었다.

귀에 상처를 내거나 피를 내기 위한 (도구와) 검은 신(神)들을 만들기 위한 연장을 집어넣었다. 이러한 준비물을 가지고 착들과 제사장, 장인은 작은 집으로 들어가서 신들을 (만드는) 일을 시작하였다. (그러는 동안) 스스로 귀에 상처를 내서 흘린 피를 악마들에게 칠하고, 향을 피웠다. 그러고는 사람들이 가져다주는 음식을 (먹으며) 모두 마칠 때까지 작업에만 몰두하였다.

그들의 부인을 알아서도 안 되고[99] 생각해서도 안 되며 그들이 있는 곳에 그 누구도 가까이 다가갈 수 없었다.[100]

○ 첸 CHEN

1 본 번역본은 가리바이본의 순서를 그대로 따랐으나 토설의 영문 번역본을 비롯한 그 밖의 다른 번역본들은 마야 원주민들의 새해 첫날이라고 할 수 있는 뽑(Pop) 달에서부터 시작한다. 란다의 설명에 의하면 이 장에 나오는 마야 달력의 날짜가 새해 첫날인 셈인데, 마야의 달력상으로는 대략 첸(Chen) 달의 중간 정도에 해당한다.

2 FAMSI본에는 'Enero'로 표기되었다.

3 여기서 말하는 신이란 신의 형상을 한 여러 형태의 조각이나 토기 같은 것들을 가리킨다.

4 여기서 작은 집은 가정집이 아니라 일종의 성황당(서낭당)처럼 각 마을의 종교적인 기능을 수행하던 장소를 가리킨다. 왕릉이라면 정자각(丁字閣)이나 수복청(守僕廳)처럼 제사를 지내던 곳이나 그 밖의 부수적인 기능을 수행하던 장소를 가리킨다고 할 수 있다. 마야에서도 신전의 주변부 혹은 제사를 올리는 신성한 장소의 주변에 제사에 필요한 물건들을 넣어 두거나 제사를 준비하는 기능을 수행하던 집이 존재하였다.

5 가리바이본에는 "… habiéndose quitado primero él y los oficiales el tizne, porque decían que ayunaban en tanto que hacían los [ídolos]"로 표기되었는데, 이 문장의 뜻이 명확하지 않다. 먼저 앞부분인 '… habiéndose quitado primero él y los oficiales el tizne'에서 '숯검정을 지우는 사람들'은 '제사장과 행정관들'이다. 그러나 문장의 나머지 부분인 'porque decían que ayunaban en tanto que hacían los [ídolos]'에서 '오래도록 단식을 하고 우상들을 만든 사람들'이 누구를 가리키는지는 명확하지 않다. 즉 제사장과 행정관이 오래도록 단식을 하며 우상을 만든 것인지 아니면 우상을 만드는 또 다른 사람들이 그런 것인지가 불분명하다. 두 부분의 주어가 모두 '제사장과 행정관들'이 될 수도 있지만 두 번째 부분의 주어가 '우상들을 만든 사람들'이 될 가능성도 존재한다. 만일 두 번째 부분의 주어가 첫 번째 부분의 주어와 다를 경우에는 [우상들을] 만들기 위하여 (우상을 만드는 사람들이) 너무나 오랫동안 단식을 했기 때문에 (이것을 도와주기 위하여 혹은 이것을 기념하기 위하여 등의 목적으로) 제사장과 행정관들이 (자신들의 몸에 칠해져 있던) 숯검정을 지웠다는 뜻으로 해석된다.
문장의 해석과 상관없이 제사장과 행정관들이 직접적으로 우상을 만드는 작업을 하지 않았다고 할지라도 우상을 만드는 기간 단식하며 종교적인 크고 작은 의례를 진행하는 등 많이 노력했을 것이라는 점에는 의심의 여지가 없다. 그러나 여러 정황이나 문장의 구조상 두 번째처럼 해석될 가능성은 희박하다.

6 가리바이본에는 '작은 가방'이 'petaquilla'로 표기되었는데 'petaquilla'는 'petaca'의 축소사인 것으로 보인다. 멕시코 고원 지방의 원주민들 언어인 나우아뜰어에서 기원한 것으로 추정되며, 식물성 물질로 만든 상자라는 뜻에서 유래한 것으로 보인다. 이 단어는 아메리카 대륙에서 많이 사용되던 안장을 담는 가죽을 씌운 케이스, 가죽이나 금속 혹은 다른 물질로 만든 담배쌈지, 담뱃갑, 술을 담아서 가지고 다니는 길고 편평한 휴대용 병이라는 뜻이 있다. 또한 멕시코에서는 가방 혹은 엉덩이를 뜻하기도 한다(http://lema.rae.es/drae/?val=petaca).

7 토설은 '오끄나(Ocna)'를 '오끄 나(Oc Na)'로 보았다. 그리고 이것을 다음처럼 해석하였다. 오끄 나(Oc Na)를 문자 그대로 해석하면 '집 안으로 들어가다'라는 뜻이다. 이것을 확대해석 하면 '신들이 집 안으로 들어가다'라는 뜻이고, '집과 신전의 세례'라는 뜻으로 해석될 가능성도 있다(Tozzer, 161). 즉 신이 집 안으로 들어감으로써 집이 세례를 받는다는 의미로 보인다.
이 용어의 뒤에 나오는 '나(Na)'는 보통 '집' 혹은 '신전' 같은 의미로 보기에 무리가 없는 듯하다. 지금까지도 일반적으로 마야의 신전을 부르는 이름에 '나(Na)'가 많이 사용되어 왔는데, 앞에 나오는 '오끄(Ok)'의 기능과 의미에 따라서 뜻이 달라질 수 있다. 토설은 이것을 '들어가다'라는 뜻으로 풀이하였다. 그러나 마야어 사전에 의하면 이 말은 '인간이나 동물들의 디딤' 혹은 '발자국'이라는 뜻을 갖는다. 또한 '인간이나 동물의 발' 혹은 '마야 달력의 특정한 날의 이름'이 되기도 한다. 만일 후자처럼 마야 달력의 특정한 날의 이름으로 해석된다면 특정한 날짜를 지칭하거나 상징하는 집이 될 가능성도 있다(Diccionario Maya, 594, 595).

8 '착(Chac)'은 일반적으로 '물의 신' 혹은 '비의 신'으로 알려져 있으며 다음과 같은 특징들을 가지고 있다.
- 이름: 착(Chac)
- 멕시코 중앙고원 지역에서 불리는 다른 이름: 뜰랄록(Tlaloc)
- 밀접한 관계에 있는 다른 신: 하늘의 신
- 관계되는 동식물: 뱀, 물고기
- 이 신을 수호신으로 모시는 사람: 전사, 어부, 인신공양

의 제물
• 관련 날짜: 익(Ik)
• 관련 숫자: 6

착(Chac)은 길게 늘어진 코와 눈 주위의 꽈배기 문양, 코 위에 붙은 구슬 같은 특징들을 가지고 있다. 또한 이빨이 하나만 있거나 아예 없는 모습으로 등장하기도 한다. 유까딴 지역에서는 건물의 전면 장식으로 이 신의 모습이 많이 이용되었다. 가면 같은 얼굴에서 나온 긴 코가 물음표의 모양을 거꾸로 뒤집어 놓은 양 휘어져 있고, 입 가장자리에는 송곳니가 보이기도 한다. 이 신의 얼굴이 신전의 전면을 덮어서 그 입이 바로 신전 출입구가 되기도 한다. 다른 신들과는 달리 각 방위에 따른 각기 다른 색을 가지고 있어서 동-빨간색, 서-검은색, 남-노란색, 북-하얀색으로 나타나는 것을 볼 수 있다. 셸하스(Schellhas)의 주장에 의하면 이 신은 멕시코 중앙고원 문화의 께찰꼬아뜰이라는 최고신과 일치한다. 마야의 고전기에는 신전이나 비석 등의 장식에 이 신의 문양이 여러 가지 형태로 즐겨 사용되었다(송영복, 2005, 171).

착(Chac)은 이와 같은 일반적인 특징들을 가지고 있다. 또한 착(Chac)이라는 말은 종교적인 일을 수행하는 특정한 제사장을 가리키는 용어로 사용되기도 하였다. 그 밖에 전문제사장이 아니더라도 종교적인 의례를 행할 때 특정한 역할을 수행하는 사람을 가리키는 용어로 사용되기도 하였다. 이것은 마야의 종교가 신과 자연, 인간과 동식물 등 우리의 모든 것들에 있어서 서로 통하기도 하고 하나가 되거나 나누어지기도 하는 등의 복잡한 양상이 있기 때문이다.

9 34-38장 본문에 해당한다.

10 오늘날까지 남은 마야의 유적지에서 란다가 언급한 것처럼 건물의 벽면이나 앞에 그 건물과 관련된 이야기를 마야문자로 적은 기념물들을 발견할 수 있다. 이러한 전통은 마야문명의 시작과 함께 전고전기와 고전기, 후고전기를 거치면서 꾸준히 전통으로 이어져 내려왔다.

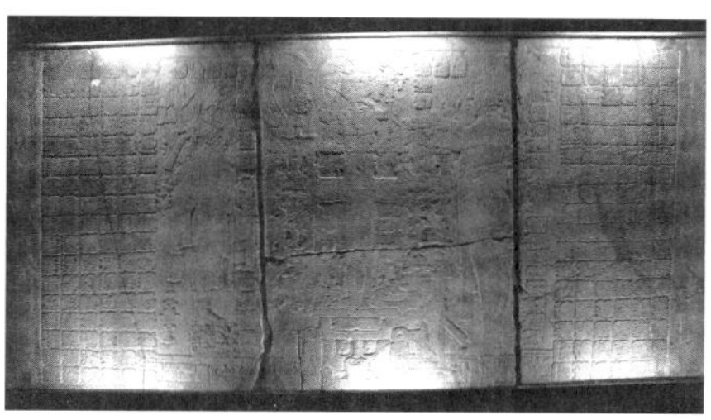

빨렝께 유적지의 벽면에 쓰인 마야문자 기록,
멕시코 국립인류학박물관 소장

11 레온본에는 다음처럼 표기되어 있다. "Aquí comienza la cuenta del calendario de los indios diciendo en su lengua: Hun Imix"

12 가리바이본에는 'su gentil borrachera'로 표기되었다. 이것은 '이교도적'이라는 뜻이 있지만 '귀족의' '점잖은' '친절한' 같은 뜻도 가지고 있다. 문맥과 정황상 여기서는 원주민들이 의례를 치를 때 이들의 종교에 의하여 '이교도적인 관습으로 행하였던 술 취하기'를 가리키는 것으로 보인다. 그러나 'gentil'의 또 다른 뜻으로 해석될 가능성이 남아 있다.

13 뚭깍(Tuppkak)은 사전적인 의미로 '불을 끄다'라는 의미를 가지고 있다(Diccionario de Maya, 825). 마야뿐만 아니라 메소아메리카의 다른 문명들에도 불과 관련된 다양한 의례들이 존재한다.

14 가리바이본에는 '… que podía haber y había en la tierra'로 표기되었다. 이 문장을 직역하면 '들판(땅)에 있을 수 있고 들판(땅)에 있는'이라는 뜻이지만 의역하면 '그 계절에 혹은 그 시기에 활동하는 동물들'로도 해석될 수 있다.

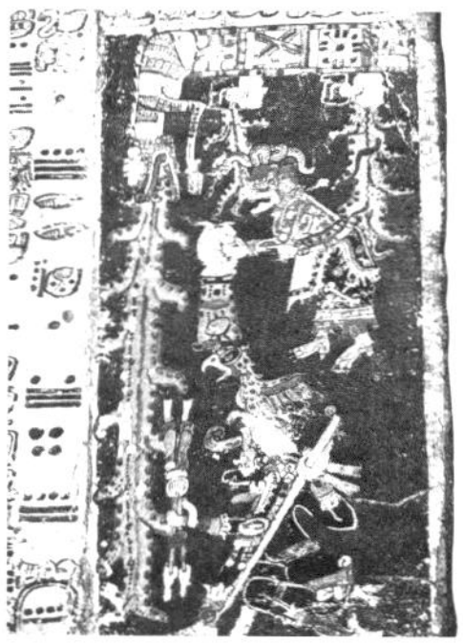

꼬디쎄 드레스데의 74

15 마야의 정복 이전 사료인 꼬디쎄 드레스데(Códice Dresde, 74)에서 항아리에 담겨진 물을 따르는 그림을 발견할 수 있다(Los Códices mayas, 77). 바로 이 장면이 여기서 란다가 설명한 의례를 표현하고 있을 가능성이 있다. 또한 꼬디쎄 마드리드(Códice Madrid, 30, Códices Mayas, 99)의 그림 역시 이와 연관이 있을 가능성이 존재한다. 일반적으로 정복 이전 시대에 만들어진 사료들(Códices)은 종교적인 성격이 짙게 묻어나는 텍스트로서 전설과 의례 등에 관한 내용들을 담고 있다. 따라서 이러한 사료들

(Códices)에 나오는 장면들이 란다가 언급한 종교적인 행사의 내용을 표현하고 있다고 볼 수 있다. 특히 꼬디쎄 드레스데(Códice Dresde, 74)와 꼬디쎄 마드리드(Códice Madrid, 30)에서 항아리가 거꾸로 되었고, 거기에서 물처럼 보이는 것이 아래로 쏟아지는 것을 볼 수 있다.

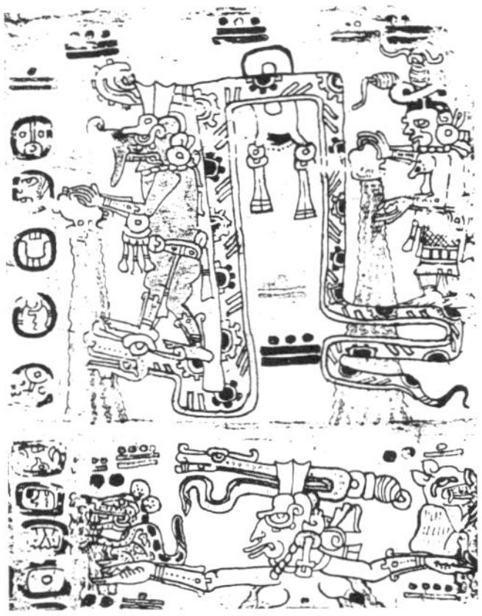

꼬디쎄 마드리드의 30a

16 호랑이와 사자와 노루는 원래 아메리카 대륙에 존재하지 않던 동물들이다. 그런데 이 사료에서는 이러한 동물들이 여러 번에 걸쳐서 등장하는 것을 볼 수 있다. 2장(2-8), 29장(29-2), 32장(32-5)에서도 언급하였듯이 '호랑이'와 '사자'를 각각 '재규어'와 '퓨마'로 이해하는 것이 현실적으로 바람직하다.

17 가리바이본에는 'lagartos'로 표기되었다. 중남미의 악어는 'Lagarto'라고 불리며, 흔히 우리가 생각하는 동남아시아나 아프리카의 악어보다 일반적으로 크기가 작다.

18 1562년의 사까바(Sahcaba) 마을에 대한 기록(SA, 101)에서 의례상 불을 끄는 장면을 확인할 수 있다. "그들은 막대 다발과 매달아 놓은 돼지의 복부에 꽂혀서 타고 있던 십자가의 불을 돼지의 피로 꺼버렸다." 여기서 십자가는 제물 일부로 바쳐진 것으로 추정된다. 역시 동일한 사료에서 다음의 내용을 확인할 수 있다. "그들은 세 개의 십자가를 태우기 위하여 그것들을 가지고 악마들에게 다가갔다. 그러고는 까르문(Karmun)으로 향하는 길 위에서 악마들을 태웠다. …또한 이 의례에서 악마들에게 바치기 위하여 만든 작은 십자가 중에서 두 개를 불태웠다"(Tozzer, 163).

19 가리바이본에는 "… buen año de agua para sus panes"로 표기되었다. 본문에서는 이 문장을 직역하여 '빵을 위한 물이 풍족한 한 해'라고 해석하였다. 그러나 마야 원주민들의 주식은 옥수수이기 때문에 여기서 빵은 '옥수수 혹은 옥수수로 만든 다양한 음식'을 지칭하는 것이라고 할 수 있다. 따라서 문맥과 정황상 문장 전체를 의역하면 '그들의 주식인 옥수수가 풍년이 될 수 있도록 충분한 비가 오는 한 해'가 된다.

20 가리바이본에는 이 부분이 'un montón de piedras con sus escaleras'로 표기되었다. 토설은 이것을 가리켜서 '일시적으로 만들어서 사용한 제단'이라고 설명하였다(Tozzer, 163). 그러나 에스빠냐어 원문의 표현대로라면 그야말로 '계단이 있는 돌무더기(돌로 된 건축물)'가 된다. 따라서 이를 바탕으로 생각해 보면 마야의 신전 구역에서 많이 볼 수 있는 피라미드로 보는 것이 사실과 더욱 근접할 것으로 생각된다.

21 나뭇가지를 이용해서 상징적인 정화의식을 행하는 것은 메소아메리카의 제례의식이 가지는 공통적인 특징 중의 하나라고 할 수 있다. 사람의 몸을 정화하기 위하여 향을 이용하여 연기를 쏘인다든가 약간의 물을 뿌린다든가 혹은 나뭇가지나 꽃으로 신체의 여러 부위를 가볍게 두드리는 등의 행위는 오늘날까지도 그 전통이 그대로 이어지고 있다. 사람뿐만 아니라 도구나 장소 등을 정화할 때도 이와 유사한 행위를 하며 일반적으로 나뭇가지와 꽃이 정화의 도구로 사용된다.

22 바우디치(Bowditch)는 꼬디쎄 드레스데(Códice Dresde)의 30a에서 볼 수 있는 희미한 파란색으로 칠해진 건축물의 상층부 계단이 여기서 란다가 묘사한 제단과 일치한다고 주장하였다(Tozzer, 164).

꼬디쎄 드레스데의 30a와 31a: 이 그림의 가운데 피라미드 같은 모양이 있고, 중간부터 위까지 희미하게 파란색이 칠해져 있다.

23 브라쉐르 드 부르부르본에는 이삼나(Izamná)는 표기되어 있지 않고, 착(Chac)만 표기되었다(Tozzer, 164).

24 FAMSI본에는 'Kan Kin'으로 표기되었다.

25 가리바이본에는 'cacahuates'로 표기되었다. 이 단어는 '땅콩'이라는 뜻인데, 전후좌우 문맥상으로 보았을 때 또는 이어지는 문장을 보았을 때 이달에는 '땅콩'이 아닌 '카카오'에 대한 이야기를 하는 것으로 볼 수 있다. 특히 카카오는 마야의 주요 작물 중의 하나로 깊은 종교적 의미를 지니고 있었다. 'cacao'를 'cacahuate'로 잘못 기록하였거나 잘못 옮겨 적었을 가능성이 있다. 혹은 현대식 출판본을 위하여 원문을 판독하는 과정에서 잘못 읽었을 가능성이 있다.

26 카카오 경작의 신으로 알려진 엑추아는 상업(교역)의 신이기도 하다. 카카오(Cacao, Theobroma cacao)는 코코아라고도 한다. 벽오동과(碧梧桐科, Sterculiaceae/Byttneriaceae)에 속하는 아메리카 대륙 열대산 교목인 카카오나무는 열대의 축축한 저지대에서 자라는데 좀 더 큰 교목 아래에서 자라기도 한다. 수확한 꼬투리는 쪼개서 씨를 빼낸 뒤 며칠 동안 발효시킨다. 그 후 말리기, 씻기, 볶기, 갈기 등 일련의 과정을 거쳐서 초콜릿 리큐어라고 하는 페이스트를 얻으며 이 페이스트를 압착해서 코코아버터와 코코아 파우더를 만들거나 코코아버터(때로는 다른 함유물)와 혼합하여 초콜릿 제품을 만든다(한국브리태니커, '카카오').

27 카카오색은 '짙은 갈색'을 의미한다.

28 이구아나는 유까딴반도에 많이 서식하는 동물 중의 하나로 예나 지금이나 식용으로 많이 이용되고 있다. 그러나 정복 이전의 마야에서는 종교적인 의미를 가진 신성한 음식으로 취급되기도 하였다. 란다는 이 책 29장(29-4)에서 금욕과 금식하는 자가 먹는 음식으로 이구아나에 관해 이야기하였고, 46장(46-1)에서는 이곳 동식물의 특징에 대하여 언급하면서 이구아나에 대하여 자세히 설명하였다.

29 가리바이본에는 "… hacíanse unas pasas [sic] con regocijo"로 표기되어 있는데, 이 문장의 뜻이 명확하지 않다. 루즈(Mario Humberto Ruz) 그리고 레온(María del Carmen León)과의 개인적인 질의응답과 토설본(164)을 참고하여 여기서는 "그곳에서 매우 흥겨운 시간을 보낸다."라는 뜻으로 해석하였다.

30 빠꿈착은 '비의 신(Chac)에게 치르는 보답(Pac)'을 의미한다(Tozzer, 164).

31 정치·경제적으로뿐만 아니라 사회·문화적으로도 높은 자치성과 강한 상호교류 성격을 지니고 있던 마야 사회에는 그 성격과 종류 그리고 규모 등에 따라 각각의 마을 단위에서 행하던 종교행사와 여러 마을이 더 큰 마을이나 중앙신전 구역에 모여서 공동으로 행하던 종교행사가 있었다. 종교행사가 치러지던 피라미드와 사원들을 비롯하여 도시의 구조 역시 이러한 기능을 고려하여 설계되었다. 각 마을이나 큰 도시의 부심들에는 작은 규모의 제단과 사원들이 만들어졌고, 이러한 부심들과 주변의 도시들이 모여서 더 큰 규모의 종교중심지를 건설하였다. 또한 그곳에 대규모 신전과 부속건물들이 만들어진 것을 볼 수 있다. 오늘날까지 남은 마야의 유적지들을 통하여 이러한 형태의 도시구조를 관찰할 수 있는데, 커다란 피라미드들이 있는 신전의 중심구역에는 각종 종교적인 상징물들이 있었으며, 사원과 제단이 커다란 규모로 만들어져 있다. 또한 이러한 것들의 축소형으로 조금 더 작은 규모의 종교중심지가 부심이나 주변 마을의 중심부에 유사하게 존재하였다. 그 밖에도 마야의 가정마다 작은 제단을 가지고 있었는데, 이 또한 각 가정에서 소규모 종교 행사를 치르기 위하여 만들어진 것이었다.

32 씻차꼬(Citchacoh)는 문어적으로 '아버지(kit)-붉은(chak)-퓨마(koh)'로 '붉은 퓨마의 아버지'(?)로 해석될 수 있다(Diccionario Maya, 321, 76, 326).

33 27장(27-10)과 29장(29-4)의 본문에서 나꼰에 대한 설명을 확인할 수 있다.

34 가리바이본에는 "… y traíanle con gran pompa"로 표기되었다. 실제로는 사람들이 (그를) 어깨에 메고 온 것을 본문과 같이 "(그를) 화려하게 모셔 왔다."라고 표현하였을 가능성이 크다. 란다는 이미 앞선 27장(27-10)에서 "칠란들의 임무는 악마들의 대답을 마을 사람들에게 전달하는 것이었는데, 어깨에 모시고 다닐 만큼 그들을 무척이나 존경하였다."라고 언급하였다.
몰리와 로이스(Morley and Roys)가 인용한 1639년 까르데나스 발렌시아(Cárdenas Valencia)의 기록(23-4)에서 1542년 뚜뚤 시우(Tutul Xiu)라는 원주민 촌장이 몬떼호 2세를 방문한 사건을 묘사한 내용을 살펴볼 수 있다. 그 내용은 다음과 같다. "그들은 군중들 사이에서 깃털로 장식된 커다란 들것(가마) 위에 앉아 있는 어느 한 인디오를 보았다. 그는 사람들로부터 존경과 숭배를 받으며 본연의 왕으로 추앙받고 있었다. 그러한 이유로 사람들은 그를 어깨 위에 메고 다녔다." 동일한 기록의 또 다른 부분에서 다음의 기록을 확인할 수 있다. "유까딴 왕국 전체의 황제인 뚜뚤 시우는 깃털로 장식된 들것(가마)에 모셔져 있었다. 그는 평생을 마니(Maní)의 유구에서 살았다." 꼬골유도(Cogolludo)(3, VI) 역시 까르데나스(Cárdenas)의 기록을 따랐다.

한편 이러한 광경을 상상할 수 있는 그림이 현재까지도 남아 있는 것을 볼 수 있다. 신처럼 사람들의 등에 업혀 있는 나꼼(Nacom) 혹은 칠란(Chilan)의 모습을 꼬디쎄 드레스데의 60에 실린 그림에서 확인할 수 있다.

또한 과테말라(Gautemala)의 사료(Mason, 1927, 378; Blom, 1936, Pl. 11; Villacorta, 1938, 299)에서 들것과 같은 것에 실려 있는 한 남자의 모습을 발견할 수 있다. 그는 나꼼(Nacom)이나 칠란(Chilan)으로 추정되는데, 그 남자의 밑에는 '카카오색의 얼룩이 있는' 개가 함께 그려져 있다(Tozzer, 165).

이러한 다양한 사료의 언급 등을 통해서 보았을 때 존경받는 지도자 혹은 숭앙받는 신의 형상 등을 모시고 다닐 때에 마치 가마 같은 것을 이용해서 사람들이 어깨에 메고 다니는 전통이 있었다는 것을 알 수 있다. 이러한 전통은 오늘날에도 그대로 전해져서 중남미의 가톨릭 성일이나 축제 같은 날에 성상을 어깨에 메고 행진하는 모습을 쉽게 볼 수 있다.

꼬디쎄 드레스데 60b

35 이 춤에 대하여 묘사된 자료는 있으나 이 춤의 이름이 홀까나꼿(Holkanakot)으로 기록되어 있지는 않다. 또한 물룩(Muluc) 해의 우엡(Uyeb, Uayeb) 의례에 관한 묘사에는 이 춤이 바뗄 오꼿으로 기록되었다(Tozzer, 165).

36 호까바와 호문의 또랄 기록에서 개와 사슴이 인간과 마찬가지로 흔히 공양의 대상이 되었다는 내용을 확인할 수 있다(Tozzer, 165).

37 '향'을 언급할 때는 항상 'sahumerio'라는 단어로 표기하였으나 이 문장에서는 예외적으로 'perfumes'로 표기하였다. 'perfume'이라는 단어는 '향수'라는 뜻이 있는데, 일반적으로 우리가 생각하는 '향수'에 대해서는 이 책에 전혀 언급되어 있지 않을 뿐만 아니라 역사적·고고학적으로도 근거가 없어서 여기서는 '향수'보다는 '향'이라고 해석하는 것이 더욱 적절할 것으로 보인다.

38 가리바이본에는 이 부분이 'después de digerido el vino'로 표기되었다. 여기서 'digerido'라는 단어는 '소화시키다' '이해하다' 등의 뜻이 있으나 본문에서는 이를 의역하여 '술이 깨다'라고 표현하였다.

39 로이스(Roys)는 이와 관련하여 '사바씰딴(Zabacilthan)'이 사박-체(Sabac-che)의 유연(검댕)에서 나온 '염료 혹은 잉크'인 '사박(Sabac)'을 뜻한다고 하였다. 마야의 예언서와 같은 칠람 발람 추마옐 106의 설명에 의하면 그 해의 마지막 3 우이날(Uinal)의 의례가 진행되는 동안에 몸을 검게 칠하는 규정이 있었을 것으로 보인다. 또한 뽑(Pop) 의례에 관한 기록에서 어떤 사람들이 두세 달 전부터 단식하다가 새해가 밝아 오면 단식 기간 (몸에) 칠하고 있던 '검은 칠(tizne negra)'을 지워 낸다는 내용을 확인할 수 있다. 따라서 사바씰딴은 검게 칠하고 있는 동안의 주문(기도) 혹은 그러한 행위나 규칙을 뜻한다고 볼 수 있다.

로만과 자모라(Roman y Zamora)(1, XVII)는 과테말라의 인디오들에 대하여 다음처럼 언급하였다. "하지만 매번 (제사장들이) 공양하였고, 스스로 몸을 검게 칠하였다. 사람들은 보통 몸을 검게 칠하고 몸을 씻지 않았다. (이러한 검은색의 원료는) 일종의 규소로, 참회할 때 몸을 치장하는 용도로 사용되었다"(Tozzer, 165).

40 '꼬빨'은 마야 인디오들이 사용하는 전통 향으로 이것은 오늘날까지도 마야 지역에서 원주민들의 전통행사와 종교행사 혹은 가톨릭 행사가 있을 때 향으로 사용된다.

41 Y는 삐오 뻬레스(Pío Pérez)처럼 이 문단 위에 'Xma-Ka-ba-Kin'이라는 말을 덧붙여 표기하였다(Tozzer, 166).

42 가리바이본에는 'cuentas'로 표기되었다. 이 단어는 '숫자나 돈을 세는 행위' '돈 보관을 위한 상자' '구슬' 같은 다양한 뜻이 있다. 여기서는 정확히 어떤 뜻으로 사용되었는지 명확하지 않지만 이어지는 문장과 정황 등을 고려해 보았을 때 '구슬 모양으로 만들어진 태우는 향' 같은 뜻으로 사

용되었을 가능성이 크다.

43 가리바이본에는 이 부분이 "… nunca [las] tomaban para sus usos"로 표기되었다. 한편 MS, 라다와 델가도(Rada y Delgado), Y에는 'tomaban'이 'tornavan'으로 표기되었고, 브라쉐르 드 부르부르본, 뻬레스 마르띠네스(Pérez Martínez), G에는 'tomavan'으로 표기되었다(Tozzer, 166). 만일 이 부분을 'tornavan'으로 해석하면 '쓰이지 않았다'라는 뜻 대신에 '돌려주지 않는다'라는 뜻으로 해석될 수 있다. 'tomavan'은 'tomaban'의 고어식 표현으로 의미상에는 차이가 없다.

44 가리바이본에는 이 부분이 'cosa servil'로 표기되었다. 'oficio servil'이 식민지 시대에 '국가기관의 행정일'을 의미하였다는 점에 근거하여 본 번역본에서는 이것을 '마을의 일'로 번역하였으나 특별히 공공업무가 아닌 일상의 일을 가리킬 가능성도 남아 있다(Diccionario de Autoridad, tomo 3, 100).

45 FAMSI본에는 'Pop(Poop)'으로 표기되었다.

46 란다는 이 사료를 서술하는 데 첸(Chen) 달의 열흘째에 해당하는 12 벤(Ben, 12벤 10첸)을 서양 달력의 1월 1일로 보았다. 그래서 마야의 달력을 다룬 40장의 시작을 이날부터 소개하기 시작하였다. 즉 마야의 새해 1월 1일을 기준점으로 시작한 것이 아니라 서양의 새해 1월 1일을 시작일로 하여 40장의 서술을 시작한 것이다. 그런데 란다가 생각하는 마야의 새해 첫날은 지금 이 부분에서 이야기하는 '뽑(Pop)의 첫날'로 12 깐(Kan) 1 뽑(Pop)이며, 서양식 달력인 율리우스력의 7월 16일에 해당된다. 그러나 토설의 주장에 따르면 이날이 오늘날 우리가 사용하고 있는 그레고리력과 상응하려면 열흘이 더 보태어져야 한다. 란다가 대략 마야 달력과 서양식 달력을 비교하여 서술하려는 노력을 보이기는 하였으나 그가 얼마나 이해를 했는지에 대해서는 의문이라는 점을 이미 언급한 바 있다. 전체적인 체제를 이해하지 못한 상태에서 그때그때 원주민 지도자들에게 질문하여 부분적이고 단편적으로 서술했다고 보이는 점들이 사료를 통하여 많이 발견된다.
이러한 서양식 달력의 1월 1일과 란다가 생각하는 마야 달력의 1월 1일이 달라서 마야 달력을 기준으로 40장의 시작 지점으로 삼은 판본들도 있다. 제넷(Genet), 게이츠(Gates), Rosado y Ontiveros (Y)도 그들의 저서에서 텍스트의 순서를 바꾸어 나열하였다.
한편 그림과 함께 13개의 번호가 매겨진 스무 개의 날들에는 각각 그날들에 해당하는 율리우스일이 표기되어 있었다. 그러나 현재는 모두 지워지고 없는 상태이다(Tozzer, 151).
MS를 비롯한 다른 여러 사료에는 A에서 G까지 모두 7개의 문자가 한 주를 이룬다. 여기서 A는 일요일이 되고, 달력은 12 깐(Kan) 1 뽑(Pop)으로 시작한다. 즉 다른 본들은 란다가 마야의 1월 1일이라고 생각한 12 깐(Kan) 1 뽑(Pop)에서 40장을 시작하는 것이고, 바로 그 시작점이 이 주가 삽입된 본문의 지점과 일치하는 것이다. 그리고 이날은 7월 16일 일요일에 해당한다. 여기서 재미난 점은 이 장을 설명하는 데 란다가 특정한 해와 날짜를 이용하였다는 것이다. 그 해는 바로 1553년이다. 1553년 7월 16일은 실제로 일요일이었는데, 란다가 저술을 위하여 이날과 그해를 마야 달력과 맞추어 설명했다. 따라서 지금 본문의 지점은 서양식 달력의 1553년 7월 16일에 해당된다고 할 수 있다. 그리고 계속해서 이 장의 마지막까지 가면 달력은 1553년 12월 31일에 끝이 난다. 이날은 마야 달력으로 11 엡(Eb) 9 첸(Chen)이 된다. 즉 란다의 원본에는 그가 1월 1일이라고 생각한 12 벤(Ben)에서 시작해서 12월 31이라고 여긴 11 엡(Eb)에서 끝이 난다.
그리고 40장의 시작 지점에서부터 본문의 현 지점까지가 서양 달력의 1553년 1월 1일이라고 할 수 있는 12 벤(Ben) 10 첸(Chen)에서부터 1553년 7월 15일인 12 라맛(Lamat) 5 우아옙까지 이어진다.
따라서 다른 판본들과 번역본들의 경우에는 40장이 마야 달력의 1월 1일이라고 란다가 주장하여 서술한 본 번역문의 본 주가 삽입된 지점에서 시작한다는 점에 주의하여야 한다.
이와 관련되어 제넷(Genet)(2: 69–73)은 후안 마르띠네스 H.(Dr. Juan Martínez H.)의 1928년 8월 12일자 서신을 다음처럼 인용하였다. "란다는 그의 달력을 편집하면서 새해의 첫날인 1월 1일을 기독교의 주일 문자(Christian dominical letter)인 A로 두었다. 여기서 A는 일요일을 의미한다. 한편 정복 시기 중에서 1525년과 1553년, 1581년만 일요일로 시작한다. 기독교의 태양 순환기는 28년으로 이루어져 있는데, 1525년은 란다가 아직 유까딴에 도착하기 전이고, 1581년은 이미 그가 세상을 떠나고 난 후이다. 따라서 그가 달력을 시작한 해는 1553년이다."
뻬츠(Pech)와 그 밖의 다른 많은 기록에 의하면 1541–1542년은 13 깐(Kan)에 해당했다. 따라서 1553–1554년은 12 깐(Kan)이 된다. 메시까 연도에서도 그 근거를 발견할 수 있다. 12 깐(Kan) 해는 1553년 7월 16일의 일요일에 해당한다(Tozzer, 151).

47 토설의 주장에 따르면 여기서 란다는 마야의 짧은 달력에서 완전한 한 주기가 끝나고 다른 주기가 시작되는 시기

에 행해지는 의례에 대하여 설명하였다(Tozzer, 151). 마야 달력에는 260일 달력과 365일 달력이 있어서 이것들의 조합이 한 번 완전히 돌아서 다시 처음 시작한 날로 돌아오는 데는 260과 365의 최소공배수인 18,980일이 되는데, 이것은 52년에 해당하는 날 수이다. 따라서 이것은 마치 우리의 환갑과 마찬가지로 중요한 종교적·사회적인 의미가 있다. 이러한 달력 체계와 종교·사회적인 전통은 마야뿐만 아니라 전 메소아메리카 지역에 존재하였고, 마야 인디오들에게도 매우 중대한 행사 중의 하나였음에 틀림이 없다. 그들은 새로운 불을 지폈고, 단장과 설비를 새롭게 하였다. 몇몇 유적지에서는 내실의 벽면이 여러 층의 회반죽으로 칠해져 있는 것이 발견되었다. 이것 역시 연중으로 치러진 새 단장 의례와 관련이 있는 것으로 추정된다. 주로 신전을 확장하거나 신전의 오래된 것들을 새로운 구조물들로 대체하는 작업을 하였는데, 대부분은 52년 주기가 끝날 무렵 이뤄졌다. 바일란트(Vaillant)(1938, 552)는 이와 관련하여 52년 주기에 대한 톰슨(Thompson)(1933, 198 et seq.)의 설명을 토대로 다음처럼 언급하였다. "새로운 주기가 다시 시작될 무렵에 새로운 도구를 만들기 위하여 오래된 가구들과 가정용 연장들을 파괴하는 의례가 이루어졌다. 의례를 축하하기 위하여 인디오들은 새로이 불을 지피고 신전을 장식하였다." 52년의 주기가 끝나고 다시 새로운 주기가 시작되는 중간 시점에 새 단장 의례가 이루어졌다. 의례가 끝나면 부수고 남은 잔해물들이 수북이 쌓였다(Tozzer, 151).

이러한 52년 주기에 따른 건축물의 변화는 마야 건축의 독특한 특징 중 하나인 덧씌우기의 동기로 설명되기도 한다. 마야의 주요 건축물들은 덧씌우기라는 독특한 건축적 특징을 가지고 있었다. 덧씌우기 기법이란 기존의 건물을 부수지 않은 상태에서 그 위로 다른 건물을 계속해서 덧대어 짓는 것을 말한다. 이러한 기법은 특히 멕시코 고원 지역을 비롯한 메소아메리카 전 지역에 걸쳐서 많이 나타난다. 많을 때는 10여 차례 이상 덧씌우기가 이루어지기도 했다. 그리고 그 주요 동인이 52년의 주기로 인한 종교적 상징성이란 설명이다. 그 이유에 대해서는 이러한 달력설 외에도 유행설, 마모설, 노동력 동원설이 존재하는 등 학설이 분분하다. 그러나 다음에서도 볼 수 있듯이 어느 것 하나 마야와 메소아메리카의 덧씌우기 건축의 이유에 대하여 명확하게 설명하지 못한다.

- 달력설: 메소아메리카 지역의 발달한 달력이 가지는 종교적인 의미에 따라서 짧은 달력의 52년 같은 일정한 주기, 혹은 달력이 지정하는 의미가 있는 때에 신전을 덧씌우기 하였다는 설이다. 그러나 건축 연도를 관찰했을 때 많은 건축물이 항상 일정한 주기를 가지거나 달력의 일정한 날과 일치하는 것은 아니었다.
- 유행설: 옷처럼 건축에도 유행이 있을 수 있는데, 그러한 유행에 따라서 기존 건물에 덧씌우기를 하였다는 주장 또한 가능하다. 그러나 모든 건물이 모두 다른 형태의 덧씌우기를 한 것이 아니라 동일한 모양을 가진 덧씌우기를 한 경우도 많이 발견된다. 따라서 이 학설도 모든 부분을 설명하지 못한다.
- 마모설: 오래된 기존의 건물이 무너지거나 허물어져서 새로이 증축하던 형식이 아니었겠느냐는 주장이다. 그러나 발굴 작업을 통해서 덧씌우기 기법이 사용된 건축물 중에는 하부구조 상태가 아주 좋은 것들이 많이 발견되었기 때문에 이 또한 충분한 설득력을 얻지 못한다.
- 노동력 동원설: 이 설은 정치적인 엘리트들의 높은 농업생산력 등을 통하여 도시인구가 집중되면서 일반 백성들에게 그들의 권위를 인정받고, 유휴노동력이 기존 정치 기득권에게 대항하는 것을 막기 위하여 했다는 설이다. 마치 종교적인 필요가 있다는 식의 상황을 만들어서 일반백성들의 노동력이 필요한 사업들을 계속 시행할 목적으로 멀쩡한 건물에 덧씌우기를 하였다는 주장이다. 이 주장은 고대 아메리카 사람들의 정치·경제에 대한 선입견으로부터 시작되었다고 할 수 있다.

한편 본문에서 묘사한 내용이 란다가 설명한 것과 마찬가지로 일반적인 뽑(Pop) 달에 행하여지는 의례인지 아니면 특별히 52년의 주기를 맞이하는 해의 뽑(Pop) 달에 행하여지는 의례인지에 대해서는 정확히 알 수 없다.

48 가리바이본에는 이 부분이 'vestido de pontifical'로 표기되었다. 여기서 'vestido'는 복장이고 'pontifical'은 가톨릭 교황이나 오비스뽀(주교)를 가리킨다. 따라서 '교황 혹은 대주교의 복장을 한'이라는 좀 더 구체적인 해석도 가능하다.

49 게이츠본에는 "… as I related in chapter 96 (Sec. xxvi)"라는 문장이 이 문장 바로 뒤에 이어져서 표기되었다. 그러나 가리바이본이나 레온(León)본, FAMSI본에는 이 문장이 표기되어 있지 않다.

50 가리바이본과 레온본, 게이츠본에는 '악마에게 향을 피우고'의 부분이 각기 다르게 표기되었다. 가리바이본에는 "… quemaban el incienso al demonio"로 표기되었고, 레온본에는 "… y encendían el brasero, ya que en las fiestas de todos y de comunidad quemaban con lumbre nueva el incienso al Demonio"로 표기되었다. 레온본 대로 해석하면 다음과 같다. "향로에 불을 피웠다. 이것은 모든 사람과 마을을 위한 의례로 악마를 위하여 새로운 불로 향을 피웠다." 한편 게이츠본 역시 레온본과 같은 뜻으로 풀이되었다.

51 가리바이본에는 "… y andaba el vino hasta que se hacían unas cubas"로 표기되었다. 여기서 'cubas'는 통속적으로 식민지 시대부터 계속해서 '술'과 관련된 의미를 지닌다. 따라서 이 책에서도 본문과 같이 해석하였다.

52 FAMSI본에는 'Uo(Uoo)'로 표기되었다.

53 토설은 '정화'라는 뜻으로 해석하였고, 로이스(Roys)는 'Poc-am'을 '거미를 없애다'라는 뜻으로 해석하였다. 또한 뻬레스 마르띠네스(Pérez Martínez)(187)는 'Pocaan'을 '타버린 것'으로 해석하였다(Tozzer, 153).

54 란다는 26장(26-5)에서 이와 관련하여 제사장이 어떻게 몸단장을 하였는지를 다음처럼 세밀하게 묘사하였다. "(제사장은) 붉은색 깃털로 만든 외투를 입고 등장하였다. 다양한 색의 깃털로 공들여 만든 (외투의) 끝자락에는 기다란 깃털들이 달렸다. 머리에는 (옷에 달린 것과) 같은 깃털로 만들어진 고깔 같은 것을 쓰고 있었고, 외투 안에 달린 면으로 된 여러 개의 명주 끈들은 마치 꼬리처럼 바닥에까지 [닿았다]. 손에는 이소뽀(성수채 같은 막대기)를 들고 있었는데, (이것은) 정교하게 세공된 짧은 막대기로 이 도구에 달린 수염 혹은 술은 방울뱀 같은 뱀의 꼬리로 만들어졌다. 그 장엄함은 더도 덜도 말고 교황이 (대관식에서) 황제에게 관을 씌워 주는 것과 같았다. 복장에서 풍기는 엄숙함 또한 매우 두드러졌다."

55 가리바이본에는 이 부분이 'agua virgen'으로 표기되었다. 'agua'는 물이고, 'virgen'은 '동정의, 순수한, 최초의' 같은 뜻이 있다. 따라서 이를 의역하여 본문에서는 '정화수(정한수)'라고 해석하였다.

56 가리바이본에는 이 부분이 'cardenillo'로 표기되었다. 이것은 구리화합물로 마야 사람들이 색깔을 만들 때 사용하던 성분이다.

57 로이스(Roys)(1933, 182-3)는 이와 관련하여 다음처럼 언급하였다. "일종의 까뚠 5 아하우(Ahau)의 20년 동안 계속된 예언의 두 가지 형태는 띠시민과 마니(Maní)의 책들을 통하여 전해져 내려왔다. … 전쟁, 정치적 대변동, 마을의 약탈, 주민 감금은 물론이고, 가뭄과 기근, 악성과 역병 등에 관해 예언하였다"(Tozzer, 154).

58 일반적으로 마야의 종교의례가 마을 사람들에 의하여 준비되었고, 의례를 행할 때도 마을 사람들이 중추적인 역할을 담당했다는 것을 이 사료의 여러 부분을 통하여 알 수 있다. 따라서 의례를 치르는 제사장은 길흉화복을 점치고 예언의 내용을 마을 사람들에게 알려 주었다. 이러한 역할을 하던 장소는 마야의 신전 구역이었고, 그중에서도 마을 사람들이 모이던 신전 앞에 펼쳐진 광장이었다. 마야의 도시는 애당초 마을 사람들이 모여서 행사를 치르는 광장을 설계의 가장 중요한 요소로 고려하여 디자인되었다. 그리고 건축물 간의 배치에서도 광장이 주안점이 되었다. 이러한 점을 미루어 보았을 때 제사장이 종교의례 과정에서 광장에 모인 마을 사람들에게 여러 정보를 전달하던 것이 중요한 사안이었음을 알 수 있다. 란다는 이에 대하여 설명하였다.

59 이것은 '달(Moon) 또는 달(Month)의 춤', 즉 '달의 춤'을 뜻한다. 그러나 로이스(Roys)는 '우일(Uil)'을 '우오일(Uoil)'의 줄임말로 보았다. 만일 그렇다면 '우이날 우오(Uinal Uo)의 춤' 즉 '개구리의 춤'이라는 뜻이 된다. 뻬레스 마르띠네스(Pérez Martínez)는 '오꼿 빌(Okot bil, 개들의 춤)'이라고 하였다(Tozzer, 154).

60 토설은 란다의 원본을 직접 보고 작업한 사람으로서 다음처럼 말하였다. "MS와 이것을 그대로 따른 라다와 델가도(Rada y Delgado)의 사료를 보면 날짜들의 목록이 나온다. 12 악발(Akbal) 날이 특유의 상형문자와 함께 11 멘(Men)의 뒤를 따르는 것을 볼 수 있다. 그런데 이것은 란다의 필사본 작업자의 실수인 것으로 추정된다. 왜냐하면 숫자 12는 십(Cib)과 함께 쓰여야 하기 때문이다. 이렇듯 각각의 숫자들은 5 익(Ik)까지 하나씩 밀려서 쓰였다"(Tozzer, 154). 그러나 옮긴이는 필사본의 원본을 현재까지 실제로 본 적이 없어서 이것을 확인할 방법이 없다. 다만 가리바이본과 레온본, 그 밖의 다른 출판물들에서는 이러한 현상이 나타나지 않는다.

61 익스첼에 대한 자세한 설명은 3장(3-9)의 주에서 확인할 수 있다.

62 란다는 여기서 온갖 잡동사니들이라고 표현하였지만, 마야 사람들에게는 종교적으로 혹은 의료적으로 중요한 의미를 지니고 있던 것들이다.
란다는 이와 관련하여 그들이 이구아나의 변을 사용하였고, 연고로는 붉은색 지렁이를 사용하였으며, 상처가 난 곳을 치료하는 데는 새의 지방을 사용하였다고 말하였다(Tozzer, 154).

63 로이스(Roys)는 이츠씰 익스첼(Ichcil Ix Chel)을 임신과 치유의 여신인 '익스첼의 목욕'이라는 뜻으로 풀이하였다

(Tozzer, 154). 한편 이것을 마야어 사전에 기록된 '이칠(Ichil)'과 동일한 단어로도 볼 수 있는데, 이 단어는 '여자를 임신하게 하다'라는 뜻이다.

64 가리바이본에는 'unas pedrezuelas'로 표기되었다. 마야어 사전에 기록된 모뚤 사전의 해석에 의하면 이 단어는 '등에 빨간 점들이 박혀 있는 검고 독이 많은 작은 거미'라는 뜻이다(Diccionario Maya, 15). 그러나 같은 사전에서 동일한 철자로 표기된 또 다른 단어가 '놀이에 사용하는 주사위'(Diccionario Maya, 15)라는 뜻으로 기록된 것을 볼 수 있다. 역시 동일한 사전에서 로이스(Roys)의 저술을 인용하여 이것을 '익스첼 여신과 관련된 예언의 돌'로 묘사하였다(Diccionario Maya, 15).

65 가리바이본에는 이 부분이 'embadurnábanlos'로 표기되었다. 그러나 레온본과 게이츠본에는 'embadurnában los ídolos y las pedrezuelas'로 표기되었다. 즉 레온본과 게이츠본에 의하면 보다 구체적으로 '우상들과 작은 돌멩이들을 문지른다'는 뜻으로 해석된다.

66 '아까눔(Acanum)'은 '으르렁거림' 또는 '동물의 울음'이라는 뜻에서 비롯된 것으로 보인다. 브린튼(Brinton)(1894, 42)은 사람을 취하게 하는 꿀벌 술의 신 아깐(Acan)에 대하여 언급하였다. 또한 우상숭배에 대한 1562년 후안 욱(Juan Uc)의 증언(SA, 62)에서 사냥 의식과 사냥의 신에 대한 기록을 확인할 수 있다. 그는 그가 제물을 바쳤던 행위를 두 번에 걸쳐서 언급하였다. 우상들에게 마야의 향인 꼬빨을 태우고 "위대한 신이시여, 저에게 저의 활과 화살로 쏠 수 있는 사슴을 주시옵소서"라고 기도하였다. 그러고는 암컷 칠면조를 죽여서 그 피를 우상들의 코에 발랐고, 아께에(Aquehe)라고 불리는 사냥의 신을 위하여 얼굴과 이마 그리고 나머지 부분에 성수를 발랐다(Tozzer, 155).

67 브린튼(Brinton)은 옷을 입은 동물 중에서 처녀와 사냥의 여신인 수우이 찝(Suhuy Dzip)을 언급하였다. 로이스(Roys)는 '화살을 빛나가게 만드는 처녀사기꾼'이라는 이름 때문에 이름의 뒷부분에 나오는 '따바이(Tabai)'가 사기꾼을 의미한다고 추정하였다. 또한 후안 축(Juan Tzuc)의 우상에 대한 증언(SA, 63)에서 그가 사냥의 성공을 위하여 기도를 드리고 우상에게 향을 태웠다는 것을 알 수 있다. 즉 그가 어린 사슴을 사냥하고 돌아와서 감사를 드린 후에 우상의 얼굴에 사냥한 사슴의 피를 발랐다는 것을 알 수 있다. 또한 "그들은 그 악마를 따바이라고 불렀다."라는 말을 들은 적이 있다고 이야기하였다. 한편 레이필드와 빌야(Redfield and Villa)(117–8)는 십(Sip)이 사냥꾼들로부터 사슴을 지키는 오늘날 마야의 초자연적인 존재이며, 만일 이 신을 달래지 않으면 사냥꾼들이 활을 제대로 쏘지 못하게 된다고 하였다(Tozzer, 155).

68 톰슨(Thompson)(1930, 103–4)의 언급대로라면 산 루이스(San Luis), 뻬뗀, 산 안또니오, 벨리세(Belice) 같은 오늘날 마야 지역 원주민들의 사슴 춤이 이와 유사하다고 할 수 있다(Tozzer, 155).

69 악(Ac)은 집을 뒤덮는 풀의 한 종류이다. 로이스(Roys)는 이것을 두고 키가 제법 크고 잎이 넓은 풀이라고 묘사하였다. 또한 가축의 먹이로 주기에는 적절하지 않으며, 욱스말과 베깐(Becán) 사이의 길에서 볼 수 있다고 하였다. 또한 뻬레스 마르띠네스(Pérez Martínez)는 이것이 'Andropogon antillarum(벼과의 식물)'이라고 주장하였다(Tozzer, 155).

70 가리바이본에는 "… y se emborrachaban hechos unos cestos"로 표기되었다. 여기서 'hechos unos cestos'는 '술을 마시고 곤드레만드레가 되는 상태'를 뜻한다.

71 낚시는 사료상에서 사냥에 비하여 상대적으로 자주 등장하는 소재가 아니다. 꼬디쎄 드레스데의 33a에서 그물 낚시를, 44a에서 신에게 잡힌 물고기를, 44c에서 두 신들 사이에 잡힌 물고기를 확인할 수 있다. 또한 제물로 바쳐진 물고기는 동일한 사료의 27b와 29b에서 확인할 수 있다(Tozzer, 155–156).

꼬디쎄 드레스데의 33a

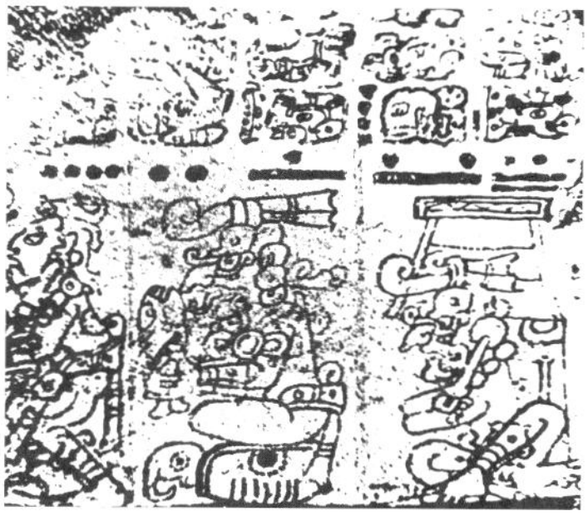

꼬디쎄 드레스데의 44a

꼬디쎄 드레스데의 27b

72 마야의 중요한 사료를 기록한 꼬골유도(Cogolludo)(4, Ⅳ)는 띠시민 지방 원주민들의 낚시 의식에 대하여 다음처럼 기록하였다. "초아까(Choaca) 해변을 따라서 낚시를 가면 낚시를 시작하기 전에 먼저 신들에게 제물과 양초, 은화, 에메랄드, 특정한 장소에 있는 귀중한 돌들(Kues)을 바쳤다"(Tozzer, 156).

73 로이스(Roys)는 토설에게 다음처럼 말하였다. "소이(Xoi)가 눈병의 한 병명을 가리키는 명사로 쓰였다는 것이 발견된 바 있다. 이 이름을 '아-깍-네-속(Ah-kak-ne-xoc)'으로 풀어쓰려고 한다. c와 i는 16-17세기에 매우 유사하게 쓰였다." 만일 그렇다면 이 이름은 '불꼬리의 상어(Fire-tailed shark)'라는 뜻이 된다.
한편 산 프란씨스꼬 사전에는 '소옥(Xooc)'이 '띠부론(Tiburon, 상어)'이라는 뜻으로 정의되었고, 뻬레스 마르띠네스(Pérez Martínez)는 이 신의 이름을 'Ah kak nexoy'로 표기하였다(Tozzer, 156).

74 로이스(Roys)는 다음처럼 말하였다. "나는 이것을 'Ah-ppoh-ha'로 풀어쓰고자 한다. 'Ppua'가 이슬을 뜻하지만 '물을 흐르게 하고 물고기들을 다니게 하는 사람'으로 그 이름을 정의하려고 한다. 뻬레스 마르띠네스(Pérez Martínez)는 이것을 'Ah-Pula'로 풀어서 표기하였다"(Tozzer, 156). 여기서 'Pula'는 '소변을 제공하다' 혹은 '물이 흐르는 수로'라는 뜻으로 해석될 수 있다(Diccionario Maya, 675). 또한 그 앞에 'Ah'를 더하면 'Pula를 행하는 사람'이라는 뜻이 된다. 즉 '소변을 제공하는 사람' '물이 흐르는 수로를 만드는 사람' 또는 '물을 흐르게 하는 사람' 같은 해석이 가능할 것으로 보인다.

75 로이스(Roys)는 그물이나 다른 낚시 도구들에 착안하여 이것을 '숨겨진/수몰된 그릇의 아버지'로 풀이하였다. 이것은 '낚시 도구의 신'이라는 뜻으로도 해석될 수 있다(Tozzer, 156).

76 레온본에는 'Zotz'로 표기되었다.

77 여기서 란다는 양봉하는 사람들이 치르는 의례에 대하여 설명하였다. 48장에서 벌과 꿀, 양봉에 대하여 한 장 전체에 걸쳐서 본격적으로 기술하였다.

78 바깝들은 벌이나 벌의 신과도 관련이 있다(Tozzer, 157).

79 "벌집은 나무의 빈 부분으로 만들어지기 때문에 주로 텅 빈 것을 뜻하는 홉닐은 벌집과 관련이 있는 단어이다"(Roys, 1933, 171). 또한 홉닐은 깐(Kan) 해의 시작을 알리고 의식을 주도하는 바깝들 중의 한 명이었다(Tozzer, 157).

80 꿀은 마야 사람들이 많이 이용하던 식자재로 여러 음식과 음료에서 중요한 역할을 하였다. 오늘날에도 마야의 전통을 이어가고 있는 라깐돈 원주민들은 신전에 빈 통나무들을 가지고 있는데, 이것들은 의식 때에 마시는 음료의 재료인 꿀을 따기 위한 것이다(Tozzer, 157).

81 6장 전체에 걸쳐서 '꾸꿀깐'에 대한 설명을 확인할 수 있다.

82 가리바이본에는 "… una un año y otra en el otro año, o a las veces, cinco muy galanas banderas de pluma"로 표기되었다. 토설본(157)에는 "… one one year and another another, to Maní, four, and sometimes five magnificent banners of feather(s)"로 번역되었다. 토설본과 달리 가리바이본에는 '4'라는 숫자가 등장하지 않는다.

83 이러한 란다의 언급으로 치첸이트사와 마야빤의 신전이 '뗌쁠로 데 꾸꿀깐(Templo de Cuculcán, 꾸꿀깐의 신전)' 이라는 이름으로 불리게 되었다. 그리고 현재까지도 이곳의 신전들은 계속해서 동일한 이름으로 불리고 있다. 그러나 여기서 란다가 묘사한 의식은 마니(Maní)에서 행해졌던 것으로 보인다. 만일 그것이 사실이라면 마니에도 꾸꿀깐(Cuculcán)을 위한 신전이 있었을 가능성이 존재한다(Tozzer, 158). 그러나 어떤 신전이 꼭 어느 한 신만을 위하여 만들어진 것은 아니었다. 또한 일반적인 신전을 가리키던 것일 수도 있고, 여기서 언급한 장소들 외의 다른 마야 지역들에도 뗌쁠로 데 꾸꿀깐(꾸꿀깐의 신전)이라고 불리는 또 다른 신전들이 존재했던 것으로 볼 수 있다.

84 이와 관련하여 다음의 문장을 확인할 수 있다. "야자수 나뭇잎으로 만든 카펫은 작은 사원의 서쪽 지면을 덮는다. … 의식을 축하하는 행사 도중에 신성한 그릇들은 나뭇잎 카펫을 따라 한 줄로 세워진다"(Tozzer, 158). 이것은 주로 마야 지역에서 쉽게 구할 수 있는 야자수나 바나나잎으로 추정된다. 오늘날에도 야자수와 바나나잎 같은 자연 재료는 식사할 때 혹은 물건에 흙이 묻지 않도록 바닥에 까는 용도로 자주 사용된다.

85 가리바이본에는 이 부분이 'vigilias'로 표기되었다. 이 단어는 '늦게까지 밤을 지새우다' 혹은 '(종교적인 축제의) 전야'라는 뜻이다. 여기서는 새해맞이 전에 불길한 날들(5일) 동안 여러 의례를 준비한 것을 일컫는 '전야'의 뜻으로 쓰인 것으로 보인다.

86 토설은 이것을 제사장이 점을 쳐서 날을 정하는 행위로 설명하였다(Tozzer, 158). 마야의 제사장들이 점을 치기도 하였지만, 그들이 전문적인 과학지식을 가지고 있었다는 사실에도 주목할 필요가 있다. 우리나라의 계절에 따른 절기가 과학적인 면을 가지고 있듯이 마야 사람들, 특히 제사장들이 알고 있던 여러 절기 같은 날들은 그들의 농업이나 생활 등에서 상당히 유용한 의미를 지니고 있었고, 과학적인 지식을 바탕으로 만들어진 것이었다.

87 로이스(Roys)는 '올롭-삽-깜약스(Olob-Zab-Kamyax)'가 'Yolob u dzabkam yax(그들은 파란색을 받는 (의식을) 행하기를 원하였다.)'와 같은 말일 가능성에 대하여 언급하였다(Tozzer, 159).

88 가리바이본에는 이 부분이 'husos'로 표기되었다. 이 단어는 '물레의 가락'을 의미하지만 '북' '방추' 혹은 '실패'라는 뜻도 가지고 있다.

89 마야의 전통을 가장 많이 유지하고 있는 것으로 알려진 라깐돈 원주민들에게는 이와 유사한 소년소녀를 위한 의식이 있다. 이들은 어린 소년들을 위하여 활과 화살을 신에게 바치며 다음과 같은 기도를 드린다. "저는 그의 활과 화살을 빨갛게 물들이려고 합니다. 신이시여, 그의 활과 화살을 보소서. 신이시여, 그가 자라면 당신에게 제물을 바칠 것입니다. 신이시여." "제 아들을 지켜 주소서. 신이시여, 악마를 물리치고 열병을 막아 주소서"(Tozzer, 159).

90 게이츠본에는 '아홉 번을 때린다'고 기록되었다. 그러나 가리바이본과 레온본, FAMSI본에는 횟수에 대한 언급이 기록되어 있지 않다.

91 가리바이본에는 이 부분이 'la allegadera'로 표기되었다. '에스빠냐 왕립 학술원(RAE) 사전'에는 이 단어가 농기구인 'aparvadera(갈퀴)'라는 뜻이 있는 것으로 기록되었다. 또한 18세기에 제작된 사전(Diccionario de Autoridades)에는 '모으는 사람' 혹은 '데리고 가는 사람'이라는 뜻으로 정의되었다.

92 인디오들 스스로가 이것을 힘들다고 생각했다기보다는 저자인 란다가 힘들다고 생각했던 것으로 보인다. 즉 우상들을 만드는 데는 많은 노력과 고통이 들어가지만, 원주민들은 이것을 당연히 해야 하는 일로 여기며 기쁜 마음으로 행하였을 수도 있다. 하지만 란다는 이 자체를 부정적으로 언급하였고, 우상을 만들고 제물을 바치는 일련의 행위는 잘 고쳐지지 않는 인디오들의 나쁜 습관 중의 하나라고 생각하였다. 그래서 여기서 힘들다는 뜻을 더욱 강하고 부정적으로 이야기한 것으로 보인다.

93 에스빠냐 사람들이 이곳에 도착한 후에도 한동안 새로운 우상들이 계속해서 만들어졌다. 1562년 란다-또랄(Landa-Toral)의 기록(Testimony, SA, 190)에서 그 내용을 확인할 수 있다. "언급한 왕들과 귀족들은 인디오들을 구제하려는 사제들을 도우려고 하지 않았다. 그들 중 많은 사람이 가난한 사람들을 괴롭히고 온갖 사악한 관례들을 전도하였다. 그들은 계속해서 우상들을 소유하였고, 새로운 우상들을 만들기도 하였으며, 마을 사람들에게 자신들과 똑같이 행동할 것을 설득하였다. 게다가 우상숭배를 주동하였고, 그들 중 몇몇은 신성한 의식을 행하는 교회에서 (우상들을 숭배하는) 엄청난 신성모독을 범하기도 하였다"(Tozzer, 159).

94 우리나라에서 결혼과 이사 같은 큰일을 앞두고 궁합을 보거나 손 없는 날을 따져 보는 것과 유사하다고 할 수 있다.

마야 사람들도 중요한 일을 앞두고 제사장들을 찾아가서 그들의 충고를 들으며 길일을 받아서 왔다.

95 로이스(Roys)는 삼나무(향나무)로 우상을 만드는 것이 삼나무(향나무)의 마야 이름인 꾸 체(Ku che)가 '신의 나무'를 뜻하는 데서 비롯되었을 가능성이 있다고 언급하였다(Tozzer, 160). 그러나 역으로 삼나무로 우상을 조각하다 보니 그 삼나무가 꾸 체라고 불리게 되었을 가능성도 있다.

96 현대의 인류학 보고서에서 이와 같은 내용을 확인할 수 있다. 또한 라깐돈 원주민들이 향로를 제작하는 과정에서도 그 유사성을 발견할 수 있다. "가장 우선 해야 할 일은 마을의 주거지역으로부터 조금 떨어진 곳에 야자나무 잎으로 작은 집을 짓는 것이다"(Tozzer, 1907, 108). 한편 1696년에 마르힐(Margil) 신부는 촐 언어를 구사하는 라깐돈 원주민들(Chol-speaking Lacandones)에 대하여 다음처럼 기록하였다. "그들은 (우상들을) 위하여 마을로부터 조금 떨어진 곳에 집을 지었다. 그러고는 그 집에 (우상들을) 나무에 넣어서 보관하였다. 그러나 이러한 집들은 아직 발견되지 않았다"(Tozzer, 1913a, 503-4, Tozzer, 160).

97 동서남북의 네 방향을 가리킨다. 마야 사람들은 건축이나 의례를 행할 때 동서남북의 방향을 늘 중요시하였다. 여기서 란다가 언급한 내용 역시 의례의 한 부분으로 신들을 부를 때 사용하는 향을 동서남북의 네 방향에 놓아둠으로써 종교적인 의미를 강조하였음을 보여 준다. 그들의 전설에 의하면 동서남북을 수호하는 네 명의 신들이 우리가 사는 하늘을 떠받치고 있는데, 그러한 네 명의 신들은 다양한 상징적 표현과 의미를 지니고 있다.

98 네 가지의 우아옙 의식들에는 각각 기초를 세운 돌이라는 뜻의 아깐뚠(Acantun) 돌이 하나씩 있었다. 또한 고유의 색과 방위기점이 있었는데, 여기서 언급하고 있는 이 네 개의 우상들이 이러한 돌들을 가리킬 가능성이 크다(Tozzer, 160).

99 부부관계를 해서는 안 된다는 것을 의미한다.

100 20세기 초중반에 인류학자들이 라깐돈 원주민들을 관찰하고 기록한 묘사에서 다음의 내용을 확인할 수 있다. "비밀은 잘 지켜졌다. 새로운 향로를 만드는 도중에 여자들이 향로를 만드는 곳의 주변으로 가까이 가는 것이 허락되지 않았다"(Tozzer, 160).

41

마야의 연도

- 그들의 문자

란다의 저술에 첨부된 마야 달력 설명 그림

41-1　전에도 이야기하였듯이 인디오들은 연도와 달(月)을 계산하는 것뿐만 아니라 시대에 따른 날짜와 시간을 계산하는 특별한 방법을 가지고 있었다. (이러한 시대는) 20년을 20씩 세어 나가는 것으로[1] 아하우(Ahau)라고 불리는 날들에 (해당하는) 20개의 문자 중 하

나로 13을 20씩(13×20) 계산하는 것이다. 다음(왼쪽)의 원에서 볼 수 있듯이 차례가 없는 것이 아니라 거꾸로 세어 나간다.[2]

41-2 이것들은 (인디오들) 말로 까뚠들(Katunes)[3]이라고 불렀다. 그들은 이러한 (방식)으로 놀라울 정도로 그들의 나이를[4] 잘 계산하였다. 그래서 첫 장에서 이야기한 노인 역시 300년 전 (일을) 쉽게 기억해 낼 수 있었다.

내가 이러한 그들의 계산법을 알지 못했다면 오래전 (일들을) 그렇게나 (쉽게) 기억하는 것을 믿지 못하였을 것이다.

41-3 만일 이러한 까뚠들의 계산법을 악마가 만든 것이라면 그는 언제나처럼 자신의 명예를 위하여 그렇게 하였을 것이다; 그리고 만일 사람이 만든 것이라면 그는 대단한 우상숭배자인 게 틀림없다. 왜냐하면 그가 이러한 까뚠들에 모든 주된 거짓과 예언과 속임수들을 덧붙임으로써 이곳 사람들을 기만하였음은 물론이요, 이들이 불행한 삶을 살아가도록 하였기 때문이다. 이러한 (까뚠들의 계산법은) 그들이 가장 신뢰하는 과학이자 제일 중요하게 여기던 것이다. (그러나) 모든 제사장이 알고 있는 것은 아니었다.

(인디오들은) 이와 같은 계산법으로 그들의 일을 계산하고 (미래를) 점치기 위하여 문자 중에서 두 개의 (문자에) 해당하는 두 개의 우상을 신전에 모셔 두었다.

위(왼쪽)에서 제시한 원의 십자가에 따라 20년간의 재난에 대한 대비책으로 첫 번째 (우상을) 숭배하였고, 그에게 의례를 올리고 공양을 드렸다. 그러한 20년 중에서 (처음의 10년이 지나고) 나머지 10년 동안에는 단지 향을 피우고 예를 갖추기만 하였다.

41-4 첫 번째 (우상을) 20년 동안 모신 다음에는 두 번째 (우상의) 예언에 따라 공양을 드리기 시작하였다. 첫 번째 우상을 치운 자리에 향후 10년 동안 계속 숭상하게 될 또 다른 우상을 모셔 두었다.

41-5 예를 들면(Verbi gratia)[5], 인디오들이 말하기를 주님의 해(年)인 1541년[6] 에스빠냐 사람들이 마침내 메리다시에 도착하였다고 한다. (이 해는) 십자가가 있는 집[7]에 모셔진 불룩-아하우(Buluc-Ahau)가 (주관하던) 시기의 첫해였고, (에스빠냐 사람들이) 도착한 뽑(Pop) 달은 그해의 첫 번째 달이었다고 한다.

만일 에스빠냐 사람들이 오지 않았다면 그들은 (15)51년까지 10년 동안 불룩-아하우라는 우상을 모셨을 것이며, (1541년의) 십 년 후인 (1551년에는) 또 다른 우상인 볼론-아하우(Bolon-Ahau)를 세웠을 것이다. 그러고는 (15)61년까지 불룩-아하우의 예언에 따라 (볼론-아하우를 함께) 섬겼을 것인데[8], (1561년에는 불룩-아하우를) 신전에서 치우는 대신에 우욱-아하우(Uuc-Ahau)라는 우상을 세워 두었을 것이다.[9] 그러고는 (1571년까지) 볼론-아하우의 예언에 따라 10년 동안 (우욱-아하우를 함께) 섬겼을 것이다; 이러한 식으로 (달력이) 모두 한 바퀴 돌아가게 된다.

이렇듯 그들은 20년 동안 까뜬들을 숭배하였고, 10년 동안 미신과 속임수들에 의한 지배를 받았다.[10] (이러한 미신과 속임수들은) 단순한 믿음을 가진 사람들을 속이는 데 수적으로나 양적으로 가히 엄청난 것이었다. 그러나 자연현상을 이해하는 사람들이나 악마에 대한 경험이 있는 사람들까지 속일 수는 없었다.

41-6 이곳 사람들은 특정한 문자나 글자로 그들의 책에 과거의 일과 과학지식을 기록해 놓았다. 이러한 그림과 표시들을 통하여 자신들의 것을 이해하였고, (다른 사람들에게도) 이것을 이해시키며 가르치고자 하였다.[11]

우리는 이러한 문자가 쓰인 수많은 책을 발견한 적이 있는데, (그중에) 악마의 거짓과 미신이 적혀 있지 않은 것이 없었다.[12] 따라서 우리는 그 책을 모조리 불살라버렸고, 이것을 매우 안타깝게 생각한 (인디오들은) 무척이나 괴로워하였다.[13]

41-7 (인디오들의 글자는) 여간 까다로운 것이 아니어서 나는 여기에 그들의 글자를 (우리의) 알파벳[14]으로 표시하고자 한다. 그들은 모든 소릿값을 문자로 표시하고, (그 문자에 또 다른 문자의) 일부를 덧붙여 나간다. 따라서 다음의 예에서도 볼 수 있듯이 무한대까지(in infinitum) 이르게 된다.[15]

'Le'는 올가미(lazo) 혹은 올가미로 사냥한다(cazar con él)는 뜻이다; Le라는 말을 우리식으로 하면 ('L'과 'e'처럼) 두 개의 문자만으로 표기할 수 있다. 그러나 그들식으로 하면 l이라는 문자의 발음 앞에 모음 e를 덧붙여야 하므로 3개의 (문자를) 필요로 하게 된다. 어떤 경우에는 (여기에) [다른] e를 덧붙여야 할 때도 있다. 참으로 신기할 따름이지만 실수하는 법이 없다.

예를 들면 다음과 같다.

그러고서 (이 문자의) 끝부분에 (다른 문자의) 일부를 덧붙여 나간다.

41-8 Ha는 물이라는 뜻이다. h의 (소릿값에) a가 포함되어 있으므로 (Ha) 이전 첫머리에 a를 덧붙여서 다음처럼 표기한다.

41-9 또 여러 방식으로 띄어쓰기한다. 그러나 여기서는 다루지 않을 것이며 (그러한 것들보다는) 이곳 사람들의 문물에 대한 전반적인 이해에 (더욱 초점을 맞추려고 한다). 'Ma in kati'는 '나는 원하지 않는다(no quiero)'는 뜻이다. 이것을 다음처럼 띄어쓰기한다.

그들의 알파벳은 다음과 같다.

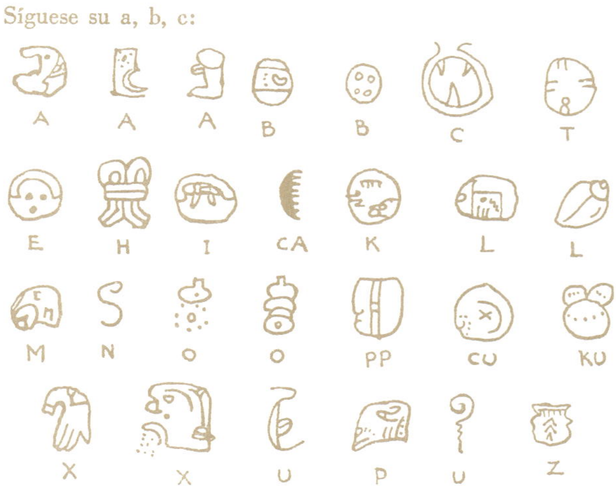

41-10 (여기에) 빠진 문자들은 원래 (인디오들의) 언어에는 존재하지 않는다。 반면에 우리의 (언어에는) 없지만, 필요로 (이들의 언어에) 추가된 문자들도 있다。 현재 (인디오들은 그들의 문자를) 전혀 사용하지 않는다。 특히 우리의 (문자를) 배운 젊은이들은 더욱 그러하다.

---

1 마야의 셈하는 방법은 20진법에 기초한다. 우리는 단순히 우리 스스로가 익숙해져 있다는 이유로 모든 사람이 10진법으로 계산하고 사고한다는 생각이 있다. 그러나 마야 문명을 통하여 인간이 얼마나 많은 다양성을 가질 수 있는가를 새삼 느낄 수 있다. 마야 사람들의 관념은 20진법의 특징을 그대로 보여 준다. 그들에게는 2나 20의 배수가 중요한 의미를 지니고 있었다. 마야의 창조신화라고 일컬어지는 뽀뽈 부에도 400이라는 숫자와 함께 400명의 사람과 400개의 별에 관한 내용이 자주 등장한다. 그런데 한 가지 주의할 점은 여기서 말하는 400이라는 숫자가 정확한 수치를 나타낸다기보다는 20이 20번 반복된 숫자로서 '많다'라는 뜻으로 이해되어야 한다는 것이다. 우리가 대략 10개, 100개, 1,000개 등으로 말하는 것에 익숙해져 있다면 마야 사람들은 대략 20개, 400개, 8,000개 등으로 말하는 것에 더욱 익숙해져 있다. 달력에도 이러한 전통이 그대로 이어진다. 마야의 긴 달력에서 두 번째 단위인 우이날(Uinal)만 예외로 나머지 단위들은 모두 20진법에 기초하여 만들어졌다. 20개의 낀(Kin)이 모여서 1 우이날이 되고, (이 우이날만을 예외로) 18개의 우이날이 모여서 뚠(Tun)을 만들며, 다시 20개의 뚠(Tun)이 모여서 다음 단위인 까뚠을 만든다. 바로 이러한 식으로 달력이 계속된다. 따라서 여기서 란다가 20년을 20씩 세어 나간다고 언급한 것은 바로 이러한 사실에 기초하고 있다. 그러나 20년이라는 구체적인 수치를 말한다면 20 뚠(Tun)에 해당한다고 볼 수 있고, 앞서 살펴본 것처럼 계산해 보면 1 뚠(Tun)은 20×18인 360일이 된다. 즉 365일이 1년인 우리식의 달력과는 어느 정도 차이가 있다. (마야 달력에 관한 자세한 내용은 34장(34-3)의 주 참조)

2 이 그림은 20년 정도의 주기인 까뚠을 표시한 것으로 보인다. 1 뚠(Tun)은 360일이고, 바로 그 위의 단위인 까뚠은 360의 20배수인 7,200(360×20)일이다. 그런데 여기에 등장하는 아하우(Ahau)는 작은 달력 중에서도 260일 달력에 해당한다. 이 260일 달력은 1-13까지의 13개 숫자와 20개 문자의 조합으로 모두 260개의 경우의 수를 가지고 있다. 하루가 지남에 따라서 숫자와 문자가 모두 바뀌는 체계로 260일 주기를 가진다. 즉 260일마다 같은 날이 반복되는데, 예를 들면 '4 아하우'라는 날은 260일 만에 반복된다.

이것을 앞서 언급한 까뚠과 비교하여 그림에 등장하는 아하우와 까뚠의 관계를 이해하기 위해서는 다음의 사항들을 먼저 살펴보아야 한다. 까뚠의 주기는 7,200일이고, 260일 달력의 주기는 260이니, 260일 달력이 27번 반복되면 7,200에 가장 가까운 숫자인 7,020일이 되고, 180일이 남는다. 즉 이전 까뚠의 시작일이 '4 아하우'였다면 '4 아하우'는 그로부터 7,020일이 지난 후에 다시 반복되게 된다. 그로부터 180일이 지난 후의 260일 달력의 날짜를 알아보기 위하여 계산해 보자. 모두 20개의 문자가 있어서 각 20일이 지날 때마다 '아하우'라는 문자는 20일마다 반복적으로 거듭되지만, 이러한 '아하우'의 앞에 붙은 숫자는 계속해서 바뀌게 되어 원래 숫자에서 6을 뺀 숫자가 거듭된다. 따라서 7,020일 이후로 20일이 지난 날은 '11 아하우'가 되고, 그렇게 계속적으로 20일이 거듭되면서 '5 아하우'(40일이 지난 후), '12 아하우'(60일이 지난 후), '6 아하우'(80일이 지난 후), '13 아하우'(100일이 지난 후), '7 아하우'(120일이 지난 후), '1 아하우'(140일이 지난 후), '8 아하우'(160일이 지난 후), '2 아하우'(180일이 지난 후)가 된다. 즉 '4 아하우'로 시작한 특정한 까뚠은 7,200일이 지난 다음 주기의 까뚠에서 '2 아하우'로 시작되는 것이다. 계속해서 그다음 까뚠에서는 '13 아하우' '11 아하우' 같은 식으로 반복된다. 그림에 나타난 까뚠의 변화가 이에 따른 260일 달력의 아하우의 변화와 일치하는 것을 알 수 있다.

이렇게 본다면 이 그림은 일종의 큰 주기를 가지는 달력과 같다. 그러나 이 달력은 260일 달력의 '아하우'날을 기준으로 각 20여 년(7,200일)마다 이러한 아하우가 어떻게 변화하는지를 중심으로 만들어졌다. 마야의 역사가 열린 날, 달력이 시작된 날이라고도 할 수 있는 날이 '4 아하우 8 꿈후(Cumhu, 혹은 꿈꾸[Cumku])라는 점을 되새겨 보면 '아하우'를 중심으로 그 변화에 따라서 상징적인 의미가 있는 마야의 달력을 그림으로 그리고, 이것에 어떻게 의미를 부여하며 중요시하였는가를 느낄 수 있는 대목이다. 특히 이러한 달력의 주기에는 13개의 까뚠이 그려져 있어서 7,200일(약 20년)×13인 260여 년(정확히는 256+160일)으로 한 바퀴가 모두 돌아가는 데는 상당한 시간이 소요된다. 따라서 이러한 달력을 실생활에서 이용했다고 보기보다는 이 달력에 상징적인 의미와 종교적인 성격이 강하게 내포되었다고 보는 것이 더욱 근접한 해석일 것으로 보인다. (마야 달력에 관한 자세한 설명은 34장(34-3)의 주 참조)

3 가리바이본에는 'Katunes'로 표기되었다. 'Katun'의 복수형은 'Katunes'이다.

4 가리바이본에는 'sus edades'로 표기되었다. 본문에서는 이것을 '나이'라는 뜻으로 해석하였지만 '시대'라는 뜻으로도 해석할 수 있다. 즉 역사적인 주기나 사건 등을 시대별로 이해한다는 뜻으로 쓰였을 가능성도 존재한다.

5 가리바이본에는 'Verbi gratia'라는 라틴어로 표기되었다. 문어적으로는 'por gracia de la palabra'가 되는데, 이것을 직역하면 '말로 인하여 감사하게도'라는 뜻이다.

6 가리바이본에는 "… el año de la Natividad del Señor de 1541"로 표기되었다. 본문에서는 '주님의 해(年)인 1541년'으로 번역하였다. 이것을 좀 더 구체적으로 보면 '예수님께서 탄생하신 해(年)인 1541년'이라는 뜻이 된다. 그러나 이것은 단순히 신부인 란다의 개인적인 말투일 뿐 사실상 1541년은 '예수의 탄생'과 무관하다. 단지 의미 있는 연도를 종교적인 칭송으로 표현한 것이라고 할 수 있다.

7 가리바이본에는 'casa'로 표기되었다. 이 단어는 보통 '집'이라는 뜻으로 쓰이지만 여기서는 '체커판 위의 네모난 칸'이라는 뜻으로 사용된 것으로 추정된다. 로이스(Roys)(1933, 112)는 '집'이라는 뜻의 마야어인 'Otoch'가 '까뚠' 수레바퀴의 한 구획을 나타내던 말이라고 주장하였다(Tozzer, 169). 즉 이 말이 달력에 나오는 특정한 한 칸과 한 시기를 나타낸다는 주장이다.

8 마야에는 20년마다 그 기간을 주관하는 신들이 존재한다. 이 신들은 20년 동안 주신(主神)의 역할을 하기 이전에 10년간의 예비 과정을 갖는다. 이러한 전통에 따라서 특정한 기간에 어떤 신이 일정 기간 주관하고, 동시에 다른 신이 예비로 와서 준비 기간을 거친다. 여기서 란다는 바로 이러한 과정에 대하여 설명하였다. 또한 이 기간에 각 신들에 따른 특별한 의례와 제물 등이 준비되는 것에 대하여 언급하였다.

로이스(Roys)는 이와 관련하여 추마옐(Chumayel, 89)에 기록된 내용을 다음처럼 해석하였다. "오늘날의 까뚠은 까뚠 3 아하우이다. 지배와 통치가 끝나는 마지막 기간에 새로운 시간이 도래한다. 모든 것은 끝이 났다. 새로운 까뚠이 (통치한다). 새로운 까뚠은 까뚠 1 아하우이다. 그는 까뚠 3 아하우의 통치 기간에 집에서 미리 대기하고 있었다. 까뚠 1 아하우가 까뚠 3 아하우로부터 힘을 양도받는 동안에 손님의 자격으로 그 집에 함께 머물고 있었다."
이에 대하여 로이스(Roys)는 각각의 까뚠 우상들이 30년 동안 사원에 모셔진다고 주장하였다. 처음 10년간은 (B)우상이 손님의 자격으로 머물게 된다. 그러는 동안에 (B)우상은 바로 앞선 통치자인 (A)우상으로부터 힘을 양도받는다. 이때 (A)우상은 계속해서 자신의 권력을 행사하지만 이로부터 10년이 지나면 자리에서 물러나게 된다. 20년째에는 (B)우상이 인신공양을 받으며 홀로 지배한다. 30년째가 되면 (B)우상이 여전히 사람들로부터 숭배와 제물을 받으며 '공유'를 하고, 그의 예언들이 계속해서 효력을 발휘한다. 한편 (B)우상이 통치를 하는 동안에 이러한 10년간 새로운 (C)우상이 (B)우상의 손님으로 함께 와 있게 된다. 그리고 (B)우상의 힘을 양도받는다.
이러한 해석에 의하면 까뚠 11 불룩(Buluc) 아하우는 아래와 같이 1541년에 혼자서 사원을 '지배하거나' 차지하는 셈이다.

까뚠의 우상들				
	13 아하우(A)	11 아하우(B)	9 아하우(C)	7 아하우
	옥라훈	불룩	볼론	우욱
1521–31	통치			
1531–41	공유	손님		
1541–51		통치		
1551–61		공유	손님	
1561–71			통치	
1571–81			공유	손님

한편 추마옐의 칠람 발람 사료(101)에서 다음의 내용을 확인할 수 있다. "또 다른 까뚠의 접시가 차려져 있었고, 왕의 사자들은 그것을 늘 제자리에 두었다." 로이스(Roys)는 이에 대하여 다음처럼 언급하였다. "칠람 발람 사료에서 까뚠의 '접시'와 '컵'에 대한 언급이 여러 번에 걸쳐서 등장한다. 이것은 아마도 까뚠의 우상들에게 지낸 의례와 관련이 있는 것으로 보인다. … 이러한 문서들을 통하여 까뚠이 본연의 이름을 취하게 되는 아하우날의 개수를 알 수 있다. 까뚠 9 아하우날과 맞아떨어지는 150에는 (의례에 올리는 까뚠의) '접시'와 '컵'이 9개이다"(Tozzer, 168–169).
그러나 이러한 계산은 오늘날의 마야 달력에 대한 학계의 합의된 날짜 계산과 다소 차이를 보인다. 란다의 설명에 의하면 11.14.0.0.0이 4 아하우이기 때문에 이날이 4 아하우의 신이 주관하는 날의 마지막 날이 된다. 그러나 오늘날의 계산법에 따르면 이날은 1500년 6월 11일이다. 현대 학계에서 주로 받아들이고 있는 GMT(Gudman, Martinez, Thompson) 계산법에 따른 각 까뚠을 주관하는 날짜는 다음과 같다.
11.14.0.0.0=4 Ahau 8 Pax=1500년 6월 11일
11.15.0.0.0=2 Ahau 8 Zac=1520년 2월 27일
11.16.0.0.0=13 Ahau 8 Xul=1539년 11월 14일
11.17.0.0.0=11 Ahau 8 Pop=1559년 8월 1일
11.18.0.0.0=9 Ahau 13 Kankin=1579년 4월 18일
11.19.0.0.0=7 Ahau 13 Chen=1599년 1월 3일
이러한 계산을 적용한다면 토설이 제시한 도표대로 11 불룩 아하우(Buluc Ahau)는 1541–1561년이 아니라 1539–1559년까지 대략 20년의 기간이 된다. 역시 다른 날짜에도 다소 차이가 있다.
물론 수치상 차이가 있기는 하지만 기본적으로 마야의 20년 주기 달력과 그 속에서 20년 주기의 까뚠이 어떤 메커니즘 속에서 움직이는지, 그리고 이러한 운영체제가 마야의 종교와 어떻게 깊은 연관을 가지며, 달력의 날짜에 따라 주관하는 신이 변화하는지 알 수 있다.

9 몰리(Morley)(1920, 576)는 7 아하우를 9 아하우로 바꾸는 것이 옳다고 주장하였다. 그러나 로이스(Roys)는 란다가 이 문장에서 7 (우욱, Uuc) 아하우 바로 앞에 '10년 뒤에'라는 말을 빠뜨린 작은 오류를 범한 것뿐이라고 하였다. 왜냐하면 이 해(1571)에 우욱(Uuc) 아하우는 분명 '손님(Guest)'으로 자리한 우상이기 때문이다. 로이스(Roys)의 말이 사실이라면 몰리(Morley)의 주장대로 7 아하우를 9 아하우로 바꿀 필요가 없어진다(Tozzer, 169). 바로 앞 주의 '까뚠의 우상들' 표를 참고하면 더 쉽게 이해할 수 있다.

10 란다의 입장에서 마야의 달력과 이 달력에 의하여 행하는 모든 의례, 서양과는 다른 모든 것들은 부정적이고 없어져야 할 대상이었다. 따라서 여기서 '미신과 속임수들'이라는 표현은 아메리카 대륙을 침략하고 이곳을 식민지화한 에스빠냐 가톨릭 사제의 시각에서 나온 것이라는 점을 고려해야 한다. 서구에서 보면 한국의 무당이나 토정비결, 궁합 등이 철저히 미신이고 거짓인 것과도 같다.

11 지구상에서 인류의 역사가 시작된 이래로 여러 문명에서 그들 나름의 언어를 전달하는 독특한 방법들이 발전해 왔다. 그중에서도 문자의 발명은 가장 으뜸가는 문화의 산물이라는 데 이견이 있기 힘들다. 그러나 실제로 자기들 나

름의 독특한 문자 체계를 만들어서 사용한 나라는 그리 많지 않다. 아메리카 대륙의 고대 문명들 역시 다양한 문자 체계를 가지고 있었다. 잉까의 끼뿌(Khipu)나 마야문자는 아메리카 대륙의 원주민들이 창조한 독특한 문자 체계이다. 특히 마야문자는 아메리카 대륙에서 가장 완성도가 높고 문자로서의 체계를 훌륭히 갖춘 것으로 인정받고 있다. 그러나 마야문자는 무궁한 역사적·문화적 가치를 지니고 있음에도 그 전승은 고사하고 뜻을 이해하는 데도 많은 어려움이 따른다. 물론 최근 30여 년간 해독 연구가 부단히 발전해 온 것은 사실이지만 마야문자는 아직도 완전히 해독되지 않은 문자이고, 계속해서 학자들의 연구 대상이 되고 있다. 미국을 중심으로 한 마야문자 학계는 80-90%까지 해독할 수 있다고 말한다. 그러나 실질적인 면에서 그러한 자신감을 가지기에는 아직도 풀어야 할 과제가 많이 있다. 그러다 보니 마야문자 해독 분야는 하나의 특화된 학문의 영역으로서 독자적으로 발전해 나가고 있다.

역사적인 기록을 보았을 때 마야문자는 기원후 150년경에 문자로서의 구조적 체계를 정립하였을 것으로 추정한다. 그리고 오늘날 이러한 마야문자를 꼬디쎄(Códice, 책), 비석, 기둥, 제단, 건물장식, 벽화, 도자기, 목걸이나 귀걸이 같은 장신구 등에서 발견할 수 있다. 현재까지 밝혀진 바로는 최고지도자들의 연대기나 전쟁 같은 중요한 국가적 사건, 종교적 행사, 천문학적 자료 등이 마야문자로 기록된 것으로 보인다. 유럽의 정복 이전까지만 해도 마야문자로 기록된 수많은 책이 있었다. 그 밖에도 다양한 용도로 마야문자가 쓰였으나 대부분 가톨릭 사제와 정복자들의 식민지화 과정에서 파괴되거나 소실되어 없어지고 말았다.

마야문자를 가리켜서 (여러 종류의 회화적인 면 때문에) 상형문자라는 말을 습관적으로 사용하는 경우가 많은데, 이것은 잘못된 것이다. 인류가 사용하는 글자는 크게 뜻글자와 소리글자로 나눌 수 있는데, 소리글자는 한글같이 소리를 글자로 나타낸 것이고, 뜻글자는 하나의 글자 형태가 뜻을 가지는 것으로 한자에서 그 예를 발견할 수 있다. 상형문자는 뜻글자의 대표적인 예이며, 하나의 형태, 즉 글자가 하나의 의미를 나타내는 것을 가리킨다. 이렇게 볼 때 마야문자가 소릿값으로 의미를 전달하고 있느냐 아니면 형태로 의미를 전달하고 있느냐는 것으로 뜻글자인지 아니면 소리글자인지 판단할 수 있을 것이다. 지금까지 알려진 바로는 마야문자는 많은 부분이 소리글자로 되었다. 여러 형태의 사람이나 사물의 모양이 있어서 마야문자가 상형문자라는 오해가 생겼다. 그래서 20세기 초·중반 마야문자에 대한 해독이 거의 이루어지지 않았을 당시만 하더라도 대개 마야문자가 상형문자라고 이야기하였다. 그러나 오늘날에 와서 (물론 뜻글자의 요소를 가지고 있기는 하지만) 마야문자에 소리글자의 요소가 대부분이라는 것이 발견되었다.

중남미 공통언어 중의 하나인 에스빠냐어로는 마야문자를 이에로그라피아(Hierografía)라고 하고, 영어로는 하이어러글리프(Hieroglyphy)라고 한다. 둘 다 신성하다는 뜻인 'Hiero'를 어원으로 갖는다. 이러한 용어는 고대 이집트의 상형문자를 일컫는 말로 쓰이다가 훗날 마야문자를 일컫는 말로도 쓰이게 되었다. 사전적인 의미에서 보면 이러한 외국어 단어(Hierografía, Hieroglyphy)들이 상형문자인 이집트 문자와 엄밀한 의미에서 상형문자가 아닌 마야문자를 다 포함하고 있지만, 한국어 번역상의 문제로 마야문자를 이집트와 똑같이 상형문자라고 이야기할 수는 없다. 비록 외국어에서는 그들 나름대로 '이에로그라피아(Hierografía)'라는 용어를 사용한다 해도 한국어 표기에서 마야문자를 상형문자라고 한다면 분명 문제가 있다.

- 뜻글자(표의문자[表意文字], Ideogram): 하나하나의 글자가 언어의 음과는 관계없이 일정한 뜻을 나타내는 글자. 표음문자와 대립되는 말이다. 고대의 회화문자(繪畫文字)나 상형문자가 발전해 하나의 자형(字形)이 언어의 개념이나 의미 단위에 대응하는 단계에서 나타났다.
- 소리글자(표음문자[表音文字], Phonogram): 문자 중에서 하나하나의 글자가 특정의 의미를 나타내지 않고 오로지 하나하나의 음성에 대응하여 그 발음을 나타낸 것이다. 표음문자에는 1자가 1음절을 표시하는 음절문자와 1자가 1단음을 표시하는 단음문자(또는 음소문자)가 있다. 단음문자에는 로마자, 그리스문자, 한글 등이 있는데, 이러한 문자들을 알파벳 문자 또는 자모문자라고 한다. 음절문자의 대표적인 예로는 일본의 가나[假名] 문자가 있으며, 그 밖에도 키프로스 문자와 중국 남서부의 롤로족 문자가 있다. 지구상의 문자들은 거의 표음문자이고 그중에서도 단음문자가 대부분을 차지한다. 표음문자라고 하더라도 발음과 표기가 일대일의 대응을 이루는 경우는 거의 없고, 언어의 변천으로 문자에 의한 표기와 실제 발음 사이에 차이가 나는 경우도 많다.

한편 이 문자를 누가 어떻게 사용하였는지 생각해 보자. 그 체계의 복잡성 등으로 보았을 때 모든 마야 사람들이 이 문자를 알고 있었고, 실생활에서 사용하였다고 보기는 어렵다. 기본적으로 이 문자는 종교적인 성격을 강하게 띠고 있을 뿐만 아니라 내용도 대부분 종교와 깊은 연관을 맺는다. 따라서 이 방면에 종사하는 일부 사람들만이 마야문자를 배우고 전수하였을 가능성이 크다. 그렇다고 해서 보통 사람들이 문자의 쓰임을 전혀 몰랐다고 생각하기는 어렵다. 많은 비석이나 조각과 같이 모든 사람이 볼 수 있도록 제작된 기념물들에 마야문자가 풍부한 그림과 함께 표기된 것을 보면 많건 적건 간에 일반 사람들도 마야

문자에 대한 일정한 지식을 가지고 있었다고 볼 수 있다. 마야의 책과 비석 등에 새겨진 마야문자는 이 책 26장, 29장, 33장, 36장, 40장, 46장 등의 주에 삽입된 다양한 그림과 사진을 통하여 확인할 수 있다.

12 이와 관련하여 또마스 로뻬스(Tomás López)의 렐라씨온(Appendix B)에서 다음의 내용을 확인할 수 있다. "유까딴의 제사장들이 신앙심이 가장 크고 현명하다고 여겨졌다. 그들은 사람들을 가르치는 역할도 하였다. …또한 그들 고유의 문자와 책들 그리고 우상숭배와 거짓된 종교에 관한 문서들을 가지고 있었다"(Tozzer, 169).

13 란다는 원주민들의 종교와 문화를 가장 극단적으로 탄압한 사람이다. 실제로 그가 여러 지역에서 종교재판을 열어 원주민들을 우상숭배의 죄목으로 죽이고, 원주민 종교와 관련된 것으로 보이는 모든 조각품과 그림, 책 등을 불살라버린 사실을 여러 사료를 통하여 확인할 수 있다. 그가 마니와 소뚜따, 과테말라 등에서 집행한 종교재판의 잔혹함은 매우 악명 높다.

14 오늘날까지도 마야문자의 상당 부분이 풀리지 않고 있지만, 텍스트 대부분이 해석되었다는 점을 앞서 이야기하였다. 그런데 20세기 중반 이전, 즉 마야문자가 해독되기 이전의 학자들은 마야문자 연구를 거듭하였으나 좌절만이 잇따랐고, 이에 따라 마야문자에 대한 다양하고 재미난 결론을 도출하였다. 폴 셸하스(Paul Schellhas)는 꼬디쎄(Códice)에서 마야의 신들과 그들의 이름에 해당하는 문자들을 밝혀냈다. 그러나 그들의 이름을 해독하지는 못하였기 때문에 각 신들의 이름을 알파벳순으로 나열하였고, 지금까지도 많은 신이 이러한 식으로 불리는 경우가 많다. 그 후로도 부단한 연구를 이어갔으나 더 이상 발전의 실마리를 발견하지 못하자 마야문자는 영원히 해독될 수 없다고 이야기하였을 정도로 이 분야 연구의 발전 가능성에 대하여 부정적인 평가를 내렸다(Schellhas, 1904). 초기 역사학자인 브라쉐르 드 부르부르(Brasser de Bourbourg), 로즈니(Rosny), 또마스(Thomás), 그 밖의 다른 사람들도 란다가 서술한 알파벳을 이용하여 마야문자 해독의 실마리로 삼아 연구를 거듭하였다. 그러나 모두 성공을 거두지 못하였다. 한편 란다의 알파벳에 대하여 가장 진지하게 비평하였던 발렌티니(Valentini)(1880)는 마야문자가 '에스빠냐 사람들의 날조'임을 주장하였고, 란다가 마야 인디오들에게 그림을 그리도록 꾀한 것이라고 하였다. 예를 들면 이러한 첫 번째 그림이 에스빠냐어의 모음 'a'와 같은 소리가 나도록 하였으며, 이러한 식으로 계속해서 에스빠냐어 문자가 갖는 다양한 소리를 그림과 결합해서 고안한 것이라고 하였다(Tozzer, 169).

이렇듯 여기서 란다가 제시한 마야어 알파벳은 수많은 사람의 기대와 노력 그리고 부단한 좌절의 역사를 만들어낸 텍스트가 되었다. 비록 란다가 마야문자를 이해하지 못하였고, 그래야 할 필요성조차 느끼지 못하였지만, 오늘날의 마야문자학에서는 그의 텍스트가 잘못 서술된 것이 아니라는 점이 확인되었다. 어찌 되었건 간에 란다의 사료는 마야문자 해독의 둘도 없는 중요한 실마리가 되었다.

15 가리바이본에는 이 부분이 'in infinitum'이라는 라틴어로 표기되었다. 이것은 '무한대로'라는 뜻이다.

유까딴의 많은 건축물

- 잇사말, 메리다, 치첸이트사의 건축물들

42-1 만일 금과 은이나 다른 부유함으로 이름을 날리고 명성을 얻게 된 인디아스의 다른 지역처럼 건축물들의 어마어마한 숫자나 장대함, 빼어난 아름다움으로 명성을 얻을 수 있었다면 유까딴도 페루나 누에바 에스빠냐[1]만큼이나 (그 명성이) 널리 퍼졌을 것이다. 왜냐하면 지금까지 인디아스에서 발견된 것 중에서 이곳의 많은 건축물이 가장 주목할 만하기 때문이다. (건축물의) 숫자가 어마어마하고, 방대한 지역에 걸쳐서 (지어졌다는) 점을 이유로 들 수 있다. 게다가 그들만의 방식대로 무척 훌륭한 석조건축물들을 지었다는 사실 또한 그저 놀라울 따름이다. 비록 땅이 좋았을지언정 (이곳의 과거는) 오늘날 같지 않아서 어마어마한 숫자의 훌륭한 건축물이 지어진 전성기에도 아무런 철제연장이 존재하지 않았던 것으로 보인다. 이러한 건축물을 본 사람들은 어떠한 이유로 (이렇게나 많고 훌륭한) 건축물이 지어졌는지에 대하여 다음처럼 이야기하였다.

이곳 사람들은 일 시키는 것을 무척이나 좋아하는 촌장들의 지배를 받고 있었기 때문에 (건축물 짓는 일에 많이) 동원되었을 것이라는 추측이다.[2] 또한 그들은 매우 열렬한 우상숭배자였으므로 (우상들을 위한) 신전을 지으려고 (촌장들이) 마을 사람들에게 지시를 내렸을 것이라는 추측이다; [훗날] 어떠한 이유로 마을 전체가 이주하면 그곳에도 역시 그들의 방식에 따라서 새로운 신전과 성전, 촌장들을 위한 집을 지었고, 그들은 언제나 짚으로 지붕을 올린 나무집을 사용하였다[3]; 혹은 이 땅에는 뛰어난 건축 재료로 사용되는 돌과 석회, 흰색의 흙이 풍부했기 때문에 그렇게나 많은 건축물을 지을 수 있었을 것이라는 추측이다. 이것을 직접 보지 못한 사람들은 농담으로밖에 생각하지 않을 것이다[4]; 혹은 어떤 비밀스러운 (요소가) 이 땅에 (숨어) 있다고 생각할지도 모른다. 이것에 대해서는 오늘날의 인디오들도 아직 밝혀 내지 못하고 있다.

또한 이곳 인디오들을 지배하던 다른 나라 사람들에 의하여 (건축물들이) 지어졌다고 말하기도 하는데, 그것은 사실이 아니다. 이곳에 있는 그 많고 장엄한 건축물 중 어느 한 건축물 능보(bastion, 요새의 삼각형 돌출부)의 벽면들을 보면 나체의 사람들이 그들 말로 엑스(Ex)라 부르는 기다랗고 얇은 천을 정숙한 곳에 두르고 있는 모습과 인디오들이 현재 착용한 장신구들을 확인할 수 있기 때문이다. 바로 이러한 흔적들이 발가벗은 인디오들이 건축물들을 지었다는 사실을 뒷받침해 준다; 이러한 [흔적들은] 굉장히 튼튼한 회반죽으로 되었다.[5]

내가 이곳에 머물던 중에 우리가 허물어뜨린 어느 한 건축물 안에서 커다란 항아리[6]가 발견된 적이 있다. (항아리에는) 세 개의 손잡이가 달려 있고, 바깥 면에는 은색의 불꽃 장식[7]이 그려져 있으며, 그 안에는 주검을 태우고 남은 유골(遺骨)이 들어 있었다. 또한 세 개의 훌륭한 돌구슬도 들었는데, 오늘날의 인디오들은 (이러한 돌구슬을) 화폐로 사용하고 있다. 이 모든 것으로 미루어 보았을 때 건축물을 지은 사람이 (이곳의) 인디오들이라는 것을 알 수 있다.

만일 그렇다면 그 사람들은 지금의 (인디오들)보다 더욱 건장한 사람들로 훨씬 더 몸집이 크고 힘이 셌을 것이다. 이러한 점은 오늘날까지 다른 어떤 지역보다 잇사말에서 더욱 자세히 관찰된다. 능보의 회반죽에는 매우 커다란 사람들이 반양각(半陽刻)으로 조각되었다; 우리가 건축물에서 발견한 항아리 안에는 화장(火葬)하기에 아주 상태가 좋은[8] 꽤 굵은 팔다리의 유골이 들어 있었다.[9]

42-2　이곳 잇사말(Itzamal)[10]의 (건축물) 중에는 경탄을 자아낼 만큼 상당히 높고 빼어나게 아름다운 건축물이 하나 있다. (이 건축물의 모습을) 삽화에서 볼 수 있는데, 이것이 바로 그 증거이다. (건축물에는) 계단 한 층당 높이와 넓이가 크게 두 뼘이 넘는 스무 개의 계단이 있다. (계단의 가로) 길이는 100피트[11]가 넘을 것으로 보인다.

무척 커다란 돌을 가공해서 만든 계단들은 오랜 세월 비에 노출되었기 때문에 지금은 볼품없이 많이 손상된 상태이다.

란다의 저술에 첨부된 잇사말 유적지 건축 그림

(삽화에서) 둥그런 선으로 표시해 놓았듯이 (첫 계단이 시작되는 부분부터) 돌로 만들어진 매우 견고한 벽면이 주변을 아우르고 있다. (사람의) 한 키 반 정도 되는 높이에서 아름다운 돌로 된 처마 돌림띠가 (벽면을) 둥글게 에워싼다. 그리고 (이러한 처마 돌림띠로부터) 다시 벽면이 이어져서 그 높이가 광장에까지 이른다. 광장은 (20개의 계단으로 이루어진) 첫 계단 영역의 윗부분에 놓였다.

이 광장에서부터 첫 (계단 부분과) 같은 또 다른 계단 부분이 시작된다. (이 두 번째 계단 부분은) 그렇게 길지도 않고 많은 계단으로 이루어져 있지도 않다. 그리고 벽면 건축이 주변을 둥글게 아우르고 있다.

(두 번째 계단 부분을 이루는) 계단들 위로 또다시 작고 훌륭한 광장이 하나 나타난

다. 이곳에는 제법 높은 봉우리 하나가 벽면 쪽으로 다소 가까이에 있다. (이 봉우리의) 계단 부분은 남쪽[을 향해 있는데], (첫 번째의) 커다란 계단들도 (이와 같은 방향으로) 놓였다. 그 위에는 잘 가공된 돌로 지어진 아름다운 작은 예배당[12]이 있다.

나는 이 작은 예배당의 꼭대기까지 올라가 보았다. 유까딴은 평원이기 때문에 이곳에 오르면 시야가 닿는 데까지 땅이 경이롭게 펼쳐지며 바다가 내려다보인다.

이러한 잇사말의 건축물은 모두 11개에서 12개 정도 되는데, (위에서 묘사한 것들이) 가장 장대하다. (건축물은) 서로 가까이 이웃해 있다.[13]

(건축물을) 지은 사람들에 대한 기록은 없지만, 최초 (유까딴) 사람들이 (건축물을 지은) 것으로 생각된다.

(이러한 건축물들은) 바다에서 8레구아[14] 정도 떨어져 있고, 아름답고 비옥하며 사람들이 사는 장소에 있다. 이러한 까닭에 인디오들의 끈질긴 요청에 우리는 1549년 여러 건축물 중에서 산 안또니오(San Antonio)라고 불리는 어느 한 건축물에 집을 짓고 살게 되었다. 그리하여 이곳과 주변의 기독교화에 많은 도움이 되었고, 서로 떨어진 두 개의 훌륭한 마을이 이 지역에 새로 생겼다.

42-3 이 땅에서 두 번째로 중요한 건축물은 토(T-ho)[15](지방)의 (건축물들)이다. 굉장히 오래된 만큼 (이 건축물들을 세운 사람들에 대한 기록은 존재하지 않는다.); 잇사말의 (건축물들)로부터 13레구아[16] 정도 떨어져 있고, 다른 (건축물들)처럼 바다로부터 8레구아[17] 정도 떨어져 있다; 오늘날에는 이러한 건축물 사이를 연결하는 무척 아름다운 대로의 흔적을 발견할 수 있다.[18]

에스빠냐 사람들은 이곳에 도시를 세운 후에 건축물들의 독특함과 웅장함을 (보고) 이곳을 메리다[19]라고 이름 지었다. 잇사말의 [(건축물들)]처럼 이해를 돕기 위하여 여기에 (토의 건축물들) 중에서 가장 중요한 (건축물의 그림을) 최대한 (자세하게) 제시하려고 한다.

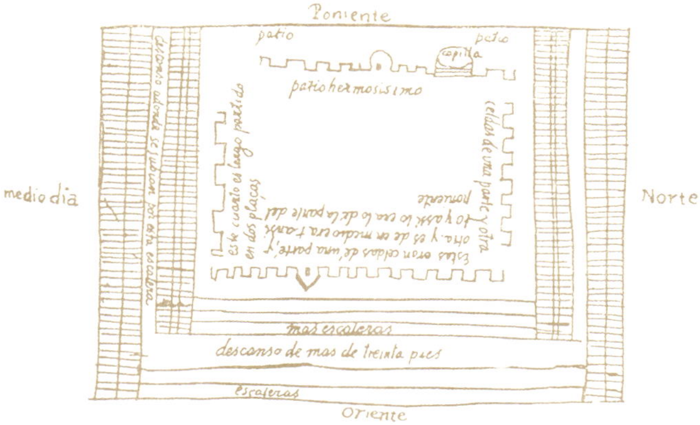

란다의 저술에 첨부된 토(T-ho) 유적지 건축물 그림

42-4 이것이 내가 그린 건축물의 그림이다. 여기가 엄청난 규모의 평평하지 않은 지대라는 것을 알아야만 이것을 올바로 이해할 수 있다. 길이는 동쪽에서부터 말이 (쉬지 않고 달릴 수 있는) 거리의 두 배 이상이다.[20]

(이 건축물의) 계단 부분은 바닥에서 시작되며; 잇사말의 (계단들과) [같은] 높이를 가진 약 7개의 계단으로 이루어져 있다.

남쪽과 서쪽, 북쪽에는 매우 견고하고 넓은 벽면이 세워져 있다.

광장 전체는 모두 마른 돌들로 채워져 있고, 평평한 부분에서 (앞선 계단 부분과) 같은 방면인 동쪽으로 또 다른 계단이 시작된다. 내가 보기에는 (계단 부분의 전체 높이가) 28-30피트[21] 정도 되는 것 같다. (이 계단 부분) 역시 커다란 다른 많은 계단으로 이루어져 있다.

서쪽을 제외한 남쪽과 북쪽도 이와 같은 형태로 되었다. (남쪽과 북쪽으로는) 두 개의 견고한 벽면이 이어지다가 서쪽 광장의 (벽면과) 만나게 된다. 이렇듯 가운데가 전부 마른 돌들로 채워진 (두 개의 벽면은) 계단들의 높이에까지 이른다. 손으로 (마른 돌들을 쌓아서) 만든 높이와 규모에 놀라지 않을 수 없다.

42-5 이어서 그 위의 평평한 부분에서 다음과 같은 형태로 건축물들이 이어진다; 동

쪽에는 약 6피트[22] 정도가 안쪽으로 들어간 하나의 구조[23]가 기다랗게 이어진다. (양쪽의) 끝 지점까지 이르지는 않는데, 아주 훌륭하게 가공된 돌로 만들어진 길이 12피트[24]에 폭이 8피트[25]인 작은 방들로 이루어져 있다; 각각의 (작은 방들)마다 가운데 문이 하나씩 나 있다. 잘 다듬어진 돌로 매끈하게 만들어진 (문들에는) 걸어 잠그기 위한 문짝이나 경첩의 흔적이 없다.[26] 이러한 작업은 훌륭하기 그지없으며 모든 문의 윗부분은 이음새가 없는 (하나의) 돌로 된 상인방으로 막혀 있다; 중간 부분에는 아치형의 다리 같은 낭하(廊下)[27]가 나 있고, 각각 작은 방의 문 위로는 건물 전체에 걸쳐서 돌을 가공하여 만든 쇠시리[28]가 [이어진다]. 또한 이 [쇠시리] 위로는 작은 기둥들이 높이 뻗어 있다. (이러한 기둥의) 절반은 (몸통 전체가) 둥글게 조각되었고, 나머지 절반은 벽면 안으로 들어가 있다.[29]

작은 기둥들은 둥근 천장들의 꼭대기까지 이어지는데, (둥근 천장들은) 작은 방들의 윗부분을 막고 있다.

작은 기둥들 위로는 건물 전체를 두르고 있는 또 다른 쇠시리가 이어진다.

그 위로는 석회가 입혀진 테라스가 있다. 이 부분은 어떤 나무껍질의 (추출)액으로 (만들어졌기) 때문에 무척이나 견고한데[30], 이곳에서는 (늘) 그러한 방식으로 만든다.

북쪽에도 작은 방들로 이루어진 또 다른 건축물이 있다. 그러나 (전체) 길이가 (앞서 이야기한 구조의) 거의 절반밖에 되지 않는다.

서쪽으로도 작은 방들이 (길게) 이어지며, 동쪽 건축물의 중간 부분처럼 네다섯 개의 (작은 방들)[마다] 아치가 하나씩 전체를 통과한다. 계속해서 다소 높은 둥그런 건축물 하나가 (이어지고), 그 후로도 또 다른 아치가 (통과한다). 나머지 부분은 작은 방들로만 이루어져 있다.

이러한 건축물은 커다란 광장 전체를 가로지르며 많은 공간을 차지한다. 이렇듯 (이 건축물은 광장 전체를 둘로 나누어서) 두 개의 광장을 형성한다. (그중) 하나는 뒤쪽인 서쪽으로 (나 있고), 다른 하나는 (앞쪽인) 동쪽으로 (나 있다). (후자는) 네 개의 건축물로 둘러싸여 있다. 그중에서 마지막 건축물은 남쪽을 향하고, 두 부분으로 나누어져 둥근 천장으로 막혀 있다는 점에서 (다른 건축물들과) 상당히 다르다; (두 부분 중에서) 첫 번째 부분에는 무척 굵은 기둥들로 이루어진 복도가 이어져 있으며, 그 윗부분은 이음새가 없는 매우 아름다운 돌들로 막혀 있다.[31]

중간 지점에는 벽면이 하나 있다. (이 벽면은) 양쪽의 둥근 천장을 받치고 있고, (벽면에는) 다른 건축물로 들어갈 수 있는 두 개의 문이 있다.

이렇듯 윗부분은 모두 석회 반죽으로 마감되었다.

42-6 이 건축물로부터 (사람이) 던진 돌이 떨어지는 거리의 두 배 정도 되는 곳에는 매우 높고 아름다운 또 다른 광장이 있다. 그곳에는 무척 훌륭하게 가공된 돌로 이루어진 세 개의 봉우리가 있으며, 그 위로는 그들의 방식대로 만들어진 둥근 천장의 훌륭한 예배당들이 (있다).

이곳에서 다소 떨어진 곳에는 장대하고 아름다운 언덕이 하나 있다. (이 언덕의) 돌들로 그 주변으로 사람들이 거주할 수 있는 [집들을 지어서] 도시의 상당 부분을 조성하였다. (그렇지만 이 언덕의 규모가 워낙 크기 때문에 여기서 아무리 많은 돌을 가져다 써도 언덕이) 사라지지는 않을 것이다.[32]

42-7 몬떼호 총독은 우리에게 네 개의 방이 딸린 첫 번째 건축물을 주었다. 잡목이 우거져 있었기 때문에[33]; 깨끗하게 정돈한 후에[34] 원래 이 (건축물을 이루던) 돌들을 가져다가 전체가 돌로 된 적당한 (규모의) 수도원과 주의 성모(la Madre de Dios)라고 이름 붙인 훌륭한 성당을 지었다.[35]

(네 개의) 방에는 수많은 돌이 쌓여 있었다. 남쪽의 (방)에는 [아직도] 그대로 (쌓여 있고), 다른 방들에도 부분적으로 (쌓여 있다). 우리는 에스빠냐 사람들에게 문과 창문을 비롯하여 집을 짓는 데 사용할 수 있도록 많은 돌을 주었다; 이것들은 주변으로 아주 많이 널려 있었다.

42-8 띠꼬(Tikoh)[36] 마을에 있는 건축물들은 훌륭하고 아름답지만 다른 것들처럼 그렇게 많지도 않고 화려하지도 않아서 이야기할 만한 것이 별로 없다. (그렇지만) 이곳에 수많은 사람이 살았던 만큼 좀 더 나중에 반드시 이야기할 필요가 있다.[37] 여기서는 더 이상 언급하지 않겠다.[38]

이 건축물들은 잇사말에서 동쪽으로 3레구아 정도 떨어져 있고, 치첸이트사에서 7레구아 정도 (떨어져 있다).[39]

42-9 치첸이트사는 잇사말에서 10레구아[40] 정도 떨어져 있고, 바야돌릳에서 11레구아[41] 정도 (떨어져 있는) 무척 훌륭한 곳이다. 나이 많은 인디오들이 이야기하기를 삼 형제[42]인 촌장들이 이곳을 통치했다고 한다. 그들이 조상들에게 들어서 기억하는 바로는 이들 삼 형제가 서쪽의 땅에서 건너온 후 이곳의 수많은 사람을 모아서 마을을 이루고 평화와 정의를 누리며 몇 년 동안 통치했다고 한다.

42-10 (이들 삼 형제는) 신에 대한 신앙심이 무척이나 깊었기 때문에 많은 건축물을 매우 훌륭하게 지었다. 이해를 돕기 위하여 특별히 내가 이곳에 머물면서 그린 가장 웅장한 (건축물의) 모습을 여기에 실었다.

사람들이 말하기를 이 촌장들은 여자들 없이 무척 청렴한 삶을 살았고, 이러한 삶을 사는 동안 모든 사람이 커다란 존경심으로 그들에게 순종하였다고 한다.

시간이 흐른 후에 그들 중에서 한 명이 없어지게 되었다. 비록 인디오들은 (그가) 박 할랄(Bac halal) 쪽으로 떠난 것이라고 이야기하지만 분명 그는 세상을 떠난 것으로 (보인다).

어찌 되었든 간에 그의 부재(不在)는 그 후 이곳을 통치하던 사람들에게 커다란 어려움을 주었다. 나라가 분열되기 시작하였고, 부도덕하고 방종한 관습으로 민심이 무척 흉흉해졌다. (결국 사람들이) 통치자들을 죽이고 나라를 무너뜨리기에 이르렀다.[43] (그러고는) 바다에서 10레구아[44] [정도]밖에 떨어져 있지 않은 참으로 아름다운 [이 땅]과 건축물들을 뒤로하고 (다른 곳으로) 떠나버렸다.

주변으로는 무척 기름진 땅과 마을들이 있다.

가장 중요한 건축물의 모습은 다음과 같다.

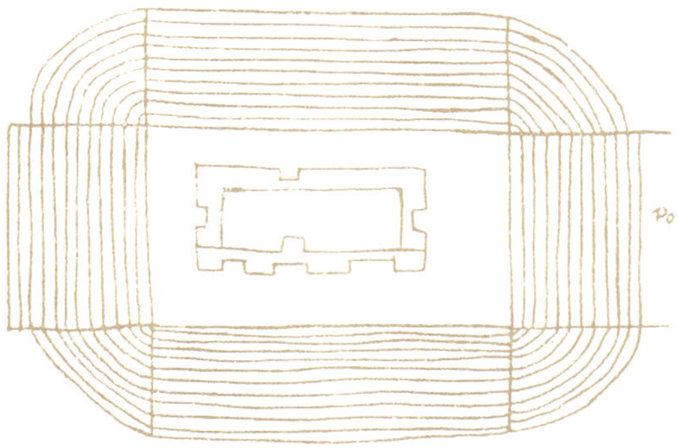

란다의 저술에 첨부된 치첸이트사 건축물 그림

42-11 이 건축물에는 동서남북 사방(四方)으로 네 개의 계단이 나 있다. (이 계단 부분의) 폭은 32피트[45]이고, 각각 91개의 계단으로 이루어져 있다.[46] (이 건축물에 오르려면 이러한 계단을 반드시 올라가야 한다.)[47]

계단의 폭과 높이는 우리가 만드는 (계단과) 동일하다.

각각의 계단 부분에는 계단들을 따라서 폭이 2피트[48]인 두 개의 낮은 난간이 놓였다. 건축물 전체가 그렇듯이 잘 다듬어진 돌로 만들어졌다.

(이 건축물에는) 모퉁이가 없는 대신에 바닥에서 (건축물이) 시작되는 부분부터 난간까지가 모두 원통형의 블록들로 이루어져 있다.[49] 그래서 위로 올라가면서 간격을 두고 점차 좁아지는 매우 아름다운 배치다.

내가 보았을 당시에는 난간의 각 아랫부분에 뱀의 입을 [가진] 맹수가 매우 정교하게 조각되어 있었다.[50]

이러한 식으로 계단이 끝나면 그 위로 평평한 작은 광장이 나온다. 이곳에는 네 개의 방이 딸린 건물 한 채가 놓였다.

(이 가운데) 세 개의 방은 막혀 있지 않고 서로 통했다. 각각의 방에는 문이 중간에 나 있으며, [윗부분이] 둥근 천장으로 막혀 있다.

북쪽에 있는 방은 굵은 기둥들[51]로 이루어진 낭하(廊下)로 이어진 채 홀로 떨어져 있다.

건축물의 벽면을 따라 (형성된) 중앙의 (방)은 작은 안뜰과 같은 공간이었을 것이다。(이 방에는) 북쪽의 낭하(廊下)로 이어지는 문이 하나 나 있고, 윗부분은 나무로 막혀 있다。(예전에는) 이곳에서 향을 피우곤 하였다.

이 문 혹은 복도의 입구에는 돌에 문장(紋章)[52] 같은 것이 새겨져 있다。나는 (이것이 무엇인지) 잘 이해할 수 없었다.

42-12 이 건물에는 다른 많은 (건축물이) 있다。오늘날에도 그 주변으로 크고 잘 지어진 (건축물이) 있다。이 (건축물)에서 다른 (건축물)로 이어지는 바닥 전체에는 석회가 잘 입혀져 [있는데], 그들이 만드는 회반죽은 무척이나 튼튼해서 오늘날에도 그 흔적을 부분적으로 확인할 수 있다.

42-13 북쪽 계단의 앞쪽으로 조금 떨어진 곳에는 네 개의 계단 부분이 있는 조그마한 두 개의 석조 무대[53]가 있었다。그 위로는 돌이 깔려 있는데, 사람들이 말하기를 이곳에서 마을 사람들의 오락을 위한 코미디와 연극이 행해졌다고 한다.[54]

이러한 무대들의 정면으로는 광장에서부터 사람이 던진 돌이 떨어지는 거리의 두 배 정도 되는 [지점의] 어느 한 연못에까지 넓고 아름다운 대로가 이어져 있다.

오래전 가뭄이 들면 신들에게 공양을 드리기 위하여 이 연못으로 산사람을 집어넣는 관습이 있었다。[55] 비록 (희생자들의 모습이) 더 이상 보이지 않더라도 (사람들은) 그들이 죽었다고 생각하지 않았다。(이러한 관습은) 지금까지도 계속되고 있다.

또한 보석과 다른 많은 귀중한 물건을 (연못 안으로) 던져 넣었다.[56]

이렇듯 연못에 대한 인디오들의 신앙심을 보면, 만일 이 땅에 금이 있었다면 (금은) 대부분이 연못 안에 있을 것이다.[57]

이 연못은 (바닥에서부터) 수면에 이르기까지 일곱 키(에스따도)[58] 정도의 깊이이며 폭은 100피트[59]가 넘는다。둥그런 모양을 하고 있는데, 깎아지른 바위가 수면까지 이르는 것이 매우 인상적이다.

물의 색이 굉장히 푸르게 보인다。이것은 근처의 나무들 때문으로 생각된다。[60]

(물은) 상당히 깊다.

(연못) 위쪽의 입구 옆으로는 작은 건축물이 하나 있다. 나는 이곳에서 이 땅의 모든 중요한 우상을 숭배하기 위하여 만들어진 조각상들을 발견한 적이 있다. (이곳은) 마치 로마의 판테온(Pantheón)[61] 같았다.[62]

(그런데 이 건축물이) 연못에 제물을 바치러 갈 때 우상들을 영접하기 위한 목적으로[63] 오래전에 지어진 것인지 아니면 최근에 와서 지어진 것인지는 나도 잘 알 수가 없다.[64]

나는 조각된 사자[65]들과 항아리를 비롯한 다른 물건들을 발견한 적이 있다. (이것들을 직접 보았다면) 이곳 사람들이 연장이 없다고 말할 사람은 아무도 없을 것이다.[66]

또한 커다란 두 명의 남자 조각상도 발견하였다. 이것들은 각각 하나씩 하나의 돌로 조각되어 있었다. 그리고 인디오들처럼 발가벗은 채 정숙한 부위를 가리고 있었다.[67]

(이들 조각상의) 머리는[68] (몸통으로부터 분리되어) 따로 떨어져 있었다. 인디오들처럼 귀에는 귀걸이가 달려 있고, 비녀 같은 것[69]을 (꽂기 위하여) 목덜미에 뚫려 있는 깊은 구멍 안으로는 비녀 같은 것이 꽂혀 있었다. 이렇게 함으로써 조각상 (전체가) 완성되었다.[70]

---

1 '누에바 에스빠냐(Nueva España: 새로운 에스빠냐)'는 에스빠냐가 지배하는 아메리카 대륙의 행정 구역 이름으로 지금의 멕시코와 주변 지역을 가리킨다. 1535년에 최초로 세워졌고, 공식적으로는 (시대에 따라 변화가 있기는 하였지만) 지금의 미국 영토에서부터 아메리카 대륙의 파나마 이북 지역을 통괄하는 최고의 행정기관이었다. 이 기관 최고의 권력을 가진 부왕청은 현재의 멕시코시티에 있었다. 멕시코시티는 메시까문명이 융성했던 곳이기도 하다.

2 가리바이본에는 "Las cuales son que estas gentes debieron estar sujetas a algunos señores amigos de ocuparlos mucho y que los ocuparon de esto"로 표기되었다. 그런데 이 문장에서 'ocuparlos'와 'los ocuparon'의 'los'를 '건축물들(edificios)'로 보느냐 혹은 '사람들(estas gentes)'로 보느냐에 따라서 문장 전체의 뜻이 달라질 수 있다. 여기서 'los'가 '사람들(estas gentes)'이 되기 위해서는 이 문장에 나오는 'las gentes(사람들)'와 문법적인 호응을 해야 하는데, 'las gentes'가 여성형이기 때문에 'los'라는 남성형과 호응하지 않는다는 문제점을 가지고 있다. 그러나 문맥상 'los'가 '사람들'을 가리킬 가능성이 크기 때문에 본문에서는 이처럼 해석하여 번역하였다. 토설본(171)에는 다음처럼 번역되었다. "This reasons are that this nation must have been subject to certain lords, who were desirous of giving them constant occupation and that they occupied them in this work"

3 가리바이본에는 이 부분이 다음처럼 표기되었다. "… ed-

ificaban siempre de nuevo sus templos, santuarios y casas a su usanza para los señores, que ellos siempre las han usado de madera cubierta de paja" 여기서 란다는 '신전(Templo)' '성전(Santuario)' '촌장들을 위한 집(Casas para los señores)' '자신들을 위한 나무로 된 집(De madera cubierta de paja)'이라는 용어들 사이에 뚜렷한 차이를 두었다. 건축적인 면에서 보았을 때 이렇게 구분하는 것이 힘들지만 대략 다음과 같은 구분은 가능하다. '신전'은 제사를 지내는 곳이고, '성전'은 제사를 지내는 곳을 보조하는 기능을 담당하는 장소이다. 즉 성직자들이 기거하는 곳이자 제사에 사용되는 물건들을 보관하는 곳이다. 그리고 제일 마지막에 등장하는 '집(Casa)'이란 신전과 성전의 주변에 만들어진 일반 주거용 거주지를 가리킨다고 할 수 있다.

일반적으로 마야 도시의 중심지인 신전과 성전 등으로 구성된 피라미드는 사람들이 일상의 삶을 살아가기에 그리 좋은 환경을 갖추고 있지 못하였다. 습도가 높고 어두울 뿐만 아니라 통풍이 잘 되지 않고 공간 효율성이 떨어지는 등 실생활에 적합하지 않았다. 따라서 제사장들이 이곳에서 제사를 지내고 준비를 하며 때로는 기거를 하기도 하였으나 주된 주거 공간으로 활용을 했다고 하기에는 무리가 있다. 최고 지도자들 역시 이곳에 상시 거주를 하였다고 생각하기 힘들다. 한편 란다는 '집(Casa)'을 언급하면서 '촌장들을 위한 집'과 '자신들을 위한 나무로 지은 집'을 구분하여 표현하였다. 그의 표현대로라면 '촌장들의 집'은 돌로 지어졌고, '평민들의 집'은 나무로 지어졌다고 추측할 수 있다. 그러나 이미 언급한 것처럼 돌로 지은 집보다는 나무로 지은 집이 유까딴의 기후와 지형상 더욱 쾌적한 주거환경을 제공한다. 또한 식민지 시대뿐만 아니라 오늘날에도 마야의 지도자들이 주거 면에서 일반 주민들과 차이를 두지 않았음을 확인할 수 있다. 지도자의 가장 중요한 덕목으로는 마을 사람들에게 얼마나 많이 베푸는가, 가족의 수가 얼마나 많은가, 나이가 얼마나 많은가, 리더십이 있는가 등의 항목들이 꼽힌다. 그러나 얼마만큼의 금전적인 부가 있는가는 마야 원주민들의 지도자로 선출되는 데 중요한 요소로 작용하지 못한다.

4 마야문명이 남긴 흔적은 가히 우리의 상상을 넘어선다. 인간이 살기에 가장 힘든 환경으로 여겨지는 열대 밀림의 수풀 속에서부터 서늘한 고원 지방에 이르기까지 마야문명은 전체 지역에 걸쳐 조밀하게 발전하였다. 당시 인구밀도는 유럽이나 동양의 그 어떤 지역에 비해서도 절대 낮지 않았다. 10만 명 이상의 인구가 상주하였던 대규모 도시들도 상당수 있었던 것으로 보인다. 그러다 보니 자연스럽게 마야의 어떤 지역을 가도 유적지가 아닌 곳이 없다고 할 수 있을 정도로 문명의 흔적들이 많이 남았다. 에스빠냐의 침략자들이 마주한 원주민 마을과 그 이전에 발전했다가 사라진 마을들의 수는 실로 엄청났다. 서양 사람들에 의한 고대 도시의 재발견은 여러 세기를 통하여 계속되었고, 오늘날에도 새로운 고대 마야의 도시들이 하나씩 그 모습을 드러내고 있다. 남한 정도의 크기인 유까딴과 낀따나루, 깜뻬체 세 개 주에서 관리하는 공식적으로 일반에 공개된 마야 도시만 하더라도 그 수가 무려 48개에 이른다. 이해를 돕기 위하여 마야의 유적지를 우리나라 서울의 고궁과 비교해 보자. 서울에는 경복궁, 창경궁, 창덕궁, 덕수궁, 경희궁 같은 다섯 개의 고궁이 있고, 종묘도 큰 면적을 차지하고 있다. 사실 서울 시내를 돌아다니다 보면 이러한 고궁들이 차지한 면적이 좁지 않고, 서울의 구석구석에는 역사적인 의미가 깃들지 않은 곳이 거의 없다는 사실을 깨닫게 된다. 오늘날 이러한 장소들을 다시금 찾아내어서 표지석도 세워 놓고, 중요한 것들을 다시 복원하고 있기도 하다. 따라서 서울의 역사에 관심을 가지고 이러한 것들에 주목하다 보면 서울이라는 곳 전체가 거대한 하나의 박물관이 된다는 것을 금방 느끼게 된다. 그 정도로 서울에는 많은 사람의 문화와 문명이 자리 잡았다. 이러한 상황과 마야 유적지의 분포가 유사하다. 마야는 그들이 살았던 지금의 멕시코와 과테말라, 벨리세, 온두라스, 엘살바도르 지역에 빼곡히 도시를 세우며 번성을 누렸다. 그 당시에 현재보다 인구밀도가 더 높았던 지역이 많이 있었을 정도이다. 란다를 비롯한 서양 사람들이 보기에는 무척 놀라울 정도로 마야 원주민들이 만든 도시와 문명의 흔적이 넓고도 조밀하게 분포되어 있었다.

5 건축물에 장식된 발가벗은 커다란 인물석상 혹은 회반죽상이 란다에게 매우 인상적이었던 것으로 보인다. 란다는 이 책에서 이러한 인물상들에 대하여 총 세 번에 걸쳐서 언급하였다. 첫 번째 언급은 5장(5-5)에서 확인할 수 있다. "이러한 건축물들은 다른 나라 사람들이 아닌 (바로 이곳의) 인디오들에 의하여 지어졌다. (건축물에 있는) 벌거벗은 석조인물상들이 그들 말로 엑스(ex)라고 불리는 긴 띠를 (둘러서 중요한 부위를 가린 모습으로) 정숙하게 만들어져 있다는 점과 인디오들이 사용하는 장신구들을 (착용하고 있다는 점을) 통해서 (이곳 인디오들이 이러한 건축물들을 직접 지었다는 사실을) 알 수 있다." 이 문장은 이 장에서의 묘사와 거의 유사하다. 장소가 유까딴인 것을 이야기하였을 뿐 정확한 위치에 대해서는 언급하지 않았다. 두 번째 언급이 이 문장에 해당한다. 여기서는 회반죽으로 만들어진 인물상에 관하여 묘사하였다. 토설은 주변의 다른 묘사를 통해서 보았을 때 이 조각상이 있는 장소가 잇사말로 추정된다고 하였다(Tozzer, 171). 그러나

이 장의 제목처럼 잇사말이 아닌 메리다나 치첸이트사 혹은 유까딴 지역의 다른 장소일 가능성도 남아 있다. 세 번째 언급은 42장(42-1)에서 확인할 수 있다. "이곳에 있는 그 많고 장엄한 건축물 중에서 어느 한 건축물 능보의 벽면들을 보면 나체의 사람들이 그들 말로 엑스(Ex)라고 불리는 기다랗고 얇은 천으로 정숙한 곳을 두르고 있는 모습과 인디오들이 현재 착용하고 있는 장신구들을 확인할 수 있기 때문이다." 이 문장은 치첸이트사 지역을 설명하는 부분에서 등장하며 발가벗은 인물상이라는 점에서 유사점을 갖는다. 그런데 현재 유까딴의 건축물들에는 발가벗은 커다란 인물상이 남아 있지 않다.

6 란다는 잇사말에서 발견된 항아리를 5장(5-6)에서 다음처럼 언급하였다. "이 책의 필자가 사제로서 이 땅에 머물던 중에 허물어진 어느 건축물 안에서 세 개의 손잡이가 달린 커다란 항아리가 발견되었다. 항아리의 겉면에는 은색의 불꽃(무늬가) 그려져 있었고, 그 속에는 주검을 태우고 남은 유골과 놀라울 정도로 굵은 팔다리뼈 그리고 인디오들이 화폐로 사용하던 세 개의 아름다운 구슬이 들어 있었다." 이 내용은 여기의 내용과 거의 유사하다.

7 가리바이본에는 'fuegos plateados'로 표기되었다. 본문에서는 '불꽃 장식'이라고 해석하였으나 이것이 정확히 무슨 뜻인지는 알기 어렵다.

8 가리바이본에는 이 부분이 "… que estaban a maravilla por quemar"로 표기되었는데, 그 뜻이 명확하지 않다. 두 가지 해석의 가능성이 있는 것으로 보인다.
1. 화장(火葬)하기에 아주 상태가 좋은
2. 화장(火葬)한 후로 아주 보존이 잘된
토설본(172)에는 2번과 같은 뜻으로 다음처럼 번역되었다. "… which were wonderfully preseved from being burned" 그러나 원문의 에스빠냐어는 문어적으로 보았을 때 본문에서와 같은 1번의 번역에 더욱 가깝다고 판단된다.

9 여러 사료에서 거구의 사람들에 대한 언급을 확인할 수 있다. 먼저 잇사말 지역의 렐라씨온에는 다음의 내용이 기록되었다. "이 높은 건축물들에는 회반죽으로 만들어진 상들이 있었다. 방패와 안전모로 무장한 마치 거인과 같은 커다란 상들이었던 것으로 보인다. 인디오들은 이러한 건축물들을 지은 사람들이 지금의 사람들보다 훨씬 더 몸집이 큰 사람들이었다고 이야기한다"(Relaciones de Yucatán, 1: 269). 잇사말의 항아리에서 발견된 커다란 크기의 유골은 이 책 5장(5-6)에서 다음처럼 묘사되었다. "이 책의 필자가 사제로서 이 땅에 머물던 중에 허물어진 어느 건축물 안에서 세 개의 손잡이가 달린 커다란 항아리가 발견되었다. 항아리의 겉면에는 은색의 불꽃(무늬가) 그려져 있었고, 그 속에는 주검을 태우고 남은 유골(遺骨)과 놀라울 정도로 굵은 팔다리뼈 그리고 인디오들이 화폐로 사용하던 세 개의 아름다운 구슬이 들어 있었다." 한편 거인과 관련된 다양한 증언들은 식민지 시대 이후로도 계속해서 등장하였다. 마야 지역을 여행하면서 마야의 존재를 서양에 알렸던 스티븐스(Stephens)는 1839년 길이와 넓이가 각각 7피트(feet, 약 2.13미터) 이상 되는 회반죽 두상의 유물을 보았다고 기록하였다(1843, 2: 434). 역시 마야를 소개한 사람으로 명성이 높은 샤네이(Charnay)도 같은 유구의 기슭에서 길이가 13피트(feet, 약 3.96미터)인 또 다른 두상을 발견하였다(1885, Eng. ed., 309-11). 토설은 그가 처음으로 잇사말을 방문하였을 때 회반죽의 두상에서 떨어져 나온 작은 부위를 발견하였다고 증언하였다(Tozzer, 172).
그러나 이와 같은 기록과 증언들에도 거구의 마야 사람들이 존재하였다는 과학적인 증거는 오늘날까지도 밝혀지지 않은 상태이다.

10 잇사말의 렐라씨온(Relaciones de Yucatán, 1: 269)에서 다음의 내용을 확인할 수 있다. "이곳 잇사말의 부락에는 아주 오래전부터 사람들이 거주하고 있었다. 이곳에는 석회와 돌로 지어진 아치형 천장의 훌륭하고 튼튼한 건축물이 많이 있었다. 또한 이러한 건축물 중에서 가장 중요한 건축물 위로 이 수도원이 세워지게 되었다. 이 수도원은 사람이 직접 손으로 쌓은 건축물로 (꼭대기까지는) 각 계단의 넓이가 1/2바라(vara, 길이를 재는 나무[쇠] 막대기. 768밀리미터에서 912밀리미터 사이를 오르내리는 에스빠냐의 여러 지역에서 사용되었던 길이의 단위[네이버 스페인어사전])가 넘는 150개 이상의 계단을 올라가야 한다. 건축물의 중심 면은 북쪽을 향하고, 꼭대기에는 벽처럼 생긴 세 개의 두꺼운 높은 탑들이 있다. 그중에서 가장 커다란 탑은 남쪽을 향하고, 그렇게 크지 않은 다른 두 개의 탑은 각각 동쪽과 서쪽을 향하고 있다. … 이 도시의 주민들은 까누빠깔(Kanupacal, Kak u Pacal)과 빌로(Vilo, Uilo)에게 정복당하였다. 마야빤을 세운 사람들은 바로 아이사네스(Ah Izanes, Ah Itzas)의 용맹한 지도자들이다. 이 도시의 최초 주민들은 끼니츠 하바(Kinich haba), 끼니츠 까불(Kinich Kabul), 끼니츠 까스모(Kinich Kazmo, Kinich Kak Mo), 끼따꾸츠(Quitahcutz, Cit Ah Cutz), 끼따꼬이(Quitahcoy, Cit Ah Coyi)이고, 호엘스(Joels, Xols), 모에스(Moes, Mos), 꼬예스(Coyes, Coyis)가 그들의 후손들이다. 이 지역의 인디오들 이름은 그들 가족의 이름과 성을 따서 지어졌다"(Tozzer, 172-173).

11 에스빠냐의 까스띠야 지역의 길이값(1피트=27.86센티미터)으로 계산해 보면 대략 27.8미터 정도이다.

12 여기서 '작은 예배당'이란 가톨릭 성당 양식에 등장하는 작은 예배당 혹은 성당 안에 있는 작은 기도실을 가리킨다. 가리바이본에는 'Capilla'로 표기되었는데, 고고학적인 용어로는 '뗌쁠로(Templo, 신전)'라고 정의한다. 마야의 피라미드에서 가장 기초가 되는 부분은 기단 부분으로 이것을 '바세(Base)'라고 한다. 바세는 피라미드의 가장 아랫부분을 형성하고, 바로 그 윗부분에 뗌쁠로가 있다. 바세에는 사람들이 뗌쁠로로 올라갈 수 있는 계단이 만들어져 있으며, 뗌쁠로를 지탱하는 기능이 있다. 뗌쁠로는 기단 부분이 끝나는 윗부분에 만들어진 구조물을 통칭하여 일컫는다. 전체 피라미드의 핵심 부분이라고 할 수 있고, 인간의 주 활동 공간으로 활용되었다. 일반적으로 신전의 실내외 공간이 제사 의식의 중심이 되었으며, 여기에는 장식이나 조각 등이 집중된 경우가 많았다. 보통 주거하는 집의 형태이다.

13 가톨릭 신부의 신분으로 마야 지역에 관한 기록을 남긴 리자나(Lizana)는 1663(Pt. 1, Ⅳ)년의 기록에서 다섯 개 정도의 언덕이 있으나 완전한 건축물은 발견되지 않았다고 언급하였다(Tozzer, 173). 이것을 바탕으로 생각해 보았을 때 이 지역에는 상당수의 마야 피라미드가 있었으나 급격히 손실되면서 점점 그 자취가 사라진 것으로 보인다. 오늘날에는 상황이 더욱 악화되어 이 주변에서 발견되는 대규모의 건축물들은 극히 제한적이다.

14 8레구아는 대략 34킬로미터 혹은 45킬로미터이다.

15 이곳은 오늘날 유까딴주의 주도인 메리다시로 알려져 있다.

16 13레구아는 대략 54킬로미터 혹은 72킬로미터이다.

17 8레구아는 대략 34킬로미터 혹은 45킬로미터이다.

18 마야문명은 전체 메소아메리카문명과 문화적인 유사점을 공유하였다. 이러한 문화적인 유사성과 동질성은 서로 다른 지역에 있는 도시 사이의 빈번하고 지속적인 교류로 가능한 것이었다. 단순히 물물교환이나 경제적인 이유에서뿐만 아니라 정치·사회·문화적인 측면에서도 왕성한 교류가 있었다. 이러한 사실은 마야 지역을 비롯해 전체 메소아메리카 지역과 나아가 그 밖의 다른 지역 사이에 원활한 교류가 이루어졌다는 것이 계속 확인되면서 더욱더 확고해졌다. 강이나 협곡 같은 지형들이 많아서 길을 만들기 위해서는 특수한 구조물이 필요했던 안데스 문명과 달리 마야 지역에서는 상대적으로 자연적인 계곡과 평지를 통해서 길을 용이하게 만들 수 있었다. 마야의 전 시대에 걸쳐서 도시와 도시를 연결하는 길이 잘 정비되어 있었고, 이를 통하여 빈번한 교류가 이루어졌다. 특히 산지(山地)가 없는 유까딴반도에는 '하얀 길'이라는 뜻의 '삭베(Sacbe)'라고 불리는 포장도로가 발달해 있었다. 삭베의 전통은 이미 전고전기 때부터 시작되었으나 절정을 이룬 시기는 고전기 초반부터라고 할 수 있다. 삭베는 도시 내부에 건설된 내부 도로와 도시와 도시를 연결하던 외부 도로로 크게 나누어진다. 내부 도로는 전고전기 때부터 상당한 발전을 보인 반면에 외부 도로는 고전기 때에 들어서 많이 만들어진 것을 볼 수 있다. 어떤 것은 수십 혹은 수백 킬로미터에 달하는 도시들을 연결하며 현대적인 의미와 기능을 가진 대단위 도로의 역할을 충분히 소화했던 것으로 보인다. 그중에서도 꼬바(Cobá)와 약수나(Yaxuná) 사이의 삭베는 무려 100킬로미터에 달한다. 삭베의 건축 방법은 집의 기초를 만드는 것과 동일하다. 지형에 따라서 크고 작은 돌들로 기반을 만들고–기반이 높은 것은 1미터가 넘는다.–그 위에 회반죽으로 포장하는데, 석회로 만들어진 바닥면이 흰색이기 때문에 '하얀 길'이라는 뜻의 '삭베'라고 불리게 되었다. 이것은 마치 오늘날의 포장도로 같지만, 도로의 표면에 아스팔트나 시멘트 대신에 회반죽이 입혀져 있다는 점이 가장 큰 차이점이라고 할 수 있다. 삭베는 물론 편리한 교통을 위한 기능적인 면에서도 중요성을 지녔지만, 종교적인 성격 또한 매우 강했다는 것을 알 수 있다. 이러한 특성은 현대적인 개념의 도로와는 또 다른 점이라고 할 수 있다. 이러한 도로가 순수한 종교적인 목적에서 만들어진 것인지 아니면 우리에게 일반적으로 알려진 것처럼 교통을 위한 목적에서 만들어진 것인지는 논란의 여지가 남았다. 수백 킬로미터에 달하는 도로가 단순히 순수한 종교적인 이유에서 만들어졌다고 보기는 힘들다는 것이 옮긴이의 생각이다. 그러나 다른 학자들은 이 도로에 종교적인 성격이 강하다는 쪽으로 더욱 큰 비중을 두어서 설명하고 있다. 그 이유로는 도로 중간에 건설된 개선문들이 종교적인 건축물이고, 도로의 시작점과 끝 지점이 종교행사를 주관하는 신전이라는 점을 강조한다. … 이러한 견해의 차이는 근본적으로 마야 종교의 성격과 그에 따른 운용에 대한 시각의 차이에서 비롯된다. 마야 사회에서는 종교적인 행사가 사회적인 기능과 경제적인 기능을 모두 담당하였고, 삭베는 기본적으로 종교적인 성격을 띠고 있었다. 그러나 마야의 종교행사는 전체 마을 사람들이 참여하는 중요한 사회·문화·경제적인 행사이기도 하였다. 제사에 쓸 도구를 멀리 떨어진

외지에서 운반하는 데 삭베가 쓰였을 것이고, 그러한 물건들을 가져온 상인들의 행렬이 이 삭베를 통하여 움직이는 것 또한 상상할 수 있다. 신성한 제단의 재료로 쓰이게 될 먼 동네의 돌들도 여러 의식을 치르며 이 삭베를 통하여 들어왔을 것이다. 결국 삭베가 종교적인 용도로 쓰였다고 하더라도 이렇게 놓고 보면 그 경계가 무척 애매모호하다는 것을 알 수 있다. 게다가 제사가 끝나고 나면 마을 사람들이 관습적으로 제사에 사용된 도구들을 일상의 생활용구로 사용하였고, 함께 음식을 나누어 먹었다. 그렇다면 삭베를 통하여 운반된 제사도구는 종교적인 기능과 사회·경제적인 기능을 모두 가지고 있는 것이 아닌가. 결론적으로 말하면 삭베가 기본적으로 종교적인 길이라고 하는 데는 큰 이의가 없다. 그러나 이러한 삭베가 마야 사람들의 순수한 종교적인 발로와 기원에서 만들어졌으며, 일반인이 범접할 수 없는 사원 같은 순수한 종교적인 건축물이라는 것은 실질적으로나 이론적으로 모두 불가능하다(송영복, 2005, 249).

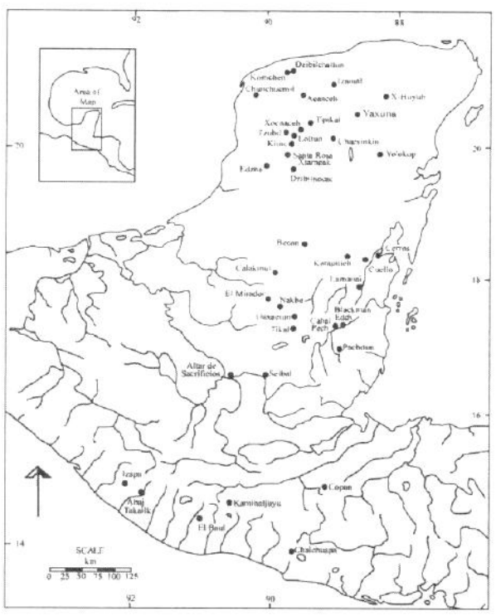

유까딴 지역의 삭베 지도

19 초기의 에스빠냐 정복자들이 에스빠냐의 도시 메리다의 로마 유적지와 이 지역의 유적들 사이에서 유사점을 발견하고는 이곳을 메리다라고 부르게 되었다. 비엔베니다 신부는 1548년에 다음의 글을 남겼다. "이 도시의 내부는 33레구아(약 138킬로미터)이고, 이 도시는 이곳에 지어진 훌륭한 건축물들로 인하여 메리다라고 이름 불리게 되었다. 인디아스의 다른 어떤 곳들에서도 이처럼 정교하게 가공된 커다란 돌들로 지어진 훌륭한 건축물들을 발견할 수 없다." 꼬골유도(Cogolludo)(5, V)는 메리다에 대하여 다음처럼 언급하였다. "우상숭배가 이루어지던 시절에 이 땅에는 그들의 우상들을 위한 신전들을 높게 짓는 풍토가 만연해 있었다. …그들은 직접 손으로 건축하였는데, 흙과 돌로 낮은 언덕을 만들었고, 그 위로 신전을 세웠다."
가리바이본에 삽입된 란다의 메리다 건축물 그림은 조악하게나마 건물의 형태를 보여 준다. 네 개의 건축물에 둘러싸인 광장은 경사지를 이중으로 계단모양으로 깎아서 언덕진 곳에 만들었다. 동쪽에서 접근하려면 30개 이상의 계단을 올라야 가능할 것으로 보인다. 각각의 건축물에는 많은 방(Celda, 작은 수도원)이 있으며, 서쪽에는 작고 둥근 사원(Capilla)이 있다. 이 그림의 한쪽에는 다음과 같은 글귀가 새겨져 있다. "양쪽으로는 방(Celda)들이 있었고, 그 가운데는 복도(Transito)가 있었다. 고로 이 복도는 서쪽을 향하고 있었다." 이러한 방들은 안뜰을 둘러싼 건축물로 드나들 수 있는 입구의 역할을 한 것으로 추정된다. 또한 '굉장히 아름다운 광장'이라는 글귀가 있고, 그림의 남쪽에는 '이 방은 매우 길며, 두 부분으로 나누어진다'라는 글귀가 있다. 이 도면은 욱스말의 수도원 혹은 수녀원과의 유사점을 갖는다(Tozzer, 174–175).

오늘날의 메리다시 중앙광장과 대성당

20 가리바이본에는 "… porque tiene más de dos carreras de caballo desde la parte del oriente"로 표기되었다. 여기서 'carreras de caballo'는 '말이 쉬지 않고 갈 수 있는 거리(말이 한 번의 호흡으로 갈 수 있는 거리)'를 뜻한다. 대략 1,200피트(까스띠야 지역의 길이값 1피트=27.86센티미터로 계산한다면 334미터)를 말이 쉬지 않고 갈 수 있는 거리(말이 한 번의 호흡으로 갈 수 있는 거리)로 계산한다. 에스빠냐어 원문에는 '이러한 거리의 두 배 이상(más de dos carreras)'이라고 나와 있으니 그 거리가 대략 668미터 이상 된다고 볼 수 있다. 토설은 이와 관련하여 다음처럼 언급하였다. "에스빠냐와 아메리카의 일부 지역에서는 이 단위의 거리가 400바라(vara, 약 400미터)로 알려져 있고, 또 다른 지역들에서는 1,200바

라로 알려져 있다. 이를 바탕으로 계산해 보면 이 광장의 넓이가 3,000피트(약 835제곱미터)라는 추측이 가능하다"(Tozzer, 175).

21 에스빠냐의 까스띠야 지역의 길이값(1피트=27.86센티미터)으로 계산해 보면 대략적으로 7.8-8.35미터 정도이다.

22 에스빠냐의 까스띠야 지역의 길이값(1피트=27.86센티미터)으로 계산해 보면 대략 1.67미터 정도이다.

23 가리바이본에는 이 부분이 'ala'로 표기되었다. 이 단어는 보통 '날개'라는 뜻으로 사용되지만 여기서는 이 단어에 대한 에스빠냐 왕립 학술원(RAE) 사전의 3번 정의인 'parte de un edificio(건축물의 일부분)'의 뜻으로 사용된 것으로 보인다(http://buscon.rae.es/drae/?type=3&val=verdad&val_aux=&origen=REDRAE). 따라서 본문에서는 이 단어를 '구조'로 번역하였고, 다른 부분에서는 상황과 전후좌우의 맥락에 따라 '건물' '건축물' 등으로 다르게 번역하였다.

24 에스빠냐의 까스띠야 지역의 길이값(1피트=27.86센티미터)으로 계산해 보면 대략 3.34미터 정도이다.

25 에스빠냐의 까스띠야 지역의 길이값(1피트=27.86센티미터)으로 계산해 보면 대략 2.22미터 정도이다.

26 일반적으로 마야의 건축물들에는 문이 있지 않았다. 보통은 건축물 입구의 양쪽에 고리를 만들어서 그곳에 커튼과 같은 천을 달아 놓았다. 입구의 모퉁이를 관통하거나 돌문의 옆 기둥 측면으로 낡은 구멍이나 돌출된 돌들 혹은 작은 기둥들이 종종 발견되는데, 이러한 것들은 커튼을 달기 위한 것으로 추정된다.

27 란다의 도면을 보면 동쪽에 있는 아치형의 통로가 계단에서부터 건축물을 통과한 후에 광장 내부로 통하도록 했다. 이것은 욱스말의 수도원에 있는 아치형의 통로가 남쪽에서부터 이어지는 방식과 유사하다. 이 문장 이후로 란다가 묘사한 것처럼 건축물의 서쪽과 이어진 두 개의 통로가 있었고, 이러한 통로들은 광장의 뒤편으로 통하였던 것으로 보인다. 그런데 란다의 도면상에서는 하나의 통로밖에 확인할 수 없다. 이러한 통로들은 욱스말의 '통치자의 집(House of the Govenor)'까지 이어진 두 개의 아치형 입구와 그 구조와 기능이 같은 것으로 추정된다(Tozzer, 175).

28 나무나 돌의 모서리나 면을 모양을 내어 깎아 만든 것 또는 그 일. 두드러지게 하거나 오목하게 모양을 낸 것을 말한다(네이버 지식백과).

29 이것은 뿌욱(Puuc) 지역의 건축물 정면(façade) 장식의 특징들 가운데 하나인 '반기둥'에 대한 묘사가 분명한 것으로 보인다. 또한 이것을 바탕으로 띠후 지역이 뿌욱 양식을 취하였다는 것을 알 수 있다(Tozzer, 175).

30 모리스 등(Morris et al)(1: 220-4)은 석회제조법에 관한 뛰어난 기록을 남겼다. 석회를 모래 대신에 '삭 깝(Sac cab)' 혹은 '흰 흙'과 혼합하면 '회반죽'이 된다. (인디오들은) 초꼼(Chocom) 나무의 "껍질을 벗겨서 큰 통에 넣은 후 이것을 물에 담가 둔다."라고 하였다. 일정 기간이 지나면 용해작용이 일어나기에 충분할 정도로 껍질이 수분을 흡수한다. 이렇게 수분을 머금은 석회는 특유의 광택을 내고 물에 닿아도 쉽게 손상되지 않는다. 또한 반짝거리는 붉은색을 띠며 햇빛에 노출되어도 변색되지 않는다(Tozzer, 176).

31 아치형 천장의 가장 윗부분의 돌(Cap-stones)을 가리키는 것으로 보인다(Tozzer, 176).

32 초창기 메리다의 훌륭한 장소들과 에스빠냐 사람들이 머물던 그 밖의 다른 마을들은 마야 사람들의 허물어진 건축물들에서 가져온 가공된 돌들로 지어진 것이었다. 오늘날에도 건축물들의 벽에서 식민지 초기에 사용된 잘 다듬어진 돌들이 종종 발견되는 경우가 있다(Brasseur de Bourbourg, 1865, 456). 그러나 과거 띠후 지역에 인공적으로 쌓여 있던 많은 언덕과 허물어진 건축물들은 이미 완전히 사라지고 없는 상태이다. 후안 마르띠네스 H.(Dr. Juan Martínez H.)는 1938년 2월 6일에 토설에게 다음처럼 말하였다. "오래전 나는 메리다에 있는 산 프란씨스꼬 수도원 교회의 건축물 정면(façade)과 엘 까스띠요(El Castillo)에서 유일하게 남아 있던 건축물 정면의 사진을 촬영한 적이 있다. 주 교도소의 건축물 위로 알라메다(Alameda)의 상업건축물인 메르까도 루까스 데 갈베스(Mercado Lucas de Galvez, 루까스 데 갈베스 시장)와 그 밖의 다른 모든 건축물 재료들은 이미 매우 낡아 있는 상태였다. 란다가 언급한 마야 사람들이 남긴 유명한 언덕은 현재 남아 있지 않다. 오래전에는 둥근 천장들(Bóvedas)과 비밀 통로들을 직접 확인할 수 있는 기회가 있었지만, 이제는 이 모든 것들이 사라지고 없다"(Tozzer, 176).
유럽의 정복자들은 아메리카 전 대륙에서 동일하게 원주민들이 가장 많이 사는 지역들을 중심으로 식민지화를 점차 진행해 나갔다. 그러한 과정에서 도심 속에 지어진 원주민들의 주요 사원이 대부분 허물어졌다. 주로 중앙신전의 자리에 성당이나 중앙정부청사가 들어섰는데, 원주민들의 도로와 도시 설계가 그대로 이용되기도 하였다. 즉 초창기 에스빠냐 사람들이 원주민 신전의 건축 재료들을 그대로 사용해서 성당이나 그 밖의 다른 건축물들을 지었다. 대표적인 예로 멕시코시티와 페루의 쿠스코(Cusco) 같은 도시들을 들 수 있다. 여기서 란다가 언급한 메리다와 주변 지역들도 예외가 아니다. 그러다 보니 성당의 건축물에는 원주민 신전의 조각 문양이 그대로 드러나는 돌들이 끼어 있기도 했다. 오늘날에도 이러한 돌들을 직접 눈으로 확인할 수 있다.

33 오랫동안 사람이 거주하지 않아서 건축물이 풀과 나무로 뒤덮인 상태를 이야기한 것으로 보인다.

34 란다는 마치 몬떼호가 이 땅을 그들에게 하사한 시점과 이곳을 정돈한 시점이 같다는 식으로 언급하였다. 그러나 실제로 수도원은 란다가 도착하기 2년 전인 1547년 후안 데 라 뿌에르따에 의해서 지어졌다. 그리고 다소 의문점이 남아 있기는 하지만 란다가 이곳에 머물렀을 당시만 하더라도 마야의 많은 오래된 건축물들이 부분적으로나마 남아 있던 상태였다. 란다는 '수도원과 성당을 지으려는 터에 잡목이 우거져 있다는 것'과 '폐허가 된 사원들에 타고 남은 꼬빨(Copal, 향)이 있다는 것' 그리고 '수풀이 무성한 건축물들'에 대하여 언급하였다. 한편 비엔베니다(Bienvenida)는 1548년 띠후와 메리다의 유적지에 대하여 다음처럼 묘사하였다. "이러한 건축물들을 누가 지었는지에 대한 기억은 남아 있지 않다. 수풀이 매우 높게 자라 있는 것을 보았을 때 예수가 이 땅에 오기 이전(유럽정복 이전)에 지어진 것으로 보인다. … 현재 인디오들은 이곳에 살지 않는다. 그들은 짚이나 나무로 집을 지어서 생활하고 있다"(Tozzer, 176–177).

35 브라쉐르 드 부르부르(338)는 꼬골유도(Cogolludo)(3d. ed., 1: 602)의 두 번째 간행본(1842)에 실린 후스토 시에라(Justo Sierra)의 부록(Appendix)에서 이 수도원에 대한 다음의 내용을 발췌하여 기록하였다. "원래 성채를 축조하기로 계획되었던 땅은 결국 프란씨스꼬 수도회의 수도사들에게 돌아갔다. 그들은 이곳에 여러 방과 좁은 통로들 그리고 지하도로로 서로 복잡하게 얽힌 건축물들을 몇 년에 걸쳐서 완공하였다. … 오늘날(1842년) 메리다의 심장부에 있는 이러한 대단위 건축물 더미는 폐허가 된 유적지에 불과하다. 그렇지만 이러한 유적지가 보여 주는 모습은 위엄 있고 당당하다." 한편 노먼(Norman)(45–8)과 스티븐스(Stephens)(1843, 1:92–3)는 폐허가 된 수도원에 대하여 다음처럼 묘사하였다. "아치의 특징은 매우 명확하다. 에스빠냐 사람들이 이러한 아치를 그들이 알고 있던 기존의 건축양식과 상반되게 지었다고는 가정하기 힘들다. 일단 이 모든 의문점을 접어 두고 보았을 때 이러한 아치는 수많은 추측을 낳은 신비로운 건축물 중의 어느 한 건축물의 일부를 형성하고 있다"(Tozzer, 177).

36 여기서는 띠꼬(Tikoh)로 표기하였고, 5장(5–8)에서는 띠꼬츠로 표기하였으며, 14장(14–3)에서는 띠호(Tihó)로 표기하였다. 그러나 이것들은 모두 현재 유까딴의 주도인 메리다시에 해당된다. 이러한 표기의 차이는 란다의 실수 혹은 란다의 글을 옮겨 적은 사람의 실수로 인한 것으로 보인다. 단 12장(12–4)에 등장하는 떼꼬츠(Tekoch)는 다른 장소를 나타낸다.

37 몬떼호가 이끄는 에스빠냐 군대가 이곳을 정복해 나갈 당시에 이곳은 첼족(los Cheles)의 가장 중요한 정주지였다. 이러한 이유로 란다는 본인이 정복의 과정을 묘사할 때 이 지역에 관해 이야기할 것으로 예상하였거나 혹은 실제로 이 지역에 관해 말했기 때문에 본문과 같이 언급한 것으로 보인다. 그러나 실제로 지금까지 남아 있는 판본의 본문에서는 이러한 내용을 발견할 수 없다.

38 이 책의 다른 어떤 부분에서도 이와 관련된 언급을 확인할 수 없다. 또한 5장(5–8)에서도 역시 띠꼬츠에 대하여 언급하겠다고 하였으나 그러한 언급은 발견되지 않았다. 이 사료가 나중에 제작된 요약본이라는 점을 생각해 보았을 때 실제 란다의 원본에는 이에 대한 언급이 있을 가능성도 존재한다.

39 '이 건축물들'은 분명 잇사말의 북동쪽에 있는 띠꼬(Tikoh)의 정주지에 대한 것으로 추정된다(Tozzer, 177). 3레구아와 7레구아는 각각 13킬로미터, 29킬로미터이다.

40 10레구아는 약 42킬로미터 혹은 56킬로미터이다.

41 11레구아는 약 46킬로미터 혹은 61킬로미터이다.

42 이 전설은 유까딴 지역의 꼬꼼족과 시우족, 첼족(los Cheles)에 대한 이야기이다. 이들은 오늘날에도 계속해서 유까딴 지역의 중요한 부족으로 맥을 이어가고 있다.

43 에레라(Herrera)(4, 10, II, Appendix A)는 전반적으로 란다의 기록을 따랐으나 다음처럼 세부 내용을 덧붙여 기록하였다. "사람들은 그들을 미워한 나머지 그들을 죽이고 건

축물들을 뒤로한 채 이곳을 떠났다. 그들이 남겨 둔 건축물 중에는 바다에서 10레구아(약 42킬로미터) 정도 떨어진 매우 훌륭한 건축물도 있었다"(Tozzer, 177).

44 10레구아는 약 42킬로미터이다.

45 가리바이본에는 'treinta y dos pies(32피트)'로 표기되었다. 그러나 레온본에는 'treinta y tres pies(33피트)'로 표기되었고, 게이츠본에도 '33피트'로 표기되었다. 에스빠냐 까스띠야 지역의 길이값(1피트=27.86센티미터)으로 계산하면 32피트는 대략 8.91미터이고, 33피트는 9.19미터이다.

46 모즐리(Maudslay)(Text, 3: 35)는 난간까지 포함해서 폭이 37피트라고 하였고, 스티븐스(Stephens)는 계단의 숫자가 91개라고 하였다(Tozzer, 178). 이 건축물은 보통 '엘 까스띠요(El Castillo)'로 불리는 치첸이트사의 가장 웅장한 피라미드를 가리킨다. 동서남북으로 나 있는 각 계단의 숫자가 91개이므로 모든 계단의 수는 364개이고, 이것은 마야의 365일 달력을 상징하는 숫자인 것으로 보인다. 높이가 30미터에 이르며, 건축물에는 여러 천문학적 정보들이 담겨 있다. 또한 춘분과 추분점에 건축물의 그림자가 움직이는 뱀의 형상을 나타내는 등 종교적인 상징성을 고려한 정교한 건물의 디자인으로도 유명하다.

47 레온본에는 "… que es menester subirlas" 대신에 "que es muerte subirlas"로 표기되었다. 레온본대로 해석하면 "올라가는 데 무척 힘이 든다."라는 뜻이다.

48 에스빠냐 까스띠야 지역의 길이값(1피트=27.86센티미터)으로 계산해 보면 대략 56센티미터 정도이다.

49 삽화에도 피라미드의 모퉁이가 둥글게 표현되었다.

50 토설은 이것을 허위 진술이라고 단정하였다. 또한 뱀의 머리는 오로지 북쪽 방면 계단에 있는 각 난간의 끝부분에만 장식되었고, 이 북쪽 방면의 계단을 오르면 사원의 주 입구로 닿을 수 있다고 주장하였다(Tozzer, 178).

51 유명한 두 개의 뱀 기둥이 이 복도의 정면을 떠받치고 있다. 기둥의 발치에는 뱀머리가 장식되었고, 기둥의 몸체는 깃털로 장식되었다. 또한 깃털 달린 뱀의 꼬리는 복도 정면 부분에서 멋스럽게 바깥쪽으로 뻗어 있다(Totten, 109, 115, Tozzer, 179).

52 가리바이본에는 이 부분이 'un a modo de armas'로 표기되었다. 여기서의 'arma'는 '문장(紋章)'이라는 뜻으로 추정되는데, 토설본(179)에도 'a sort of coat of arms'로 표기되었다. 그렇지만 이 단어가 '무기'라는 뜻으로 해석될 가능성도 남아 있다.

53 가리바이본에는 이 부분이 'teatro'로 표기되었다. 이 단어는 '무대' 혹은 '극장'이라는 뜻으로 해석할 수 있다. 오늘날의 마야 유적지를 돌아보면 실제로 작은 야외음악당 같은 형태를 가진 여러 건축물 일부를 발견할 수 있다.

54 로이스(Roys)(1933, 5)는 다음처럼 언급하였다. "아길라르(Aguilar, 1892 ed., 98)는 우리에게 인디오들이 서로 모여서 책에 적힌 신화들과 이야기들을 어떻게 읽는지 이야기해 주었다. 그중에서 어떤 내용들은 북소리가 가미되는 등의 변형된 형태로 전해지고 있었고, 오래된 노래들도 계속해서 불리고 있었다. 또한 연극 같은 놀이도 하였는데, 모똘 사전에서 확인할 수 있는 이러한 연극의 이름들은 공식적으로 정해져 있다."
뽄세(Ponce) 지역의 렐라씨온(1932 ed., 356)에서 '춤을 추고, 매우 보기 좋은 몸동작을 취하며, 이 지역 밤새들의 소리를 아주 자연스럽게 흉내 내는 가면을 쓴 남자들과 플루트와 트럼펫 연주'에 대하여 시우다드레알(Ciudad Real)이 묘사한 내용을 확인할 수 있다. 한편 깐(Gann)(1925, 216–20)은 연극이 행해지던 벨리세의 루바안뚠(Lubaantun) 지역의 원형경기장에 대하여 묘사하였다. 그러나 커다란 광장이 있는 것을 제외하고는 이곳을 연극이 행해지던 곳으로 부를 수 있을 만한 뚜렷한 증거가 발견되지 않았다(Tozzer, 179).

55 쎄노떼 의식에 관한 가장 흥미로운 묘사 중의 하나는 1552년경 유까딴에 머물렀던 또마스 로뻬스의 기록에서 살펴볼 수 있다. 그는 '볼만한 가치가 있는 치첸이트사의 건축물들'을 개인적으로 방문하였다고 하였다. 부록 B(Appendix B)에 실린 그의 기록에는 소녀 희생양들이 처녀로 묘사되었다. '옥수수 (농사로 인하여) 비를 간절히 원할 때' 희생을 요구하는 의식이 치러졌다. "그들의 거짓된 신에게 좋은 중재자 역할을 할 수 있도록 그녀를 (우물 속으로) 집어넣었다. 그렇게 함으로써 신들이 비를 내려 주기를 기원하였다." 로뻬스(López)는 우물까지의 행렬과 소녀를 (우물 속으로) 집어넣는 방법에 이르기까지 세부적인 내용들을 덧붙여 묘사하였다.
또한 그는 치첸이트사에 사는 어느 노인이 미래의 희생양에 대해 이야기한 것에 대하여 언급하였다. '비를 내려 주십사' 신들에게 간청하라는 명령을 받은 노인은 그것을 거부하였다. 그렇게 거부함으로써 (미래의 희생양인) 여자의 목숨을 살릴 수는 있었으나 그녀가 더 이상 옥수수뿐만 아니라 그 어떤 것도 신들에게 요청할 수 없게 되었다는 내용이다. 브라쉐르 드 부르부르(1857-9, 2: 44-5)는 (우물에서) 꺼내진 시신이 인근의 숲에서 화장되었다는 내용에 대하여 덧붙여 언급하였다. 치첸이트사의 쎄노떼에서 상대적으로 적은 양의 유골이 발견된 이유를 어쩌면 몇몇 희생자가 물속에서 꺼내졌고, 그들의 시신이 화장되었다는 말로써 설명할 수 있을 것이다(Tozzer, 180-181).

역시 인신공양에 대하여 묘사하면서 프란씨스꼬 까말(Francisco Camal)은 다음처럼 언급하였다(124). "비록 촌장은 그곳에 없었지만, 그는 다른 모든 사람이 오래도록 살 수 있도록 인신공양을 명령하였다. 인신공양이 끝나자 죽은 소년들의 시신을 심장과 함께 치첸이트사의 쎄노떼에 던져버렸다." 이러한 인신공양의 방식은 소뚜따와 호문의 증언에서도 확인할 수 있다(Tozzer, 180). 또한 그 밖의 다른 많은 사료에서도 이에 대한 자세한 기록을 확인할 수 있다. 쎄노떼 주변에서 제사장들이 처녀들과 성관계를 함로써 처녀성을 신에게 바쳤다는 추정에서부터 다소 선정적이고 잔인한 증언들까지 추측성으로 제기되기도 하였다. 그러나 앞에서도 이미 이야기하였듯이 실제로 쎄노떼에서 발견된 유골의 양은 그리 많지 않다. 다양한 주장들은 원주민들의 원시성과 잔인성을 과장하기 위한 수단으로 제시되었을 가능성이 있다.

56 이러한 란다의 기록은 세간의 이목을 끌기 충분했다. 란다의 기록에 의하면 이곳은 치첸이트사의 쎄노떼인 것이 거의 확실했다. 지금까지도 이곳의 쎄노떼는 보존 상태가 꽤 좋은 편이다. 그런데 란다의 기록을 접한 사람이라면 "보석과 다른 많은 귀중한 물건을 (연못 안으로) 던져 넣었다."라는 대목이 눈에 들어오지 않을 리가 없었다. 1881년 치첸이트사를 방문한 차메이(Charmay)는 이 '귀중한 물건들'을 발견하기 위하여 쎄노떼에서 준설작업을 시행하였으나 '귀중한 물건들'을 발견하는 데 성공을 거두지는 못하였다. 이번에는 찰스 P.바우디치(Charles P. Bowditch)가 란다의 기록을 직접 확인해 보고자 하였다. 그러고는 후원과 지휘하에 1904-1907년까지 여러 차례에 걸쳐서 에드워드 H. 톰슨(Edward H. Thompson)에 의한 준설작업이 시행되었다. 이 작업은 우물의 남쪽 부분에서 상당한 성과를 거두었다. 그가 발굴한 유물 대부분은 바우디치(Bowditch)에 의하여 하버드대학교의 피바디 박물관(Peabody Museum)에 전시되었고, 이러한 톰슨(Thompson)의 작업은 많은 책에 소개되었다. 쎄노떼에서 발굴된 유물들 중에는 꼬빨(Copal, 향)의 구슬들이 가장 많은 수를 차지했는데, 구슬 대부분은 가공하지 않은 도자기 무더기 속에서 발견되었다. 또한 다량의 옥구슬과 조각된 옥 브로치가 발견되었고, 그 밖에도 나무로 된 조각들과 직물들이 발견되었다(Tozzer, 182). 이후에도 카네기 제단의 지원하에 (주로 1920년대에 대규모로 이루어졌다). 많은 미국의 학자가 이곳에서 준설작업을 시행하여 '귀중한 물건들'을 발견하였다. 당시에 발굴된 유물들은 대부분 미국의 박물관에 전시되었다. 그러나 정작 치첸이트사에는 그 당시 쎄노떼의 밑바닥을 준설할 때 사용한 기계의 잔해만이 남았다. 이로써 란다의 기록이 상당한 신빙성을 가지고 있음이 입증되었다.

당시 쎄노떼의 밑바닥을 준설할 때 사용한 기계장치,
현재 치첸이트사 유적지의 입구에 전시되었다.

57 이 우물에서는 몇몇의 금속 제품들이 발굴되었다. 순 구리로 된 제품들과 거의 순금으로 된 제품들이 다량의 금식기류와 함께 발견되었다. 두드려서 만든 구리제품과 금제품을 제외한 그 밖의 다른 모든 것들은 몰드(거푸집)로 주조한 금속제품들이거나 콜롬비아, 꼬끌레(Coclé), 치리끼(Chiriqui) 문화의 파나마(Panamá), 온두라스, 오아하까와 멕시코 고원 등지에서 제조하여 들여온 외제품인 것으로 밝혀졌다. 보든대학(Bowdoin college)의 W. C. 루트(W. C. Root) 박사는 각종 화학적 분석을 통하여 구리와 납 그리고 비소 성분을 갖는 구리 제품들은 오아하까와 멕시코 고원(Valley of Mexico)에서 전해진 것이고, 구리와 주석의 성분을 갖는 제품들은 온두라스에서 전해졌으며, 순 구리 제품들은 과테말라와 치아빠스에서 전해졌다는 결론을 내렸다(Tozzer, 182-183).

58 '1에스따도'는 대략 195센티미터로 한 사람의 신장 길이

를 나타내며 깊이를 표시하는 단위로 알려져 있다. 여기서는 'siete estados(7에스따도)'로 표기되어 있으니 그 깊이가 7×195=13.65미터 정도 된다고 볼 수 있다. 란다는 이 책 5장(5-10)에서도 이와 관련하여 언급한 바 있다.

59 현재 치첸이트사에 있는 쎄노떼의 폭은 약 45-60미터이고, 물의 깊이는 약 20미터이다. 이 중 절반 정도는 바닥의 진흙 부분을 포함하고 있다. 그러나 우기와 건기에 따라서 물의 양에는 차이가 있다.

60 과학적으로는 물속에 대량으로 서식하는 수생식물들 때문에 물의 색깔이 초록색으로 보인다.

61 만신전(萬神殿). 로마에 있는 로마 시대 신전을 이르는 말이다. 기원전 27년에 아그리파에 의하여 창건되었다가 불타 없어진 것을 115-125년 무렵에 하드리아누스제가 재건한 것으로 로마 시대의 대표적인 건축물이다. 지름과 높이가 각각 44.5미터인 돔(dome)이 있으며 현재는 사원이나 능묘로 쓰이고 있다(네이버 국어사전).

초록색을 띠는 쎄노떼의 바닥면

62 쎄노떼 가장자리의 남쪽 방면으로 나 있는 길의 시작 부분에는 현재 시멘트로 덧입혀진 제단이 있고, 서쪽으로는 '사원'이라고 불리던 '작은 건축물'이 있다. 폐허로 변했기 때문에 이것을 지은 정확한 목적을 알 수는 없지만, 이곳에는 세 개의 방이 있었던 것으로 추정된다. 중심 벽면에서 약 3미터되는 거리에 있는 첫 번째 방은 동쪽에 있다. 이곳에는 둥근 환기용 관이 있었던 것으로 보인다. 모즐리(Maudslay)(Text, 3: 35)는 이것이 마치 오븐과 비슷하다고 하였다. 이곳에서 행해지던 의례에 쓰일 목적으로 커다란 향로가 있었을 가능성도 존재한다. 또한 이곳이 숨뿔체(Zumpulche) 혹은 젖은 집(Sweat house)이라는 또 다른 주장도 제기되었다(N. 584). 이 방 뒤로는 첫 번째 방보다 더 작은 두 개의 내실이 있다. 이곳의 벽면에는 벽감이 있는데, 란다가 머물던 시기에는 이곳에 '이 땅의 최고(신들)을 기리기 위하여 만들어진 우상들'이 놓였었던 것으로 추정된다. 한편 프랜시스코 투즈(Francisco Tuz)의 기록(SA, 122)에서 치첸이트사의 쎄노떼에서의 공양과 '그곳에 있던 악마들을 위한 교회'에 대한 언급을 확인할 수 있다. "사람들은 광장 십자가의 발치에서 동물과 개를 제물로 바쳤다. 십자가를 불태운 후에 동물의 피로 다시 불을 꺼트렸다. 그리고 매주 일요일 교회에서 악마들에게 꼬빨(Copal, 향)을 태웠다"(Tozzer, 183).
여기서 '교회'는 가톨릭이나 개신교의 교회가 아닌 우물의 가장자리에 있던 혹은 이곳 근처에 있던 위에서 언급한 마야 신전의 일부인 건축물 중의 하나라고 할 수 있다.

쎄노떼 입구에 자리한 작은 사원의 현재 모습

63 가리바이본에는 "… para toparse con sus ídolos cuando fuesen con ofrendas a aquel pozo"로 표기되었다. 여기서의 'toparse'는 '만나다' 혹은 '마주치다'라는 뜻이 있다. 따라서 본문에서는 이 단어를 '영접하다'로 의역하여 전체 문장을 본문에서처럼 '연못에 제물을 바치러 갈 때 우상들을 영접하기 위한 목적으로'라고 해석하였다.

64 치첸이트사의 쎄노떼에서 제례의식이 언제부터 행해졌는지 정확히 알 수 없다. 그러나 쎄노떼는 마야 사람들의 종교뿐만 아니라 실생활에서도 매우 중요한 역할을 했던 곳임에 틀림이 없다. 그리고 이러한 장소에 대한 예우를 갖추는 것은 마야 사람들의 일반적인 전통이었다. 따라서 비록 규모가 작기는 하였지만, 치첸이트사의 쎄노떼에서 의례가 행해지던 시기는 이곳 치첸이트사가 도시로 발전하던 시기인 기원전 혹은 그 이전부터라고 할 수 있다. 이곳이 가장 융성하기 시작한 7세기 이후로는 정점에 이르렀을 것으로 보인다.
한편 이곳에서의 의례와 관련하여 유까딴반도의 역사가 바뀌었다는 중요한 전설 하나가 전해져 내려오고 있다. 전설에 의하면 꼬꼼족의 아 쎄엘 까우이츠(Ah Ceel Cauich)

라는 인물이 인신공양의 희생물로 이 쎄노떼에 던져지게 되었는데, 그가 다시 살아 돌아왔고, 그 과정에서 신들을 만났으며, 그 신들이 아 쎄엘 까우이츠가 마야빤의 최고지도자가 되어야 한다고 말하였다는 내용이 이 전설의 골자이다. 그런데 이것은 기존의 질서(3자 동맹: 시우, 꼬꼼, 잇사)가 깨지는 분쟁의 시작을 알리게 되었다. 결국 아 쎄엘 까우이츠는 마야빤의 최고지도자가 되었고, 이때부터 후낙 첼이라는 이름으로 불리기 시작하였다. 그리고 주변의 잇사족, 시우족과의 갈등을 겪게 되었다. 잇사족은 최고지도자가 되려면 마야 종교에 대한 이해를 비롯한 인품과 덕망이 필요하다는 이유로 그를 최고지도자로 인정하지 않았다. 결국 1194년 후낙 첼에 의하여 꼬꼼족과 잇사족 사이에 전쟁이 벌어졌다. 그리하여 유까딴에는 크고 작은 갈등의 싹이 생겨났다. 란다는 6장에서 그 이후의 과정에 대하여 언급하였다.

65 앞선 3장(3–5), 29장(29–2), 40장(40–5)에서도 언급하였듯이 '사자'는 아메리카 대륙에 존재하지 않던 동물로 여기서 '사자'는 '재규어'나 '퓨마'를 가리키는 것으로 추정된다.

66 이 문장은 "연장도 없이 이러한 것들을 이렇게나 잘 만들 수 있다는 것을 그 누가 믿을 수 있단 말인가"라는 의미로 해석된다.

67 란다는 이러한 인물상들에 대하여 세 군데에 걸쳐서 언급하였다. 첫 번째 언급은 이 책 5장(5–5)에서 확인할 수 있다. "이러한 건축물들은 다른 나라 사람들이 아닌 (바로 이곳의) 인디오들에 의하여 지어졌다. (건축물에 있는) 벌거벗은 석조인물상들이 그들 말로 엑스(ex)라고 불리는 긴 띠를 (둘러서 중요한 부위를 가린 모습으로) 정숙하게 만들어져 있다는 점과 인디오들이 사용하는 장신구들을 (착용한다는 점을) 통해서 (이곳 인디오들이 이러한 건축물들을 직접 지었다는 사실을) 알 수 있다." 이 문장은 본문의 내용과 거의 유사하다. 그러나 여기서는 장소가 유까딴이라는 것을 언급하였을 뿐 정확한 위치는 이야기하지 않았다. 두 번째 묘사는 42장(42–1)에서 확인할 수 있다. "이곳에 있는 그 많고 장엄한 건축물 중에서 어느 한 건축물 능보의 벽면들을 보면 나체의 사람들이 그들 말로 엑스(Ex)라고 불리는 기다랗고 얇은 천으로 정숙한 곳을 두르고 있는 모습과 인디오들이 현재 착용하고 있는 장신구들을 확인할 수 있기 때문이다. 바로 이러한 흔적들이 발가벗은 인디오들이 건축물들을 지었다는 사실을 뒷받침해 준다. 이러한 [흔적들은] 굉장히 튼튼한 회반죽으로 되었다." 여기서도 회반죽으로 만들어진 인물상에 대하여 묘사하였다. 마지막 세 번째 언급이 이곳이다.

68 게이츠본에는 "The heads were peculiar"로 표기되었다. 게이츠본대로 해석하면 "머리가 매우 특이하다."는 뜻이 된다.

69 가리바이본에는 이 부분이 'espiga'로 표기되었다. 일반적으로 '창끝' 혹은 '대가리 없는 못'을 뜻하지만, 본문에서는 사람의 머리에 사용한다는 점과 형태나 기능을 고려하여 '비녀 같은 것'이라고 해석하였다.

70 브라쉐르 드 부르부르는 "Aqui acaba la obra de Landa"라는 문장과 함께 이 문장을 마지막으로 그의 번역문을 마쳤다(346–7). 이 문장은 "여기서 란다의 작품이 끝이 난다."라는 뜻인데, 란다의 원고는 이 문장 이후로도 계속되기 때문에 그가 왜 이렇게 집필을 마쳤는지 어떠한 근거도 확인할 수 없다. 뿐만 아니라 브라쉐르 드 부르부르는 란다의 원본과는 매우 다르게 제목을 삽입하여 이 책의 내용을 여러 장으로 나누어 번역본을 출간하였다. 라다와 델가도(Rada y Delgado)와 유까딴의 렐라씨온(Relaciones de Yucatán)을 제외한 다른 출간본도 모두 브라쉐르 드 부르부르본의 장 나누기를 따랐다. 그러나 W.G. 로사도 에스칼란테 및 온티베로스(Yucatecan edition of Rosado Escalante and Ontiveros)본, 뻬레스 마르띠네스(Pérez Martínez)본은 브라쉐르 드 부르부르본이 끝나는 지점 이후로도 계속해서 내용을 이어갔다. 그리고 나머지 내용들에 자신들이 따로 제목을 붙여서 장을 구분하였다. 한편 MS에는 193–198(1,077)쪽까지 원문의 대부분에 작성된 글씨체와는 다른 글씨체로 기록되었다(Tozzer, 184). 여기서는 가리바이본에 따라 가독성을 높이려고 장을 나누었다.

43

인디오들은 왜 인신공양을 하였는가

43-1　앞서 이야기한 이곳 사람들의 달력에 관해서는 그들의 의례와 관련하여 어떤 의례들을 얼마 만에 하였고 무슨 목적으로 어떻게 행하였는지 살펴보았다.

그러나 이러한 의례들은 단지 그들의 신들에게 안녕과 즐거움을 선사하기 위한 것이었기 때문에 신들이 노하였다고 여겨졌을 때를 제외하고는 피를 보는 (의례들을) 행하지 않았다; 그들은 역병이 돌거나 분쟁이 일어나면, 혹은 흉년이 들거나 그와 유사한 좋지 않은 일들이 벌어지면 [신들이] 화가 났다고 생각했다; 그때는 동물을 제물로 바쳐서 악마들을 달래는 (데 그치는) 것이 아니요, 단순히 음식과 음료로 제사를 올리거나 스스로 (몸에서) 피를 내고 힘들게 밤샘하며 단식과 금욕으로 (악마들을 달래던 것도 아니었다); 그들은 모든 본연의 자비심과 이성의 법칙을 잊어버린 채 새를 공양하듯이 너무나도 쉽게 인간을 공양하였다. 극악무도한 제사장이나 칠란들이 필요하다고 이야기하거나 촌장들이 그렇게 하고자 할 때 혹은 그러한 판단이 설 때마다 빈번히 (인간을 공양하였다).

이 땅에는 멕시코처럼 그렇게 많은 사람이 있지도 않았고[1], 마야빤이 무너지고 난 후에는 한 명의 지도자가 아닌 여러 명의 지도자에게 지배를 받았기 때문에[2] 한꺼번에 많은 사람이 목숨을 잃는 일은 일어나지 않았다. (그렇지만) 제사장이나 칠란(Chilán) 또는 촌장이 적합하다고 생각하는 사람들을 공양할 수 있는 권한이 마을마다 있었다. (인신공양이) 마치 나라를 유지하는 데 가장 중요한 일인 양 신전들에는 이것을 행할 수 있는 공공장소들이 (마련되어) 있었다. 그리하여 아주 많은 사람이 불행 속에서 목숨을 잃었다.

각 마을에서 공양이 이루어지던 것 외에도 인신공양을 목적으로 치첸이트사와 꾸스밀의 사악한 신전들로 수많은 불쌍한 사람들이 보내졌다. (치첸이트사에서는) 절벽에서 떨어뜨려졌고, 꾸스밀에서는 심장이 꺼내져 (죽임을 당하였다); 이러한 불행으로부터 그들을 영원히 구원하시고자 자비로운 주님께서는 십자가에서 만물의 아버지에게 자신을 희생하셨다.[3]

43-2 오 주님 나의 신이시여, 사람들이여[4], 내 영혼의 존재와 삶이시여, 우리 관습의 신성한 지도자이자 진정한 길이며, 평온 속에서의 평온이신[5] (주님), 슬픔 속에서의 내면의 기쁨이시며, 고됨 속에서의 안도이자 휴식이신 주님. 당신께서는 저에게 노동을 명령하셨지만, 그것은 휴식이라는 말로 불리는 것이 더 낫지 않겠습니까? 무엇 때문에 제가 완벽히 이행할 수 없는 일을 명령하셨습니까? 주님, 혹여나 제 그릇의 크기와 사지(四肢)의 숫자 그리고 힘의 역량을 간과하시는 것은 아니신가요? 주님, 혹시라도 제가 주님의 과업을 수행함에 주님과 함께하지 않은 적이 있던가요? 주님께서는 "주 안에서 고난과 수고로움을 가진다면 내가 그것으로부터 자유를 줄 것이요, 그것을 영광되게 하리로다." 라는 성경의 시편(詩篇)에서 당신의 신성한 선지자께서 말씀하시던 심려하시는 아버님이 아니신가요?

43-3 주님, 그렇습니다. 당신께서는 (그와 함께) 계시며, 성령으로 충만하신 선지자께서 말씀하시던 바로 그분이십니다. 당신의 명령은 (고통스러운) 노동처럼 보이기도 합니다. 주님, 그렇습니다. 당신의 명령을 지키고 실천하는 것의 감미로움을 좋아하지 않는 사람들은 그것을 노동이라고 여깁니다; 그것은 (당신의 명령을) 실천하기 위하여 단 한 번이라도 손에 쟁기를 쥐어 보지 못한 사람들에게는 힘든 노동이요, 무서운 노동이요, 무기력한 자들은 노동으로 두려움을 느낍니다. 반면에 (당신의 명령을) 지키고자 하는 사람들

은 (그 안에서) 달콤함을 발견하며 연고의 향기를 쫓으려고 합니다. 그리고 그렇게 하는 내내 그 달콤함으로 계속해서 힘을 회복하게 되며, 나날이 더욱 많은 기쁨을 경험하게 됩니다. (그렇지만) 사바의 여왕처럼 [아무도 그들에게 상을 주지는 않습니다]; 오, 주님, 제게 은총을 내려 주소서. 그리하여 제 음탕함의 집과 악과 죄악의 왕국에서 벗어나서 당신의 본보기를 따를 수 있도록 하시며, 당신을 섬기고 당신의 성령을 완전히 받들어 모실 수 있도록 하소서. 그리하여 (단순히 당신의 명령을) 읽고 논하는 것보다 더욱 많은 깨달음을 얻을 수 있게 하시고, 제 영혼을 위한 당신의 은총의 선량함을 발견할 수 있게 하소서. 주여, 당신의 멍에는 부드럽고 가벼운 것이라 믿습니다. 그러므로 제가 당신의 머리카락 밑에 있음과[6] 지옥으로 가고 있는 수많은 사람과는 달리 [죄악]으로부터 자유로울 수 있음에 감사드리나이다. 그것은 너무나도 고통스러워서 치명적인 무게와 감당할 수 없는 짐을 지켜본 사람 중에는 가슴이 찢겨 나가지 않은 사람이 없습니다. 악마는 예전에도 그랬듯이 지금도 (계속해서) 우상숭배자들을 지옥으로 내몰고 있습니다; (그렇게 되도록) 조장하고 실행하도록 한 악마는 무척이나 잔인하지만, 주님의 입장에서 이것은 매우 정의롭게 허락된 일이라고도 할 수 있습니다. 왜냐하면 그들 스스로가 당신께서 내려 주신 이성의 빛으로 살아가기를 원치 않음으로 현세(現世)에서 고통을 받으며 그들에게 응당 마땅한 지옥을 부분적으로나마 느낄 수 있게 하는 것이기 때문입니다. 그들은 기나긴 단식과 밤샘, 금욕으로 악마에게 끊임없이 괴로운 의례를 행하고, 자신들의 재산이나 물건들로 어마어마한 제물을 바치며, 지속적인 피공양을 합니다. (그렇게 하는 데는) 크나큰 고통이 뒤따를 뿐만 아니라 몸에 심한 상처를 남기게 됩니다. 그보다 더욱 나쁘고 심각한 것은 (악마에게) 이웃과 형제들의 목숨까지도 (바친다는 것입니다); 이 모든 것에도 악마는 그들의 고통과 노동에 결코 만족하는 법이 없으며, 이러한 것들로 영원히 고통 속에서 살아야만 하는 지옥으로 가는 것으로도 절대 (만족하지 않는다는 것입니다); 주님께서는 분명 더 적은 고통과 죽음으로 만족하는 분입니다. 그가 위대한 조상인 아브라함(Abraham)에게 큰 소리로 명령하기를 아들의 목숨을 앗아가기 위하여 손을 뻗지 말라고 하셨습니다. 왜냐하면 주님께서는 세상에 자신의 아들을 보내기로 결심하셨으며, (그 아들이) 십자가에서 목숨을 잃는 것을 진정 허락하셨기 때문입니다. 그것은 인간들에게 영원하신 주님의 아들에게 아버지의 명령이 무겁다는 것을 보여 주기 위한 것이었지만, (주님의 아들)에게는 그것이 무척 달콤한 것이었으며, 인간들에게도 진정한 고됨은 되지 않습니다.[7]

43-4 그러니 사람들이여, 소극적인 마음과 주님의 신성한 법률(을 지키기 위한) 노동으로 인한 두려움을 떨치도록 하라. 왜냐하면 그것은 진정한 노동이 아니며, 머지않아 육체와 영혼의 달콤함으로 바뀌게 될 것이기 때문이다. 주님께서는 많은 섬김을 받아야 마땅하며 우리도 그에게 아주 정의로운 빚을 지고 있다. 그뿐만 아니라 (이러한 노동은) 모두 우리의 유익함을 위한 것으로 (그 유익함은) 내세를 위한 것만이 아닌 현세를 위한 것이기도 하다; 우리 사제들을 비롯한 모든 기독교 신자는 보아라. 악마를 위해 믿을 수 없는 노동을 하고 그 대가로 지옥에 가는 자들을 발견하는 것과 영원한 영광에 이르고자 너무나도 감미로운 명령을 실천하며 당신을 충실히 섬기도록 하는 주님을 발견하지 못하는 것은 이 삶에서의 커다란 수치이자 혼돈이요, 앞으로도 더욱 그러할 것이다.

그러니 너, 주님의 사제여. 악마를 (섬기는) 한심한 제사장들이 하는 짓을 똑똑히 보았느냐, 과거에 만들어진 (그들에게는) 성스러운 구절들에서 모든 인디오가 네가 (행하는) 것보다 얼마나 더 힘들고 길게 많은 단식을 하는지 보았느냐. 너보다도 얼마나 더 계속 밤샘을 하며, 부패한 기도를 올리느냐; 너보다도 얼마나 더 정성스럽고 주의 깊게 자신들의 임무를 행하느냐; 너보다도 얼마나 더한 성심을 들여서 역겨운 교리를 가르치느냐. 만일 네가 여기서 잘못된 점을 발견하였다면 그것을 바로잡아야 하며, 스스로가 지고한 주님의 사제라는 것을 자각하여야 한다. (사제의) 의무를 지고 있다는 것만으로도 너는 인간보다 더한 천사의 깨끗함으로[8] 청렴하고 신중한 삶을 살도록 노력해야 한다.

1 당시 중앙집중적인 성격을 띠고 있었던 멕시코 고원 지역과 비교해 보았을 때 유까딴반도의 마야 지역은 상대적으로 인구밀도가 낮았다.

2 이와 관련하여 또르께마다(11, XXI)는 다음처럼 말하였다. "길이가 300레구아(약 1257킬로미터)나 되는 유까딴 왕국에는 사람들만 살던 것이 아니라 각 촌장에 의한 통치가 이루어지고 있었다. 이렇듯 이곳은 왕의 지배라는 특성이 있었다. 그들은 법률과 좋은 관습들로 통치하였고, 사람들은 평화롭고 정의롭게 살았다. 이로써 통치가 잘 이루어졌다는 사실이 증명된 셈이다. 또한 사람들이 모두 같은 언어를 구사했다는 점에서 큰 이점이 있었다. 이 광활한 땅에서 서로 아주 멀리 떨어져 있음에도 하나의 언어로 소통할 수 있다는 것은 매우 기이한 일이 아닐 수 없다"(Tozzer, 184).
마야의 정치·사회체제는 에스빠냐 사람들이 침략하였을 당시에 지방분권적인 성격을 강하게 띠고 있었다. 할라치 우이닉을 최고지도자로 한 꾸츠까발(Cuchcabal)과 그 하부구조라고 할 수 있는 바따빌(Batabil) 그리고 그다음으로 꾸츠떼엘(Cuchteel) 등의 정치·사회조직이 존재하였다. 그렇지만 실질과 가상의 혈연으로 이루어진 촌락에는 실질적인 정치·군사·외교·경제 등의 권한이 있었다. 따라서 마야는 하나의 구심점을 가진 왕국도 아니고 하나의 국가도 아니었다고 보는 것이 더욱 정확하다.

3 이 부분에 대하여 토설은 다음의 해설을 덧붙였다. "마치 원고의 앞부분을 전혀 읽지 않은 누군가가 이 부분을 작성한 것처럼 보인다. 이 글의 저자는 신들을 회유하는 방법으로 인신공양을 제외한 다른 공양들을 일절 행하지 않았다고 언급하였다. 또한 '사악한 두 신전인 치첸이트사와 꼬수멜'에 대하여 언급하면서 공양이 이루어진 쎄노떼에서 물에 빠뜨리는 행위에 대해서는 언급하지 않았다. 반면에 '절벽에서 떨어뜨려서' 죽였다고 이야기하였다"(Tozzer, 185).
이처럼 같은 저자가 기록한 내용이라고는 도저히 믿기 힘들 정도로 한 장소와 한 사건이 매우 다르게 서술된 것을 볼 수 있다. 란다의 원문에 다른 사람의 글이 첨부되었을 가능성이 충분히 존재하지만, 한편으로는 이러한 현상이 란다의 정서적인 면에서 일어났을 가능성 또한 존재한다. 란다는 마야 사람들이 착하고 좋은 사람들이라고 이야기하다가도 도저히 구원받을 수 없는 나쁜 사람들이라는 표현을 서슴지 않았다. 이것은 모순이라기보다는 란다가 가지고 있는 원주민들에 대한 이중적인 감정의 표현인 것으로 보인다. 어떤 때는 에스빠냐 사람들의 도착과 더불어 이곳 원주민들이 구제되었기 때문에 이들이 더 이상 나쁜 행동들을 보이지 않으며, 구원받게 되었다고 말하였다. 그러나 또 다른 곳에서는 이곳 원주민들이 아직도 나쁜 짓을 하고 있어서 강경책을 써야 한다는 역설적인 주장을 펼쳤다. 에스빠냐 사람들을 찬양하고 침략을 정당화하며 자신들의 존재가 절대적으로 필요하다는 점을 강조하는 과정에서 때에 따라 현실을 다른 시각으로 바라보던 란다의 양면성을 엿볼 수 있다.

4 가리바이본에는 이 부분이 'hombre'로 표기되었다. 그러나 토설본(185)에는 'light'로 표기되었고, 이것은 '빛이여!'라는 뜻으로 해석할 수 있다. 그렇지만 에스빠냐어의 'hombre'가 어떻게 영어의 'light'로 해석될 수 있는지는 의문이다. 'lumbre'(빛)가 'hombre(사람)'로 잘못 표기되었을 가능성도 존재한다. 본문에서는 에스빠냐어 원문에 충실하게 '사람들이여'라고 번역하였다.

5 가리바이본에는 이 부분이 'consuelo de mis consuelos'로 표기되었다. 이러한 표현은 조금 어색한 것이 사실인데, 토설본(185)에는 이 부분이 'comfort of my afflictions'로 번역되었다.

6 가리바이본에는 이 부분이 '… por haberme puesto debajo de su melena'로 표기되었다. 본문에서는 '그러므로 제가 당신의 머리카락 밑에 있음과'로 해석하였다. 여기서 '머리카락 밑에 있다'는 말은 '주님의 수호를 받게 된다'는 의미로 보인다. 토설본(185)에도 이와 유사한 맥락으로 '… under the soft skin of thy yoke'로 번역되었다.

7 이 글은 해석상 기도문에 가까워서 번역 과정에서 존댓말을 사용하였다.

8 신에게 간청하는 이 장문의 글은 본래 란다 육필 원고의 시작 부분에 기록된 것으로 추정된다(Tozzer, 186).

44

땅에서 나는 것들

44-1　유까딴은 내가 본 중에서 가장 흙이 없는 곳이다。 전체가 살아 있는 하나의 바윗덩어리이기 때문에 놀라울 정도로 흙이 적다。 이러한 이유로 어마어마한 바윗덩어리들의 두꺼운 층을 피해서 한 길 정도의 (땅을) 팔 수 있는 곳을 발견하기란 쉽지 않다.

돌은 단단하고 거칠어서 정교한 작업을 하기에 그리 적합하지 않다; 그렇지만 (인디오들은) 이러한 돌로 이 땅에 존재하는 수많은 건축물을 지었다; 풍부한 양의 석회가 나고, 암반의 위나 사이사이는 놀라울 정도로 비옥하다.[1]

44-2　이 땅에서 나는 모든 것들은 흙에서보다 돌 사이에서 더욱 풍요롭게 자란다。 그나마 흙이 있는 지대에는 나무가 없고, 자라지도 않으며, 인디오들도 그곳에 경작하지 않기 때문에 잡초만이 (무성할 뿐이다)。 돌 사이나 그 위에 씨앗을 뿌리면 온갖 종류의 싹이 트고 나무들이 자란다。 어떤 나무는 상당히 크고 아름다워서 바라보고 있으면 절로 감탄이 나온다; 내가 보기에는 흙보다 돌들에 습기가 더 많고, 습기를 더욱 잘 유지하기 때문에 (이러한 현상이 나타나는 것 같다).

44-3　지금껏 이 땅에서는 이곳이 원산지인 어떤 종류의 금속도 발견된 적이 없다。 (금

속 도구도) 없이 이렇게나 많은 건축물을 지었다는 것이 참으로 놀라울 따름이다. 인디오들은 어떠한 연장을 사용해서 건축물을 지었는지 이야기하지 않는다; 그렇지만 주님께서는 금속이 없는 이곳 인디오들에게 규석으로 [가득한] 산맥을 내려 주셨는데, 이곳은 첫 번째 장에서 언급한 (유까딴을) 가로지르는 산맥과 인접해 있다. 그들은 이곳의 돌을 가져다가 전쟁에 (쓰이는) 창날과 인신공양 때 사용되는 칼을 만들었다. [제사장들은 이것들을 잘 관리하였다][2]; 화살촉도 만들었는데, 지금까지도 계속해서 생산되고 있다. 이렇듯 규석은 그들에게 마치 금속처럼 사용되었다.

금이 조금 배합된 흰색의 놋쇠[3]가 있다. 이것으로 주물로 된 도끼와 춤출 때 사용하는 딸랑이를 만들었다.[4] 또한 작은 끌 같은 것을 만들었는데, 이것으로 우상들을 제작하였다. 다음의 삽화에서도 볼 수 있듯이[5] (입으로 불어서 화살을 쏘는) 취관(吹管)에 구멍을 내기도 하였다. (인디오들은 이러한 취관을) 무척 많이 사용하였으며, 솜씨 있게 잘 다루었다.[6]

따바스꼬 사람들은 우상들을 (만들 때 필요한) [유까딴의] 물건들과 교역 목적으로 놋쇠와 매우 단단한 판, 금속판들을 가져왔다. 여기에는 다른 어떤 종류의 금속류도 포함되지 않았다.

44-4 어느 현자에 의하면 인간의 생활에 가장 필요한 것 중의 하나가 물이라고 하였다. 그만큼 물 없이는 땅도 열매를 맺지 못하고 인간도 살 수가 없다. 다른 지역에는 풍부한 강이 유까딴에는 겨우 두 개밖에 없다. 하나는 곶(串)을 통하여 육지에서 바다로 나가는 라가르또스(Lagartos)강[7]이고, 다른 하나는 참뽀똔(Champotón)강[8]이다. 두 강 모두 염분을 함유하며 수질이 좋지 않아서 주님께서는 (이곳에) 무척 훌륭한 샘을 풍부하게 창조해 주셨다. (그중에는) 인공적인 것도 있고[9] 자연적인 것도 있다.

44-5 자연의 섭리는 이 땅의 강과 샘들을 (다른 지역과는) 매우 다르게 만들어 놓았다. 이 세상의 모든 강과 샘은 땅 위로 흐르는데, 이 (땅)에서는 모두 지하의 숨겨진 길을 따라 흐른다.

이러한 현상은 해변이 샘으로 가득하고, 바닷속 그 샘물이 민물이라는 사실을 우리에게 일깨워 준다. 많은 지역에서 이러한 샘물을 취할 수 있는데, [나 역시] 간조로

해변 (물이) 어느 정도 빠졌을 때 [해 본 적이 있다].[10]

주님께서는 인디오들이 쎄노떼(Zenote)라고 부르는 지하연못을 이 땅에 창조해 주셨다。(이러한 지하연못은) 깎아지른 바위를 통하여 수면으로 이어진다。그중 일부에는 굉장한 급류가 흐르기 때문에 만일 가축이 그 안으로 빠지면 [급류를] 따라 앞서 이야기 한 샘들이 나는 바다에까지 이르게 된다.[11]

44-6 이러한 쎄노떼들의 물은 무척 아름다워서 볼만한 가치가 있다。어떤 곳에서는 깎아지른 바위가 수면까지 이르는가 하면 입구가 나 있는 곳도 있다。이것은 주님께서 창조해 주신 것이다。(또한) 매우 빈번한 벼락이나 그 밖의 다른 (원인으로) 생성된 것이기도 하다[12]; 안으로는 훌륭한 바위로 된 아름다운 둥근 천장이 있고, (수)면에는 나무들이 있어서 위쪽은 숲이요, 아래쪽은 쎄노떼이다。또한 범선이 지나다닐 정도의 (크기인 것도) 있는데, 다른 것들은 대략 고만고만하다.[13]

이러한 (쎄노떼가) 있는 곳에서는 그 물을 식수로 이용하였지만; 그렇지 못한 곳에서는 우물을 만들었다; 팔 도구가 부족했기 때문에 우물은 아주 보잘것없었다.

그러나 우리가 좋은 우물을 만드는 기술을 가르쳐 주었으며, 아름다운 물터를 (만들어 주었기 때문에) 이제는 (이곳 사람들도) 샘에서처럼 물을 길 수 있게 되었다.

44-7 그 밖에도 늪이 있는데, 모든 (늪의 물은) 염수(鹽水)이기 때문에 식수로는 적합하지 않다。또한 쎄노떼처럼 흐르는 물도 아니다.

이 땅은 어디든 파기만 하면 무척 훌륭한 샘물이 솟아난다는 점이 매우 놀라울 따름이다。어떤 (샘)들은 참으로 아름다우며 기다란 창(矛) 하나가 모두 잠길 정도의 (깊이이다)。그렇게 파내려 간 곳마다 수면에 닿기 전, 사람 키의 반절 정도 되는 곳에서 색도 크기도 제각각인 다양한 종류의 조개껍데기와 작은 바다 고둥의 층이 발견된다。(이러한 조개껍데기와 바다 고둥은) 바닷가 해변의 것들과 비슷하고, 모래는 이미 하얗고 단단한 바위로 변해 있다.

우리는 왕의 마을인 마니에서 인디오들에게 물터를 만들어 주려고 커다란 우물을 하나 판 적이 있다。훌륭한 바위를 7-8키 정도 (파내려 갔을 때) 길이가 7피트[14] 정도 되는 무덤 하나가 발견되었다. (그 무덤은) 신선한 주홍빛 흙과 사람의 유골(遺骨)로 가득 차 있었는데[15], 이제는 거의 돌로 변해 있는 상태였다; (여기서) 사람 키의 두세 배 정도만 더 내려가면 수면까지 이를 수 있고, 그전에 주님께서 창조하신 텅 빈 둥근 천장을 발견할 수 있다. 무덤은 바위 안에 묻혀 있고, 그 아래쪽으로 물이 [있는] 곳까지 걸어서 갈 수 있다; 우리도 어떻게 된 영문인지는 알 수 없지만 (추측하기로) 무덤은 안쪽에서 만들어졌고, 그 후 오랜 시간이 흐르자 동굴의 습기로 바위가 더 단단하게 굳어졌으며, 크기도 더 커지면서 (무덤을) 막아버린 것으로 생각된다.

44-8 앞에서 이야기한 두 개의 강 외에도 깜뻬체 근처 바다에서 3레구아[16] 정도 떨어진 곳에는 또 다른 샘이 하나 있다. (이곳의 물은) 염분을 함유하고 있는데, (이것들 외에는) 이 땅의 어떤 곳에서도 물이 솟는 곳이나 다른 (종류의 샘들을) 발견할 수 없다.

구릉 쪽의 인디오들에게는 상당히 깊은 연못이 있다.[17] 따라서 보통 우기가 되면 가정에서 사용할 빗물을 받으려고 바위를 오목하게 판다[18]; 그 기간에는 폭우가 쏟아져 내리고, 때때로 심한 천둥과 번개를 동반한 굵은 빗줄기의 소나기가 내린다; 특히 바다 근처의 (우물을) 비롯하여 다른 모든 우물의 수심은 그날의 물때에 따라 시시각각 오르내린다. 이것은 모든 강물이 지하를 통해 바다로 흘러간다는 점을 여실히 보여 준다.[19]

44-9 유까딴에는 기억해 둘 만한 습지가 한군데 있다. 길이는 약 70레구아[20]이고, 전체가 염수(鹽水)이다; 이곳은 여인들의 섬 근처 에깝 해변에서부터 시작되며, 이 (해변과) 숲을 통하여 해변을 끼고 깜뻬체 근처까지 이어진다; 흙이 없어서 깊지는 않지만, 나무들이 (우거져 있고) 진흙이 많아서 (이곳을 통하여) 마을에서 해변으로 가거나 (해변)에서 마을로 오는 것이 불편하다.[21]

이 습지의 염분은 상당히 높다. 주님께서는 이제껏 내가 본 중에 가장 좋은 소금을 이곳에 내려 주셨다.[22] 가루를 내면 상당히 희고, (소금에 대하여) 잘 아는 사람들이 이야기하기를 최상의 소금이라고 한다. 그래서 (이곳 소금의) 1/2셀레민(celemín)[23]은 다른 지역 (소금의) 1셀레민보다 짠맛이 훨씬 강하다.

우리 주님께서는 바닷(물)이 아닌 빗물을 통하여 이 습지에 소금을 만들어 주셨다。 바다와 습지 사이에는 습지 전체에 걸쳐서 흙으로 된 해변이 이어지기 때문에 바다로부터 분리가 되며, 바닷물이 이곳으로 침범하지 못한다.

또한 우기에는 습지가 불어나고 이 (습지의) 물속에서 크고 작은 덩어리로 소금이 응결된다。 이것은 (소금처럼) 보이지 않고 마치 얼음사탕 조각처럼 (보인다).

우기 이후로 4-5개월이 지나면 늪이 어느 정도 마르기 때문에 예전에는 (이 시기가 되면) 인디오들이 소금을 걷으러 갔다。 그들은 물속에 있는 돌소금을 걷어 낸 후에 물 밖에서 건조했다.

늪지대 안에는 (이러한 작업을 위한) 특정 장소가 마련되어 있었다。 (그곳은) 소금이 가장 비옥하지만, 진흙과 물이 적은 곳이다。 (인디오들은) 이곳에서 가장 큰 권한을 행사하던 이 지역 촌장들 허가 없이는 소금을 수확하지 않았다; 소금 때문에 이곳을 찾는 모든 사람은 촌장에게 노역하거나 소금 또는 각 지역의 특산물을 바쳤다; (이와 관련하여) 까우쎌(Caucel) 마을 출신의 프란씨스꼬 에우안(Francisco Euan)[24]이라고 불리는 마을의 높은 어르신은 마야빤 정부가 그의 조상들을 해변으로 보냈고, 이곳에 대한 권한을 부여하고 소금 배분에 관한 일을 맡겼다는 것을 입증하였다。 그래서 과테말라의 아우디엔시아(법원)[25]는 오늘날에도 이곳으로 (소금을) 구하러 가는 모든 사람이 (그에게 예전과) 같은 것들을 바쳐야 한다고 명령하였다.[26]

(오늘날에도) 멕시코와 온두라스, 아바나로 보내기 위하여 (소금을 걷는) 시기에 많은 양을 수확한다.[27]

이곳 습지의 군데군데는 매우 아름다운 물고기들이 서식하고 있다。 비록 크지는 않지만 (고기) 맛이 매우 뛰어나다.

1 가리바이본에는 "…es muy buena para cal, de que hay mucha, y es cosa maravillosa que sea tanta la fertilidad de esta tierra sobre las piedras y entre ellas"로 표기되었다. 본문에서는 이 문장의 뒷부분을 "암반의 위나 사이사이는 놀라울 정도로 비옥하다."로 번역하였다. 즉 '비옥하다'의 주어를 일반적인 모든 것으로 해석하였다. 그런데 이 장의 마지막 문단에서 소금(sal)에 '비옥하다' 혹은 '풍족하다'는 뜻의 'fertilidad'이라는 단어를 함께 사용하여 '…los más fértiles de sal(가장 비옥한 소금)'이라고 표현한 것을 확인할 수 있다. 따라서 위 문장에서도 '비옥한' 혹은 '풍족한'이라는 뜻의 'fertilidad'이라는 단어의 주어가 '석회(cal)'일 가능성이 존재한다. 만일 그렇다고 본다면 "암반의 위나 사이사이에는 놀라울 정도로 (석회가) 풍부하다."라는 뜻으로 해석될 수 있다.

2 모리스 등(Morris et al).(1: 211–5)은 치첸이트사에서 석조건축을 할 때 돌을 자르는 용도로 쓰인 돌 도구로는 이 지역에서 나는 하급의 규석으로 만든 곡괭이류 돌(pecking stone)과 홈이 파인 망치(Grooved hammer)가 있었다고 하였다. 또한 다른 지역의 섬록암으로 만들어진 돌도끼와 깨진 돌조각으로 만들어진 조각칼, 이 지역의 규석과 매우 단단한 석회암으로 만들어진 깨진 조각돌이 있었다고 하였다. 그 밖에도 나무가 석공의 도구로 쓰였다고 하였다(Tozzer, 186).

그러나 이러한 것들은 건축용으로 사용되었고, 정교한 칼을 만드는 재료로는 흑요석이 많이 사용되었다. 그런데 흑요석은 유까딴에서 생산된 것이 아니라 가장 가까운 산지가 과테말라의 고원 지역이었다. 많은 양의 흑요석이 반가공된 형태로 유까딴반도에 들어왔으나 외부 수입품이기 때문에 일상생활에서 사용되기는 어려웠을 것으로 보이며, 중요한 의례에서만 사용되었을 것으로 추정된다.

3 가리바이본에는 'azófar blanco'로 표기되었다. 본문에서는 이것을 '흰색의 놋쇠'로 번역하였다. 그러나 토설본(186)과 게이츠(Gates)(94)본에는 'soft brass(부드러운 놋쇠)'로 번역되었고, 이를 통하여 'blanco(흰색)'가 'blando(부드러운)'로 잘못 표기된 것이 아닌지 의문이 든다. 그러나 레온본(198)에도 가리바이본과 마찬가지로 'blanco'로 표기되었다.

4 마야 사람들이 그들의 역사상 금속주조의 기술을 알지 못했다는 것은 이미 잘 알려진 사실이다. 따라서 본문에 언급된 도끼나 춤을 출 때 사용하던 딸랑이 그리고 끌은 모두 외부에서 들어온 물건들로 파악된다. E. H. 톰슨(Thompson)(1938)은 치첸이트사의 제사장 무덤에 매장되어 있던 몇몇 구리 딸랑이를 발견하였다. 딸랑이와 함께 매장되어 있던 유리구슬 또한 모두 외부에서 제작되어서 유입된 것이다(Tozzer, 186).

마야 사람들이 금속주조의 기술을 알지 못했다기보다는 이러한 기술에 관심이 없었다는 표현이 더욱 적절할 것으로 보인다. 메소아메리카와 남미 안데스문명을 보면 마야의 주변 지역에서는 상당히 오랜 기간 야금술을 발전시켜 온 것을 볼 수 있다. 외형적으로도 마야와 이들 문명이 적대관계에 놓였었다고 할 만한 아무런 증거도 발견되지 않았다. 또한 상당히 많은 교류가 있던 지역들 간에도 어느 한 지역에서는 금속 물건들이 만들어진 반면에 다른 지역에서는 그렇지 않았던 다수의 사례를 볼 수 있다. 즉 굳이 금속의 주조를 발전이라는 선상에서 보아서 모두가 원하는 것이라는 생각을 접어 두고서 문화적인 기호의 상대성이라는 측면에서 본다면 마야 사람들은 금속물질에 큰 필요성을 느끼지 못하였고, 바로 이러한 이유로 주변 지역에서 적당히 수입해서 쓰는 것이 더욱 효율적이라고 판단하였을지도 모른다.

5 가리바이본과 다른 란다의 판본에도 삽화가 실려 있지 않다. 란다의 원본을 옮겨 적은 사람이 생략하였을 가능성이 있는데, 오늘날 남아 있는 란다의 원본이 축약본이라는 사실을 생각해 보면 원래의 원본에는 삽화가 있었을 가능성이 크다.

6 그 당시 입으로 부는 화살통과 분포 지역에 대한 여러 언급들을 확인할 수 있다. 유까딴 지방의 렐라씨온(Relaciones de Yucatán, 1: 10)에는 다음처럼 기록되었다. "동물들과 야생의 새들에 대하여 말하자면 떼끼떼(Tequite, Tekit) 마을에는 사슴들이 아주 많이 있다. 인디오들은 사슴을 께(Queh, Ceh)라고 부른다. 또한 산에는 칠면조가 많이 있는데, 이곳의 칠면조는 에스빠냐의 칠면조와는 조금 다르다. 소심한 성격이고, (고기) 맛이 매우 좋다. 어떤 인디오가 두 마리의 개를 끌고 나간 적이 있는데, 개들이 짖어 대자 남자가 나무에 올랐고, 입으로 부는 화살통으로 덩치가 커 보이는 개들을 때려잡았다."

멕시코 고원 지방을 정복한 꼬르떼스의 기록에서 다음의 내용을 확인할 수 있다. "그는 나에게 입으로 부는 화살통(Cerbatanas, 기다란 관 혹은 파이프) 12개를 주었다. 그가 화살통을 쏘자 그 정교함에 말문이 막혔다. 화살통은 매우 멋진 색으로 훌륭하게 칠해져 있었고, 다양한 종류의 새들과 동물들, 꽃들 그리고 그 밖의 다른 것들로 장식되어 있었다. 또한 입을 대는 부분과 끝부분들은 한 뼘 길이만큼의 금테를 두르고 있었다. 중간 부분 역시 매우 아름다웠다"(Cortés' letters, MacNutt ed., 1: 254–5).

J. E. 톰슨(Thompson)(1930, 87–88)은 다음처럼 말하였다. "껙치족(Kekchis)과 벨리세의 똘레도 지역의 마야 사람들이 사용했던 입으로 부는 화살통(Dzonche)은 길이가 4.5–6.5피트(feet, 약 1.4–2미터) 정도 된다. 이것의 재료가 되는 나무는 꼬몰체(Komolche)로 알려져 있는데, 잘라 낸 나무의 마디를 강물에 담가 두면 나무 중심부의 부드러운 속살까지 썩어서 떨어져 나간다. 소량의 치클 고무로 겨냥하고, 흙을 구워 만들어진 작은 탄알이 입으로 부는 화살통을 통하여 날아가도록 제작된 무기이다. 속이 빈 뼈를 이용해서 입으로 부는 화살통 안으로 집어넣는다. 때로는 딱딱한 씨앗이 흙으로 만든 탄알 대신에 사용되기도 한다. (그러나) 입으로 부는 화살통은 쏘아서 새를 맞추는 것 외에 별다른 쓸모는 없다"(Tozzer, 186–187).

7 라가르또스강은 멕시코 유까딴반도의 북쪽 해안과 접하고 있다. 그러나 좀 더 정확히 말하자면 이곳은 강이 아닌 조수의 영향을 받는 호수 혹은 늪지이다. 우리나라의 동해 북부에 많이 발달한 석호와 유사하고, 바닷물이 유입되다가 점차 육지로 막히면서 만들어진 자연 지형이다.

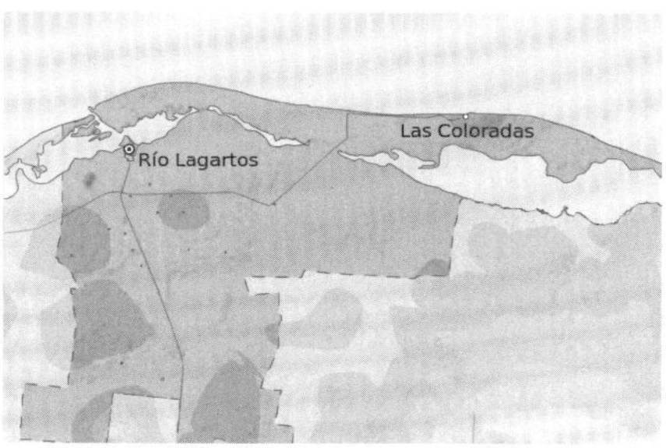

라가르또스강과 주변 지역

8 참뽀뚠강은 유까딴반도에 있는 유일한 강이다. 길이가 약 120킬로미터에 이르고, 내륙 쪽의 호보노착(Jobonochac) 호수에서 근원하여 서쪽으로 향한다. 그리고 참뽀뚠시에서 멕시코만과 만나게 된다.

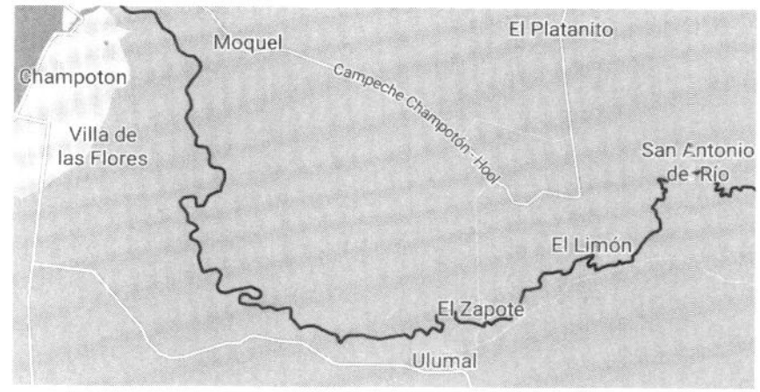

참뽀뚠강과 주변 지역

9 마야 사람들이 정복 이전에 실제로 우물을 팠는지는 의문으로 남았다. 란다는 이 책 16장(16–1)에서 다음처럼 언급하였다. "우물이 흔하지 않은 곳에서는 그 근처로 촌장들의 집이 있었다." 또한 이 책 44장(44–6)에서는 다음처럼 기록하였다. "이러한 (쎄노떼가) 있는 곳에서는 그 물을 식수로 이용하였지만, 그렇지 못한 곳에서는 우물을 만들었다. 우물을 팔 수 있는 도구가 부족했기 때문에 우물은 아주 보잘것없었다." 유까딴 마을의 이름들 가운데는 몇 개의 오래된 이름들이 있다. 그중에는 '우물'이라는 뜻의 '첸(Chen)'이라고 불리는 마을도 있다. 이 용어는 때때로 (적어도 치첸이트사에서는) '우물'이 아닌 '쎄노떼'를 의미하기도 한다. 즉 인공적으로 판 것이 아니라 일종의 자연적인 지하 호수인 셈이다. 또르께마다(N. 56에서 인용)는 에스빠냐 정복 이전의 것으로 추정되는 우물에 대하여 언급하였다. 꼬르도바와 그리할바는 모두 이곳을 방문한 바 있다.

로이스(Roys)는 빠납아(Panabha)라는 장소에 대하여 언급하였다. 흔히 줄여서 이곳을 빰바(Pamba)라고 부른다. 빰바라는 말은 '물을 파다'라는 뜻 외의 별다른 의미를 갖기가 힘들다. 이러한 이름 때문에 가장 잘 알려진 마을은 띠시민의 북서쪽에 있다. 한편 찌짠뚠의 렐라씨온(Relaciones de Yucatán, 1: 206)에서 에스빠냐의 정복 이전에 우물이 존재하였다는 사실을 가장 잘 증명하는 내용을 확인할 수 있다. 그 내용은 다음과 같다. "이 땅에는 그 어디에도 강이 존재하지 않는다. 사람들이 이곳에서 마시는 물은 예전의 인디오들이 만든 우물들과 훗날 에스빠냐 사람들이 만든 우물들에서 퍼 올리는 것이다. 이 땅은 모두 바위로 되어 있어서 사람들이 땅을 파는 곳마다 물이 나온다." 로이스(Roys)는 치첸이트사의 남부 지역에 있는 오래된 우물에 주목하였다. 그는 우물의 표면이 거친 돌르 되었고, 그 윗부분에는 새끼줄로 만들어진 홈이 있다고 하였다. 이러한 이유로 그는 이 우물이 유럽 사람들이 이 광에 들어오기 이전에 만들어진 것이라고 확신하였다. 스티븐스(Stephens)는 빗물의 저장량을 늘리기 위한 것으르 급

수장과 낮은 지대에서 발견된 우물(혹은 물탱크)에 주목하였다. 한편 란다는 인공적인 것도 있다고 하였는데, 출뚠이라 불리는 지하 물탱크를 두고 이처럼 표현하였을 가능성이 있다(Tozzer, 187).

10 메리다 지방의 렐라씨온(Relaciones de Yucatán, 1: 48)에서 이러한 자연 현상에 대하여 묘사한 내용을 확인할 수 있다. "이 지방들의 해안에서 120레구아(약 503킬로미터 혹은 669킬로미터)보다 더 멀리 떨어진 곳에는 민물이 솟구치는 샘들이 많이 있다. 이러한 샘들은 바닷속에 있어서 대부분은 해수면이 낮아졌을 때 제 모습을 드러낸다. 특히 바야돌릳 마을의 항구인 데사마(Dezama) 해안에는 앞서 언급한 여러 쎄노떼의 샘과 원천이 있다. 대서양으로 1레구아(약 4.19킬로미터 혹은 5.6킬로미터) 정도 떨어진 곳의 바위들 속에서는 샘물이 솟아난다. 인디오들은 이곳에 껍질이 매우 딱딱하고 사탕수수처럼 흡수를 잘하는 야자수를 세워 두었다. 이 나무의 길이는 4–5패덤스(fathoms, 7.2–8미터)이며, 여기에 나 있는 구멍을 통하여 민물이 세차게 올라온다. 이것은 아주 먼 거리에서도 볼 수 있을 정도이다. 사람들은 물을 얻기 위하여 카누와 배를 타고 이곳으로 온다. 이러한 샘들은 오늘날에도 여전히 이용되고 있으며, 'Ojos de agua(물의 눈)'라는 이름으로 불리고 있다"(Tozzer, 187).

11 란다는 문장을 시작하면서 몇몇 (쎄노떼의) 구멍에서 '굉장히 빠른 급류'가 흐른다고 하였다. 그러나 (쎄노떼의 물에는) 거의 움직임이 없어서 이것은 사실이 아니다(Tozzer, 188). 실제로 유까딴 지역에서는 오늘날에도 무수히 많은 쎄노떼가 발견된다. 일일이 그 지하의 지형을 모두 파악할 수 없을 정도로 숫자가 많으며, 이곳의 물이 바다에까지 이르기도 한다.

다양한 형태의 쎄노떼

12 란다는 몇몇 쎄노떼가 인공적으로 만들어진 것으로 보인다고 언급했다. 반면에 다른 쎄노떼들은 주님에 의해서 혹은 천둥으로 만들어진 것이라고 간주하였다. 그가 왜 이러한 차이를 두어서 쎄노떼를 언급하였는지는 이해하기 힘들다(Tozzer, 188).

13 이러한 쎄노떼는 오늘날에도 유까딴 지역의 중요한 수자원으로 이용되고 있다. 또한 여기서 란다가 기술한 것처럼 아름다운 쎄노떼가 많이 있어서 관광지로도 각광받고 있다. 특히 일 년 열두 달 더운 지방에서 지하의 쎄노떼 안으로 들어가면 상당히 시원해서 경관뿐만 아니라 기온 등의 면에서도 좋은 휴식처를 제공한다.

14 에스빠냐 까스띠야 지역의 길이값(1피트=27.86센티미터)으로 계산해 보면 대략 1.95미터 정도이다.

15 에레라(Herrera), 4, 10, IV(Appendix A)의 사료에서 이와 유사한 기록을 확인할 수 있다. "많은 종류의 오래된 조각들이 발견되었다. 마니(Maní)의 마을에서 사방이 살아 있는 바위로 가려져서 닫혀 있던 무덤을 열었을 때 그 안에서 여러 부분으로 나누어진 커다란 크기의 몸을 발견하였다. 긴 다리뼈와 두개골의 뼈들을 으깨어 그 무게를 재어보니 적어도 1파운드 반(약 680그램)이었다"(Tozzer, 188).

16 3레구아는 약 13킬로미터 혹은 17킬로미터이다.

17 유까딴반도의 지형상 북쪽에서 남쪽으로 갈수록 땅이 매우 서서히 상승하므로 남쪽으로 가다 보면 지하수면이 땅 표면으로부터 점점 더 아래에 위치하게 된다. 즉 물까지의 깊이가 북쪽 해변에서보다 더 늘어난 수치이다(Tozzer, 188).

18 보통 에스빠냐어로 'aguadas'라고 불리는 이러한 구멍들 혹은 물구멍들은 자연적인 것도 있고 인공적인 것도 있다. 자연적으로 오목하게 파인 구멍은 조금씩 계속해서 커지기 때문에 더욱 깊어지게 된다. 이러한 구멍 중에는 돌 혹은 시멘트를 발라 놓은 구멍들도 있다(Tozzer, 188).
위의 문장만을 보았을 때 깊은 샘을 가진 것과 오목한 돌에 빗물을 받는 것의 상관관계가 다소 모호할 수 있다. 그러나 고대와 식민지 시대를 거쳐서 현대 마야에 이르기까지 이 지역의 사람들은 아직 바위의 오목한 부분에 물을 받아서 사용하는 풍습을 가지고 있다. 이런 식으로 빗물을 관리하는 체제를 에스빠냐의 정복 이전 시대부터 발전시켜 왔다. 이렇게 미루어 보았을 때 이 문장에서는 오목한 돌의 부분에 빗물을 받아서 물을 관리하였다는 이야기를 하는 것으로 보인다.

19 실질적으로 조수는 쎄노떼의 물높이에 영향을 미치지 않는다. 물의 높이가 상승하고 내려가는 것은 오로지 우기 혹은 건기 때에만 일어나는 현상이다(Cole, 9, Tozzer, 189). 그러나 드물기는 하지만 바다와 가까이 접해 있는 쎄노떼는 조수간만의 차에 따라서 높이가 달라지기도 한다.
유까딴의 토양과 지형에 따른 물의 체계는 매우 독특하다. 참뽀뜬강을 제외하고는 지표면을 흐르는 강이 존재하지 않는다. 강들은 모두 지하를 따라 흐른다고 볼 수 있다. 즉 지표면에 있어야 할 강이 지하로 흐르는 것이다. 그렇게 중간중간 호수를 만들고, 그러한 호수나 물웅덩이가 지하 동굴과 연결되어서 지표면과 만나게 되기도 한다. 이것이 바로 쎄노떼며, 이러한 쎄노떼는 자연 우물 같은 형태로 인간의 생활에 도움을 준다. 이 강은 지표면의 강처럼 바다로 흘러간다.

20 70레구아는 약 293킬로미터 혹은 390킬로미터이다.

21 유까딴의 북쪽 해안 지역에는 씨에네가스(Cienegas)라고 불리는 일종의 늪지대와 석호 등이 많이 형성되었다. 여기서 란다는 바로 이러한 북쪽 해안 지역을 언급한 것으로 보인다. 그러나 이곳뿐만 아니라 유까딴의 해안 지역은 전체적으로 깎아지른 절벽이 없는 완만한 지형을 이루고 있다. 따라서 바닷물이 나가고 들어오는 지형이 많고, 이로 인하여 일종의 늪지대가 형성되는 곳도 많다. 벨리세와 맞닿아 있는 체뚜말에서부터 동부 해안을 따라서 북쪽 해안 전체와 깜뻬체까지 연결되는 서쪽 해안에 이르기까지 이러한 지형들이 많이 발달했다.

유까딴 동부 해안 지방의 습지

유까딴 북부 해안 지방의 습지

22 유까딴 지역의 렐라씨온에서 이곳에서 생산된 소금과 그 밖의 다른 생산품들을 멕시코까지 운반하였다는 기록을 확인할 수 있다(Relaciones Histórico~geográficas de la Gobiernación de Yucatán, UNAM., México, 1983, 149). 오늘날에도 이 주변으로 많은 염전이 발달해 있다.

23 가리바이본에는 'celemín'으로 표기되었다. 셀레민(celemín)은 마른 곡물의 포장 단위인데, 에스빠냐의 지방마다 그 차이가 매우 심해서 정확한 양을 가늠하기 힘들다. 까스띠야 지방에서는 4,625리터 정도이다(DICCIONARIO DE LA LENGUA ESPAÑOLA–Vigésima segunda edición, http://buscon.rae.es/drael/).
한편 토설은 1셀레민이 1파네가(fanega)의 1/12과 일치한다고 하였다. 로이스(Roys)는 란다가 과거 까스띠야에서 사용되던 구식의 단위를 사용하였다고 주장하였다. 이것은 약 537제곱미터로 1셀레민의 밀을 수확할 수 있는 면적을 가리킨다(Tozzer, 189).

24 까우쎌의 아 낀 에우안(Ah Kin Euan)은 에스빠냐 사람들을 맞이하는 것에 대한 회의에 참석하기 위하여 1537년 마니(Maní)에 온 사람 중의 한 명이었다(Chumayel, 146). 꼬골유도(Cogolludo)(5, VI)의 주장을 따르고 있는 몰리나(Molina)(1896, 212)는 까우쎌의 '바땁 에우안(Batab Euan)'을 추마옐의 '아 낀 에우안'과 동일한 인물로 보았다. 그리고 그를 차깐 마을의 최고지도자라고 여겼다. 꼬골유도(Cogolludo)는 그가 매우 엄숙한 분위기 속에서 총독을 대부로 삼아 세례를 받았을 당시에 이미 '쉰 살이 넘은 나이'였다고 하였다. 또한 "그가 (교회에서 세례를) 받은 후에 사제들의 가장 충실한 조력자가 되었다."라고 하였다.
한편 '에우안(Euan)'이라는 성이 다른 여러 곳에서도 등장하는 것을 확인할 수 있다. 소뚜따의 기록에 의하면 마르띤 에우안(Martín Euan)과 뻬드로 에우안(Pedro Euan) 그리고 디에고 에우안(Diego Euan)이 여러 차례 인신공양에 참여했다고 기록되었다(SA, 113). 에우안(Euan)이라는 성은 유까딴 지역에 넓게 퍼져 있는 성으로 어떤 곳에는 아 에우안(Ah Euan)이 희생된 아이 중의 한 명이라고 나오고(116), 또 어떤 곳에는 아 꿀 에우안(Ah Kul Euan)이 1545년 소뚜따 조사에서 나치 꼬꼼을 동행했던 인물로 기록되었다(Roys, 1939, 425, Tozzer, 189).

25 식민지 시대의 행정기관으로 일종의 법원에 해당한다.

26 WG는 이 문장을 그의 사료에서 다음처럼 번역하였다. "… 과테말라의 아우디엔시아(법원)는 그(에우안)에게 오늘날 이러한 목적으로 이 지역을 찾은 사람들에게 똑같이 나누어 주라고 명령하였다."(Tozzer, 189).

27 에스빠냐 사람들이 아메리카 대륙을 정복한 후에 이곳 누에바 에스빠냐에서 다른 나라나 에스빠냐 본국으로 수출하기 위한 무역과 농업 체제를 조직하는 데는 그리 오랜 시간이 걸리지 않았다. 이미 앞서 에스빠냐 사람들이 에스빠냐에 수출할 목적으로 인디고를 심은 대농장을 운영하였다는 것에 대하여 이 책 28장(28-6)의 주에서 살펴본 바 있다(Tozzer, 189). 아메리카 대륙을 침공한 유럽은 이곳을 그들의 경제적인 착취 대상으로 삼았고, 이러한 목적을 가지고 상당히 빠른 속도로 아메리카 대륙의 경제 기반과 농업 등을 재편해 나갔다. 처음에는 금과 은이 주종을 이루다가 점차 다른 품목들이 식민지 시대 아메리카 대륙에서 생산되어서 유럽으로 유입되었다. 그 예로 빠우브라질, 담배, 인디고, 카카오, 포도 같은 것들이 중요한 생산품으로 자리 잡았다.

45

유까딴의 물고기

45-1 늪에만 물고기가 있는 것이 아니라 해변에도 많은 (물고기가) 있다。그래서 인디오들은 늪의 (고기에는) 별다른 관심을 두지 않는다。(그러나) 그물 같은 어구를 가지고 있지 않은 사람들은 (이곳에) 물이 별로 없는[1] 점을 (이용하여) 화살로 많은 양의 고기를 잡는다[2]; 그 밖의 사람들은 대규모로 고기잡이를 한다。[3] (잡은 고기를 직접) 먹기도 하고 넓은 지역에 내다 팔기도 한다.

45-2 그들은 생선을 소금에 절이기도 하고, 굽기도 하며, 소금을 뿌리지 않은 채 햇볕에 말리기도 한다。어종에 따른 처리 방법도 다르다。구운 (생선)은 [여러] 날 동안 보관할 수 있기 때문에 20-30레구아[4] 정도 떨어진 곳까지 팔려 나가기도 한다。그리고 먹기 전에 다시 요리하는데, 그러면 맛도 좋고 건강에도 좋다.

45-3 이곳 해변에서 잡히는 숭어[5]는 씨알이 매우 큰 아주 훌륭한 고기이다; 송어[6]는 색깔이나 반점, 맛에 있어서 (에스빠냐의 것과) 별다른 차이가 없다。그러나 우스까이(Uzcay)[7]라고 불리는 (이곳의 송어가) 씨알이 더 굵고 맛도 더욱 뛰어나다; 아주 훌륭한 고기인 농어[8]가 있고; 정어리[9]도 있으며, 혀가자미[10]와 톱상어[11], 고등어[12]와 흑도미[13]가 있

다. 이 밖에도 다른 수많은 종류의 작은 고기들이 있다; 깜뻬체의 해안에는 (맛)좋은 문어[14]와; 서너 종의 뿔상어[15]가 있다. 건강에도 좋고 (맛도) 뛰어나다. 특히 건강에 최고인 (뿔상어과) 고기가 있는데, 다른 (뿔상어와는 달리) 머리가 둥그렇고, 놀라울 정도로 평평하며, 입이 안쪽으로 [나 있고], 둥그런 (머리의) 측면으로 눈이 달려 있다. (이 고기들은) 알리뻬츠뽈(Alipechpol)이라고 불린다.

가오리[16]와 유사한 매우 커다란 고기[17]도 잡는다. [이 고기들을] 조각을 내어 소금에 절여서 보관한다; 인근의 해안에서 죽는데[18], 무척 훌륭한 어종이지만 (진짜) 가오리[19]인지는 나도 잘 모르겠다.[20]

45-4 깜뻬체와 라 데스꼬노씨다(La Desconocida) 사이의 해변에는 바다소(海牛)[21]가 아주 많이 산다. 이것들로부터 푸짐한 살코기 외에도 기름을 많이 얻을 수 있어서 요리할 때 무척 요긴하게 사용된다; 이러한 바다소에 대한 신기한 이야기들이 많이 전해지고 있다. 특히 《인디아스의 역사(Historia General de las Indias)》의 저자[22]는 (다음처럼 이야기하였다). 에스빠뇰라섬[23]의 한 인디오 촌장이 호수에서 바다소 한 마리를 길렀는데, (이 바다소는) 아주 잘 길들여 있어서 그에게 붙여 준 '마뚜(Matu)'라는 이름을 부르면 물가로 나오곤 하였다.

내가 보기에는 바다소들이 워낙 크기 때문에 커다란 송아지보다 많은 양의 고기와 기름을 얻을 수 있다; (바다소들은) 마치 동물(포유류)들처럼 새끼를 낳는데, 암수의 생식기가 각기 다르게 생겼다. 암컷은 더도 덜도 말고 언제나 두 마리의 새끼를 낳는다. 다른 물고기들과 달리 산란하지 않는다; 팔 같은 튼튼한 두 개의 지느러미로 헤엄친다. 얼굴은 황소와 너무나도 흡사하다. 물 밖으로 (머리를) 내밀고 해변의 풀을 뜯어 먹기도 한다. 박쥐들은 바다소의 얼굴을 둘러싼 둥글고 평평한 주둥이를 계속해서 쪼아 댄다. 특히 피가 많아서 어떠한 상처에도 마치 물처럼 피를 흘려서[24] 목숨을 잃기도 한다.

(바다소의) 고기 (맛)은 훌륭하며, 특히나 신선한 상태에서; 겨자를 곁들이면 마치 맛 좋은 소고기 같다.

인디오들은 작살로 다음 같은 방법으로 (바다소를) 잡는다. 끝에 찌를 매단 줄을 작살에 묶어서 (채비한다). [깊은 곳에서 헤엄을 치지 않기 때문에] (수심이) 낮은 연안의 어귀 쪽을 살피다가; (바다소가) 발견되면 작살을 던지고 줄과 찌를 풀어 놓기 시작한다. 그러면 상처의 통증으로 (바다소가) 이리저리 도망을 간다. (그러나) 깊은 바다로는 절대 나가지 않을 뿐만 아니라 그러는 법을 알지도 못하기 때문에 수심이 낮은 곳으로만 (도망 다닌다). 워낙에 덩치가 커서 진흙탕을 일으키며, 혈액의 양이 많아 피를 (많이) 흘리는데; 인디오들은 작은 배를 타고 진흙의 흔적을 따라 쫓다가 찌와 함께 [바다소가] 발견되면 (물 밖으로) 건져 올린다.

(바다소잡이는) 무척이나 재미있다. 온몸이 살코기인 데다 기름이 많아서 쓰임이 매우 많다.

45-5 이곳 해안에는 바(Ba)[25]라고 불리는 또 다른 (종류의) 고기가 있다. 둥글넓적한 것이 먹기에는 좋으나 잡는 것뿐만 아니라 접촉하는 것도 위험하다. 이 (고기) 또한 깊은 곳으로 헤엄칠 줄 모르기 때문에 뻘밭을 누비고 다닌다. 인디오들은 이곳에서 활과 화살로 물고기를 잡는다; 만일 부주의하게 돌아다니다가 물속에서 밟기라도 하면 길고 가느다란 꼬리로 공격해서 톱니(모양의 이빨)로 아주 깊은 상처를 입힌다. 다음 그림에서처럼[26] 이빨이 서로 어긋나 있어서 (이빨을) 뽑아내면 심한 상처가 남는다.

인디오들은 이러한 작은 톱(같은 이빨)을 사용하여[27] 악마에게 공양할 때 자신의 살에 상처를 낸다. 또한 이것을 지니는 것이 제사장의 임무였으므로 (제사장은) 아주 많은 양의 (톱 같은 이빨을) 가지고 있었다. (이러한) 뼈는 무척이나 아름답다. 새하얗고 톱 같은 기묘한 모양을 하고 있으며, 날카롭고 섬세해서 마치 칼처럼 사용된다.

45-6 독성이 매우 강한 작은 고기가 있다. (이 고기를) 먹은 사람은 순식간에 몸이 부어서 목숨을 잃는다. (이 고기는) 물 밖에서 죽는 데 다소 시간이 걸리고, 몸 전체가 부풀어 오르는 것으로 잘 알려졌지만 많은 경우 사람들이 착각한다.[28]

참뽀똔강에는 무척 훌륭한 굴이 많이 난다.[29] 그리고 해변 전체에 걸쳐서 상어들이 아주 많이 산다.

1 가리바이본에는 이 부분이 'como hay poca agua'로 표기되었다. '물이 적다'라는 뜻으로 직역할 수 있으나 바다와는 달리 수심이 낮은 것을 의미하는 것으로 보인다.

2 란다는 이 책 40장(40-15)의 십(Zip) 달에 행하는 의례에서 다음처럼 언급하였다. "마을에서 의례를 치르고 난 후에는 (그들의) 관습에 따라 촌장들과 많은 사람이 그물과 낚싯바늘 그리고 그 밖의 다른 어구들을 챙겨서 해변으로 나갔다. 그리고 그곳에서 성대한 고기잡이를 즐겼다." 란다는 이와 같은 언급을 통하여 그물 및 낚싯바늘과 같은 도구들이 고기잡이에 사용되었다고 하였는데, 여기서는 그 밖에도 화살을 이용한 고기잡이가 이루어졌다고 덧붙여 이야기하였다. 한편 정황과 문맥상 란다는 40장과 이 장에서 바다낚시와 민물낚시를 구분하지 않고 고기잡이에 대한 묘사를 한 것으로 보인다. 이 문단 전체를 확인해보면 화살을 이용한 낚시가 본격적인 대규모 어업이 아니라는 것을 알 수 있다.

3 깔끼니 크로니클(Calkiní Chronicle)(38)에서 부유하고 중요한 사람들이 그들의 어업에 노예들을 고용하였다는 내용을 확인할 수 있다. "히날(Hinal, Jaina)에도 아 까눌족(Ah Canules)의 바다가 있었다. 그곳에는 아 낀 까눌(Ah Kin Canul)의 배가 몇 척 있었고, 그의 노예 중에서 네 명이 고기를 잡았다"(Tozzer, 190). 그러나 이렇게 '노예'라고 불리는 사람들은 오늘날 우리가 생각하는 노예가 아니라 일종의 계약직 노동자와 비슷하다고 할 수 있다. (마야의 노예제도에 대한 자세한 설명은 8장(8-4)의 주 참조)

4 20-30레구아는 대략 84-126킬로미터이다.

5 토설본(190)에는 'skate'로 표기되었다. 이 단어는 '홍어(가오리속)'을 가리킨다. 가리바이본에는 'lisa'로 표기되었다. 이것은 '숭어' 혹은 '미꾸라지'라는 뜻으로 이러한 물고기들의 원산은 아메리카 대륙이 아니다. 란다는 에스빠냐어의 표현을 빌려서 마야의 물고기들을 표현하였지만 실제로 이러한 물고기들이 정확히 란다가 표현한 바로 그 물고기와 일치한다고는 말하기 어렵다. 이후에 나오는 물고기들의 이름 역시 이러한 해석상의 문제가 있다는 점에 주의해야 한다.

6 가리바이본에는 'trucha'로 표기되었다. 이것은 '송어' 혹은 '곤들매기' 등으로 해석된다.

7 이것을 문자 그대로 해석하면 '모기 물고기'라는 뜻이다(Tozzer, 190).

8 토설본(190)에는 'haddock'로 표기되었다. 이 물고기는 '해덕(대구와 비슷하나 그보다 작은 바다고기)'을 가리킨다. 가리바이본에는 'robalo'로 표기되었다. 이것은 '농어'라는 뜻이다.

9 가리바이본에는 'sardina'로 표기되었다.

10 토설본(190)에는 'sole'로 표기되었다. 이것은 '서대기' 혹은 '양서대과(科)의 고기로 특히 넙치와 가자미'를 가리킨다. 가리바이본에는 'lenguado'로 표기되었다. 이것은 '혀가자미'라는 뜻이다.

11 토설본(190)에는 'saw-fish'로 표기되었다. 이것은 '톱상어'를 가리킨다. 가리바이본에는 'sierra'로 표기되었다. 이것은 '톱상어' 혹은 '시에라'라는 뜻이다.

12 토설본(190)에는 'horse mackerel'로 표기되었다. 이것은 '다랑어' '전갱이' 혹은 '전갱어'를 가리킨다. 가리바이본에는 'caballos'로 표기되었다. 문맥상 'caballas'를 잘못 표기한 것으로 보인다. 레온본에는 'caballas'로 표기되었다. 이것은 '고등어'라는 뜻이다.

13 토설본(190)에는 'tunny fish'로 표기되었다. 이것은 '다랑어'를 가리킨다. 가리바이본에는 'mojarra'로 표기되었다. 이것은 '흑도미'라는 뜻이다.

14 토설본(190)에는 'cuttle fish'로 표기되었다. 이것은 '오징어' 혹은 '갑오징어'를 가리킨다. 가리바이본에는 'pulpo'로 표기되었다. 이것은 '문어'라는 뜻이다.

15 토설본(190)에는 'pike'로 표기되었다. 이것은 '강꼬치고기'를 가리킨다. 가리바이본에는 'tollo'로 표기되었다. 이것은 '뿔상어'라는 뜻이다.
한편 란다의 원본에는 이 단어가 'tollos'로 표기되었는지 아니면 'sollos'로 표기되었는지 명확하지 않다. EBA에는 s가 표기되어 있지 않고, 로이스(Roys)는 돔발상어류 일종(Dog fish)의 마야어 명칭인 'Dzim cay' 'Yax bay' 'Ah pat'를 제시하였다(Tozzer, 190).

16 토설본(190)에는 'devil fish'로 표기되었다. 이것은 '아귀'

'낙지' '오징어' 혹은 쥐가오리'를 가리킨다. 가리바이본에는 'manta'로 표기되었다. 이것은 '가오리'라는 뜻이다.

17 이 고기는 'Manta birostris'이다. 그러나 에스빠냐어 원문에는 이것이 명확하게 나와 있지 않다(Tozzer, 190).

18 가리바이본에는 "muere a las orillas"로 표기되었다. 여기서의 'morir' 동사는 '죽는다'는 뜻으로 이것을 직역하여 본문에서는 "인근의 해안에서 죽는데"라고 번역하였다. 그러나 물고기가 해안에서 죽는다는 정확한 의미를 알기가 어렵다. 해변에서 고기를 잡는다는 뜻으로 추정할 수 있지만 '잡는다'라는 뜻의 'matar' 동사가 이미 앞 문장에서 사용된 것을 보면 란다가 여기서는 왜 굳이 'morir(죽는다)'라는 동사로 고기잡이를 표현한 것인지 의문이 든다.

19 토설본(190)에는 'ray fish'로 표기되었다. 이것은 '레이피쉬'를 가리킨다. 가리바이본에는 'raya'로 표기되었다. 이것은 '가오리' 혹은 '돌묵상어'라는 뜻이다.

20 삐오 뻬레스(Pío Pérez) 사전에는 가오리(Ray)가 'Iz cay'로 표기되었다. 노랑가오리의 가시가 무덤에서 종종 발견되는데, 톰슨(Thompson)은 이 물고기의 날카로운 부위가 인신공양에서 남성의 성기에 상처를 내는 데 사용되었을 가능성이 있다고 주장하였다(Tozzer, 190).
이 문장은 문장구조와 의미 그리고 용어들로 인하여 해석상 많은 혼란이 있다. 먼저 이 고기가 'Manta(가오리)'와 유사하다고 표현하였는데, 'Manta(가오리)'는 이어서 나오는 'Raya(가오리)'와 같은 어류일 가능성이 크다. 보통 두 단어를 합쳐서 에스빠냐어에서는 'Manta Raya'라고 하고, 영어에서는 'Manta Ray'라고 한다.

21 토설본(190)에는 'sea-cow'로 표기되었다. 이것은 '해우' 혹은 '바다소'를 가리킨다. 가리바이본에는 'manatí'로 표기되었다. 이것은 '가오리'라는 뜻이다.

22 《인디아스의 역사(Historia General de las Indias)》의 저자는 곤살로 페레난데스 데 오비에도 발데즈(Gonzalo Fernández de Oviedo y Valdés)이다.

23 에스빠냐 사람들은 아메리카 대륙을 정복하면서 카리브해 근처의 섬들을 '에스빠냐의 섬'이라는 뜻으로 '이슬라 에스빠뇰라(Isla Española, 에스빠뇰라섬)'라고 불렀다. 따라서 여기서 에스빠뇰라섬은 현재 카리브해에 있다.

24 가리바이본에는 "… porque son muy sanguíneos a maravilla y de cualquiera herida se desangran como el agua"로 표기되었다. 한편 레온본에는 'ccmo' 대신에 '… 와 함께'라는 뜻의 'con'으로 표기되었고, 토설본(191)에도 에스빠냐어의 'con'에 해당되는 'with'로 표기되었다. 토설본의 문장은 다음과 같다. "… and they lose much blood with the water" 만일 이 문장을 레온본과 토설본대로 'como'가 아닌 'con'으로 해석하면 다소 어색하기는 하지만 '… 어떠한 상처에도 물과 함께 피를 흘리기 때문에'처럼 번역된다.

25 뻬레스 마르띠네스(Pérez Martínez)는 란다가 'Bach (Swordfish: 황새치)'를 'Ba(Gopher: 땅다람쥐)' 혹은 'Bay(Crab: 게)'로 혼동한 것이라고 하였다. 그러고는 'Bach'가 정확한 표기라고 주장하였다. 그러나 토설은 아래의 설명을 보았을 때 란다가 노랑가오리(Stingaree, Aëtobatis) 혹은 노랑가오리의 동종에 대하여 설명한 것이라고 하였다(Tozzer, 191).

26 현재 남아 있는 판본에는 삽화가 남아 있지 않다.

27 깍치껠 아날스(Cakchiquel Annals)(Brinton ec., 115)의 제물에 대한 묘사에서 다음의 기록을 확인할 수 있다. "호리병박나무의 가시를 함께 놓았다. 사람들은 이것을 가지고 스스로 귀에서 피를 냈다"(Tozzer, 191). 마야 사람들은 피공양을 할 때 식물 재료나 어류 재료를 함께 사용한 것으로 보인다.

28 독이 있고, 몸이 부풀어 오른다는 점으로 미루어 '복어'인 것으로 추정되지만 확신하기는 어렵다.

29 맹그로브(Mangrove)에서 자라는 'Coon oyster'로 파악된다. 굴은 마야어로 '복(Boc)'이라고 한다(Tozzer, 191).

46

이구아나와 악어

46-1 물에서만 서식하는 물고기들 외에도 물과 육지를 오가며 생활하는 (종들이) 있다. 많은 이구아나가 그러하다.[1] (이곳 이구아나의) 생김새와 크기, 색깔은 에스빠냐의 도마뱀과 비슷하다. 그러나 매우 선명한 초록색을 띠고 있지는 않다; 그들은 많은 양의 알을 낳고, 언제나 바다나 물이 있는 곳의 주변을 돌아다닌다. 또한 물에서나 땅에서나 (별다른) 차이 없이 지낼 수 있다. 에스빠냐 사람들은 단식 기간에 (이구아나를) 잡아먹으며 이것을 매우 진귀하고 몸에 좋은 음식으로 여긴다.

(이곳에는) 아주 많은 (이구아나가) 있다. (이러한 이구아나들은) 사순절(四旬節) 기간 모든 사람에게 도움을 준다[2]; 인디오들은 올가미로 나무나 나무의 구멍에 오른 녀석들을 사냥한다.[3] (녀석들은) 놀라울 정도로 배고픔을 잘 참아서 (산 채로) 잡힌 후에 이삼십일 동안 아무것도 먹지 않아도 여위지도 않고 계속해서 목숨을 유지한다; 내가 들은 어느 경험담에 의하면 모래로 녀석들의 배를 문질러주자 (배가) 빵빵하게 부풀어 올랐다고 한다.

눈에 얼룩이 생겼을 때[4] 녀석들의 변(便)을 신선한 상태로 바르면 치료에 상당한 효과가 있다.

46-2 (이곳에는) 엄청나게 큰 거북들이 있다.[5] 어떤 녀석은 커다란 방패보다도 훨씬 크다. 음식으로도 훌륭하게 쓰이고, (먹을 부분이) 아주 많다[6]; 달걀만큼이나 커다란 알을 낳는데, 물 밖의 모래 속에 커다란 구덩이를 파고는 150-200개 정도의 알을 낳는다. 그리고 그것을 다시 모래로 덮어 놓는다. 그러면 새끼 거북들이 부화한다.

육지의 건조한 숲과 늪에는 또 다른 종류의 거북이 서식하고 있다.

46-3 나는 해변에서 어떤 물고기를 몇 번 본 적이 있는데, 온몸이 조개껍질로 되어 있어서 여기서 이야기하려고 (앞 장의 물고기 부분에서는) 언급하지 않았다.

(녀석은) 작은 거북 정도의 크기로 윗부분이 섬세하고 둥글며 아름다운 모양의 밝은 녹색을 띤 조개껍질로 뒤덮여 있다; 마찬가지로 이러한 조개껍질로 된 매우 가느다란 꼬리를 지니고 있다. (꼬리는) 마치 송곳처럼 생겼고, 길이는 한 뼘[7] 정도 된다; 아래로는 많은 다리가 나 있으며, 작은 알로 뒤덮여 있다. 그 자체로는 먹을 것이 없고, 오직 (녀석의) 알만을 (먹는데), 인디오들이 그것을 무척 즐겨 먹는다; 그들 말로는 멕스(Mex)[8]라고 한다.

46-4 (이곳에는) 무척 사나운 악어들[9]이 있다. 비록 녀석들이 물속을 돌아다니기는 하지만 (물 밖으로도) 나오기 때문에 땅에서도 많이 (볼 수) 있다. 또한 아가미가 없는 까닭에 물속에서는 (먹이를) 씹을 수 없어서 땅에서 혹은 머리를 물 밖으로 내놓고서 먹이를 먹는다.

녀석들은 육중한 동물로 물가에서 멀리 벗어나지 않는다. 그리고 무언가를 공격하거나 도망갈 때 매우 난폭하게 움직인다.

녀석들은 식성이 무척이나 좋다. (이와 관련된) 기이한 이야기들이 떠도는데; 내가 알고 있는 이야기는 (다음과 같다). 수도원 근처의 늪에서 목욕하던 인디오가 악어 때문에 목숨을 잃었다; 그러자 성직자 한 명이 인디오들과 함께 급히 악어를 잡으러 갔다. 녀석을 잡으려고 그렇게 크지 않은 개 한 마리를 잡아다가 입에서 항문까지 끝을 뾰족하게 만든 단단한 막대기를 꽂았다. 그리고 개의 창자를 아주 튼튼한 줄로 묶어서 늪에다 던져 놓았다. 그러자 악어가 나와서 (그 개를) 이빨로 물어서 집어삼켰다; 신부와 함께 간 사람들이 (개를) 집어삼켜서 막대가 몸속에 관통된 악어를 아주 힘들여 끌어올렸다; (악어의 배를) 열어 보니 위주머니에서 개뿐만 아니라 사람의 (몸뚱이) 반쪽도 함께 발견되었다.

이 악어들은 동물처럼[10] 짝짓기 해서 알을 낳는다. 산란하려고 물에서 아주 가까운 모래에 커다란 구덩이를 파고, 새의 알보다 더 큰 300개 혹은 그 이상의 알을 낳는다. 그러고는 자연이 그들에게 가르쳐 준 시간이 되어 부화할 때까지 (알들을) 그곳에 가만히 놓아둔다. 그렇게 (어미는 새끼의 부화를) 기다리며 주변을 맴돈다. 새끼 악어들은 이렇게 알을 깨고 나와서 한 뼘 정도가 될 정도로 커진다. 녀석들의 근처로 바다의 파도가 밀려 들어오기만을 기다리다가 (파도를) 느끼면 그 자리에서 물로 뛰어든다. 그러지 못한 녀석들은 모두 모래에서 목숨을 잃고 만다. 왜냐하면 굉장히 여린 상태에서 햇볕에 뜨겁게 달구어진 모래로 결국은 타서 죽어버리기 때문이다.

물에 도착한 녀석들은 모두 생존해서 그 부근을 돌아다니다가 부모가 오면 그들을 따라나선다; 비록 상당량의 알을 낳더라도 살아남는 녀석들은 얼마 되지 않는다. 만일 우리에게 해를 입히기보다 더욱 많은 이로움을 주려는 거룩한 신의 섭리가 존재하지 않아서 이러한 맹수들이 모두 살아남는다면 아주 심각한 피해를 받게 될 것이다.

---

1 러브리지(Loveridge)는 이것들을 'Iguana iguana rhinolopha'와 동일한 것으로 보았다. 마야에서 이구아나를 가리키는 일반적인 용어는 '후(Huh)'이다. 토설은 이구아나의 삽화가 란다의 원본에 삽입되었다고 하였으나(Tozzer, 191) 옮긴이가 확인한 판본들에는 존재하지 않았다.

오늘날 마야 유적지에서 흔히 볼 수 있는 이구아나

2 가리바이본에는 "… que ayudan a todos por la cuaresma"로 표기되었다. 본문에서는 "…(이러한 이구아나들은) 사순절 기간 모든 사람에게 도움을 준다."라고 해석하였다. 그러나 여기서 '도움을 준다'가 정확히 무엇을 의미하는지 명확하지 않다. "인디오들이 사순절 기간 (이구아나를) 잡아먹는다."라는 뜻으로 해석될 가능성이 있으나 단정 짓기는 어렵다.

3 꼬디쎄 마드리드의 45, 46, 48a, 91a, 93a 등에서 '나무 위에 설치한 올가미 혹은 덫'이나 다른 덫의 종류를 확인할 수 있다.

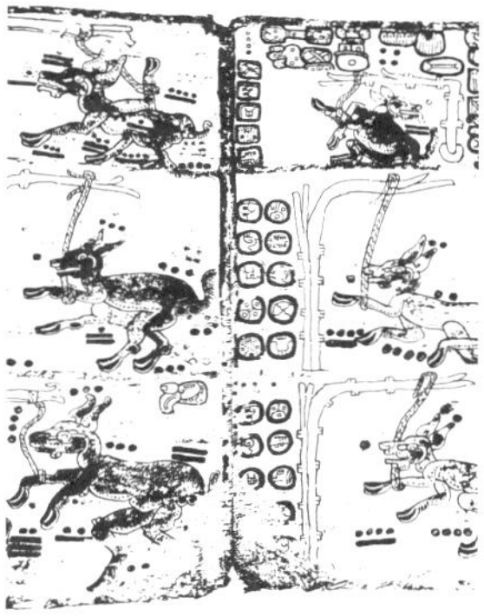

꼬디쎄 마드리드의 45, 46

꼬디쎄 마드리드의 91a

꼬디쎄 마드리드의 93a

4 가리바이본에는 '…nubes de los ojos'로 표기되었다. 이 문장의 뜻이 명확하지 않은데, 외형적으로는 각막염에 따른 각막혼탁 현상을 의심할 수 있다. 이것은 제삼자가 환자의 눈을 보았을 때 각막에 나타나는 증상이다. 그런데 만일 백내장 증상이 있다면 환자 스스로가 마치 눈에 구름이 낀 것과 같이 시야가 뿌옇게 되는 현상을 느끼게 된다. 토설본(191)에는 'films in the eyes'로 번역되었다.

5 러브리지(Loveridge)는 'Loggerhead(Caretta caretta caretta: 붉은 거북)'와 'Green Turtle(Chelonia mydas: 녹색 거북)' 같은 두 종류의 바다거북이 있다고 하였다. 거북은 마야어로 '악(Ac)'이라고 불린다. 모뚤(Motul)은 '악(Ac)' 혹은 '악 엑(Ac ek)'을 '쌍둥이자리를 가리키는 가까이에 있는 세 개의 별'이라고 정의하였다. 이 세 개의 별은 다른 별들과 함께 거북 모양을 이룬다. 한편 거북을 지칭하는 또 다른 용어로는 '꼭 악(Coc ac)'이 있다(Tozzer, 192). 마야어 사전에는 '악(Ac)'이 아닌 '악(Ak)'으로 표기되었다(Diccionario Maya, 4-5).

6 가리바이본에는 "…y tienen harto qué"로 표기되었다. 여기서의 'harto'는 '거북의 개체 수가 많다'라는 뜻으로도 해석될 수 있지만 앞선 음식들과 연관 지어서 생각해 보았을 때 '(먹을 부분 혹은 고기)가 아주 많다'라는 뜻으로 해석될 가능성이 크다. 토설본(192)에도 "…have plenty of flesh"로 '고기가 많다.'로 번역되었다.

7 가리바이본에는 '…y larga como un jeme'로 표기되었다. 여기서 'jeme'는 엄지손가락과 집게손가락 사이를 최대로 벌린 한 뼘의 길이를 나타낸다.

8 '멕스'는 유영각(헤엄다리)에 알을 품고 있는 커다란 가재이거나 갯가재인 것으로 보인다. 삐오 뻬레스(Pío Pérez)는 이것을 '거미물고기(Spider fish)'로 정의하였다(Tozzer, 192). 한편 마야어 사전에는 '거미물고기(Araña pez)' 외에도 '문어'라는 뜻으로 정의되었다. 그러나 이 문장만 놓고 보았을 때 '문어'의 뜻으로 쓰였을 가능성은 희박하다.

9 이것은 유까딴에 살지 않는 미국산 악어의 일종인 'Alligator'가 아니라 아프리카·아시아산 악어인 'Crocodile'을 가리킨다. 모뚤(Motul)은 이것을 '아인(Ain)'이라고 하였다. '아인(Ain)'은 라틴아메리카산 커다란 악어인 'Cayman' 혹은 'Lizard'를 가리킨다. 여기서 'Lizard'는 아프리카·아시아산 악어인 'Crocodile'의 일종이다(Tozzer, 192).

마야 사람들은 악어를 천상천하의 세계를 연결해 주는 신성한 존재로 여겼던 것으로 보인다. 악어의 입으로 유적지 신전의 입구를 표현해 놓은 것을 발견할 수 있다. 마치 신성한 천상천하의 세계로 들어가는 행위를 악어의 입속으로 들어가는 것처럼 형상화해 피라미드의 입구를 만들어 놓았다.

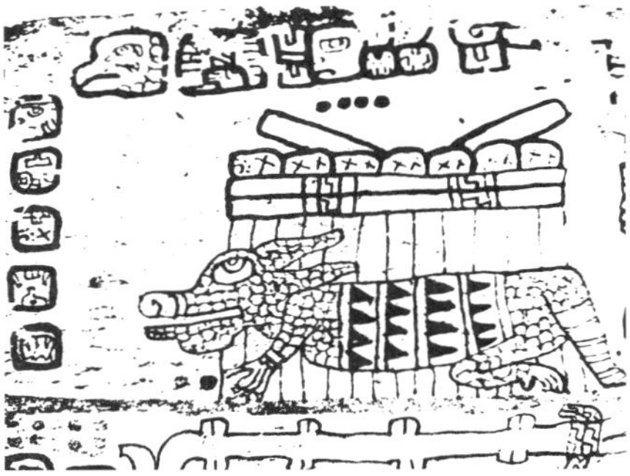

꼬디쎄 마드리드의 48a에 등장하는 악어

10 가리바이본에는 '… como los animales'로 표기되었다. 문맥상 여기에는 '동물(animal)'이 아닌 '파충류' 혹은 '양서류' 같은 단어가 더욱 잘 어울린다. 그러나 에스빠냐어 원문상에 표기된 '동물'을 '파충류'나 '양서류'같이 더 구체적인 단어로 해석하기에는 무리가 따른다. 식민지 시대의 사전을 확인해 보아도 이 단어를 확대 혹은 구체화하여 해석하기는 어렵다.

뱀의 종류와 독을 가진 다른 동물들

47-1 (유까딴에는) 아주 많은 종류의 크고 작은 뱀들이 있다.[1] 색깔이 다양하고 (인간에게) 해를 끼치지 않는다; 단 두 종류만은 예외인데, (이 둘은) 치명적인 독을 가진 독사로 이곳 에스빠냐[2]의 것들보다 훨씬 더 크다.

녀석들은 딱신찬(Taxinchan)[3]이라고 불린다.

마찬가지로 매우 치명적인 독이 있는 또 다른 (뱀이) 있다. 녀석들은 몸집이 아주 크고, 꼬리에 방울이 달려 있다[4]; (또한) 한두 마리 토끼쯤은 (그냥) 삼켜버리는 몸집이 아주 커다란 (또 다른) 뱀이 있다. (녀석들은 인간에게) 해를 끼치지 않는데, 심지어 아무런 해를 입지 않고 녀석들을 아주 수월하게 잡는 인디오들도 있다.[5]

47-2 (유까딴의) 도마뱀 중에는 이곳 (에스빠냐의 것들보다) 몸집이 더 큰 종이 하나 있다. 인디오들은 녀석들에게 굉장한 두려움을 느낀다. 만일 사람이 건드리기라도 하면 아주 치명적인 독성의 땀을 분비하기 때문이라고 한다.[6]

돌 사이에는 아주 많은 전갈[7]이 있다. 이곳 에스빠냐의 것만큼 독이 매우 치명적이지는 않다.

커다란 개미류가 있다. 녀석에게 물리면 전갈에 (쏘인 것)보다 통증과 염증이 더욱 심각하다. 내가 경험한 바에 의하면 심지어 전갈에 (쏘인 것)보다 염증이 두 배나 더 오래간다.[8]

47-3 두 가지 종류의 거미가 있다. 한 놈은 매우 작지만 무척 해롭고, 또 다른 놈은 몸집이 아주 크며 (몸) 전체가 마치 솜털처럼 보이는 검정색의 아주 섬세하고 작은 가시로 뒤덮여 있다. 그 (가시) 안에 독을 품고 있어서 인디오들은 녀석이 있는 곳에서는 놈들을 건드리지 않으려고 세심한 주의를 기울인다.[9]

47-4 붉은색을 띠는 작은 유충이 있다. (인디오들은 이 유충을) 으깨거나 짓이겨서 부기와 상처에 (좋은) 노란색 연고를 만든다. 또한 그릇을 칠하는 기름으로도 사용하는데, (이 기름은) 그림이 잘 벗겨지지 않도록 한다.[10]

---

1 가리바이본에는 "De culebras o serpientes es grande la diversidad que hay"로 표기되었다. 여기서 란다는 뱀을 'culebra'와 'serpiente'라는 두 가지 단어로 구분해서 표기하였다. 이처럼 에스빠냐어와 영어에서는 'culebra–snake'와 'serpiente–serpent'로 각 단어를 구분할 수 있다. 그러나 한국어에서는 이 두 용어의 정확한 차이를 구분 지을 만한 단어를 발견하지 못하였다. 우리말로 하면 'culebra'는 '주로 독이 없는 작은 뱀'을 뜻하고, 'serpiente'는 '뱀'을 뜻한다. 본문에서는 '크고 작은 뱀들'로 번역하였다.

2 이 책 머리말에서 이미 밝힌 바 있듯이 란다가 어디에서 이 사료를 저술하였는지 명확하지 않다. 아메리카 대륙의 유까딴반도에서 자료들을 모으고 상당 부분의 원고를 저술한 것은 사실이지만 일부는 그가 에스빠냐에 머무는 동안 작성한 부분도 많은 것으로 보인다. 여기서 '… de acá de España(이곳 에스빠냐의)'와 같이 표현한 것을 보았을 때 이 부분만큼은 에스빠냐에서 작성되었다는 것을 짐작할 수 있다.

3 이것은 큰 삼각머리독사(Fer–de–lance, Bothrops atrox)라고 불리는 세계에서 가장 치명적인 독사로 추정된다. 로이스(Roys)(339)는 이 파충류에 대하여 다음처럼 기록하였다. "이곳 인디오들이 딱신찬(Taxinchan)이라고 부르는 뱀이 있다. 이 뱀은 움직이기 위해서 땅에 얼굴을 고정한 채 점프한다. 이렇게 도약하면서 몸을 움직인다. 등과 머리 그리고 꼬리의 끝은 황금빛 노란색을 띠며 숲에서 서식한다. 물린 사람은 마치 피땀을 흘리듯이 모든 기공에서 피가 뿜어져 나온다. 만일 치료받지 않으면 하루 만에 목숨을 잃게 된다." 또한 유까딴 지방의 렐라씨온(Relación, 보고서, Relaciones de Yucatán, 1: 66)에서 다음의 기록을 확인할 수 있다. "딱신첸(Taxinchen)이라고 불리는 뱀은 색에 따라서 네 가지 종류로 나뉜다. 그래서 어미를 닮은 새끼들이 있는가 하면 그렇지 않은 새끼들도 있다. 또한 녀석들은 독을 가지고 있는데, 독의 (위험한) 정도가 다양하다"(MS in Tulane Univ., Tozzer, 192–193). 딱신 찬(Taxin chan)은 마야어 사전에 'Vibora adulterina(부정한 뱀)'로 정의되었다.

4 마야어로는 '아하우 깐(Ahau can)' 혹은 '쌉 깐(Tzab can)'이라고 불리고, 이것을 문자 그대로 해석하면 '왕뱀' 혹은 'Crotalus terrificus durissus'인 '방울뱀'이라는 뜻이다. 모

똘 사전에는 다음처럼 정의되었다. "아하우 깐. 꼬리에 방울이 달린 뱀으로 이 뱀에게 물리는 것은 매우 치명적이다. 색깔에 따라서 다음처럼 네 가지 종류로 구분된다. 삭(흰) 아하우깐(Zac ahaucan), 엑(검정) 아하우깐(Ek ahaucan), 착(붉은) 아하우깐(Chac ahaucan), 깐(노란) 아하우깐(Kan ahaucan)."
'쌉(Tzab)'은 다음처럼 정의된다. "7 묘성. 별 일곱 개의 별자리를 가리킨다. 그 밖에도 뱀의 방울이라는 뜻이 있다"(Tozzer, 193).

5 알렌(Allen)은 이것을 '황제보아뱀(Imperial Boa, Constrictor constrictor imperialis)'와 동일한 것으로 보았다(Tozzer, 193).

6 '멕시코 독 도마뱀(Heloderma horridum)'인 것으로 추정된다. 로이스(Roys)는 이 도마뱀이 마야어로 '익스-훈뻬쯔낀(Ix-hunpedzkin)'이라고 하였다. 또한 이와 관련하여 유까딴 지방의 렐라씨온(Relaciones de Yucatán, 1: 65)에는 다음처럼 기록되었다. "이 짐승은 매우 해롭다. 사람이 옷을 입고 있어도 물지도 쏘지도 않은 채 사람과 스치는 것만으로 짧은 시간 내에 죽음에 이르게 한다"(Tozzer, 193).

7 유까딴에는 '센트럴 아메리카 바크전갈(Centruroides margaritatus)'과 '그라실리스(C. gracilis)'라는 두 종류의 커다란 전갈이 있다. 모똘 사전에는 '시나안(Zinaan)'이 '전갈(Scorpion, 하늘의 별자리)'이라는 뜻으로 정의되었다. 로이스(Roys)(343)는 이에 대하여 다음처럼 언급하였다. "후자(하늘의 별자리)는 '시난-엑(Zinan-ek)'이라고도 알려져 있다"(Tozzer and Allen, 305-7, Pl. 4, en Tozzer, 193).

8 알렌(Allen)은 다음처럼 언급하였다. "이것은 마치 개미처럼 보이는 '머틸리드(Mutillid)'와 침에 대한 설명인 것으로 보인다. 또한 이곳에는 '마쓰무라꼬리치레 개미(Crematogaster)'라고 불리는 쏘는 개미들이 많이 있다." 모똘 사전에는 '치명적으로 쏘는 개미'를 일컬어서 '술룹(Xulub)'이라고 부른다고 기록되었다. 빠체꼬 끄루스(Pacheco Cruz)(1919, 50)는 다음처럼 이야기하였다. "이들은 군집을 이루어서 움직이고, 밤에 집을 침입한다고 기록되었다. 다리가 길고, 건조한 장소에서 발견된다. 또한 이들은 식물의 잎을 파괴해 놓는다"(Tozzer, 193).

9 알렌(Allen)은 서적들을 참고한 결과 커다란 거미가 'Acrosoma'라고 하였다. 또한 다음처럼 언급하였다. "검은색 가시로 덮여 있는 놈들은 실제로는 독을 가지고 있지 않다. 작고 해로운 녀석은 'Macrodectes'인 것으로 추정된다." 한편 로이스(Roys)는 모똘 사전에서 확인할 수 있는 '찌뜬(Dzitun)'에 대한 기록을 다음처럼 전하여 언급하였다. "독이 있는 붉은색 거미로 '벽'을 타고 이동한다." 또한 빠체꼬 끄루스(Pacheco Cruz)(1919, 48)의 말을 인용하여 다음처럼 말하였다. "여덟 개의 긴 다리와 한 쌍의 촉수가 있다. …이들의 침은 매우 위험하다. 세 개의 침을 가지고 있는데, 이것은 공격할 때만 볼 수 있다. 새끼들은 양옆으로 커피색의 작고 희고 동그란 것이 있다"(Tozzer, 193).

10 로이스(Roys)(337)는 이것을 두고 연지벌레 곤충(Coccus axin)이라고 하였다. 그리고 이것이 의학용으로도 사용되었다고 하였다. 마야어로는 '니인(Niin)'이라고 불린다(Tozzer, 193).

48

벌, 꿀, 밀랍

48-1 (유까딴에는) 두 가지 종류의 벌이 있다。 이 두 (종류) 모두 우리 (에스빠냐의 벌)보다 크기가 훨씬 작다.

그중에서 몸집이 더 큰 녀석은 매우 작은 벌집에서 산다[1]; 우리 (에스빠냐의 벌과는 달리) 벌통을 만들지 않고, 마치 밀랍(蜜蠟)의 열매 같은 작은 주머니들을 만든다。 하나로 뭉쳐진 (주머니에는) 꿀이 가득하다.

꿀을 따려면 벌집을 열어서 작은 막대기로 주머니들을 찌르기만 하면 된다。 그렇게 하면 꿀이 흘러나온다。 밀랍은 적당한 시기에 꺼낸다.

그 밖의 다른 (벌들은) 숲속의 나무나 돌의 움푹한 곳에 산다。[2] (인디오들은) 그러한 곳에서 밀랍을 찾아다닌다。 이 땅에는 (밀랍)과 꿀이 아주 풍부하고, (질도) 매우 훌륭하다。 다만 벌들의 자양분이 무척 풍부해서 (꿀이) 조금 묽은 편이다。 (꿀을) 불에 한 번 끓여 놓으면 상태가 더 좋아지고 오래 보관할 수 있다.

연기가 너무 많이 나는 것을 제외하고는[3] 밀랍의 질이 상당히 좋다。 (연기가 나는) 원인에 대해서는 아직 밝혀진 바가 없다。 또한 어떤 지역에서는 꽃으로 (밀랍의 색이) 훨씬 더 노랗기도 하다.

꿀을 잘 못 따더라도[4] 벌들이 (사람을) 쏘지도 않고, [아무런] (해를) 입히지도 않는다.

---

1 '멜리포나(Melipona)'라고 불리는 침을 가지고 있지 않은 벌에 대하여 설명한 것이다. 큰 놈은 '트리고나(Trigona)'라고 불리는데, 이것들은 다시 여러 종류로 구분된다(Tozzer, 193).

2 가리바이본에는 "Las demás crían en los montes"로 표기되었다. 즉 본문에서 '자란다'라고 해석한 부분이 'crían'으로 표기되었다. 에스빠냐어의 'criar' 동사는 현대 에스빠냐어 문법상 "A가 B를 기르다." 같은 의미가 있다. 이러한 문법에 따르면 "인디오들이 꿀벌을 기른다."처럼 해석되는 것이 옳다. 그러나 란다는 일부 문장에서 'criar' 동사를 '살다(자라다)'라는 뜻의 'vivir'처럼 사용하였다. 따라서 이 문장에서 'criar' 동사는 '기르다' 혹은 '살다(자라다)'라는 두 가지 뜻으로 모두 해석될 가능성이 있다. 정황과 문맥상 '살다(자라다)'의 의미가 더욱 강조된 것으로 보여서 본문에서는 '살다'로 해석하였다.

3 가리바이본에는 "… salvo que es muy humosa"로 표기되었다. 여기서 "연기가 너무 많이 난다."라는 것은 벌의 밀랍으로 양초를 만들어서 사용할 때 그 양초에서 연기가 많이 난다는 것을 의미한다.

4 토설본(194)에는 이 부분이 "… when the honeycombs are cut"으로 번역되었다. 이 문장은 '벌집이 잘려도'라는 뜻으로 해석된다.

49

유까딴의 식물

49-1 제철이 되면 유까딴을 수놓는 온갖 종류의 풀과 꽃이 참으로 두드러진다. 너무나 곱고 아름다운 (꽃들이) 저마다 색과 향을 뽐내며 나무와 풀들 사이로 숲과 들을 장식한다. (이러한 꽃들은) 벌이 꿀과 밀랍을 만드는 데 매우 풍부한 원천이 된다.

그러나 여기서는 그중 아름답고 향기로우며 이 땅의 주민들에게 유용한 몇 가지만 소개하도록 하겠다.

49-2 (유까딴에는) 이곳 (에스빠냐의 것)보다 더욱 신선하고 향이 짙으며 잎사귀가 길고 가느다란 향쑥[1]이 있다. 인디오들은 향이 좋아서 취미로 (이 식물을) 기른다. 나는 여자 인디오들이 뿌리[2]에 재를 뿌려서 더욱 예쁘게 하는 것을 본 적이 있다.

49-3 잎사귀가 아주 넓고 키가 크며 통통한 줄기의 풀이 있다. 마치 버드나무처럼 줄기가 수없이 뻗어 나가는 식으로 무척 신선하고 왕성하게 자라지만 (버드나무보다는) 훨씬 덜하다; 손으로 잎을 만지작거리면 아주 향긋한 토끼풀[3]향이 난다. 그러나 마르면 (향기가) 사라진다; 의례를 할 때 신전을 (장식하는) 나뭇가지로 쓰기에 제격이며 (실제로) 그러한 용도로 사용된다.[4]

49-4 나륵꽃[5]이 많이 있다。 어떤 곳은 숲속이 온통 (나륵꽃)으로 뒤덮여 있기도 하다。 바위 사이에서 피어나는 (꽃은) 매우 신선하고 아름다우며 향기롭다。 그러나 정원에서 기르는 이곳 (에스빠냐에서) 건너온 꽃과는 비교가 안 된다。 (이 꽃이) 어떻게 자라고 퍼지는지 보는 것은 경이로울 따름이다.

49-5 띡스술라(Tixzula)[6]라고 불리는 꽃이 있다。 (이 꽃에서는) 지금껏 내가 맡아 본 (그 어떤 향보다) 가장 섬세한 향이 난다。 그리고 (그 향은) 재스민보다도 훨씬 뛰어나다; 흰색이지만 밝은 보라색을 띠는 것도 있고, 줄기에는 굵은 구근이 (달려) [있어서] 에스빠냐로 가져올 수도 있을 것 같다.

(이 꽃은) 다음처럼 (자란다): 구근에서는 키가 크고 굵직하며 매우 신선한 싹들이 피어난다。 (이 싹들은) 일 년 내내 지속되며, 한 해에 딱 한 번만 손가락 세 개 정도 너비의 초록색 통통한 줄기가 중간 지점에서 나온다。 이것은 (구근에서 피어난) 싹들만큼이나 매우 길다; 이 줄기의 끝부분에서 꽃들이 한 덩어리로 피어난다。 (그 꽃의) 각 길이는 꽃자루까지 포함해서 한 뼘[7] 정도이다。 (꽃이) 피면서 다섯 장의 꽃잎이 기다랗게 벌어지는데, 섬세한 하얀색의 막이 아래쪽에서 (꽃들을) 에워싸고, 그 중간에는 노란색의 작은 막들이 있다。 [이 꽃들은] 흰색과 노란색을 띠며 무척이나 아름답다.

이 줄기를 잘라다가 물병에 꽂아 두면 은은한 향기가 (지속되고) 오래도록 시들지 않는다。 왜냐하면 꽃을 한꺼번에 피우지 않고 천천히 (피우기 때문이다).

49-6 순백의 향기로운 작은 백합[8]이 있다。 물에 (꽂아 두면) 무척 오래간다。 (이 꽃) 역시 구근으로 되어서 이곳 (에스빠냐로) 가져오기에 수월하다。 모든 면에서 백합과 매우 흡사하다。 단 (백합보다) 향기가 은은하고, (그 향기로) 머리가 아프지 않다。 그리고 (백합과 달리) 중간에 노란 부분이 없다.

익스라울(Ixlaul)[9]이라고 불리는 장미가 있다。 사람들이 내게 이야기하기를 (이 꽃은) 무척 아름답고 매우 향기롭다고 한다.

49-7 닉떼(Nicté)[10]라고 불리는 일종의 나무가 있다。 (이 나무는) 희고 노란 장미를 풍성하게 피우며, 가운데 부분이 보라색인 장미를 피우기도 한다。[11] (장미는) 무척 신선하고 향

기로워서 그 (꽃)으로 아름다운 꽃다발을 만든다. 또한 원하는 사람들은 잼[12]을 [만든다].

꼼(Kom)이라고 불리는 꽃이 있다. 매우 짙은 향기가 나는데, (그 향기를) 맡으면 큰 열기가 올라온다[13]; 이곳 (에스빠냐로) 가져오기에 수월할 것으로 생각된다. (이 꽃의) 잎들은 굉장히 신선하고 넓다.

이러한 꽃과 향초(香草) 외에도 아주 쓰임이 많고 약으로도 사용되는 또 다른 (종류의 식물들이) 있다. 그중에는 무척 신선하고 아주 예쁜 두 종류의 뽕나뭇과 식물[14]이 있다.

49-8 양치식물과 공작고사리[15]가 많이 있다. 그리고 (다른 종류의) 풀이 있는데, (이 풀의) 잎을 삶아서 물과 (섞으면) 발과 다리 부기에 아주 효과적이다.

오래된 상처를 치료하는 데 탁월한 효과를 내는 풀이 있다. (이 풀은) 이악스빨리알체(Iaxpalialché)[16]라고 불린다.

회향풀과 똑같은 맛이 나는 또 다른 (종류의 풀이) 있다.[17] (이 풀은) 먹을 수 있는 것으로 물에 끓여서 먹기 아주 좋고, 앞에서 (이야기한) 것처럼 생으로 발라 주면 상처를 치료하는 데도 (매우 효과적이다).

박-할랄(Bac-halar)(지역)[18]에는 사르사빠리야(Zarzaparrilla)[19]가 있다.

49-9 연못이나 그 밖의 다른 장소에서 기르는 풀이 있다. 사초(莎草)처럼 삼각형이지만 그것보다 훨씬 두껍다.[20] 이것으로 광주리[21]를 만든다. 또한 일반적으로 여러 색으로 물을 들여서 너무나도 예쁜 (광주리가) 만들어진다.

어떤 야생풀[22]이 있는데, (이 풀을) 집에서 기르기도 한다. (이렇게 길러진 풀들이) 더욱 훌륭하다. (이 풀들에서) 삼섬유[23]를 뽑아내고, 생활에 필요한 수많은 것을 만든다.

또한 경작하는 것은 아닌 어떤 나무에서는 작은 오이 같은 열매가 달리는 풀이 자라는데 (이 나무로) 고무나 풀을 만들어서 필요한 것을 접착시키는 용도로 사용한다.

49-10 사람들의 양식이 되는 작물로는 색과 종류가 무척 다양한 질 좋은 옥수수[24]가 있다. 수확량도 무척 많아서 흉년에 대비한 곡간을 만들어서 이곳에 보관한다.[25]

두 가지 종류의 작은 콩[26]이 있다. (그중) 하나는 검은색을 띠고, 다른 하나는 다양한 색을 띤다. 에스빠냐 사람들이 가져간 것은 희고 작은 (종류의 콩)이다.

후추[27]가 있고; 다양한 종류의 호박이 있다. 그중 어떤 것은 씨를 발라내서 (그것으로) 요리한다. 또 어떤 것은 굽거나 삶아서 먹는다. (그 밖의) 다른 것으로는 생활에 필요한 그릇을 만든다; 이제는 이곳에도 질 좋은 멜론[28]과 에스빠냐의 호박[29]이 있다; 우리는 매우 유용한 식량인 수수[30]를 (이곳에서도) 경작할 수 있도록 하였다; 그들은 아주 신선하고 맛 좋은 과일을 경작하는데, 무처럼 통통하고 둥그런 뿌리 부분이 과일이고 소금을 곁들여서 생으로 먹는다[31]; 심으면 땅속에서 나는 또 다른 (종류의) 뿌리(식물이) 있다.[32] 이것은 매우 중요한 식량으로 보라색, 노란색, 흰색 등 종류가 매우 다양하다. 삶거나 구워서 먹으면 훌륭한 음식이 된다. 밤과 맛이 조금 비슷하며, 볶아서 음료로도 마신다.

인디오들의 식량인 다른 두 종류의 뿌리(식물)가 있다.[33]

처음에 이야기한 두 종류의 (뿌리식물과) 다소 흡사한 다른 두 종류의 야생 뿌리(식물)가 있다. 기근이 들었을 때는 인디오들에게 도움을 주지만 그렇지 않을 때는 (별다른) 관심을 받지 못한다.[34]

가지가 부드러운 작은 나무[35]가 있다. 진액이 매우 풍부하고, 잎을 익혀서 먹기도 한다. 양배추와 비슷한 맛이 나서 두꺼운 돼지 비곗살과도 아주 잘 어울린다.

인디오들은 그들이 거주하는 곳 어디든지 (이 나무를) 심어 놓는다. 일 년 내내 잎이 마르지 않아서 (매일같이 잎을) 딸 수가 있다.

무척이나 신선한 치커리가 있다. 비록 먹을 줄은 몰라도[36] 경작지에서 기른다.

49-11 주님께서는 이 땅에 수많은 나무를 창조하셨다. 이것은 높이 찬양받아 마땅하다. 이 모든 (나무들은) 우리의 것과는 너무나도 다르다. 다른 지역에서는 그렇지 않았는데, 유까딴에서는 지금껏 어느 한 그루라도 내가 알던 (나무들을) 본 적이 [없다]. 또한 (이러한 나무들은) 인디오들뿐만 아니라 에스빠냐 사람들에게도 매우 유용하다. 선지자께서는 말씀하셨다. "주님, 존경하는 당신의 이름이 온 세상에 있나이다."

둥그런 호박 같은 열매가 달리는 나무가 있다. 인디오들은 (이것으로) 그릇을 만든다. (그릇은) 상당히 훌륭하고, 색을 아주 잘 칠해서 매우 예쁘게 장식한다.[37]

이와 같은 종류로 크기가 더 작고 무척이나 단단한 열매를 맺는 또 다른 (나무가)

있다. (이 열매로) 연고를 (담거나) 그 밖의 다른 용도로 사용하기 위한 작은 통들을 만든다.

개암과 비슷한 씨가 든 작은 열매를 맺는 나무[38]가 있다. 이것으로 훌륭한 구슬을 만든다. 껍질로 비누처럼 거품을 내서 옷을 세탁하는 데도 사용한다.

49-12 악마들을 위하여 무척 많은 향나무를 기른다. 돌로 나무의 껍질에 상처를 내서 고무나 진액을 얻는다[39]; 이 나무는 신선하고, 키가 크며, 시원한 그늘을 드리우고, (훌륭한) 잎사귀를 맺는다. 그러나 (이 나무가) 자라는 곳에서는 그 꽃으로 인하여 밀랍이 검게 변한다.

연못에서 기르는 나무가 있다. 키가 크고, 매우 아름다우며, 신선한 잎사귀가 난다. 가지들을 늘어뜨린 (모습은) 무척이나 놀랍다. (처음에는) 나무의 몸통에서 매우 정연하게 나오다가 셋씩 혹은 그보다 더 많이씩 부분적으로 나무를 휘감으며 자란다. 그렇게 싹을 틔우면서 (가지들이) 뻗어 나간다.[40]

49-13 질이 그리 좋지 않은 삼나무[41]가 있다.

색이 약간 노르스름하고 떡갈나무처럼 결이 있는[42] 나무[43]가 있다. (이 나무는) 매우 단단하고 질기며, 무척이나 튼튼하다. 이러한 이유로 (이 나무가) 잇사말 건축물에서 건물의 총중량을 견디는 문짝으로 쓰인 것을 본 적이 있다.[44]

굉장히 단단하며 황갈색을 띠는 또 다른 (나무[45]가) 있다. 이것으로 활과 창을 만든다.

짙은 오렌지색의 또 다른 나무가 있다. 이것으로 막대기를 만드는데; 상당히 튼튼하다. 에스브라실(Esbrasil)이라고 불리는 것 같다.[46]

부스럼에 효험이 있다는 손(Zon)이라고 불리는 나무[47]가 아주 많다.

진액이 나오는 나무가 있다. (이 진액은) 독성이 강해서[48] 만지면 상처가 난다. 특히 (이 나무의) 그늘에서 자는 것은 무척이나 해롭다.[49]

길고 무척 단단하며 쌍을 이루는 두꺼운 가시로 온통 뒤덮인 (나무가) 있다. (이러한 가시들로) 새들이 와서 쉬어 가는 법이 없을 뿐만 아니라 그 위에 앉을 수조차 없다[50]; 어떤 가시들의 몸통에는 구멍이 뚫려 있는데, (그 안에는) 언제나 개미들이 득실거린다.

무척 키가 크고, 덩치가 어마어마한 나무가 있다; 쥐엄나무[51] 같은 검은색 씨로 가득한 열매를 맺는다. 인디오들은 이것으로 궁핍한 시기에 음식을 만든다. 그리고 뿌리로는 연못과 우물에서 물을 긷는 두레박을 만든다.[52]

49-14 인디오들은 어떤 나무들의 껍질로 물을 뜰 때 사용하는 작은 두레박을 만드는가 하면 또 어떤 (나무들로는) 밧줄을 만든다.[53] 또 다른 (나무들로는) 껍질을 빻아서 회벽에 광택을 내는 액체[54]를 만들기도 한다. (그렇게 하면 회벽이) 아주 단단해진다.

훌륭한 목재로 (쓰이는) 무척 아름다운 뽕나무가 있고, 그 밖에도 다른 수많은 나무가 있다. 이 모든 (나무의) 유용함이 그저 놀라울 따름이다.

숲과 들에는 수많은 종류의 버드나무가 있다. 이것으로 온갖 종류의 바구니를 짜고, 집을 엮으며, 다른 필요한 것들을 (만든다). 그 쓰임이 놀라울 정도로 많다.

치아를 치료하는 데 효험이 있는 수액(樹液)을 가진 나무[55]가 있다.

커다란 열매를 맺는 나무가 있다. (이 열매에) 가득한 털(같은 섬유질은) 베개를 (만드는 데 쓰인다).[56] 이것은 알까리아(Alcarria)[57]의 삼 부스러기보다 더 훌륭하다.

49-15 (이곳의) 과일이나 나무를 비하할지도 모른다는 걱정에 나는 이것을 각각 따로 소개하려고 한다.[58] 먼저 인디오들이 매우 좋아하고 거의 모든 사람이 텃밭과 집 주변에 심어 놓는 포도주(나무)[59]에 대하여 이야기하겠다.

(이 나무는) 볼품이 없는 나무이다. 뿌리에 꿀과 물을 섞어서 포도주를 만드는 것 외에는 아무런 쓰임이 없다.

이 땅에는 식용 포도가 달리는 야생의 포도나무[60]가 있는데; 꾸뿔의 해안가에 아주 많이 있다.

무척 다양한 종류의 자두가 열리는 자두나무[61]가 있다. (그중) 어떤 것은 맛도 아주 뛰어나고 건강에도 좋다. 과육이 적고 씨가 큰 우리의 것과는 정반대이다; 비교하면[62] 이 나무는 잎이 (나기도) 전에 꽃도 없이 열매를 맺는다.

이곳에는 바나나나무가 아주 많이 있다. 전에는 (이곳에 바나나나무가) 없었기 때문에 에스빠냐 사람들이 (이 나무를 이곳으로) 가져간 것이다.[63]

상당히 크고 다소 길쭉하며 통통한 과일이 열리는 매우 커다란 나무[64]가 있다. 붉은색의 과육은 맛이 아주 뛰어나다; 꽃을 피우지 않은 채 아주 작은 크기의 열매를 맺는데, (열매는) 아주 천천히 자란다.

(가지와 잎이) 무성하고 아름다우며 결코 잎이 지는 일이 없는 나무가 있다. (이 나무는) 꽃을 피우지도 않고 열매를 맺는다. (열매는) 위에서 이야기한 것만큼이나 혹은 그보다도 더 단맛이 강하다. 또한 크기가 작고, 식욕을 돋우며, 맛도 좋고 무척 섬세하다. 더욱 뛰어난 나무들도 있는데, 이것들은 너무 훌륭해서 만일 이곳 (에스빠냐)에도 있었다면 아주 높은 가치를 지녔을 것이다. (인디오들) 말로는 야(Ya)[65]로 불린다.

절대로 잎이 지는 일이 없는 무척 아름답고 신선한 (나무가) 있다. (이 나무에서는) 옥스(Ox)[66]라고 불리는 맛 좋고 조그마한 무화과가 열린다.

무척 아름답고 신선하며 커다란 달걀 같은 과일을 맺는 나무가 있다.[67]

인디오들은 (과일이 아직) 파랄 때 따서 재에 (넣어) 익히는데, 그렇게 (과일이) 모두 익으면 아주 훌륭한 상태가 되고, 먹으면 달콤한 맛이 난다. (그렇지만) 계란 노른자위처럼 이내 싫증이 난다.[68]

마찬가지로 노란색의 과일이 열리는 또 다른 나무가 있다. (이 과일은 앞에서 말한 것)만큼이나 그렇게 크지는 않지만, 더욱 부드럽고 달짝지근한 맛이 난다. 또한 먹고 나면 온통 부드러운 고슴도치 같은 씨가 남으므로 (꽤나) 볼만하다.[69]

무척 신선하고 아름다운 또 다른 (나무가) 있다. (이 나무에서는) 더도 덜도 말고 껍질이 있는 개암 같은 열매가 열리는데; 그 안에 씨가 커다란 앵두 같은 열매가 있다; 인디오들은 이것을 가리켜 바얌(Vayam)이라고 부르며, 에스빠냐 사람들은 과야스(Guayas)[70]라고 부른다.

에스빠냐 사람들이 (본국으로) 가져간 먹기도 좋고 건강에도 좋은 과일이 있다. 그것은 과야바(Guayaba)[71]라고 불린다.

49-16 구릉지대 쪽으로는 두 가지 종류의 나무가 있다.

첫 번째 (나무)에서는 질 좋은 배처럼 아주 큼직하고, 선명한 초록색을 띠며, 껍질이 두꺼운 과일이 열린다. (이 과일들을) 돌에다가 한데 짓이겨서 익히면 매우 독특한 맛이 난다.

다른 (두 번째 나무)[72]에서는 파인애플처럼 생긴 아주 큼직한 과일이 열린다. (그 과일은) 맛도 좋고, 많은 수분을 함유하고 있는데, 신맛이 난다. 또한 작은 씨가 아주 많이 들어 있다. 그러나 건강에는 별로 좋지 않다.

평지에서만 자라는 나무가 있다. 다른 나무들 사이에서는 절대로 자라는 법이 없고, 오로지 자기네들끼리만 (자란다).[73] 껍질은 무두질하는 데 좋으며, 옻나무와 [같이] 쓰인다; 여자들이 좋아하는[74] 맛 좋고 달콤한 노란색의 작은 과일이 열린다.

인디오들이 온(On)이라고 부르는 매우 커다랗고 신선한 나무가 있다; (이 나무에서는) 작은 박 같은 과일이 열린다. (과일은) 무척이나 부드럽고, 마치 버터 같은 맛이 나며, 기름기가 많아서 식량으로도 굉장히 유용하다.[75]

씨가 커다랗고, 껍질이 섬세하며, 멜론처럼 조각내어 자른 후 소금을 뿌려서 먹는다.

49-17 온통 가시로 뒤덮여 있고 볼품이 없는 엉겅퀴[76]가 있다. 언제나 다른 나무들에 붙어서 (자기 몸을) 칭칭 감은 채 무리 지어 자란다.

열매의 껍질은 붉은색을 띠고, 생김새가 아티초크[77]와 다소 비슷하다. 또한 부드럽게 벗겨지며 가시가 하나도 없다.

그 속에 든 하얀 과육은 검은색의 아주 작은 알맹이로 가득 차 있다.

달콤하고, 굉장히 섬세하며, 수분이 많아 입안에서 살살 녹는다; 오렌지처럼 둥글게 (자른 후에) 소금을 뿌려서 먹는데, 인디오들은 에스빠냐 사람들이 먹는 양만큼 (많은 열매를) 숲속에서 발견하지 못하였다.

49-18 비록 크기는 크지만 무르고 볼품이 없는 나무가 있다. (이 나무에서는) 아주 맛 좋은 노란색의 과육과 삼처럼 작은 씨로 가득한 과일이 열린다. (씨는 삼의 것보다) 훨씬 크다. 이뇨 작용에 아주 효과가 좋다.[78]

(인디오들은) 이 과일을 잘 저장해 둔다. 이 나무에서는 열매가 떨어진 후에 잎이

지기 시작한다.

어느 정도 가시가 있고 크기가 작은 나무가 있다。(이 나무의) 열매는 홀쭉한 오이[79]처럼 생겼다。길이는 다소 긴 편이다.[80]

맛은 엉겅퀴[81]와 약간 비슷하다。조각내어 자른 후에 소금을 뿌려서 먹는다。오이[82]처럼 부드러운 씨가 아주 많이 들어 있다.

만일 나무에 달린 기간 중에 어떠한 계기로 열매에 구멍이 생기면 (인디오들은 구멍을) 통하여 무척 훌륭한 사향(麝香) 냄새가 [나는] 고무 같은 것을 추출한다.

부드러운 향이 짙은 꽃을 피우는 나무가 있다。이곳 에스빠냐에서는 (이 나무의) 과일을 망하르 블랑꼬(Manjar blanco)라고 부른다。[83] (이 나무는) 얼마나 괜찮고 훌륭한 열매를 맺느냐에 따라 매우 다양한 종류로 나누어진다.

49-19 인디오들이 주로 집에서 기르는 작은 나무가 있다。(이 나무는) 밤처럼 가시가 있는 (열매를) 맺는다。(가시는) 그렇게 크지도 않고 심하게 따갑지도 않다.[84]

다 익으면 (열매가) 벌어지는데, 그 안에는 조그마한 알맹이들이 들어 있다。(인디오들뿐만 아니라) 에스빠냐 사람들도 사프란[85]처럼 음식에 색을 내려고 (이 알맹이를) 사용한다。질이 무척 좋아서 색이 아주 잘 난다.

(설명해야 할) 과일들이 아직도 더 남아 있지만 (여기서는) 두 종류로 나누어지는 종려나무에 대해서만 이야기하겠다.[86]

첫 번째 (종)은 키가 무척 크고 가늘며, 가지는 집을 덮는 [용도로] 사용된다。또한 이집트콩 같은 검정색의 맛 좋은 열매들이 아주 커다랗게 송이째로 달리는데, 인디오 여자들이 [이것을] 무척이나 좋아한다.

다른 (종)은 키가 작고 가시가 무척 많으며, 이파리가 아주 짧고 이상하게 생긴 것이 아무짝에도 쓸모가 없다.

비둘기의 알처럼 매우 크고 둥근 초록색 열매가 커다란 송이째로 열린다.

껍질을 벗기면 무척 단단한 씨가 하나 들어 있고, (그것을) 깨면 개암처럼 크고 둥그런 씨가 나온다。맛이 아주 좋아서 흉년이 들었을 때 매우 유용한데, (그 씨로) 아침에 마시는 따뜻한 음식을 만든다. 필요한 경우에는 아몬드 (유액과) 비슷한 유액으로 어떤 요리든지 만들어 낼 수 있을 것이다.

49-20 (이 땅에서는) 놀라울 정도로 많은 양의 목화가 수확된다. (목화는) 이 땅의 어디에서나 잘 자라며 두 종류로 나누어진다. 첫 번째 (종은) 매년 씨를 뿌리고, 조그만 나무는 그 해를 넘기지 못하며, 크기가 매우 작다; 두 번째 (종은) 5-6년 동안 살고, 매년 열매를 맺는다. (열매는) 초록색 껍질을 가진 호두처럼 꼬투리(로 덮여 있다). 때가 되면 네 등분으로 벌어지는데[87], 그 안에는 솜이 들어 있다.

49-21 (인디오들은) 연지벌레를 수확하곤 한다. 그들이 이야기하기를 땅이 건조하기 때문에 인디아스에서도 (연지벌레의) 질이 가장 뛰어났다고 한다. 여전히 일부 지역에서 어느 정도 수확이 이루어지고 있다.

(이곳에는) 나무와 꽃의 염료로 만든 매우 다양한 색이 존재한다. 인디오들은 고무를 이용해서 (색이) 바래지 않게 하는 성분을 첨가함으로써 (색을) 완벽하게 하는 (법을) 알지 못하였다. 따라서 변색이 되는 것을 (막을 수 없었다).

그러나 이제는 목화솜[88]을 뽑아내는 사람들이 대책을 찾아냈다. 사람들이 말하기를 가장 완성도가 높은 지역들처럼 (이곳에서도) 아주 완벽한 (색을) 낼 수 있다고 한다.

---

1 'Artemisia vulgaris L.'이라는 학명의 식물로 추정된다. 모뚤 사전에는 이것이 '시심(Zizim)'으로 나와 있으며, '이 땅에 나는 녹색의 쑥'으로 정의되었다(Tozzer, 194).

2 가리바이본에는 'al pie'로 표기되었다. 정황과 문맥상 뿌리나 뿌리 근처의 아랫부분 혹은 뿌리 근처의 흙으로 추정되지만 'pie'가 '뿌리'가 아닌 '줄기'를 가리킬 가능성도 존재한다. 토설본(194)에는 'at their roots'로 번역되었다.

3 가리바이본에는 'Trébol'로 표기되었다. 이것은 보통 '클로버'라고 불리는 꽃을 가리킨다.

4 이 초록색 잎들은 사원, 집, 길, 그 밖의 장소들과 실제로 의례를 치르는 행사장소를 장식하는 용도로 사용되었다. 또한 신성한 물건들과 우상들을 놓는 깔개와 돗자리를 만드는 데도 사용되었다(Tozzer, 194).

5 이 꽃의 학명은 'Ocimum micranthum Willd'이다(Tozzer, 194). 가리바이본에는 'Albahaca'로 표기되었다. 영어로는 'Sweet Basil'이라고 불린다.

6 이 꽃의 학명은 'Polianthes tuberosa L.'이다. 뻬레스 마르띠네스(Pérez Martínez)본에는 '백합'이 'Xzula'로 표기되었다(Tozzer, 194). 우리말 이름은 '월하향'이며, 용설란류

에 속하는 식물인 것으로 보인다.

7 가리바이본에는 'jeme'로 표기되었다. 이 단어는 '엄지손가락과 집게손가락 사이를 최대로 펼친 한 뼘의 길이'를 나타낸다.

8 토설은 이 식물을 이전 문단(49-5)에 나오는 '띡스술라(Tixzula)'와 동일한 것으로 보았다. 또한 'Polianthes tuberosa L.'와 같은 것으로 여기며 'Nothoscordum' 혹은 'Cipura'로 추정된다고 하였다(Tozzer, 194).

9 이 꽃은 'Milky way tree'로 불리며, 'Stemmadenia Galeottiana(A. Rich.) Miers'라는 학명을 가지고 있는 것으로 추정된다. 뻬레스 마르띠네스(Pérez Martínez)는 로이스(Roys)(261)를 따라 이것을 'X-laul' 'Stemmadenia insignis Miers' '월계수(laurel)'라고 하였다. 뻬레스(Perez) 사전에는 '향기로운 꽃이 피는 나무'로 정의되었다. 로이스(Roys)는 이것을 두고 '마야의 창조신화에 나오는 특별한 흥미를 끄는 꽃'이라고 하였다(Tozzer, 194).

10 마야어 사전에는 '5월의 꽃' 혹은 'Plumeria rubra'로 정의되었다(Diccionario Maya, 370). 룬델(Lundell)은 다음의 학명을 가진 식물들을 제시하였다. 플루메리아 루브라(계단화, Plumeria rubra L.), 칠람 발람의 추마옐 사료(Chumayel MS, Roys, 1933, 104)에는 '하늘거리고 (생기가 없는) 꽃'으로 기록되었다(Tozzer, 195). 한편 'Nicté'라는 단어는 꽃 이름 말고도 '육체적 욕망과 여성의 성적인 방탕함(Vicio de carne y travezura de mujeres)'이라는 뜻이 있다(Diccionario Maya, 370).

11 여기서 '장미'는 오늘날 우리가 떠올리는 '장미'가 아닌 일반 '꽃'을 가리키는 것으로 보인다. 또한 '가운데 부분이 보라색인 장미'라는 표현은 가리바이본에 'otras, en medio, moradas'로 표기되었다. 문맥상 바로 앞에서 꽃의 색깔로 제시된 '희고 노란 장미'와의 조합을 통하여 문어적으로 이해해 보면 다음의 세 가지 뜻으로 해석될 가능성이 있다.

1. 가운데만 보라색인 흰색 꽃
2. 가운데만 보라색인 노란색 꽃
3. 가운데만 보라색인 또 다른 색의 꽃

토설본(195)에는 다음처럼 번역되었다. "… which bears a great many white roses and others half yellow and others half mulberry color"

12 가리바이본에는 'lectuario'로 표기되었다. 이것은 '일종의 잼'을 가리킨다.

13 마야어 사전에는 'Kom'이라는 단어에 꽃과 관련된 뜻이 정의되어 있지 않다. 로이스(Roys)(1931, 257)는 'Kom'을 '골짜기 혹은 계곡'으로 번역하였다. 이 꽃은 종기를 치료하는 데 쓰인다. 또한 어떤 사료에서는 우물에서 이 꽃들을 발견할 수 있다는 내용을 확인할 수 있다. "이로써 이 꽃이 '꼼-아(Kom-ha)'일 가능성이 존재한다." 밀스파우(Millspaugh)는 이 꽃을 'Microspora amoena(Keutz)'와 동일한 것으로 보았다. 한편 토설본(195)에는 다음처럼 번역되었다. "… which has a strong odor and which burns with great heat when it strikes the nostrils"

14 가리바이본에는 'yerba-mora'로 표기되었다. 이것이 정확히 어떤 식물을 가리키는 것인지는 알 수 없다. 한편 룬델(Lundell)은 이것이 '뽕나무(Morus)'인 것으로 추정된다고 하였다. 그러나 이 지역에서 이러한 부류의 종은 수집된 적이 없다(Tozzer, 195).

15 미나리과의 고수풀을 가리킨다.

16 룬델(Lundell)과 로이스(Roys)는 이 식물을 'Pedilanthus itzaeus Millsp'의 학명을 가진 식물과 동일한 것으로 보았다. 이 식물의 마야 이름은 '초록색 갈대 나무'를 뜻한다. 로이스(Roys)는 이 식물의 높이가 관목처럼 6피트(1.8미터)에 이르고, 때때로 관상식물로 경작된다고 하였다. 또한 이 식물은 약초로도 사용된다. 뻬레스 마르띠네스(Pérez Martínez)는 이것이 '약스-빠얄-체(Yax-payal-che)' 혹은 '빠이-체(Pay-che)'라고 하였다. 여기서 '빠이(Pay)'는 여우라는 뜻이다. 그는 이 식물을 'Petiveria alliacea L.'의 학명을 가진 식물과 동일하게 보았다. 한편 WG는 '약스빠알체(Yaxpahalche)'라고 하였다(Tozzer, 195).

17 미나리과의 두해살이풀로 줄기의 높이가 약 1.5미터이며, 여름에 노란 꽃이 피고, 과실은 달걀꼴에 방향성(芳香性)이다(한글과 컴퓨터사전, '회향-풀').

18 유까딴반도의 남동쪽에 있으며, 현재 벨리세에 접해 있는 멕시코의 도시 체뚜말 근처에 있다.

19 가리바이본에는 'Zarzaparilla'로 표기되었다. 중미 원산의 청미래덩굴속(屬)의 식물을 가리킨다(네이버 사전 'sarsaparilla'). 마야어로는 '암-악(Am-ak)'인데, 이 이름은 'spider-vine'이라는 뜻이 있고, '솔-깐(Zol-can)'과 동의어이다. 로이스(Roys)는 이 식물이 거미에 의한 물림과 설

사병, 두통, 농포에 약으로 쓰인다고 하였다(Tozzer, 195).

20 룬델(Lundell)은 이 식물이 'Cyperus canus Presl.'로 추정된다고 하였다(Tozzer, 195).

21 가리바이본에는 'ceras'로 표기되었다. 원문대로라면 '밀랍'이나 '왁스' 혹은 '초' 같은 뜻으로 해석된다. 한편 레온본에는 이 단어가 'esteras'로 표기되었는데, 이것은 '방석' 혹은 '돗자리' 같은 뜻으로 해석된다. 게이츠본에는 '광주리(Cesto)'로 번역되어 있으며, 토설본(195)에도 '바구니(basket)'로 번역되었다. 이렇게 본다면 다른 본들과의 대조 결과나 문맥상 이 부분을 '광주리'로 해석하는 것이 더욱 적절할 것으로 판단된다. 즉 'cesto(광주리)'를 'ceras(밀랍)'으로 잘못 표기한 것으로 보인다. 따라서 본문에서도 '밀랍, 왁스, 초' 대신에 '광주리'로 번역하였다.

22 용설란류의 '에네껭(Agave fourcroydes Lem.)'인 것으로 보인다(Tozzer, 195). '에네껭'은 멕시코에서 자라는 용설란류의 식물로 이 식물로부터 자연섬유를 뽑아내어서 밧줄을 비롯한 여러 가지 생활 도구를 만들었다. 1855년 에네껭 방적기계가 발명되면서부터 이러한 에네껭 산업은 유까딴반도에서 수출산업으로 각광을 받았다. 1905년에는 에네껭 농장의 노동력을 충당하기 위하여 일본에 의하여 한국 사람들이 반노예 조건으로 팔려 가기도 하였다. 그러나 인공섬유를 사용하게 되면서 유까딴반도의 에네껭 산업은 현재 관광용 수공예품을 생산하는 정도에서 간신히 그 명목만 유지하고 있다.

23 삼섬유는 일반적으로 로프를 만드는 데 사용되는 식물성 섬유를 가리킨다.

24 옥수수는 'Zea Mays L.'의 학명을 가진다. 마야어로는 '이심(Ixim)'이라고 한다. 옥수수는 마야뿐만 아니라 전체 아메리카 대륙의 식량 중에서 가장 중요한 자리를 차지한다. 원산지는 아메리카 대륙으로 벼과, 옥수수족에 속한다. 우리나라에는 유럽과 중국을 거쳐서 16세기경에 전해진 것으로 보인다. 아메리카 대륙에서 발견된 최초의 옥수수는 지금 우리가 일반적으로 볼 수 있는 옥수수와 비교해 보았을 때 먼저 그 크기 면에서 엄청난 차이를 보인다. 오늘날의 것이 최초의 것보다 작게는 3-4배, 크게는 10배가 넘게 크다. 최초로 인간이 재배한 옥수수의 길이는 10여 센티미터에도 못 미쳤던 것으로 보인다. 그러나 종자 개량 과정을 거치면서 오늘날에 이르게 되었다. 종자 개량이라고 한다면 거창한 과학적인 방법론을 통한 기술의 발전을 떠올릴 수도 있겠지만 당시 아메리카 대륙에 살던 원주민들은 우연한 기회에 축적된 경험을 바탕으로 씨를 뿌릴 때 가지고 있던 씨앗 중에서도 좀 더 큰 것을 뿌리면 더 큰 옥수수가 나온다는 사실을 알게 되었다. 그러다 보니 수확량이 점점 더 많아지게 되었고, 더 많은 양으로 수확된 옥수수 중에서 다시 씨앗을 고르게 되면서 평균 씨앗의 굵기가 더욱 커지게 되었다. 따라서 수확된 옥수수의 크기가 시대 변화와 더불어 점차 향상되어 갔다. 발굴 현장에서 발견되는 실질적인 흔적들을 통하여 아메리카 대륙에서 최초로 옥수수가 재배된 이래로 수확된 옥수수의 크기가 꾸준히 커졌던 것을 확인할 수 있다(송영복, 2005, 19, 74).
옥수수가 정치·경제·사회·종교적인 면에서 중요성이 있다 보니 란다도 이 사료에서 옥수수를 여러 번에 걸쳐서 언급하였다. 1장에서는 옥수수 경작 시기에 대하여 언급하였고, 11장에서는 원주민들이 주로 이용하는 옥수수를 활용한 여러 음식에 대하여 언급하였다. 또한 26장, 33장, 35장, 36장, 37장, 38장, 40장에서는 종교적인 의례에서 옥수수의 역할에 대한 다양한 정보를 제공하였다. (옥수수와 관련된 신화와 종교적인 의미에 관한 자세한 정보는 11장의 주 참조)

25 이처럼 건축물에 식량을 보관하기도 하였지만 23장(23-1)의 주에서 이미 살펴본 바 있듯이 마야의 지하 저장 공간인 출뚠에 식량을 보관하기도 하였다.

26 토설은 이것의 학명을 'Phaseolus vulgaris L.'로 추정하였다(Tozzer, 195).

27 가리바이본에는 'pimienta'로 표기되었다. 이 단어는 '후추'라는 뜻이다. 토설은 이것의 학명을 'Capsicum annuum L.(고추)'과 'Capsicum frutescens L.'로 추정하였다(Tozzer, 195).

28 토설은 이 식물의 학명을 'Cucumis Melo L.'로 추정하였다. 이것은 '참외'를 가리킨다(Tozzer, 196).

29 이것은 Lagenaria siceraria (Molina) Standl.(lec)이라는 학명의 '박'으로 추정된다(Tozzer, 196).

30 룬델(Lundell)은 유까딴에서 이러한 종이 발견된 적이 없다고 하였다(Tozzer, 196).

31 토설은 이것이 'Pachyrrhizus erosus L., jícama'라는 학명의 과일이 분명하다고 주장하였다. 한국에서는 '방꽝(Bengkuang)'이라는 열대과일로 알려져 있다. 원산지는

아메리카 대륙이다. 아메리카의 식민지 시대에 에스빠냐의 지배하에 있던 아시아 식민지 국가인 필리핀을 통하여 동남아시아로 건너간 것으로 추정된다. 한편 이 과일은 마야어로 '치깜(Chicam)'이라고 불린다. 로이스(Roys)는 '치깜(Chicam)'이 나우아뜰어의 '시까마(Xicama)'나 '시까마뜰(Xicamatl)'에서 유래한 것이라고 주장하였다(Tozzer, 196).

32 토설은 이것을 'Ipomoea batatas L.'이라는 학명의 '고구마'로 추정하였다. 반면 스튜어트(Stewart)는 'Arachis hypogaea Schlecht'라는 학명의 '땅콩'이라고 주장하였다. 란다의 묘사는 마치 땅콩에 대한 것처럼 보이지만 땅콩을 지칭하는 마야어의 이름은 존재하지 않는다. 게다가 로이스(Roys)는 땅콩이 에스빠냐 정복 이전에 유까딴과 그 주변 지역에서 이미 알려져 있었다는 아무런 증거도 발견하지 못하였다고 하였다(Tozzer, 196).

33 란다는 음식의 주재료인 네 가지 경작용 뿌리작물에 대하여 언급하였다. 로이스(Roys)는 산띠야나(Santillana) 지역의 렐라씨온(Relaciones de Yucatán, 1: 263)에 기록된 작물들이 이러한 작물들과 일치하는 것으로 보았다. '이스(Iz, 고구마)' 혹은 '까모떼(Camote)'와 '신(Sin, Dziin)' 혹은 '까사바(Cassava)'가 실제로 에스빠냐의 후기 정복 시기에 남쪽으로부터 수입된 품목이라고 믿었다. 그리고 '치깐(Chican, Chicam)'과 '마깔(Macal)'이 다른 두 개의 작물이라고 믿었다. 한편 스튜어트(Stewart)는 여기서 이름이 언급되지 않은 두 개의 뿌리작물이 '이스' 혹은 '까모떼'와 멕스깔(Mexcal), 마깔, 얌(Yam) 혹은 학명이 'Dioscorea alata L.'인 '둥근마'라고 하였다. 그러나 마지막 작물의 원산지는 아메리카 대륙이 아니다(Tozzer, 196).

34 란다는 이 책 14장(14-1)에서 다음처럼 말하였다. "(이러한 기아는) 매우 심각한 수준이어서 나무껍질을 먹는 지경에 이르게 되었다. 특히 꿈체라고 불리는 속이 부드럽고 무른 (나무의 껍질을 먹었다)." 이와 관련하여 로이스(Roys)는 다음처럼 언급하였다. "기근이 들었을 때 먹는 두 개의 야생 뿌리 중의 하나는 '꿉(Cup)'이 분명한 것으로 보인다. '꿉'은 거의 기근의 상징과 같다." 또한 마야 원주민들의 중요한 사료인 칠람 발람을 통하여 '꿉'이 기근과 관련되어 기록된 것을 쉽게 확인할 수 있다. 까우머(Gaumer)는 이것을 '히까마(Jicama)' '씨마로나(Cimarrona)' 혹은 학명이 'Calopogonium coeruleum Benth.'인 작물로 보았다(Tozzer, 196).

35 이 나무의 학명은 'Jatropha aconitifolia Mill.'이다. 마야어로는 '차이(Chay)'라고 불린다. 로이스(Roys)는 유까딴 지방의 렐라씨온(Relaciones de Yucatán, 1: 56-7)을 인용하여 다음처럼 말하였다. "인디오들과 에스빠냐 사람들이 차야스(Chayas)라고 부르는 또 다른 나무 종류가 있다. 이 나무는 무화과나무만큼이나 높이 자라고, 다 자라면 무화과나무와 비슷해 보인다. 인디오들과 에스빠냐 사람들은 양배추처럼 이 나무의 잎을 먹는데, 맛이 그리 좋지는 않다. 이 나무의 가지를 잘라서 그것을 심으면 번식한다. 이 때 반드시 뿌리부터 (심어야 하는 것은) 아니다"(Tozzer, 196).

36 로이스(Roys)와 룬델(Lundell)은 이 식물을 유럽이 원산지인 '방가지똥(Sonchus oleraceus L.)'과 동일시하였다. 로이스(Roys)는 이것의 마야 이름을 '나부깍(Nabukak)'이라고 하였다. 그러나 유까딴의 다른 사료들에서 이 식물에 대한 기록을 발견할 수 없다(Tozzer, 196).

37 색을 칠한 호리병박(조롱박)의 조각들이 치첸이트사의 쎄노떼에서 발견되었다. 이 호리병박(조롱박)나무의 학명은 Crescentia Cujete L.이다. 마야어로는 루츠라고 불린다. 로이스(Roys)(262)는 옛 육필 원고를 인용하여 다음처럼 말하였다. "소위 루츠라고 불리는 (식물은) 히까라(Jicara)이다. 항아리, 접시, 컵, (귀 모양의 손잡이와 주둥이가 있는) 물주전자, 그 밖의 모든 종류의 용기로 쓰이는 등 가사일에 매우 유용하다." 한편 란다는 21장(21-1)에서 다음처럼 말하였다. "… 어떤 열매의 껍데기로 만든 잔에다가 넣은 후 발효를 시키는데, 그 열매는 주님께서 인디오들을 위하여 제공해 주신 것으로 나무에서 열린다"(Tozzer, 197).

38 토설은 이것을 '무환자나무(Sapindus saponaria L.)'로 추정하였다(Tozzer, 197).

39 여기서 말하는 것은 고무나무이다. 고무는 여러 용도로 사용되었다. 향으로도 사용되었고, 신성한 공놀이에서 사용하던 공 또한 고무로 만들어졌다. 마야 지역뿐만 아니라 멕시코만 지역에서도 우리가 흔히 '치클(Chicle)'이라고 부르는 껌의 원료가 되는 고무가 생산되었다. 이 나무의 원산지는 아메리카 대륙이다. 이 단어는 멕시코 고원지방의 원주민 언어인 나우아뜰어의 '치끄뜰리(Tzictli)'에서 그 어원을 찾을 수 있다(Siméon Rémi, Diccionario de la lengua Náuatl o Mexicana, 728). 에스빠냐어로는 '치끌레(Chicle)'라고 불렸고, 이후 영어화된 '치클(Chicle)'이 우리나라에 알려지게 되었다. '치끄뜰리(Tzictli)'는 '치꼬사뽀떼(Chicozapote)' 혹은 단순히 '사뽀떼(Zapote)'라고 불

리는 나무의 송진을 뜻한다. 이러한 송진으로 신성한 공놀이에서 사용되던 공이 최초로 만들어졌다. 오늘날 우리가 사용하는 고무공은 아메리카 대륙에서 유럽으로 전해진 물건 중의 하나이다. 유럽에는 고무 자체가 없었고, 고무는 식민지 시대를 거치면서 아메리카 대륙에서 유럽으로 건너가게 되었다. 아메리카 대륙을 정복한 유럽 사람들은 메소아메리카 사람들이 '치끄뜰리(Tzictli)'로 공을 만들어서 경기하는 것을 보게 되었다. 이교도들의 종교적인 행위로 몰아서 이러한 경기를 금지시켰지만, 정작 자신들은 이 공을 유럽에 가져가서 오늘날의 고무공을 탄생시켰다. 이렇게 따지고 보면 최소한 경기도구 면에서는 축구나 농구, 배구 등 현대 스포츠 구기 종목들이 유럽의 아메리카 대륙 정복을 통하여 배워 온 마야나 메시까 원주민들의 신성한 공놀이 전통에서 비롯되었다고도 이야기할 수 있을 것이다(송영복, 2005, 42).

오비에도(Oviedo)(32, III)는 유까딴의 북동쪽 해안에 있는 마야의 시시마또(Sisimato) 마을을 묘사하는 과정에서 나무로부터 고무를 추출하는 방법에 대하여 다음처럼 기록하였다. "향나무로 가득한 2레구아(약 8킬로미터)의 평지가 있다. 상품으로서 매우 큰 사업이기 때문에 사람들은 향나무를 잘 관리하고 깨끗이 가꾼다. 피라미드와 예배당에 향을 피우고, 공양하고, 매장의식을 치를 때에 사용하기 때문에 배를 이용하여 이 나무를 전 지역으로 운송한다. (향나무는) 매우 우아하고, 신선하며, 키가 커서 무척 훌륭하고 유용한 무역상품이다. 게다가 이곳을 제외한 다른 모든 지역에서는 향이 재배되지 않기 때문에 더욱 그러하다. (향을) 채취하기 위하여 나무를 자른 후 그 속에 주먹만 한 크기의 구멍을 낸다. 그러면 그 속에서 분비물이 조금씩 떨어져 나오는데, 이것이 응고되면 향이 남게 된다. 사람들은 (이러한 방법으로) 향을 채취한다"(Tozzer, 197).

40 룬델(Lundell)은 이 나무의 학명이 'Quararibea Fieldii Mill-sp.'이라고 하였다. 스튜어트(Stewart)는 이 나무가 '세이바 나무(Ceiba pentandra L.)'이고, 마야의 '야체(Yache)'와 동일하다고 하였다. 한편 슐테스(Schultes)는 중앙아메리카와 푸에르토리코(Puerto Rico) 원주민들이 이 종의 특징인 나뭇가지를 이용하여 초콜릿을 쳐서 거품을 일으키는 막대기를 제조하는 데 활용하였다고 하였다(Tozzer, 197).

41 이 나무의 학명은 'Cedrela mexicana M. Roem'이다. 마야어로는 '꾸체(Kuche)' 혹은 '꿀체(Kulche)'라고 불린다. 로이스(Roys)는 란다의 옛 육필 원고를 인용하여 다음처럼 말하였다. "꾸체 나무는 삼목이다. 이 나무의 이름은 '신의 나무'를 뜻한다. 이 땅에는 이 나무로 이루어진 커다란 숲이 우거져 있다. 이 나무는 이 땅 전체에서 아주 유명하고, 쓰임 또한 매우 유용하다. 흔히 배의 재목으로 이용되는데, 아주 풍부하게 산재해 있어서 가격이 매우 저렴하다." 이 나무로 집을 짓기도 하고(Relaciones de Yucatán, 2: 34), 여러 종류의 약을 제조하기도 한다(Tozzer, 197).

42 가리바이본에는 이 부분이 'vetoso'로 표기되었다. 그러나 'vetoso'는 현대 에스빠냐어에는 존재하지 않는 단어이다. '나뭇결이 있는'이라는 뜻의 'venoso'가 'vetoso'로 잘못 표기되었을 가능성이 크다. 따라서 본문에서는 이 부분을 '결이 있는'으로 번역하였다.

43 룬델(Lundell)은 이 나무의 학명이 'Krugiodendron ferre-um(Vahl) Urban' 혹은 'Wimmeria Bartlettii Lundell'과 일치한다고 하였다. 로이스(Roys)는 이 나무의 마야 이름이 '침 똑(Chim tok)'이라고 하였다. 이것을 문자 그대로 해석하면 '아주 단단한 삭과(蒴果, Flint-capsule)'라는 뜻이다. 또한 가르시아(P. Garcia)의 글을 인용하여 다음처럼 말하였다. "이곳에는 '친똑(Chintok)'이라고 불리는 매우 단단한 나무가 있다. 이 나무는 '끼에브라-아차(Quiebra-hacha, 도끼 부수기)'라는 이름으로 불리게 되었다. 왜냐하면 이 나무가 강철도끼로만 잘리기 때문이다"(Tozzer, 197).

44 여기서 '문'에 대한 언급은 앞선 42장(42-5)에서 란다가 띠후의 건축물들에 대하여 묘사한 내용과 일치하지 않는다. 란다는 42-5에서 다음처럼 단정적으로 말하였다. "잘 다듬어진 돌로 매끈하게 만들어진 (문들에는) 걸어 잠그기 위한 문짝이나 경첩의 흔적이 없다." 그러나 여기서는 그 내용과 모순되게 말하였다. 특히 란다 본인이 이것을 직접 목격하였음을 강조하고 있다. 란다의 사료에서는 이와 같은 모순이 적지 않게 발견된다. 이것은 란다의 실수이거나 옮겨 적은 사람의 실수일 수 있다. 그러나 후세에 사본을 만드는 과정에서 다른 사료들과 마찬가지로 주변의 인물들이 책의 내용을 가감하고 왜곡하였을 가능성이 크다.

45 토설은 이것의 학명을 'Apoplanesia paniculata Presl.'로 추정하였다(Tozzer, 197).

46 룬델(Lundell)과 로이스(Roys)는 이 나무의 학명을 'Cae-salpinia platyloba S. Wats.'로 추정하였다. 로이스(Roys)는 이 나무의 마야 이름을 '착떼(Chacte)'라고 하였다. 또한 16세기 유까딴의 한 식민지 정착인에 의하여 짙은 '붉은색의 나무' 혹은 '빨로 꼴로라도(Palo colorado)'라고 기

록된 것에 대하여 언급하였다. 그는 유까딴 지방의 렐라씨온(Relaciones de Yucatán, 1: 108)을 인용하여 다음처럼 말하였다. "인디오들이 칙떼(Chigte, Chacté)라고 부르는 또 다른 나무가 있다. 붉은색을 띠는 나무는 단단해서 집의 대들보로 쓰기에 매우 좋다. … 가루를 내어 마시면 천식에 도움이 된다"(Tozzer, 197).

47 토설은 이 나무의 학명을 'Guaiacum sanctum L.(유창목)' 'Guayacan, Palo santo(유창목)' 혹은 'Lignum vitae(리그넘바이티, 유창목)'로 추정하였다. 로이스(Roys)는 툴레인(Tulane)대학교의 오래된 약초의학서에서 다음의 글을 인용하였다. "과야깐(Guayacan)은 순(Zoon)이라고 불리는 나무이다. 이것의 질과 가치는 매우 유명하고, 이 땅에 아주 많이 산재해 있다. 이 나무는 세상에서 가장 튼튼한 나무로 철을 휘게 할 정도이다. 사람들은 이 나무로 여러 가지 약과 그릇을 만든다"(Tozzer, 198).

48 가리바이본에는 "… es rejalgar"로 표기되었다. 'rejalgar'는 계관석으로 단사정계(單斜晶系)의 비소함유 황화광물(두산백과, '계관석')을 뜻하는데, 상당히 독성이 강하다.

49 룬델(Lundell)은 유까딴반도에 독성이 있는 세 개의 나무가 있다고 하였다. 그는 이 나무들이 여기서 묘사된 나무들과 동일한 것으로 추정하였다. 각 나무의 학명은 'Sebastiania adenophora Pax. and Hoffm.' 'Sebastiania Standleyana Lundell' 'Metopium Brownei(Jacq.) Urban'이다. 'Sebastiania'의 두 종류는 나무껍질에서 유약을 분비한다. 한편 스튜어트(Stewart)는 'Metopium'에 대하여 언급하였는데, 이 나무의 마야 이름을 '체쳄(Chechem)'이라고 하였다. 뻬레스 마르띠네스(Pérez Martínez)는 이 나무의 학명이 'Rhus toxicodendron(옻나무)'라고 주장하였다(Tozzer, 198).

50 여기서 란다가 묘사하고 있는 나무는 아카시아(Acacia)인 것으로 추정된다. 스튜어트(Stewart)는 이것의 학명을 'Acacia Collinsii Safford'라고 하였다. 또한 이것의 마야 이름을 '수빔(Zubim)'이라고 하였다. 룬델(Lundell)은 유까딴반도에 서식하는 아카시아(Acacia)의 종류가 최소 여섯 개라고 하였다. 한편 스탠들리(Standley)(1930, 275)는 이 나무와 'A. 글로불리페라(A. globulifera)'에 대하여 묘사하면서 이 나무에는 사람을 무는 해가 되는 개미들이 득실거리고, 커다란 가시들로 뒤덮여 있다고 설명하였다(Tozzer, 198).

51 이것은 차풀과의 큰키나무이다.

52 룬델(Lundell)은 이 나무에 대하여 잘 알지 못한다고 하였다. 로이스(Roys)는 이 나무의 학명이 'Maximilianea vitifolia (Willd.) Frug. and Urb.'로 추정된다고 하였다. 또한 이것의 마야 이름은 '춤(Chum)' 혹은 '추운(Chuun)'이고, 높이가 30피트이며, 위쪽으로 화려한 황금빛 꽃을 피운다고 하였다. "이 나무는 부드럽고 폭신하다. 이 나무의 껍질은 두레박을 만드는 데 사용된다"(Tozzer, 198).

53 룬델(Lundell)은 끈 혹은 줄을 만드는데 쓰이고, 튼튼하고 유연한 나무껍질로 된 길고 가느다란 섬유는 적어도 다음의 여섯 종에서 채취된다고 기록하였다. 각각의 학명은 다음과 같다. Dalbergia glabra. (Mill.) Standl.; Trema micrantha (L.) Blume; Hampea trilobata Standl.; Belotia Campbellii Spague and Riley; Cochlospermum vitifolium (Willd.) Spreng; Hibiscus tiliaceus L.(Tozzer, 198).

54 여기서 란다는 마야 사람들이 건축물을 지을 때 회반죽으로 벽을 만들고, 보강 효과를 내기 위하여 이 벽에 광택을 주는 나무껍질의 진액을 사용한다고 묘사하였다. 그러나 이러한 진액이 어떤 나무에서 추출되었는지는 정확히 알 수 없다.

55 토설은 이 나무의 학명을 'Thevetia peruviana (Pers.) Schum.'으로 추정하였다(Tozzer, 198).

56 'Bombax' 'Ceiba' 혹은 'Ochroma'의 일종이 이 섬유의 재료가 되는 것으로 추정된다. 스튜어트(Stewart)는 이것이 마야어로 '삐임(Piim)'이라고 불리며, 'Ceiba aesculifolia HBK'의 학명을 갖는다고 하였다(Tozzer, 198).

57 알까리아(Alcarria)는 에스빠냐의 수도인 마드리드와 인접한 에스빠냐의 중부 고원 지방의 이름이기 때문에 EBA는 이것을 '알까리아의 삼(Tow of Alcarria)'으로 번역하였다. 그러나 WG는 그의 사료에서 이 부분을 생략하였다. 한편 란다의 원문에 표기된 '알까리아(Alcarria)'가 농장이라는 뜻의 '알께리아(Alqueria)'의 옛 형태인 '알까리아(Alcaria)'일 가능성도 배제할 수 없다(Tozzer, 198).

58 가리바이본에는 이 부분이 "Temiendo hacer agravio a la fruta o sus árboles los he acordado poner por sí"로 표기되었다. 이 문장은 본문과 같이 번역되는 것 외에도 다음의 뜻으로 해석될 가능성이 있다. "이곳의 과일이나 나무들을 욕보이는 것이 두려워서 나는 이것들을 각각 따로 소개하려고 한다." 혹은 "이렇게 좋은 나무들이 있는데도 여기서 내가 이것들을 언급하지 않는 것은 그런 나무들의

입장에서 혹은 인디오들의 입장에서 기분 나쁜 일이 될 것 같아서 나는 이것들을 각각 따로 소개하려고 한다."

59 이것의 학명은 'Lonchocarpus longistylus Pittier'로 추정된다. 이 나무의 껍질은 란다가 22장(22-2)에서 언급한 바 있는 취하게 하는 음료인 발체로 만든 술을 제조하는데 사용되었다. 오늘날에도 마야 사람들과 라깐돈 사람들(Lacandones)은 의례를 행할 때 이 나무의 껍질을 사용한다. 모뚤(Motul)은 발체에 대하여 다음처럼 기록하였다. "이것은 나무이다. 사람들은 이 나무로 와인을 만들고 (술에) 취한다"(Tozzer, 198). (이와 관련된 내용은 22장(22-2)의 주 참조) 한편 가리바이본에는 '포도나무(Vid)'가 아닌 '포도주(Vino)'로 표기되었다.

60 룬델(Lundell)은 이것의 학명이 'Vitis tiliaefolia Humb. and Bonpl.' 혹은 'Ampelocissus Erdwendbergii Planch.'라고 하였다. '식용으로 쓰이는 포도'로는 'Coccoloba Lundellii Standl.' 혹은 'Coccoloba uvifera (L.) Jacq.'를 언급하였고, "첫 종류(Coccoloba Lundellii Standl.)의 숙성된 과일들은 품질이 좋다."고 하였다(Roys, 270, Tozzer, 198).

61 토설은 이것의 학명을 'Spondias purpurea L.'로 추정하였다. 마야어로는 '아발(Abal)'이라고 불린다. 일종의 '자두(Plum, 살구)'이며, 약재로도 많이 사용된다. 뻬레스 마르띠네스(Pérez Martínez)는 이것의 또 다른 마야 이름으로 다음의 용어들을 제시하였다. 'Chibal(Chiabal)' 'Kanabal' 'Ek-abal' 'Sabal-abal(Sabac-abal)' 'Aac-abal'(Tozzer, 198).

62 가리바이본에는 '… a qué comprar'로 표기되었다. 원문을 직역하면 '… 구입하자면'이 되는데, 이것은 억지 해석에 가깝다. 레온본에는 '… a qué lo comparar'로 표기되었다. 만일 가리바이본의 'comprar(사다, 구입하다)'를 레온본의 'comparar(비교하다)'로 바꾸어 해석하면 본문에서처럼 '비교해 보면'이 된다. 이러한 해석도 썩 자연스럽지는 않지만, 앞뒤 문맥과 내용적인 면에서 그나마 호응한다고 할 수 있다. 따라서 가리바이본이 잘못 표기되었다는 가정하에 본문에서는 레온본의 표기를 따라 'comparar'로 해석하였다.

63 이것은 바나나의 일종으로 에스빠냐 사람들에 의하여 소개된 'Musa paradisiasa L.'과 'Musa sapientum L.'이라는 학명을 가진 바나나를 가리킨다(Tozzer, 199).

64 이것은 'Mamey colorado, Calocarpum mammosum (L.) Pierre'로 추정된다. 마야어로는 '차깔 아스(Chacal(red) haaz)'라고 불린다(Tozzer, 199).

65 이것은 'Achras Zapota L.'로 추정된다. 로이스(Roys)는 이와 관련하여 다음처럼 언급하였다. "길이가 무려 600피트가 넘는 것도 있다. 열대과일로 잘 알려진 사뽀디야(Sapodilla)가 바로 이 나무에서 열린다. 이 나무에서 얻어지는 껌의 원료인 '칙떼(Tzicte)'는 무역상품으로 거래되던 고무이다. 이것의 유액은 '이츠(Itz, 껌, gum)'라고 불리고, 씹을 수 있는 상태는 '차(Cha)'라고 불린다. 멕시코 고원지방의 메시까 원주민들이 이것을 씹은 것으로도 알려져 있다. 그러나 고대 마야 사람들이 껌을 씹었는지는 밝혀진 바가 없다." 유까딴 지방의 렐라씨온에서 다음의 기록을 확인할 수 있다(Relaciones de Yucatán, 1: 57). "이 지역의 과일나무 중에서 대표적인 것은 원주민들이 야(Ya)라고 부르는 치꼬사뽀떼(Chicozapote)이다. …오늘날에는 'Zapote'로 표기된다. 이 나무의 과일은 향이 은은하고 달콤하며 맛이 좋다. 그러나 에스빠냐에는 이러한 과일이 존재하지 않는다"(Tozzer, 199).

66 이것의 학명은 'Brosimum Alicastrum Sw.'로 추정된다. 로이스(Roys)와 말러(Maler)는 이와 관련하여 다음처럼 언급하였다. "이 나무의 잎은 이곳에서 비료로 사용되었다. 이 나무에서 열리는 과일은 삶아서 먹거나 꿀 또는 옥수숫가루와 함께 먹었다. 작고 단단한 과일의 씨는 점쟁이의 주술도구를 만들기 위하여 박 속에 보관해 두었다." 또한 이 과일의 씨앗은 갈아서 밀가루로 사용하였고, 우유처럼 하얀 수액은 천식, 기침, 폐병(폐결핵)의 치료약으로 쓰였다(Tozzer, 199).

67 토설은 이것의 학명을 'Carica Papaya L.'로 추정하였다(Tozzer, 199).

68 가리바이본에는 "… es dulce y empalaga como yemas de huevo"로 표기되었다. 이 문장은 "계란의 노른자위처럼 (그 단맛에) 물리게 된다."라는 뜻으로 해석되는데, 그 뜻이 다소 어색하다. 반면에 게이츠본에는 '… the yolk of an egg[papaya]'로 표기되었다. 이 문장은 "[빠빠야(papaya) 열매]의 노른자위처럼 (그 단맛에) 물리게 된다."라는 뜻으로 해석된다. 여기서 '노른자위'는 '빠빠야(papaya)의 과육'을 가리키는 것으로 추정되며, 만일 그렇게 본다면 가리바이본의 해석보다 게이츠본의 해석이 문맥상 더욱 자연스럽다.

69 토설은 이 나무를 아시아 종(種)인 '망고(Mangifera indica

L.)'로 추정하였다. 그런데 이 나무가 마야 지역의 토착수종이 아닌 외국에서 들여온 나무임이 분명함에도 란다가 이것을 명확히 구분하지 않고 서술하였다고 하였다(Tozzer, 199).

70 토설은 이것의 학명을 'Talisia olivaeformis(HBK.) Radlk.'으로 추정하였다. 또한 이 나무가 약 60피트(feet, 약 18미터)로 주로 숲에서 많이 자라지만 마을에서도 재배되었다고 묘사하였다(Tozzer, 199). 마야어 사전인 모똘 사전에는 'Talisia olivaeformis'라는 표기와 함께 '우아얌(Uayam)'이라는 용어가 기록되었다. 이 용어에 대한 설명은 "이 지역의 작고 맛있는 과일과 이러한 과일이 열리는 나무"이다.

71 구아바(Psidium Guajava L., Tozzer, 199). 에스빠냐 사람들이 구아바(Guava)의 어느 한 종을 유까딴에 들여온 것에 대하여 언급한 것으로 보인다(Tozzer, 205).

72 토설은 이것의 학명을 'Annona spp.'로 추정하였다(Tozzer, 199).

73 이 나무는 'Nancen agria' 혹은 학명이 'Byrsonima crassifolia(L.) DC(비르소니마 크라시폴리아)'인 나무로 추정된다(Tozzer, 199).

74 게이츠본에는 "… which is much eaten by the women"으로 표기되었다. 이 문장은 '여자들이 많이 먹는'이라는 뜻으로 해석된다.

75 룬델(Lundell)은 이것이 'Persea americana Mill(아보카도, Avocado, Aguacate)'로 추정된다고 하였다(Tozzer, 199). 마야어 사전에 의하면 아보카도를 뜻하는 단어로는 '깟(Kat)'과 '온(On)'이 있다. 각 단어를 살펴보면 '우 체엘 온(U che'el on)'은 '아보카도 나무'를 뜻하고, '우 위츠 온(U wich on)'은 '그 열매'를 뜻한다고 기록되었다(Diccionario Maya, 303, 606, segunda parte, 15).

76 카르둔(Cardoon), 아티초크(Artichoke) 무리의 식물(네이버 사전).

77 아티초크(Artichoke), 솜 엉겅퀴(네이버 사전).

78 룬델(Lundell)은 이것을 'Jacaratia mexicana DC(열대 파파야 나무의 한 종류)'로 추정하였다. 로이스(Roys)는 이 나무의 마야 이름으로 '꾼 체(Kun che)' 혹은 '꿈 체(Kum che)'를 제시하였다. 그리고 이 나무에 대하여 다음처럼 묘사하였다. "커다란 나무로 높이가 약 15–40피트(4.5–12미터)에 이르며, 나무의 밑동은 굵고, 위로 갈수록 가늘어진다. 이 나무의 열매는 삼각형 모양으로 피망과 비슷하며, '보네떼(Bonete)'라고 불린다. 또한 과일에서는 커스터드(크림)와 같은 노랗고 걸쭉한 액이 나온다"(Tozzer, 200). 만일 로이스(Roys)의 주장대로 이 나무가 '꿈 체(Kum che)'라고 한다면 란다가 14장(14–1)에서 언급한 바 있는 가뭄이 들 때 껍질을 식량으로 사용하던 나무와 동일한 것으로 볼 수 있다. 란다는 14장(14–1)에서 다음처럼 묘사하였다. "(이러한 기아는) 매우 심각한 수준이어서 나무껍질을 먹는 지경에 이르게 되었다. 특히 꿈체라고 불리는 속이 부드럽고 무른 (나무의 껍질을 먹었다)."

79 가리바이본에는 'pepino'로 표기되었다. 이것은 '오이'라는 뜻인데, 바로 이어지는 아래 문장에서는 '오이'를 가리키는 말로 'cohombro'라는 단어가 사용되었다. 에스빠냐어 한림원 사전에 의하면 'cohombro'가 'pepino'의 일종으로 정의되었다(http://lema.rae.es/drae/?val=cohombro). 이 두 문장에서 란다가 두 단어의 구체적인 뜻 차이를 생각하고 구분하여 표현한 것인지 혹은 같은 뜻의 용어를 다르게 표현한 것인지는 알 수 없다.

80 토설은 이것의 학명을 'Parmentiera edulis DC.'로 추정하였다(Tozzer, 200).

81 가리바이본에는 'cardo'로 표기되었다. 'cardo'는 용설란의 일종이다.

82 가리바이본에는 'cohombro'로 표기되었다. 이것은 '오이'라는 뜻인데, 바로 위의 문장에서는 '오이'를 가리키는 말로 'pepino'라는 용어가 사용되었다.

83 가리바이본에는 "… y cuya fruta es la que acá en España llaman del manjar blanco"로 표기되었다. 문법상 이 문장의 구조는 다소 어색한 부분이 있다. 본문에서는 "이곳 에스빠냐에서는 (이 나무의) 과일을 망하르 블랑꼬(Manjar blanco)라고 부른다."라고 해석하였다. 그러나 "(이 나무의) 과일은 이곳 에스빠냐에서 망하르 블랑꼬를 만들 때 사용된다."는 뜻으로도 해석될 가능성이 있다. '망하르 블랑꼬'를 직역하면 '하얀 요리'라는 뜻이다. 이것은 일종의 젤리와 비슷한 후식을 가리키며, 닭가슴살과 설탕, 우유, 쌀가루를 넣어서 만들거나 닭가슴살은 빼고, 우유와 아몬드, 설탕, 쌀가루를 넣어서 만들기도 한다. 각 지역에 따라 음식의 재료에 조금씩 차이가 있다.

84 토설은 이것의 학명을 'Bixa Orellana L.'로 추정하였다(Tozzer, 200).

85 유럽 남부와 소아시아가 원산지인 백합목 붓꽃과의 여러해살이풀. 암술대를 말려서 10만 배로 희석해도 노란색을 띠기 때문에 음식물의 빛깔을 내는 데 사용한다.

86 첫 번째 종류의 학명은 'Sabal' 'Sabal mayarum Bartlett'로 추정되고, 두 번째 종류의 학명은 'Bactris spp'으로 추정된다. 모뚤 사전을 인용한 로이스(Roys)는 다음처럼 말하였다. "사안(Xaan): 원주민들 집의 지붕을 만드는 데 사용되는 잎이 달린 종려나무(야자나무)의 종류들. 마야 사료에 의하면 이 나무 몸통의 속으로 만든 모조 태아는 분만을 촉진하는 도구로 쓰인다." 또한 로이스(Roys)는 야자나무가 의학적인 용도로 쓰였던 많은 방법에 대하여 제시하였다(Tozzer, 200).

87 게이츠본에는 가리바이본과는 달리 "네 부분으로 벌어진다."는 표현이 나오지 않는다.

88 가리바이본에는 'la seda'로 표기되었다. 이것은 '비단'이라는 뜻이지만 현실적으로 보면 당시의 사람들이 비단을 사용하지도 않았을뿐더러 비단의 존재를 알 수도 없었다. 이 때문에 이 단어를 '비단' 대신에 '목화솜'으로 해석하는 것이 정황상 더욱 자연스럽다.

50

육지와 바다의 새

50-1 이 땅에는 놀라울 정도로 많은 종류의 새가 서식하고 있다. (이렇게나 많은 새를) 축복으로 가득 채워 주신 분께서는 높이 찬양받아 (마땅하다).

암탉이나 수탉처럼 집에서 대량으로 기르는 새들이 있다. 녀석들의 사육은 그리 쉽지 않다.

에스빠냐에서 가져온 새들과 암탉을 아주 많이 기른다. (이러한 암탉은) 일 년 내내 병아리를 낳는다.

우리의 것처럼 온순한 비둘기를 사육한다. 녀석들은 매우 활발하게 번식한다.[1]

깃털을 얻으려고 특정한 종류의 희고 커다란 오리를 기른다.[2] 내가 생각하기에는 녀석들을 페루에서 데려온 것 같다. 배에 난 깃털을 자주 뽑아서 옷을 만드는 데 사용한다.[3]

50-2 수많은 종류의 참으로 아름다운 새가 많이 있다. 그중에는 무척 귀여운[4] 두 종류의 작은 멧비둘기가 있는데, 첫 번째 (종은) 매우 작고 온순하며 집에서 기르기에 (좋다).

나이팅게일처럼 매우 부드럽게 지저귀는 작은 새가 있다. 익스얄차밀(Ixyalchamil)

이라고 불리며; 텃밭이 있는 집들의 담벼락과 그곳 나무들 사이를 날아다닌다.[5]

무척 짙은 초록색을 띤 커다랗고 아주 예쁜 새가 있다. 꼬리 부분에는 딱 두 개의 깃털이 길게 늘어져 있고, (깃털들의) 반쪽 끝부분에는 [몇 가닥] 털이 나 있다. 녀석들은 건물에 둥지를 틀며 오로지 아침에만 활동한다.[6]

몸이 까치와 비슷하게 생긴 짓궂은 새가 있다. 길을 지나가는 사람들에게 하도 큰 소리로 울어 대서 도무지 조용히 지나갈 수 없게 만든다.[7]

작은 바위제비[8] 또는 제비들이 많이 있다. (여느) 제비들처럼 집에서 살지 않기 때문에 나는 녀석들이 바위제비라고 생각한 적이 있다.

50-3 형형색색의 아름답고 커다란 새가 있다. 부리는 큼직하고 매우 단단하며 늘 죽은 나무들 사이를 날아다닌다. 또한 그들의 먹이가 되는 나무 벌레 유충을 잡아먹으려고 발톱을 이용해 (나무에) 붙어서 단단한 부리로 딱딱해진 껍질에 구멍을 뚫는데, 그 소리가 멀리서도 들릴 정도이다; 녀석들이 워낙에 구멍을 많이 뚫어 놓는 바람에 유충들이 자라는 나무에는 위아래로 체처럼 잔뜩 구멍이 나 있다.[9]

50-4 들새들이 많이 서식한다. 모두 훌륭한 식재료가 된다. (그중에는) 세 종류의 아주 예쁘고 작은 비둘기[10]가 있다.

에스빠냐의 자고새[11]와 똑 닮은 새들이 있다. 비록 붉은색[12]을 띠고 있으나 (에스빠냐의 자고새와 달리) 아주 긴 다리가 있다. 식용으로는 별로 좋지 않다[13]; 집에서 기르면 아주 훌륭하게 잘 자란다.

우리의 것보다 크기가 조금 더 큰 메추라기[14]가 놀라울 정도로 많이 있다. 식용으로도 훌륭하다; 잘 날지 못하기 때문에 인디오들은 개를 이용해서 나무에 오른 녀석들을 사냥한다. 올가미로 목덜미를 낚는 사냥(법)은 상당히 재미있다.

회갈색의 꿩이 아주 많다. 녀석들은 크지도 작지도 않고, 얼룩이 있으며, 이탈리아의 (꿩들)과는 달리 식용으로 그리 좋지 않다.

깜불(Cambul)[15]이라고 불리는 암탉만큼이나 커다란 새가 있다. 무척 아름답고 대단히 용감한데, 먹기에도 좋다.

꼭스(Cox)라고 불리는 새가 있다. (녀석은 깜불)만큼이나 몸집이 크고, 걸을 때 격렬하게 휘젓고 다닌다. 곤줄박이처럼[16] 수컷들은 모두 검은색이고, 곱슬곱슬한 깃털로 된 볏이 매우 아름다우며, 아주 예쁜 노란색 눈꺼풀이 있다.

칠면조[17]가 아주 많이 있다. 이곳 에스빠냐의 (칠면조)처럼 그렇게 아름다운 깃털은 아니다. (그러나 녀석들의 깃털 역시) 상당히 멋지다. 매우 잘생겼으며, 인디오들의 수탉만큼이나 커서 식용으로도 아주 훌륭하다.

50-5 인디오들은 나무에서 화살을 쏘아서 모든 커다란 (새들을) 잡는다. 또한 그들의 알을 훔쳐 와서 암탉들에게 (알을) 품도록 한다.[18] (알에서 깨어난 새끼들은) 아주 온순하게 자란다.

서너 종류의 앵무새[19]가 있다. 큰 것도 있고 작은 것도 있다. 녀석은 수많은 무리를 지어 다니며 농사에 큰 피해를 준다.

50-6 부엉이와 수리부엉이[20], 소쩍새[21] 같은 야행성 새들이 있다. 녀석들은 길가에 많이 있어서 사람들이 (걸어가면) 앞쪽으로 날아오르기 때문에 밤길을 걸을 때 심심하지 않게 해 준다.

(그러나) 녀석들은 (좋지 않은) 예언처럼 여겨져서 인디오들을 매우 불쾌하게 한다. 다른 새들 (중에도 이러한 새들이) 있다.

육식성이 상당히 강한 새가 있다. 에스빠냐 사람들은 이것을 작은 콘도르라고 부르고, 인디오들은 꾸츠라고 (부른다). 검정색을 띠고, 목덜미와 대가리는 암탉과 비슷하며, 갈고리 모양 기다란 부리가 있다.[22]

녀석들은 상당히 지저분하다; 늘 마구간의 배설물이 쌓인 곳을 돌아다니며 그것을 먹는가 하면 먹잇감으로 죽은 고기를 찾아다닌다.

지금까지 조사된 바로는 (이 새들이) 어디에 둥지를 틀고 어디서 (새끼를) 기르는지 알려지지 않았다. 이러한 이유로 어떤 사람들은 녀석들이 200년 혹은 그 이상 산다고 이야기하는가 하면 다른 사람들은 녀석들이 진짜 까마귀[라고] 믿기도 한다.

녀석들은 죽은 고기의 냄새를 기가 막히게 잘 맡는다. 그래서 인디오들은 그들이 잡은 사슴과 상처를 입고 도망간 (사슴을) 찾으려고 높은 나무 위로 올라가서 이 새들이 어디로 모이는지 관찰한다. 그렇게 하면 사냥감을 틀림없이 발견할 수 있다.

50-7 놀라울 정도로 많은 종류의 맹금류가 있다. 작은 독수리[23]가 있는가 하면 뛰어난 사냥꾼인 아주 예쁜 새매류도 있고, 무척 아름다운 새매[24]도 있다. 녀석들의 몸집은 이곳 에스빠냐의 것들보다 크다.

래너매[25]와 송골매가 있고, 그 밖의 다른 (새들도) 있다. (그러나) 나는 사냥꾼이 아니기 때문에 (이것을 모두) 기억하지는 못한다.

50-8 바다에는 경탄을 자아낼 만큼 크고 작은 종류의 새가 다양하다. 또한 그 수가 무한하며 종류별로 각각의 아름다움을 지니고 있다.

타조처럼 무척 커다랗고, 회갈색을 띠며, 아주 큼직한 부리를 지닌 새가 있다; 녀석은 언제나 물속을 두리번거리며 먹이를 찾아다닌다. 먹잇감을 발견하면 하늘로 날아올라 뾰족한 부리와 목덜미를 (곤두박질치며) 물고기 위로 맹렬하게 하강한다. 결코 실패하는 법이 없다. 잠시 (먹잇감에) 타격을 가하고는 별다른 과정 없이 비늘을 떼지 않은 채 헤엄을 치며 살아 있는 고기를 삼켜버린다.[26]

무척 오랫동안 매우 높게 날아다니는 커다랗고 홀쭉한 새들이 있는데, 꼬리의 끝부분이 두 갈래로 나누어져 있다.[27] 녀석들의 지방은 흉터나 상처로 사지에 경련이 오는 증상에 아주 탁월한 효과를 발휘한다.

먹이 사냥을 위하여 물속에서 굉장히 오랫동안 버틸 수 있는 오리들이 있다. 녀석들은 매우 민첩하고, 부리에 갈고리 같은 것이 있어서 그것으로 물고기를 잡는다.[28]

막시스(Maxix)라고 불리는 무척이나 아름다운 작은 오리들이 있다; 녀석들은 굉장히 온순해서 집에서 사육되는데, 도망가는 법이 없다.[29]

50-9 다양한 종류의 왜가리와 작은 왜가리[30]가 있다. 어떤 녀석은 흰색을 띠고 있고, 어떤 녀석은 회갈색을 띠고 있으며, 몸집이 큰 녀석도 있고, 작은 녀석도 있다; 떼르미노스 호수에는 연지벌레 가루 색깔과 비슷한 밝은 적색의 (왜가리[31]가) 아주 많이 있다. 수많은 종류의 크고 작은 새들이 있는데, 그 규모와 다양함에 경탄을 금할 수 없다. 특히나

모든 새가 그곳의 해변에서 열심히 먹잇감을 찾아다니는 모습은 장관을 연출한다. 어떤 녀석은 거품을 일으키며 부서지는 파도를 따라 들어갔다 다시 나오기도 하고, 또 다른 녀석은 해변에서 먹잇감을 찾아다니기도 한다. 잽싸게 다가가 다른 녀석들로부터 먹잇감을 빼앗는 녀석들도 있다. (그러나) 가장 경이로운 것은 주님께서 이 모든 새를 창조하[는] 은총을 내려 주셨다는 것이다.

---

1 이 비둘기는 몸집이 작은 비둘기로 'Ground doves(Colimbigallina rufipennis Bonaparte)'로 추정된다. 마야어로는 '무꾸이(Mucuy)'라고 불린다(Tozzer, 201).

2 이 오리는 'Muscovy duck'인 것으로 추정된다(Tozzer, 201).

3 유럽의 정복 이전에 마야뿐만 아니라 전 아메리카 대륙 사람들에게 깃털은 중요 생산품이자 무역품이었다. 특히 마야 지방에서 생산되던 깃털이 다른 많은 지역으로 퍼져 나갔다는 기록을 쉽게 발견할 수 있다. 그뿐만 아니라 유럽의 정복 이전에 아메리카 대륙에서 가장 크고 중요한 시장으로 손꼽히던 멕시코 고원 지방의 현 멕시코시티 시장에서는 교역을 통해 마야 지역에서 들여온 깃털이 중요한 위치를 차지하였다는 것을 알 수 있다. 란다는 이 책의 여러 부분에서 이와 관련하여 언급하였다. 26장(26-5)에서 다음처럼 기록하였다. "(제사장은) 붉은색 깃털로 만든 외투를 입고 등장하였다. 다양한 색의 깃털로 공들여 만든 (외투의) 끝자락에는 기다란 깃털들이 달려 있었다. 머리에는 (옷에 달린 것과) 같은 깃털로 만들어진 고깔 같은 것을 쓰고 있었고, 외투 안에 달린 면으로 된 여러 개의 명주끈은 마치 꼬리처럼 바닥에까지 [닿았다]." 또한 29장(29-2)에서 다음처럼 말하였다. "무기를 소지한 사람들은 깃털 장식을 하고, 호랑이와 사자의 가죽을 갖추어 입고는 전쟁에 나갔다." 야생의 새들로부터 깃털을 얻기도 했지만, 애당초 깃털을 얻을 목적으로 새를 사육하였을 정도로 깃털에 대한 수요가 많았다는 것을 엿볼 수 있는 기록을 32장(32-5)에서 발견할 수 있다. "애완용이나 깃털을 얻기 위한 목적으로 새들을 기르고, (깃털로) 멋진 옷을 만든다."

4 가리바이본에는 'muy saladas'로 표기되었다. 'salado'는 '재치 있는, 기지가 풍부한, 영특한, 애교 있는, 귀여운'의 뜻이 있다. 본문에서는 '귀여운'으로 번역하였다.

5 벨뜨란(Beltrán)(229)을 인용한 것으로 추정되는 삐오 뻬레스(Pío Pérez)의 해석에는 이 새의 이름이 여성을 나타내는 접두어인 '익스(Ix)' 없이 '얄 차밀(Yal chamil)'로 기록되었다. 이것은 여러 종류의 나이팅게일을 가리킨다. 알렌(Allen)은 이 새를 굴뚝새의 한 종류인 'Thryothorus albinucha' 혹은 'Nannorchilus leucogaster brachyurus'로 추정하였다(Tozzer, 201).

6 알렌(Allen)은 이 새를 '벌잡이새사촌(Motmot, Eumomota superciliaris Swainson)'으로 추정하였고, 마야어로는 '또(Toh)' 혹은 '따(Tah)'라고 하였다. 또한 이 새는 종종 건물의 구멍 난 곳에 앉아 있다고 하였으며, 끝이 라켓 모양인 특이한 꽁지깃이 있다고 하였다(Tozzer, 201).

7 마야어로 '꾸삼(Cuzam)' 혹은 '꼬손(Cozon)'은 '칼새'를 의미한다(Tozzer, 201).

8 제빗과의 새. 몸의 길이는 15센티미터로 보통 제비와 비슷하나 꽁지가 짧고 다리는 모두 흰 털로 덮여 있다. 우리나라에서는 드문 여름 철새로, 아시아, 유럽 등지에서 번식하고, 아프리카, 인도 등지에서 겨울을 보낸다. ≒바위제비(네비어 사전, '흰털발제비').
가리바이본에는 'avioncillos'로 표기되었다. 'avioncillo'는 'avión'의 축소형인 것으로 보이는데, 'avión'은 '바위제비의 일종'을 뜻한다. 따라서 본문에서는 '작은 바위제비'로 번역하였다. 이 단어는 '칼새'라고 해석될 가능성도 있다.

토설본(201)에는 'little martins'로 번역되었다. 이것은 '작은 흰털발제비'를 뜻한다.

9 이 새는 딱따구리종인 'Delattre's Woodpecker(Ceophloeus scapularis)'로 추정된다. 마야어로는 '아 꼴롬떼(Ah colomte)' 혹은 '꼴론떼(Colonte)'로 불리는 것으로 보인다(Tozzer, 201). 마야어로 '차움(Cħahum)'이라고 불리는 딱따구리종이 있다. 이 새는 식민지 시대의 사료인 모뚤 사전에 다음처럼 정의되었다. "머리가 빨갛고 볏이 있는 딱따구리종(El pájaro pito o carpintero, de cresta y cabeza colorado)"(Calepino de Motul, 1995, UNAM., México, 255–256).

10 이 새는 마야어로 '익스 꾸꿋 씹(Ix cucut cip)' 혹은 '꾸꿋 씨(Cucut ci)'로 불리는 것으로 보인다. 로이스(Roys)는 이 새를 '빨간 부리 비둘기(Columba flavirostris Wagler)'로 추정하였다(Tozzer, 201).

11 뜸부기의 일종인 'Wood Rails(Aramides)' 혹은 'Tinamous'로 추정된다(Tozzer, 201).

12 가리바이본에는 'coloradas'로 표기되었다. 'coloradas'는 '붉은색'을 뜻하는 형용사 'colorado'의 여성 복수형이다. 그런데 이것이 '새의 몸 전체'를 가리키는지 아니면 '새의 다리'만 가리키는지 명확하지 않다.

13 가리바이본에는 "… tienen ruin comer"로 표기되었다. 본문에서는 "식용으로는 별로 좋지 않다"라고 번역하였다. 그런데 이 말이 '고기가 별로 없다'인지 혹은 '몸에 별로 좋지 않다'인지 명확하지 않다.

14 이 새의 학명은 'Eupsyhortyx nigrogularis'로 추정된다. '볼론 착(Bolon chac)'은 마야어로 메추라기를 뜻한다(Tozzer, 201).

15 토설은 이 새를 두고 '봉관조(Kanbul, Crax globicera)'가 확실하다고 주장하였다. 식민지 시대의 마야어 사전인 모뚤 사전에는 원주민들이 이 새를 사육했다는 내용이 기록되었다(Tozzer, 202).

16 가리바이본에는 'como un azabache'로 표기되었다. 'azabache'는 광물질의 하나인 '흑옥(黑玉)' 또는 조류의 일종인 '곤줄박이'를 뜻한다. 란다는 본문에서 'azabache'처럼 수컷들은 모두 검은색이라고 표현하였다. 그런데 '흑옥(黑玉)'과 '곤줄박이'는 모두 검은색이므로 상이한 두 단어가 모두 란다의 표현에 상응한다. 즉 '흑옥(黑玉)'과 '곤줄박이' 중에 어느 뜻으로 사용되어도 문맥상 오류가 없다. 그러나 이 장에서는 줄곧 새에 대한 묘사가 이어진다는 점을 고려하여 본문에서는 '곤줄박이처럼'으로 번역하였다.

17 이 새는 사육된 멕시코종인 'Meleagris' 혹은 토종인 'Ocellated Turkey(Agriocharis ocellata)'이다. 마야어로는 '꾸츠(Cutz)'라고 불리는 것으로 추정된다(Tozzer, 202). 이 지역의 이름에 '칠면조'라는 말이 들어갈 정도로 유까딴에서 칠면조는 많고도 중요한 새라는 점을 확인할 수 있다. 란다는 2장(2–1)에서 다음처럼 말하였다. "이 지방은 인디오들 말로 칠면조와 사슴의 땅이라는 뜻의 울루우밀 꾸츠 예뗄 쎄라고 불린다." 또한 다양한 종교의례에서 칠면조가 자주 등장하는 것을 볼 수 있는데, 란다는 36장(36–5)에서 물룩(Muluc)을 머리문자로 하는 해에 행하는 의례에 대하여 묘사하면서 다음처럼 언급하였다. "(악마가 지시한 것들이란) 행사를 치르고, 아주 키가 큰 장대를 타고 춤을 추며, 칠면조의 머리와 빵 그리고 옥수수로 만든 빵과 음료를 바치는 것이었다."

18 가리바이본에는 "… los [empollan] sus gallinas"로 표기되었다. 반면에 레온본에는 "… los sacan sus gallinas"로 표기되었다. 가리바이본의 문장은 "암탉들이 (알을) 품는다."라는 뜻으로 해석되지만 레온본대로 해석하면 "암탉들이 (알을) 부화시킨다."라는 뜻이다. 문장 전체의 의미상 큰 차이가 없다.

19 로이스(Roys)는 마야어로 '착 삘리스(Chac piliz)' '착뚠 삘리스(Chactun piliz)' '착 삘리스 모(Chac piliz mo)'라고 불리는 '작고 빨간 앵무새'에 대하여 언급하였다. 문자 그대로 해석하면 '빨갛게 수놓은 것 같은 앵무새'라는 뜻이다(Tozzer, 202).

20 여기서 언급된 부엉이 가운데 하나는 일반적으로 크기가 작은 'Glaucidium phalaenoides ridgwayi'로 추정된다. 로이스(Roys)는 부엉이의 일종인 '비명올빼미(Screech owl(Otus choloba thompsoni)'를 '밤중의 미친 사람'이라는 뜻의 마야어인 '아 꼬오 아깝(Ah coo akab)' 혹은 '아 꿀떼(Ah culte)'라고 하였다. 마야어로 '아 꾸이(Ah cuy)'라고 불리는 또 다른 부엉이가 있고, 두 종류의 유까딴 수리부엉이가 있다. 하나는 'Bubo virginianus mayensis'로 마야어로는 '이씸(Icim)' 혹은 '이씬(Icin)'이라고 불리고, 다른 하나는 'Asio magellanicus mayensis Nelson'으로 마야어로는 '뚠 꿀루츠우(Tun culuchhu)'라고 불린다(Tozzer,

202).

21 로이스(Roys)는 식민지 시대의 마야어 사전인 깔레삐노 데 모뚈(Calepino de Motul)을 인용하여 이 새를 '멧도요(Woodcock, Gallina ciega)'와 '할미새(Wagtail, Engana pastor)'를 닮은 '뿌우이(Puhuy)'로 추정하였다. '뿌우이'는 'Nyctidromus albicollis yucatanensis Nelson' 혹은 'Parauque, Goatsucker'를 가리킨다(Tozzer, 202).

22 '검은 대머리 독수리(Black vulture, Coragyps atrata)'와 독수리의 일종인 'Turkey vulture'를 가리키는 것으로 추정된다(Tozzer, 202).

23 독수리는 마야어로 '꼿(Kot)'이라고 불린다(Diccionario Maya, 338).

24 로이스(Roys)는 모뚈 사전을 인용하여 '쇠황조롱이(Merlin)'와 '황조롱이(Kestrel)'를 언급하였다. 그리고 매와 같은 맹금류의 새를 가리키는 마야어인 '아-쎈쎈-박(Ah-cencen-bac)'을 언급하였다(Tozzer, 202).

25 래너매. 특히 매사냥용의 암매.

26 알렌(Allen)은 란다가 '갈색 펠리컨(Brown Pelican, Pelecanus fuscus)'의 사냥법에 대하여 매우 잘 묘사하였다고 언급하였다(Tozzer, 203).

27 힘찬 비행을 하고, 갈라진 꼬리를 가진 '커다랗고 홀쭉한 새'는 'Man-o'-war-birds' 혹은 '군함새(Frigate-birds, Fregata magnificens)'이다(Tozzer, 203).

28 갈고리 모양의 부리(갈고리 같은 것이 달린 부리)로 물고기를 잡는 이 새는 'Ormorants(Phalacrocorax spp.)'가 분명해 보인다(Tozzer, 203).

29 '매우 작은 오리(작은 새끼오리)'는 'Teal'로, 추정된다(Tozzer, 203).

30 가리바이본에는 '… garzas y garcetas'로 표기되었다. 'garza'는 '왜가리'를 가리키고, 'garza'의 축소형인 'garceta'는 '작은 왜가리'를 뜻한다. 그러나 이 두 단어가 '백로, 해오라기' 같은 다른 새의 종류를 가리킬 가능성도 존재한다.

31 흰색 왜가리는 해오라기종의 하나인 '작은 파란색 왜가리(Little Blue Heron, Florida caerulea)'의 미성숙 단계로 추정된다. 그리고 큰 왜가리는 'Great Blue(Ardea herodias)'로 추정된다. 반면에 '매우 선명한 적색의 왜가리'는 'Flamingoes'보다 크기가 작은 'Spoonbills(Ajaia ajaja)'로 추정된다(Tozzer, 203).

유까딴의 또 다른 동물들

51-1 인디오에게는 없는 동물이 무척이나 많았다[1]; 특히나 인간에게 가장 유용한 (동물들이) 빠져 있었다[2]; 그렇지만 (이곳에는) 다른 (동물들이) 있었고, (인디오들은) 그러한 (동물들을) 생활에 이용해 왔다. 그중에서 개를 제외한 다른 (동물들은) 집에서 기르지 않았는데[3], (개들은) 짖을 줄도 모르고, 사람에게 해를 끼치지도 않는다.[4] (그러나) 사냥할 때는 메추라기와 그 밖의 다른 새를 잡으며 사슴을 아주 열심히 추격한다. 어떤 녀석들은 아주 훌륭한 수색자이다.

(개들은) 크기가 작다. 인디오들은 의례를 할 때 녀석들을 잡아먹기도 하였다. 내가 생각하기에 (인디오들은) 이것을 수치스럽게 생각하여 [오늘날에는] (개를) 잡아먹는 것을 안 좋은 것으로 여긴다.[5]

그들이 이야기하기를 (고기) 맛이 매우 좋다고 한다.

51-2 오로지 깜뻬체의 구릉지대 너머로 펼쳐진 땅의 한 외곽 지대에 맥(貘)들이 서식하는데; 수가 무척이나 많다. 인디오들이 내게 이야기하기를 연한 잿빛과 복숭아빛을 띤 녀석들도 있고, 옅은 노란빛과 밤색을 띤 녀석들도 있으며, 아주 희고 검은 녀석들도 있

는 (등) 색이 참으로 다양하다고 하였다.[6]

(맥은) 물을 상당히 좋아한다. 그쪽의 산들과 구릉지대에는 호수가 아주 많아서 이 땅 전체가 아닌 이곳의 외곽 지대에만 주로 서식한다.

이 동물은 보통 노새 정도 되는 크기로 상당히 가볍고, 황소처럼 갈라진 발굽이 있다. 또한 주둥이에는 작은 (코끼리의) 코가 달렸으며, 그곳에 물을 저장해 둔다.

인디오들은 녀석들을 잡는 것을 대단히 용감한 일로 여겼다. 기념으로 (녀석의) 가죽이나 일부를 증손자 대까지 보관하였는데, 나도 본 적이 있다; 녀석들은 씨민(Tzimin)이라고 불렸고, 이로 인하여 말(馬)도 (씨민이라고) 불렸다.

51-3 작은 사자[7]들과 호랑이[8]들이 있다. 인디오들은 나무 위로 올라가서 활로 녀석들을 사냥한다.

곰과의 동물이 있다.[9] 꿀을 따는 데 아주 능숙하다.

회갈색에 검은 얼룩이 있고, 몸통이 길며, 다리는 짧고, 머리는 둥글다.

51-4 몸집이 작고 무척 가벼우며 까무잡잡한 색을 띤 산양과의 동물이 있다.[10]

작은 짐승으로 우리의 것과 많이 다른 돼지들이 있다. 녀석들의 중심은 등 쪽에 있는데[11], 매우 심한 악취를 풍긴다.[12]

몸집이 작고, 고기 맛이 좋은 사슴[13]이 놀라울 정도로 많이 산다.

모든 면에서 우리의 것과 아주 흡사한 토끼가 대량으로 서식한다. 단 녀석의 주둥이가 기다랗고 전혀 뭉툭하지 않은 것이 꼭 양의 (주둥이와) 비슷하다[14]; 몸집이 크고, 고기는 훌륭한 음식이 된다.

선천적으로 겁이 많은[15] 작은 짐승이 있다. 녀석들은 밤에 동굴이나 숨기 좋은 곳으로 돌아다닌다; 인디오들은 덫 같은 (장치를) 놓아서 그 안으로 걸려들게 하는 방식으로 녀석들을 사냥한다; 산토끼와 비슷하고 깡충깡충 뛰어다니며 (몸을) 움츠리고 있다.[16]

녀석들은 매우 길고 가는 앞니를 가지고 있다. 작은 꼬리는 산토끼보다 작고, 무척 어두운[17] 녹색[18]을 띠고 있다. 놀라울 정도로 온순하고 얌전하며 숩(Zub)[19]이라는 이름으로 불린다.

51-5 갓 태어난 새끼 돼지처럼 아주 작은 동물이 있는데, 앞굽과 주둥이가 있으며, (무언가를) 콧등으로 파는 것을 아주 잘한다. 녀석의 몸 전체는 멋진 조개껍질 (같은 것으로) 뒤덮여서 마치 무장한 말[20]처럼 보인다. 귀와 팔다리만 밖으로 나와 있고, 목과 앞대가리는 조개껍질(과 비슷한 걸)로 싸여 있다; (살이) 연해서 식용으로도 아주 훌륭하다.[21]

51-6 작은 강아지 같은 동물이 있다; 머리는 돼지 같고 꼬리가 길며 거무칙칙한 색을 띠고 있다. 놀라울 정도로 굼떠서; 주로 녀석들의 꼬리를 잡는다.[22]

식성이 아주 좋고, 밤에 동네를 돌아다닌다. (비록) 느리게 (공격하지만) 닭은 녀석들로부터 달아나지 못한다.[23]

암컷은 족제비처럼 14-18마리의 새끼를 낳는다. (새끼들은) 털이 하나도 없고 대단히 굼뜨다; 주님께서는 (새끼들을) 보호할 수 있도록 어미의 배에 신기한 주머니를 만드셨다. 배 전체에 걸쳐서 가슴 위쪽으로 각각 하나씩 가죽으로 된 (주머니가) 달려 있다. 이것들을 하나로 합치면 젖가슴이 닫히지만, 원하면 언제든지 다시 열어서 새끼들을 집어넣을 수 있다. 그렇게 한 마리씩 새끼들에게 젖꼭지를 (물리고), 모두 (젖꼭지를) 물면 그 가죽(주머니)를 아주 단단히 여며서 (새끼들이) 빠져나가지 못하게 한다. 이렇게 (어미는 새끼들을) 데리고 다니면서 먹이 활동을 한다; 털이 자라고 스스로 걸어 다닐 수 있을 때까지 (새끼들을) 기른다.

51-7 이곳[24]의 (여우들과) 흡사한 여우들이 곳곳에 있다. 몸집이 그렇게 크지도 않고, 멋진 꼬리를 가지지도 않았다는 점에서 (우리의 것과는 차이가 있다).[25]

추(Chu)라고 불리는 무척 장난기가 많은 동물이 있다. 크기는 작은 개만 하고, 주둥이는 아직 젖을 떼지 않은 새끼 돼지처럼 생겼다.[26]

여자 인디오들이 (이 동물들을) 기른다. 녀석들은 주둥이로 후비지 않는 것이 없으며, (모든 것을 죄다) 엎는다. 또한 믿기 힘들 정도로 여자 인디오들과 함께 어울려 놀기를 좋아한다. 여자들에게는 애교를 부리며[27] 가까이 다가가지만 남자 인디오들과는 절대로 (어울리려고 하지 않는다).

이것은 여기에 아주 많이 사는데, 늘 다른 놈들의 꼬리 밑으로 주둥이를 들이대고 무리를 지어서 한 줄로 이동한다. 그리고 옥수수밭을 쑥대밭으로 만들어버린다.

51-8 하얀색을 띠고 있고, 어두운 노란색의 작은 띠들을 두르고 있으며, 빠이(Pay)라고 불리는 다람쥐처럼 작은 동물이 있다. 녀석은 오줌을 눠서 자신을 쫓고 해를 입히는 (존재들)에게서 스스로 보호한다. 내뿜는 악취가 너무나 지독해서 그것을 견딜 수 있는 사람은 아무도 없다. (녀석의 오줌이) 묻은 물건을 다시 사용할 수 없을 정도이다.[28]

사람들이 내게 말하기를 그것은 소변이 아니라 (몸의) 뒷부분에 (있는) 작은 주머니에서 분비되는 땀(과 같은 것)이라고 하였다.

어찌 되었건 녀석들은 이것을 무기로 삼아 스스로 방어한다. 그래서 인디오들이 녀석들을 잡아 죽이는 일은 매우 드물다.

매우 예쁜 다람쥐[29]와 두더지[30], 족제비[31]가 아주 많이 산다. 에스빠냐의 것들과 비슷하게 생긴 쥐[32]도 무척 많다. 단 녀석들은 굉장히 길쭉한 주둥이가 있다.

---

1 게이츠본에는 이 문장이 "인디오들은 많은 동물을 소유하고 싶어 한다."로 번역되었다.

2 아메리카 대륙에는 소나 말처럼 짐을 싣거나 사람을 태울 수 있는 동물들이 존재하지 않았다. 그렇다고 해서 이러한 동물들을 대체할 만한 동물들이 전혀 없었던 것은 아니다. 남미에서는 야마와 같은 동물들을 이용하여 짐을 날랐다. 그러나 마야 사람들이 실생활의 노동에서 동물들을 이용했던 흔적들은 발견되지 않았다.

3 란다는 이전 장에서 새와 다른 동물들에 대하여 묘사하면서 집에서 사육한다고 이야기하였다. 그리고 이 장의 다른 부분에서도 개 이외의 다른 동물들을 기른다는 표현을 하였다. 그런데 여기서 갑자기 개 이외에는 집에서 기르는 동물이 없다고 이야기한다.

4 아메리카 대륙이 원산지인 'Canis familiaris Linn.' 혹은 'Canis caribaeus'를 가리킨다. 모똘 사전에는 '아 빌(Ah bil)' 혹은 '끽 빌(Kik bil)'로 표기되었다. 이 개의 가장 흔한 명칭은 '뻭(Pek)'이다. 한편 이러한 개들은 흔히 종교에서 공양의 대상이 되었다(Tozzer, 203).

5 가리바이본에는 "…y yo creo se afrentan y tienen [hoy] por poquedad comerlos"로 표기되었는데, 이 문장의 뜻이 명확하지 않다. 본문과는 다르게 다음처럼 해석될 가능성이 있다. "내가 생각하기에 이것을 수치스럽게 생각하여 [오늘날에는] (인디오들이 개를) 별로 잡아먹지 않는다."

6 중앙아메리카의 '맥(Tapirella bairdii, Gill)'에 대한 설명인 것으로 추정된다(Tozzer, 203).

7 이 짐승들은 '퓨마(Felis concolor mayensis)'인 것으로 추정된다. 남미에서는 보통 '사자(León)'라고 불린다(Tozzer, 203). 게다가 가리바이본에는 'león'이 아닌 'leoncillo'로 표기되었다. 이처럼 'león'과의 구분을 통하여 여기서 가리키는 동물이 일반 '사자'가 아님을 더욱 분명히 하고 있다. (29장(29-2)의 주 참조)

8 이 짐승은 실제 호랑이가 아니라 재규어를 가리킨다. 유까딴의 재규어는 'Felis onça goldManí'이고, 마야어로는 '발람(Balam)'이라고 불린다(Tozzer, 203). 재규어는 종교적으로 중요한 상징성이 있으며, 정치적으로도 권력과 위엄의 상징으로 자주 등장하는 것을 볼 수 있다.

9 알렌(Allen)은 멕시코 남부의 고지대에는 '안데스 산맥의 작은 안경곰(Andean Spectacled Bear)'을 제외한 다른 어떠한 곰도 서식하지 않는다고 하였다. 또한 그는 이 짐승을 가리켜서 'Tayra'라고 하였다. 로이스(Roys)는 'Tayra barbara senex'와 이것의 마야 이름인 '삼-홀(Zam-hol)'에 대하여 언급하였다. 그리고 유까딴 지방의 렐라씨온(Relaciones de Yucatán, 1: 303)을 인용하여 다음처럼 이야기하였다. "Çamhol이라고 불리는 또 다른 동물이 있다. 이 동물은 개만 한 크기의 곰으로 이 지역에 풍부한 꿀을 먹고 산다. 사람들이 꿀의 벌통을 마을의 밖에 두기 때문에 만일 이것들을 소홀히 하면 녀석들이 와서 모두 망가뜨려 놓는다"(Tozzer, 203). 마야어 사전에는 '삼홀(Samhol)'이 'Oso colmenero(꿀을 따는 곰)'로 정의되었다(Diccionario Maya, 716).

10 이 동물은 숲에서 사는 '수사슴(Brocket, Mazama pandora)'을 가리키는 것이 분명해 보인다. 마야어로는 '육(Yuc)'이라고 한다. 로이스(Roys)는 유까딴 지방의 렐라씨온(Relaciones de Yucatán, 1: 63)에서 다음의 글을 인용하였다. "인디오들은 야생염소를 '육(Yuc)'이라고 부른다. 녀석들은 염소처럼 두 개의 뿔이 있는데, 사슴의 뿔만큼 크지 않다." 또한 로이스(Roys)는 수사슴의 피와 똥 그리고 방광을 이용하여 만든 약제의 처방전에 대하여 언급하였다(Tozzer, 204).

11 가리바이본에는 "… que tienen el ombligo en el lomo"로 표기되었다. 이 문장을 직역하면 "배꼽이 등쪽에 붙어 있다."라는 뜻이다. 토설은 이 문장을 다음처럼 비슷한 의미로 해석하였다. "… they have their naval on their backs"

12 알렌(Allen)은 다음처럼 말하였다. "등에 사향분비선이 있는 야생돼지들은 아메리카산의 멧돼지류(Peccaries)이다. 이 가운데 두 종은 열대 아메리카 지역에 서식한다"(Tozzer, 204).

13 알렌(Allen)은 다음처럼 말하였다. "작은 사슴은 이 지역의 작은 종인 '흰 꼬리 사슴(Odocoileus)'인 것으로 보인다. 그러나 '수사슴(Brocket, Mazama)'일 가능성도 있다." 로이스(Roys)는 이것의 마야 이름을 '쎄(Ceh)'라고 하였고, 학명이 'Odocoileus toltecus Saussure'인 동물과 동일시하였다. 또한 다음처럼 언급하였다. "구운 간은 눈이 아플 때 효과가 있다." 한편 로이스(Roys)의 저술에서 사슴에 관한 언급을 여러 번 확인할 수 있는데, 사슴은 마야의 종교의례에서 제물로 자주 이용된 동물이다(Tozzer and Allen, Pls. 30, 31, N. 668, Tozzer, 204).

14 중앙아메리카에서 작은 두 종류의 토끼가 발견되었다. 이 토끼들은 (부풀부풀한 흰 꼬리가 달린) 야생토끼의 일종인 'Cottontail: Sylvilagus floridanus yucatanicus'와 'Swamp Rabbit(Sylvilagus gabbi truei)'으로 추정된다. 토끼를 지칭하는 일반적인 명칭은 'Thul'이다(Tozzer, 204). 한편 모뚤 사전에 근거한 마야어 사전에는 토끼라는 뜻의 '무이(Muy)'라는 용어에 "앞니로 음식을 먹기 때문에 사람들은 토끼를 두고 이렇게(Muy, 토끼) 부른다."라고 기록되었다.

15 가리바이본에는 'tristísimo'로 표기되었다. 이것은 '매우 슬픈' 혹은 '매우 처량한'과 같은 뜻이다. 그러나 일부에서는 '겁이 많은(내성적인)'이라는 뜻으로도 쓰인다. 전후 문맥상 본문에서는 '겁이 많은'으로 해석하였다. 토설본(204)에는 "… very sad by nature"로 표기되었다.

16 가리바이본에는 '… y encogido'로 표기되었다. 이 단어는 '줄어든, 오므라든, 주눅이 든, 겁에 질린' 같은 뜻이다. 문맥상 본문에서는 '몸을 움츠리고 있다'는 뜻으로 번역하였다. 토설본(204)에는 "… and is timid"로 해석되었다.

17 가리바이본에는 'sombrío'로 표기되었고, 레온본에는 'umbrío'로 표기되었다. 이 두 단어는 표기상의 차이만 있을 뿐 같은 의미를 지닌다.

18 가리바이본에는 'el color xeloso'로 표기되었다. 에스빠냐어에서 'xeloso'라는 색을 확인할 수 없는데, 가리바이본은 이 부분에 '(sic)'이라는 표시를 함으로써 원본을 그대로 따랐으나 이에 대한 정확한 표기를 알 수 없다는 점을 분명히 밝혀 두었다. 그러나 레온본에는 '녹색의'라는 뜻의 'verdoso'로 표기되었고, 게이츠본에도 'greenish'로 번역되었다. 이 책의 본문에서도 레온(Léon)본을 따라 '녹색'으로 번역하였다.

19 'Tzub'으로 표기하는 것이 더욱 정확할 것으로 보인다. 모뚤(Motul) 또한 이 짐승을 산토끼에 비유하였다. 이 짐승은 'Dasyprocta punctata yucatanica Goldman' 혹은 '얼룩 아구티(Agouti: 라틴아메리카산 설치류로 토끼 정도의 크기)'이다. 로이스(Roys)는 이 짐승을 약과 관련하여 언

급하였다. 그리고 이 짐승의 마야 이름이 '할렙(Haleb)' 혹은 '할레우(Haleu)'라고 하였다(Tozzer, 204).

20 가리바이본에는 'caballo encubertado'로 표기되었다. 여기서 'encubertar' 동사는 '(적의 타격으로부터 몸을 보호하는 방어로) 옷을 입다. 무장하다'를 뜻한다. 따라서 본문에서는 'caballo encubertado'를 '무장한 말'이라고 번역하였다. 그러나 단순히 '옷을 입힌 말'이라는 뜻으로 쓰였을 가능성이 있다.

21 이것은 분명 아르마딜로(Armadillo)에 대한 묘사인 것으로 보인다. 'Ninebanded(Dasypus novemcintus fenestratus)' 혹은 그 아종으로 파악된다. 마야어로는 '이바츠(Ibach)'라고 불리고, '익수에츠(Ixuech)' 혹은 '우에츠(Uech)'라고 불리기도 한다(Tozzer, 204).

22 이것은 '큰 주머니쥐(Opossum: Didelphis yucatanensis)'로 추정된다. 마야어로는 '삭-오츠(Zac-och)'라고 불린다. 문자 그대로 해석하면 '흰 주머니쥐(White opossum)'라는 뜻이다. 모뚤 사전에는 '삭-삡-오츠(Zac-pib-och)'에 대하여 "큰 주머니쥐(Large opossum, 하얀색으로 복부의 주머니에 새끼를 넣어서 다닌다.)"라고 설명되었다. 또한 동일한 사전에는 '오츠(Och)'가 주머니쥐의 일반적인 명칭으로 소개되었다(Tozzer, 204).

23 토설본(204)에는 "… and no hen escapes their slow attack"으로 번역되었다.

24 '이곳'은 '에스빠냐'를 가리키는 것으로 보인다.

25 이것은 '작은 잿빛 여우(Gray Fox: Urocyon cinereo-argenteus)'를 가리킨다. 'Parvidens' 혹은 그 아종으로 추정된다(Tozzer, 204). 마야어로는 '차막(Ch'amac)' '초목(Ch'omoc)' 혹은 '추목(Ch'umoc)'이라고 불린다. 이 말들은 '여우'라는 뜻이다. 마지막 단어인 '추목(Ch'umoc)'은 '코요테'를 뜻하기도 한다(Diccionario Maya, 125, 139, 144 segunda parte, 360).

26 이 동물은 마야어로 '추(Chu)'가 아니라 '칙(Chic)' 혹은 '아-막스-칙(Ah-max-chic)'으로 불리는 '코아티(Coati-mundi: Nasua narica yucatanica Allen, 너구리과의 육식 동물)'인 것으로 추정된다. 주둥이(코)가 길고, 작은 무리를 지어서 사냥하는 습성이 있다. 로이스(Roys)는 유까딴 지방의 렐라씨온(Relaciones de Yucatán, 1: 64)에 기록된 이 동물과 관련된 다음의 내용을 제시하였다. "인디오들이 칙이라 부르는 또 다른 동물의 종류가 있다. 에스빠냐 사람들은 멕시코 고원 지방의 단어를 사용하여 삐호떼(Pijote)라고 부른다. 마치 오소리와 비슷한데, 인디오들은 녀석들을 잡아먹기도 한다." 모뚤(Motul)은 이 동물과 관련하여 '쾌활하고 조그만 동물'이라고 언급하였다(Tozzer, 205). 마야어 사전에는 'Ch'ik'fh'으로 표기되어 있고, 'Coati(긴 코 너구리, 코아티)' 혹은 '너구리과의 삐소떼(Pizote)'로 기록되었다(Diccionario Maya, 135).

27 가리바이본에는 'espulgan'으로 표기되었다. 'espulgar' 동사의 주된 뜻은 '벼룩을 잡다'이고, 토설본(205)에도 '이를 잡아준다'는 뜻으로 번역되었다. 그러나 여기서는 'examinar' 'husmear' 'olfatear' 'lamer' 동사처럼 '마치 강아지가 너무 좋아서 킁킁대면서 사람에게 안기려고 하는 것'과 유사한 상황을 뜻하는 것으로 보인다. 따라서 본문에서는 '애교를 부린다'로 번역하였다.

28 이것은 '스컹크(Skunk)'에 대한 묘사가 분명하다. '등에 줄무늬가 있는 스컹크(Striped-backed Skunk: Mephitis mesomelas)' 혹은 '작은 줄무늬 스컹크(Little Striped Skunk: Spilogale angustidens)'에 대하여 설명한 것으로 보인다. 로이스(Roys)는 '빠이(Pay)' 혹은 '빠이 오츠(Pay och)'를 'Conepatus tropicalis Merriam'과 동일한 것으로 보았다. 또한 유까딴 지방의 렐라씨온(Relaciones de Yucatán, 1: 171)을 인용하여 다음처럼 말하였다. "사람들이 '빠이'라고 부르는 동물이 있다. 우리는 녀석을 '소릴요(Zorillo)'라고 부른다. 흰색과 검정색인데, 만일 누군가가 잡으려고 하면 심술궂게 아주 지독한 악취를 발산한다. 그래서 누구도 이 (악취를) 견뎌 내지 못한다"(Tozzer, 205). 마야어 사전에는 '소리요(Zorillo)'로 표기되었다(Diccionario Maya, 637).

29 여러 종류의 다람쥐가 있는데, 그중의 하나가 'Sciurus yucatanensis Allen.'이다. 이것은 '아르디야(Ardilla)'라는 동물로 마야어로는 '꾸욱(Cuuc)'이라고 불린다. 이 동물의 또 다른 현지 이름은 '꾸쎕(Cuceb)'이다(Tozzer, 205). 마야어 사전에는 '꾸욱(Ku'uk)' 혹은 '꾸납(Kunab)'으로 표기되었다(Diccionario Maya, 346).

30 이 땅에는 두더지가 서식하지 않았지만, 초기 에스빠냐 사람들은 이 동물을 가리켜서 두더지라고 불렀다. 오늘날에는 '뚜사(Tuza)'라는 이름으로 불리고, 마야어로는 '바(Ba)'라고 불린다(Diccionario Maya, 21). 이것은 '뒤쥐(Pocket-gopher)'인 'Hetero-geomys torridus Merriam' 혹은 'Orthogeomys scalops Thomas'를 가리킨다(Tozzer,

205).

31 로이스(Roys)는 다음처럼 말하였다. "사빈(Zabin) 혹은 사빔(Zabim)" "흰담비(Ferret)와 비슷한 '사빈'처럼 쓸모없는 동물들이 있다"(Relaciones de Yucatán, 1: 302). "이 지역의 흰담비 혹은 족제비(Weasel)는 칙칙한 황갈색 혹은 어두운 갈색으로 되었다"(Tozzer, 205).

32 '생쥐(House mouse: Mus musculus L.)'는 마야어로 '초(Ch'o)' '호릴(Holil)' '뿌씰(Pucil)'이다(Diccionario Maya, 138, 226, 673, 293).

52

결론

52-1 에스빠냐가 이곳에 오게 되어서 인디오들이 잃은 것은 없고, 얻은 것은 너무나도 많다. 하지만 앞으로 시간이 지남에 따라 더욱 많은 것을 누리게 될 걸 생각하면 그것은 아무것도 아니다. 그리고 이들은 이미 많은 것을 누리고 사용하기 시작하였다.

벌써 질 좋은 말과 암수의 노새가 많이 (들어와) 있다; (그런데) 당나귀들을 (들여온 것은) 결과가 좋지 못하다. 내가 생각하기에는 음식에 문제가 있는 것 같다.[1] 녀석들은 두말할 것도 없이 (기르기) 힘든 짐승이기 때문에 음식이 (맞지 않아) 잘 적응하지 못한 것 같다.[2]

무척 아름다운 암소와 돼지, 암수의 양, 염소들이 많이 있다. 또한 우리나라[3] 개들의 활용도가 아주 높은데, (이 개들은) 인디아스에서 유용한 것 중의 하나로 여겨진다.

고양이들도 매우 유용할 뿐만 아니라 이곳에서 쓸모가 많아서 인디오들이 무척이나 좋아한다.

닭, 비둘기, 오렌지, 라임 열매, 시트론, 포도덩굴, 석류, 무화과, 과야바나무[4], 야자, 바나나, 멜론이 (있고), 그 밖의 다른 것들이 있다; 멜론과 호박은 자체적으로 (생긴) 씨앗에서 (다시 열매를) 맺지만, 나머지 것은 (그렇지 않기 때문에) 멕시코에서 신선한 씨앗을 가져와야만 한다.

이미 목화솜[5]을 생산하며 질이 상당히 뛰어나다.

52-2 (인디오들에게 서양에서 사용하는) 연장과 기계를 이용한 작업 방법이 전해졌는데, 활용도가 매우 높다.

화폐의 사용법과 에스빠냐의 다른 많은 것의 (사용법도 전해졌다). 비록 인디오들은 (줄곧) 이러한 것들 없이 살아왔고, (계속해서) 그렇게 살 수도 있겠지만 이것들이 (전해진 후로는) 비교도 할 수 없을 만큼 더욱 인간다운 삶을 살게 되었다. 또한 힘을 덜 들이면서 효과적으로 육체노동을 할 수 있게 되었다. 어느 철학자는 인공이 자연을 돕는다고 말하였다.

52-3 주님께서는 우리 에스빠냐를 통하여 인디오들에게 위에서 말한 것들처럼 인간의 생활에서 가장 필요한 (물질적인 것만) 발전시켜 주신 것이 아니다. 이러한 것들에 대한 (보답으로 오늘날 인디오들이) 에스빠냐 사람들에게 바치고 있고, (앞으로도) 바치게 될 것만으로는 (그 빚을 모두) 갚을 수 없다. (이곳의 인디오들은 돈으로) 살 수도 없고 이룩할 수도 없는 것들을 받게 되었으며, 이미 그러한 것들을 누리고 있다. 그것은 바로 정의와 기독교와 평화이다. 이로써 (인디오들은) 그들의 최초의 조상이자 사악한 부모에게보다도 에스빠냐와 에스빠냐 사람들, 그 무엇보다 가톨릭왕[6]들에게 더욱 큰 빚을 지게 되었다. –(그들은) 끊임없는 보살핌과 위대한 기독교로 (물질적인 것과 정신적인 것의) 두 가지 (모두를) 베풀어 주었고, (지금도) 그렇게 하고 있다.– (인디오의 아버지들이) 죄악 속에서 분노의 자식으로 그들을 낳았지만, 기독교는 영생을 누릴 수 있도록 그들을 은총으로 낳아 주었다.

그들 최초의 조상은 (인디오들이 이제껏) 그렇게 살아왔던 것처럼 수많은 실수를 범하지 [않도록] (삶의) 방식을 (어떻게) 정립해 주어야 할지 알지 못하였다.

정의는 복음을 전하여 그들을 구제해 주었다. (정의는)[7] 그들이 (과거로) 돌아가지 않도록 지켜 주어야만 한다; 만일 다시 돌아간다면 이성으로 그들을 구제해야 한다. 그렇게 함으로써 에스빠냐는 주님 안에서 은총을 받게 될 것이다. (주님께서는) 수많은 사람을 구제하기 위하여 다른 많은 나라 가운데 (우리 에스빠냐를) 선택하셨다. 그래서 (인디오들은) 그들의 조상이나 부모에게보다도 (우리 에스빠냐 사람에게) 더욱 많은 은혜를 입게 되었다; 주님의 품에 계신 성 그레고리오(San Gregorio)는 말씀하셨다. 만일 그리스도의 사람으로 태어나지 못했다면 우리의 삶은 큰 의미를 지니지 못했을 것이다. (그렇지만 그리스도의 사람으로 태어났으므로) 우리는 구제받을 수 있게 되었다.

–안셀모[Anselmo]가 말한 바와 같이–더도 덜도 말고 만일 구원과 같은 속죄의 성과를 거두지 못한다면 구제받은 사람이 되는 것이 무슨 의미를 지니겠는가? 인디오들이 에스빠냐 사람들로부터 모욕과 학대를 받고 괴롭힘당하였기 때문에 그들을 발견[8]하지 않았더라면 더 좋았을 것이라고 이야기하는 사람들도 있다. (그러나) 그들은 엄청난 실수를 범하는 것이다. 왜냐하면 (인디오들이) 서로를 끊임없이 죽이고, 노예로 만들며, 악마들에게 인신공양 하는 것은 더욱 모진 모욕과 학대이기 때문이다.

만일 그들이 (에스빠냐 사람들로부터) 괴롭힘을 겪어 왔고, 또 지금까지도 일부 겪고 있다고 하더라도 왕께서는 당신의 정의로 (그것을 바로잡아 오셨다). (그리고 우리) 사제들이 계속 복음을 전파하고 끊임없는 노력으로 매일같이 (괴롭힘을) 자행한 자들을 바로잡고 있다; 교리가 더 많은 복음의 (의미를) 지니기 위해서 부정적인 사례와 소동이 생기는 것은 어쩔 수 없는 일이다. 내가 생각하기에는 진흙에서 금을 골라내고 짚에서 (곡식의) 낟알을 털어 내듯이 이 사람들이 선을 찬양하는 법을 깨달을 수 있도록 그러한 (문제들이) 있어 온 것이다. (어느) 철학자는 악(惡) 속에서 선(善)이 빛나고, 악한 자들 속에서 선한 자들이 빛난다고 하였다. 이처럼 부정적인 사례와 소동을 일으킨 사람이라 할지라도 선행으로 그들을 만족시키지 못한다면 그 얼마나 끔찍한 (고통을) 겪고 있으랴!; 친애하는 독자들이여, 당신의 몫으로 신에게 청하여 나의 소박한 봉사를 받아 주어 그러한 잘못들을 용서해 주십시오. 또한 그들을 만나게 되면 그들을 비호하는 것에 그치지 말아야 한다는 것도 기억해 주십시오. 산 아구스틴(San Agustín)이 뚤리오(Tulio)에 대하여 이야기하기를 그는 자신이 한 말을 한 번도 후회한 적이 없다고 하였다. 인간의 실수는 지극히 당연한 일이고, (뚤리오의 말은) 성자를 기쁘게 하지 못하였다; 그러나 그대는 (나의) 결점들을 발견하기 이전에 (이 책의) 도입부와 서문에서 내가 이미 후회하고 고해하였다는 것을 발견할 수 있을 것이다. 이로써 그대는 지복(至福)한 아구스틴이 마르셀라(Marcela)에게 보낸 서간을 통하여 자신의 실수나 과오를 고백한 사람과 (그것들로부터 스스로) 방어하려고만 하는 사람의 차이를 판단하게 될 것이다. 주님께서 나와 당신의 것을 용서하셨다고 예언자가 말하였듯이 그대도 내가 행한 것들을 용서하게 될 것이다. 예언자는 이야기하였다; 주여, 저는 저의 악함과 부당함을 고백하겠다고 하였습니다. 그리고 훗날 당신께서는 그것을 용서해 주셨습니다.

(우리는) 인디아스의 문물에 대한 역사가에게 그가 남긴 업적과 (그가 이 분야에) 빛을 밝혔다는 점에서 많은 빚을 지고 있다; 그가 유까딴의 문물을 이야기하기를 (인디오들이) 전쟁에서 투석기와 불에 달군 막대[9]를 사용했다고 하였다; 그들이 전쟁에서 사용했던 (무기들에) 대해서는 앞서 이야기한 적이 있다. 참뽀똔에서 혼란에 빠져 후퇴할 때 프란씨스꼬 에르난데스 데 꼬르도바와 후안 데 그리할바가 인디오들이 그들에게 투석기로 돌을 날렸다고 생각하는 것은 그리 놀라운 일이 아니다. 비록 왼팔과 검지로 겨냥하고, 상당히 정확하고 세게 (손으로) 돌을 던지기 때문에 (착각할 수 있지만) 그들은 투석기로 쏘는 법을 모를뿐더러 그것이 무엇인지조차 알지 못한다.

(역사가가) 이야기하기를 산토끼들이 있다고 하였다. 51장의 두 번째 단락에서 확인할 수 있다.[10]

자고새와 그러한 종류의 (새들이) 있다고 하였다. 녀석들에 대한 (언급은) 50장의 첫 번째 단락에서 확인할 수 있다.[11]

우리의 역사가가 더 이야기하기를 꼬또츠곶(串)에서 시체와 우상들 사이에 있는 십자가들이 발견되었다고 하였다. 그런데 만일 이러한 십자가들이 에스빠냐가 피해를 받을 당시에 (그곳을) 떠나온 에스빠냐 사람들의 것이라면[12] 그들은 분명 다른 많은 지역에 먼저 도착했어야 하기 때문에[13] (역사가는 그 십자가가 에스빠냐 사람들의 것이라고는) 믿지 않는다(고 하였다).

나는 (역사가의 말) 때문에 그것을 믿지 못하는 것이 아니라, (에스빠냐 사람들이) 다른 지역들에 대해서 알고 있었기 때문에 유까딴 이전에 그곳들을 거쳤을지도 모르는 일이고, (유까딴에) 도착했는지 안 했는지조차 (알 수 없으며), 또한 어떻게 유까딴에 (도착할 수 있었는지에 대해서도) 알 수 없어서 (그것을 믿지 못하는 것이다).

내가 그것을 믿지 못하는 (또 다른) 이유는 프란씨스꼬 에르난데스와 그리할바가 꼬또츠에 도착했을 때 그들이 죽은 사람들을 파내면서 돌아다닌 것이 아니라 산사람들 사이에서 금을 찾아다녔기 때문이다. 또한 나는 십자가의 선함과 악마의 악함을 믿는데, (악마의 악함은) 십자가가 우상들 사이에 있는 것을 참지 못했을 것이다. 성경의 궤가 다곤(Dagón)[14]에게 그렇게 하였듯이 (십자가가 악마를) 혼란에 빠뜨릴 수도 있고, (악마가 십자가로부터) 달아날 수도 있으며, 언젠가 십자가의 선함이 기적적으로 (우상들을) 무너뜨릴 수도 있는 위험이 있기 때문이다. 이것은 성스러운 십자가와는 달리 (우상들이) 주님 아들의 피로 봉헌되지 못하였고, 그의 성스러운 사지(四肢)로 존귀하게 되지도 못하였기 때문이다.

그렇지만 매우 영리하고 인디오들 사이에서 아주 평판이 좋은 어느 촌장이 내게 들려준 말을 전하려고 한다. 이러한 주제로 이야기를 나누던 어느 날 내가 그에게 언젠가 우리의 구주이신 예수그리스도와 그의 십자가에 대해서 들어 본 적이 있느냐고 물었다. 그가 대답하기를 그들의 조상으로부터 그리스도나 십자가에 대해서는 한 번도 들어 본 적이 없지만[15], 해변의 어느 작은 건축물을 허물어뜨리던 중에 일부 무덤에서 몇 구의 시체와 고인들의 유골(遺骨) 위에 (놓인) 금속으로 만든 작은 십자가 몇 개를 발견한 적이 있다고 하였다. 지금 (같은) 기독교인이 되기 전에는 (오늘날) 숭배하고 찬양하는 십자가에 대해서 (관심이 없다 보니) 잘 알지 못했지만 (이제 보니) 그곳에 묻혀 있던 고인들이 (기독교인이라는 것을) 알게 되었다고 하였다.

만일 이것이 사실이라면 소수의 에스빠냐 사람들이 이곳에 도착하였으나 이내 세상을 떠났기 때문에 그들에 대한 어떠한 기록도 남지 않았을 수 있다.

여기서 유까딴의 문물에 대한 육필 원고가 막을 내린다.

1 가리바이본에는 "… y creo lo ha causado el regalarlos"로 표기되었다. 여기서 'regalo'는 일반적으로 '선물'이라는 뜻으로 사용되지만 18세기 식민지 시대 사전(Diccionario de Autoridades)에는 "Se aplica asimismo á la comida y bebida delicada y exquisita"로 정의되었다. 따라서 이 단어는 '맛있는 음료와 음식'이라는 뜻으로 해석될 가능성이 있어 본문에서도 이처럼 해석하였다. 한편 게이츠본에는 이 부분이 해석되어 있지 않다.

2 WG는 다음처럼 번역하였다. "나귀는 결과가 좋지 못하다. 이 짐승들은 성질이 매우 강하기 때문에 (이곳 아메리카 대륙으로) 들여온 것 자체가 좋지 않은 결과를 낸 것이 분명하다"(Tozzer, 205).

3 여기서 뿐만 아니라 이 책의 전문에서 '우리나라' 혹은 '우리(들)'과 같이 표현한 것은 '에스빠냐 본국' 혹은 '에스빠냐 사람들'을 가리킨다.

4 에스빠냐 사람들이 구아바(Guava)의 어느 한 종을 유까딴에 들여온 것에 대하여 언급한 것으로 보인다(Tozzer, 205).

5 가리바이본에는 'la seda'로 표기되었다. 이것은 '비단'이라는 뜻이지만 본문의 49장(49–21)의 주에서도 언급하였듯이 당시의 마야 사람들은 비단을 사용하지 않았을 뿐만 아니라 비단의 존재를 알지도 못하였다. 따라서 본문에서도 49장에서처럼 이 단어를 '목화솜'으로 번역하였다.

6 여기서 '가톨릭왕'은 당시 에스빠냐를 지배하던 이사벨여왕과 페르난도왕을 가리킨다.

7 가리바이본에는 '… y ella'로 표기되었다. 그런데 여기서 'ella'가 'la justicia(정의)'를 가리키는지 아니면 'la predicación(설교)'을 가리키는지가 분명하지 않다. 즉 '그들이 다시 (과거로) 돌아가지 않도록 지켜 주어야만 하는'의 주체가 '정의'인지 '설교'인지 확신하기 힘들다. 문법적으로는 둘 모두 가능하나 문맥상 전자인 것으로 파악되어서 본문에서는 '정의'로 번역하였다.

8 여기서 말하고 있는 '발견'은 소위 신대륙 발견과 그 이후의 가톨릭 전파 같은 것을 일컫는다.

9 가리바이본에는 이 부분이 'varas tostadas'로 표기되었다. 문어적으로 보았을 때 '불에 달군 막대'라는 뜻에 가깝다고 여겨져서 본문에서는 이러한 뜻으로 해석하였다. 한편 까르데나스(Cárdenas)와 꼬골유도(Cogolludo)는 몬떼호 군대와의 첫 번째 소규모 접전에서 유까딴의 인디오들이 'varas tostadas(불에 달군 막대들)'를 무기로 사용했다고 묘사하였다(Tozzer, 206).

10 51장(51–4)에서 산토끼에 대한 언급을 확인할 수 있다.

11 50장(50–4)에서 자고새에 대한 기록을 확인할 수 있다. "에스빠냐의 자고새와 똑 닮은 새들이 있다. 비록 붉은색을 띠고 있으나 (에스빠냐의 자고새와는 달리) 아주 긴 다리를 가지고 있다. 식용으로는 별로 좋지 않다. 집에서 기르면 아주 훌륭하게 잘 자란다." 게이츠본에는 "마지막 장의 13번째 문장에서 그 내용을 확인할 수 있다."라고 기록되었다.
여기서 란다는 이곳과 이곳에 사는 원주민들 그리고 그들의 문화에 대한 다른 사람들의 관찰과 기록에 대하여 비판조로 언급하였다. 역사가들은 투석기와 산토끼 그리고 자고새와 관련하여 "원주민들이 투석기를 사용하였다." "산토끼나 자고새가 이 땅에 존재하였다."라고 주장하였다. 그러나 이 책의 저자인 란다는 오해의 소지가 있기는 하지만 실제로 이러한 것들이 이 땅에 존재하지 않았다고 주장하였다. 즉 투석기의 경우에는 인디오들이 돌을 정확하게 던져서 오해할 수도 있고, 산토끼나 자고새의 경우에는 생김새가 상당히 비슷하기는 하지만 자세히 관찰해 보면 에스빠냐의 것들과는 분명히 다르다는 점을 강조하였다.

12 가리바이본에는 "… si fueran de los españoles que de España se despoblaron cuando se perdió"로 표기되었다. 여기서 'cuando se perdió'는 '난파당하였을 때'라는 뜻으로 해석될 가능성도 있지만, 본문에서는 '에스빠냐가 피해받았을 당시에'라고 번역하였다. 한편 토설본(207)에는 "… when it was lost (to the Moors)"로 번역되었다. 토설의 해석은 "에스빠냐가 무어족에게 이베리아반도를 점령당하면서 에스빠냐 사람들이 이곳으로 떠나오게 되었다."라는 가정을 기정사실로 받아들인 것으로 볼 수 있다. 토설본처럼 해석될 가능성도 존재한다.

13 베르날 디아즈(Bernal Díaz)(III)는 꼬르도바의 탐험 때 유까딴의 십자가에 대하여 최초로 언급하였다. 그 내용은 다음과 같다. "우상들의 반대편에는 십자가와 비슷한 상징물이 있었다." 또한 고마라(Gómara)(LII), 에레라(Herrera)(2,

3, I), 또르께마다(15, XLIX), 꼬골유도(Cogolludo)(4, IX)는 옛 사원에서 비의 신을 형상화한 흙으로 만든 십자가들을 보았다고 말하였다. 한편 토설에 의하면 메리다의 박물관에는 돌 십자가가 전시되었는데, 사람들이 이야기하기를 이 십자가는 꼬수멜에서 가져온 것이라고 하였다(Tozzer, 207).

십자가는 마야 사람들이 가장 부담 없이 받아들였던 서양 문화 중의 하나라고 할 수 있다. 원래 천상과 천하를 구분하는 도식 자체가 십자가의 형태이고, 동서남북의 4방위의 각을 도식화한 것도 일종의 십자가로 볼 수 있어서 원주민들은 십자가를 그들의 방식대로 이해하였다. 그 결과 원주민들이 가톨릭 신앙을 믿는 것처럼 보이게 되었다. 그것이 옳은 것이건 그렇지 않은 것이건 간에 혹은 그것이 가톨릭의 십자가이건 원주민들이 재창조한 다른 십자가이건 간에 십자가는 아메리카 대륙 원주민 대부분에게 오늘날까지도 그들의 원주민 종교와 가톨릭 신앙을 어우르는 중요한 상징물로 기능하고 있다.

14 다곤(Dagón)은 이집트 북쪽에 있는 지중해 연안의 나라로 이스라엘과는 적대적인 관계인 필리스티아(Philistia)라는 나라에서 숭상하였던 바다의 신이다. 구약성경 사무엘상 5장(1–5)에는 다음처럼 하나님이 그의 능력을 통하여 하나님의 궤가 우상인 다곤을 무너뜨리는 대목이 묘사되었다. 란다는 이 부분을 상기시키며 본문에서와 같이 언급한 것으로 보인다. 블레셋 사람들은 하나님의 궤를 빼앗아서 이것을 에벤에셀에서 아스돗으로 가지고 갔다. 블레셋 사람들은 하나님의 궤를 다곤의 신전으로 가지고 들어가 다곤 신상의 곁에 세워 두었다. 그다음 날 아침에 아스돗 사람들이 일찍 일어나 보니 다곤이 주님의 궤 앞에 엎어져서 땅바닥에 얼굴을 처박고 있었다. 그들은 다곤을 들어서 세운 다음 다시 제자리에 가져다 놓았다. 그다음 날도 그들이 아침 일찍 가 보니 다곤이 주님의 궤 앞에 엎어져서 땅바닥에 얼굴을 처박고 있었다. 다곤의 머리와 두 팔목은 이미 부러진 채로 문지방 위를 나뒹굴고 있었고, 오로지 몸통만이 남아 있었다. 이러한 이유로 오늘날까지도 다곤의 제사장들과 다곤의 신전에서 예배를 드리는 사람들은 아스돗에 있는 다곤의 신전에 들어갈 때마다 문지방 위를 밟지 않고, 그 위를 넘어서 들어가는 습관을 가지고 있다.

15 이 땅에 에스빠냐 사람들이 들어오기 이전부터 하나님의 뜻, 기독교, 십자가 같은 것이 존재했는지 혹은 그렇지 않은지는 사실관계를 떠나서 상당히 재미있는 논쟁으로 발전하였다.

라스 까사스(Las Casas)를 따르는 또르께마다(15, XLIX)는 다음처럼 말하였다. "라스 까사스는 프란씨스꼬 에르난데스가 어떻게 촌장과 만나게 되었는지 말했다. 프란씨스꼬 에르난데스가 이 왕국에 존재해 온 믿음과 오래된 종교에 대하여 촌장에게 물었을 때 촌장이 대답하기를 자신들은 이미 하늘에 계신 신의 존재를 알고 있었고, 그 신을 믿고 있었다고 하였다. 아버지가 바로 그 신이고, 아들과 성령이 있는데, 아버지는 이소나(Izona)라고 불리고, 그가 사람과 만물을 창조했다고 하였다. 아들은 바깝이라고 불리며, 치비리아스라는 동정녀에게서 태어났다고 하였다. 동정녀는 아버지와 함께 하늘에 계신다고 하였다. 또한 치비리아스의 어머니는 이스첼(Ischel)이고, 성령 에추아(Echuah)로 불린다고 하였다. 바깝에 대하여 이야기하기를 에오뿌꼬(Eopuco)가 그에게 채찍질하여 죽였다고 하였고, 그의 머리 위에 가시관을 씌워서 그의 팔을 들보 위에 펼쳐 놓았다고 하였다. (그러나) 그들은 그를 못 박은 것에 대해서는 알지 못하였고, 그저 그를 묶어 놓은 걸로만 알고 있었다. 그리고 그가 그곳에서 숨을 거두었다고 하였는데, 그렇게 3일 동안을 계속해서 죽은 상태로 있다가 3일째 다시 생명이 돌아왔고, 하늘로 승천하여 아버지와 함께 앉아 있었다고 하였다. 그 후 성령인 에추아가 내려와서 이 땅에 필요한 모든 것을 채워 주었다고 하였다. 프란씨스꼬 에르난데스가 촌장에게 이들 세 명의 이름이 무엇을 의미하냐고 묻자 그가 대답하기를 이소나는 위대한 아버지이고, 바깝은 위대한 아버지의 아들이며, 에추아는 상인을 의미한다고 하였다. 성령은 진정으로 세상에 좋은 것들을 내려 주었는데, 그때부터 세상이 채워지기 시작하였고, 인간들의 세상이 되었으며, 선물과 은총으로 충만해졌고, 거룩해졌다고 하였다. 또한 프란씨스꼬 에르난데스가 촌장에게 어떻게 이러한 일들을 모두 알고 있느냐고 묻자 그는 촌장들이 그들의 자식들에게 가르침을 줌으로써 이러한 교의가 대대손손 전해지게 되었다고 대답하였다." 이와 같은 내용은 라스 까사스의 사료(1875–6, 5: CXXIII)에 등장하는 것으로, 몬떼호 2세의 지도신부이자 (인디오들의) 고대 종교에 대하여 처음으로 기록한 프란씨스꼬 에르난데스의 지방행정 보고서인 렐라씨온(1545)에 기록되었다.

꼬골유도(Cogolludo)(4, IX)의 사료 역시 십자가와 기독교에 대한 예언의 이야기를 다음처럼 기록하였다. "레메살(Remesal)과 또르께마다 신부께서 말씀하시기를 칠람 발람 혹은 칠람 깔까뜰(Chilam Calcatl) 제사장은 에스빠냐 사람들이 도착하기 얼마 전부터 그들이 올 것에 대하여 이미 예언했다고 하였다. …제사장이 그들에게 돌로 만든 십자가 표시를 보여 주었다. 그것은 사원들의 광장에 놓였던 것이었다. …또한 그들이 당시의 상황을 이야기하기를 프란씨스꼬 에르난데스 데 꼬르도바가 도착하자 인디오들이 에스빠냐 사람들에게 해가 떠오르는 방향에서 온 것이냐고 물었다고 한다. 또한 프란씨스꼬 데 몬떼호 총독(Adelantado D. Francisco de Montejo)이 이곳에 왔을 때 인디오들은 에스빠냐 사람들이 십자가에 복종하는 것을 보고 그들의 대예언자가 이야기한 것이 사실임을 알게 되었다고 하였다."

이러한 이야기는 중요하고도 민감한 내용으로 당대의 많은 사료에서 적건 많건 간에 이와 관련된 내용에 대하여 언급한 것을 발견할 수 있다. 또마스 로뻬스(Appendix B)는 '우리 에스빠냐 사람들 중의 일부가' 이 땅의 세례에 대하여 믿는다고 하였다. 그 증거로 '몇몇 사도들 혹은 그들의 계승자가 서인도제도로 건너갔으며, 인도 사람들이 (이 땅의 사람들에게) 전도하였다는 것'을 들은 적이 있다고 하였다. 또한 덧붙여 말하기를 "나는 이것이 매우 터무니없는 사실무근의 일이라고 생각한다. … 이 모든 것은 악마가 벌인 짓으로 … 악마는 원숭이처럼 도둑질하는 것에 익숙하다."고 하였다. 라스 까사스(Las Casas)와 또마스 로뻬스 그리고 란다는 십자가의 실재와 세례 그리고 제사장들의 의복을 에스빠냐 이전의 기독교 신앙과 관련지어 관찰하고 각자의 의견을 피력하였다.

토설은 이러한 사료들에 기록된 내용을 살펴보았을 때 란다는 식민지 시대 이전에 대하여 라스 까사스(Las Casas)나 다른 저자들보다 더욱 분별력 있는 시각을 가지고 있었다고 판단하였다. 이들은-라스 까사스(Las Casas)와 다른 저자들은-십자가와 삼위일체, 그 밖의 다른 기독교적인 특징들이 에스빠냐 사람들이 도착하기 이전에도 (이 땅에) 존재했다는 것에 대하여 간절히 믿고자 하였으나 이 책의 저자인 란다는 그것이 사실이 아니라는 점을 현명하게 깨달았다는 것이다(Tozzer, 207).

그러나 이러한 결론은 상당히 많은 다른 가치관과 판단의 문제를 가지고 있다. 이것은 마치 16세기 인디오를 옹호하였던 라스 까사스(Las Casas) 신부와 라스 까사스(Las Casas) 신부에 적극적으로 반기를 들었던 신부들의 논쟁을 재현하는 것과 유사하다고 할 수 있다. 즉 아메리카 대륙과 이곳에 살던 원주민들 그리고 그들의 문화를 기독교와 하나님 안에서 만들어진 것으로 봄으로써 그것을 긍정적으로 인정할 수 있느냐 아니면 이들의 문화는 완전히 하나님의 뜻과는 동떨어진 것으로 모두 이단적이고 가치없는 것으로 볼 것이냐의 거대하고도 중요한 시각의 문제가 된다. 그런데 이것은 오늘날 기독교 교리의 문제이기도 하다. 오늘날의 가톨릭은 불교나 이슬람 같은 다른 종교들과의 소통을 이야기하고 있는데, 이것은 교리 해석에 바탕을 두고 있다. 즉 타종교의 하나님도 기독교의 하나님과 같거나 혹은 그 안에 함께 있을 수도 있다는 가능성에서부터 출발하는 것이다. 역시 그러한 시각에서 가톨릭은 오늘날의 아메리카 대륙 원주민들의 종교를 상당 부분 수용하고 있다. 원주민의 언어로 성경을 읽을 수 있도록 번역 사업에 힘쓰기도 하고, 이들의 종교 안에서 기독교의 하나님을 찾으려는 노력을 하고 있다. 또한 이러한 시각에서 에스빠냐 사람들이 들어오기 이전에도 아메리카 대륙에 구원이 있었고, 하나님과 하나님의 은혜가 존재했다고 믿는 것이다. 반면에 란다는 기독교 강경론자 혹은 복음주의적인 입장을 취하고 있다. 즉 기독교와 그 밖의 다른 모든 긍정적인 것, 참된 종교, 진정한 문명과 문화는 에스빠냐 사람들의 아메리카 대륙 정복에서부터 시 작되었다고 보는 것이다. 그리고 토설은 이러한 란다의 관찰과 결론에 분별력이 있다고 판단하며 호응을 보냈다. 이러한 논쟁은 오늘날까지도 계속되고 있다. 신대륙 발견, 두 세계의 만남, 유럽의 아메리카 대륙 침략이라는 단어들이 혼재되어서 사용되는 이유가 바로 여기에 있다.

한편 원주민들이 유럽의 가톨릭 사제들의 질문에 거짓말을 보태며 없던 것을 지어낸 부분들도 있을 수 있겠지만 그들은 자신들이 가지고 있던 우주관과 종교관에 서양의 것들을 의식·무의식적으로 융합시키게 되었다. 그리고 그러한 과정에서 그들의 신화와 전설을 기독교의 이야기와 혼동하거나 그곳에 등장하는 인물을 동일한 인물로 생각하기도 하였다. 바로 이러한 이유로 종교적인 이야기와 관련된 많은 식민지 시대의 기록에 원주민적인 요소와 기독교적인 요소가 묘하게 혼재되어 나타나는 것을 볼 수 있다.

참고 문헌

송영복, 1995, 〈고대 마야의 사회계층에 관한 연구현안과 노예제도〉, pp.263~272, 《라틴아메리카 연구》 8권, 집문당, 서울.

———, 1999, 〈고대 마야 사회, 정치 제도 속에서 대가족 체제가 가지는 의미와 역할: 사회 계급 존재 유무에 관한 논점을 중심으로〉, pp.173~203, 라틴아메리카 연구 12(1), 한국라틴아메리카학회, 서울.

———, 1999, 〈고대 마야 사회의 공동 재정 운용에 나타난 정치 경제적 특징〉, pp.197~236, 《비교문화연구》 제5호, 서울대학교 비교문화연구소, 서울.

———, 2008, 〈반 에스빠냐, 반 식민지, 반 서구열강, 반 미국, 반 신자유주의로 이어지는 오늘날 라틴아메리카좌파의 역사적 인식〉, pp.295~314, 《이베로아메리카》, 부산외국어대학교, 부산.

———, 2005, 《마야》, 상지사, 서울.

———, 2010, 〈마야 후고전기 말기 정치사회권력의 특징: '마을위원회'-식민지초기 사료를 중심으로〉, 한국외국어대학교 국제지역연구센터, 14권, 3호(통권54호), 서울.

———, 1995, "Esclavitud y servidumbre entre los mayas prehispánicos", Tesis de Maestría, UNAM., FFyL., México.

———, 1998, "La dinámica de la sociedad maya La fundación del sistema de familia en la organización social maya del posclásico", Tesis de Doctorado, UNAM., FFyL., México.

김충식, 2005, 《엣센스 에스빠냐어사전》, 민중서림, 서울

네이버 국어사전, http://ko.dict.naver.com

네이버 사전, http://dict.naver.com

네이버 스페인어사전, http://dict.naver.com/eskodict/#/main

네이버 지식백과, 2012, 문화콘텐츠닷컴 (문화원형 용어사전), 한국콘텐츠진흥원

두란노 우리말 성경, http://www.duranno.com

한국브리태니커, http://www.britannica.co.kr/

한글과 컴퓨터사전, 한글과컴퓨터

Adams, Eleanor B., 참조 Scholes and Adams.

Aguilar, Francisco de, Relación breve de la Conquista de la Nueva España, http://www.artehistoria.jcyl.es/v2/contextos/11687.htm ~ http://www.artehistoria.jcyl.es/v2/contextos/11692.htm

Alexander, Hartley Burr, 1920, Latin-American, 11: Mythology of All Races. Boston.

Anales de Cuauhtitlan, 1885, Noticias historicas de Mexico y sus contornos compiladas por D. José Fernando Ramírez y traducidad por los señores Faustino Galicia Chimalpopoca, etc. Mexico. (Other eds.) (Also called Codex Chimalpopocatl.)

Ancona, Eligio, 1878-80, Historia de Yucatán desde la época más remota hasta nuestros días. 4 vs. Mérida. 5: pub. in 1905 (2d. ed. 4 vs., Barcelona, 1889; 3d. ed. 4 vs., Mérida, 1917.)

———, 1879, (Articles on Landa) El Semanario Yucateco. Mérida. (In his Historia.)

Avedaño y Loyola, Andres de, 1696, Relación de los dos entradas que hize a la conversion de los gentiles Ytzaex. MS reproduced by Gates. (Peabody MS has a trans. by C. P. Bowditch. Parts of this are in Means, 1917.)

Baeza, Bartolome del Granado, 1845, Informe dado por el cura de Yaxcabá … en contestacion al interrogatorio de 36 preguntas, circulado por el ministerio de ultramar, sobre el manejo, vida y costumbres de los indios, que acompaño el IIImo. Sr. obispo á la diputacion provincial, April 1, 1813. Registro Yucateco, 1: 165-79.

Barrera Vasquez, Alfredo, 1938, Nota sobre la vida y la obra de Fray Diego de Landa. Landa's Relación, 1938 (Yucatecan ed.), ix-xxi. 참조 Rosado Escalante, José E. y Ontiveros, Favila.

———, 1939, Algunos datos acerca del arte plumaria entre los Mayas. Cuadernos Mayas, No. 1., Mérida.

Barrera Vasquez, A. and Cason, Joe F., An English edition of Landa. MS Mexico.

Beltran de Santa Rosa Maria, Pedro, 1746, Arte del idioma Maya reducido a sucintas reglas, y semilexion yucateco. Mexico. (2d. ed., Mérida, 1859.)

Berendt, Carl Hermann, 1868, Chilam Balam. Artículos y fragmentos de manuscritos antiguos en lengua Maya, colectados y copiados en facsimile. MS, Berendt Ling. Coll., No. 49. Univ. Mus., Philadelphia.

Beuchat, Henri, 1907, La mythologie des Maya modernes (extracts from Tozzer, 1907). Soc. des Am., Jour. (n.s.), 4: 277-80.

———, 1912, Manuel d'archéologie Américaine (Amérique préhistorique-Civilisations disparues). Paris.

Bienvenida, Lorenzo de, 1547, Letter. 참조 Puerta, Juan de la, 1547.

———, 1548, Carta … á S.A. el Príncipe Don Felipe, dandole cuenta de varios asuntos referentes á la provincia de Yucatán, 10 de febrero. Cartas de Indias, 70-82. (Also, a French Trans., Ternaux-Compans, 1837-41, 10: (1838) 307-43.)

Blom, Frans, 1928, Gaspar Antonio Chi, interpreter. Am. Anth. (n.s.), 30: 250-62.

———, 1932, Commerce, trade, and monetary units of the Maya. Mid. Am. Res. Ser., No. 4, 531-56. Tulane Univ. New Orleans.

———, 1932a, Archaeological and other maps of middleAmerica. Ibero-AmerikaArchiv., 6: 288-92. Berlin and Bonn.

———, 1936, The conquest of Yucatán. Boston.

Blom, Frans and La Farge, Oliver, 1926-7, Tribes and temples. A record of the expeidtion to Middle America conducted by the Tulane University of Louisiana in 1925. 2 vs. New Orleans.

Blom, Frans and others, 1934, A Maya skull from the Uloa Valley, Republic of Honduras. Mid. Am. Res. Ser., No. 5, 1-24. Tulane Univ.

Bowdich, Chales P., 1910, The numeration, calendar systems and astronomical Knowledge of the Mayas. Cambridge.

Brasseur de Bourbourg, Charles Étienne, 1857-9, Histoire des nations civilisées du Mexique et de I'Amérique-Centrale durant les siècles antérieurs á Christophe Colomb. 4 vs. Paris.

———, 1861, Popol Vuh. Le livre sacré et les mythes d l'antiquité Américaine. (Coll. Doc. Lang. Indig … de l' Am. Anc., 1.) Paris.

———, 1862, Grammaire de la langue Quichée … avec un vocabulaire … Rabinal-Achi, drame indigène etc. (Coll. Doc. Lang. Indig … de l' Am. Anc., 2) Paris.

———, 1862a, Rabinal-Achi, ancien drame Quiché. In 1862, 2d part.

———, 1864, Relatión des choses de Yucatán de Diego de Landa. (Coll. Doc. Lang. Indig … de l' Am. Anc., 3.) Paris.

———, 1864a, (Diego de Landa.) In 1864, vii-viii. (Repub., Cogolludo, 3d. ed., 1867-8, 1: Appendix, 605.)

———, 1865, (Letters, dated Mérida, 1864-5.) Archiv. Com. Scien. Mex., 1: 454-60. Paris.

———, 1867, Essai historique sur le Yucatán et déscription des ruines de Ti-Hoo(Mérida) et d'Iamal, etc. (1865). Archiv. Com. Scien. Mex., 2: 18-64. Paris.

———, 1867a, Rapport sur les ruines de Mayapan et d'Uxmal au Yucatán (Mexique). Archiv. Com. Scien. Mex., 2: 234-88. Paris.

———, 1869, Manuscrit Troano. Études sur le systrème graphique et la langue des Mayas. 2 vs. (1: Troano Codex) Paris.

Brinton, Daniel Garrison, 1870, The ancient phonetic alphabet of Yucatán. N.Y.

———, 1882, The Maya chronicles. (Lib. Abor. Am. Lit., No. 1.) Philadelphia.

———, 1882a, The graphic system and ancient records of the Mayas. Originally published as the Introduction to Cyrus Thomas, 1882. (Reb. with additions as "The writing and records of the ancient Mayas," in 1890, 230-54.)

———, 1882b, Books of Chilam Balam. Penn Month., 13: 261-75. (Reprinted by Numismatic and Antiquarian Society of Philadelphia.) Philadelphia.

———, 1882c, American hero-myths. A study in the native religions of the western continent. Philadelphia.

———, 1883, The folk-lore of Yucatán. Folk-Lore Jour., 1: 244-56. London. (Reprinted in 1890, 163-80 and Mus. Arq. de Yucatán, Pub. 3, Mérida, 1937.)

———, 1885, The annals of the Cakchiquels. (Lib. Abor. Am. Lit., No. 6.) Philadelphia.

———, 1887, Critical remarks on the editions of Diego de Landa's writings. Am. Phil. Soc., Proc., 24: 1-8. Philadelphia.

———, 1890, Essay of an Americanist. Philadelphia.

———, 1894, A primer of Mayan hieroglyphics. Univ. Penn., Pub. Series in Philol., Lit. and Arch., 3, 2. Philadelphia.

———, 1897, The missing authorities on Mayan antiquitie. Am. Anth., 10: 183-9.

Calepino de Motul, Diccionario de Maya-Motul, 1995, UNAM., México.

Calkini, Cronica de, 참조 Gates, 1935.

Cárdenas Valencia, Francisco de, 1639, Relación historical eclesiastica de la Provincia de Yucatán de la Nueva España. Ed. with Introd. by F. Gomez de Orozco. Mexico, 1937. (Bib. Hist. Mex. Obras Ined. 3.)

Carillo, P., 1846, Fantasmas. Registro Yucateco, 4: 103-6.

Carrillo y Ancona, Crescencio, 1870, Disertacion sobre la historia de la lengua Maya 6 Yucatteca. Mérida. (Ed. 1872. 4th ed., 1937, con prólogo del Sr. Lic. D. Francisco Cantón Rosado.)

———, 1883, Historia antigua de Yucatán. Mérida. (1st ed., 1881; last ed., 1937. 참조 Tozzer, 1921, 229.)

———, 1883a, Disertacion sobre la literatura y civilizacion antigua de Yucatán. (In 1883, 557-90.)

———, 1890, Estudio filologico sobre el nombre de America y el de Yucatán. Mérida. (Republished, Yikal Maya Than, 11-13, Mérida, 1940.)

———, 1895, El obispado de Yucatán. Historia de su fundacion y de sus obispos desde le siglo XVI hasta el XIX. Seguida de las constituiciones sinodales de la diocesi y otros documentos relativos, 1: Mérida. (No. other vs. First ed., 1892.)

———, 1897, El comercio en Yucatán antes del descubrimiento. XI Im. Cong. Am., Proc., 203-8. Mexico (1895).

Cervantes de Salazar, Francisco, 1560, Cronica de la Nueva España. Madrid, 1914. (Chaps. XXV-XXIX, given in Appendix D.)

Chamberlain, Robert S, 1936, Francisco de Montejo and the conquest of Yucatán. Ph.D. Thesis, Harvard University. MS

———, 1938, Early entradas into the Province of Acalan. (Part of a future publication on the Cacicazgos of Acalan-Tixchel by Roys, Chamberlain and Sholes). MS.

———, 1939, Castilian backgraounds of the repartimiento-encomienda. Carnegie Inst., Cont. Am. Anth. and Hist., No. 25, 5: 23-66. Washington.

———, 1939a, The concept of the señor natural as revealed by Castilian law and administrative documents. Hispanic Am. Hist. Rev., 19: 130-7.

———, 1939b, Spanish methods of conquest and colonization in Yucatán, 1527-50. Sci. Mo., 49: 227-44, 351-9.

———, 1940, Brief outline of the conquest and initial colonization of Yucatán. (Introduction to Sholes' Landa.) Uncompleted MS.

Chi, Gaspar Antonio, 1557, (Probable author of document in Cronica de Maní) 참조 Stephens, 1843, 2: 262-8.

———, 1579, Answers to Questionnaire. (참조 Landa given in note. etc. 219.)

———, 1582, Relación sobre las costumbres de los Indios. Trans. and notes by Ralph Roys. MS, 1934a. (Missing parts supplied mostly from Cogolludo.) Given in Appendix C.

———, 1600, Documentos de Sotuta. (참조 Landa given in note. 219.)

Ciudad Real, Antonio de, 1588, Relación breve y verdadera de algunas cosas de las muchas que sucedieron al Padre Fray Alonso Ponce … en las provincias de la Nueva España … Coll. Doc. Ined. Hist. de España, 57-8: Madrid, 1872. (Another ed., 2 vs., Madrid, 1873. Patrial Eng. ed. by Noyes, 1932.)

———, 1929, Diccionario de Motul. Maya-Español atribuido a Fray Antonio de Ciudad Real. Edición hecha por Juan Martínez Hernández. Mérida.

Charnay, Désiré, 1863, Cités et ruines Américaines. Mitla, Palenqué, Izamal, Chichen-Itza, Uxmal, recueillies et photographiées … avec un texte par M. Viollet-le-Duc. Text and folio plates. Paris.

———, 1882, Voyage au Yucatán et au pays des Lacandones. Soc. de Geog. de Paris, Compte Rendu, 529-53. (Also Tour du Monde, 47; 48: Paris, 1884.)

———, 1885, Les anciennes villes du NouveauMonde. Voyages d'explorations au Mexique et dans l'Amérique Centrale, 1857-82. Paris. (Eng. ed., London. 1887.)

———, 1887, Ma dernière expédition au Yucatán, 1886. Tour du Monde, 53: 273-320.

Chumayel, Chilam Balam de, 참조 Roys, 1933. (Another ed. by Mediz Bolio, 1930.)

Clavigero, Francisco Saverio, 1780-1, Storia antica del Messico, etc. 4 vs. Cesena. (Many eds.; Eng. eds., 2 vs., Philadelphia, 1817; London, 1826.)

Cogolludo, Diego Lopez, 1688, Historia de Yucatán. Madrid. (2d. ed., 2 vs., Campeche, Mérida, 1842-5. 3d. ed., 2 vs, Mérida, 1867-8.)

Códice Dresde, 참조 Los Códices Mayas.

Códice Madrid, 참조 Los Códices Mayas.

Códice Paris, 참조 Los Códices Mayas.

Colección de Documentos Ineditados Relativos al Descubrimiento, Conquista y Organización de las Antiguas poblaciones españolas de Ultramar. 1890, Academia de la Historia Madrid. Tomo XIII, 265-411.

Cole, Leon L., 1910, The caverns and people of northern Yucatán. Am. Geog. Soc., Bul., 42., 321-6, N.Y.

Cortés Hernán, Cartas de Relación, Porrúa, México, 1993, Sepan Cuantos, Número 7.

Cortés, Hernando, Letters of. 참조 Macnutt, 1908.

Cortesianus Codex, 1892, Códice Maya denominado Cortesiano que se conserva en el Museo arqueologico nacional. (Rada y Delgado ed.) Madrid. (1st. ed. by León de Rosny, Paris, 1883, ed. by Mateos H., Mexico, 1937.) 참조 Tro-Cortesianus and Troano Codices.

Cruz Cortés, Noemí, 2005, Las señoras de la luna, UNAM, México.

Díaz del Castillo, Bernal, 1632, Historia verdadera de la conquista de la Nueva-España. Madrid. (Many eds., 참조 Maudslay, 1908-16, 1: 338-42)

———, 1976, Historia Verdadera de la Conquista de la Nueva España, Porrúa, México

———, 2000, Historia verdadera de la conquista de la Nueva España, II, DASTIN Historia, España

Diaz, Juan, 1520, Itinerario de la Armada del Rey Católico á la isla de Yucatán, en la India, el año 1518, en que fué por Comandante y Capitán General Juan de Grijalva. (Ital. text and Sp. trans.) Coll. Doc. Hist. de Mex. (Icazbalceta ed.), 1: 281-308. (For early eds., 참조 Maudslay, 1908-16, 1: 337-8.)

Diccionario de autoridades, 1726, Real Academia Española, Madrid

Diccionario Maya, 1991, Porrúa, México

Dresden Codex, 1880, Die Maya Handschrift der Königlichen öffentlichen Bibliothek zu Dresden. (Förstemann ed.) Leipzig. (2d ed., Dresden, 1892. Ed. by William Gates, The Maya Soc., 1932.) 참조 J.A. y C.A. Villacorta.

Ecarrea de Bollra, Adolfo, 1846, El Xtabai. Registro Yucateco, 3: 68-71.

Elguero, Jose y Pérez Martínez, Hector, 1938, Una polemica en torno de frailes y encomenderos. (Originally pub. El Nacional and Excelsior, Oct. 31-Nov. 29, 1938.) Mexico.

FAMSI, http://www.famsi.org

Florentine Manuscript, 참조 Nuttall, 1903. (Another ed. as Codex Magliabecchiano XIII. 3 by Loubat. Rome, 1904. Pages of this MS with trans., Kroeber and Waterman, 437-40.)

Gage, Thomas, 1648, The English-American, his travail by sea and land: or A new survey of the West-India's, etc. (Later eds. A new survey of the West Indies, etc.) London.

Gann, Thomas, 1914, Report on some investigations in British Honduras. Univ. of Leverpool, Anal. Arch. Anth., 7: 28-42.

———, 1917, The Chachac or rain ceremony, as practised by the Indians of southern Yucatán and northern British Honduras. XIX Int. Cong. Am., 409-18. Washington, (1915).

———, 1918, The Maya Indians of southern Yucatán and northern British Honduras. B.A.E., Bul. 64. Washington. (Enlarged ed. of his 1917.)

———, 1924, In an unknown land. N. Y.

———, 1925, Mystery cities. Exploration and adventure in Lubaantun. N. Y.

———, 1928, Maya cities. A record of exploration and adventure in Middle America. N. Y.

———, 1929, Discoveries and adventurers in Central America. N. Y.

Gann, Thomas and Thompson, J. Eric, 1931, The history of the Maya. From the earliest times to the present day. N. Y.

Gates, William, 1910, 참조 Persianus Codex.

———, 1911, Madrid Codex (Tro-Cortesianus) (Photographic ed.), Point Loma, California.

———, 1920, The distribution of the several branches of the Mayance linguistic stock. Morley, 1920. Appendix 12, 605-15.

———, 1931, An outline dictionary of Maya glyphs with a concordance and analysis of their relationships. Maya Soc. Pub. No. 1. Baltimore.

———, 1931a, The thirteen Ahaus in the Kaua manuscript and related Katun wheels in the Paris Codex, Landa, Cogolludo and the Chumayel. Maya Soc. Quarterly, 1: 2-20. Baltimore.

———, 1931b, A Lanquin Kekchi calendar (1804). Maya Soc. Quarterly, 1: 29-32.

———, 1932, The Dresden Codex reproduced from tracings of the original colorings and finished by hand. Maya Soc. Pub. No. 2.

———, 1932a, The Mayance nations. Maya Soc. Quarterly, 1: 97-106, map.

———, 1932b, Pokonchi calendar. Maya Soc. Quarterly, 1: 75-7.

———, 1932c, The so-called Maya alphabet. Maya Soc. Quarterly, 1: 187.

———, 1935, The Maya Calkiní chronicle or Documents concerning the descent of the Ah-Canul, or men of the serpent, their arrival and territory. In facsimile. Maya Soc. Pub. No. 8.

———, 1937, Yucatán before and after the Conquest by Friar Diego de Landa with other related documents, maps and illustrations. Translated with notes. Maya Soc. Pub. No. 20. (2d. ed with Preface (uncolored), Baltimore, 1937).

———, 1938, A grammar of Maya. Maya Soc. Pub. No. 13.

Genet, Jean, 1927, Esquisse d'une civilisation oubliée (Le Yucatán a travers les ages). Paris.

———, La Chronique d'Antonio Chi. (참조 1928-9, 1: 15.)

———, Les ruines de Mayapan.

———, 1928-1929, Diego de Landa, Relatión des choses de Yucatán (Texte Espagnol et traduction Francaise en regard). 2 vs. Paris. (v. 3 never pub.)

———, 1934, (Letter regarding Landa as a plagiarist) Maya Res., 1: 136.

Genet, Jean and Chelbatz, Pierre, 1927, Histoire des peuples Mayas-Quichés (Mexique, Guatémala, Honduras). Paris.

Gómara, Francisco López de, 1552, Historia general de las Indias … y la conquista de Mexico y de la Nueva España. Zaragoza. (Varios eds., 참조 Bandelier, 1881, 5. Second part pub. also as Historia de Mexico, as Cronica de la Nueva España and as Historia de las Conquistas de Hernando Cortes.)

———, 1985, Historia general de las Indias, Biblioteca de Historia, Editorial Iberia S. A., Barcelona.

Gonzales, Blas, 1567, Probanza. Valladolid MS, Patronato, 68-1-2. A.G.I. Seville.

———, (1567), Relación histórico descriptiva de los pueblos de Ixumul y de Tecuche. RY, 2: 110-8. Madrid, 1900.

Hernandez, Francisco, (1545), Relación. Las Casas, 1875, 6th. ed., 5: 453-5 (Chap. CXXIII of his Historia Apologética). (Another ed., Madrid, 1909. Patrial Eng. ed., Saville, 1921, 209-15.)

Herrera y Tordesillas, Antonio de, 1601-15, Historia general de los hechos de los Castellanos en las islas y tierra firma del mar oceano. (Another ed., 9 vs., Madrid, 1726-30. 4, 10, I-IV, given in Appendix A.)

Ixtlilxochitl, Fernando de Alva, 1891-2, Obras historicas (Chavero ed.). 2 vs. México.

Kidder, Alfred V. and Thompson, J. E., 1938, The correlation of Maya and Christian chronologies. Carnegie Inst. Cooperation in Res. 493-510. Washington.

Kidder II, Alfred, 1940, South American penetrations in Middle America. The Maya and their Neighbors, 441-59.

Landa, Diego de, 1559, Carta de Fray Diego de Landa, etc., al presidente y oidores del Consejo de Indias, dates Mérida, 3 de abril. (A.G.I., Mexico, 364.) DHY, 1: Doc. XLIX, 83-4.

———, 1562 etc., Various documents in Quijada Papers. 참조 Index in Sholes y Adams.

———, (1566), Relación de las cosas de Yucatán. 1st. ed. Brasseur de Bourbourg, 1864. 2d. ed. Juan de Dios de la Rada y Delgado, 1881. 3d. ed. Coll. de Doc. Ined., 13: (RY, 2), 265-411. 4th. ed. Jean Genet, 1928-9. 5th. ed. William Gates, 1937. 6th. ed. Rosado y Ontiveros (Yucatecan ed.), 1938. 7th. ed. Hector Pérez Martínez, 1938.

———, 1658, Letters of April 25, written from Cifuentes, Spain. Cogolludo, 6, XVIII.

———, 1578, Carta de Don Fray Diego de Landa a los Inquisidores de Nueva España, de 19 de enero. Pérez Martínez, 1938, 291-3. Doctrina and other works. 참조 Landa given in note. 313.

Landa, Fray Diego de, 1986, Relaciónes de las cosas Yucatán, Porrúa, Introducción por Angel M. Garibay K. México, (Biblioteca Porrúa 13).

———, 1994, Relaciónes de las cosas de Yucatán, Estudios de Maria del Carmen León Cázares, Cien de México, Consejo Nacional para la Cultura y los Artes, México,

Las Casas, Bartolomé de, 1552-3, Brevissima relación de la destruycion de las Indias. Seville. (For early eds. 참조 Bandelier, 1881, 6. Eng. ed., MacNutt, 1909, 311.424.)

———, 1875-6, Historia de las Indias etc. 5 vs. Madrid. (v. 5 contains Apologética historia. The Historia without the Apologética in Vigel's Biblioteca Mexicana, Mexico, 1877-8.)

———, 1909, Apologética historia de las Indias …por M. Serrano y Sanz. Nueva Bib. Autores Esp., 13: Historiadores de Indias 1. Madrid. (Some chaps. Las Casas, 1875-6, 5: 237-560.)

Latin Vulgate, http://www.latinvulgate.com

Lizana, Bernardo de, 1633, Historia de Yucatán. Devocionario de Nuestra Señora de Izamal y conquista espiritual. Mexico, 1893. (Parts of Part 1, I-IV with French trans. Brasseur de Bourbourg, 1864, 348-65.)

Long, Haniel, 1939, Malinche (Doña Marina). Santa Fe.

Long, Richard C. E., 1923, The burner period of the Mayas. Man, 173-6. London.

———, 1925, Some Maya time periods. XXI Int. Cong. Am., Proc. (2d. Part), Göteborg (1924), 574-80.

———, 1935, Maya and Mexican writing. Maya Res., 2: 24-32.

———, 1935a, Remarks on the correlation problem. Thompson, 1935, 97-100. Appendix III.

Lopéz Medel, Tomás, 1552-3, Ordenanzas. Originally pub., Cogolludo, Bk. 5, XVI-XIX. (Repub., Ancona, 1878-80, 2d. ed., 2: 538-58, and Pérez Martínez, 1938, 334-55. Partial Eng. trans., Gates, 1937, 1579.)

———, 1612, De los tres elementos, aire, agua, i tierra en que se trata de las cosas que en cada uno de ellos, acerca de las occidentales Indios naturales. MS Extracts and copies of parts, Papeles de Muñoz. MS in Acad. de Hist., 42: Madrid. (Chap. XX, Appendix B.) A small part pub. in "Notice sur le Yucatán" by Ternaux-Compans. Paris.

Los Códices Mayas, 1985, Introducción y Bibliografia por Thomas A. Lee, Jr, UNAM, México,

Lothrop, Samuel K., 1924, Tulum. An archaeological study of the east coast of Yucatán. Carnegie Inst. Washington.

———, 1926, Pottery of Costa Rica and Nicaragua. Mus. Am. Ind., Heye foundation, cont., 8: 2 vs. N. Y.

———, 1927, The word "Maya" and the fourth voyage of Columbus. Mus. Am. Ind., Heye Foundation, Ind, Notes, 4: 350-63.

———, 1927a, A note on Indian ceremonies in Guatemala. Mus. Am. Ind., Heye Foundation, Ind, Notes, 4: 68-81.

———, 1929, Further notes on Indian ceremonies in Guatemala. Mus. Am. Ind., Heye Foundation, Ind, Notes, 6: 1-25.

———, 1930, A modern survival of the ancient Maya calendar. XXIII Int. Cong. Am., Proc. N.Y. (1928), 652-5.

———, 1936, Zacualpa. A study of ancient Quiche artifacts. Carnegie Inst. Washington.

———, 1937, Coclé: An archaeological study of central Panama. Part I. Peabody Mus. Mem., 7. Cambridge.

Lundell, Cyrus Longworth, 1933, The agriculture of the Maya. (Paper No. 445, Dept. Botany, Univ. Michigan.) Southwest Rev., 19: 65-77.

———, 1934, Preliminary sketch of the phytogeography of the Yucatán peninsula. Carnegie Inst., Cont. Am. Arch., No. 12, 2: 255-355. Washington.

———, 1937, The vegetation of Peten. Studies of Mexican and Central American plants, 1: Carnegie Inst. Washington.

———, 1938, The 1938 botanical expedition to Yucatán and Quintana Roo, Mexico. Carnegie Inst. Year Book, No. 37, 143-7. Washington.

———, 1939, Plants probably utilized by the Old Empire Maya of Peten and adjacent lowlands. Michigan Acad. Sci., Arts and Letters, Papers, 24: 37-56. (1938) Ann Arbor.

Macnutt, Francis Augustus, Editor, 1908, Letters of Cortes. The five letters of relation from Fernando Cortes to the Emperor Cheles V. Translated, and edited with a biographical introduction and notes compiled from original sources. 2 vs. N.Y. and London.

———, 1909, Bartholomew de Las Casas; his life, his apostolate, and his writings. N.Y. and London. (Appendix I contains the Brevíssima Relación.)

———, 1912, De orbe novo. The eight decades of Peter Martyr D'Anghera. Translated from the Latin with Notes and Introduction. 2 vs. N.Y. and London.

Magliabecchiano XIII.3, Codex, Manuscrit Mexicain post-Colombien de la Bibliotheque Nationale de Florence. (Loubat ed.) Rome, 1904. (참조 Nuttall, 1903.)

Maler, Teobert, 1895, Yukatekische Forschungen. Globus, 68: 247-59, 277-92.

———, 1901-3, Researches in the central portion of the Usumatsintla Valley. Peabody Mus. Mem., 2. Cambridge.

———, 1908, Explorations of the upper Usumatsintla and adjacent regions. Peabody Mus. Mem., 4. Cambridge.

———, 1911, Explorations in the Department of Peten, Guatemala. Tikal. Peabody Mus. Mem., 5: 1-135. Cambridge.

———, 1932, Impresiones de viaje a las ruines de Cobá y Chichen Itzá. (Con un prólogo del Lic. D. Santiago Burgos Brito.) Mérida.

Maní, Chilam Balam of, 참조 Brinton, 1882; Martínez H., 1927; Stephens (Pérez Codex), 1843, 2: 465-9, etc.

Maní, Cronica de, 1556-1813, Collection described by Stephens, 1843, 2: 262-82. Some or all of this MS is in Tulane Univ. 참조 Gropp, 1933, 261-4.

Maní Land Treaty, 1557, Appendix A in Morley and Roys.

Margarita Rosales González y Amada Rubio Herrera, 2010, Apicultura y organizaciones de apicultores entre los mayas de Yucatán, Estudios de cultura maya, vol. 35, México.

Margil, Antonio, 1696, Letter in Tozzer, 1913a.

Martínez Hernández, Juan, 1913, La creación del mundo según los Mayas. Páginas inéditos del manuscrito de Chumayel. XVIII Int. Cong. Am., Proc., London (1912), 164-71.

———, 1926, Cronicas Mayas. Cronica de Yaxkukul (Chicxulub or Pech MS). Diario de Yucatán, 4: 1926. (Repub., Mérida, 1926.)

———, 1926a, Paralelismo entre los calendarios Maya y Azteca. Su correlación con el canlendario Juliano. (Orig. pub. Diario de Yucatán.) Mérida.

———, 1927, Cronicas Mayas: Maní MS, 1-10; Tiximin MS, 20-24; Chumayel MS (1st, 3d. Chronicles), 24-39. Mérida.

———, 1928, (Letters, dated August 12, recording Landa's typical year.) Genet, 1928-9, 2: 69-73, note, and Pérez Martínez, 1928, 362-3.

———, 1929, 참조 Ciudad Real, 1929.

———, 1938, (Letters, dated April 26, on Maya calendar.) Rosado y Ontiveros, 94-5.

Martyr D'anghera, Peter, 151/6, De orbe novo. (Many eds.) MacNutt ed. in Eng., 2 vs. N.Y. and London. 1912.

Mason, Gregory, 1927, Silver cities of Yucatán. N.Y.

Mason, J. Alden, 1927, What we Know about the Mayas. Mus. Jour., 18: 351-80. Philadelphia.

———, 1935, Mexican and Mayan sweat-baths. Univ. Mus., Bul., 6: 65-9. Philadelphia.

———, 1940, The native languages of Middle America. The Maya and their Neighbors, 52-87.

Matos Moctezuma, Eduardo, 1989, Los Aztecas, Jaca Book Milano, Lunwerg Barcelona-Madrid.

Maudslay, Alfred Percival, 1883, Explorations in Guatemala, and examination of the newly-discovered Indian ruins of Quiriguá, Tikal and the Usumacinta. Roy. Geog. Soc., Proc.(n.s), 5: 185-204. London.

———, 1889-1902, Biologia Centrali-Americana or Contributions to the knowledge of the flora and fauna of Mexico and Central America. Archaeology, text, 4 vs., and plates, 4 vs. London.

———, 1908-16, The true history of the conquest of new Spanin by Bernal Díaz del Castillo, one of its conquerors, etc; edited and published in Mexico by Genaro García; translated into English with introduction and notes. Hakluyt Soc., 5 vs. London.

Maudslay, Anne Cary and Alfred Percival, 1899, A glimpse at Gautemala and some notes on the ancient monuments of Central America. London.

Means, Philip Ainsworth, 1917, Historia of the Spanish conquest of Yucatán and of the Itzas. Peabody Mus., Papers, 7. Cambridge.

———, 1930, 참조 Elorza y Rada.

Mendez, Santiago, (1861), Relación. In Report by Garcia y Cubas, Soc. Mex. Geog. Estad., Bol., 2d. ep., 2: 352-88. (Repub., Saville, 1921, 143-95.)

Medez Arceo, Sergio, 1940, Documeritos inéditos que ilustran los origenes de los obispados … Yucatán (1561). Revista de Hist. de Am.; Inst. Panamer. de Geog. e Hist. Num. 9, 31-61, Mexico.

Mendoza Codex, Preserved in the Selden collection of manuscripts in the Bodleian Library at Oxford. Kingsborough, 1: 72 pls,; 5: 37-126; 6: 3-94. (New ed., by Cooper-Chark, 1938.)

Merriman, Roger Bigelow, 1918-25, The rise of the Spanish Empire in the Old World and in the New. 3 vs. N. Y.

Millspaugh, Charles F., 1895-1904, Contribution to the flora of Yucatán. Field Mus., Bot. Ser., 1-3. Chicago.

Molina Solis, Juan Francisco, 1896, Historia del descubrimiento y conquista de Yucatán con una reseña de la historia antigua de esta peninsula. Mérida.

———, 1897, El primer obispado de la nacion Mejicana. Articulos publicados sobre esta materia y sobre otros puntos de nuestra historia. Mérida.

———, 1897a, Origenes del Obispado de Yucatán y Cozumel. In 1897, 49-78.

———, 1897b, Fundación de Maní. In 1897, 92-103.

———, 1897c, Yucalpeten no fué el nombre antiguo de Yucatán. In 1897, 104-15.

———, 1897d, Fray Diego de Landa y la historia de Yucatán de D. Elijio Ancona. In 1897, 165-211.

———, 1904-10, Historia de Yucatán durante la dominacion Española. 3 vs. Mérida.

Montejo, Francisco de and Others, 1566, Carta del cabildo de la ciudad de Mérida al Rey Don Felipe II, haciendo patente la necesidad que tenia aquella tierra de defensa contra los franceses luteranos, recomendando la gobernacion de Don Luis Çespedes, y denunciando abusos que cometian las autoridades eclesiásticas. Mérida. 1 de mayo. Cartas de Indias, 397-9.

Montejo II, Francisco de, 1938, Información de meritos y servicios del Gobernador y Capitán General don Francisco de Montejo (hijo) en la Conquista de Yucatán, Chiapas, Honduras, etc. Archiv. Gen. de la Nacion, Bol., 9. Mexico.

Montejo III, Francisco de, 1591 Probanza de los méritos y servicios del Capitán Francisco de Montejo sobrino del adelantado D. Francisco de Montejo, con quien andubo de la conquista y pacificación de la provincia de Yucatán, y después de allanar y repartir aquella tierra. Mérida á 22 de abril. A.G.I. Pat. 1a. Doc. 80, No. 2. Ro. 5. Ah Kin Pech, 1: Nos. 2-5. Campeche. 1937.

Montejo Xiu, Francisco de and Others, 1567, Carta de los indios gobernadores de varias provincias de Yucatán al Rey Felipe II, quejándose de los tormentos, muertes y robos que con ellos habian cometido los religiosos de la orden de San Francisco. 12 de abril. Cartas de Indias, 407-10. (Eng. trans., Gates, 1937, 115-7.)

Moran (Pedro sic), Francisco, 1625, circa, Arte y diccionario en lengua cholti. Maya Soc. Pub., No. 9. 1935.

Morley, Sylvanus G, 1911, The historical value of the Books of Chilam Balam. Am. Jour. Arch. (2d. ser.), 15: 195-214.

———, 1913, Archaeological research at the ruins of Chichen Itza, Yucatán, Reports upon the present condition and future needs of the Science of Anthropology. Carnegie Inst., 61-91. Washington.

———, 1915, An introduction to the study of the Maya hieroglyphs. B.A.E., Bul., 57. Washington.

———, 1917, The hotun as the principal chronological unit of the Old Maya Empire. XIX Inst. Cong. Am., Proc., Washington (1915), 195-201.

———, 1920, The inscription at Copan. Carnegie Inst. Washington.

———, 1927, New light on the discovery of Yucatán and the foundation of the New Maya Empire. Am. Jour. Arch. (2d. ser.), 31: 51-69.

———, 1928, Report on the Ekbalam expedition. Carnegie Inst. Year Book, No. 27, 317-8. Washington.

———, 1938, The inscriptions of Peten. 5 vs. (v. 5 in 2 pts.). Carnegie Inst. Washington.

———, 1938a, (Description of the ruins of Mayapan.) Carnegie Inst. Year Book, No. 37, 5-6. Washington.

———, 1938b, The Maya New Empire. Carnegie Inst. Cooperation in Res., 533-65. Washington.

———, 1940, Maya epigraphy. The Maya and their Neighbors. 139-49.

Morley, Frances R. and Sylvanus G., 1938, The age and provenance of the Leyden Plate. Carnegie Inst., Cont. Am. Anth. and Hist., No. 24, 5: 1-17. Washington.

Morley, S. G. and Roys, R., Xiu probanzas and family records (Cronica de Oxkutzcab). Appendix A. Maní land treaty (1557). Appendix B. Family studies in Yucatán XIX, XX Century names of Xiu descendants. Carnegie Inst. MS in press.

Morris, Earl H., Charlot, Jean; Morris, Ann Axtell, 1931, Temple of the Warriors, Chichen Itza, Yucatán. 2 vs. Carnegie Inst. Washington.

Motolinia, Toribio de Benavente ó, (1540?), Historia de los Indios de Nueva España. Coll. Doc. Hist. de Mex., 1: 1-249 (Icazbalceta ed.) Mexico, 1858.

Motul Diccionary, 1929, 참조 Antonio de Ciudad Real.

Norman, B. H., 1843, Rambles in Yucatán or Notes of travel through the peninsula including a visit to the remarkable ruins of Chichen, Kabah, Zayi, and Uxmal. N.Y.

Norman, Daniel and Johnson, W. W. A., 1941, Note on a spectrographic study of Central American and Asiatic jades. Journal Optical Society of America, 31: 85-6.

Nuttall, Zelia, 1891, The atlatl or spear-thrower of the ancient Mexicans. Peabody Mus. Papers, 1, 3. Cambridge.

———, 1902, 참조 Nuttall Codex.

———, 1903, The book of the life of the ancient Mexicans containing an account of their rites and superstitions. An anonymous Hispano-Mexican manuscript preserved at the Biblioteca Nazionale Centrale, Florence, Italy. Part I, Univ. of Cal., Berkeley. (For other ed., 참조 Magliabecchiano Codex.)

———, 1904, A penitential rite of the ancient Mexicans. Peabody Mus. Papers, 1, 7. Cambridge.

———, 1926, Official reports on the towns of Tequizistlan, Tepechpan, Acolman, and San Juan Teotihuacan sent by Francisco de Casteñada to His Majesty, Philip II and the Council of the Indies, in 1580. Trans., ed. with notes. Peabody Mus. Papers, 11: 39-84. Cambridge.

Nuttall Codex, 1902, Facsimile of an ancient Mexican codex belonging to Lord Zouche of Harynworth, England; with an introduction by Zelia Nuttall. Peabody Mus., Cambridge. (Other eds. by Mateos H., Mexico and G. M. Echaniz, Mexico.)

Oviedo y Valdes, Gonzaldo Fernandez de, 1535, Historia general y natural de las Indias, islas y tierre-firme del mar océano, 4 vs. Seville, 1851-5.

Pacheco Cruz, Santiago, 1912, Compendio del idioma Maya. Mérida. (Other eds., 1920, 1938.)

———, 1919, Léxico de la fauna Yucateca. Mérida. (2d. ed., 1939.)

Pech MS, 1542-62, Cronica de Yazkukul, Martínez H., 1926; de Chicxulub, Brinton, 1882, 189-259; de Chac Xulub Chen, Pérez Martínez, 1936. (참조 Carnegie Inst. Year Book, No. 37, 33.)

Pech, Melchoir and Others, 1567, Costa Rica, Nicaragua y Panamá en el siglo XVI su historia y sus limites según los documentos del Archivo de Indias de Sevilla, del de Simancas, etc. Madrid.

Pedro Bracamonte y Sosa y Jesús Lizama Quijano, 2003, "Marginalidad indígena: una perspectiva histórica de Yucatán", Desacatos, num.13, invierno pp83-98 전자저널 http://www.ciesas.edu.mx/Desacatos/13%20Indexado/1%20Saberes%205.pdf

Peralta, Manual Maria de, 1883, Costa Rica, Nicaragua y Panamá en el siglo XVI su historia y sus limites según los documentos del Archivo de Indias de Sevilla, del de Simancas, etc. Madrid.

Peresianus Codex, Manuscrit hiératique des anciens Indiens de l'Amerique centrale conservé a la Bibliothèque nationale de Paris. León de Rosny ed. Paris, 1887. (Ed. in black and white by same, 1888. In colors and schematized by Gates, 1910; and in black and white by Willard, 1933. 참조 J.A. y C. A. Villacorta.)

Pérez, Juan Pio, 1843, Cronologia antigua de Yucatán y exámen del método con que los indios contaban el tiempo, sacados de varios documentos antiguos. Stephens, 1843, 1: 434-59. (Another version, Brasseur de Bourbourg, 1864, 366-429. For other eds., 참조 Vanlentini, 1880a and Tozzer, 1921, 255.)

———, 1866-77, Diccionario de la lengua Maya. Mérida.

———, 1898, Coordinación alfabética de las voces del idioma Maya, etc. Mérida. (Contains Coordinacion alfabética … hallada en el archivo … del pueblo de Ticul en el año de 1836, 123-296.)

Pérez Martínez, Hector, 1936, Ah Nakuk Pech. Historia y cronica de Chac-Xulub-Chen. Mexico. (Introd., Ah-Kin-Pech, 1: No. 1, Campeche). (참조 Pech MS)

———, 1938, Relación de las cosas de Yucatán por el P. Fray Diego de Landa, Obispo de esa diócesis. Introducción y notas. Séptima ed. Con un apéndice en el cual se publican por primera vez varios documentos importantes y cartas del autor. Mexico.

———, 1938a, Una polemica. (참조 Elugero, Jose, 1938.)

Ponce, Alonso de San Juan, Relación breve. 참조 Ciudad Real, 1588.

Popol Vuh, Numerous eds. 참조 Brasseur de Bourbourg, 1861, Raynaud, and Villacorta and Rodas.

Puerta, Juan de la, 1547, Carta de … al emperador D. Cárlos, suplicándole hiciese mercedes á don Francisco de Montejo, hijo del adelantado del mismo nombre, por los muchos y buenos servicios que éste tenia prestados. Nueva España, 1° de marzo. Cartas de Indias, 84-5.

Puerta, Juan de La and Others, 1547, Carta de … , comisario, y de otros franciscanos de la provincia de Yucatán, al Real Consejo de Indias, haciendo presente las modificaciones que era necesario introducir en el buen gobierno y régimen de aquella provincia. Mérida, 1° de febrero. Cartas de Indias, 67-9.

Quijada, Diego, 1561, Información en que el Alcalde mayor de Yucatán, Diego Quixada, da cuenta á S.M. de los sucesos y estado de dicha provincia á su llegada. RY, 2: 244-63.

———, 1561-5, Documentos. 참조 Scholes and Adams, 1938.

———, 1563, Carta del doctor Diego Quixada, alcalde de Mérida de Yucatán, al Rey Don Felipe II, dando cuenta de diferencias habidas con el obispo de aquella diócesis, y de otros varios asuntos. Mérida, 15 de Marzo. Cartas de Indias, 380-91.

Rada y Delgado, Juan de Dios de La, 1881, Manuscrito de Diego de Landa tomada directamente del único ejemplar que se conoce y se conserva en la Academia de la Historia. Printed in same volume with Spanish trans. of Leon de Rosny, Madrid. 1876. (Landa, 69-133, Pl. XIX facsimile of page of Landa MS)

———, 1882, 참조 Cortesianus Codex.

Real Academia Española, http://www.rae.es/rae.html

Redfield, Margaret Park, 1935, The folk literature of a Yucatecan town. Carnegie Inst., Cont. Am. Arch., No. 13, 3: 1-50. Washington.

Redfield, Robert, 1936, The coati and the ceiba. Maya Res., 3: 231-43.

———, 1939, Primitive merchants of Guatemala. Quart. Jour. Inter-Am. Rel., 1: 42-56. Cambridge.

Redfield, Robert and Villa R., Alfonso, 1934, Cham Kom, a Maya village. Carnegie Inst. Washington.

———, 1939, Notes on the ethnography of Tzeltal communities of Chiapas. Carnegie Inst., Cont. Am. Anth. and Hist., No. 28-5: 105-19. Washington.

Relación de Mérida, 참조 Relaciónes Histórico~geográficas de la Gobiernación de Yucatán.

Relación de Motul, 참조 Relaciónes Histórico~geográficas de la Gobiernación de Yucatán.

Relaciones Histórico~geográficas de la Gobiernación de Yucatán, 1983, UNAM, México.

Robelo, Cecilio A., 1902, Toponomia Maya-Hispano-Nahoa. Cuernavaca.

———, 1913, Los ídolos de los Indios Mexicanos. Mus. Nac. de Arq., Bol., Ep. 2, 2: 133-6. Mexico.

———, 1913a, La Malinchi (Malintzin). Mus. Nac. de Arq., Bol., Ep., 2, 2: 259-62.

Roman y Zamora, Jeronimo, 1575, Repúblicas de mundo divinas en XXVII livro. Ordenadas por J. Hieronymo Roman. 2 vs. Medina del Campo. (1897 ed. Republicas de Indias. Idolatrías y govierno en México y Perú antes de la conquesta. Coll. de Libros Raros o Curiosos que Tratan de Am., vs. 14, 15. Madrid.)

Romano Pacheco, Arturo, 1987, "Iconografia Cefálica maya" en Memorias del Primer Coloquio Internacional de mayista, Estado de Chiapas, UNAM, Reedicíon de Primer Coloquio Internacional de Mayista, México.

Rosado Escalante, José E. y Ontiveros, Favila, 1938, Relacion de las cosas de Yucatán sacados de lo que escribió el padre Fray Diego de Landa de la Orgen de San Francisco M.D.LX.VI. Primera Edición Yucateca. Precedida de una "Nota sobre la vida y la obra de Fr. Diego de Landa," escrita por el Profr. Don Alfredo Barrera Vásquez; y seguida un Apéndice que contiene la reimpresión de diez relaciónes de las escritas por los encomenderos de Yucatán en los años de 1579 y 1581. Mérida.

Rosny, León de, 1876, Essai sur le déchiffrement de l'écriture hiératique Maya. Soc. Am. de France, Archives (n.s.), 2: 5-108. Paris. (Repub. in folio, Paris, 1876. For Spanish ed., 참조 Rada y Delgado, 1881.)

———, 1883, 참조 Cortesianus Codex.

———, 1887, 참조 Peresianus Codex.

Roys, Lawrence, 1933, The Maya correlation problem today. Am. Anth. (n.s.), 35: 403-17.

———, 1934, The engineering Knowledge of the Maya. Carnegie Inst., Cont. Am. Arch, No. 6, 2: 27-105. Washington.

———, 1935, Maya Planetrary observations. Thompson, 1935, 92-6, Appendix II.

Roys, Ralph L, 1922, A new Maya historical narrative. Am. Anth. (n.s.), 24: 44-60.

———, 1923, The ritual of the chiefs of Yucatán. Am. Anth. (n.s.), 25: 472-84. 참조 1933, IX.

———, 1931, The ethno-botany of the Maya. Mid. Am. Res. Ser., 2: Tulane Univ., New Orleans.

———, 1932, A history of Chchen Itza. MS.

———, 1932a, Antonio de Ciudad Real, Ethnographer. Am. Anth. (n.s.), 34: 118-26.

———, 1933, The Book of Chilam Balam of Chumayel. Carnegie Inst. Washington.

———, 1933a, Family histories of Yucatán. Carnegie Inst. Year Book, No. 32, 104-6. Washington.

———, 1934, Researches in Maya life in the sixteenth century. Carnegie Inst. Year Book, No. 33, 105-8. Washington.

———, 1934a, Report on the Indians of Yucatán bay Gaspar Antonio Chi, 1582. Trans. and notes. MS Given as Appendix C.

———, 1935, Place names of Yucatán. Maya Res., 2: 1-10.

———, 1937, The Paxbolon report. Aboriginal history, ethnography and linguistics. (The Chontal Relación of Don Pablo Paxbolon.) MS.

———, 1938, Fray Diego de Landa. 참조 Sholes and Roys, 1938.

———, 1939, The titles of Ebtun. Carnegie Inst. Washington.

———, 1940, 참조 Roys, Scholes, Adams.

———, 1940a, Personal names of the Mayas of Yucatán. Carnegie Inst., Cont. Am. Anth. and Hist., No. 31, 6. Washington.

———, Texts and translations of the Xiu family papers. Appendices: A., Maní land treaty of 1557; B., Family studies in Yucatán. 참조 Morley and Roys.

Roys, Ralph L.; Scholes, France V.; Adams, Eleanor B, 1940, Report and census of the Indians of Cozumel, 1570. (Visit of Cristobal de Asensio.) Carnegie Inst., Cont. Am. Anth. and Hist., No. 30, 6: 1-30 Washington.

Sahagun, Bernardino de, (XVIC.), Historia general de las cosas de Nueva España. Bustamente ed., 3 vs. Mexico, 1829-30. (French ed., Paris, 1880. Paso y Troncoso ed., vs. 5-8, Mexico, 1906-7, etc. Ed., 5 vs., Mexico, 1938. Eng. trans. Bks. I-IV, by Fanny Bandelier. Nashville, 1932.)

Sanchez de Aguilar, Pedro, 1639, Informe contra idolorum cultores del Obispado de Yucatán. Madrid. (2d. ed., Mus. Nac., Anal., 6: 15-122. Mexico. 1892 (1900); 3d. ed., Mérida, 1937. Partially trans., Saville, 1921, 202-8.)

San Francisco Dictionary, MS, 참조 Tozzer, 1921, 265.

Schellhas, Paul, 1890, Vergleichende Studien auf dem Felde der Maya-Alterthümer. Int. Archiv. für Ethnog., 3: 209-31. Leiden. (Trans., B.A.E., Bul. 28, 591-622. Washington, 1904.)

———, 1897, Die Göttergestalten der Mayahandschriften, etc. Dresden. (2d. ed. revised, Berlin, 1904. Eng. trans., Peabody Mus. Papers, 4, 1: Cambridge, 1904.)

Scholes, France V., 1936-8, 참조 Documentos para la historia de Yucatán.

———, 1937, The beginning of Hispano-Indian society in Yucatán. Sci. Mo., 44: 530-8. Life and times of Fray Diego de Landa, Bishop of Yucatán. Historical introduction by Robert S. Chamberlain. MS.

Scholes, France V. and Adams, Eleanor B., 1936, Documents relating to the Mirones expedition to the interior of Yucatán, 1621-1624. Maya Res., 3: 153-76, 251-76.

———, 1938, Don Diego Quijada, Alcalde Mayor de Yucatán, 1561-1565. Documentos sacados de los archivos de España. 2 vs. Introducción y Documentos, IXXXIII. (Bib. Hist. Mex. de Obras Ined., 14, 15.) Mexico.

Scholes, France V. and Roys, Ralph L., 1938, Fray Diego de Landa and the problem of idolatry in Yucatán. Carnegie Inst., Coöp. in Res., 585-620. Washington.

Schultes, Richard E., Plantae Mexicanae. The genus Quararibea … Bot. Mus. Leaf., Harvard Univ., Cambridge. Ied.

Seler, Edward, 1886, Maya-Handschriften und Maya-Götter. Zeit. für Ethnol., 18: (416)-(420). (Coll. wks., 1: 357-66. 1902-23.)

———, 1887, Ueber die Namen der in der Dresdener Hanschrift abgebildeten Maya-Götter. Zeit. für Ethnol., 19: (224)-(231). (Coll. wks., 1: 367-89.)

———, 1887a, Eine Liste de mexikanischen Monatsfeste. Zeit. für Ethnol., 19: (172)-(176). (Coll. wks., 1: 145-51.)

———, 1887b, Entzifferung der Maya-Handschriften. Zeit. für Ethnol., 19: (231)-(237). (Coll. wks., 1: 390-99.)

———, 1888, Der Charakter der aztekischen und der Maya-Handschrifren. Zeit. für Ethnol., 20: 1-10. (Coll. wks., 1: 407-16.)

———, 1888a, Die Tageszeichen der aztekischen und der Maya-Handschrifren. Zeit. für Ethnol., 20: 10-97. (Coll. wks., 1: 417-503.)

———, 1889-91, Almexikanischer Schmuck und soziale und militärische Rangabzeichen. Zeit. für Ethnol., 21: (69)-(85), 23: (114)-(144). (Coll. wks., 2: 509-619.)

———, 1890, Almexikanische Wurfbretter. Int. Archiv. für Ethnol., 3: 137-48. Leipzig. (Coll. wks., 2: 368-96.)

———, 1891, Zur mexikanischen Chronologie mit besonderer Kalenders. Zeit. für Ethnol., 23: 89-133. (Coll. wks., 1: 507-54. Trans., B.A.E., Bul. 28, 11-55.)

———, 1893, Die mexikanischen Bilderhandschriften Alexander won Humboldt's in der Königlichen Bibliothek zu Berlin. Berlin. (Coll. wks., 1: 162-300. Trans., B.A.E., Bul. 28, 123-229.)

———, 1895, Wandmalereien von Mitla, etc. Berlin. (Trans., B.A.E., Bul. 28, 243-324.)

———, 1895a, Alterthümer aus der alta Vera Paz. Ethnol. Notizblatt, 1: 20-6. Berlin. (Coll. wks., 3: 670-87.)

———, 1895b, Alterthümer aus Guatemala. König. Mus. Völkerkunde, 4: 21-53. Berlin. (Coll. wks., 3: 578-640. Trans., B.A.E., Bul. 28, 77-121.)

———, 1895c, Bedeutung des Maya-Kalenders für die historische Chronologie. Globus, 68: 37-41. (Coll. wks., 1: 558-99. Trans., B.A.E., Bul. 28, 325-37.)

———, 1895d, Das Gefäss von Chamá. Zeit. für Ethnol., 36: 307-20. (Coll. wks., 3: 654-69.)

———, 1898, Quetzalcouatl-Kukulcan in Yucatán. Zeit. für Ethnol., 30: 377-410. (Coll. wks., 1: 668-705.)

———, 1898a, Ueber die Herkunft einiger Gestalten der Qu'iché- und Cakchiquel-Mythen. Archiv. für Religionswiss., 1: 91-7. (Coll. wks., 3: 573-7.)

———, 1899, Mittelamerikanische Musikinstrumente. Globus, 76, 109-12. (Coll. wks., 2: 695-703.)

———, 1899a, Zauberei und Zauberer im alten Mexico. König. Mus. Völker., 6: 29-57.

———, 1899b, Die achtzehn Jahresfeste der Mexikaner. König. Mus. Völker., 6: 58-209.

———, 1900-1, Tonalamatl Aubin (Manuscrits Mexicains, No. 18-19). Eng. ed. Berlin.

———, 1902-23, Gesammelte Abhandlungen zur amerikanischen Sprach- und Alterthumskunde. 5 vs. and Index (v. 1-3). Berlin.

———, 1904, Die religiösen Gesänge der alten Mexikaner. Coll. wks., 2: 959-1107.)

———, 1906, Das Dorfbuch von Santiago Guevea. Zeit. für Ethnol., 38: 121-55. (Coll. wks., 3: 157-93.)

———, 1908, Die Ruinen von Chich'en Itzá in Yucatán. XVI Int. Cong. Am., Proc., Vienna, 151-239. (Greatly enlarged and mostly rewritten, Coll. wks., 5: 197-388.)

———, 1909-10, Die Tierbilder der mexikanischen und der Maya-Handchriften. Zeit. für Ethnol., 41: 209-57, 301-451, 784-846; 42: 31-97, 242-87. (Coll. wks., 4: 453-758.)

———, 1916, Die Quetzalcouatl-Fassaden yukatekischer Bauten. König. Preuss. Akad. Wissen. Phil.-Hist., Nr. 2. Berlin. (Also pub. seperately.)

———, 1917, Die Ruinen von Uxmal. König. Preuss. Akad. Wissen. Phil.-Hist., Nr. 3. Berlin. (Also pub. seperately.)

———, 1923, Mythus und Religion der alten Mexikaner. Coll. wks., 4: 4-167.

Shattuck, George Cheever and Collaborators, 1933, The Peninsula of Yucatán. Medical, biological, meteorological and sociological studies. Carnegie Inst. Washington.

———, 1938, A medical survey of the Republic of Guatemala. Carnegie Inst. Washington.

Sierra Justo, 1842, (Diego de Landa). Cogollodo, 3d. ed., Appendix VII, 603-5.

———, 1845, Galeria biografica de los Señores Obispos de Yucatán. Registro Yucateco, 1: Toral, 31-6; Landa, 72-80, etc. Mérida.

Siméon Rémi, 1991, Diccionario de la lengua Náuatl o mexicana, siglo XX!, México.

Sotuta, Documentos de Tierras del Pueblo de, 1927, Pérez Coll. (Copy in Berendt Ling. Coll. No. 50, 34. Phil. 참조 Tozzer, 1921, 257.)

Spinden, Herbert J., 1913, Maya art. Peabody Mus. Mem., 6. Cambridge.

———, 1916, Portraiture in Central American art. Anth. Essays presented to William Henry Holmes, 434-50. Washington.

———, 1917, Ancient civilizations of Mexico and Central America. Am. Mus. Nat, Hist, Handbook Ser., No. 3. N. Y. (3d ed., 1928.)

———, 1924, The reduction of Mayan dates. Peabody Mus. Papers, 6, 4. Cambridge.

———, 1926, Archaeology. XVII Mexico and Central America. Encyc. Britannica, 13th ed., New vs., 1: 193-6.

———, 1928, Maya Inscriptions dealing with Venus and the moon. Buffalo soc. of Nat. Sci., Bul., 14: 1-59.

———, 1930, Maya dates and what they reveal. A re-examination of the evidence in correlation between Central American and European time counts. Brooklyn Inst. Arts Sci., Sci. Bul., 4: 1-111. Brooklyn.

———, 1931, Indian symbolism. The Exposition of Tribal Arts. N. Y.

———, 1935, Tabular view of Maya chronology, Chart. N. Y.

———, 1940, Diffusion of Maya Astronomy. The Maya and their Neighbors, 162-78.

Standley, Paul Carpenter, 1920-6, Trees and shrubs of Mexico. Smith. Inst., Cont. of U. S. Nat. Herb., 23. Washington.

———, 1930, Flora of Yucatán. Field Mus., Bot. Ser., 3: 157-492. Chicago.

Stephens, John L., 1841, Incidents of travel in Central America, Chiapas, and Yucatán. 2 vs. N. Y.

———, 1843, Incidents of travel in Yucatán. 2 vs. N. Y. (Also many editions of 1841 and 1843.)

Stewart, Elizabeth, 1937, Identification of plant names mentioned in Landa's text. Gates, 1937, 161-2.

Swadesh, Mauricio, Ma. Cristina Álvarez y Juan R. Bastarrachea. 1991, Diccionario de Elementos del Maya Yucateco Colonial, Centro de Estudios Mayas, Cuaderno No. 3, IIF., UNAM., México.

Testimony of one Juan Couoh of Yaxcaba, taken at Sotuta in 1562, N. 541.

Thomas, Cyrus, 1882, A study of the manuscript Troano. Cont. No. Am. Ethnol., 5, Pt. 3: Washington.

———, 1897-8, Numeral systems of Mexico and Central America. B.A.E., 19th Rep., pt. 2, 853-956. Washington (1900).

Thompson, Edward H., 1897, The cave of Loltun, Yucatán. Peabody Mus. Mem., 1, 2. Cambridge.

———, 1897a, The Chultunes of Labná, Yucatán. Peabody Mus. Mem., 1, 3.

———, 1904, Archaeological researches in Yucatán. Peabody Mus. Mem., 3, 1.

———, 1914, The home of a forgotten race. Mysterious Chichen Itza, in Yucatán, Mexico. Nat. Geog. Mag., 25: 585-608. Washington.

———, 1938, The high priest's grave, Chichen Itza, Yucatán, Mexico. Prepared for publication etc. by J. Eric Thompson. Field Mus., Anth. Ser., 27: 1-63. Chicago.

Thompson, J. Eric S., 1925, The meaning of the Maya months. Man, 25: 121-3, London.
———, 1927, A correlation of the Mayan and European calendars. Field Mus., Anth. Ser., 17: 1-22. Chicago.
———, 1927a, The civilization of the Mayas. Field Mus., Anth. Leaflets, 25. (Other eds., 1932, 1936).
———, 1929, Comunicaciones y comercio de los antiguos Mayas. Soc. de Geog. e Hist. de Guatemala, Anal., 6: 40-4.
———, 1929a, Maya Chronology: Glyph G of the Lunar Series. Am. Anth. (n.s.), 31: 223-31.
———, 1930, Ethnology of the Mayas of southern and central British Honduras. Field Mus., Anth. Ser., 17, 23-213.
———, 1930a, The causeways of the Cobá district, eastern Yucatán. XXIII Int. Cong. Am., Proc., N.Y. (1928), 181-4.
———, 1930b, An ancient delicacy. Field Mus., News, 1, 7. p. 3. (Republished as Mayas bred dogs for sacrifice. El Palacio, 28: 101. Santa Fe.)
———, 1931, Archaeological investigations in the southern Cayo district, British Honduras. Field Mus., Anth. Ser., 17: 215-362.
———, 1931a, 참조 Gann and Thompson, 1931.
———, 1932, Some jade-inlaid teeth of ancient Mayas. Field Mus., News., 3, 3. p. 3.
———, 1932a, A Maya calendar from the Alta Vera Paz, Guatemala. Am. Anth. (n.s.), 34: 449-54.
———, 1932b, The solar year of the Mayas at Quirigua, Guatemala. Field Mus., Anth. Ser., 17: 365-421.
———, 1932c, On the spread of the sacred almanac. 1932b, 407-13.
———, 1932d, Aztec and Maya Lords of the Night. 1932b, 414-8.
———, 1933, Mexico before Cortes. N.Y. and London.
———, 1934, Sky bearers, colors and directions in Maya and Mexican religion. Carnegie Inst., Cont. Am Arch., No. 10, 2: 209-42. Washington.
———, 1935, Maya Chronology: the correlation question. Carnegie Inst., Cont. Am. Arch., No. 14, 3: 51-104. Washington.
———, 1935a, The Maya Year Bearers. 1935. Appendix IV, 101-3.
———, 1937, A new method of deciphering Yucatecan dates with special reference to Chichen Itza. Carnegie Inst., Cont. Am. Arch. No. 22, 4: 177-97. Washington.
———, 1938, 참조 Thompson, Edward H., 1938.
———, 1938a, Sixteenth and seventeenth century reports on the Chol Mayas. Am. Anth. (n.s.), 40: 584-604.
———, 1938b, 참조 Kidder and Thompson, 1938.
———, 1939, Excavations at San Jose, British Honduras. Carnegie Inst. Washington.
———, 1939a, The Moon Goddess in Middle America: with notes on related deities. Carnegie Inst., Cont. Am. Anth. and Hist., No. 29, 5: 120-73. Washington.
———, 1940, Archaeological problems of the lowland Maya. The Maya and their Neighbors, 126-38.
———, Las llamadas fachadas de Quetzalcouatl. XXVII Int. Cong. Am. Proc., Mexico (1939). (In press.)
Thompson, J. Eric S.; Pollock, Harry E.D.; Charlot, Jean, 1932, A preliminary study of the ruins of Cobá, Quintana Roo, Mexico. Carnegie Inst. Washington.
Tizimin, Chilam Balam of, 참조 Brinton, 1882, and Martínez H., 1927.
Toral, Francisco de, 1967, Carta del obispo de Yucatán, … al Rey Don Felipe II, quejándose de don Luis de Céspedes, governador de dicha provincia, y pidiendo ser removido de quel obispo. Cartas de Indias, 242-5.
Torquemada, Juan de, 1613, Los veinte i un libros rituales i Monarchia Indiana, con el origen y guerras de los Indios Occidentales, etc. Several eds., 3 vs. Madrid, 1723.
Totten, George O., 1926, Maya architecture. Washington.

Tozzer, Alfred M., 1907, A comparative study of the Mayas and the Lacandones. Arch. Inst. Am., Rep. of Fellow in Am. Arch., 1902-5. N.Y.

———, 1911, The Prehistoric ruins of Tikal, Guatemala. Peabody Mus. Mem., 5; 93-135. Cambridge.

———, 1911a, The value of ancient Mexican manuscripts in the study of the general development of writing. Am. Antiq. Soc., Proc. (n.s.), 21: 80-101. (Reprinted, partially, Smith, Rep. for 1911, 493-506. Washington, 1912.)

———, 1913, A preliminary study of the prehistric ruins of Nakum, Guatemala. Peabody Mus. Mem., 5: 137-201. Cambridge.

———, 1913a, A Spanish manuscript letter on the Lacandones in the Archives of the Indies at Seville. XVIII Int. Cong. Am., Proc., London (1912), 2: 497-509.

——— 1919, A Mexican catechism in Testerian hieroglyphs in Peabody Museum of Harvard University. Photostat. Boston. Introd.

———, 1921, A Maya grammar with bibliography and appraisement of the works noted. Peabody Mus. Papers, 9. Cambridge.

———, 1921a, Charles Pickering Bowditch. Am. Anth. (n.s.), 23: 353-9.

———, 1922, The Toltec architect of Chichen Itza. Am. Ind. Life, ed. by E. C. Parsons, 261-71. N.Y.

———, 1926, Architecture and romance. Sat. Rev. Lit., June 19. N.Y. (Review of Totten, 1926, and Willard, 1926.)

———, 1930, Maya and Toltec figures at Chichen Itza. XXIII Int. Cong. Am., Proc., N.Y. (1928), 155-64.

———, 1934, Maya research. Maya Res., 1: 3-19.

———, 1937, Prehistory in Middle America. Hispanic Am. Hist. Rev., 17: 151-9. Republished Correo de la oficina de coopercion intelectual Pan American Union, 1: 18-19, Washington, 1937.

———, 1939, Review of Sholes y Adams, 1938. Hispanic Am. Hist. Rev., 19: 519-21.

Tozzer, Alfred M. and Allen, Glover M., 1910, Animal figures in the Maya Codices. Peabody Mus. Papers, 14, 3: 273-372. Cambridge.

Troano Codex, Manuscrit Troano. Études sur le systrème graphique et la langue des Mayas, 1: (Brasseur de Bourbourg ed.), Paris, 1869. (Facsimile ed., Madrid, 1930.) (참조 Cortesianus and Tro-Cortesianus Codices.)

Tro-Cortesianus Codex, Ed. by W. Gates, 1911, and J.A. y C. A. Villacorta. 참조 Troano and Cortesianus Codices.

Tozzer, Alfred M., 1941, Landa's Relación de las Cosas de Yucatán, Cambridge, Massachusetts, U.S.A, Published by the museum.

Vaillant, George C., 1927, The chronological significance of Maya ceramics. Ph.D. Thesis, Harvard University, Cambridge. MS.

———, 1931, A bearded mystery. Nat. Hist., 31: 243-52. N. Y.

———, 1938, A correlation of archaeological and historical sequences in the Valley of Mexico. Am. Anth. (n.s.), 40: 535-73.

———, 1940, Patterns in Middle American Archaeology. The Maya and their Neighbors, 295-305.

Valentini, Philipp J. J., 1880, The Landa alphabet; a Spanish fabrication. AM. Antiq. Soc., Proc., No. 75, April 28, 59-91.

———, 1880a, The Katunes of Maya history. Am. Antiq. Soc., Proc., No. 74, 71-110.

———, 1902, The discovery of Yucatán by the Portuguese in 1493. An ancient chart. Records of the Past, 1: 45-59. Washington.

Valladolid Law Suit, 1618, 참조 Brinton, 1882, 113-8.

Valladolid, Relación de la Ciudad de, Coll, de Doc. Ineditos (2d ser.), 13: (RY, 2:) 3-40 (1900). (Also pub. by Marimon, IV Int. Cong. Am., Proc. (1881), 2: 166-95, Madrid, 1882.)

Valverde, Carmen, http://www.eluniversal.com.mx/cultura/52158.html

Villacorta C., J. Aóio, 1936, Memorial de Tecpán-Atitlan (Anales de los Cakchiqueles) por Francisco Hernández Arana Xajilá y Francisco Díaz Gebuta Quej. Guatemala. (Other eds.)

———, 1938, Prehistoria e historia antigua de Guatemala. Guatemala.

Villacorta C., J. Antonio y Carlos A., 1933, Codices Mayas. Dresdensis, Peresianus, Tro-Cortesianus, Guatemala. (1st. ed., Soc. de Geog. e Hist. de Guatemala, Anal.)

Villacorta C., J. Antonio y Rodas N., Flavio, 1927, Manuscrito de Chichicastenango (Propol Buj). Estudio sobre las antiguas tradicionales del pueblo quiché. Guatemala. (Numerous other eds. of the Popol Vuh.)

Villagutierrez Soto-Mayer, J de, 1701, Historia de la conquista de la provincia de el Itza, etc. Madrid. (2d. ed., Guatemala, 1933.)

Ximénez, Francisco, 1929-31, Historia de la Provincia de San Vicente de Chiapa y Guatemala de la orden de predicadores. 3 vs. Guatemala. (Bib. "Goathemala", 3:)

ソリタ ヌエバ・エスパニャ報告書/ランダ ユカタン事物記（1982年7月刊）ISBN 4000085336, ソリタ《ヌエバ・エスパニャ報告書》〈小池佑二: 訳·注〉, ランダ《ユカタン事物記》〈林屋永吉: 訳/増田義郎: 注〉.

마야문명에 대한 최초의 기록

란다의 유까딴 견문록

초판 1쇄 인쇄	2022년 04월 22일
초판 1쇄 발행	2022년 04월 28일
지은이	디에고 데 란다
옮기고 엮은이	송영복
펴낸이	한균태
책임 편집	윤민혜
편집 지원	김서연
디자인	김민경
펴낸곳	경희대학교 출판문화원
주소	서울시 동대문구 경희대로 26
전화	02-961-0106~8
팩스	02-961-0291
설립	1960년 9월 16일 제5-8호
등록	1977년 11월 8일 제6-5호
홈페이지	www.khupress.com
전자우편	press@khu.ac.kr

ISBN 978-89-8222-719-6 93940

* 책 내용 관련 문의: 저자 송영복(songyb@khu.ac.kr)